DIE ZWEITE SCHÖPFUNG

Alfried Krupp von Bohlen
und Halbach-Stiftung

Dieser Katalog wurde durch die freundliche Unterstützung
der Alfried Krupp von Bohlen und Halbach-Stiftung ermöglicht.

DIE ZWEITE SCHÖPFUNG

Bilder der industriellen Welt vom 18. Jahrhundert bis in die Gegenwart

herausgegeben von Sabine Beneke und Hans Ottomeyer
Deutsches Historisches Museum

DHM

DIE ZWEITE SCHÖPFUNG
Bilder der industriellen Welt
vom Ende des 18. Jahrhunderts bis in die Gegenwart
Martin-Gropius-Bau
Niederkirchnerstraße 7, 10963 Berlin
31. Juli bis 21. Oktober 2002

Veranstalter:
Deutsches Historisches Museum, Berlin

Ausstellung

Leitung: Hans Ottomeyer
Ausstellungskuratorin: Sabine Beneke
Konzept und wissenschaftliche Bearbeitung: Sabine Beneke, Barbara Segelken, Arnulf Siebeneicker
Organisation: Sabine Beneke, Barbara Segelken, Arnulf Siebeneicker
Wissenschaftliche Mitarbeit: Margot Th. Brandlhuber, Dominica Capozucca-Jachnow, Jörg Meißner
Datenbankbetreuung: Barbara Segelken

Abteilungsleiterin Ausstellungen: Ulrike Kretzschmar
Gestaltung: Christian Axt mit Andrea Hofmann
Licht: Michael Flegel
Graphik: Steenbrink Vormgeving
Plakat: Dorén + Köster

Konservatorische Betreuung: Martina Homolka (Leitung/Gemälde), Friederike Beseler (Gemälde/ freie Mitarbeiterin), Michaela Brand (Buch), Christine Göppinger (Papier), Barbara Haussmann (Gemälde), Matthias Lang (Gemälde), Maria Przybylo (Gemälde/ Studentin), Martin Rossbacher (Buch), Annegret Seger (Papier)
Passepartout-Werkstatt: Malte Spohr
Leihverkehr: Edith Michelsen
Öffentlichkeitsarbeit: Angelika Wachs, Katrin Kahlefeld, Sonja Trautmann

Katalog

Herausgeber: Sabine Beneke und Hans Ottomeyer
Deutsches Historisches Museum
Textredaktion: Sabine Beneke, Barbara Segelken, Arnulf Siebeneicker
Bildredaktion: Jörg Meißner, Arnulf Siebeneicker
Lektorat: Wanda Löwe

Autoren der Zwischentexte und Objektkommentare:
Sabine Beneke *SB*
Birgit Biedermann *BB*
Margot Th. Brandlhuber *MB*
Hans-Jörg Czech *HJC*
Jörg Meißner *JM*
Manuela Obermeier *MO*
Rudolf Rieger *RR*
Barbara Segelken *BS*
Wendy Sheridan *WS*
Arnulf Siebeneicker *AS*

Koordination Herstellung: Gabriele Kronenberg
Graphische Gestaltung und Satz: Gini Klose, Oberhaching
Umschlag: Dorén + Köster
Gesamtherstellung: Peschke-Druck, München

Museumsausgabe
Deutsches Historisches Museum,
Unter den Linden 2,
10117 Berlin
Internet: http://www.dhm.de/publikationen
ISBN 3-86102-122-6

Buchhandelsausgabe
Edition Minerva Hermann Farnung,
Lärchenstr. 15,
82515 Wolfratshausen
ISBN 3-932353-62-5

Die Deutsche Bibliothek – CIP-Einheitsaufnahme: Ein Titeldatensatz für diese Publikation ist bei Der Deutschen Bibliothek erhältlich.

Abbildung auf dem Umschlag:
Thomas Hornor, *Walzwerk, Merthyr Tydfil (Rolling Mills, Merthyr Tydfil)*, um 1817, The National Museums & Galleries of Wales, Cardiff

Inhalt

Katalog

Geleitwort

Die Ausstellung *Die zweite Schöpfung* erzählt uns die Geschichte der Industrialisierung in Bildern – vom Anfang bis in die Gegenwart.

Diese Form der Erzählung ist deshalb so lehrreich, weil die gezeigten Kunstwerke nicht nur Abbilder ihrer Zeit sind, sondern zugleich Kommentar und Deutung. Sie dokumentieren auf anschauliche Weise, wie die Industrialisierung alle Lebensbereiche erfasste. In den Arbeiten wird der durch die zunehmende Technisierung veränderte Blick des Menschen auf sich und seine neue Umwelt sichtbar. Die Bilder offenbaren die Hoffnungen, welche die Menschen an den technischen Fortschritt geknüpft haben. Sie belegen aber auch ihre Kritik gegenüber seinen Folgen.

Es sind lebendige und aktuelle Geschichten, die uns diese *Bilder der industriellen Welt* erzählen.

Ich freue mich, dass die Alfried Krupp von Bohlen und Halbach-Stiftung mit der Finanzierung des Katalogs ihren Beitrag zur Ausstellung leisten konnte.

Ich wünsche ihr viel Erfolg!

Prof. Dr. h.c. mult. Berthold Beitz
Vorsitzender des Kuratoriums der
Alfried Krupp von Bohlen
und Halbach-Stiftung

Zur Ausstellung

Europe is one large museum, where every building, every field and every river and railway contains clues to the past and present of the century concerned, provided the onlooker has the information to understand what he is looking at. Scattered across the Great Museum are the institutions which we call museum. Their main function is to help to understand the Great Museum. They justify themselves by looking outwards, not inwards.
Kenneth Hudson, 1993

Noch bevor mit der Industriellen Revolution in England das Fabrikzeitalter begann und die Überformung und Inbesitznahme der Landschaft durch intensivierten Abbau, Hochöfen und Fabrikbauten Eingang in die Malerei und Graphik fanden, faszinierte die Menschen der Bergbau und die Entwicklung produktionssteigernder oder -erleichternder Maschinen. Zahlreiche illustrierte ›Maschinen-Bücher‹ des 16. Jahrhunderts zeugen von der frühen Bedeutung des Themas. Deren Autoren sahen in der Erkenntnis und der mechanischen Anwendung der Naturgesetze eine Offenbarung der Herrlichkeit Gottes. In der Nachahmung und Vervollkommnung seiner Schöpfung wollten sie Gott zum Ruhme dienen. Mit der Befreiung von den Zwängen der Natur mit Hilfe der Maschinen sollten die Menschen dem Paradies näher gebracht werden. Die zweite – technisch-industrielle – Schöpfung des Menschen versöhnte ihn mit Gott.

Rationalismus und Empirismus lösten im 17. Jahrhundert die religiöse Bindung. Die technischen Einrichtungen des Bergbauwesens, der Textilmanufakturen, Kanonen- und Salpeterfabriken, Gießereien und anderer Gewerbezweige waren nun nicht mehr allein Gegenstand von illustrierten Monographien und lexikalischen Sammelwerken. Sie wurden zum Bildgegenstand der Malerei. Diese Intensivierung der Technikdarstellung traf im 18. Jahrhundert mit der in England einsetzenden Industriellen Revolution zusammen. Eine neue Ausformung der Technikdarstellung setzte ein. Industrie wurde nun mit einem säkularen Schöpfungsmythos verbunden, in dessen Folge sich das Verhältnis des Menschen zur Natur neu definierte. Zu den äußeren Zeichen dieser ›zweiten Schöpfung‹ gehören Feuer und Rauch, die als Signale einer neuen Ästhetik für Geschäftigkeit und Prosperität stehen, gleichzeitig aber auch die Perspektive der Vernichtung in sich tragen. Diese Entwicklung spiegelte sich in der bildenden Kunst wieder. Das Industriebild als neues, innovatives Genre mit einer modernen Ikonographie entstand auf der Grundlage von traditionellen Landschafts- und Interieurdarstellungen, die es um sein Motivrepertoire erweiterte. Die Künstler bedienten sich dabei Bildformeln, die beispielsweise durch die ›Schmiede des Vulkan‹, Darstellungen des Goldenen Zeitalters, der ›Terra‹, mit Schilderungen von Erzgewinnung und –verhüttung, eingeführt waren. Bemerkenswert bleibt, welch lange Geltung ihnen als immanente Gestaltungsprinzipien in der Industriemalerei zukommt; als Zitate tauchen sie stets wieder auf.

Industriebilder waren oftmals Auftragswerke. Mit dem unternehmerisch tätigen Bürgertum entstand im 19. Jahrhundert eine Schicht, die Leistung, Besitz und Status über die bildliche Repräsentation vermitteln wollte. Eine neue Fachmalerei, die ›Industriemalerei‹, bildete sich aus. Der Begriff, noch in den 1920er und 30er Jahren geläufig, hat in der Kunstgeschichte das 20. Jahrhundert nicht überdauert. Wohl ganz einfach aus dem Grund, weil nach Quantität und Qualität die Aufträge dazu nicht mehr ausgesprochen wurden. In dem Gefüge der Hierarchien von hoch und niedrig, zwischen wertvoll und wertlos, zwischen frei und gebunden hat die Industriemalerei keinen Platz gefunden und keine klare Zuordnung erfahren. Als Malerei rechnete sie zur freien Kunst, die in den zunehmenden Hierarchisierungstendenzen des 20. Jahrhunderts ihre Führungsrolle ausbaute; als Auftragskunst fand sie eine gegensätzliche Zuordnung zu den zweckorientierten Kunstgattungen. Die Auflösung der Rangordnung und damit das Verschwinden eines positiven Begriffs verunklärte die Wahrnehmung der Industriemalerei sowohl als auftragsgebundene Fachmalerei wie auch als *Sujet de la peinture* und trug zum Verlust an Aufmerksamkeit bei.

Erste Ausstellungen zum Industriebild fanden in Deutschland Anfang des 20. Jahrhunderts statt. Wenngleich auch retrospektiv angelegt, waren sie doch in erster Linie als Anregung für zeitgenössische Künstler gedacht, sich dem Thema zuzuwenden. Repräsentation von Staat und Industrie sowie der bürgerliche Anspruch, wesentliche zeitgenössische Themen in der Kunst widergespiegelt zu sehen, bildeten den Hintergrund. In Essen wurde 1912 zum 100-jährigen Jubiläum der Firma Krupp die erste große Gesamtschau organisiert. Beabsichtigt war, einen entsprechenden Sammlungsschwerpunkt im städtischen Museum zu etablieren und gleichzeitig die zeitgenössische Kunstproduktion zu anspruchsvollen Formulierungen des Themas zu stimulieren. Ein Blick in die kunsthistorischen Handbücher des frühen 20. Jahrhunderts verdeutlicht jedoch, daß das Thema in der Fachdisziplin nicht präsent war. So ist es wenig verwunderlich, dass nachfolgende Unternehmungen, wie die Ausstellung *Kunst und Technik* 1928 im Folkwang Museum in Essen, anlässlich einer Tagung des Vereins deutscher Ingenieure initiiert wurden. Erst Francis D. Klingenders *Art and the Industrial Revolution*, 1947 in London erschienen, bereitete einer wissenschaftlichen Betrachtung den Boden. Klingender widmete sich der Ausbildung des englischen Industriebildes in späten 18. und im 19. Jahrhundert. Unter Berücksichtigung der Graphik stellte er den Zusammenhang zwischen Technik- bzw. Industriegeschichte, Sozial- und Kulturgeschichte her, um die ›Aufgabe‹ Industriebild greifbar zu machen.

In den 70er Jahren bezog der ›neue‹ Untersuchungsgegenstand Industriekultur auch das Industriebild in Ausstellungen und Publikationen mit ein. Punktuell erweiterte und vertiefte sich das Interesse durch wissenschaftliche Arbeiten zu einzelnen Regionen und zeitlichen Abschnitten. Ausstellungen und Publikationen stellten weiterhin Material zur Verfügung. Dennoch bleibt das Industriebild ein vernachlässigter Gegenstand der Kunst- wie der Kulturgeschichte. Die eine verbucht es als Landschaft, als Stadtlandschaft, als Genrebild oder als Porträt und vernachlässigt so die Betrachtung des spezifischen Themas. Auf der anderen Seite bedeutet der Rückgriff auf das Industriebild als illustrierendes Belegstück des Industriezeitalters die Vernachlässigung seiner ästhetischen Qualität und deshalb seiner Einbettung in seine eigene kunstimmanente Geschichte.

Die Berücksichtigung beider Bereiche ist jedoch unabdingbar zum Verständnis des Industriebildes. Der enorme Einschnitt, den das Zusammenwirken von Arbeits- und Kraftmaschinen im Zuge der Industriellen Revolution bewirkte, veränderte die Wahrnehmung und die Erfahrbarkeit der Lebenswelt. Mit der Fabrik entstand der zentralisierte Großbetrieb, der den Durchbruch zur gewerblichen Massenproduktion ermöglichte. Die Zusammenballung von Unternehmen und Beschäftigten an günstigen Produktionsstandorten beförderte das Wachstum der Städte. Das Resultat dieser Veränderungen war ein dauerhaftes, sich selbst erhaltendes Wirtschaftswachstum, in dem der Markt die regulierende Instanz darstellt. Die wachsenden Industrieregionen erfuhren tief greifende landschaftliche Veränderungen, die mit nachhaltigen Verschiebungen des sozialen Gefüges einhergingen. Dieser Prozess, der sich – in Abhängigkeit von der technischen und gesellschaftlichen Entwicklung – bis in die Gegenwart hinein ständig modifiziert, wirkt nach wie vor auf die Bildwelt ein.

Die Ausstellung verfolgt deshalb zwei Linien – eine technisch-wirtschaftliche und eine ästhetische: Wann hat das Streben nach Darstellung neuer technischer und wirtschaftlicher Phänomene eine neue ikonographische und formale Bildsprache provoziert, wann nicht? Wie wird die industrielle Gegenwart der jeweiligen Zeit im Bild wahrgenommen? Der Begriff der ›zweiten Schöpfung‹ bezieht sich insofern einerseits auf das durch die Industrie veränderte Verhältnis des Menschen zur Natur, andererseits auf die Transformation von Wirklichkeit in Kunst.

Dabei kann die chronologisch breit angelegte Ausstellung keine erschöpfenden Antworten geben. Sie setzt Schwerpunkte, indem sie einzelne Regionen, einzelne zeitliche Abschnitte oder gesonderte Themen umreißt. Zudem konzentriert sie sich auf das gerahmte Bild – sei es als Staffeleibild, als Graphik oder Fotografie – und lässt künstlerische Manifestationen wie Collage, Installation, Performance oder Happening außer Acht.

Inzwischen ist die Industrie traditionellen Zuschnitts – mit den Bereichen Textil, Kohlen- und Erzbergbau, Eisen und Stahl – in hoch industrialisierten Ländern wie England, Belgien, Frankreich und Deutschland bereits seit Jahrzehnten subventionsabhängig oder wegen der Konkurrenz aus Billiglohnländern auf dem Rückzug. Immer weniger Menschen finden in diesen Branchen Arbeit. Die Datenverarbeitung und die Biotechnologie sind die neuen Leitsektoren der ›postindustriellen Gesellschaft‹. Sie bestimmen die Diskussion über die wirtschaftliche Leistungs- und Wettbewerbsfähigkeit, die Zukunftsfähigkeit der alten Industriegesellschaften. Landstriche, die sich vor allem durch die Montanindustrie zu ›Industrielandschaften‹ wandelten, werden zunehmend zu ›Naturlandschaften‹ rekultiviert. In den aufgegebenen Fabrikgebäuden entstehen Lofts, Shopping Center oder Büros für Dienstleistungsunternehmen. Stillgelegte Anlagen werden zu Museen umfunktioniert, die als Zeitzeugen die Geschichte des Industriezeitalters dokumentieren. Damit ist der Moment gekommen, den Blick zurückzulenken und in Bildern und Worten nachzuzeichnen, welchem Wandel die Vorstellungen und Wertesysteme der Industrie unterworfen waren.

Unser herzlicher Dank geht an alle Leihgeber. Durch ihr Interesse und Entgegenkommen konnte die Ausstellung verwirklicht werden. Dies gilt ganz besonders für das National Museum of Science and Industry in London, namentlich Wendy Sheridan, das uns eine Vielzahl von Leihgaben zur Verfügung stellte. Die Brüsseler Musées royaux des Beaux-Arts de Belgique, namentlich Pierre Baudson, das Musée de l'Art Wallon in Lüttich, das Musée Gadagne in Lyon, namentlich Simone Blazy, das Rheinische Industriemuseum Oberhausen, namentlich Daniel Stemmrich, haben uns kollegial unterstützt und wichtige Werke für die Ausstellung entliehen. Mit Wanda Löwe hatten wir eine kompetente und umsichtige Lektorin an unserer Seite.

Die Alfried Krupp von Bohlen und Halbach-Stiftung übernahm die Finanzierung des Katalogs. An sie und Herrn Prof. Dr. h.c. mult. Berthold Beitz, den Vorsitzenden des Kuratoriums, richtet sich unser ganz besonderer Dank.

Sabine Beneke — Hans Ottomeyer

Die Industrie als ›zweite Schöpfung‹

Klaus Herding

In der Vergegenwärtigung seiner Geschichte hat das Industriezeitalter Zukunft.[1] Vor allem der Übergang zur Großmaschinerie zwischen 1830 und 1890 erfährt aus der distanzierten Perspektive heutiger Mikro- und Nanotechnologien erneute Beachtung – Fabrikhallen werden zu Museen der Arbeit, Zechen zu Freizeitparks umgestaltet; die Industriefotografie hat die Öde, die gleichförmige Reihung, die Verlassenheit als Kennzeichen aufgegebener Industriestandorte neu entdeckt.[2] Erst jetzt also, in der postindustriellen Epoche, scheint die ›zweite Schöpfung‹, die des ›Riesen Proletariat‹, richtig gewürdigt werden zu können. Dieser ästhetische Rückblick auf den Industrialisierungsprozess folgt lange nach seiner ersten Entdeckung in der bildenden Kunst. Doch auch diese ist keineswegs gleichzeitig mit dem Prozess selbst erfolgt. Erst Jahrzehnte nach der entscheidenden Hoch-Zeit der Großmaschinerie haben deren Essentials – fassbar als Dynamik und Tempo, als Mechanisierung und Rationalisierung des Lebens – zu adäquaten künstlerischen Formen geführt: Im frühen 20. Jahrhundert, bei Eadweard Muybridge, bei Fernand Léger oder bei László Moholy-Nagy, im Futurismus oder in der Neuen Sachlichkeit bilden sich Formäquivalente heraus für das, was im Industrialisierungsprozess ein halbes Jahrhundert vorher Bürger und Arbeiter umtrieb. Auch hat sich die industrialisierte Wahrnehmung von außen nach innen entwickelt und sich zunächst im Ausstellungs-, Kauf- und Freizeitsektor artikuliert, bevor sie ins Innere des Produktionsprozesses eindrang.[3] Um diesem Umbruch auf die Spur zu kommen, wenden wir uns vor allem Frankreich zu, weil die *ästhetische* Reaktion auf die Industrialisierung (»la perception industrielle«) am stärksten in Paris eingesetzt hat.

Warum hat sich die bildende Kunst nicht spontan der Großindustrie als einem neuen Sujet zugewandt? Warum haben sich die so genannten ›Väter‹ des 20. Jahrhunderts, Paul Cézanne und Paul Gauguin, Vincent van Gogh und Georges Seurat, kaum mit Industrie befasst, sondern unter den Großen nur Adolph Menzel? Warum haben sich sogar die damals als Materialisten oder Sozialisten geltenden Maler Gustave Courbet und Jean-François Millet der Industrie nicht zugewandt, sondern Bauern und Tagelöhner, nicht aber Fabrikarbeiter gemalt? Warum hat Honoré Daumier in einer Karikatur auf die Weltausstellung von 1855 (Abb. 1) der Industrie die kalte Schulter gezeigt und den Fortschritt als eine unnütze, dem normalen Leben nur schädliche Groteske verspottet? Offenbar, weil alle diese Künstler den Aufbruch zur ›zweiten Schöpfung‹ nicht in der Industrialisierung erkannten, sondern ihre Hoffnung auf die Befreiung von Hast und Technikgläubigkeit setzten. Der Slogan »Il faut être absolument moderne« hieß für Arthur Rimbaud 1873, so weit entfernt von Paris zu sein wie nur möglich.[4]

Sehen wir uns gar bei den Anführern des guten Tons um, bei Künstlern wie Jean-Auguste-Dominique Ingres, so treffen wir noch 1863 auf Worte wie diese: »Jetzt sollen Kunst und Industrie vermengt werden. Die Industrie – von ihr wollen wir nichts hören! Sie soll bleiben, wo sie ist und sich nicht auf den Stufen unserer Schule niederlassen, dem wahren Tempel Apolls, der allein den Künsten Griechenlands und Roms geweiht ist!«[5] Für entschiedene Trennung plädierte 1866 auch der einflussreiche Kunstkritiker Maxime Ducamp: »Überlassen wir die Geschwindigkeit der Dampfkraft getrost der Industrie und bewahren wir der Kunst die weise Langsamkeit, die sie braucht, wenn sie nicht an ihrem Untergang schuld werden soll.«[6] Grundsätzlicher noch urteilte Charles Baudelaire: »Es gibt einen Irrtum, der sehr in Mode ist, und vor dem ich mich hüten will wie vor der Hölle. Ich meine die Idee des Fortschritts. Dieses düstere Fanal, ..., diese moderne Laterne verdunkelt alle vertrauten Objekte. ... Fragt einen wackeren Franzosen, was er unter Fortschritt versteht, so wird er Euch antworten: Dampfkraft, Elektrizität und Gasbeleuchtung ... Der Ärmste ist derart amerikanisiert, ... dass er den Sinn für die feinen Unterschiede verloren hat, welche die körperliche und die seelische Welt, das Natürliche und das Übernatürliche charakterisieren.«[7] Die industrielle Welt desensibilisiert also. Sind das alles schiere Rückzugsgefechte? Keineswegs. Ingres und Courbet, Baudelaire und Ducamp, Gauguin und Rimbaud verbindet, dass sie ihr Ideal woanders suchten, in einer reinen, vergeistigten oder in einer naturhaften, ursprünglichen Welt, in einer die Gegenwart entweder aussparenden oder auf ein einfaches Leben reduzierenden Kunst. Es sei hinzugefügt, dass diese Künstler und Schriftsteller das moderne Leben nicht schlechthin ablehnten, aber in der Industrie allenfalls ein notwendiges Übel erkannten, dem kein eigener ästhetischer Wert zukomme. Zwar war eine thematische Zuwendung zur eigenen Zeit schon seit 1830 in Frankreich en vogue, aber das Wort: »Il faut être de son temps«, als ästhetische Forderung des Schriftstellers Emile Deschamps 1828 zunächst generell eingeführt, von Daumier dann auf Probleme des Kleinbürgertums angewandt, bedeutete für den engagierten Künstler nicht nur, zeitgenössische Themen aufzugreifen, sondern auch, sie in den Formen der Avantgarde zu bearbeiten. Dafür wurde das Feld *außerhalb* der Industrie bestellt.

Daher findet sich in Francis Donald Klingenders grundlegendem Buch über Kunst und Industrielle Revolution wenig zur *Form*, in der sich die Industrie künstlerisch darstellt.[8] Ähnlich enthaltsam geben sich industriegeschichtliche Kataloge – mit Recht, denn sie haben in dieser Hinsicht nicht viel zu bieten. Ein einziges Fabrikbild wird in der *Propyläen Kunstgeschichte* des 19. Jahrhunderts behandelt; allenfalls ein ›Schattenreich‹ der Kunst bildet die Industrie in Werner Hofmanns *Irdischem Paradies;* selbst in Richard Hamanns und Jost Hermands *Gründerzeit* sind Bilder dieses Genres ausgespart.[9]

1 Honoré Daumier, *Ein Drehspieß, der dazu dient, Hühnchen mit 29facher Pferdestärke zu braten (Un tournebroche, destiné à faire rôtir des poulets de la force de vingt-neuf chevaux)*, 1855, aus der Serie: *L'Exposition universelle*, n° 23

So kann auch Ingres' Wort nicht nur als Ausfluss einer klassizistischen Kunsttheorie gelten; vielmehr reflektiert diese Äußerung die Abwehr einer mechanischen Gleichförmigkeit, die man in der Industrie walten sah und die nicht durch Kunst nobilitiert werden sollte. Mit dem gleichen Argument wurde das ›mechanische‹ Verfahren der Fotografie als unkünstlerisch gebrandmarkt und abgewehrt.[10] Solange die industrielle Produktion als das Reich des ›Nützlichen‹ der Kunst als dem Reich des zweckfreien ›Schönen‹ gegenübergestellt wurde, konnten sich die Künstler kaum darauf einlassen, eine Brücke zu schlagen und eine der Industrialisierung adäquate Form auch nur zu suchen – andererseits reicht der Begriff des ›Nützlichen‹ kaum aus, die künstlerische Entfaltung einer spezifisch industriellen Ästhetik zu umreißen.[11] Und selbst dann bedurfte es zusätzlicher Mittel, um ein solches Sujet zu lancieren; Adolph Menzel ließ sich immerhin den mythologischen Titel *Moderne Cyklopen* gefallen, um das *Eisenwalzwerk* als modernes Historienbild zu rechtfertigen.

Die Scheu der Maler vor der Industrie

Die Abwehrhaltung fast aller Künstler gegen die Auseinandersetzung mit der Industrie bleibt dennoch erstaunlich. Man kann sich schwer vorstellen, dass der Einbruch dieser neuen Welt gar keine ästhetische Faszination ausgeübt haben soll. Tatsächlich war dies in der allerersten Phase der modernen Industrialisierung anders, weil damals, am Ende des 18. Jahrhunderts, die Konfrontation zwischen Natur und Industrie vor Augen stand, die Industrie als großartig-schauerlicher Gegensatz zur erhabenen Natur erlebt wurde, vor allem in England. Davon wird die Rede sein. Für die Abwehrhaltung, die um die Jahrhundertmitte in England, Frankreich und wenig später auch in Deutschland um sich griff, lassen sich jedoch ebenfalls gute Gründe anführen:

Die Welt der Industrie lag fern. Schon früh wurden Fabriken ausgesiedelt; als Folge bildete sich zum Beispiel die *ceinture rouge* rund um Paris. Die Industrialisierung ließ *neuralgische Zonen*, wüste und gefährliche Gebiete, zwischen Stadt und Land entstehen. Die Maler hingegen waren Stadtbürger; im städtischen Bürgertum hatten sie ihre Kundschaft. Industrie war in doppeltem Sinne im Abseits verortet; entweder lagen die großen Betriebe – auf Wasser als Antriebskraft und Transportmittel angewiesen – außerhalb der Städte, an Flüssen, oder aber innerhalb der Städte in Sperrbezirken, hier wie dort streng bewacht. In allen Industrieländern hatten Arbeiter Sonderpässe, die sie zur Disziplin anhielten;[12] Fremden wurde der Zutritt verwehrt.

Fabrikbesitzer waren allenfalls an exakten und zugleich repräsentativen Darstellungen ihrer Anlagen interessiert; viel Spielraum für künstlerischen Eigensinn gab es unter diesen Bedingungen nicht. Im Firmenjubiläumsbild beerbt der Unternehmer den Fürsten, den Tugendhelden und den Feldherrn. Der Arbeiter wird in solchen Darstellungen zwar nicht verschwiegen, doch ist er dem Patron oder Herrscher stets fraglos unterstellt. Dass staatliche Institutionen oder Fabrikbesitzer eigenwilligen Künstlern wie François Bonhommé in Frankreich oder Paul Friedrich Meyerheim in Deutschland freie Hand gaben, war selten. Üblich war vielmehr eine Mischung aus vertrauten Wahrnehmungsmustern, eine Art ›vertrauensbildender Maßnahme‹; dazu gehört auch die häufige Verbrämung großindustrieller Arbeitsbedingungen durch ein vorindustrielles Erscheinungsbild, kurz: die Reduktion von Industrie auf Handwerk. Die häufigste Allegorie in der zweiten Hälfte des 19. Jahrhunderts ist wohl der Schmied. So wird auf einem Umzugsentwurf von L. Itzel (1853) trotz der Inschrift: *Es lebe Industrie* allein das Handwerk gefeiert – ganz im Sinne der vorindustriellen Bedeutung von *industria* als Fleiß.[13] Mythisch überhöht wird dies durch eine Schmiede, in der Venus und Vulkan den Platz der Arbeitgeber einnehmen und statt der Arbeiter »Cyklopen« wirken. Auf einem Gedenkbild zur Gründung des Evangelischen Arbeitervereins in Ingolstadt ist auf dem linken Seitenflügel ein biederer Handwerksmeister zu sehen, der an einer Hobelbank steht;[14] ihm gegenüber figuriert auf dem rechten Flügel eine lorbeerbekränzte musische Gestalt, die seine Arbeit lohnen wird. Fast unbemerkt bleibt, dass eine Maschinenbaufabrik das Zentrum bildet, deren rauchender Schlot den Kirchtürmen zugesellt ist. Also eine veritable Verhüllungs- und Eingemeindungsstrategie, schwer vereinbar mit dem Aufbruchsverlangen der Avantgarde, mit der von Courbet vorgeführten Zertrümmerung der alten Allegorese und mit dem Bestreben, Störungen des herkömmlichen Zusammenlebens auch *als Störungen in der Form* zu artikulieren. Die stärkste Rückbindung an Handwerk und Mythos kennzeichnet Hans Makarts Wiener *Festzug der Textilindustrie und der Eisenbahn* von 1879 (Kunsthistorisches Museum Wien), wo mittelalterlich kostümierte Gestalten die industrielle Arbeit verdrängen.[15]

Es kommt hinzu, dass der eigentliche Heros der Industrialisierung, der Arbeiter selbst, zunächst kein Interesse an der Darstellung seiner Arbeitswelt aufbringen konnte, nicht nur wegen der miserablen Arbeitsbedingungen, sondern auch wegen des mangelhaften Organisationsgrades. Erst nach Gründung von Arbeitervereinen und Gewerkschaften (auch dann oft nur mithilfe von Versatzstücken aus klassizistischer und biedermeierlicher Ikonographie) war, in beschränktem Umfang, bildliche Arbeiterkultur möglich; diese bescheidenen Ansätze aber sahen sich wiederum mit der Schwierigkeit konfrontiert, eine volle Identifikation mit dem Arbeitsplatz zu propagieren. Kurzum: Ungeachtet der Phasenverschiebung zwischen England, Frankreich und den deutschen Staaten gilt bis weit über die Jahrhundertmitte hinaus: Für ein Interesse der Arbeiter am Industriebild fehlte es an materieller und ideeller Motivation.

Für den Künstler gab es also, von wenigen Ausnahmen abgesehen, keinen Adressaten und Abnehmer. Aus heutiger Sicht mag es verwundern, wie wenig die Arbeitgeber in der Lage waren, *corporate identity* zu schaffen, und wie wenig umgekehrt bildliche Medien, Plakate oder Einblattdrucke, die schon in Reformations- und Revolutionszeiten gute Dienste geleistet hatten, von Arbeitern zur Agitation genutzt wurden. Frühe walisische und schlesische Agitationsblätter gegen Kinderarbeit in Bergwerken wurden von philanthropischen Bürgern publiziert und können kaum als Arbeiterkultur bezeichnet werden.[16] Selbst das viel zitierte Streikbild von Robert Koehler (Kat. Nr. 79) trägt das Geschehen nicht in einer Bildform vor, welche die Situation der Streikenden entweder kritisch oder aber in mitreißender Zukunftsperspektive schildern würde. Auch von den großformatigen Arbeiterbildern, die seit den 1880er Jahren in Belgien entstanden,[17] verlässt keines den Rahmen traditioneller Pathosformeln. Die künstlerische Qualität dieser Werke liegt weniger in einer neuen Sicht der Industrie als in der Entwicklung eines eindringlich anklagenden, mitunter pathetisch gesteigerten Arbeiterbilds. Der *Bürger* wiederum suchte den Ausgleich für die von Daumier oft karikierte Großstadthetze zunehmend in der äußeren Natur, nicht in der staubigen Industrie als einer vom Menschen geschaffenen »zweiten Natur«.[18] Zwar wurde zu Beginn, wie schon angedeutet, der Einbruch der Industrie in die Natur als großartiges Erlebnis empfunden und Hochöfen konnten, etwa bei Philippe Jacques de Loutherbourg und Abraham Pether, wie feuerspeiende Vulkane inszeniert werden, aber zur Jahrhundertmitte waren bereits ganze Landstriche von der Industrie verwüstet und wurden in der Druckgraphik auch so publiziert (Abb. 16). Nicht nur Landschaften, sondern auch alte Städte wurden von der Industrie ›aufgefressen‹ und bereits um die Mitte des 19. Jahrhunderts so dargestellt: In einer um 1855 entstandenen Ansicht der Maschinenfabrik Klett hat die Dynamik der Industrieanlage trotz einer geruhsamen Vordergrundszene das Bildfeld erobert. Schon 1850 war die Ultramarinfabrik Zeltner, aus der Vogelperspektive aufgenommen, in einem Stich erschienen; hier hat die Fabrikstadt die Nürnberger Altstadt völlig verdrängt.[19] Daher suchte man die unberührte Natur, den Strand von Êtretat oder den Wald von Fontainebleau, auch in Kunst und Literatur. Die Polemik gegen eine »littérature industrielle« trug Früchte: »Es gibt Neuromantiker, [die] behaupten, das beste Mittel zur Erneuerung sei es, die Wohltaten der Gasbeleuchtung oder der Nähmaschinen zu besingen, so dass es keiner Werbung mehr bedarf«;[20] Courbet und Millet hingegen wurden wegen ihrer ursprünglichen Landschaftsbilder als »Ärzte« der Gesellschaft angerufen.[21] Erst Armand Guillaumin oder van Gogh wagten die Industrie wieder in die Hintergründe ihrer Landschaftsbilder aufzunehmen, stießen aber auf Absatzschwierigkeiten.[22] Im Übrigen waren Industrievedute und Fabrikinterieur durch Patronat und Proletariat kodiert und daher politisch brisant. Im Frankreich des Second Empire gab es meines Wissens nur regierungsamtliche Aufträge mit industriellen Sujets, und in Preußen sah der Direktor der Nationalgalerie 1875, beim Ankauf des ersten Industriebilds, Menzels *Eisenwalzwerk*, noch alle Vorsicht geboten.[23] Man sollte diese Abwehr aber nicht nur politisch begründen. Ästhetisch boten Industrieanlagen keinerlei Anreiz; die ersten Fabrikbauten ahmten oft Schlösser oder Bauernhöfe nach – ein sozialgeschichtlich bedeutsames Anlehnungsbedürfnis; spätere schienen in ihrer Kastenform völlig kunstlos zu sein.[24]

Schließlich konnten Industrieanlagen und Maschinen zur Entlastung der Malerei in den *graphischen* Medien hinreichend dargestellt werden. Standardwerke der Technikgeschichte wie die vielbändigen Werke *Les Grandes usines de France* (1860–95) von Julien François Turgan oder *Das neue Buch der Erfindungen, Gewerbe und Industrien* (1876–80) von Julius Zöllner, Massenzeitschriften wie *The*

Illustrated London News, das Pariser Blatt *L'Illustration* oder die *Leipziger Illustrirte Zeitung* boten einen reichen Fundus an Industrieansichten. Die graphischen Medien konnten bequem für Firmenbriefköpfe oder für illustrierte Zeitschriften eingesetzt werden und damit die Ansprüche der Eigentümer befriedigen. Die druckgraphische Verklärung von Glas und Eisen half mit, die Alltagswelt der Produzenten zu verdrängen. Die rasche Entwicklung der graphischen Techniken förderte diesen Verdrängungsprozess; die hohe Auflage, die schnelle Herstellung und die Präzision waren der industriellen Fertigung andererseits besonders angemessen. Der Holzstich (Xylographie), ein ab 1770 entwickeltes Hochdruckverfahren, gab feinste Linien und Halbtöne wieder. Der Stahlstich (Siderographie), ein ab 1818 verwendetes Tiefdruckverfahren, erlaubte besonders exakte Reproduktionen in hohen Auflagen – bis zu 30 000 Exemplaren von einer Platte – herzustellen. Auch der Steindruck (Lithographie), das 1798 erfundene Flachdruckverfahren mit dem Vorzug raschester Herstellung, wurde seit den 1820er Jahren für gebrauchsgraphische Zwecke genutzt. Die Fähigkeit der Lithographie, tonige Übergänge wiederzugeben, wird uns bei der Inszenierung von Rauch und Feuer besonders beschäftigen. Oft wird die Fotografie, als Produkt des Industriezeitalters, für ein besonders angemessenes Mittel der Industriedarstellung gehalten. Dabei wird jedoch vergessen, dass die Kosten für fotografische Massenauflagen im 19. Jahrhundert noch ungleich höher als für graphische lagen; daher wurden viele Darstellungen sogar aus der Fotografie in Stiche oder Lithos ›rückübersetzt‹.[25] Der Dokumentarwert dieser Art von Gebrauchsgraphik ist unbestritten, ein eigener Kunstwert wird ihr jedoch meist abgesprochen. Aber: Ist dieses Material wirklich nur dokumentarisch zu rezipieren? Oder bricht in dieser scheinbar so kunstlosen Graphik ein Stück neuer Wahrnehmung auf, die dann auch die hohe Kunst verändert hat, vielleicht sogar stärker als die legitimationsbedürftige Fotografie?

2 *Mitgliedsurkunde der United Machine Workers' Association*, um 1850/60

Illustrationsgraphik als Vorspiel von Collage und Montage

Tatsächlich hat die Visualisierung des Industrialisierungsprozesses allen guten Gründen zum Trotz Anteil an dem Wahrnehmungsumbruch, den wir als Wende zur Moderne bezeichnen. Zwar kommen einige Elemente schon im 18. Jahrhundert vor, zum Beispiel in den Illustrationen zu Diderots *Encyclopédie* (Kat. Nr. 12); aber keineswegs so signifikant und konsequent modern wie im Zeitraum der Entfesselung der Großindustrie zwischen 1830 und 1890. Da ist eine neue, durch Collage und Montage heterogener Teile gekennzeichnete Qualität am Werk, die keineswegs nur ›dokumentarisch‹ ist, sondern die Formfrage provoziert. Es sei daher zunächst gezeigt, welche Möglichkeiten das so gering geachtete Medium der Illustrationsgraphik bereitstellt; anschließend wird gefragt, worin das Industrie*gemälde* über dieses Angebot hinaus weist. Tatsächlich fallen in den graphischen Industriedarstellungen des Untersuchungszeitraums bestimmte, immer wiederkehrende Strukturmerkmale auf:

1. Viele Graphiken bestehen aus Teilstücken, die in sich selbständige Einheiten bilden. Diese kombinatorische Form ist dem Thema insofern besonders angemessen, als sie Einblick in die Verschiedenartigkeit gleichzeitig ablaufender Produktionsprozesse ermöglicht, Innen- und Außenräume, Produktionsmaschinen und Produkte getrennt und doch in einem zeigen kann. Zwei Beispiele: Die Mitgliedsurkunde der 1844 gegründeten *United Machine Workers' Association* (Abb. 2) zeigt im Mittelfeld eines dreigeschossigen Aufbaus zwei Allegorien (Gerechtigkeit und Hoffnung) zuseiten einer Planiermaschine. Auf den Statuenpostamenten sind weitere Maschinen benannt, die den Mitgliedsbereich der Gewerkschaft abstecken. Oben, beiderseits einer Victoria-Abundantia-Allegorie, sind eine Spinnmaschine und ein Drillbohrer in hochovale Kartuschen eingelassen; unten werden vier weitere Maschinen vorgeführt. Einheitliche Raumperspektiven fehlen; doch sind die Bildfelder durchaus nach gemeinsamen Prinzipien gerahmt. Die mit den Figuren eingeführte allegorische Absicht wird indes von sieben naturalistisch dargestellten Maschinen durchkreuzt. Unterschiedliche Reali-

3 W. Wollschläger, *Das Eisenwerk Zeltweg*, 1887

tätsebenen werden also miteinander verknüpft, wobei die Objekte den gleichen Rang wie die Figuren beanspruchen. Das Ganze lässt sich nur als Montage verstehen.[26]

Hart aneinander stoßend, werden Fabrikanlagen und Produktionsvorgänge eines Eisenwerks in W. Wollschlägers Stich von 1887 gezeigt (Abb. 3). Auf allegorische Überhöhung ist durchweg verzichtet; das Ganze soll, wie auch die Nummerierung der Teilstücke andeutet, als Ablauf gesehen werden: oben ein Eisenabstich mit der Verladung glühenden Rohmaterials aus einer Bessemerbirne, daneben ein Walzvorgang; unten wird ein Dampfhammer betätigt, daneben Außenansichten der Fabrik, deren rauchende Schlote den Stolz des Besitzers verraten. Insgesamt eine dichte Montage, in der die Figuren weiter zurückgedrängt sind; doch wird eine Verschmelzung der Einzelfelder durch unterschiedliche Distanzen und differierendes Helldunkel verhindert.

2. In vielen Graphiken fällt eine potentiell ins Unendliche reichende Aufreihung gleichartiger Elemente auf. Soweit dies die dargestellte Architektur betrifft, sind solche Anordnungen aus dem Manierismus geläufig; sie kosten den Reiz aus, den die Tiefenflucht lang gezogener Korridore und Galerien ausübt. Ein solcher Raumeindruck konnte sich auch in Produktionshallen oder Bahnhofshallen einstellen.[27] Der Londoner Kristallpalast (Abb. 4) bot diese Perspektive sogar in Längs- und in Querrichtung dar. In den Fabrikinterieurs verdoppelt sich dieses Prinzip, denn hier konnte auch die Einrichtung als serielle Staffelung wahrgenommen werden. Fließbänder und Schienenwege steigerten die Tiefenwirkung; die gleichförmigen Abstände, in denen sich Zahnräder oder Spindelbänke wiederholten, riefen den Eindruck des Infinitesimalen hervor. Das Innere einer Werkhalle der Wollweberei Davin zeigt in einem Stich vor 1865 (Abb. 5) zwei Reihen von Spinnmaschinen, die den Raum-

4 Adolphe Gusmand nach Freeman, *Blick in den Londoner Kristallpalast*, 1851

5 E. Morin nach H. Linton, *Die Wollweberei Davin*, vor 1865

fluchten folgend angeordnet sind und die volle Tiefe der Halle einnehmen. Die Maschinen sind in ihrer Längserstreckung ununterbrochen, somit nicht rhythmisiert, wiedergegeben. Als Gegengewicht, gleichsam zur Dekoration, sind eine Handvoll Arbeiter in unregelmäßigen Abständen eingefügt. Die in sechs Reihen angeordneten Spindeln oder die Fäden, die sich über die Bänke spannen, zahlenmäßig erfassen zu wollen, wäre unmöglich; die endlose Folge entzieht sich der Quantifizierung. Daraus resultiert eine andere Beeindruckungsqualität als beim Kristallpalast: Während dort die einzelnen Kompartimente mit ihrer Gitterstruktur eine endlose Raumerstreckung suggerieren, richtet sich die Unendlichkeitsvorstellung hier auf die Produktionsmittel oder auf die Produkte selbst. Die Infinitesimalstruktur wird somit zum Hilfsmittel für die Visualisierung zeitlich ununterbrochener, fortwährender Produktion.

6 H. Rimbault nach Philip Henry Delamotte, *Baumwollspinnerei La Foudre*, vor 1863

7 *Londoner Schnelldruckpresse*, um 1840

3. Viele Graphiken überraschen mit ihrer Präzision im Detail. Selbst Großmaschinen, die für sich schon das Prinzip industrieller Serialität verkörpern, wie die 1858 in Englandgebaute halbautomatische Spinnmaschine der Baumwollspinnerei La Foudre (Abb. 6), werden durch isolierte Wiedergabe in so gleichmäßiger Genauigkeit greifbar, dass man solche Darstellungen als Musterbögen nutzen konnte. Zu diesem Zweck wird zum Beispiel der Hintergrund aufgehellt, wodurch in diesem Falle Licht durch das Getriebe fällt und jede einzelne Stange einen abgrenzbaren Körper bildet; diese Transparenz wird ergänzt durch ein Höchstmaß an graphischer Differenzierung mithilfe feinster Quer- und Längsschraffen.

Oft wird der Schnitt durch eine Maschine gegeben, die dann, daneben, in Schrägaufsicht, in ihren Kernelementen plastisch dargestellt wird (Abb. 7). Dabei können funktionale Einheiten zugleich als autonome ästhetische Grundformen freigelegt werden. So sind bei dieser englischen Druckmaschine aus den frühen 1840er Jahren mithilfe pathetischer Lichtführung und scharfer Konturierung die Transmissionsriemen und ineinander greifenden Zahnräder, also die Übertragungsmechanismen, überdeutlich hervorgehoben. Aber ungeachtet dieser funktionalen Offenlegung entfalten vier Kreise unterschiedlichen Durchmessers ihre Wirkung als zusammenhängende Form. Bei Léger werden dann aus solchen Grundformen Industriebilder entstehen.[28]

Den ästhetischen Freiraum, der einzelnen Gliedern bei aller technischen Präzision zugestanden wird, verdeutlicht die Darstellung einer Balancier-Dampfmaschine, die 1854 in Magdeburg gebaut wurde (Abb. 8). Die Maschine ist in einer geradezu ätherisch leichten Komposition wiedergegeben: Trotz aller Genauigkeit in spielerischer Analogie zum menschlichen Körper gehalten, bildet der gotisierende Maschinenständer ein transparentes und doch stabiles Zentrum, dessen ›Leib‹ von einem Netz dünner, nicht historisierter Stäbe umgeben ist, die als ›Greifarme‹ fungieren; die beiden äußersten kommunizieren mit Pumpe und Tretrad. Wir werden auf diese Art der Inszenierung noch bei der Riesen-Metaphorik zurückkommen.

Was diese Graphiken insgesamt auszeichnet, ist die Materialdifferenzierung durch unterschiedliche Tonwerte, der Verzicht auf anekdotisches Beiwerk, die Verbindung von Präzision und Ornament. Exakte Proportionierung durch Wahl des Augenpunkts in gleicher Höhe oder durch Schrägaufsicht, die zugleich den Blick ins innere Getriebe freigibt, lässt solche Maschinen, wie ein Uhrwerk, als autonomes Ordnungsmodell erscheinen, unberührt von Unterdrückung und Arbeitskämpfen. Schmutzarbeit, körperliche Arbeit überhaupt, scheint aus dieser Welt der Präzision verbannt zu sein: Tatsächlich stellt die Arbeitsauffassung solcher Stiche einen ästhetischen Vorgriff auf den *white-collar worker* und die Zeit der Automation dar. Gerade in der zweckgebundenen Graphik bildet sich die Autonomie der Form als paradoxes Pendant objektiver Verfügbarkeit aus. Der abstrakte Präzisionismus solcher Vorlagen hat deren Adaptation im Surrealismus begünstigt. Der visualisierte Industrialisierungsprozess begünstigt so die Vision einer ästhetischen Neuschöpfung der Welt.

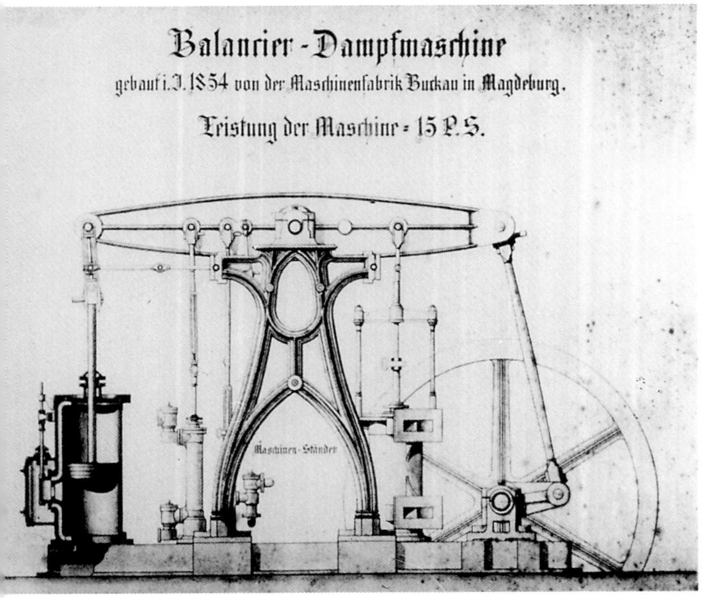

8 *Balancier-Dampfmaschine der Maschinenfabrik Buckau*, 1854

4. Mit dem Verzicht auf anekdotische Ausschmückung von Arbeitsräumen und der ›nackten‹ Wiedergabe von Maschinen ist bereits eine weitere Eigenschaft angesprochen: die potentielle Entleerung des Bildfelds. Nur selten wird der Produktionsvorgang gezeigt, und selbst dann betreten wir ein Niemandsland. Holzstiche mit Fabrikhallen, die sich völlig kahl darbieten oder in denen die Arbeiter hinter den Maschinen verschwinden, sind häufig anzutreffen.[29] Besonders befremdlich wirkt die Entleerung des Raums in einem schlesischen Walzwerk (Abb. 9); denn die Bearbeitung des Eisenrohlings hätte, wie Menzels Beispiel zeigt, einen ergiebigen Vorwurf dargestellt. Zweifellos war der Arbeitsgroßraum, wie kahl und leer auch immer, als Gegensatz zur gedrängten Enge einer Bäckerei oder Schmiede eine ungewohnte Erfahrung und für die Stecher nicht ohne Faszination. Im Industrie- und Großstadtbild des 20. Jahrhunderts, vor allem der Neuen Sachlichkeit, wird die Wahrnehmung der leeren Fläche zur Form.

Auch Außenansichten bieten sich oft als ›leere Hülsen‹ dar; die Gießhütten in Jean-Baptiste Godins *Solutions sociales* von 1871 bestehen aus etwa 20 gleichförmig-gesichtslosen Schablonen, die aber offenbar als repräsentativ für die nüchterne Arbeitswelt galten.[30] Die Karikatur hat diesen Aspekt frühzeitig bearbeitet. In den sprechendsten Beispielen wird Industrie als leerer Widerpart zur Fülle der Natur gesehen: *Blick aufs freie Land (Site champêtre)* nennt Marcelin 1852 eine kahle Reihe von Fabrikgebäuden an der Seine (Abb. 10); da solche Kästen den Blick aufs Land verstellen, fügt Marcelin, Horaz' Begeisterung für die freie Natur persiflierend, dessen Ausruf »O rus, quando te aspiciam« hinzu. Ein Gegenbild mit einem Blick auf die durch Industrie entwertete, entleerte Silhouette von Paris, publiziert Gilbert Randon im gleichen Jahr. Nadar schließlich leistet als Graphiker jene Industriekritik, die er als Fotograf auszusparen pflegte. Möglicherweise sieht er auch die Wohngebiete schon bedroht, denn zwischen Wohn- und Fabrikschornsteinen unterscheidet er kaum: *Frühling auf ewig (Printemps à perpétuité)* ist die Vision einer trostlosen Kulisse benannt, die, regengrau verhangen, unverkennbar ruinöse Züge anzunehmen beginnt.[31] Der entwicklungsfähige Kern solcher Ausblicke liegt darin, dass in ihnen die Abstraktheit des Industriezeitalters in visuelle Zeichen gefasst wird – eine Dimension, die in Zeichnungen Menzels, in Bildern Constantin Meuniers und Umberto Boccionis weiter entfaltet wird.

5. Mit der Wiedergabe von Industrieanlagen und Maschinenhallen als einem ›leeren‹ Stück Wirklichkeit – ob als Sinnentleerung oder umgekehrt als Neuschöpfung, als Zeichen zeitgemäßer Nüchternheit und als *Tabula rasa* der Zukunft verstanden – ist eine weitere Tendenz verbunden: die Herauslösung eines Gegenstands aus seinem Kontext. Sie

9 C. Maurand nach J. Férat, *Walzwerk in Oberschlesien*, vor 1870

10 Marcelin [Émile Planat], *Blick aufs freie Land (Site champêtre. O rus, quando te aspiciam)*, 1852

schlägt sich in der Industriegraphik als Stückhaftigkeit, als willkürlicher Ausschnitt nieder. Das Verfahren, den Schritt zur Umgebung beliebig zu setzen, eine Komposition nicht mehr durch Repoussoirs oder Staffagefiguren auszugrenzen und zu rahmen, wird insbesondere der Fotografie zugeschrieben – die Hervorhebung des Ausschnitts und seine Manipulation gehört für uns zur Essenz fotografischer Regie. Aber die ersten Fotografen legten Wert auf eine bildmäßige Inszenierung. In diesem Sinne gelten zum Beispiel die Fotografien des Second Empire heute als eingehüllt »dans leur mystérieux manteau de convention«[32]. Dagegen hatte die Graphik die Ausschnitthaftigkeit – logisches Pendant der Infinitesimalstruktur – als Signum industrieller Stückproduktion längst eingeführt. Nicht mehr das Ganze, sondern nur noch das Detail wird gezeigt. So wird zum Beispiel die Nietmaschine der Firma Derosne in Grenelle (Abb. 11) in einem Ausschnitt wiedergegeben, der die minutiöse Arbeitsleistung der weit über die Blattgrenzen hinausragenden Riesenmaschine vor Augen führen soll. Stolz wird vermerkt, dass die Maschine sechs je drei Zentimeter starke Blechstücke für Lokomotivverkleidungen ausstanzt – auf einen Schlag, versteht sich. Auch der Arbeiter wird als ein Rädchen im Getriebe dargestellt, das in seiner Partialität die erahnte Wirkung des Ganzen noch steigert. Dem fügt ein Ausschnitt aus der Maschinenhalle der Pariser Weltausstellung von 1878 (Abb. 12) eine weitere Dimension hinzu: Firmenschilder sind hier im Ausschnitt gezeigt; das Schriftbild wird mitten im Wort unterbrochen. Die Form bricht sich gegenüber dem Verlangen nach repräsentativer Vollständigkeit Bahn – auch als Ausdruck der ephemeren Wahrnehmung des vorbeieilenden Besuchers; heute würde eine Fernsehkamera in einem Schwenk über die Halle ziehen. Das Flüchtige als Element des modernen Lebens, essentiell für Charles Baudelaire[33], ist mit diesem *Ausschnitt im Ausschnitt* zum ersten Mal angedeutet; es wird uns anlässlich der Malerei von Gustave Caillebotte und Edgar Degas noch beschäftigen.

Am effektivsten wurde das Ausschnittverfahren bei der Darstellung der Arbeiten am Eiffelturm angewandt. *Tour de 300 Mètres* steht über einem Holzstich von 1887, der die gerade errichteten Stützpylone des Sockelgeschosses zeigt.[34] Auch die Rollwagen, Pressen, Aufzüge (Abb. 13) sind in Ausschnitten reproduziert, welche die Anschauung des Turmes insgesamt voraussetzen und zugleich eine gewaltige Faszination nicht nur für das ineinander gefügte, funktionierende Gerüst dieser großen ›Maschine‹, sondern auch für die formbildende Verselbständigung der Teile erkennen lassen. Ästhetisch entfaltet gerade der Ausschnitt seinen Reiz: Die unendlichen Verstrebungen werden damit sinnlich fassbar und als Teil eines Baukastensystems oder Musters

11 H. Linton nach Bertrand, *Schlaghammer der Fa. Derosne & Cail in Grenelle*, vor 1865

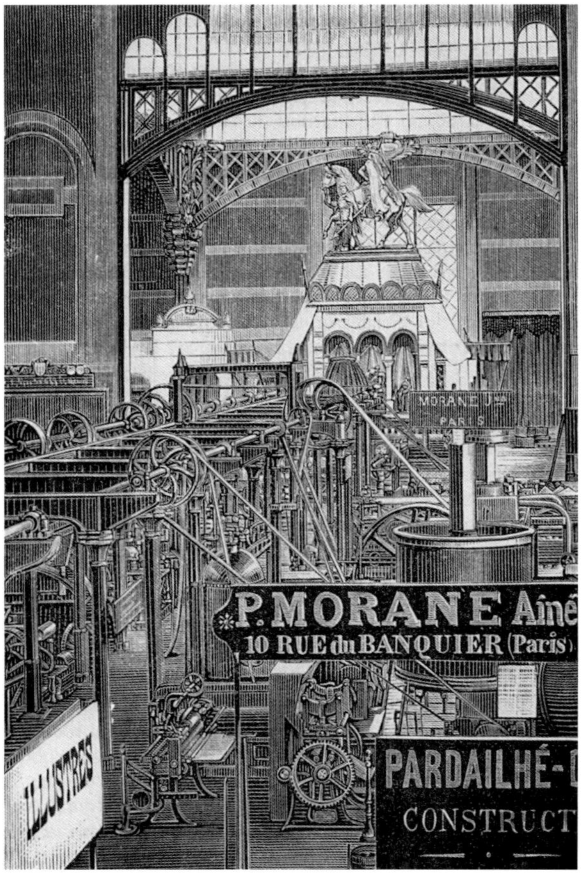

12 *Blick in die Maschinenhalle auf der 7. Weltausstellung*, Paris 1878

verfügbar. Es scheint, dass noch Léger in seinen *Bauarbeitern (Les constructeurs)* darauf zurückgegriffen hat.[35]

6. Die Inszenierung einer Maschine oder Konstruktion im Ausschnitt erwies sich als Imaginationsanreiz und als Instrument einer bildlichen Überzeugungsstrategie. Nah gerückt, soll der Apparat ›überwältigen‹. Wir sehen seine Grenzen nicht; er wächst sich aus. Ob positiv oder negativ gedeutet – das Bild des Riesen liegt nahe. Wir hatten bereits bei der Magdeburger Balancier-Dampfmaschine (Abb. 8) und beim Schlaghammer der Firma Derosne in Grenelle (Abb. 11) davon gesprochen. Schon der älteren Bildtradition war diese Vorstellung nicht fremd.[36] Im 19. Jahrhundert kann ein ganzes Verbundsystem von Maschinen, ja die Industrie insgesamt als Riese erfahren und dargestellt werden. Die Vielzahl an Pferdestärken, die mit der Dampfkraft verfügbar wurden, wird überall staunend vermerkt. Aber gerade in diesem Stolz über die Verfügbarkeit schwingt auch die gegenteilige Vorstellung mit, dass die Arbeiter den Maschinen zur Verfügung stehen müssten, sich ihrer ungeheuren Größe zu unterwerfen hätten, oder auch, wie bei Daumier (Abb. 1), dass solche Maschinen ganz unnütz seien. An verbaler Ungeheuer-Metaphorik fehlt es nicht; vor allem *bewegte* Maschinen wie Lokomotiven oder Roboter werden als Riesen, Mastodonten usw. bezeichnet.[37] Auch bildlich sind solche Übertragungen geläufig. Eine Vorreiterrolle nimmt die Karikatur ein, indem sie die Maschinen kurzerhand verlebendigt; als mechanisch-groteske Wesen treten sie bei George Cruikshank oder Gustave Doré auf. In der beschreibenden Graphik wird ein ähnlicher Effekt durch die schieren Größenverhältnisse in Verbindung mit Benennungen wie »Riesenschnellpresse« oder »Riesendampfmaschine« erreicht. Bekannte Beispiele sind die Dampfmaschine von Corliss, schließlich der Dampfhammer von Le Creusot, der auf der Pariser Weltausstellung 1878 vorgeführt wurde. Auch die 1867 in Paris ausgestellte Krupp-Kanone war als ›Riese‹ nicht nur konzipiert, sondern auch graphisch rezipiert worden.[38] Ist der künstlerische Anteil an diesen Stichen auch gering, so sind die Folgen für die Verrückung der Proportionen in der Kunst des 20. Jahrhunderts, bis hin zu Claes Oldenburgs Denkmal-Inversionen, nicht zu verkennen.

Die riesenhafte Größe steigert den Eindruck der Selbstwertigkeit. Wenn solche Maschinen hohe Fabrikhallen bis oben hin ausfüllten, schrumpften die Arbeiter in den graphischen Wiedergaben gleichsam automatisch zu Pygmäen, so zum Beispiel vor den Riesen-Luftpumpen von Saint-Germain (Abb. 14). Ein Kommentator im *Magazin pittoresque* von 1851 schreibt ausdrücklich: »Sie sehen diesen gewaltigen Mechanismus, im Vergleich zu dem die Größe des Menschen so gering ist und seine Kraft so unbedeutend. Insgesamt sind es vier Zylinder ...«[39] – vom ›Riesen‹ ist also nur ein Teil gezeigt. Dazu kommt die Macht der scheinbar eigenständigen Bewegung: »Alle Teile arbeiten,

13 *Blick in das Innere des Eiffelturms*, 1889

die einen nur durch ihre Widerstandskraft, die anderen, indem sie mit majestätischer Langsamkeit oder mit furchterregender Geschwindigkeit den Bewegungen folgen, die ihnen der Mechaniker vorher zugewiesen hat.«[40] Die letzte Bemerkung scheint den Riesen wieder zu zähmen, bezeichnenderweise aber zeigt die Graphik davon nichts. Der Stecher ist *überwältigt* und gibt diesen Eindruck ungemindert weiter.

Die zehn Arbeiter, die *Hoe's Schnelldruckpresse* (um 1870, Abb. 15) mit ihren zehn Druckzylindern bedienen, wirken im Stich, als seien sie von dieser Maschine in den Griff genommen worden. Tatsächlich mussten solche Maschinen, die eine Zeitungsauflage von 300 000 Exemplaren in zwei Stunden ausdrucken konnten, auf das Zügigste gefüttert werden; der Bewegungsraum der Arbeiter war dabei denkbar gering; es scheint, als würden sie im nächsten Augenblick von der Maschine erfasst und eingesogen. Die künstlerische Konsequenz aus dieser Industrialisierung des Blicks hatte Daumier bereits 1855 gezogen, nicht im Produktions-, aber im Distributionsbereich: Bei ihm (Abb. 1) sind die guten Bürger so von der Bewegung des Zahnrads fasziniert, dass sie selbst, in der Abfolge der Köpfe, in eine zahnradartige Bewegung verfallen. Das meint »perception industrielle«!

7. Die Metapher von der Maschine als einem ›Riesen‹ verweist auf einen geradezu mythischen Schöpfungsprozess: Mit der Großmaschinerie entsteht ein neues Weltbild, das die bisher gültigen Proportionen im Verhältnis des Menschen zur Natur außer Kraft setzt. Zu den äußeren Zeichen dieser ›zweiten Schöpfung‹, die, obgleich vom Menschen geschaffen, ihm doch zugleich als unbeherrschbar entgegen-

tritt, gehören Feuer und Rauch. Sie sind auch die Signale einer neuen Ästhetik, in welcher Aktivität statt Beschaulichkeit gilt, Energie an die Stelle von Harmonie tritt: Die Industrielandschaft vertreibt die Naturidylle, die Fabrikstadtvedute die Altstadtsilhouette, das Eisenwalzwerk das Schmiedeinterieur. Aber die neuen Themen bleiben widerspruchsvoll an die alten gebunden. Während die Malerei aus diesem Widerspruch zu einer neuen Synthese vorstößt, deckt die Graphik die Störfaktoren auf und demonstriert die Unvereinbarkeit der neuen mit den alten ästhetischen Normen.

Licht- und Schöpfungsmetaphorik in der Graphik

Die Vision einer säkularen Neuschöpfung, die von Anfang an auch schon die Perspektive des Untergangs in sich trägt, realisiert sich seit dem späten 18. Jahrhundert in der Industrielandschaft.[41] Radikal brach schon Wilson Lowrys Stich nach George Robertson *Eisenhütte zum Gießen von Geschützen* (1788)[42] mit der Tradition einer harmonischen Landschaft: Aus halber Höhe steigen Rauchschwaden auf, industrielle Aktivität verdüstert den Himmel; Wanderer, noch darauf bedacht, einander Sehenswürdigkeiten zu weisen, reagieren mit alten Gesten auf neue Erfahrungen. Ein Konflikt zeigt sich auch in den beiden Stichen nach Henry Gastineau, welche in *South Wales in einer Reihe von Ansichten dieser malerischen Gegend mit ihren Städten, Schlössern, ... usw.* (*South Wales Illustrated in a Series of Views Comprising the Pictoresque Scenery, Towns, Castles, ... etc.*) von 1829/30 aufgenommen wurden. Sie geben zwei Fabrikanlagen wieder, deren eine (Coldbrook Vale) eher idyllisch, die andere (Nant-y-glo) eher düster erscheint (Kat. Nr. 41.1–2). Ob im zweiten Blatt schon ein ›gestörtes‹ Verhältnis von Mensch, Natur und Technik zum Ausdruck kommt, ist dennoch fraglich; die Zeitgenossen haben solche Blätter unterschiedlich beurteilt.[43] Die Düsternis selbst ist ambivalent; sie kann das prometheische Pathos der ›zweiten Schöpfung‹ auch zustimmend transportieren.

Nicht selten wird auf das Genre der Nachtstücke zurückgegriffen, womit bei der Erzverhüttung zugleich das Helldunkel des Feuers, das heißt die Erhellung der Nacht durch industrielle Aktivität, inszeniert werden konnte. Anders als bei der bloßen Wiedergabe einer Industrieanlage erforderte eine solche Absicht dramaturgische Qualitäten. Wie sehr die Potenz der ›zweiten Schöpfung‹ durch malerische Effekte demonstriert werden konnte, zeigte James Sands' Stich nach Thomas Allom von 1832 (Kat. Nr. 43): Ein nächtliches Feuerpanorama nicht nur, sondern geradezu eine Höllenlandschaft.[44] Über den Vorgang ist wenig zu erfahren; desto mehr von dem gefühlsmäßigen Einbruch, den die Industrialisierung bedeutete. Im Hintergrund lodert Feuer empor; links schlagen Flammen aus einem Schornstein wie aus einem Krater; der Widerschein der Glut aus dem geöff-

14 B. R. nach P. Blanchard, *Die Luft-Pumpen von Saint-Germain*, 1845

15 *Hoe's Schnelldruckpresse*, um 1870

neten Hochofen lässt Arbeiter und Geräte aufleuchten oder im Dunkel versinken. Mit Recht wurde das Blatt den apokalyptischen Naturvisionen John Martins zur Seite gerückt – die Analogie zu Naturkatastrophen ist unübersehbar; dennoch bleibt offen, ob der Stich ein Desaster andeuten soll. Die Natur stellt nur den Rahmen für eine würdige Inszenierung der Industrie. Aber dieser Rahmen erweist sich als unzeitgemäß – ohne Kommentar ist kaum zu erkennen, dass eine moderne Eisenerzverhüttung dargestellt ist.

Gerade die Widersprüchlichkeit dieses Stichs zeigt das Problem: Es geht um die Erweiterung der Wirkungsmöglichkeiten der dokumentarischen Graphik. Dieser Absicht kam die Vorstellung vom chthonisch-prometheischen Schöpfungsprozess, vom Kampf mit dem Feuer bei der Metallverarbeitung, besonders entgegen. Stiche dieses Themas waren oft schwer zu reproduzieren, sofern der Widerschein von Feuer und Glut ›malerisch‹ bearbeitet sein sollte; sie sind daher in illustrierten Zeitschriften und Handbüchern der Zeit seltener zu finden. Dennoch waren sie als Einzelblätter weit verbreitet, so zum Beispiel die Stiche von Richard Earlom nach Joseph Wright of Derby. Gerade die graphischen Versionen zeichnen sich durch extreme Helldunkelwerte aus. Stiche wie *Die Hufschmiede (The Blacksmith's Shop)*[45] sind das Bindeglied zwischen handwerklichen und industriellen Innenansichten, und für den Vergleich der Schöpfungsmythen umso bedeutsamer, als sie den Vorgang des Schmiedens in Anlehnung an die Geburt Christi geben. Häufiger als bei anderen Themen bediente man sich für dieses Sujet der Lithographie mit ihren weicheren Tonlagen; nicht selten auch sind derartige Blätter koloriert. Oftmals aber kollidiert das Verlangen nach dramatischer Weltschöpfungs- oder Weltuntergangsinszenierung mit dem Verlangen nach Präzision. Nicht umsonst nahmen Graphiker in England, Frankreich und den deutschen Staaten – bei aller Unterschiedlichkeit der Entwicklung in den drei Ländern – fast zur gleichen Zeit Abstand von dieser malerischen Inszenierung der ›zweiten Schöpfung‹: In einer etwas steifen, handwerklichen Manier vollzieht James Sharples 1852 diesen Schritt, in Art einer nüchternen Berichterstattung Ernst Wilhelm Knippel[46], dessen Lithographie immerhin auf der Londoner Weltausstellung 1851 gezeigt wurde, und schließlich, in einer kühnen Verbindung von Lichtregie und Realismus, François Bonhommé 1867[47]. Erst bei ihm nimmt das Helldunkel *industrielle Dimensionen* an. Seine Lithographie einer Eisengießerei gibt einen Ausschnitt aus mehreren Vorgängen, die sich in Wirklichkeit in zeitlichen und räumlichen Abständen abspielen; die Kontraktion erhöht jedoch den Eindruck der Komplexität. Gezeigt werden Abstich, Verladung und Transport des Roheisens; wir blicken in einen Raum mit zwei Puddelöfen, riesigen, von Eisenträgern gehaltenen Winden und anderem mehr. Das Licht soll nicht mehr den Kampf mit den Elementen poetisieren, sondern dient dazu, die Vorgänge und die verwirrende Raumstruktur zu verdeutlichen. Diese Sachlichkeit macht Bonhommé (Kat. Nr. 55) zu einem Vorläufer des Industriebilds im 20. Jahrhundert.[48]

16 W. Palmer, *»Black Country« bei Wolverhampton*, 1866

Ein zweiter Strang der Licht- und Schöpfungsmetaphorik nimmt seinen Anfang mit einer merkwürdigen Darstellung eines bekannten Walzwerks im südwalisischen Merthyr. Nicht die industrielle Arbeit als vielmehr ihre Wirkung, die neu- und fremdartige Erhellung der Welt, wird hier in einer Tuschzeichnung von Thomas Hornor um 1817 vorgeführt (Kat. Nr. 38). Wir dürfen dieses Blatt der Druckgraphik zur Seite stellen, da es, vom Autor mehrfach kopiert, Mappen beilag, die zur Publikation bestimmt waren. Im weiträumig-leeren Werkgelände liegen Zahnräder und Eisenbarren umher – ein scheinbar chaotischer Zustand. Sein Ordnungsgefüge erhält das Blatt durch den Widerschein des Lichts, das aus mehreren Quellen im Hintergrund dringt und die Schatten der Stützen und Schlote scheinwerferhaft gegen den nächtlichen Himmel wirft. Ungleich moderner als die Kompositionen von Allom/Sands, nimmt das Blatt prismatische Strukturen Lyonel Feiningers und der im 20./21. Jahrhundert üblichen *Lichtdome* vorweg.[49] Obwohl Hornor der frühen Industriebegeisterung anhing, ist bei ihm die ganze Ambivalenz von Weltauf- und Weltuntergang greifbar: »Nachts ist der Anblick der Stadt verblüffend einzigartig. Eine Vielzahl von Hochöfen und wahrhaft vulkanische Ströme lodernder Schlacke illuminieren das Tal, was zusammen mit dem unaufhörlichen Dröhnen der Gebläse ohne allzuviel Phantasie viele unserer Urängste wachzurufen scheint.«[50]

Dennoch verleihen die Strahlen dem Blatt ein Gefüge, das eine rationale Bewältigung der industriellen Aktivität zu verheißen scheint. Insofern stellt ein Holzstich von 1866 (Abb. 16), der die Industrielandschaft im »Black Country«

wie eine Ruinenszenerie wiedergibt, ein Gegenbild dar; mit Recht hat man die rauchenden Schlote vor hellem Hintergrund mit zeitgenössischen Großbrandszenerien verglichen: »Die Ruinenlandschaft des durch Feuer zerstörten Quebec gleicht in der Illustration der *London Illustrated News* (sic!) der Industrielandschaft im ›Black Country‹ ... Der Horizont wird von einem Wald rauchender Schlote eingenommen, die wie die Reste der Ruinenlandschaft aus dem trümmergleichen Land aufragen.«[51] Aber das eigentlich Neue ist, dass über die Hälfte des Blattes die Zerstörung der Natur thematisiert; der Vordergrund vor allem ist wieder in einen chaotischen Zustand *zurück*verwandelt. Damit ist die Idee von einer ›zweiten Schöpfung‹ buchstäblich am Ende. Zehn Jahre später wird sie indes wieder aufgenommen und in ein neues, positivistisches Weltbild überführt in einem seltsamen Stich von Georg Arnould (Abb. 17). Hornors Effekt ist hier zu einer gewissen Perfektion gediehen; beide ›Schöpfungen‹, Natur und Industrie, entfalten ihre je eigene Energie: Die Fabrikstadt mit über 50 rauchenden Schloten wird hinterfangen von einer Folie aus Sonnenstrahlen, die den Industrierauch nicht mehr durchdringen können. In dieser Einschwärzung am helllichten Tage kommt der Anspruch der Industrie, eine ›zweite Schöpfung‹ zu sein, *ex negativo* noch einmal zur Geltung. Aber als pessimistisches Pendant zu den frühen Weltaufgangsdarstellungen lässt sich das Blatt nicht erklären. Die Industrieanlage löst sich von Schöpfungsvorstellungen buchstäblich ab; bekräftigt wird der Stolz auf das Erreichte.

Der bei Arnould vorgetragene Leistungsaspekt möge die Notizen zu den visualisierten Wahrnehmungsumbrüchen im Zeitalter der Großindustrie abschließen. Es hat sich erwiesen, dass die Akzeptanz der industriellen ›Störung‹ – gleichviel, ob nur in Kauf genommen, kritisiert oder enthusiastisch bejaht – die graphischen Darstellungen von Anfang an bestimmt hat und sich nicht erst in impressionistischen Gemälden manifestiert. In der *Ästhetischen Theorie* bringt Theodor W. Adorno diese Auffassung in unterschiedlichen, komplexen Formulierungen zum Ausdruck; zum Beispiel: impressionistische Gemälde seien »versetzt mit zivilisatorischen Einsprengseln«, die ihm als »Wundmale« der Natur gelten; er fordert, dass eine mit kritischen Erfahrungen durchdrungene Moderne »dem Hochindustrialismus sich gewachsen zeigen, nicht einfach ihn behandeln« müsse, stellt aber zugleich fest: »In vielen authentischen Gebilden der Moderne ist die industrielle Stoffschicht ... thematisch strikt vermieden.«[52] Ein neues kohärentes Ordnungsgefüge mit den beschriebenen negativen Implikationen, aber auch Vorgriffen auf Strukturen der Neuen Sachlichkeit, setzt sich indes erst im letzten Drittel oder gar Viertel des Jahrhunderts durch. Motor ist das Bedürfnis, Leistung darzustellen; diesem Ziel wird sogar die Verbildlichung von Schönheit geopfert. Eine Formel wie ›Leistung statt Schönheit‹ griffe indessen zu kurz. Aber mit der Aufwertung von Leistung zu einem Kompositionsfaktor bildet sich eine neue, nicht-idealistische, besser: nicht-anagogische[53] Schönheitsnorm aus. Ein solches Umdenken lässt sich nicht schon aus der motivischen Umwidmung von Natur- in Industriegewalten, von Höllenfeuer in Erzverhüttung oder von Schmiedewerkstätten in Eisengießereien erklären. Was darin zum Vorschein kommt, ist die Entflechtung von Schönheit und Harmonie. Diese Tendenz war in der Graphik, aufgrund ihrer ›Sachlichkeit‹, leichter zu realisieren als in der oft zu ›idealen‹ Kompromissen genötigten Malerei.

Industrie als Historie der Moderne

Abschließend ist nun zu fragen, was die Malerei zu diesem Wahrnehmungsumbruch beigetragen hat. Sie wird hier, in stichwortartiger Kürze, *nach* der Druckgraphik behandelt. Zwar kann diese nicht eindeutig Priorität bei der Entwicklung einer modernen, dem Industriezeitalter adäquaten Form beanspruchen. Dennoch bot die Graphik mit ihrer Tendenz zur Montage, mit Infinitesimalstruktur, Präzisionismus, Entleerung, Ausschnitthaftigkeit und der Verwandlung der Gegenstände in ein Bildmuster, mit der Störung der Proportionsgesetze, mit Helldunkel-Dramaturgie und Verwandlung beschaulicher Harmonie in geschäftige Aktivität so viel an Formveränderungspotential, dass die Malerei daraus eine Fülle von Anregungen für neue, zeitadäquate Bildformen schöpfen konnte. Es war indes kein geringes Unterfangen, die genannten Energien kompositorisch zu bündeln, industriegemäße Farben zu finden und aus dem vorhandenen Material eine Synthese zu bilden, die dem Industriebild Platz und Rang von Historie, Religion und Landschaft schaffen konnte.

17 Georg Arnould, *Das Burbacher Hüttenwerk bei Saarbrücken*, 1876

Die Hindernisse, die einer Zuwendung der Malerei zum Industrialisierungsprozess entgegenstanden, wurden einleitend benannt. Was dennoch gelang, lässt sich an wenigen Beispielen darstellen. Die Druckgraphik war an zwei Punkten an die Grenzen ihrer medialen Ausdrucksfähigkeit gestoßen, einmal bei der Wiedergabe von Atmosphäre und Emotionen, zum andern bei der Aufwertung des Industriebilds zum Historienbild der Moderne. Genau da setzt die Malerei ein.

Carl Blechens *Walzwerk Neustadt-Eberswalde* (Kat. Nr. 51) ist ganz in die Landschaft eingemeindet. Düster wird diese nicht erst durch die Fabrik – sie ist es schon vorher: Der moorige Grund, die abendlichen Schatten sorgen dafür. Diese atmosphärische Angleichung unterscheidet Blechens Bild auch von englischen Vorbildern, etwa von Henry Gastineaus *Coldbrook Vale* (Kat. Nr. 41.1): War dort der Widerspruch zwischen Naturidylle und Industrieanlage bearbeitet worden, so versucht Blechen, die Desintegration von Natur und Industrie aufzuheben und eine Vorstellung von Schönheit zu realisieren, die Landschaft und Fabrik zwar als Gegensätze respektiert, sie aber dennoch zueinander führt. Das Ergebnis könnte als Ausdruck von *Stimmung* oder *Atmosphäre* bezeichnet werden, wenn man darunter das entscheidende Surplus des Gemäldes gegenüber der Graphik versteht, nämlich die Fähigkeit, heterogene Teile einer vorgegebenen Wirklichkeit durch Formassimilation, durch Farb- und Lichtregie einander so anzunähern, dass sich ein einheitlicher Gefühlsausdruck einstellt. Diese Anmutungsqualität ist bei Blechen nicht etwa naiv, in dem Sinne, dass die Neuartigkeit der Industrie gar nicht erkannt worden wäre. Die erhaltenen Vorzeichnungen nämlich weisen ein genaues Studium der Fabrik und ihrer Produkte nach.[54] In der Endfassung werden diese Informationen (Kanonenkugeln, Eisenstangen u. a.) aber getilgt. Die atmosphärische Umhüllung erweist sich somit als eigenständige Absicht des *Malers*.

Blechens Versuch einer distanzierten Vereinnahmung der Industrie war noch an den Bezugsrahmen Landschaft gebunden. William Turners Gemälde *Regen, Dampf und Geschwindigkeit – die Große Westbahn (Rain, Steam and Speed – The Great Western Railway*, s. Abb. S. 52), ein Jahrzehnt später, 1843, entstanden, lässt den Bezugsrahmen weitgehend undefiniert. Ein Zug mit rotglühendem, offenem Heizraum im Bauch der Lokomotive rollt in leicht fallender Diagonalrichtung nach vorn, über eine gewaltige Brücke. Dieser Vorgang ist in eine gegenständlich entleerte, aber von Luftbewegungen erfüllte Atmosphäre getaucht. Durch Entgegenständlichung, ausschnitthafte Infinitesimalstruktur und sukzessive Verwischung werden zugleich Naturstimmung – Regen und Sturm – und Erlebnis der Industrie – Geschwindigkeit und Dampfkraft – eingefangen. Auch Turner amalgamiert also Technik und Natur; dennoch hebt er die Maschine, als das eigentlich Neue, besonders hervor, ohne sich deshalb in sachgraphischer Manier auf Konstruktionsdetails einzulassen. Die Lokomotive zeigt nicht nur die stärksten Farben; sie ist Handlungsträger im Sinne eines Historienbildes. Turner versucht damit, aus seiner persönlichen Erfahrung – er hatte die Strecke als Mitreisender erlebt und sich dem Regen ausgesetzt – ein modernes Ereignisbild zu schaffen. Diese Art von Modernität greift auch den Betrachter an; Turner verwendet mit der auf ihn zielenden, vor ihm abbrechenden Bilddiagonalen eine Form, deren Richtung und wohl auch psychologische Valenz Edvard Munchs *Angst* entspricht. Dass Industrie tatsächlich in einer Art Angst-Faszination erlebt wurde, erwies bereits Hornors Äußerung (vgl. S. 20); auch bei Turner ist fraglich, ob er nur im Sinne hatte, »einen großen Beitrag des viktorianischen Zeitalters zur Dampfkraft«[55] zu malen. Konstatieren können wir aber viel mehr, nämlich dass mit der Entleerung des Bildfelds und der Fülle an Farbvaleurs als Zeichen für naturgegebene und technisch erzeugte Atmosphäre der *wissenschaftlichen* Erforschung der Natur erstmals eine *künstlerische* Analogie entgegengesetzt wird.

Schon Joseph Wright of Derbys *Experiment mit der Luftpumpe (Experiment on a Bird in the Air Pump)* von 1768 hatte wissenschaftliche Argumentation und emotionale Beteiligung bildhaft kombiniert und für diese doppelte Absicht farbliche Äquivalente entwickelt;[56] bereits dieses Gemälde »erhob mit Recht den Anspruch auf den Status eines Historienbildes«.[57] Die Bedeutung solcher Gemälde liegt nicht in der *Darstellung* von Industrie und Naturwissenschaft, sondern in der *Umsetzung* einer neuen Erfahrung in eine ihr adäquate Bildwelt.

18 Adolph Menzel, *Die Berlin-Potsdamer Bahn*, 1847
Staatliche Museen zu Berlin, Nationalgalerie

19 Eugen Napoleon Neureuther, *Allegorische Darstellung der Eisengießerei und Maschinen-Fabrik Klett & Comp.*, 1858 Historisches Archiv der MAN, Augsburg

Diese Analogiebildung ist eines der großen, noch kaum behandelten Probleme in der Malerei des 19. Jahrhunderts. Im Grunde versucht Claude Monet mit dem *Blick ins Innere des Bahnhofs Saint-Lazare: Die Linie nach Auteuil (Vue intérieure de la gare Saint-Lazare: la ligne d'Auteuil)* von 1877 (s. Abb. S. 75) dasselbe wie Turner. In seinem Falle ist dies sogar besonders klar nachzuweisen, da mehrere Fassungen vorliegen, deren erste Industrie noch ganz *motivisch* begreift: Die Glas-Eisen-Konstruktion des Bahnhofs bildet den oberen und rechtsseitigen Abschluss, das Haussmann'sche ›Nouveau Paris‹ den Hintergrund. Die Lokomotiven stoßen Dampf aus. Gaslaternen fehlen ebenso wenig wie der ›Großstadtfaktor‹ Menge. In der zweiten Fassung verschwinden die Seitenschiffe der Bahnhofshalle; statt der Menge auf den Quais sind leere Gleise gegeben. Die Transparenz und Leichtigkeit der Hallenkonstruktion, ihre spezifisch industrielle Qualität also, ist hervorgekehrt; indem der Dampf das Dach fast verschwinden lässt, erscheint es vollends entschwert. In der Pariser Endfassung schließlich sind auch die vorher schwer und dunkel gestalteten Maschinenkörper und Gleise in die atmosphärische Wirkung einbezogen: Ihre Größe, ihr Bildgewicht sind vermindert. Was die Graphik an Entleerung vorgegeben hatte, wird in Entschwerung umgedeutet.

So geringfügig sich das Wort von der *industriellen Atmosphäre* zunächst anhören mag – darin liegen wohl Größe und Grenze des gemalten Industriebilds beschlossen. Doch stellt sich diese Atmosphäre im Verkehrsbereich leichter ein als auf dem Gebiet der Produktion. Zur atmosphärischen Einbindung gehört das Phänomen der Bewegung, zumal sich deren Begriff durch die Industrialisierung verändert hat, etwa durch die Bewältigung großer Entfernungen, Reglementierung des Arbeitsablaufs durch mechanische Zeitabschnitte und die Erfahrung des raschen Vorüberziehens. Turner, Monet oder auch Andreas Achenbach (Kat. Nr. 52) hatten Zeitstrukturen sichtbar werden lassen, indem sie das flüchtig Vorübergehende (Baudelaires »transitoire« und »fugitif«) durch künstlerische Entsprechungen charakterisierten. Dies hatte die Illustrationsgraphik kaum geleistet; je präziser sie Rotationsmaschinen, Transmissionsriemen, Fließbänder und flüchtige Erscheinungen wie Dampf und Rauch zu fixieren versuchte, desto statischer geriet ihr das Flüchtige.

Indem Turner und Monet – und in eingeschränktem Maße auch Achenbach und Menzel in seiner *Berlin-Potsdamer Bahn* (Abb. 18) – die dargestellte Zeit als Teil eines größeren Kontinuums auffassen, beschneiden sie auch den Raum. In all diesen Bildern ist der Ausschnitt scheinbar willkürlich gewählt. Trotzdem wird man weder bei Turner noch bei Monet von Beliebigkeit sprechen: ihre Kompositionen sind zentriert; selbst bei Turner werden die Energieschübe nach den Rändern hin gedämpft. Eine Beliebigkeit, die sowohl Zufälligkeit des Zeit- als auch des Raumausschnitts suggeriert, hat im Grunde erst Degas realisiert.[58] Die das *ganze* Bild durchquerende Diagonale ist eines der Mittel, die Mechanisierung des Lebens in Malerei umzusetzen; sie ist bei Degas zugleich Signatur des Lebens in der Großstadt, die fortwährend als Ausschnitt und als unabgeschlossen erlebt wird; auch der Weg zum Arbeitsplatz und der Arbeitsprozess werden bei ihm als Ausschnitt einer unendlichen Bewegung erfahren, für die eine Diagonale oft die ›symbolische Form‹ darstellt.

Obschon eine Folge der Industrialisierung, ist dieses Prinzip von Degas selbst kaum auf die Industrie angewandt worden. Dagegen hat Caillebotte, nicht zufällig am Beispiel eines industriell gefertigten Gegenstands, nämlich in seinem Gemälde *Le Pont de l'Europe* von 1876/77, das Vorübergehende – über das bloße *Motiv* des Vorübergehens hinaus – durch Tiefendiagonale und Ausschnitthaftigkeit demonstriert und überdies die Figuren der Technik kompositorisch untergeordnet. Die Brücke, als dauerhaft charakterisiert, weist auch eine feste Farbgestalt auf; die Männer dagegen sind in den ersten Fassungen, als flüchtige Passanten, in verwischten Umrissen gemalt. In der Genfer Endfassung hingegen ist die Komposition insgesamt nach dem Vorbild der Eisenverstrebungen als ein System einander kreuzender Achsen organisiert, aber die ästhetische Doppelerfahrung von der Selbstwertigkeit des neuen Materials und der Zufälligkeit der Großstadtbegegnung ist getilgt. Das zeigt, wie prekär diese neue Art der Wahrnehmung noch war.[59]

Um den industriellen Wahrnehmungsumbruch in seiner *historischen* Dimension zu erfassen, würde ein Blick auf Alfred Rethels *Porträtlandschaft mit Fabrickgebäuden* von 1834 (Kat. Nr. 56), Eugen Napoleon Neureuthers *Cramer Klettsche Maschinenbaufabrik* von 1858[60] (Abb. 19) oder François Bonhommés Zyklus *Die Metallindustrie (L'Indus-*

trie métallurgique) von 1852–59 lohnen. Wir können uns hier nur auf Bonhommé einlassen. Sein Zyklus in der früheren École Impériale des Mines in Paris umfasst zwei Komplexe zu je drei lebensgroßen Bildern, die zwar heute zerstört, bis auf eines aber in Fotografien erhalten sind.[61] Die drei ersten Bilder behandelten die Eisenherstellung in Le Creusot, die drei anderen die Zinkverarbeitung in Vieille Montagne, einer Anlage in Belgien, die von Frankreich betrieben wurde. Bonhommé greift Traditionen aus der Industriegraphik auf und kombiniert sie mit Elementen belgischer Historienmalerei. Die *Zinkwaschanlage (Laverie de calamine)* in Vieille Montagne (Abb. 20) sei als Beispiel herausgegriffen. Fasste Rethel die politisch-soziale Revolution ins Auge; zeigte Neureuther das vielteilige Innenleben des industriellen Kosmos, so setzt Bonhommé erstmals, in Form eines gewaltigen Montage-Arrangements, den Arbeiter in seine Rechte ein. Von daher gewinnt auch das Wort ›lebensgroß‹ seinen Sinn. Denn in natürlicher Größe sind auf den 1,80 Meter hohen Wandgemälden die Produzenten dargestellt, zwar nur in einem gemalten Scheinrahmen außerhalb der Arbeitsplatzveduten, aber umso eindrucksvoller das patriarchische Größenverhältnis früherer Unternehmerveduten und die geringe Größe der Arbeiter des Innenbildes umkehrend. Zugleich wird der Produktionsprozess damit im Sinne einer Kooperation umrahmt, denn neben den Arbeitern sind auch Ingenieure und, rechts unten, sogar einer der Kapitaleigner zu sehen: Ein Historienbild schon aufgrund dieser Utopie.[62] Aber die *Form* ist es, die das leistet.

Alle diese Wandbilder zeichnen sich durch drei Eigentümlichkeiten aus: Sie rollen sich von oben her, wie Plakate oder Fotografien, scheinbar von der Rückseite ab, wirken also wie vorübergehend angeheftete Alltagskunst; die Werkhallen sind in die Diagonale gerückt, sodass wir Zeugen eines gezielten zeitlichen Ausschnitts aus dem Produktionsprozess werden; schließlich übernimmt die Tafel mit der Zinkwaschanlage den Blick auf den Betrachter aus den Rahmenbildern – die Arbeiter halten inne und schauen auf, als seien sie durch den Maler zu neuem Leben erweckt. Möglicherweise ist diese ›Aufnahmetechnik‹ durch die Fotografie angeregt. Im Übrigen verzichtet Bonhommé auf mythische Wirkungen durch malerische Aktivierung des Feuers oder auch darauf, das Geschehen durch Allegorien zu nobilitieren. *Alltäglich* sollte der Zyklus vielmehr wirken.

Industrielle Wahrnehmung ist bei Bonhommé stärker entfaltet als bei Neureuther oder Rethel. Aber auch bei ihm wird die Komplexität des industriellen Produktionsprozesses noch in mehrere Teile zerlegt statt bildlich verzahnt; vor allem klaffen die Proportionen auseinander. Im Grunde war es die Quadratur des Kreises, eine Bildgattung etablieren zu wollen, die den Rang des Historienbilds erreichen, im Gegenstand sich auf der Ebene des gegenwärtigen Alltags bewegen und in der Form die außergegenständlichen Reflexionen der Avantgarde weitertreiben sollte. Eine *Gattung* des industriellen Historienbildes hat sich denn auch nicht herausgebildet. Aber in einem Einzelwerk, überraschenderweise in einem deutschen, ist diese Synthese weitgehend gelungen: In Menzels 1872–75 entstandenem *Eisenwalzwerk* (Abb. 21), vielleicht nur hier, ist Geschichte *auch der Form nach* Gegenwart geworden. Menzel integriert Verfahren und Sichtweisen des Historien- und des mythologischen Bildes in seine Konzeption der Moderne. Damit ist im ästhetischen Bereich die industrielle Entwicklung Englands und Frankreichs eingeholt, wie es der Entwicklung in der Gründerzeit auch in der wirtschaftlichen Realität entsprach.

20 François Bonhommé, *Zinkwaschanlage in Vieille Montagne (Laverie de calamine)*, 1857–59 ehemals École Impériale des Mines, Paris

Wir sehen uns in eine lichte Werkhalle des damals wohl modernsten metallverarbeitenden Großbetriebs in Europa im schlesischen Ort Königshütte versetzt. Im Zentrum der Halle ist eine Gruppe von Arbeitern mit der Verschiebung eines glühenden Eisenblocks, des so genannten Rohlings, befasst. Um sie herum zahlreiche andere Szenen, dazu Maschinen und Rohre, Feuer, Dampf und vor allem – Tageslicht. Mit dem ersten Blick nehmen wir das feurige Bildzentrum und die den Raum füllenden Arbeiter wahr. Menzel selbst hat die Szene sehr nüchtern beschrieben.[63] Aber das Bild widerspricht seiner Schilderung, es schafft eine eigene Wirklichkeit. So spielten sich nicht alle Tätigkeiten, die Menzel beschreibt, in einem einzigen Raum ab; dies ist vielmehr das Ergebnis einer gewollten Synthese. Die Kohärenz des Gemäldes überspielt die Montage und geht darin auch über Bonhommé hinaus. Wie in der Illustrationsgraphik ist der Raum zwar in voller Tiefenerstreckung und, mit den zahlreichen Eisenstangen, in *virtueller Präzision* wiedergegeben; der Raumabschluss aber ist in Dunst gehüllt. Gerade dadurch aber wirkt die Halle ›unendlicher‹ als durch die mechanische Aneinanderreihung von Maschinen in den Stichen; die Phantasie wird angeregt, die Tiefe zu imaginieren. Ähnlich verhält es sich mit der Wiedergabe des Vorgangs selbst. Menzel hat Figuren und Instrumente vor Ort und in Berlin auf das Genaueste studiert und in mehr als 100 Skizzen festgehalten, die hinsichtlich ihrer positivistischen Nüchternheit den Zeichnungen von Blechen und Neureuther nahe stehen. Dieser Hang zur Präzision ist im Bild durch eine Tendenz zu Farb- und Tonabstufungen derart überlagert, dass wir die Maschinen kaum zu unterscheiden vermögen, und blickt man über die Vordergrundszene hinweg, so findet man den Raum oberhalb einer nur noch schemenhaft angedeuteten Menge von Arbeitern völlig entleert; in einigen Skizzen dominiert das leere Raumgerüst sogar.[64] Und wie bei Monet ist die Entleerung in Entschwerung überführt, wenn auch die Palette des französischen Bildes heller und dadurch luftiger ist.

Einige Maschinen und auch die ins Feuer gehaltene Zange wirken durchaus ›riesenhaft‹; da aber die Arbeiter nicht minder im großen Maßstab gezeigt sind – sie nehmen die halbe Raumhöhe ein – ist der mythische Zauber gebannt. Auf die Figur des Schmiedes greift Menzel zwar immer noch zurück; auch lässt sich nicht leugnen, dass im Zentrum Handarbeit geleistet und in betont unterschiedlichen Haltungen dargestellt wird – vom Fließbandrhythmus sind wir aber weit entfernt. Die den Schmiedebildern eigene ›Ofenwärme‹ nimmt Menzel auf und setzt ihr doch Neues entgegen; die zentrale Gruppe etwa ist vom Widerschein der Glut erleuchtet, aber im Gegenzug bricht weit hinten ein kaltes, graublaues Licht durch, das auch oben und vorn die Fläche aufhellt. Offensichtlich sehen sich Industriebild-Maler hinsichtlich der Farbgebung zu dieser Zeit mit Gegensätzen konfrontiert: Sie wollen eine vertraute, mitreißende Wirkung erzielen und zugleich der Nüchternheit des Industriealltags genügen – das verlangt kalte und warme, anheimelnde und auch schmutzige Farben.

21 Adolph Menzel, *Das Eisenwalzwerk (Moderne Cyklopen)*, 1872–75 Staatliche Museen zu Berlin, Nationalgalerie

Tätigkeit als die Schönheit des Industriezeitalters auszugeben, Aktivität anstelle von Idealität zu setzen, ist offensichtlich ein Leitgedanke des Bildes; kaum bedarf es dazu noch des Qualms, der in der Industriegraphik Dynamik suggerieren sollte.[65] Dem Fabrikalltag ist zu seinem Recht, den Arbeitern zu den ihnen gebührenden Dimensionen verholfen; auch der kleine Dirigent, der im Hintergrund so unscheinbar die Aufsicht führt, kann an dieser Bildrealität nicht rütteln. Dennoch ist das Gemälde alles andere als eindeutig; ein ›Sowohl – Als auch‹ ist in allen Details zu beobachten, überdeutlich die Bemühung um breite Akzeptanz. Daher halten sich auch Rückgriffe und Innovationen die Waage. Menzel dynamisiert nicht nur den Einzelvorgang, wie William Bell Scott in *Eisen und Kohle (Iron and Coal*, 1861, The Central Hall, Wallington/Northumberland) oder Paul Friedrich Meyerheim in seinem *Schmieden eines vorgewalzten Lokomotivrades* (1873, Stiftung Stadtmuseum Berlin; s. Abb. 5, S. 71) – in dem man eine Anregung für das *Eisenwalzwerk* vermutet hat[66] – sondern er bindet das Geschehen in ein umfassenderes Weltbild der Industrie ein. Mehrere Räume und Zeiten sind in seinem Historiengemälde vereinigt, ohne dass diese Integrationsleistung allerdings in flüchtige Formen umgesetzt würde wie bei Degas. Menzels andere Bildvorstellung kulminiert in der Gruppe um das Walzgerüst. In Hinsicht auf Farbe und Helldunkel enthält dieses Zentrum alle Gegensätze in sich. Aber so unterschiedlich die Arbeiter gegeben sind, so sehr bewegen sie sich in einem gemeinsamen Takt (wie die staunenden Bürger vor dem Zahnrad bei Daumier [Abb. 1]). Das Vor und Zurück dieser Kerngruppe wiederholt sich im restlichen Bildfeld; auch deuten die gewinkelten Arme eine Rotationsbewegung an, die das Schwungrad darüber in gebundener Form aufnimmt und abschließt.

Mit den Beobachtungen zur relativen Modernität des Gemäldes ist noch nichts über den Standpunkt des Künstlers gesagt.[67] Der Zeitpunkt war prekär: »Die militärischen Sonderkommandos, die zum Schutz des Unternehmereigentums eingesetzt waren, blieben zehn Jahre lang in Königshütte. Die von Menzel im *Eisenwerk* dargestellten Arbeiter arbeiteten also unter der Drohung der Bajonette.«[68] Davon sehen wir nichts. Also eine ›Sicht von oben‹? Dies könnte auch durch den Untertitel *Moderne Cyklopen* nahe gelegt werden, der eine Ansprache an die gebildeten Stände signalisiert, dem Bild allerdings erst im Museum hinzugefügt wurde.[69] »Cyklopen« hießen bekanntlich die rohen und dienstbaren Geister, die für Zeus die Blitze schmiedeten, und so argumentierte auch der Museumsdirektor, Max Jordan, wenn er bei Menzel »die grobe Arbeit im Dienste des modernen Culturlebens« dargestellt sah.[70] Ob Menzel selbst so dachte, ist durchaus ein Problem der künstlerischen Form, denn es ist eine Formfrage, wie sich Mythologie und Industrie zueinander verhalten, wo sie thematisch zusammenstoßen. Bestand der Preis für die Emanzipation des Industriebildes in der Affirmation der industriellen Hierarchie? Dem widerspricht das Bild. Es klammert zwar Konflikte aus, aber es zeigt weder Kommandostrukturen noch uniforme Tätigkeiten; weder sind die Arbeiter den Maschinen unterworfen noch wird dem Fabrikanten gehuldigt. Vielmehr sehen wir einen in mehreren Szenen entfalteten Vorgang, bei dem die Spannung zwischen Kollektiv und Individuum in alltäglich-unheroischen Bewegungskomplexen verarbeitet ist – ein Kunstgriff, im Zentrum einen gruppendynamischen Verbund dominieren zu lassen, ohne dadurch die übrigen Arbeiter zu subordinieren.

Der Ausgleich zwischen einer fast anarchisch wirkenden Selbständigkeit und einer Kooperation aus eigenem Antrieb macht wohl die epochale Qualität des Bildes aus – nicht umsonst war 1878, als das *Eisenwalzwerk* in Paris ausgestellt war, dort von der »épopée de la fonderie« die Rede, womit Menzels Gemälde gemeint war.[71] Freilich, den Schritt von der Wahrnehmung der industriellen Wirklichkeit zu einer wahrhaft industriellen Wahrnehmung der Wirklichkeit hat auch Menzel noch nicht ganz gewagt. Trotzdem bleibt die Loslösung von der im Titel versprochenen Mythologie ein bedeutsamer Einschnitt. Ins Gemälde eingebracht, hätten die »Cyklopen« in schwer erträglichem Pathos die ›Basis des Fortschritts‹ bilden müssen. Vielleicht war Menzel diesem Fortschritt gegenüber so skeptisch wie Baudelaire? Wenn, ein Vierteljahrhundert später, Albert Welti die ›dienstbaren Geister‹ wieder einführte, so klafften hier, auch in der Form, Mythos und Moderne erst recht auseinander. In seiner *Fahrt ins XX. Jahrhundert* von 1899 (Abb. 22) leben die »Cyklopen« erst richtig auf. Sie tragen die Brücke, auf der ein schwankender Zug das Ufer des neuen Jahrhunderts erreicht. Welti sieht in der Industrialisierung – als deren Symbole Räder und Walzen im Triumphzug auf Schienen mitgeführt werden – eine Entfremdung von der Natur und vom Glauben: Die Unternehmer ziehen unter schwarzem Himmel dahin; sie sind dabei, Christus in den Abgrund zu stürzen. In Weltis Augen kann diese Entfremdung nur in einer Katastrophe enden, auch für die Arbeiter, denn auch sie fahren auf der cyklopischen Brücke einer finsteren Zukunft entgegen. Erst im 20. Jahrhundert werden Fortschrittsglaube und ästhetische Moderne einander, wenigstens vorübergehend, so durchdringen, dass in einer Art Euphorie, wie bei Fernand Léger oder bei Vladimir Tatlin, oder aber aus Widerstand, wie bei Frantisek Kupka[72] und bei John Heartfield, das industrielle Zeichen eine eigenständige ästhetische Wahrheit gewinnt.

22 Albert Welti, *Die Fahrt ins XX. Jahrhundert*, 1899 Kunsthaus Zürich

[1] Der folgende Text ist eine stark gekürzte, gelegentlich veränderte und ergänzte Fassung meines Beitrags *Industriebild und Moderne* (Herding 1987); dort zahlreiche weitere Abbildungen und Literaturangaben. – Ich bin mir bewusst, dass der Begriff der ›zweiten Schöpfung‹ hier in ein Verhältnis zur Verwendung des Begriffes der ›zweiten Natur‹, wie er etwa bei Alfred Schmidt (Schmidt 1971) diskutiert wird, zu setzen wäre; ich gehe aber davon aus, dass die Bedeutung dieses Begriffs aus der Analyse der Bilder selbst hervorgeht.

[2] Vgl. Matz 1987; Ausst. Kat. Bochum 1994; Sachsse 1999a.

[3] Wesentlich dazu Benjamin 1982; s. a. Giedion 1948. Ergänzungen bei Türk 1990; ders. 1997. – Eine Reihe relevanter Publikationen aus den 70er und frühen 80er Jahren, der Zeit der Wiederentdeckung der Industrie unter ästhetischem Blickwinkel (einschließlich der vielen regionalen und lokalen ›Selbstversicherungen‹ der eigenen industriellen Vergangenheit), ist auch heute unentbehrlich: vgl. v. a. Ausst. Kat. Münster 1979b; Schwarz 1981; Ausst. Kat. Nürnberg 1985 sowie die Standardwerke zur Industriekultur in Nürnberg (Glaser u. a. 1980); Berlin (Boberg u. a. 1984); Hamburg (Plagemann 1984).

[4] In dem Gedicht *Une saison en enfer*; vgl. Ausst. Kat. Berlin 1986, S. 9.

[5] Urtext in: Herding 1987, S. 427.

[6] Frz. Urtext zit. nach Ausst. Kat. Paris 1973, o. S. (unter Bonnat); auch in: Herding 1987, Anm. 8.

[7] Charles Baudelaire, *Die Weltausstellung* (1855); frz. Urtext in: Baudelaire 1976, Bd. 2, S. 580.

[8] Klingender [1947] 1968.

[9] Zur Verbindung von Kulturgeschichte und Formanalyse im Bereich der Malerei vgl. Braunfels 1957; Schmücker 1930; Motz 1980; Wagner 1979; dies. 1980. Reiches Material bieten auch die folgenden Ausstellungskataloge: Ausst. Kat. Dortmund 1958; Ausst. Kat. Duisburg 1969; Ausst. Kat. Berlin 1972; Ausst. Kat. Brüssel 1975; Ausst. Kat. Le Creusot 1977; Ausst. Kat. Berlin 1979; Ausst. Kat. Recklinghausen 1980.

[10] Bis 1859 mussten die Pariser Fotografen ihre Werke im *Palais de l'Industrie* ausstellen; vgl. Ausst. Kat. Paris 1979, S. 462; hier auch Burtys Äußerung von 1859: »La photographie porte avec elle les traces indélébiles de son action mécanique.« Auf der Industrie-Weltausstellung von 1855 gab es erstmals eine eigene fotografische Abteilung, allerdings nicht innerhalb der bildenden Kunst.

[11] Vgl. u. a. Müller 1997. Meurer/Vinçon 1983 beschränken sich auf Teilaspekte.

[12] Das *Livret d'ouvrier* wurde in Frankreich 1803 eingeführt; unter der Julimonarchie wurde diese Form der Überwachung zeitweise vernachlässigt, 1854 unter Napoleon III. wieder eingeführt, erst 1890 abgeschafft.

[13] Zur Begriffsgeschichte vgl. Maag 1986. – Abb. der Farblithographie nach Zeichnung von L. Itzel in: Glaser u. a. 1980, S. 309.
[14] Gustav Schröpler, *Gründung des Evangelischen Arbeitervereins*, 1888, Stadtarchiv, Ingolstadt.
[15] Vgl. Frodl 1974, Nr. 319/1–41.
[16] Beispiele aus den 1840er Jahren abgebildet bei Stolze/Jungblut 1969, S. 84, und bei Rühle 1930, S. 141.
[17] Vgl. den Beitrag von Hubertus Kohle im vorliegenden Katalog.
[18] Vgl. Schmidt 1971.
[19] Vgl. Herding 1987, Abb. 35, 36.
[20] Vgl. Fernand Desnoyers, *Du réalisme*, in: *L'Artiste* vom 9. Dez. 1855, S. 198f.
[21] Thoré 1870, Bd. 1, S. 93.
[22] Vgl. Thuret 1979.
[23] Vgl. wie u. die Aussagen über Bonhommé und Menzel; ergänzend Vaisse 1983.
[24] Vgl. Karl Friedrich Schinkel anlässlich der Besichtigung von Fabrikanlagen in Manchester 1826: »... ungeheure Baumassen nur von Werkmeistern ohne Architektur fürs nackteste Bedürfnis allein aus rothem Backstein aufgeführt«; dazu: Posener 1981, Zitat S. 151.
[25] Vgl. Anm. 2 sowie Herding 1987, S. 434f. und Anm. 39–47.
[26] Ähnlich verhält es sich mit der von James Sharples 1852 entworfenen Mitgliedsurkunde für britische Werkzeugmaschinenarbeiter (Klingender [1947] 1968, Abb. 110). Die Bindung dieses Blattes an traditionelle Muster ist dabei offensichtlich; vgl. dazu die Abb. in Troitzsch/Weber 1982, S. 231.
[27] Vgl. Kubinszky 1969; krönender Abschluss dort (Abb. 84) der Tempel innerhalb der Kölner Bahnsteighalle, 1894.
[28] In ähnlicher Weise werden Zufuhr, Speicherung und Übertragung von Dampfkraft einer Pumpanlage an der Rhônemündung (Abb. in Turgan, Bd. 3, 1863, S. 89) durch Schnitt und Ansicht so freigelegt, wie sie in der Neuen Sachlichkeit des 20. Jahrhunderts dann bildwürdig werden.
[29] Vgl. Herding 1987, Abb. 12, 13. Weitere Beispiele für entleerte Interieurs in Zöllner u. a., Bd. 1, 1876, S. 337; ebd., Bd. 5, 1878, S. 393.
[30] Abb. in Bollerey 1977, S. 166f. (Gesamtansicht der Anlagen).
[31] Zu allen drei Karikaturen vgl. Herding 1980.
[32] Ausst. Kat. Paris 1979, S. 464.
[33] Zu den Begriffen »transitoire« und »fugitif« als Kennzeichen des modernen Lebens vgl. Baudelaire 1976, Bd. 2, S. 695. Die Abbildung zeigt freilich nicht nur das Flüchtige, sondern zugleich dessen Fixierung in Art einer Montage. Benjamin nennt in seinem *Passagen-Werk* Antoine Wiertz den ersten, der (1855) »die Montage als agitatorische Verwertung der Photographie wenn nicht vorhergesehen, so doch gefordert hat« (Benjamin 1982, S. 49). Aber *realisiert* wurde vor jeder Fotomontage die Graphikmontage.
[34] Vgl. Birkner 1975, S. 20.
[35] Vgl. Ausst. Kat. Berlin 1980a, S. 490–499.
[36] Vgl. Metken 1975.
[37] Mehrere Nachweise ebd., S. 61f. – Auch Champfleury beschwor das Bild vom »mastodonte de fer« (in: Lacambre 1973, S. 185); weitere Belege bei Klingender [1947] 1968, S. 122.
[38] Vgl. die Abb. in Hofmann 1973, S. 183; Turgan, Bd. 2, 1869, S. 32; Bd. 6, 1867, S. 167f.; Ausst. Kat. München 1973, S. 95.
[39] *Le Magazin pittoresque* 19, 1851, S. 44f.
[40] Ebd.
[41] Diesen Aspekt betonen vor allem Klingender [1947] 1968 und Wagner 1979.
[42] Stich nach George Robertson; Wagner 1979, Abb. 53.
[43] Vgl. Wagner 1979, S. 98.
[44] Schon in William Blakes *Milton* wird Satan mit den Mächten der Industrie gleichgesetzt. Zu diesem Topos: Klingender [1947] 1968, S. 122.
[45] Klingender [1947] 1968, Abb. 33; vgl. die Abb. S. 58 im vorliegenden Katalog.
[46] So ist bei Knippel die Verkokung zu Königshütte in einer Farblithographie als nächtliches Schauspiel gegeben, vgl. Herding 1987, Abb. 28. Nicht die Industrie selbst, sondern das ungewohnte ›Naturschauspiel‹, das sie liefert, bildet das Faszinosum. Der Einzelgegenstand tritt hinter unruhigen Beleuchtungseffekten zurück.
[47] Ausst. Kat. Berlin 1981a, S. 128, Abb. 15.
[48] Vgl. dazu Herding 1987, Anm. 87.
[49] Vgl. Mittig 1979, S. 46f., Abb. 27; ders. 2001.
[50] Zit. nach Klingender [1947] 1968, S. 132 (übers. v. Verf.).
[51] Wagner 1979, S. 77f., Abb. 81.
[52] Vgl. Adorno 1970, S. 81, 107, 57 (in der Reihenfolge der Zitate). Vgl. ferner ebd., S. 76 (Häßlichkeit der von Industrie zerwühlten Landschaft) und S. 95f. (Technik als Widerpart der Kunst).
[53] Zum theologisch begründeten Begriff des Anagogischen vgl. Sedlmayr 1950, S. 102, 152.
[54] Die Zeichnungen abgebildet in Seifert/Bodenschatz/Lorenz 1998.
[55] Engl. bei Klingender [1947] 1968, S. 154.
[56] Farbabb. und Interpretation bei Busch 1986.
[57] So Slg. Kat. London 1979, S. 24.
[58] In der Visualisierung des Momentanen geht Degas sogar über die gleichzeitige Momentfotografie hinaus; vgl. Imdahl 1970.
[59] Die verschiedenen Versionen, in denen dieses Verhältnis auch unterschiedlich gewichtet wird, sind in Herding 1987, S. 459 ausführlich analysiert.
[60] Vgl. dazu Herding 1987, S. 461 mit Anm. 114–118.
[61] Vgl. Schnerb 1913; Janke/Wagner 1976. – Der Auftrag ging vom Intendanten der Schönen Künste aus und wurde in drei Abschnitten an Bonhommé vergeben (28. Sept. 1852, 6. Nov. 1854, 18. Aug. 1857). Die Originalfotografien befinden sich im Musée de L'Histoire du Fer, Nancy.
[62] Von einer solchen Aussöhnung zwischen Kapital und Arbeit träumte (von Proudhon beeinflusst) sogar Courbet, wie aus einem nach dem Scheitern der Pariser Commune geschriebenen Text hervorgeht; vgl. Herding 1984, S. 37.
[63] Vgl. Ausst. Kat. Berlin 1980b, S. 308f.; Herding 1987, S. 463f.
[64] Ausst. Kat. Berlin 1980b, S. 385, Nr. 312, 313.
[65] Vgl. Menzels Wort: »Diese Cyklopenwelt der modernen Technik ist überaus reich an Motiven. Ich meine nicht bloß das bischen Rauch«, Ausst. Kat. Paris/Washington/Berlin 1996/97, S. 288.
[66] So Ausst. Kat. Berlin 1980b, S. 309. Heute wird eher der »künstlerische Austausch« mit dem 27 Jahre Jüngeren, aber auch der Gegensatz zwischen beiden Künstlern betont; vgl. Ausst. Kat. Paris/Washington/Berlin 1996/97, S. 287f.
[67] Dazu mehr in Herding 1987, S. 466f.; Ausst. Kat. Paris/Washington/Berlin 1996/97, S. 286f.
[68] So Kaiser 1953, S. 89.
[69] Diese Wortverbindung begegnet zuerst bei Eggers 1852; als Untertitel des *Eisenwalzwerks* wurde er nachträglich von Menzel gebilligt. Vgl. Ausst. Kat. Paris/Washinton/Berlin 1996/97, S. 286f.
[70] Brief des Direktors an den Königlichen Staatsminister (Archiv der Nationalgalerie, Specialia, A. Menzel 1, Nr.169/75), zit. nach Forster-Hahn 1981, S. 123.
[71] So Duranty 1878, S. 59. – Lemonnier 1888, S. 220, sprach von den »machines humaines« in Menzels Bild.
[72] Vgl. Metken 1975, S. 60; Bertsch 1997.

Technik und Industrie in den Zeiten der Modernen

Herbert Mehrtens

Von der ›postindustriellen Gesellschaft‹ war schon in den 1970er Jahren die Rede, derzeit spricht davon kaum jemand mehr. Die ›Postmoderne‹, die spätestens seit Lyotards *Bericht*[1] von 1986 im Gespräch war, ist zwar noch in der Diskussion, aber die Aufregung hat sich gelegt. Es scheint, als brauchten wir über dieses ›Danach‹ nicht mehr zu reden, weil wir in ihm angekommen sind. In einem kleinen Essay hat Michel Serres vor kurzem geschrieben: »Eine seltsame Fähigkeit des menschlichen Körpers, sich Stück für Stück in Objekte zu verwandeln. Wir füllen die Welt mit Werkzeugen in Gestalt der Faust: Hammer oder Fäustel, des Ellbogens: Hebel oder Rolle, des Auges: Lupe oder Fernrohr, und mit zahllosen Kombinationen diverser Funktionen, die dann draußen in der Welt als solche gar nicht mehr erkennbar sind. Wir messen sie sogar in Spannen und Ellen, ohne uns zu fragen, wie diese Maschinen unserem Organismus entsprungen sind. Meines Wissens gibt es noch keine Erklärung für diesen Verlust, der nun in einem anderen Sinne zu verstehen wäre; zum Glück gleichen Mythen und Heiligenlegenden diesen Mangel der rationalen Theorie aus. Denn der Körper verliert wie eine alte, löchrige Tonne. Wie der Körper des Bischofs seinen Kopf verliert, bevor er ihn aufnimmt, so entlässt unser Körper zerstreute Glieder, die sich sogleich in technische Objekte und Substitute verwandeln. Lange bevor man die Körperfunktionen und den Organismus mit einer Maschine verglich, glichen sich die Apparate selbst dem Körper an. Dieser endlose Kreis nährt sich selbst. Als einziges Tier, dessen Körper verliert, bringt der Mensch Techniken hervor, deren Geschichte die Menschwerdung vorantreibt. Der Einbruch neuer Technologien markiert daher ein Zeitalter in dieser Geschichte der Menschwerdung.«[2] Serres schreibt über die elektronischen Technologien, und man muss die Biotechnologien hinzufügen, die sich beide in Wechselwirkung an der Leitidee der Information zu einem technischen Komplex zusammengeschlossen haben, der in der Tat ein neues Zeitalter zu eröffnen scheint. Über diese anbrechende Epoche der »Menschwerdung« wird derzeit reichlich spekuliert, eine Bezeichnung hat sie noch nicht.

Um die Wende vom 18. zum 19. Jahrhundert setzte sich langsam das Wort ›Industrie‹ durch, seinerzeit noch gleichbedeutend mit ›Gewerbefleiß‹, aber die Maschinen und die arbeitsteilige, nicht mehr rein handwerkliche Produktion waren schon mitgedacht. Die ›Industrielle Revolution‹ war im Gange, von den Historikern in der Regel auf die Zeit von der Mitte des 18. bis in die Mitte des 19. Jahrhunderts datiert. Die ›Moderne‹ ist weniger deutlich zu datieren, weil es davon in unserem Sprachgebrauch mindestens drei gibt: Die dritte, die kulturelle Moderne wird auf das späte 19. Jahrhundert datiert. Die zweite, die Moderne der »großen Erzählungen«, von der sich die Postmoderne absetzte, ist das »Projekt der Aufklärung«, das im 18. Jahrhundert entsteht. Das Wort ›Moderne‹ wird aber auch für die gesamte Neuzeit gebraucht, wie im Englischen, wo das, was wir Neuere Geschichte nennen, »modern history« heißt. Diese erste Moderne beginnt demnach mit der Renaissance.

Periodisierungen sind für Historiker unabdingbar, weil sie historische Zeiten in Sinneinheiten zusammenfassen. Und Periodisierungen geben Gelegenheit zu endlosen Debatten, wenn es um die Grenzbestimmungen geht. Wann endet das Mittelalter? Wann entsteht die Industrie? Wann beginnt die kulturelle Moderne? Die Grenzen liegen nicht sichtbar vor uns, wir müssen sie bestimmen und sagen damit, was wir für wesentlich an einer Epoche halten. Geschichte ist, mit einem Buchtitel von Theodor Lessing, die »Sinngebung des Sinnlosen«.[3] Aus dem, was in der Vergangenheit geschehen ist, kommt uns der Sinn nicht entgegen. Wir müssen ihn machen, rückwärts wie vorwärts gewandt. Industrielle Revolution und Industriegesellschaft hat es in den meisten Teilen der Welt nicht gegeben, dennoch haben diese Zuschreibungen Sinn, auch weil ›Industrialisierung‹ in der Art des 19. Jahrhunderts schon lange kein Weg der Entwicklung (auch eine problematische Sinngebung) mehr für die armen Länder der Welt ist. Und bedenkt man, dass die Industrialisierung mit der ersten Globalisierung durch Kolonialisierung einherging, ist es auch nie ein sinnvoller Weg gewesen.

Die Epochen der »Menschwerdung« sind alles andere als einheitlich und mit extremen Ungleichzeitigkeiten verbunden. Ich spreche auch lieber nicht in dieser etwas hochgreifenden Allgemeinheit davon, vor allem weil »Menschwerdung« ein wenig teleologisch klingt. Aber in ihren Verhaltensweisen, ihren Fähigkeiten, ihrer sozialen Ordnung und ihrem Selbstverständnis haben sich die Menschen historisch verändert, und sie werden sich weiter ändern. Und dabei spielen die Techniken, mit denen sie leben, eine wichtige Rolle. Es ist wohl nicht einfach so, dass epochal bedeutende Techniken wie der Buchdruck die entscheidende ›Ursache‹ historischen Wandels sind. Es muss ja auch ein Interesse daran geben, Schriftstücke und ganze Folianten in großen Mengen identischer Exemplare in die Welt zu bringen. Aber tief greifende Folgen – kulturelle, soziale, politische und wieder technische – hat das allemal, was immer Henne, was Ei war.

Was macht nun die ›industrielle Welt‹ aus? Unsere Vorstellung ist von Bildern geprägt, die vermischt eine ›Welt‹ ausmachen, die aus dem späteren 19. und dem frühen 20. Jahrhundert stammen, wie Adolph Menzels *Eisenwalzwerk* (1872–75) oder Charlie Chaplins Film *Moderne Zeiten* (1936), den Stichen von Industrieanlagen mit vielen rauchenden Schloten oder den Fotografien der Neuen Sachlichkeit. Es ist vor allem ein Bild der Zeit der vollendeten Industriellen Revolution. Der Begriff ›Revolution‹ suggeriert eine radikale Umwälzung, was richtig ist, die ein zeitliches Zentrum hat, wie einen 14. Juli oder einen Oktober, was falsch ist. Der Begriff ›Industrielle Revolution‹ ist darum einerseits gut brauchbar, andererseits problematisch. Damit ist aber auch die Frage nach Beginn und Ursachen problematisch. Wann und wie kommen die Voraussetzungen der Industrialisierung zusammen, die Maschinen und der Erfindergeist, der Kapitalismus und der ›Geist des Kapitalismus‹, die organisierte Arbeits(ver)teilung unter privatwirtschaftlicher Regie, die Bereitschaft der Fürsten oder Herrschenden, diesen Praktiken und Einstellungen Raum zu geben?

Voraussetzungen: Erste Moderne

Nehmen wir doch die andere Periodisierung, nämlich diese mehr oder minder vagen drei Modernen, zum Leitfaden, und beginnen mit dem Beginn der ›Moderne‹ in der Renaissance, dem 15. und 16. Jahrhundert. Da tritt nicht nur die »Kultur als dritte Gewalt«[4] ins historische Bild, sondern auch der Fernhandel, durch den Großunternehmen und Banken entstehen, und die Figur des Künstler-Ingenieurs. 1610 dann veröffentlicht Galileo Galilei seinen *Sidereus Nuntius*, den Sternenboten, in dem er die Jupitermonde beschreibt, die er mit dem Fernrohr gefunden hat, das er, einer Nachricht aus den Niederlanden folgend, nacherfunden hatte. Damit sind wir dann in der so genannten ›Wissenschaftlichen Revolution‹, der Entstehung des modernen Weltverhältnisses, in dem Erfinden und Entdecken und Beschreiben zu einer weltumspannenden Praxis werden, die ein Netz knüpft, das nicht nur an die Stätten der geistlichen oder weltlichen Herrschaft gebunden ist. Es hat seine Knotenpunkte auch dort, wo das Geld ist, und dort, wo die fleißigsten Briefschreiber unter den Gelehrten sitzen. Ein solcher Ort des Handels und des Geldes war die Republik von San Marco, Venedig, das seine Vormachtstellung im Mittelmeerraum schon im 13. Jahrhundert ausgebaut hatte. Hier ›erfand‹ Galileo das Fernrohr, das er, bevor er es auf den Himmel richtete, erst einmal dem Dogen als Werkzeug der Seemacht andiente. Als Techniker im Dienste der Macht verdiente er sich damit ein gutes Stück Geld, doch als Gelehrter sah und fand er seine Zukunft als Hofmathematiker im nahen Florenz der Medici, auch eine Stadt des Geldes, das aus dem Handel kam und aus dem Gewerbe, vor allem der Tuchmacherei.

Eine alte und viel diskutierte Frage der Wissenschaftsgeschichte ist, warum die Wissenschaftliche Revolution in der okzidentalen Moderne stattfand und nicht in China, das in Hinsicht auf Wissenschaft und Technik dem Abendland im 14. Jahrhundert noch eher überlegen war. Eine Antwort darauf behauptet, dass die chinesische Politik des Machtausgleichs zwischen den drei großen Kräften, dem Staat, dem Militär und dem Handel, zu einer Begrenzung von Mobilität und Innovation führte, sodass sich der Raum nicht öffnete, die Welt und eine neue Welt zu erfinden, zu entdecken und zu beschreiben. Solche Erklärungen sind nie zureichend, aber an Leonardo und Galileo zum Beispiel sehen wir eine bemerkenswerte Mobilität, nicht nur intellektuell, sondern auch geographisch. Die politische Macht war verstreut und antagonistisch, die spirituelle Macht ebenso, zum Beispiel auch innerhalb der katholischen Kirche, wo Galileo sich eine Zeit lang der Konkurrenz der führenden Orden bedienen konnte. Bei der Mobilität der Weltentdecker und ihrem Verhältnis zu Macht mag man auch an Kolumbus denken, aber diese bekannten Namen stehen für ein sehr großes Netz von Erfindern, Entdeckern und Beschreibern, das sich gleichsam als parasitäres System an das andere, zerstreute und antagonistische von Macht und Geld binden konnte.

Macht und Geld brauchen ihre Kalküle, ihre Verfahren und ihre Symbole. Mathematiker und Astronomen, Baumeister und Ingenieure, Künstler und Literaten sind dafür die ›Experten‹. Zu dieser Zeit sind sie noch mehr oder minder Universalexperten, dabei besonders auch für die Symbolik der Macht, zu der nicht nur Kunst und Architektur gehören, sondern auch die Kunstfertigkeit der Gewerbe und das neue Wissen der Gelehrten und seine Schaustücke, die sich in den Kunst- und Wunderkammern der Herrscher ansammeln. Dahinter stecken die neuen Kalküle und Verfahren, wie das kaufmännische Rechnen mit den indisch-arabischen Ziffern und dem wundersamen Symbol für Nichts, der Null, deren langsames Eindringen nach Europa sich auf einen historischen Punkt bringen lässt im *Liber Abaci* von 1202 des reisenden Mathematikers Leonardo von Pisa, genannt Fibonacci. Die Null bezeichnet Nichts, aber sie organisiert die Zahlen, macht sie zu dem System der Quantitäten, mit dem mehr und mehr die Welt beschrieben wird, insbesondere die Welt des Handels mit den materiellen, aber ebenso ›reinen‹ Quantitäten des Geldes. 1494 stellt ein anderer Mathematiker, Luca Pacioli, in einer gelehrten Abhandlung das System der doppelten Buchführung dar, dessen Fluchtpunkt die Null ist.[5] In diesem Zeitraum, zwischen 1200 und 1500, entwickelt sich eine der Grundlagen der industriellen Welt, das System der modernen Geldwirtschaft, dessen Herkunft immer noch an den italienischen Worten wie ›Skonto‹ oder ›Lombard‹ zu erkennen ist.

Die andere neue Technik mit mathematischen Zeichen ist die Zentralperspektive als die Mathematisierung des Raums des Sehens, eine distanzierte, objektivierte ›Weltanschauung‹, die – zugleich als eine Technik der Zeichen, wie die Arithmetik – Konstruktionsgrundlage für das Darstellen und Herstellen von Welt ist. Die mathematischen Techniken sind selbstverständlich nicht alles und nicht das allein Entscheidende. Zu betonen sind aber die immateriellen Techniken, die dem Handeln, dem Wahrnehmen, dem Darstellen und der konstruktiven Phantasie nun zur Verfügung stehen. Organisation ist auch eine solche Technik. Die Großunternehmen des Handels und des Gewerbes brauchen nicht nur die Organisation des Besitzes und des Besitzwechsels, der arithmetisch dargestellt wird, und die Konstruktion von Gebäuden, Anlagen und Transportmitteln, die sich zunehmend der Geometrie bedienen, sondern auch die Organisation von Arbeitsteilung und Produktion, die erst in der dritten Moderne im späten 19. Jahrhundert mit zeichentechnischen Mitteln rekonstruiert wird. Das Verlagssystem der Tuchmacherei in Florenz ist eine solche Organisation, die sich in der Form eines Flussdiagramms darstellen lässt, einem modernen Bild der vorindustriellen Welt der Produktion, die auf viele Häuser verteilt ist, aber unter dem Dach der Gesamtorganisation und der beherrschenden Stellung des Tuchers schon ein Bild der Produktion, wie sie sich später unter dem realen Dach des einen Hauses der Manufaktur oder der Fabrik konzentriert.

Über Maschinen und die ›Elemente‹, die wir mit der Industrie assoziieren, Kohle und Eisen, habe ich noch nicht gesprochen, auch nicht über die Zunftordnungen und andere Elemente, die die Dynamik der Entwicklung der Gewerbe einschränken. Die Geschichte der Technik in der Zeit bis ins 17. Jahrhundert ist keineswegs langweilig, und das »erste Maschinenzeitalter« ist längst angebrochen, mit der Leitmaschine der Zeit, der Uhr, oder mit der Serienproduktion von Büchern.[6] Von ›Massenproduktion‹ kann man bei Münzen sprechen, einem technischen Produkt, das in der Tat massenhaft im Umlauf war. Leonardo da Vinci hat die technischen Möglichkeiten massenhafter Münzprägung schon theoretisch durchdacht, Donato Bramante führte um 1500 die Spindelpresse in die Münzerei ein, und um 1650 wurden in Paris mit Maschinen die ersten ›modernen‹ Münzen hergestellt, mit genauer Form, identischem Gewicht und geprägtem Rand.[7] Was ich hier essayistisch umreiße, ist der Versuch einer integralen Geschichte der Technik und der materiellen Produktion, in der die materielle Kultur der Dinge (wie Münzen, Uhren, Tuche, Gemälde, Gebäude), die immaterielle Kultur der Bedeutungen der Dinge (wie Dome, Fresken, Kleidung) und der Zeichen (wie Zahlen, geometrische Formen, Buchstaben) unter der gegebenen Leitperspektive zusammenzufügen sind. Die disziplinären, isolierenden Perspektiven von Politik- oder Kunst- oder Technik- oder Wirtschaftsgeschichte sind neueren Datums, und an der frühen Neuzeit wird vielleicht am besten deutlich, wie unbefriedigend sie bleiben müssen, wenn sie sich isolieren.

Aufbruch: Zweite Moderne

Die herausragende Rolle Italiens in der europäischen Geschichte geht mit dem 16. Jahrhundert zu Ende. Galileos Werk wird in die Niederlande gebracht, von wo die Nachricht vom Fernrohr gekommen war. Neben Frankreich sind es vor allem die protestantischen Länder mit konstitutionellen, republikanischen Rechtsordnungen, Holland und England, die zum Zentrum der Entwicklung werden und in denen sich im 17. Jahrhundert die Wissenschaftliche Revolution vollendet und die Industrielle Revolution vorbereitet. Die beiden Revolutionen haben nicht wenig miteinander zu tun. Die experimentierenden Naturphilosophen erkunden die Mechanik der Welt, indem sie Instrumente und Geräte bauen und bauen lassen. James Watt und die Dampfmaschine sind sich nicht zufällig 1763 im akademischen Modellbau begegnet, und die Idee der ›Feuermaschine‹ entstammt der Wissenschaft. Die erste erfolgreiche Dampfmaschine aber stammt von einem gebildeten Eisenhändler, Thomas Newcomen, und wurde 1712 in einem Kohlenbergwerk errichtet. Insbesondere in England entwickelte sich im Laufe des 18. Jahrhunderts ein dichter kommunikativer Zusammenhang zwischen Unternehmern, technischen Praktikern und Gelehrten, und manche von ihnen spielten alle diese Rollen zugleich.

Die Moderne der Industrie also beginnt in England, die Moderne der Aufklärung jedoch in Frankreich. Die Niederlande müssen hier am Rande bleiben, weil sie ihre Stellung als führende See- und Handelsmacht seit der Mitte des 17. Jahrhunderts verlieren; im Schiffbau, im wissenschaftlichen Instrumentenbau und nicht zuletzt im Textilgewerbe waren sie zeitweise führend gewesen. Die große Zeit Englands beginnt mit der ›Glorious Revolution‹, bei welcher Gelegenheit die Engländer ihren katholischen König durch einen Import aus den Niederlanden ersetzen und dessen Recht konstitutionell eng beschränken. Dahinter standen vor allem die Interessen derer, die Land und Vermögen besaßen. Der »Geist des Kapitalismus« mag, mit Max Weber gesehen, sehr wohl protestantisch bzw. calvinistisch sein, aber er war ja auch im katholischen Italien zu erkennen, und er liegt auch in einer Verschiebung gesellschaftlicher Werte.[8] Nach dem verheerenden Bürgerkrieg in England und dem Dreißigjährigen Krieg auf dem Kontinent werden das Besitzstreben ebenso wie die Beschäftigung mit den Mechanismen der Natur und der Kunst (im alten Sinne der Fertigkeit des Herstellens von Dingen) zu Tugenden, weil sie offenbar friedfertiger sind als die christlichen Tugenden. Jedenfalls gilt das im Inneren des Landes. Zugleich sind sie wertschöpfend, und so konnte der neue König von England seine Kriege führen, ohne das Land zu ruinieren.

Die neuen Gesetze in England beförderten nachdrücklich das privatwirtschaftliche Handeln. Ein älteres Gesetz, das schon von Jakob I. erlassen wurde, ist für den ›Geist des Kapitalismus‹ von höchster Bedeutung, das Patentrecht. Zum einen wurde damit die herrscherliche Macht der Vergabe von Privilegien beschränkt, zum anderen wurde dem Geist des Erfinders praktischer Dinge ein Eigentumsrecht gegeben, das sich in Geld verwandeln ließ, wenn auch nicht immer. Die Geschichte der Watt'schen Dampfmaschine ist auch eine Geschichte der Patente. Die Dampfmaschine ist zwar das Symbol der Industrialisierung, aber es ging auch ohne die rauchenden Schlote. Bis weit ins 19. Jahrhundert hinein waren es vor allem Wassermühlen, die die Maschinen antrieben. Der wichtigste Zweig der Industrialisierung, der seinen Weg an das Wasser fand, war das Textilgewerbe, organisiert nach dem Verlagssystem wie in Florenz. Und hier lässt sich die Dynamik der maschinentechnischen Entwicklung zeigen, wie sie möglich wird, wenn das Erfinden geschätzt und geschützt wird. 1733 wurde der Erfindergeist von John Kay zwar durch ein Patent geschützt, aber von seinen Weberkollegen gar nicht geschätzt; er soll knapp der Ermordung entgangen und nach Frankreich geflohen sein.[9] Bei seinem ›Schnellschütz‹-Verfahren wurde das Schiffchen mit einem Rucken am Seil durch die Kettfäden hin und her geschossen, und der Faden brauchte nicht mehr von Hand geführt zu werden. Außerdem wurden so Webstühle für breitere Stoffe möglich. Das Verfahren setzte sich allein schon deswegen nicht rasch durch, weil die Spinnerei schon vorher den Garnbedarf der Weber kaum decken konnte. Das Spinnen ist aber eine recht komplizierte Arbeit, die erhebliche Fingerfertigkeit erfordert. Das lässt sich nicht so einfach in eine Maschine übersetzen, aber die Herausforderung wurde angenommen, und 1738 wurde das erste Patent erteilt, das zu ersten Fabriken führte, in denen Wasserkraft die Spinnmaschinen antrieb. Die Qualität des Garns ließ allerdings zu wünschen übrig, und die Society for the Encouragement of Arts and Manufactures – ein anderes Zeichen besagter Wertschätzung – setzte 1761 einen Preis für eine Maschine aus, die, von einer Person bedient, sechs Fäden spinnen können sollte. Drei Jahre später war eine Maschine fertig, die acht Fäden spann, die ›Spinning Jenny‹ (›Jenny‹ ist vermutlich von *engine* abgeleitet). Die ›Jenny‹ wurde eine Maschine der Hausindustrie, wurde auch Opfer eines Maschinensturms, aber die aufgebrachten Spinner wussten, was sie taten: Sie zerstörten nur Maschinen, die mehr als 20 Spindeln hatten. Es ging ihnen, wie den Maschinenstürmern des 19. Jahrhunderts, um eine Begrenzung jener Dynamik, die letztlich zu der von Karl Marx analysierten sozialen Kluft führte, die sich aus dem Privatbesitz der Produktionsmittel ergab. 100 Jahre später jedenfalls waren Spinnen und Weben eine Sache der maschinellen Produktion.

Wie gesagt, die ›Jenny‹ gehörte noch der Hausindustrie. Der nächste Schritt hieß ›Water Frame‹, 1769 patentiert, und der Name sagt schon, dass es hier in die Fabrik geht, in der die Spinnmaschinen von Wasserkraft angetrieben werden. Dann wurden ›Jenny‹ und ›Water Frame‹ zur ›Spinning Mule‹ gekreuzt, und schließlich kam 1830 der Automat, zeitgenössisch eingedeutscht: der ›Selfaktor‹. Parallel dazu entwickelte sich die Mechanisierung der Weberei und all der weiteren Tätigkeiten, die zur Herstellung von Textilien gehören. Voraussetzung einer solchen Entwicklung sind selbstverständlich auch die Rohstoffe und die Nachfrage nach den Produkten. Schon im 18. Jahrhundert entwickelte sich die Nachfrage auch mit dem Angebot und seinen fallenden Preisen. Bei den Rohstoffen setzte sich die Baumwolle durch, und dahinter, um es nur anzudeuten, stecken Weltmacht und auch die Sklaverei. In England gab es zwar Schafe, aber keine Baumwollpflanzen.

Die Maschinen, von denen gerade die Rede war, sind ›Arbeitsmaschinen‹, sie machen die Arbeit oder einen Teil davon, die vorher Menschen gemacht haben. Die Arbeitsmaschinen brauchen Bewegungsenergie, die in der Hausindustrie von Menschen und manchmal von Tieren geliefert wurde, in der Fabrik zuerst vom Wasser und dann mehr und mehr von der Kohle, mit der die Dampfmaschinen gefüttert wurden. Die ersten Dampfmaschinen von Newcomen wurden im Bergbau zur Wasserhaltung eingesetzt und waren damit gleichsam die Voraussetzung ihrer eigenen Weiterentwicklung. Eine weitere Voraussetzung dafür war die präzise Metallbearbeitung, und damit kommen zu den Kraft- und Arbeitsmaschinen seit Ende des 18. Jahrhunderts die universell einsetzbaren Werkzeugmaschinen. Wiederum war es ein Brite, Henry Maudsley, der das Kunststück vollbrachte, ohne Drehbank eine Drehbank zu bauen. Zum technischen System gehören selbstverständlich noch die Transportmittel, Straßen, Kanäle und dann der Schienenverkehr, und für dessen Lokomotiven braucht es wiederum die Werkzeugmaschinen.

Die Staaten auf dem Kontinent mussten sämtlich die Industrialisierung nachholen. Preußen und die anderen deutschen Länder hatten einen späten Start, aber dann eine rapide Entwicklung. Frankreich dagegen war in wirtschaftlicher Hinsicht ein Spät- und Langsamentwickler. Aber zugleich war Frankreich das Zentrum der Aufklärung gewesen, des anderen Beginns der zweiten Moderne. Eines der bekanntesten Produkte der Aufklärung ist die *Encyclopédie* von Diderot und d'Alembert – den Wissenschaften, den Künsten und den Gewerben gewidmet. Im zentralistischen, dirigistischen Feudalstaat war die Entfesselung einer wirtschaftlichen Dynamik wie in England kaum möglich. Umso deutlicher aber ist die nicht zuletzt antiklerikale intellektuelle Dynamik, die immer mit einem Blick auf Wissenschaft und Gewerbe verbunden ist, und mit einem Seitenblick auf die Vorgänge jenseits des Ärmelkanals. Selbstverständlich war der Rationalismus nicht nur in Frankreich zu Hause, aber an England und Frankreich im 18. Jahrhundert sieht man, wie der historische Zusammenhang der wirtschaftlichen, politischen, intellektuellen und kulturellen Entwicklung ungleichgewichtig und ungleichzeitig verteilt ist. Es ist ein Zusammenhang, der auch über den Atlantik reicht und der insgesamt die zweite Moderne ausmacht.

Diese Moderne bringt erst die Idee der Modernität in die Welt. Mit der »querelle des anciens et modernes« beginnt um 1700 eine Wendung im Verhältnis zur historischen Zeit. ›Modern‹ heißt nun nicht einfach mehr ›neu‹ – und in aller Regel schlechter als das Alte, das Klassische –, sondern das Neue wird langsam zu einem Wert an sich.[10] Die Zukunft öffnet sich und wird zum Ziel des Handelns und des Denkens. Mit dem großen Elan eines Michel Serres gesagt, geht es um eine neue Epoche der »Menschwerdung«, und diese Epoche geht mit einem neuen technischen System einher, einem höchst dynamischen System, das in das Industriezeitalter führt. Nicht die Technik treibt die Geschichte, auch nicht der Geist der Wissenschaft oder der Kunst. Es ist auch nicht der Krieg, obwohl der für das technische System und für die intellektuellen Orientierungen ganz und gar nicht unwichtig ist. Letztlich bleibt wohl nicht mehr, aber auch nicht viel weniger zu sagen, als dass alle Bereiche des Lebens in diesen Zusammenhang der großen historischen Bewegung verflochten sind, dem wir nachträglich beschreibend ›Struktur‹ geben.

Konsequenz: Dritte Moderne

Die dritte Moderne erwächst im und aus dem Zeitalter der Industrie. Sie ist vor allem als ästhetische wahrgenommen worden und hat schon im frühen 19. Jahrhundert ihre Anfänge, entfaltet sich aber ganz deutlich erst in den letzten Jahrzehnten des 19. Jahrhunderts. In der Industrie dieser Zeit finden wir die neuen, wissenschaftsbasierten Zweige der Chemie, der Optik und der Elektrotechnik. Eher im Maschinenbau finden wir auch den Beginn der Serienproduktion und der Betriebsrationalisierung. Produktiver zu sein ist nicht mehr nur Sache neuer Maschinen, sondern wird zur Frage der Organisation des Zusammenhangs von Menschen, einschließlich des Selbst, und technischen Dingen, einschließlich der Kodes und Berechnungsverfahren, in Raum und Zeit. So wie in der Serienproduktion etwa von Nähmaschinen nun standardisierte Einzelteile gefertigt werden, aus denen die Maschinen zusammengesetzt werden, so wird auch die Arbeit der Arbeiter standardisiert und reorganisiert. Der berühmt-berüchtigte Frederick W. Taylor reorganisierte in den USA Industriebetriebe und entwickelte mit Hilfe der Stoppuhr, die sich gleichzeitig auch im Sport durchsetzte, ›wissenschaftlich‹ begründete Leistungsnormen für die Arbeiter. Sein Schüler Frank B. Gilbreth machte die Chronophotographie des Physiologen Étienne-Jules Marey und dann auch die Kinematographie zu Werkzeugen der auf Effektivierung orientierten Bewegungsanalyse in der Industriearbeit. Gilbreth trainierte auch eine Weltmeisterin im Maschineschreiben; und seine Techniken hatten ihren Einfluss auf den modernen Sport.

Die Rationalisierer rationalisieren sich in aller Regel auch selbst. Die Rationalität der Aufklärung war immer ein Appell an die Vernunft gewesen, die den aufrechten Gang in die zu gestaltende Zukunft leiten sollte. Um 1900 scheint die Vernunft einen Anker zu verlieren, den sie im Glauben an die Erkennbarkeit der Welt hatte. Das Selbst dieser Vernunft hatte sich zwar von den Klerikern distanziert, aber im Glauben an die eigene Fähigkeit, die Welt erkennen und schaffen zu können, nicht von einer Perspektive auf das Ganze der Welt, wie sie nur ein Gott haben kann. Dieses Vertrauen scheint am Ende des Jahrhunderts der Industrialisierung ins Wanken zu geraten. Die Rationalisierungsbewegung kann man auch deuten als den Versuch, die Welt durch Kalkül und Organisation wieder unter Kontrolle zu bringen. Und dafür etabliert sich eine neue Schicht von Experten, nicht nur für die Betriebsorganisation; es ist die Zeit, in der sich in der Wirtschaft die Angestellten etablieren, im Englischen stand dafür schon damals das ›Management‹, und Taylor nannte sein System ›Scientific Management‹. Das Kalkül der Rationalisierung ist erfindungsreich und rücksichtslos. In der Industrie rücksichtslos gegen die Arbeiter und auch gegen die traditionell patriarchalen Unternehmer, denen das Management die Macht abnimmt. Es schaut auch nicht nach hinten, es ist rücksichtslos gegen Traditionen. Und wie Gilbreth mit der Kamera, bedient es sich aller Techniken, die es finden und erfinden kann.

Dieser rücksichtslose Erfindungsgeist beschränkt sich nicht auf die Industrie. Um die Jahrhundertwende werden zum Beispiel so viele Kunstsprachen wie Ido oder Volapük erfunden wie zu keiner anderen Zeit. Zugleich entsteht die moderne Sprachwissenschaft. Der Industriearbeit ähnlich, wird Sprache zum technisch rationalisierbaren Objekt und zum Gegenstand der analysierenden Beobachtung. Damals wird auch das ›Gen‹ nicht gefunden, sondern erfunden als eine ›Rechnungseinheit‹ für die Vererbungsforschung. Man könnte die Erfindungen der Neuen Musik oder der bildenden Kunst daneben stellen. Nicht zufällig schreibt ein moderner Mathematiker 1905, dass die Mathematik eine »freie, schöpferische Kunst« sei, die sich wie die »moderne Kunst« weigere, »zum Publikum zu gehen und ihm gefällig zu sein«.[11] Diese Moderne ist im doppelten Sinne rücksichtslos, ruchlos und ohne Rückspiegel. Darum auch entstehen mit ihr Gegen- und Antimoderne. Da hat schon so etwas stattgefunden wie ein ›Verlust der Mitte‹; es fragt sich allerdings, ob man ihn beklagen muss. Gewerkschaften und Unternehmer zum Beispiel haben in ihrem Antagonismus ja nicht so schlecht und recht wirkungsvoll zusammengespielt, jedenfalls bis zur Zeit von Postmoderne und Neoliberalismus.

An der Betriebsrationalisierung wird vielleicht auch deutlich, warum, mit Freud gesagt, das Ich nicht mehr Herr im eigenen Haus ist. Die Rationalisierung ist das bewusste Management von Zeichen, Sachen und Menschen in ihrer gegenseitigen technischen Abhängigkeit. In der technisierten Welt der Großstädte, der Betriebe, der Medien wird deutlich, wie wenig souverän das menschliche Subjekt ist gegenüber den eigenen Produkten. Dem kann man mit Hingabe begegnen wie die Manager oder die Futuristen, mit Abwendung wie die Wandervögel oder die seltsamen Gestalten auf dem Monte Verità. Es kann auch in die Reinheitswut des Nationalsozialismus führen. All das sind Phänomene dieser Moderne. Vielleicht sind es vor allem die neuen Technologien der Wahrnehmung und Darstellung, der Kommunikation und Organisation, mit der die Menschen Fähigkeiten an ihre Produkte abgeben und dafür den Raum ihrer Möglichkeiten erweitern.

Sind wir heute im postindustriellen Zeitalter auch am Ende dieser Moderne? Die Bilder der industriellen Welt des späten 19. und frühen 20. Jahrhunderts haben etwas von der Nostalgie, mit der Dampflokomotiven verehrt werden. Man kann ihnen noch begegnen – nicht nur im Museum –, aber sie sind nicht mehr die sichtbaren Knoten in dem historischen Netz, in das wir verstrickt sind. Allzu viel verdeckend, ist vor allem die informationelle und mediale Maschinerie sichtbar geworden, in der die separierten Techniken, die alle schon früh im 20. Jahrhundert zur Hand waren, in ein weltumspannendes Etwas zusammengewachsen sind, dem der Mythos des Golem, zu dem Gustav Meyrink 1915 seinen Roman schrieb, in seinem Kern noch immer entspricht und für den die neuen Bilder schon längst in Arbeit sind. Zur technischen gehört immer auch die kulturelle und phantasmatische Produktion und damit auch Selbstschöpfung der Menschen.

1 Lyotard 1986.
2 Michel Serres, *Der Mensch ohne Fähigkeiten: Über die neuen Technologien und die Ökonomie des Vergessens*, in: *Süddeutsche Zeitung* vom 28. März 2002, S. 18.
3 Lessing 1919.
4 Chastel/Klein 1963, S. 16.
5 Zur Null und ihrer semiotischen Verwandtschaft zum Fluchtpunkt der Zentralperspektive vgl. Rotman 1993.
6 MacNeil 1996, S. 22.
7 Schmidtchen 1992, S. 371–376.
8 Vgl. Hirschmann 1977.
9 Für die Geschichte der Textiltechnik vgl. Bohnsack 1981, hier S. 191.
10 Zur Begriffsgeschichte der Moderne vgl. Gumbrecht 1978.
11 Vgl. Mehrtens 1990, S. 541.

Konstruktionen und Diskurse – Das Industriebild als gesellschaftsgeschichtliche Quelle

Klaus Türk

Artefakte als Quelle

Wenn man die Frage nach dem Quellencharakter von Artefakten stellt, sollte man zunächst die nahe liegende Anschlussfrage beantworten: als ›Quelle‹ wofür? Denn das Erkenntnisinteresse bestimmt die Fragestellungen und Methoden. Man kann Industriebilder wie alle Werke der bildenden Kunst unter ganz unterschiedlichen Perspektiven betrachten und auch ihre Beziehung zur übrigen Gesellschaft lässt sich in mindestens zwei Richtungen verfolgen. So interessiert sich – etwas pointiert ausgedrückt – die Kunstwissenschaft (soweit sie überhaupt die Gesellschaft in ihre Untersuchung einbezieht) für die Gesellschaft, um Bilder zu verstehen, die historische Gesellschaftswissenschaft dagegen für Bilder, um die Gesellschaft zu verstehen.[1] In der historischen Gesellschaftswissenschaft soll nicht das Kunstwerk gedeutet werden, sondern die Verfasstheit einer bestimmten Gesellschaftsformation (unter anderem) anhand von Werken der bildenden Kunst. Dabei wird man sich keineswegs auf die so genannte ›hohe Kunst‹ beschränken können, ist doch möglicherweise die konventionalisierte ›Trivialkunst‹ in dieser Hinsicht von größerem Informationsgehalt. In jedem Falle aber gilt, dass es Bilder nur in Gesellschaften gibt. Gleiches gilt für die hier thematisierte Industrie. Diese Feststellungen sind trivial, nicht aber deren Konsequenzen. Denn es stellt sich keine geringere Aufgabe, als diese drei Phänomene – die Bilder, die Industrie und die Gesellschaft – in Beziehung zueinander zu setzen. Nur wenige Anmerkungen dazu sind im Folgenden möglich; trotzdem muss etwas weiter ausgeholt werden.

›Konstruktionismus‹ und ›Konstruktivismus‹

Seit einer Reihe von Jahren ist es in den Geistes- und Sozialwissenschaften fast eine Selbstverständlichkeit, von Annahmen auszugehen, die trotz aller Varianten im Einzelnen als ›konstruktivistisch‹ bezeichnet werden. Als gemeinsame Grundlage gilt zunächst einmal die in der Biologie schon lange bekannte Beobachtung, dass alle Lebewesen durch ihre je spezifische organische und kognitive Ausstattung eigene gattungs- sowie subjektabhängige Welten etablieren. Dies bezieht sich nicht nur auf Prozesse und Strukturen der Wahrnehmung, sondern auch auf das Verhalten, das heißt auf das Arsenal an Interventionen in die Welt (der Biologe Jakob von Uexküll nannte dies »Merk-« bzw. »Wirkwelt«). Für Menschen scheint dieser Konstruktionismus[2] in besonders ausgeprägter Weise zu existieren, da sie nicht nur Wahrnehmungen, Handlungen und Artefakte konstruieren, sondern zur Konstruktion von Konstruktionen in der Lage sind, also zu Konstruktionen zweiter Ordnung. Da dieses Prinzip fortgesetzt werden kann, sind grundsätzlich Konstruktionen beliebig höherer Stufe möglich. Man nennt dies dann ›Reflexion‹, ›Bewusstsein‹, ›Planung‹, ›Antizipation‹, ›höherstufiges Lernen‹, ›Beobachtung zweiter (n-ter) Ordnung‹ oder dergleichen mehr.

Konstruktionen im Humanbereich kann man mindestens in dreierlei Hinsicht finden.[3] Zunächst gilt die gesellschaftliche Welt des Menschen seit der Aufklärung als von ihm selbst produziert, also weder als durch die Natur determiniert noch als von Gott gegeben. Daraus folgte historisch der gewagte (und in seiner schlichten Form unhaltbare) Schluss, dass die Menschen ihre Gesellschaft bewusst gemäß Vernunft und Plan gleichsam sozialtechnisch gestalten können. Die moderne Gesellschaft mit ihrer Industrie, ihrem Kapitalismus und der Dominanz des Prinzips rationaler Organisierung basiert im Wesentlichen auf solchen Vorstellungen.

Gegenüber und ergänzend zu diesem ›produktionistischen Konstruktivismus‹ betont der kognitive Konstruktivismus die Abhängigkeit jeder Wirklichkeitswahrnehmung von den Strukturen des jeweiligen Beobachters. Danach gibt es keine ›objektive‹, abbildhafte Wirklichkeitserkenntnis, jede Erkenntnis ist vielmehr ein konstruktiver Akt, eine Herstellung. Jede Kommunikation zwischen Menschen muss deshalb mit der Ungewissheit zurechtkommen, ob man sich versteht. Wenn sich die Wahrnehmung auf Konstruktionen von Menschen bezieht (auf gesellschaftliche Verhältnisse, Texte, Kunstwerke etc.) und nicht zum Beispiel auf die äußere Natur, ergeben sich kompliziertere Probleme daraus, dass nun Konstruktionen re- bzw. dekonstruiert werden.

Ein drittes Feld bilden die Prozesse der konstruktiven Arbeit; das heißt die Erzeugungspraktiken der gesellschaftlichen und materiellen Artefakte sowie die Erzeugungspraktiken von Erkenntnissen, Deutungen, Reflexionen etc. Es handelt sich insbesondere bei Letzteren um vielfach unterschätzte, hochkomplexe und von situativen Bedingungen abhängige Herstellungsprozesse von ›Wissen‹. Dies gilt nicht nur für den Bereich der Wissenschaft,[4] sondern auch zum Beispiel für die Produktion von Nachrichten in den Massenmedien, für religiöse Glaubenssysteme und natürlich für die Kunst. Aber auch die Erzeugung von Wissen über diese Wissensproduktion erfolgt in Arbeitsprozessen, die teils sogar institutionalisiert sind wie etwa in der Soziologie oder der Kunstwissenschaft. Die Gesellschaft insgesamt ist damit in vielfach verschachtelter und reflexiver Weise mit ihrer Selbstreproduktion beschäftigt.

Die bildende Kunst lässt sich als Element – oder gar als ein Teilsystem[5] – in diesem Prozess verstehen.

Neben der gesprochenen Sprache gehört das Bild zu den frühesten Medien menschlicher Kommunikation und nur der menschlichen, denn andere Lebewesen haben keine Bilder. Das Bild dürfte wohl von Anbeginn an nicht einfach als die Sprache verstärkendes oder sie gar substituierendes, sondern als ein Medium eingesetzt worden sein, das bezüglich seiner Gegenstände und Formen einen eigenen gesellschaftlichen Kommunikations- und Konstruktionsraum schafft, eine ›Ikonosphäre‹ – ›Bilderwelten‹ gleichsam, die zugleich stets ›Weltbilder‹ nicht nur repräsentieren, sondern mit-produzieren.

So wie bei der menschlichen Arbeit generell manifestiert sich im Bild eine Entäußerung seines Produzenten, eine Materialisation seiner individuell wie sozial geprägten Subjektivität und damit zugleich immer auch ein historisch-gesellschaftlich bestimmtes Formbildungspotential. Ein Bild ist wie jedes andere Kunstwerk auch einerseits Produkt menschlicher Arbeit und ihrer jeweiligen Bedingungen, andererseits aber kommen dem Kunstwerk gegenüber sonstigen Werken ganz eigene Qualitäten und Funktionen zu. Bildende Kunst, ob in der Gesellschaft nun als ›Kunstwerk‹ qualifiziert oder nicht, erfüllt sich nicht in einem zweckgemäßen Gebrauchswert (wie etwa eine Skizze in einer Gebrauchsanweisung), sie erschöpft sich aber auch nicht in der bloßen Repräsentation der spezifischen Weltwahrnehmungen ihres Autors. Vielmehr liegt die Funktion des Werkes, wenn es nicht allein für die Selbstreflexion seines Schöpfers hergestellt wurde, sondern für die Betrachtung durch andere – und das dürfte ja der Normalfall sein – darin, und darauf hat vor allem Niklas Luhmann für die Kunst allgemein hingewiesen,[6] eine Beobachtung ›zweiter Ordnung‹ anzuregen. Kunstbetrachtung ist stets die Beobachtung von (im Kunstwerk mitgeteilten) Beobachtungen der Welt oder auch: die Wahrnehmung von kunstmedial übermittelten Wahrnehmungen des Autors bzw. der Autorin.

Eigentlich aber, so könnte man angesichts der obigen Ausführungen einwenden, gilt dies doch für sämtliche menschliche Mitteilungen. Auch das Hören einer Nachrichtensendung ist prinzipiell nichts anderes als eine Beobachtung zweiter Ordnung. Das Besondere der Kunst liegt darin, dass sie sich in ihrem Medium selbst sowie durch ihre Präsentationsformen und -räume (Galerie, Museum, Atelier, Kunstzeitschrift etc.) explizit als originelles, besonderes, vielleicht höchst individuelles Artefaktum darstellt und der Betrachtung anbietet. Ein Kunstwerk kann dabei seine Künstlichkeit, seine Konstruiertheit mehr oder weniger zu verbergen suchen (man kann dann vielleicht von ›Naturalismus‹ sprechen) oder, im Gegenteil, die Künstlichkeit der Kunst im Kunstwerk selbst thematisieren.

Vor diesem Hintergrund kann man sagen, dass die bildende Kunst eine besondere Art von reflexivem Medium ist. Sie unterscheidet sich von anderen Reflexionsformen, etwa einem wissenschaftlichen Text oder einer politischen Rede. Werke der bildenden Kunst verwenden nicht die Formen von verbal argumentierender Begründung und Logik, nicht die von Beweis, Widerlegung und Schlussfolgerung, sondern sie bewegen sich auf der Ebene der sinnlichen Wahrnehmung,[7] und dies in mehrfacher Hinsicht. Sie stellen Wahrnehmungen in Objekten dar, die wiederum nur über die sinnliche Wahrnehmung kogniziert werden können. Werke der bildenden Kunst unterscheiden sich aber nicht nur als Kunstwerke von anderen Medien, sondern auch durch ihre Bildlichkeit. Bild und Sprache sind, wie schon vielfach untersucht, unterschiedliche Mittel der Kommunikation; sie sind sogar so unterschiedlich, dass sie bis auf ganz wenige Ausnahmen (etwa das Piktogramm) nicht ineinander übersetzbar sind.[8]

Eine noch so ausgefeilte Sprache kann zum Beispiel keine Farben kommunizieren, kein Bild vermag etwa logische Deduktionen vorzunehmen. Bilder finden auch dann, wenn sie von einem Betrachter vielleicht gar nicht ›verstanden‹ werden, eine sinnliche Resonanz, produzieren Assoziationen und Fortsetzungsbilder beim Rezipienten. Eine Sprache, die nicht verstanden wird, ist bloßer Schall, ein solcher Text bloße Druckerschwärze. Sprache besteht aus distinkten Einheiten (Wörtern), die durch grammatikalische Regeln in begrenzter Weise kombiniert werden können. Für Bilder gilt beides nicht: Weder gibt es vorab ein Inventar (analog zu einem Wörterbuch) von klar unterscheidbaren Elementen, noch existiert eine Grammatik, die syntaktische Regeln bereithielte. In einem Bild ist prinzipiell alles möglich, das Universum des Mediums und seiner Formbildungen ist in diesem Sinne ›chaotisch‹, also prinzipiell ohne präformierte Struktur. Von daher lässt sich auch nachvollziehen, dass ein Bild dann in besonderem Maße verstehbar erscheint, wenn es in seiner Wahl von Elementen und deren Zuordnung zueinander anderswo eingeübten Regeln der Wahrnehmung bzw. Kommunikation entspricht. Ein Bild gilt in diesem Falle als ›wahr‹, als ›realistisch‹ oder ›naturalistisch‹. Schwierigkeiten, die beim Bildverstehen auftauchen, sind umgekehrt nicht selten einer Differenz zwischen eingeübten Regeln und der vorfindlichen Bildsemantik geschuldet. Bilder können deshalb irritieren – und vielfach ist genau dies ja auch die Absicht ihrer Autoren bzw.

1 Gerd Arntz, *Fabrik*, 1927, aus der Serie: *Zwölf Häuser der Zeit* Galerie Glöckner, Köln

2 Gerd Arntz, *Oben und Unten*, 1931 Galerie Glöckner, Köln

Autorinnen. Sie sind somit in der Lage, ganz andere Erfahrungen und Mitteilungen zu artikulieren als die hochgradig konventionalisierte verbale Sprache, obwohl auch deren Spektrum nicht gerade gering ist.

Trotz aller Besonderheiten, die auf die Subjektivitäten von Autor und Rezipient verweisen, ist jedes Kunstwerk aber doch ein gesellschaftliches Phänomen; dies gilt nicht nur für seine kommunikative Dimension, sondern auch für seinen Produktionszusammenhang. Kein Kunstwerk ist allein dem rein individuellen ›Genius‹ seines Schöpfers zuzurechnen, sondern immer auch hinsichtlich des gewählten Gegenstands sowie der Darstellungsmittel und -formen der jeweiligen Gesellschaft. Nur deshalb ist es übrigens auch für die Kunstgeschichte möglich, Kunstwerke ohne weitere Informationen ziemlich gut bestimmten historischen Gesellschaftsformationen zuzuordnen. Sie sind immanenter Bestandteil ihres Entstehungszusammenhanges oder noch genauer: Sie sind nicht nur Produkte, sondern auch reflexive Mitproduzenten der Gesellschaft, die über Anregungen von Wahrnehmungen zweiter Ordnung entweder Irritationen oder Affirmationen hervorbringen und auf diese Weise die Reproduktion der Gesellschaft beeinflussen. Es ist nicht verwunderlich, dass die Kunst wegen ihres besonderen Potentials zur Irritation bzw. zur Affirmation in allen herrschaftlich verfassten Gesellschaften einer strikten Kontrolle durch die politischen Eliten unterliegt. Indienstnahmen bzw. Verbote sind dann die Folgen.

Da sich die Kunst explizit als artifizielle Konstruktion der Kognition durch andere anbietet, erhebt sie eigene Geltungsansprüche bezüglich ihrer Repräsentation von Wirklichkeit. Sie erzeugt ihre ›Erkenntnis‹ allerdings nicht gemäß den methodischen Standards der Wissenschaft, sondern entweder durch Einfall und Überraschung oder aber auch durch bloße Reproduktion etablierter visuell-ikonischer Muster. Im historischen Prozess der Kunstproduktion ist beides zu beobachten: Originelle Einfälle, die zunächst überraschend wirken, werden von anderen aufgegriffen, sodass sich im Laufe der Zeit durch Imitation und Reproduktion bestimmte Muster, Stile, Strukturen gleichsam institutionalisieren, bis es zu einer neuen Invention kommt. Es entstehen

3 Gerd Arntz,
Fabrikbesetzung, 1931
Galerie Glöckner, Köln

Bildfelder und Bildgattungen, die mit anderen Reflexions- und Deutungssystemen der Gesellschaft zu Diskursformationen verbunden sind. Ein solcher Inventions-Trivialisierungszyklus ist zum Beispiel hinsichtlich des berühmten Eisenwalzwerkgemäldes von Adolph Menzel festzustellen.

Keinesfalls sind Kunstwerke schlicht Dokumente[9] für ihre Bildgegenstände, sondern materielle Manifestationen von Beobachtungen, die in eine bestimmte Form gebracht wurden, um bestimmte Assoziationen bei den Betrachtern anzuregen.

Die Wahl der Bildgegenstände, die Struktur der Beobachtungen wie auch die realisierten Formen gehören der ›diskursiven‹ Sphäre der jeweiligen Epoche der Gesellschaftsgeschichte, also der Sphäre der gesellschaftlichen Konstruktion gesellschaftlicher Wirklichkeit an. Dies wird besonders deutlich, wenn man nicht nur einzelne Bilder betrachtet, sondern Bildfelder auszumachen und zu analysieren versucht.

Die konstruktivistische Perspektive ernst zu nehmen heißt nun aber nicht, danach zu fragen, wie in unterschiedlichen Bildern, Bildfeldern, Diskursen die ›Wirklichkeit‹ – also etwa die Natur, das menschliche Subjekt oder für unseren Zusammenhang die Industrie – verschieden interpretiert wird. Ein solcher Ansatz setzte voraus, dass wir auf der einen Seite die Bildvorwürfe als objektive Fakten erkennen könnten, um dann in einem zweiten Schritt die ›Interpretation‹ dieser Gegenstände mit ihnen zu vergleichen. Auf der einen Seite gäbe es dann ›die Natur‹, ›den Menschen‹, ›die Industrie‹ und auf der anderen deren Deutungen, Wertungen etc. Ein strikter Konstruktivismus geht demgegenüber von der diskursiven Produktion der Gegenstände selbst aus. Ein Vergleich von ›Gegenstand‹ und Bild kann nur als ein Vergleich von zwei Konstruktionen verstanden werden. Eine ›Übereinstimmung‹ ist kein Indikator für Wahrheit, sondern lediglich eine Verstärkung etablierter Sichtweisen, und eine Differenz ist kein Indikator für Unwahrheit, sondern ein Angebot, das Spektrum des Wissens zu erweitern.

Dies alles gilt nun auch für die historische Betrachtung und die Nutzung von Bildern als Quellen. So können wir bei dem Industriethema nicht einfach davon ausgehen, dass wir bereits vorab über ›richtiges‹ historisches Wissen verfügen, um dann nur noch feststellen zu wollen, inwieweit die Bildproduktion diesem entspricht oder vielleicht ›Ideologie‹ im Sinne ›falschen Wissens‹ präsentiert. Es kann nicht davon ausgegangen werden, dass der Gegenstand ›Industrie‹ unabhängig von gesellschaftlichen Diskursen existiert. Vielmehr müsste versucht werden, die Entstehungs- und Wandlungsgeschichte dessen, was ›Industrie‹ jeweils genannt wird, auch anhand von Bildern zu rekonstruieren. Michel Foucault nennt diese Vorgehensweise »Genealogie« anstelle von »Archäologie«.[10] Dabei ist damit zu rechnen, dass in Diskursen gesellschaftliche Konflikte ausgetragen werden; Erzeugung und Kommunikation von ›Wissen‹ sind mit Macht besetzte und um Macht ringende Prozesse der »Wahrheits*politik*« (Foucault) einer Gesellschaft.

Das Arbeits- und Industriebild

Es liegt nun nahe, eine besondere Situation dann zu vermuten, wenn sich Künstler bzw. Künstlerinnen mit Gegenständen befassen, für die es ganz offensichtlich ist, dass sie von einer Gesellschaft selbst produziert werden. Kann eine Gesellschaft zum Beispiel bei der Darstellung von Naturgegenständen oder der Landschaft konventionellerweise davon ausgehen, dass es sich um nicht von Menschen hergestellte Bildvorwürfe handelt, so wird demgegenüber bei Städte- und Architekturbildern, der Gestaltung von Genreszenen oder Herrscherbildnissen und natürlich bei dem Thema der Arbeit, der Industrie oder der Technik ganz ohne Zweifel von Menschen selbst Erzeugtes der künstlerischen Beobachtung unterzogen. Im Unterschied zur äußeren

Natur sind vom Menschen hergestellte Sachverhalte stets Rechtfertigungszwängen unterworfen und prinzipiell kritisierbar; sie könnten immer auch anders sein und ihr Sosein fordert zur Stellungnahme heraus.

Dies gilt nun in ausgeprägter Form für solche Phänomene, die eine herausragende strukturelle Bedeutung für die gesellschaftlichen Verhältnisse insgesamt haben. Seit dem 16. Jahrhundert trifft dies für die organisierte Arbeit und die kapitalistische Industrie in wachsendem Maße zu. Die bildende Kunst, die von Beginn an die Bewusstseinsbildung bezüglich dieser Faktoren mitbestimmt, erhält damit stets einen politischen Charakter, ob dies von den Künstlerinnen bzw. Künstlern intendiert ist oder nicht.

Nun hatte allerdings das Arbeits- und Industriebild[11] in der Geschichte weder quantitativ noch qualitativ die gleiche Bedeutung wie andere gegenständliche Bildgattungen, also etwa das Landschaftsbild, das menschliche Bildnis oder das Bild mit christlicher Ikonographie. Bezüglich des Landschaftsbildes kann man durchaus die These zu begründen versuchen, dass es für weite Bevölkerungskreise auch den Blick auf die Naturlandschaft produktiv geführt hat – man denke insbesondere an die verbreitete Trivialkunst in diesem Genre. Und erst recht gilt für das christlich-religiöse Bild, dass es – da es im Unterschied zu anderen Themen keinerlei materielle Entsprechung in der Gegenstandswelt der Gesellschaft findet – für die Hervorbringung einer Wirklichkeit hochgradig relevant und geradezu konstitutiv gewesen ist. Für das Arbeits- und Industriebild wird man Vergleichbares nicht behaupten können. Es taucht auch so gut wie gar nicht im häuslichen Lebenskontext auf (bis auf Reproduktionen von Menzels *Eisenwalzwerk* und vor allem von Jean-François Millets *Ährenleserinnen*).

Gleichwohl enthält das Archiv des Verfassers immerhin bereits etwa 32 000 Bildreproduktionen zu diesem Themenbereich, wobei es sich breit gestreut vor allem für die Zeit bis etwa 1960 nahezu ausschließlich um Werke handelt, die in irgendeiner Form auch publiziert worden sind. Bilder wurden, soweit es sich um Druckgraphik handelt, vervielfältigt, sie wurden in Ausstellungen gezeigt und in Katalogen und Publikumszeitschriften, in Jubiläums- und Werbeschriften von Firmen wiedergegeben, sie hingen (und hängen z. T. noch) in Repräsentationsräumen von Unternehmen, und heute befinden sich etliche dieser Werke in Kunstmuseen (meist allerdings in den Magazinen) sowie zunehmend auch in industriegeschichtlichen Museen.

Ein nur flüchtiger Blick auf die Struktur des Bildmaterials lässt aber bereits erahnen, dass es einen Zusammenhang zwischen historisch-gesellschaftlichen Verhältnissen und der Bildproduktion in diesem Genre gibt.[12]

Mit dem Beginn der Neuzeit, der so genannten ›Moderne‹, im 16./17. Jahrhundert entsteht zugleich ein umfangreiches Korpus an Druckgraphik mit arbeitsthematischem bzw. protoindustriellem Inhalt wie zum Beispiel Illustrationen in mechanisch-technologischen Lehrbüchern sowie in Handwerkerfolgen (sog. *Ständebücher*) und Berufsdarstellungen. Diese Werke wirken an der historischen Definition des neuzeitlichen Arbeitsbegriffes mit, indem sie die Arbeit zunehmend in einen eigenen Raum stellen, Arbeit vom sonstigen Leben trennen und sie somit für Rationalisierungs-, Organisierungs- und Effektivierungsprozesse zugänglich machen. Zudem kann man anhand der Handwerkerfolge nachweisen, wie sich das Bürgertum zunehmend über produktive Arbeit als eigene Klasse von anderen absetzend bestimmt.

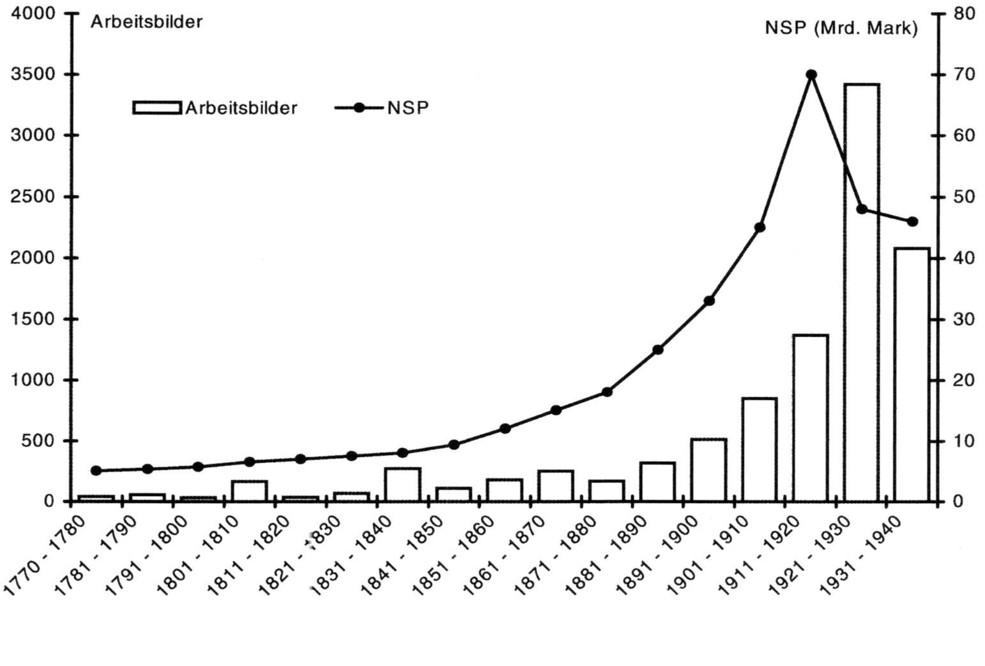

4 Anzahl der Arbeitsbilder und Nettosozialprodukt in Deutschland

In der Epoche der kapitalistischen Industrialisierung korreliert die künstlerische Bildproduktion mit dem Ausmaß des vor allem durch die kapitalistische Industrie bedingten, in Geld bewerteten Wachstums der ökonomischen Produktion (dem ›Nettosozialprodukt‹). Eine Auszählung des Bildbestandes des Archivs Bilder der Arbeit zeigt zum Beispiel für Deutschland eine verblüffende Parallelität beider Entwicklungen (Abb. 4).[13] Mit der industriellen Produktion scheint also zunächst der Bedarf an expliziter Reflexion der industriekapitalistischen ›Arbeitsgesellschaft‹ anzusteigen. An den politischen Kämpfen vor allem um die Wende vom 19. zum 20. Jahrhundert sowie in der Zwischenkriegszeit nehmen auch Künstlerinnen und Künstler mit ihren Werken teil.

Erste Kunstausstellungen zu unserem Thema fallen konsequenterweise in Deutschland in die Zeit der maximalen Bildproduktion (1912). Sie repräsentieren vor allem das sich zunehmend etablierende affirmative, ›produktionistische‹ Industriegemälde, das von den herrschenden Eliten gefördert wird. Auch in weit verbreiteten Publikumszeitschriften wie *Westermanns Monatsheften* oder *Velhagen & Klasings Monatsheften* konzentriert sich die arbeits- und industriethematische Bildreproduktion auf eine nur kleine Zeitspanne. Von 1856 bis 1960 veröffentlichte Westermann etwa 700 Werke, 85 % davon entfallen auf die Zeit von 1900 bis 1940, von 1920 bis 1940 sind es allein ca. 400 (in den 30er Jahren darunter z. B. wesentliche Teile aus dem Industrieplanprojekt von Carl Grossberg). Ähnliches gilt für die anderen Magazine.

Firmenfestschriften verwenden in der ersten Hälfte des 20. Jahrhunderts teils intensiv das eigens angefertigte künstlerische Bild; sehr häufig ergänzend zur Fotografie. Eine Auswertung eines großen Teilbestandes dieses Mediums erbrachte für diesen Zeitraum etwa 1 500 Bildnachweise. Die künstlerische Beobachtung scheint, da es sich eben um eine explizite Konstruktion handelt, stärker die von den Auftraggebern gewünschte Sicht darlegen zu können als die für dokumentarisch geltende Fotografie. In dem gleichen Zeitraum – und nur in diesem – findet man auch über Firmenfestschriften hinaus relativ umfängliche industriethematische Auftragsmalerei, zum Teil mit professionellen Spezialisierungen von Künstlern auf diesem Gebiet (wie z. B. Otto Bollhagen in Bremen).

Auffallend ist insgesamt, dass die öffentliche bzw. staatliche Förderung des Arbeits- und Industriebildes auf ganz bestimmte zeitliche bzw. gesellschaftsstrukturelle Verhältnisse begrenzt ist: für Deutschland auf die Zeit um 1900, den Nationalsozialismus und die DDR; für die USA sind es vor allem die 1930er Jahre. Für die ›realsozialistischen‹ Länder ist das Arbeitsbild insgesamt hochgradig relevant; sie definieren sich ja selbst über die vergesellschaftete Arbeit bzw. über deren unterstellte Befreiung. Geht man weiter ins Detail und vergleicht das Bildmaterial sozialistischer Länder (vor allem das von den jeweiligen Herrschaftseliten bevorzugte) mit bestimmten Bildproduktionen kapitalistischer Länder (z. B. in Firmenfestschriften oder mit großen Teilen der US-amerikanischen Wandmalerei der 1930er Jahre), so wird man weitgehende Übereinstimmungen in Stilen und Bildaussagen finden; es existiert offenbar eine Korrespondenz der wahrheitspolitischen Strategien.

Die Karriere des Arbeits- und Industriebildes dürfte vor diesem empirischen Hintergrund weniger modischen Trends folgen als vielmehr eng mit der jeweiligen Verfassung des polit-ökonomischen Gesellschaftssystems zusammenhängen. Dieses Genre erfreut sich verstärkter öffentlicher Aufmerksamkeit in Krisen der politischen und ökonomischen Herrschaft bzw. dann, wenn besonders offenkundige Herrschaftsverhältnisse vermehrte Begründungsanstrengungen erforderlich machen. Die moderne Gesellschaft ist – gleich, ob in ihrer kapitalistischen oder sozialistischen Variante – in ihren Herrschafts-, Sozial- und Wohlfahrtsstrukturen vollkommen von dem Bereich organisierter Arbeit abhängig und damit – da Sklaverei und Feudalismus abgeschafft sind – vom Konsens oder zumindest der Konformität der arbeitenden Bevölkerung. Die sozialen Produktions- und Verteilungsstrukturen bieten deshalb stets latente und immer einmal wieder manifeste Felder von Kämpfen. Die historische Virulenz des Arbeits- und Industriebildes dürfte vor diesem Hintergrund auch als ein Indikator für den Spannungsgrad von Gesellschaftsformationen hinsichtlich ihrer Produktionsverhältnisse zu deuten sein.

[1] Die sog. »Historische Bildkunde« versucht wohl, beide Perspektiven miteinander zu verbinden. Vgl. dazu vor allem Tolkemitt/Wohlfeil 1991 sowie die dort angegebene weitere Literatur.

[2] ›Konstruk*tionismus*‹ meint das Faktum der konstruktiven Tätigkeit von Lebewesen, ›Konstruk*tivismus*‹ meint die diesbezügliche wissenschaftliche Lehre.

[3] Die verschiedenen »Spielarten des Konstruktivismus« unterscheiden sich u. a. darin, welchen dieser drei Bereiche sie vornehmlich thematisieren; vgl. dazu den kurzen Überblick bei Knorr-Cetina 1989.

[4] Vgl. dazu vor allem die sog. ›science studies‹, z. B. Latour 2000.

[5] Vgl. dazu Luhmann 1997.

[6] Ebd.

[7] Vgl. dazu nochmals Luhmann 1997.

[8] Siehe auch Boehm 1978.

[9] Vgl. zur Unterscheidung von »Dokumenten« und »Monumenten« Foucault 1990, S. 13ff.

[10] Vgl. Foucault 1977 sowie die Foucault-Analysen von Lemke 1997.

[11] Im Folgenden geht es nur um das ›gestaltete Bild‹, nicht um die Fotografie, für die nochmals besondere Bedingungen und Funktionen zu erörtern wären.

[12] Vgl. hierzu ausführlicher Türk 2000; Türk 2002.

[13] Die quantitativen Aussagen lassen sich im statistischen Sinne nicht auf ihre Repräsentativität prüfen, sie basieren allerdings auf einer nunmehr 20-jährigen Recherchepraxis.

Die mechanischen Künste und die Landschaft als Werkstatt

Hans Holländer

Werkstatt und Werkvorgang

Die ›zweite Schöpfung‹ begann lange vor der Industriellen Revolution mit der Veränderung von Landschaft und Natur durch Ackerbau und Viehzucht, mit Bewässerungsanlagen und dem Bau großer Städte. Mit welchen Mitteln gearbeitet wurde und wie wichtig sie waren, sieht man an zahlreichen Darstellungen, die seit dem späten Mittelalter immer mannigfaltiger und raumgreifender wurden. So haben in den *Planetenkinder-Landschaften*[1] alle dem Einfluss der Planeten zugeordneten menschlichen Tätigkeiten, Gewerbe und Verhaltensweisen ihren Ort. Dem Merkur sind die mit Handel und Verkehr verbundenen Arbeiten zugeordnet, dem Saturn der Ackerbau und der Bergbau, der Venus die Lustbarkeiten und Liebeskünste. Insgesamt ergeben diese Landschaften mit ihren Orten und Beschäftigungen ein Panorama der menschlichen Gesellschaft, ihrer Tugenden und Laster, ihrer nutzbringenden wie ihrer schädlichen Antriebe. Sämtliche *artes mechanicae* sind darin vertreten, oder es wird doch auf sie angespielt.[2] Diese sieben »nützlichen Künste«, die handwerklichen, waren im späten Mittelalter bereits so spezialisiert und hatten sich so sehr vermehrt, dass es kaum noch möglich war, sie wenigstens durch die geschickte Wahl von Oberbegriffen in die klassische Siebenzahl zu gliedern. Auch im System der *septem artes liberales*[3] war die Sieben zu dieser Zeit nur noch eine Konvention, weil schon die Anzahl der Fächer an den Universitäten das Schema längst gesprengt hatte.

Auffällig ist indessen, dass im Allgemeinen jedes Metier einzeln und selbst von benachbarten Berufen gesondert dargestellt wurde. In den *Planetenkinder-Landschaften* hat zwar jede Arbeit ihren Ort, aber eine Vermittlung zwischen den Arbeiten und den Orten findet nicht statt. Die späteren *Ständebücher* von Jost Amman (1568)[4] oder Christoph Weigel (1698)[5] sind lange Folgen von Einzelblättern mit erläuternden Texten (bei Amman sind es Verse von Hans Sachs). In diesen bebilderten Berufskatalogen ist ›Industrie‹ die Summe aller handwerklichen und mechanischen, auch organisatorischen Tätigkeitsfelder, aber ihre gegenseitige Abhängigkeit wird nicht gezeigt. Alle metallverarbeitenden Gewerbe setzen aber diejenigen Arbeiten voraus, die notwendig waren, das Metall zu gewinnen, zu veredeln und brauchbar zu machen für die Schmiede, vom Hufschmied bis zum Zirkelschmied. Der Schuster benötigte das Leder, das ihm der Gerber lieferte. Die neuen Drucktechniken, vom Buchdruck bis zum Kupferstich, setzten die Papierindustrie voraus und so fort. Tatsächlich war dieses System unterschiedlicher und ineinander greifender Gewerbe jedem vertraut und in den Städten mit ihren lange überdauernden Zunftordnungen rational geregelt. Doch dargestellt wurde dieser Zusammenhang auch dann nicht, wenn städtische Umgebung und weiträumige Landschaften das möglich gemacht hätten.

Gegen Ende des 16. Jahrhunderts nimmt freilich die Tendenz zu, einzelne Aspekte der Handwerke so zu bündeln, dass eine Abfolge der für ein bestimmtes Produkt erforderlichen Arbeiten ablesbar wird. Das sieht man zum Beispiel in den geräumigen, querformatigen Kupferstichen von Philipp Galle nach Stradanus (*Nova Reperta*, um 1590). So bietet der weiträumige hallenartige Bau der Buchdruckerwerkstatt Platz für alle Geräte und Arbeitsvorgänge und für die dabei tätigen Gehilfen.[6] Metierbezogen sind auch diese Blätter, aber wichtig ist, dass nun nicht nur der Meister mit seinem Gerät das Zentrum der Aufmerksamkeit bildet, sondern vielmehr der Produktionsvorgang selbst. Nach dieser Methode der Produktionsdarstellung sind auch viele der Illustrationen in den Tafelbänden der *Encyclopédie* von Diderot und d'Alembert (1762–72) konzipiert worden, die nicht nur oft auf ältere Vorbilder zurückgehen, sondern auch ihrerseits bedeutende Folgen in den Konversationslexika des 19. Jahrhunderts hatten (Abb. 1 und Kat. Nr. 12).[7]

Schwierige und spektakuläre technische Leistungen rechtfertigten eine ausführlichere Dokumentation in monographischer Darstellung. Das erste große Beispiel dieser Art ist Domenico Fontanas Bericht über Transport und Wiederaufrichtung des Obelisken auf dem Petersplatz in Rom (1599).[8] Das bedeutendste Werk dieser Art ist zweifellos Germain Boffrands Dokumentation der Entstehung des großen Reiterstandbildes Ludwigs XIV. von Girardon (1743).[9] Jede Phase des komplizierten Werkvorgangs bis zum Guss des Monuments wird mit unübertrefflicher Anschaulichkeit in großen Kupferstichen demonstriert.

In allen diesen Fällen geht es um die herausragende Leistung und um die neuartige Erfindung. Davon handeln auch die zahlreichen Maschinen-Bücher des Barock, etwa das Buch von den *Gewaltsamen Bewegungen* des Salomon de Caus (1615).[10] Diese Bücher waren nicht für Handwerker und Ingenieure, sondern in erster Linie für interessierte Laien bestimmt, also auch für potentielle Auftraggeber. Daher sind sie oft ganz didaktisch aufgebaut, sie demonstrieren die Kombinationsmöglichkeiten der Maschinenelemente bis in ihre spekulativen Steigerungsformen. Doch was

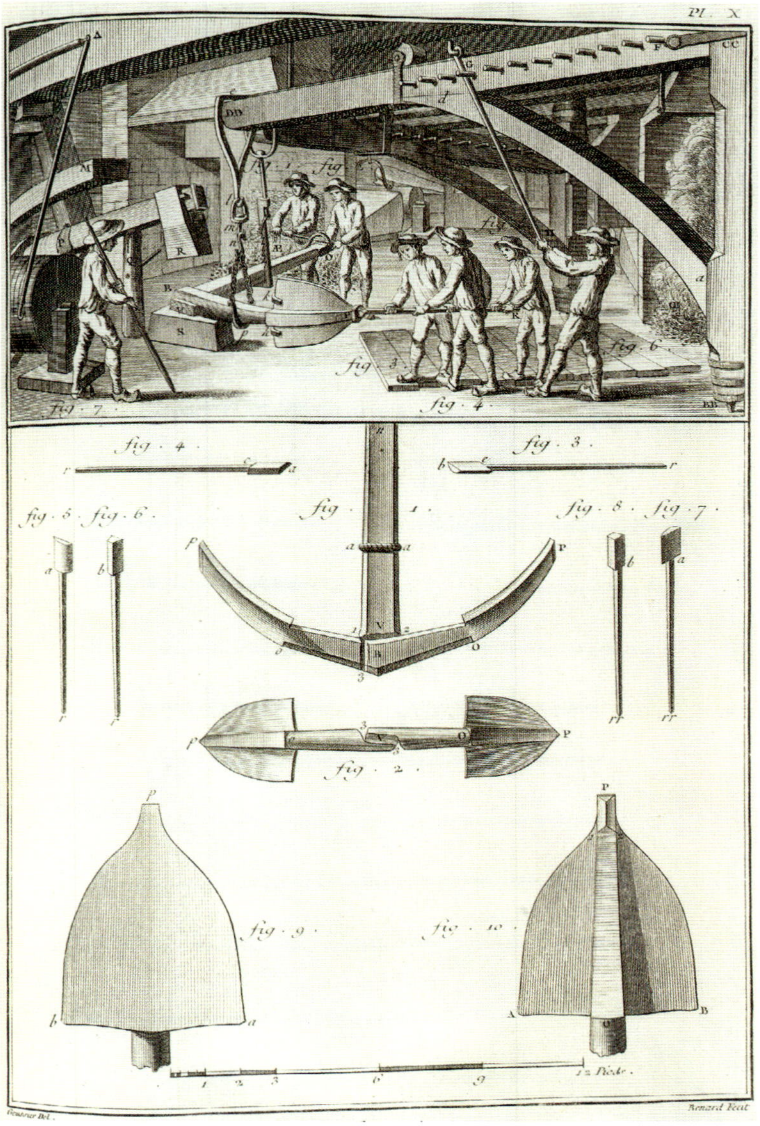

1 Robert Benard nach Louis-Jacques Goussier, *Marine. Ankerschmiede (Marine. Forge des ancres)*, aus: Denis Diderot/ Jean le Rond d'Alembert, *Encyclopédie* ..., Bd. 7, 1769, Forge des ancres, 86. X

damals oft nur als Gedankenspiel vollzogen wurde, konnte später für die industrielle Praxis große Bedeutung gewinnen. Diese Bedeutung hatte indessen bereits Georgius Agricolas *De Re Metallica Libri XII* von 1556 (Kat. Nr. 8), das erste große technologische Handbuch der Neuzeit, das von den einzelnen Maschinen bis zum gesamten Produktionsprozess alle Aspekte des Berg- und Hüttenwesens berücksichtigte, und von dem noch im Zusammenhang der Bergbaudarstellungen zu reden sein wird.

Die unterschiedlichen Gattungen technischer Traktate und metierbezogener ›Genrebilder‹, die sämtlich natürlich Industriebilder sind und die es bis heute gibt, richten sich auf die einzelnen Berufe, die besonderen Maschinen, und entwickeln die zweite Natur im begrenzten Umkreis der Werkstatt, des Ateliers, der Alchimistenküche oder auch der Schmiede, die durchaus noch lange die *Schmiede des Vulkan* sein konnte (vgl. Kat. Nr. 4).

Die ›Industrielandschaft‹

Vor diesem breiten und vielgestaltigen Hintergrund sind nun diejenigen Fälle zu betrachten, für die alles bisher Gesagte nicht oder nur noch zum Teil zutrifft. Wenn nämlich das Resultat der Arbeit sehr raumgreifend und landschaftsverändernd ist, und das Zusammenwirken von Kenntnissen, Erfahrungen und Erfindungen auf ganz verschiedenen Gebieten erfordert, dann ist es nicht mehr möglich, die Werkvorgänge in der Werkstatt beisammen zu halten. Das künstlerische Problem ist dann die ›Industrielandschaft‹. Es gibt nur zwei Themen, die diesen Bedingungen entsprechen: Der *Babylonische Turm* und die Montanindustrie, also Bergbau und Verhüttung.[11] In beiden Fällen handelt es sich um technische Aufgaben höchsten Schwierigkeitsgrades. In die Tiefe führt der Schacht, in die Höhe der Turm, und der Aufwand an Organisation und Kenntnissen ist vergleichbar. Die realen und dringlichen Anforderungen des Bergbaus seit dem späten Mittelalter mögen mit einem mythischen und in der tiefen Vergangenheit des biblischen Berichts angesiedelten großen Turm zunächst nichts gemeinsam haben, tatsächlich aber überschneiden sich die Interessen am Turm und am Bergbau an mehr als nur einer Stelle, nicht zuletzt deswegen, weil im 16. Jahrhundert der Turm zu einem technischen Problem wird.

Offensichtlich hat das Interesse am biblischen Turmbau im späten Mittelalter zugenommen.[12] In älteren Darstellungen kann man zwar einiges über die mittelalterlichen Werkvorgänge und Geräte erfahren, vor allem über die auch beim Kathedralbau verwendeten Hebezeuge und ihre verschiedenen Typen, aber der Turm ist meist ein kleiner Torturm und nur ein Zeichen für etwas, das viel größer zu denken ist.

Im 16. Jahrhundert ändert sich die ganze Ikonographie des biblischen Projektes grundlegend. Jetzt richtet sich die Aufmerksamkeit zunehmend auf die Frage, wie der Turm denn ausgesehen habe und welche technischen Mittel für ein Projekt dieser Art erforderlich gewesen seien. Dieser Bedeutungswandel ist an den zahlreichen Darstellungen des Babelturmes im 16. und 17. Jahrhundert recht gut abzulesen. Im späten 15. Jahrhundert nimmt die Anzahl der Stockwerke zu, und zugleich beginnen Überlegungen zur Realisierbarkeit des Projekts. Bei Pieter Brueghel d. Ä. ist ganz offensichtlich, dass ihn diese Frage beschäftigt hat, denn er hat in beiden Fassungen, der Wiener und der Rotterdamer, die Bautechnik des Kolosseums gewählt und sich der für »Kolossalprojekte« am besten geeigneten Methode bedient.[13] Als Basis wählte er bei der Wiener Fassung einen Felsenberg, wie er sie bei seinen Alpenüberquerungen gesehen und gezeichnet hatte. Bei ihm scheitert das Projekt nicht mehr an göttlichen Eingriffen, sondern weil die Natur der technischen Machbarkeit Grenzen setzt, die nicht mehr überschritten werden können. So zerfällt das Werk bereits,

2 Marten van Valckenborch, *Der Turmbau zu Babel*, 1595 Gemäldegalerie Alte Meister, Staatliche Kunstsammlungen Dresden

während noch weitergebaut wird. In diesem Zusammenhang ist nicht nur von Interesse, dass Brueghel Reflexionen über Technik und Natur angestellt und gemalt, sondern auch einen Zusammenhang mit dem Bergbau angedeutet hat. Der Sockelberg des Wiener Gemäldes wird nicht nur überbaut, sondern auch unterminiert: Sehr deutlich sind in der Felswand die Mundlöcher von Stollen zu sehen sowie Leute, die dort beschäftigt sind. Es geht also nicht nur in die Höhe, sondern auch in die Tiefe. Zum Berg gehört also auch für Brueghel das Bergwerk. Auf seiner Reise kann er an verschiedenen Orten Bergbaubetriebe gesehen haben, doch ist der Zusammenhang ohnehin nahe liegend: Aus der Tiefe kann gefördert werden, was für den Bau in die Höhe benötigt wurde, und zwar nicht in erster Linie Baumaterialien, sondern zum Beispiel Silber. Wer sich mit den technischen Details so umsichtig beschäftigt, wird auch an die Baukosten gedacht haben. Daher sind die Stolleneingänge im Turmfels zu Babel signifikante Details. Der Zorn Gottes kann sich auch in einer ökonomischen Krise äußern. Zur Großtechnik gehört die wirtschaftliche Kalkulation. Sie setzt ein funktionierendes Kommunikationssystem voraus. Als Jahwe beschloss, den Weiterbau zu verhindern, verhängte er die ›babylonische Sprachverwirrung‹, das heißt, er zerstörte das Kommunikationssystem und damit die Voraussetzung jeder Planung. Jedes der vielen meist kleinformatigen Turmbau-Gemälde bezieht sich auf dieses Ereignis und ist daher im Zusammenhang mit den zahlreichen Traktaten zum Thema »Ursprache der Menschheit«, »Die Sprache Adams« und den Konstruktionen neuer Universalsprachen zu sehen.[14]

3 *Bergknappen*, aus: *Wolfegger Hausbuch*, um 1475–85 Kunstsammlungen der Fürsten zu Waldburg-Wolfegg, Schloss Wolfegg

In welchem Maße das babylonische Projekt als Aufgabe industrieller Organisation verstanden wurde, ist in einem Bild von Marten van Valckenborch von 1595 zu sehen (Abb. 2). Der Turm gehört deutlich zur Brueghel-Nachfolge. Im Vordergrund zur Linken ist Bergbau und Verhüttung zu sehen. Die ganze Landschaft, in der sich dieser Turm erhebt, ist Industrielandschaft, eine Weltlandschaft, in der alle Wege und Anstrengungen zu Lande und zu Wasser zum Turm führen, um Material herbeizuschaffen. Da werden offensichtlich diejenigen Gedanken weiter ausgesponnen, die Brueghel bereits angedeutet hatte. Marten van Valckenborch hat im Übrigen mit mehreren Gemälden auch die von Herri met de Bles begründete Tradition der Landschaftsgemälde mit Bergbau in abenteuerlicher Gegend fortgesetzt.

Die neuzeitliche Geschichte der Bergbaudarstellung beginnt mit einer aquarellierten Landschaftszeichnung. Sie gehört zu einer Folge von Zeichnungen, die im *Wolfegger Hausbuch* gesammelt sind (Abb. 3). Dieses Werk wird in die Jahre 1475–85 datiert.[15] Die Künstler sind unbekannt. Die Landschaft ist ungewöhnlich. Ein bizarrer Felsenberg erhebt sich in der Bildmitte. Sein Gipfel ist überhängend, die Wege hinauf sind steil und beschwerlich. Sie führen zu mehreren Stollenmündern. Dort und auf den Wegen sind Bergleute tätig, gelegentlich gibt es dichtes Gedränge. Der Berg muss durch chaotische Geschäftigkeit schon ziemlich durchlöchert sein. Der Fels, das ›Bergwerk‹, steht in leicht gebirgiger Landschaft. Am Hang beginnt die Aufbereitung der Erze.

Dieser Zeichnung schließt sich eine Bildfolge an, in der mit erstaunlicher Präzision die Verhüttung der Erze und die dafür erforderlichen Öfen und Geräte gezeigt werden. Daher ist das Bergbaukapitel im *Hausbuch* ein bedeutendes technikgeschichtliches Dokument für das Berg- und Hüttenwesen der frühen Neuzeit. Seitdem gibt es ähnliche Traktate, die neben technischen Fragen auch das Bergrecht und medizinische Fragen behandeln. Doch übertraf Georgius Agricola mit seinem Hauptwerk *De Re Metallica* alle Vorgänger. Das reich illustrierte Buch erschien 1556, im Jahr nach dem Tode des Autors. Seine Wirkungsgeschichte reicht bis zur Mitte des 18. Jahrhunderts. Noch in den Tafeln der *Encyclopédie* von Diderot und d'Alembert sind deutliche Spuren dieses universal angelegten technologischen Lehrbuchs erkennbar.[16] Agricola war ein philologisch gebildeter Mann, und er war Arzt im sächsischen Bergbaurevier, wo er sich mit allen technischen Methoden und Problemen gründlich vertraut machte. Der Ansatz seines Buches ist in der Geschichte der Technik neuartig. Doch kannte er ähnlich disponierte architekturtheoretische Werke, und als Mediziner war ihm die neuere Literatur zur menschlichen Anatomie vertraut, vor allem das 1543 erschienene Werk *De Humani Corporis Fabrica* des Andreas Vesalius (1514/15–1564). Eines der dort bestimmenden Prinzipien ist auch in *De Re Metallica* durchgehend erkennbar: Das äußere Erscheinungsbild der Landschaft spielt bei ihm die für den Bergbau charakteristische Rolle, aber sie ist nur die äußere Hülle, unter der sich das befindet, was der Bergmann suchen, erkunden, begreifen und zutage fördern will. Agricola ›seziert‹ sozusagen die Erdrinde (Abb. 4). Die Sektion, der Schnitt, legt etwas Inneres frei, das von außen nicht sichtbar ist. Das begründet eine Analogie von anatomischer und bergbaulicher Darstellungsmethode. In den angeschnittenen Hohlräumen, den Schächten und Strecken sieht man wie schon in antiken Bildern die Hauer vor Ort, aber weit mehr als das. Die Illustrationen zeigen zum ersten Mal das ganze Gefüge eines Bergwerks mit seinen einander ergänzenden und ineinander greifenden Funktionen. Auch gilt die Sektion nun den Gebirgsformationen und ihrer inneren Struktur, also dem Verlauf und der Lokalisierung von Erzgängen und Lagerstätten. Die Kunst der anatomischen Darstellung zeigt sich vor allem auch bei den Maschinen, den Wasserrädern und Pumpen. Sie sind zum Teil komplizierte Einbauten tief im Inneren der Grube, quasi innere Organe. Zu ihrer Beschreibung ist wieder eine Sektion erforderlich. Also sieht man die Einzelteile – Räder, Kolben, Stangen etc. – neben der Maschine liegen, numeriert wie bei einer Bauanleitung oder einem anatomischen Kompendium. Das Bergwerk erscheint in der Folge der Bilder als großer komplizierter Organismus.

4 *Kannenkünste*, aus: Georgius Agricola, *Vom Bergwerck...* (dt. Ausgabe von *De Re Metallica*), 1557, S. 137

Panoramen des Produktionsablaufs

In den Bergbaudarstellungen des späten 15. und 16. Jahrhunderts war bereits die Absicht deutlich, den gesamten Produktionsablauf unter und über Tage zu zeigen. Das setzte die Kombination unterschiedlicher Perspektiven ebenso voraus wie die hinreichende Sachkenntnis des Malers oder Zeichners. Das *Kuttenberger Kanzionale* (um 1500)[17] zeigt mit der berühmten Titelminiatur das künstlerische Problem der Darstellung eines Bergwerks in einem einzelnen Bild und eine sehr originelle Lösung der fast unmöglichen Aufgabe (Abb. 5). Die Bildfläche fügt sich mit bogenförmiger Rahmung in das hohe Rechteck des Blattes ein. Im unteren Drittel sieht man die Bergleute unter Tage in bläulichem Gestein. Sie arbeiten sich wie die Maulwürfe in die Erzgänge hinein. Außer den Fahrten (Leitern) gibt es keinen Hinweis darauf, wie sie ihre Orte haben aufsuchen können. Das Ganze ist wie ein Schnitt durch einen unregelmäßig durchlöcherten Berg. Das ist kein ›Grubenriss‹, sondern eine anschauliche Darstellung eines Merkmals bergmännischer Arbeit in den verzweigten und engen Erzgängen. Der Eindruck eines Wimmelbildes setzt sich nach oben fort. Der Schnitt endet unregelmäßig an der Übertagelandschaft. Ein Bach fließt durch eine grüne Wiese, und man sieht halbnackte Bergleute vor oder während der Reinigung. Eine wenig übersichtliche Zone beginnt mit einem Pferdegöpel in dem charakteristischen Gehäuse, dann folgen verschiedene Arbeitsvorgänge, die mit dem Sortieren, Verpacken und Verarbeiten des geförderten Erzes zu tun haben. Es gibt jedoch keine Hinweise auf Verhüttungsvorgänge. Weiter oben versammeln sich vornehm gekleidete Erzkäufer und Bergleute.

5 Titelblatt von: *Kuttenberger Kanzionale*, um 1500 Österreichische Nationalbibliohek, Wien

Der *Annaberger Bergaltar* (nach 1521) in der Stadtkirche St. Annen ist eines der bedeutendsten Werke bergbaulicher Kunst in kirchlichem Zusammenhang (Kat. Nr. 1).[18] Das Programm des spätgotischen Wandelaltars bezieht sich von den geschnitzten Figuren der Hauptansicht bis zu den Gemälden der Rückseite auf den Bergbau. In vier Bildern, der Mitteltafel, den Seitenflügeln und der Predella werden Szenen aus dem Bergbau in einer weiträumigen Überschaulandschaft mit hohem Horizont dargestellt. Arbeit ›unter Tage‹ kommt in diesem Arbeitsprogramm nicht vor, doch in der dichten Szenenfolge wird fast jeder Vorgang der Erzaufbereitung über Tage beschrieben, von der Erzwäsche über die Schmelzerei bis zur Münzprägung im rechten Seitenflügel. Das Triptychon ist das erste große, ja monumentale Gemälde einer ›Werkstätten-Landschaft‹. Ein Altargemälde, das zugleich auch der Ehre der Stadt dient, wird natürlich eine geordnete und zivilisierte Gegend zu zeigen haben, in der alles nach Regel und Maß geschieht. Solche Bergbaulandschaften gibt es bis zum Ende des 18. Jahrhunderts, wenn auch nicht sehr häufig.

Die wilde Gebirgslandschaft

Zunächst aber war ein ganz anderer Landschaftstyp viel häufiger und offensichtlich auch erfolgreicher. Ein Vorspiel war bereits im *Hausbuch* zu sehen. Dieser Spur folgen bald nicht wenige Meister der wilden Gebirgslandschaften. Dort spielt sich der Bergbau jenseits der Ästhetik des Wohlgeordneten und der gezähmten Natur ab. Die frühesten Industrielandschaften sind zugleich ›antiklassische‹ Landschaften. Sie zeigen indessen, dass sie für die Künstler und die Käufer gewisse Reize hatten, die andere Gegenden nicht oder in geringerem Maße zu bieten vermochten. Es waren »abenteuerliche Landschaften«.[19] Das könnte als ganz normal und natürlich erscheinen, weil Bergbau eben dort betrieben wurde, wo drei Bedingungen zusammenkamen: Erzführende Gebirge, Wasserkraft als Energielieferant in erreichbarer

6 Herri met de Bles, *Landschaft mit Bergwerk*, um 1540 Alte Galerie des Steiermärkischen Landesmuseums Joanneum, Graz

Nähe – also Bäche und Flüsse – und zugängliche Verkehrswege, Straßen und Flüsse zum Transportieren des Rohproduktes nach der Verhüttung. Unerlässlich waren Wälder in der Nachbarschaft. Sie lieferten das Holz für Geräte und Grubenausbau sowie für Schmelzöfen und für die Feuer, die vor Ort zur Gesteinslockerung angezündet wurden. Für das Schmelzen bei höherer Temperatur wurde Holzkohle benötigt, die von den Köhlern im Wald bereitet wurde. Insgesamt haben wir damit aber auch das Repertoire für Landschaftsbilder entlegener und abenteuerlicher Gebirgsregionen beisammen: Bizarre Bergformationen, dunkle Wälder, Wasserfälle und reißende Gebirgsflüsse sowie den ruhigeren Strom, der in die Tiefe des Raumes führt.

Die Reihe der frühen Landschaftsgemälde mit Berg- und Hüttenwerken beginnt mit Herri met de Bles. Diese Tafelbilder waren für Sammler bestimmt, die an weltlichen und welthaltigen Themen interessiert waren. Um 1540 malte er mehrere Versionen einer Berg- und Hüttenlandschaft (Abb. 6).[20] Diese Landschaften verbinden Weiträumigkeit, Phantastik, Abenteuerlichkeit. Im Vordergrund rechts ist das Bergwerk zu sehen, links findet die Verhüttung statt. Dazwischen ist das Erz vom Schacht zum Ofen unterwegs. Um welches Erz es sich handelt, gibt das Bild nicht zu erkennen. Der Betrieb über Tage ist als Abfolge von Arbeitsschritten ablesbar. Der Betrachter sieht, wie die Arbeiten ineinander greifen. Als wichtigste Maschine für die Energieübertragung ist stets das große Wasserrad vorhanden.

Die Bilder des Herri met de Bles waren Vorbild, Anregung und Modell für eine große Anzahl von Gemälden zu Beginn des 17. Jahrhunderts, in denen alle Merkmale weiterentwickelt wurden: Die weiträumige Ferne, die bizarre Phantastik der Gebirgsformationen und die Nahsicht auf Berg- und Hüttenwesen. Marten und Lucas van Valckenborch waren wohl die wichtigsten Meister dieses besonderen Landschaftstyps, der das Phantastische so bruchlos mit dem Industriellen verbindet. Man verfolgt in diesen Gemälden den Weg des Erzes vom Schacht und Stollen über die Schmelzöfen bis zur Schmiede. Wenn auch niemals vollständig, wird doch der ganze Prozess von der Förderung bis zum transportfähigen Produkt angedeutet. In der *Phantastischen Flusslandschaft mit Eisenhütten* von Marten van Valckenborch (Kat. Nr. 3)[21] nimmt der Hüttenbetrieb die ganze linke Vordergrundzone ein, wo bereits die bizarren Felsformationen beginnen. Rechts gleitet der Blick in die Tiefe des Waldes. Dazwischen mäandert ein breiter Strom mit vielen Schiffen, den Transportkähnen, in die Tiefe des Raumes an Burgen und Bergen vorbei in eine dunstig verdämmernde Ferne.

Der Gott der Schätze der Erde war Saturn, ein vieldeutiger Planetengott, denn als *Kronos* fraß er seine Kinder und als *Chronos* war er der Gott der alles verschlingenden Zeit. In der Mitte eines Hendrik III van Cleve zugeschriebenen Gemäldes (um 1600) sieht man auf hohem Sockel seine Statue (Kat. Nr. 2). Mit der einen Hand umklammert er ein Kind, das er zu verspeisen beabsichtigt, in der anderen trägt er die Sense des Zeitgottes. Ihm zugeordnet ist eine Felsenhöhle zur Linken. Der Berg öffnet sich zu einer weiten Halle; in deren Hintergrund lassen Bogenöffnungen erkennen, dass es noch tiefer in den Berg hineingeht. In der Halle ist eine Schmiede installiert. Runde Öffnungen im Boden sollen wohl auf Schächte verweisen, denn über dem einen Loch ist eine aus drei Balken bestehende Konstruktion angebracht, vermutlich die Andeutung eines Fördergerüsts. In der weiträumigen Landschaft des Mittelgrundes wiederholt sich diese Anordnung zweier Schächte mit Gerüst darüber. Ob es sich um Bergwerks- oder Brunnenschächte handelt, ist nicht deutlich. Offensichtlich aber führt ein Höhleneingang am rechten Bildrand in den Berg hinein. Daneben lehnt sich eine provisorische Hütte an den Hang. Leute sind überall beschäftigt, von den Männern mit Packpferden zu Füßen des Saturn bis zu der vieltürmigen Stadt im Hintergrund, hinter der sich die Landschaft in weite Ferne bis zum offenen Meer erstreckt.

Die phantastischen Landschaften mit Berg- und Hüttenwerken kulminieren um 1600, etwa zur selben Zeit wie die Darstellungen babylonischer Türme. Es waren zum Teil dieselben Maler, die diese Themenbereiche wählten, die ja auch offensichtlich zusammenhängen. Obgleich das Bizarre und Abenteuerliche, auch Gefährliche der Türme und der Montanlandschaft nicht völlig verschwindet, dominiert etwa seit der Mitte des 17. Jahrhunderts die sachlich beschreibende, auch lehrhafte Berichterstattung. Charakteristisch ist die Serie von acht Montangemälden von Johann Weiss oder Johann Benedikt Werkstätter (Kat. Nr. 7.1–2).[22]

Die Inszenierung des Lichts

Gegen Ende des 18. Jahrhunderts verändert sich in den Bildern die ältere Werkstätten-Landschaft. Zugleich kommen diejenigen künstlerischen Probleme zum Vorschein, die so lange schon in den Beschreibungen des Erdinneren mit seinen Helldunkelverhältnissen präsent waren, aber nie auf die Arbeit vor Ort unter Tage bezogen wurden. Der schwedische Maler Pehr Hilleström d. Ä. (1732–1816) hat in den 80er Jahren des 18. Jahrhunderts eine Folge von 125 kleinformatigen Bildern der Kupfermine zu Falun gemalt: Szenen unter Tage und der Aufbereitung über Tage, auch Feste in den unterirdischen Hallen (vgl. Kat. Nr. 17–18).[23] Er war ein Meister der Beleuchtungseffekte und der Helldunkelmalerei und hat, wohl als erster, die artistischen Mittel der Niederländer des 17. und der Franzosen des 18. Jahrhunderts auf die Darstellung von Bergwerksarbeit angewandt. Auf seiner Studienreise nach Frankreich (1757–58) hatte er die Malerei der Watteau-Nachfolger kennengelernt, war von Boucher und Chardin beeindruckt. In Schweden galt er als der ›schwedische Chardin‹. Er wurde in seiner Heimat Hofmaler und hatte viele Aufträge, malte Kulissen und Ausstattungen für Feste und Schlossdekorationen und war mit allen Tricks und Finessen der späten Rokokomalerei vertraut. Eben diese artistischen Mittel waren aber auch für die Bergbau-Darstellungen besonders geeignet, doch muss man hier noch ein Zwischenglied annehmen. Sehr deutlich sind die Bilder auch an Piranesis *Carceri* orientiert (Kat. Nr. 32), die sich als unterirdische – bei Piranesi freilich auch archäologische – Labyrinthe ohne besondere Anstrengung in Bergwerke verwandeln lassen. Dafür sorgen bei Piranesi nicht nur die Beleuchtungsverhältnisse, sondern auch das zyklopische Mauerwerk, die technischen Geräte, überwiegend Hebezeuge, und die dreidimensionale Endlosigkeit.[24]

Hilleström kannte, wie die meisten seiner Zeitgenossen, die Erfindungen Piranesis und hatte überdies noch ähnliche künstlerische Voraussetzungen. Grundform der meisten Bilder des Rokoko ist die ›Rocaille‹. Sie kann sich auf Grotten, Höhlen, Felsgeröll beziehen, auf Seeschnecken, auf komplizierte Geometrien, auf Helldunkelstrukturen, in denen irreguläre, aber künstliche Lichtquellen erleuchtete Hohlräume in das Dunkel projizieren.[25] Mit solchen Strukturen haben die Rokokomaler und auch Piranesi gearbeitet. Hilleström war einer von ihnen. Interessant ist jedoch die Übertragung dieser Künste in das Innere von Bergwerken. Da berühren sich scheinbar weit voneinander entfernte Reviere künstlerischer Aufmerksamkeit zu einer Zeit, als eine neue Epoche mit der Industriellen Revolution bereits begonnen hatte.

1 Allgemein zum Thema Planetenkinder: Boll u. a. 1966, S. 49, 127, 145; zu den Planetenbildern des Hausbuches vgl. Ausst. Kat. Amsterdam 1985, S. 221ff. und Waldburg Wolfegg 1997.
2 Zu den *artes mechanicae* im späten Mittelalter vgl. Bacher 2000a.
3 Zu den *artes liberales* im späten Mittelalter vgl. Bacher 2000b.
4 Jost Amman (1539–1591), *Eygentliche Beschreibung aller Stände auf Erden*, Frankfurt/M. 1568.
5 Christoph Weigel (1654–1725), *Abbildung und Beschreibung der Gemein-Nützlichen Haupt=Stände ... biß auf alle Künstler und Handwerker*, Regensburg 1698.
6 *Impressio librorum*, in: Johannes Stradanus, *Nova Reperta*, Blatt 4, Antwerpen, um 1590.
7 Zur Geschichte der Tafelbände: Pinault 1993, S. 31, 78f.; B. Holländer 2000, S. 789.
8 Domenico Fontana (1543–1607), *Della trasportatione dell'Obelisco Vaticano*, Rom 1599. Ndr. hrsg. von A. Carugo, Mailand 1978.
9 Germain Boffrand (1667–1754), *Description de ce qui a été pratiqué pour fondre en bronze d'un seul jet la figure equestre de Louis XIV ...*, Paris 1743.
10 Salomon de Caus (um 1576–1626), *Von gewaltsamen Bewegungen. Beschreibung etlicher, so wol nützlichen alß lustigen Maschiner ...*, Frankfurt/M. 1615.
11 Vgl. zu den beiden Themen auch: H. Holländer 1999; 2000a und 2000b.
12 Zum Babylonischen Turm vgl. Minkowski 1959, 1983 und 1991; Ausst. Kat. Bamberg 1991. Zur Bedeutung als *turris sapientiae* Klamt 1975.

[13] Pieter Brueghel d. Ä. (1525/30–1569), *Der Babylonische Turm*, 1563, Kunsthistorisches Museum Wien. Ders., *Der Babylonische Turm*, Museum Boymans-van Beuningen, Rotterdam.
[14] Dazu Borst 1957–64; Eco 1994.
[15] Dazu Waldburg Wolfegg 1997, S. 80ff.
[16] Zur Verwendung von Agricolas Illustrationen in der *Encyclopédie* (Anm. 7) vgl. B. Holländer 2000, S. 794f.
[17] Dazu Ausst. Kat. Cappenberg 1990, S. 180–184.
[18] Vgl. ebd., S. 212–215.
[19] Zur abenteuerlichen Landschaft vgl. Klapproth 1966.
[20] Bekannt sind fünf Variationen, die einander sehr ähnlich sind. Daraus kann man schließen, dass das erste dieser Gemälde weitere Bestellungen nach sich zog. Vgl. Ausst. Kat. Cappenberg 1990, S. 215–221.
[21] Vgl. Wied 1990.
[22] Vgl. dazu Ausst. Kat. Cappenberg 1990, S. 229–235.
[23] Zu Pehr Hilleström d. Ä. vgl. Rönnow 1929; Winkelmann u. a. 1958, S. 332; Wilsdorf 1987, S. 290; H. Holländer 1998, S. 111. Vgl. auch den Beitrag von Margot Th. Brandlhuber im vorliegenden Katalog.
[24] Vgl. H. Holländer 1998, S. 110ff.
[25] Zur Rocaille vgl. Bauer 1962; Vergoossen 1996, S. 109ff.

Industrie als Spektakel und Sehenswürdigkeit – Die Entstehung der Industrielandschaft in England

Sabine Krifka

Das sich kontinuierlich verändernde Gesicht Englands war seit Mitte des 18. Jahrhunderts nicht nur Gegenstand zeitgenössischer Reisebeschreibungen.[1] Vor allem die bildende Kunst reflektierte in vielfältiger Weise den grundlegenden, irreversiblen Wandel von Topographie und Gesellschaft.[2] Unmittelbaren künstlerischen Ausdruck fand die rasch fortschreitende industrielle Erschließung bis dahin ausschließlich agrarisch geprägter Landstriche in der Etablierung einer neuen Gattung – der Industrielandschaft.

Neue ästhetische Kategorien

Begünstigt wurde diese Entwicklung vor allem durch folgende Faktoren: Im 18. Jahrhundert gehörte die stilbildende *Grand Tour* nach Italien zum Pflichtrepertoire eines englischen Künstlers. Er ließ sich dort von den antiken Trümmern der römischen Campagna, den Schöpfungen Raffaels und Michelangelos oder den konstruierten Landschaften Nicolas Poussins, Claude Lorrains und Salvator Rosas zu eigenen Werken inspirieren. Die nach diesen Vorbildern geschaffenen Ideallandschaften fanden als vermeintlich unverfälschtes Souvenir des Landes, das als Verkörperung von Bildung und erlesenem Geschmack hoch geachtet war, reißenden Absatz bei englischen Sammlern und *connaisseurs*. Mit Aufkommen des bürgerlichen Reisens in der zweiten Hälfte des 18. Jahrhunderts gerieten vermehrt Monumente und Orte der eigenen sagenumwobenen Vergangenheit in das Visier von Künstlern und Literaten. Im Rahmen tradierter Bildmuster tauchten nun anstelle antiker Tempel normannische Burgen und gotische Ruinen auf; die Wasserfälle Tivolis wichen walisischen Flussmündungen oder den Ansichten des Lake District. Diese inländischen Reisen führten schließlich auch an den neuen Insignien der prosperierenden Industriemacht vorbei: Die rauchenden Schlote und das stampfende Getöse der Dampfmaschinen in den Eisen- und Bergwerken von Coalbrookdale, Shropshire und Cyfarthfa weckten – einhergehend mit einem wachsenden Nationalgefühl – dieselben Reaktionen im Betrachter wie die feuerspeienden Vulkane Italiens oder die überwältigenden Gebirgszüge der Schweizer Alpen.[3]

Das große Interesse an den oben genannten Reisezielen ist eng mit den damals viel diskutierten zeitgenössischen Kunsttheorien Edmund Burkes, Uvedale Prices und William Gilpins verknüpft. Natur erschien nur dann bildwürdig, wenn sie entweder nach Gilpins und Prices kanonisiertem Wertekatalog als »picturesque«[4] (malerisch) oder nach Burkes Kriterien der ästhetischen Inbesitznahme eines Gegenstandes als »sublime«[5] (erhaben) eingestuft werden konnte.

Für Burke löst das Erhabene die stärksten Emotionen aus, die das menschliche Gemüt zu empfinden vermag. Erhabenheit suggerieren schreckeneinflößende Dunkelheit, blendende Helle und überwältigende Größe. Leere, Einsamkeit und Schweigen erwecken das Gefühl des Erschauerns ebenso wie tosende Wasserfälle, wütende Stürme, Geschützfeuer, übermäßige Bitterkeit und unerträglicher Gestank.

Dem Erhabenen fügten Uvedale Price und der Pfarrer William Gilpin als weitere ästhetische Größe die Theorie des Malerischen hinzu. Das Malerische steht als Mittler zwischen der Schroffheit des Erhabenen und der lieblichen Gefälligkeit des Schönen. Während bei Burke das Schöne klein, glatt und geordnet ist,[6] wird das Malerische als »rauh und unordentlich«[7] beschrieben. Symmetrie, Gleichgewicht und Rechteckigkeit sind zu vermeiden, stattdessen stehen unregelmäßige Gebilde, gebrochene Umrisse, Felsen, Ruinen, der plötzliche Wechsel von Formen und unvermittelte Helldunkelkontraste als Kriterien für ein neues ästhetisches Sinnerlebnis – im krassen Gegensatz zu dem von Georges-Louis Leclerc, Comte de Buffon, formulierten radikalen Urteil »Natur sei scheußlich«[8], sofern sie nicht von Menschen kultiviert worden sei.

Von der Kulturlandschaft zur Industrielandschaft

Bevor die Theorien Burkes und Gilpins neue Akzente setzten, zeichneten sich Darstellungen der englischen Kulturlandschaft häufig durch einen erhöhten Betrachterstandort aus, der die Natur als Werk und Besitz des Menschen anzeigt, so in George Lamberts *Ansicht von Box Hill, Surrey (A View of Box Hill, Surrey)* aus dem Jahr 1733 (Abb. 1). Von einer Anhöhe aus wandert der Blick über eine weite, von sanften Hügeln durchzogene Sommerlandschaft. Fruchtbare Kornfelder wechseln sich ab mit eingehegten Weiden, während als Relikt eines überwundenen Urzustandes ein zerklüfteter Berg – jedoch bereits gezeichnet von Spuren menschlicher Bearbeitung – den Bildmittelpunkt einnimmt. Neben den Schnittern in der linken Bildhälfte künden die

Landvermesser im Vordergrund vom Anbruch einer neuen Zeit: Die Vermessung eines Geländes dient der Ortung von Bodenschätzen und vor allem dem für die Industrialisierung so bedeutenden Bau von Straßen, später auch von Schienen.[9] Ein Naturverhältnis, in dem der Stolz über die Inbesitznahme der Natur durch den Menschen die Darstellung legitimiert, zeigt sich nach der Jahrhundertmitte in der neuen Gattung der Industrielandschaft. Die Landschaftsvedute, die bis dahin den herrschaftlichen Landsitzen einschließlich riesiger Ländereien der englischen *nobility* vorbehalten war, um deren Herrschaftsanspruch und Reichtum zu dokumentieren, wird nun dazu benutzt, die Bedeutung der neuen Industrieanlagen für die wirtschaftliche Prosperität des Landes in den Vordergrund zu rücken.

Mitte der 70er Jahre des 18. Jahrhunderts malte William Williams zwei Prospekte von Coalbrookdale, die eine düster-melancholische Stimmung vermitteln (Kat. Nr. 15.1–2). Die Überblickslandschaft visualisiert den Stolz einer expandierenden Wirtschaftsmacht. In der *Nachmittagsansicht von Coalbrookdale (An Afternoon View of Coalbrookdale)* sind Angehörige des Land- bzw. Industrieadels oder angereiste Städter in Gestalt zweier elegant gekleideter Damen in Begleitung eines Herrn, der sich von einem Arbeiter gerade etwas erklären lässt, porträtiert. Kleidung und Habitus stehen in auffallendem Kontrast zu den Rußwolken und den Flammen, die aus der Tiefe des Severn-Tals emporsteigen, und verstärken das im Bild spürbare Missverhältnis zwischen Natur und Mensch. Die sich anbahnenden Dissonanzen zwischen ästhetischem Urteil und zweckmäßiger Nutzung der Natur – so konfrontiert Arthur Young Coalbrookdale als »romantic spot« mit der sublimen »variety of horrors«[10] der dortigen Eisenwerke – erweisen sich als Indikatoren für die zunehmende Auseinandersetzung der Künstler mit dem Thema ›Industrie und Natur‹.

Industrie als Spektakel

Philippe Jacques de Loutherbourg inszenierte 1801 *Coalbrookdale bei Nacht (Coalbrookdale by Night)* (Abb. 2) als spektakuläres Ereignisbild mit auffallender Analogie zu unkontrollierbaren Naturgewalten. Die wilde Schlucht des Severn, das monotone Stampfen der Dampfmaschinen und das rotglühend geschmolzene Eisen waren geradezu prädestiniert dafür, Vergleiche mit den zu erhabenen Naturereignissen ästhetisierten Vesuvausbrüchen in Italien zu ziehen. Loutherbourgs Vorliebe für dramatische Arrangements und sein Gespür für Bewegung und emotional gefärbte Stimmungen weisen auf seine Herkunft als Bühnenmaler.

Ein Jahr nach Loutherbourgs gefeiertem Bild entsteht John Sell Cotmans Aquarell der *Eisenhütte Bedlam (Bedlam Furnaces)*.[11] Cotman stattete Coalbrookdale im Sommer 1802 gemeinsam mit dem Künstler Paul Sandby Munn einen Besuch ab. Während sich Munn in seinen vor Ort angefertigten Zeichnungen stark an Loutherbourg orientierte, verschmilzt bei Cotman die *Eisenhütte Bedlam* mit Rauchschwaden, Wolken, Bäumen, einem See und kaum noch kenntlichen Menschen zu einer diffusen malerischen Einheit. Details der Fabrikanlage lassen sich – bis auf die dominanten Schornsteine – kaum ausmachen; sie tauchen gemeinsam mit den Rußwolken in der sie umgebenden

1 George Lambert, *Eine Ansicht von Box Hill, Surrey (A View of Box Hill, Surrey)*, 1733
Tate Britain, London

2 Philippe Jacques de Loutherbourg, *Coalbrookdale bei Nacht (Coalbrookdale by Night)*, 1801 National Museum of Science and Industry, London

Natur unter, werden von ihr quasi assimiliert. Es bleibt der Eindruck einer verwüsteten Landschaft, in der abgestorbene Baumstümpfe, ein brackiger Tümpel und loses Blattwerk dominieren, während sich eine einsame Gestalt am rechten Bildrand im Dickicht von Buschwerk und Nebel verliert.

Ebenfalls die Naturzerstörung thematisierend, doch nicht wie Cotman der romantischen Tradition verhaftet, stellte John Linnell 1812 eine *Ziegelei in Kensington (Brickworks in Kensington*, Abb. 3) dar. Dem Motiv der von Menschen erheblich zugerichteten Landschaft entspricht der fragmentarische Ausschnitt. Die für die Deformation der Natur verantwortliche Fabrik wird vom linken und oberen Bildrand angeschnitten und ist deshalb nur teilweise sichtbar. Nicht sie ist es wert, abgebildet zu werden, sondern die sich aus Industrialisierung und Technisierung ergebenden Konsequenzen für die Umwelt. Linnell nähert sich diesem Problem mittels eines sezierend-eingrenzenden Verfahrens: Über die Hälfte des Bildes füllt er mit vegetationsloser, übereinander getürmter toter Erde, die er zum Vordergrund hin durch einen schmutzigen Fluss und zum Mittelgrund hin durch eine Mauer und einen weit entfernten Wald abschließt. Der bildparallele Aufbau, die ungewöhnlich hohe Horizontlinie und die angeschnittenen Ränder sorgen nicht nur für radikale Ausschnitthaftigkeit, sondern erzeugen eine Monumentalisierung des Motivs.

Eine Steigerung erfährt die Darstellung der Naturzerstörung bei Henry Gastineau, dessen um 1830 entstandenes Aquarell *Eisenwerk in Nant-y-glo (Nant-y-glo Iron Works)* (Kat. Nr. 41.2) geradezu phantastisch anmutet. Die feurigrote Dunstglocke über Fabrikgebäude, Schornsteinen und verpestetem Fluss verleiht dem walisischen Ort die unwirkliche Aura einer irdischen Hölle, in der alles Natürliche und Lebendige in Feuer, Schmutz und Gestank der qualmenden Schwefeldünste erstickt wird.

Die industrialisierte Landschaft

Joseph Wright of Derby rückt 1782/83 als erster Künstler die Fabrikarchitektur als innovativen Bildgegenstand in den Vordergrund. Obgleich bei seinem Bild *Arkwrights Baumwollspinnereien, bei Nacht (Arkwright's Cotton Mills, by Night)* (Kat. Nr. 16) der Eindruck einer perfekten Harmonisierung von Natur und Industrie vorherrscht – das lang gestreckte Fabrikgebäude passt sich perfekt in die natürlichen Gegebenheiten des Matlock Dale ein – wird das Augenmerk auf die innovative Fabrikarchitektur gelenkt. *Arkwrights Baumwollspinnereien* entpuppt sich als Prototyp für alle später entstehenden Industriebauten und wird dementsprechend inszeniert. Die Gaslampen in den Maschinensälen erleuchten die zahlreichen Fenster und verleihen dem Gebäude in der sonst unberührten, nur vom silbrigen Mondlicht[12] erhellten Landschaft eine gespenstische Lebendigkeit.

Eine in ihren Proportionen um ein Vielfaches größere Version des Arkwright'schen Fabriktypus zeigt Thomas Alloms Ansicht der *Fabrik der Messrs Swainson, Birley & Co. (The Factory of Messrs Swainson, Birley & Co.*, Kat.

Nr. 62.5). Allom konfrontierte eine riesige, nahezu die ganze Bildbreite einnehmende Textilfabrik mit der Idylle der bäuerlichen Viehwirtschaft. Seine Zeichnung liest sich wie eine Geschichte der industriellen Inbesitznahme der ehemals rein agrarisch genutzten englischen Landschaft: Den Bildvordergrund nimmt eine ursprüngliche Busch- und Wiesenlandschaft ein, durch die ein Feldweg führt. Friedlich grasende Pferde und ein Bauer, der sein Vieh in den heimatlichen Stall treibt, vervollständigen das Bild ländlicher Harmonie. Der Weg zieht sich zu einer kleinen Eisenschmiede mit rauchendem Schornstein, die an Darstellungen von George Robertson, Sandby oder Loutherbourg aus der Frühphase der Industrialisierung erinnert. Zu ihrer Rechten steht ein mehrgeschossiges Gebäude mit zahlreichen Fenstern, das in direkter Nachfolge von *Arkwrights Baumwollspinnereien* steht. Dahinter erhebt sich eine ebenfalls mehrstöckige, äußerst imposante Fabrikarchitektur, die von einem Glockenturm und zwei Schornsteinen bekrönt wird. Reminiszenzen an herrschaftliche Schlossanlagen sind unübersehbar.

William Turner malte 1816 eine Ansicht der Industriestadt *Leeds*.[13] Auf den ersten Blick scheint es, als wollte er die Vergangenheit – die bukolische Szene im Vordergrund – mit der modernen Zeit – der verrauchten Industriestadt im Tal des Aire – kontrastieren. Dass genau das Gegenteil der Fall ist, offenbart eine nähere Betrachtung: Ein Großteil der Stadt verschwindet im Rauch und Morgendunst des ansonsten sommerlichen Tages; nur das rote Mauerwerk der Textilfabriken und das blasse Gestein der Kirchen treten deutlich hervor. Zur Zeit Turners war jede freie Fläche Land in und um Leeds zur wirtschaftlichen Nutzung freigegeben: als Kuhweide zur Versorgung der rasch wachsenden Einwohnerzahl, als Fläche zum Trocknen der in Massen gefertigten Textilien und nicht zuletzt als potentieller Standort für weitere Fabriken und Arbeiterbehausungen.[14] Turners Ansicht ist keine Gegenüberstellung von idyllischer Ländlichkeit und lärmender Stadt, sondern das Bild einer industrialisierten Landschaft, deren unterschiedliche Nutzungsweisen er im Detail vorführt.[15]

Zur Mitte des 19. Jahrhunderts war die Industrialisierung und die mit ihr einhergehende Verstädterung so weit fortgeschritten, dass ihre negativen Konsequenzen nicht nur in Romanen oder Reisebeschreibungen, sondern mit wachsendem Nachdruck auch von Malern aufgegriffen wurden. Zwar war der Lohnarbeiter zu einem Zeitpunkt, als zahlreiche Intellektuelle und reformwillige Politiker dessen himmelschreiendes Elend anprangerten, immer noch selten Gegenstand der bildenden Kunst, die länger dem Diktat ästhetischer Normen verbunden blieb als die Literatur, allgemein wich jedoch der euphemistische Fortschrittsglaube einer spürbaren Ernüchterung. Vereinzelt gipfelte sie – wie in John Martins Illustrationen zu John Miltons *Paradise Lost* – in Endzeitstimmung und apokalyptischen Untergangsvisionen.[16]

3 John Linnell, *Ziegelei in Kensington (Brickworks in Kensington)*, 1812 Privatbesitz, Großbritannien

4 Joseph Mallord William Turner, *Regen, Dampf und Geschwindigkeit – die Große Westbahn (Rain, Steam and Speed – The Great Western Railway)*, 1843 National Gallery, London

Die vierte Dimension

Die Industrialisierung stellte nicht nur althergebrachte Produktions-, Maschinen- und Gesellschaftssysteme auf den Kopf, sondern sorgte darüber hinaus auch für eine umfassende Revolution der Wahrnehmung. Faktoren wie Geschwindigkeit, Zeit, Überwindung von Raum, drastischer und andauernder Lärm, neue Gerüche, Abhängigkeit von Maschinen, Kommunikation und Fotografie katapultierten Europa und Amerika in ein neues Zeitalter. Die freie, unbemessene, naturnahe Zeit des vorindustriellen Menschen verschwand, und es rückte die von Ernst Bloch auf den Punkt gebrachte »Gleichzeitigkeit des Ungleichzeitigen« von rasend schneller, oft zerstörerischer Industrie-Zeit und langsam verstreichender Natur-Zeit in den Vordergrund.[17] Am deutlichsten zeigte sich die moderne Dynamik am Diktat der Geschwindigkeit, die zum Maß aller Dinge wurde. Alles war der Herrschaft der Beschleunigung unterworfen: Fahrzeuge, Eisenbahnen, Schiffe, Briefe, Transporte, Reisen, Nachrichten und natürlich auch die Maschinen, die am Anfang dieser rasanten Entwicklung standen.

William Turners *Regen, Dampf und Geschwindigkeit (Rain, Steam and Speed*, Abb. 4) bildet eine Zäsur in der Beschäftigung von Künstlern mit der Darstellung von Zeit. Obwohl kein Bild der Industrie im engeren Sinne, sondern eine Hymne auf die sublimierte Naturgewalt in Form der Dampfkraft, ist es doch der eindrucksvolle Versuch, die vierte Dimension sichtbar werden zu lassen. Dies schaffte er mit der Darstellung einer mit hoher Geschwindigkeit fahrenden Eisenbahn, die er auf der Maidenhead Bridge aus einer dichten Dampf- und Regenwolke, haarscharf am Betrachter vorbei, herausschießen lässt. Den Eindruck der dahinrasenden Great Western Railway erzeugte Turner durch die Unmittelbarkeit ihres Auftauchens aus dem diffus verschleierten Zentrum des Bildes und durch die über den vorderen Bildrand hinausgehende pfeilgerade Diagonale des Bauwerks. Die schemenhaft zu erkennenden Details einer Landschaft mit Gebäuden im Hintergrund, einer älteren Brücke und winkenden Menschen stehen für die Flüchtigkeit des Moments. Dolf Sternberger hat den durch das Tempo der Maschine und der kaleidoskopartigen Zersplitterung der Welt erzeugten Blick als »panoramatisch«[18] bezeichnet. Dadurch, dass das Auge die vorbeijagenden Eindrücke nicht mehr festhalten kann, muss der Reisende, um aus dem fahrenden Zug heraus überhaupt etwas sehen zu können, seinen Blick in die Ferne richten. Was er in diesem Moment wahrnimmt, ist ein Panorama.

Bildwürdig wurden mit der fortschreitenden Industrialisierung auch ihre Folgen – Naturzerstörung, Verstädterung, Verelendung. Der technische Fortschritt veränderte diemenschliche Wahrnehmung und sorgte für ein neues Thema in der Kunst: die Darstellbarkeit von (verrinnender) Zeit. In der englischen Industrielandschaft des späten 18. und frühen 19. Jahrhunderts war bereits angelegt, was danach ikonographisch und inszenatorisch von Künstlern weiterentwickelt werden konnte.

[1] Siehe die Anthologie von Trinder 1977.
[2] Als Standardwerk zu Industrialisierung und Kunst gilt immer noch Klingender [1947] 1974. Vgl. darüber hinaus Wagner 1979.
[3] Vgl. dazu Frindt 1999.
[4] William Gilpin, *Three Essays: on Picturesque Beauty*, ..., o. O. ²1794 (Ndr. Farnborough 1972); Sir Uvedale Price, *An Essay on the Picturesque as Compared with the Sublime and Beautiful and on the Use of Studying Pictures for the Purpose of Improving Real Landscape*, London 1794.
[5] Edmund Burke, *A Philosophical Enquiry into the Origin of our Ideas of the Sublime and Beautiful*, London 1757.
[6] Ebd., S. 113ff.
[7] Vgl. William Gilpin, *Three Essays ... to which is added a Poem, on Landscape Painting*, London 1792, S. 8.
[8] Georges-Louis Leclerc, Comte de Buffon, *Von der Natur*, in: *Allgemeine und besondere Naturgeschichte*, Bd. 12, Paris 1764. Hier zit. nach Bätschmann 1989, S. 269ff.
[9] »The society of Arts stimulated the quality of cartography by offering prizes for technical precision and graphic presentation. Maps were not merely illustrations of the changing economic and political landscape of Britain; they were instruments of planning, production, and regulation.« Vgl. Daniels 1993, S. 61.
[10] Arthur Young, *Tours in England and Wales*, zit. nach Trinder 1977, S. 34 und S. 36.
[11] Collection Hickman Bacon, Norfolk; Abb. Krifka 2000b, S. 817.
[12] Dies eine Spezialität von Wright, der mit Vorliebe Licht im Sinne von wissenschaftlicher ›Erleuchtung‹ in seinem Œuvre verwendet hat. Seine Vorliebe für dramatische Lichteffekte lässt sich bis Caravaggio und Georges de la Tour zurückverfolgen. Siehe hierzu Krifka 1996.
[13] Yale Center for British Art, New Haven; Abb. Krifka 2000b, S. 819. Vgl. dazu Daniels 1986.
[14] Zur Entwicklung von Leeds vgl. Beresford 1980.
[15] »It is a scene of concerted energy – meteorological, technological and human – harnessed to industrial expansion. The brightening sunlight, freshening breeze and rising smoke empower the scene and endow it with optimism.« Vgl. Daniels 1986, S. 12.
[16] So z. B. in John Martins *Am Rande des Chaos (At the Brink of Chaos)*, 1825, in: *The Paradise Lost of Milton with illustrations, designed and engraved by John Martin*, 1827, Bd. 2, S. 121, British Museum, London.
[17] Vgl. Hädecke 1993, S. 183f.
[18] Sternberger 1974, S. 48.

Die Wissenschaft vom ›Eisernen Zeitalter‹ – Léonard Defrance, Pehr Hilleström d. Ä. und Joseph Wright of Derby

Margot Th. Brandlhuber

Zwei bekannte Gattungen der Malerei – Genre und Interieur – wurden in der Epoche der frühen Industrialisierung in Europa mit neuen Inhalten gefüllt. Zu dieser Zeit waren die Förderung und Verarbeitung von Metallen, insbesondere des Eisens, zentrale Themen. Eisen schätzt man seit jeher, da es an Härte und Elastizität alle Metalle übertrifft.

In der Lehre von den Weltaltern und antiken Schöpfungsmythen bezeichneten die antiken Autoren Hesiod, Ovid und Vergil das Eiserne Zeitalter als diejenige Epoche, in der »Gerechtigkeit, heilige Sitte und Freude von der Erde entwichen«[1], und damit die Zeit, in der die Dichter selbst zu leben glaubten. Nach dem Goldenen, Silbernen und Bronzenen Zeitalter fand die Periodisierung in dieser letzten Epoche vor dem Weltende, dem Ende der Geschichte, ihren Abschluss.

Mit dem Abbau von Erzen und dem uralten Prozess der Schmelze erwachte zunehmend das Interesse an der Geschichte der Natur, die den Rohstoff bereitstellt. Im erbitterten Kampf zwischen den Theorien der Weltentstehung, zwischen Schöpfung und Evolution, entstanden im 18. Jahrhundert die moderne Mineralogie und die Geologie. Es bildeten sich in der Folge die beiden gegensätzlichen Schulen des ›Neptunismus‹ und des ›Vulkanismus‹ aus. Die »Neptunische Theorie« des sächsischen Oberbergrates Abraham Gottlob Werner (1749–1817) vertrat die Hypothese,[2] dass die Kräfte des Wassers die Felsformationen der Erdkruste verursacht hätten. Dagegen schrieb der Vulkanismus bzw. Plutonismus gemäß dem schottischen Geologen James Hutton (1726–1797)[3] die heutige Gestalt der Erde der Wirkung unterirdischer Vulkane und dem Feuer in ihrem Inneren zu. Die vor allem industrielle Produktion von Eisen legte eine Analogie zwischen Hochofen und Vulkan, zwischen künstlicher Schmelze und natürlichem Lavafluss nahe. Man wählte den Vulkan als Metapher des Eisenwerkes. Konnten Erze unter Hitze und Feuer vom Menschen bearbeitet werden, so mussten sie auch unter Einwirkung dieser Naturelemente einst ganz ähnlich entstanden sein. Der Besuch eines solchen Eisenwerkes galt als zugleich bildendes und unterhaltsames ›Spektakel‹, so wie die Besichtigung des Vesuv in Eruption oder der römischen Feuerwerke durch bürgerliche Bildungsreisende. Solche Zusammenhänge waren geläufig und wurden von zeitgenössischen Betrachtern der Industrieinterieurs in jedem Fall mitgedacht.

Belgien: Léonard Defrance

Léonard Defrance[4] (1735–1805) hatte sich 1773 nach dem traditionellen Studium in Rom und einem Aufenthalt in Südfrankreich, beide von lebhaftem Interesse an aufklärerischer Philosophie und Wissenschaft geprägt, mit Nicolas Fassin (1728–1811) eigens nach Holland begeben, um die Kleinmeister der niederländischen Genremalerei, unter anderem David Teniers, Philips Wouwerman, Adriaen Brouwer, Isaack und Adriaen van Ostade, zu studieren. Die in Frankreich wie in den habsburgischen Niederlanden beliebten Kopien und seine davon inspirierten Genrestücke konnte er erfolgreich verkaufen. Diesem Typus verschrieb er sich in der Folgezeit, wurde zu einem der besten Maler Belgiens seiner Epoche und zum Erneuerer der niederländischen Malerei des 17. Jahrhunderts. Er war ein Zeitgenosse des Ancien Régime und des Revolutionsregimes von 1789, während dessen er zur Verschleppung von Kunstwerken nach Frankreich und zur Zerstörung von Kunstwerken, vor allem der Kathedrale Saint-Lambert in Lüttich, unrühmlich beitrug.

Die Malerei des Ancien Régime bot vorwiegend einen Reflex der Geschmackskonventionen der gesellschaftlichen Führungsschichten, sie erlaubte noch keinen Einblick in das Leben der arbeitenden Mehrheit. Mit Defrance hob sich der Vorhang; er war der erste moderne Maler Lüttichs, der Sitten- und Genremalerei und dabei dem Diktum der Wahrhaftigkeit, aber auch der Schönheit, verpflichtet. Sein Werk ist von Interesse, weil er ein höchst aufmerksamer Zeuge und Kritiker der politischen Ereignisse seiner Zeit, der gesellschaftlichen Verhältnisse während der Aufklärung und der kuriosen Erscheinungen der Wissenschaft war. Die gesellschaftlichen Verhältnisse finden Niederschlag in seinen Straßen- und Marktszenen, in Schenken, Herbergen, Läden und Werkstätten, mit Seiltänzern, Straßenräubern, Kartenspielern, Familienszenen, der Welt der frühen Industrie und des Handwerks. Adel und das patrizische Bürgertum sind ausgeschlossen. Die Welt des Volkes und des Alltags im Genre, nicht das historische Ereignisbild, ist die Gattung seiner Wahl. Dabei enthält er sich einer Glorifizierung des Einfachen, wie sie bei Louis Le Nain zu finden ist, wie auch der Rührseligkeit von Jean-Baptiste Greuze und auch der Karikatur, wie sie in derberen, niederländischen Genrestücken des 17. Jahrhunderts auftaucht. Die Überhöhung des Arbeiters, wie später bei Constantin Meunier (vgl. Kat. Nr. 80–86), oder des verelendenden Proletariers sind nicht seine Absicht, auch nicht die Darstellung gesellschaftlicher Außenseiter oder Randgruppen. In der Tradition der Enzyklopädisten ist er ein Feind von Vorurteilen, aber nicht eines bestimmten Standes. Er stellt vielmehr den normal lebenden und arbeitenden Menschen in den Vordergrund und scheint erwartungsfroh, dass Arbeit und Erfindungsgeist dem Menschen Freiheit und Wohlstand zu verschaffen vermögen.

Der große Wert, den Defrance der Arbeit als Basis des Wohlstands zumisst, macht ihn nicht zum Sozialkritiker aufseiten der Ausgebeuteten, sondern zum Kritiker des Stands der Müßiggänger. Darstellungen der Besuche der Damen von Welt in den Fabriken geben ihm Gelegenheit, sich sehr subtil und mit Ironie lustig zu machen über die sachkundigen Besucherinnen in exzentrischen Roben, die sich mit ihrem Wissen brüsten, das sie aus den aufklärerischen Journalen der Enzyklopädisten bezogen. Diskutieren kann man die Frage, ob diese mit ihren hoch gestellten Besuchern überhöhten Szenen Zugeständnisse an seine herrschaftlichen Auftraggeber waren, die die Industrie als Quelle nationalen Wohlstands förderten. Zugleich war es jedoch Mode, sich mit der Neugier eines Amateurethnologen mit technischen und naturwissenschaftlichen Neuerungen zu befassen, um in den Salons zu brillieren. Fabriken zu besuchen, gehörte zum guten Ton und war anschaulicher als das trockene Studium der wissenschaftlichen Illustrationsstiche etwa in Diderots *Encyclopédie* (Kat. Nr. 12). Mit großer Beharrlichkeit widmete sich Defrance seit Ende der 1770er Jahre dieser Gattung, die bei ihm wenigstens elf verschiedene Industriezweige und 18 handwerkliche Berufe umfasst. Auch im Exil während der Revolutionszeit setzte er diese Richtung fort.

Wallonien, besonders das Gebiet um Lüttich, war Wahlheimat der Frühindustrialisierung und zugleich der Aufklärung. Letztere begünstigte den wissenschaftlichen Fortschritt, die Verbreitung einer Wissenschaftskultur, die Vorstellung, dass Wissenschaft und Technik die wirklichen Antriebskräfte des menschlichen Fortschritts sind, Werkzeuge der politischen Befreiung, des ökonomischen Fortschritts, der intellektuellen und moralischen Liberalisierung.[5] Neue Wirtschaftsmodelle mussten gefunden werden. Nach zwei Jahrhunderten warfen die Verfechter neuer ökonomischer Doktrinen dem Merkantilismus Ineffizienz und hohe Kosten durch staatliche Regulierungssysteme vor. Die europäischen Staaten gerieten fortlaufend in Konflikte, da sie sich hinter Handelsgrenzen verbarrikadierten und ihre Nachbarn als Konkurrenten betrachteten, die es auszuschalten galt. Die Gruppe der Physiokraten propagierte im Namen einer quasi göttlichen Natur allein die Landwirtschaft als eine Gewinnmöglichkeit frei von moralischem Tadel. Die folgende Generation jedoch erachtete nach Adam Smith die Arbeit selbst als Quelle des Fortschritts. Darin manifestiert sich ein emanzipierter Liberalismus, der dem Produzenten die volle Verantwortung überträgt und auf das persönliche Interesse des Einzelnen vertraut.

Fabrikanten, deren Vermögen höher wuchs als das des Souveräns, waren die neuen Männer. Sie vertrauten mehr auf das Ergebnis von Arbeit und eigener Initiative als auf Herkunft und ererbte Macht. Diese Anhäufung von Kapital vor Ort verhinderte während der Industriellen Revolution die Abhängigkeit von ausländischen Investoren. Lüttich, die Hauptstadt der gleichnamigen belgischen Provinz im Maastal, mit vielen Standortvorteilen und langer Tradition, ist auch heute noch das Zentrum eines Industriebezirks, mit nahe gelegenen Steinkohlen- und Zinklagern und einem der drei größten Flusshäfen Europas. Die Stadt erschloss schon im Mittelalter als erste auf dem Kontinent ihre Steinkohlenlager, die Grundlage der metallverarbeitenden Industrie. Im 19. Jahrhundert stieg sie früh zur bedeutenden Industriemetropole auf.

Bildwürdig machte Defrance die Arbeiter und ihre Lebens- bzw. Arbeitsbedingungen, gebunden an die aktuelle Entwicklungsstufe des technischen Fortschritts und im augenscheinlichen Kontrast zur Schicht der Unternehmer, die daraus ihren Nutzen ziehen. In den Mittelpunkt seiner Bilder stellt er häufig schwerste körperliche Arbeit, besonders in den Innenräumen der Schmieden, Gießereien und Steinkohlenbergwerke. Zu den Kompositionselementen dieser Darstellungen zählen Helldunkelkontraste durch düstere Räume, in denen funkensprühende Feuerstellen das Zentrum der Arbeit akzentuieren, aber auch wuchtige Mauermassen mit schweren Gewölben, die durch Seitenfenster effektvoll beleuchtet werden. Darüber hinaus kontrastiert er einfache Arbeiter und elegante Besucher sowie warme und kühle Farbtöne. Die Bilder der Metallverarbeitung weisen Anleihen bei der englischen Malerei um Joseph Wright of Derby auf, die er aus den damals verbreiteten Reproduktionsstichen in Mezzotinto[6] von Richard Earlom (1743–1822) kannte.

Das Gemälde *Die Steinkohlengrube (La houllière)* (Abb. 1) zeigt das Innere eines Gebäudes über dem Förderschacht eines Kohlenbergwerks. Die quadratische Öffnung des Schachts bietet keinerlei Schutz vor dem Fall in den Abgrund. Der Künstler hat den Moment dargestellt, in dem eine Tonne mit Fördermasse aus dem Untergrund auftaucht. Das Räderwerk der Fördermaschine hält an, das Pferd ruht, eine Frau und ein Mann treideln die Fördertonne auf den Boden des Bergwerks. Der Lichtstrahl lenkt die Aufmerksamkeit auf die dynamische Streckung der Körper und die dabei wirkenden Kräfte. Die Darstellung ist äußerst detailliert und bis zu den Händen der Arbeiter und den Lichtreflexen der Kettenglieder ausgeführt. Schwächen in der Figurendarstellung werden kompensiert durch die durchdachte Komposition der Architektur im Inneren desFör-

1 Léonard Defrance, *Die Steinkohlengrube (La houllière)*, 1778 Musée de l'Art Wallon, Lüttich

derturms und die verschiedenen Teile der Maschinerie in Aktion.[7]

In der von Defrance geschaffenen Serie der Besuchsdarstellungen offenbart sich ein außergewöhnliches dokumentarisches Interesse von archäologischer Präzision, das unschätzbar ist für die sozialhistorische Betrachtung einer aufgeklärten Gesellschaft von Bürgern, Handwerkern und Arbeitern am Übergang vom Ancien Régime zur Revolution. Der quasi enzyklopädische Aspekt in der Wiedergabe ist eine Quelle ersten Ranges der Technik- und Wirtschaftgeschichte, den er mit den Mitteln der Kunst, etwa durch große Farbsensualität oder das Spiel von Licht und Schatten, auch atmosphärisch zu schildern versteht. Die zeitgenössische Historienmalerei nahm unter den Gattungen der Malerei den höchsten Rang ein und war vorwiegend auf Begebenheiten der Antike ausgerichtet. Defrance wählte die Geschichte seiner unmittelbaren Gegenwart. In seinen Memoiren beschreibt er dieses Ziel: »Tout ce que nous voyons, tout ce qui nous entoure, tout ce qui nous arrive sont nos maîtres.«[8]

Die Architektur ist in seinen Industrieinterieurs von großer Wichtigkeit. Mühsam aufgeschichtete Backsteinmauern spiegeln den Charakter von Arbeit unmittelbar wider und bilden einen monotonen Fond, Ton in Ton mit dem verwaschenen Tuch der Arbeiter, aber im Kontrast zu den farbenreichen Roben der Protagonisten im Vordergrund. Die reich strukturierten Räume im diffusen Dämmerlicht eines Feuerscheins ziehen den Betrachter in die Höhle des Bildraums. Durch die Architektur schildert Defrance mit suggestiver Kraft und atmosphärischer Dichte die räumliche Enge und steigert die Eindringlichkeit der veristischen Wahrnehmung.

Nachdrücklich beruft sich Defrance am Ende seiner Memoiren auf Nicolas Boileau-Despréaux (1636–1711), den bekanntesten französischen Theoretiker seiner Zeit, der als »legislator in aestheticis« für die Aufklärung gültig blieb. Dessen *L'art poétique*[9] von 1674 bot ein Regelwerk, welches das Streben nach Wahrheit zum obersten Gebot für die Dichtung erklärte. Der kritische, sich selbst erkennende Mensch ist durch Vernunft in der Lage, die Natur nachzuahmen und in ihr die Wahrheit zu erkennen. Eine Dichtung oder ein Kunstwerk ist nur dann von hohem Rang, wenn es allgemeingültig ist und exemplarischen Charakter besitzt. Da das Wirkliche unwahrscheinlich genug ist, sind Übertreibung und Erfindung nicht notwendig. Genau diesen Anspruch auf genaueste Beobachtung, Wahrheit und Schönheit suchte Defrance in seiner Malerei zu erfüllen.

Trotz wichtiger technischer Neuerungen verlief die Arbeit mit dem Werkstoff Eisen im Wesentlichen noch so, wie sie Agricola 1556 in seinem Werk *De Re Metallica* beschrieben und illustriert hat (Kat. Nr. 8). Zwar waren der Bergbau, der Metallguss und das Schmieden bereits in der Antike auf Vasen und Trinkschalen dargestellt worden und Hochöfen bereits seit 300 Jahren bekannt, dennoch war die Darstellung von Industrie in Gemälden des 18. Jahrhunderts selten.

Defrance besaß in den 1770er Jahren gute Beziehungen zur Obrigkeit, war er doch von François-Charles de Velbruck, dem von 1772 bis 1784 amtierenden Fürstbischof von Lüttich, zum Direktor der Académie de peinture ernannt worden. Velbruck war als aufgeklärter Regent nicht nur ein Förderer der Künste, sondern auch an der wirtschaftlichen Entwicklung seines Staates höchst interessiert, um den niederen Ständen Arbeitsplätze und Auskommen zu verschaffen. Der liberale Geistliche gehörte zu den wichtigen Auftraggebern des Malers. Die konfiszierten Güter der Jesuiten investierte er in Bildungsinstitutionen und gründete die Société d'Emulation, einen literarischen, künstlerischen und wissenschaftlichen Diskussionszirkel nach dem Modell der Pariser Akademie, aus dem sich später wichtige Anhänger der Revolution rekrutierten. Defrance war eines der führenden Mitglieder dieser Gesellschaft. Während der langen Zeit von 1777 bis 1793, in der er sich mit dem Typus des Industrieinterieurs beschäftigte, besuchte er zum Studium Werkstätten[10] und arbeitete auch für die Besitzer der großen Hammerschmieden.[11] Aus ihnen entstand eine Tradition bürgerlicher Auftraggeber, die sich bis ins 19. Jahrhundert zu den Gemälden von François Bonhommé fortführen lässt. Defrance fertigte in den Minen und Werkstätten vor Ort eine große Zahl von Figurenskizzen, mit denen er in Umrisslinien typische Bewegungen und Produktionsabläufe festhielt und die Beziehung der Arbeiter und Besucher in Figurengruppen klärte. Erst bei der Ausführung im Atelier beschäftigte er sich mit der dramaturgischen Inszenierung des Geschehens im reichen Spiel von Farbe, Licht und Schatten.[12] Seine Industriegemälde stellte er –

neben Genreszenen und Episoden aus der Revolutionszeit – im Pariser Salon de la Correspondance von 1786 und 1787 und im Salon révolutionnaire von 1791 und 1793 aus.[13]

Schweden: Pehr Hilleström d. Ä.

Mit Hilfe wallonischer Techniken der Metallverarbeitung bildete Schweden ein weiteres Zentrum der Industriellen Revolution, wo der Hofmaler Pehr Hilleström (1732–1816)[14] zum bedeutendsten Dokumentar der Erzgewinnung und -verarbeitung seiner Zeit wurde. Er war als Teppichwirker ausgebildet worden, hatte an der Tapisseriemanufaktur in Stockholm gearbeitet und war an der Dekoration des neuen königlichen Palastes beteiligt. In den Jahren 1757/58 aber studierte er in Paris bei François Boucher (1703–1770) und wendete sich danach zunehmend der Ölmalerei zu. Nach seiner Rückkehr adaptierte er den Stil der bürgerlichen Genreszenen Jean-Baptiste-Siméon Chardins (1699–1779). König Gustav III., der von 1771 bis 1792 regierte, ernannte den ›schwedischen Chardin‹ 1776 offiziell zum Hofmaler. In seinem Auftrag hielt Hilleström die höfischen Spiele im Stil mittelalterlicher Turniere und große Aufführungen zeitgenössischer Theaterinszenierungen fest. Daneben widmete er sich dem Porträt, bürgerlichen Genreszenen und eleganten Interieurs, in denen er das Leben am Stockholmer Hof dokumentierte.

In den durch Erzgewinnung wohlhabend gewordenen Minengebieten Schwedens entwickelte sich ein kulturell interessiertes Publikum, das Hilleström eine neue, bürgerliche Klientel verschaffte und ihm gleichzeitig erlaubte, seine offizielle Position zu bewahren. Die Industrie wurde zum wichtigstem Thema seiner Malerei, seit er 1781 erstmals die berühmte Kupfermine von Falun, eine der größten und am häufigsten bereisten der Welt, besucht hatte (Abb. 2). Seine 124 bekannten Darstellungen umfassen unter anderem Eisen- und Kupferminen, Hammerschmieden, Kanonengießereien in Forsmark, die Ankerfabrik in Söderfors und die Glasfabriken von Kungsholm. Manchmal assistieren vornehme Besucher bei den spektakulären Operationen in den Gießereien. Als zentrale Lichtquelle seiner Gemälde wählte auch er den hellen Schein der Hochöfen, das Licht des glühenden Eisens und der Flammen. Diese Malerei des Lichts machte ihn in seiner Zeit berühmt; die mystisch-romantische Atmosphäre mit hartem Licht und schwarzen Schatten, die den Meistern des 17. Jahrhunderts – Caravaggio, Gerrit van Honthorst und Gottfried Schalken – folgte, wurde in weiten Kreisen gesucht. Der holländische Reisende Johan Meermann (1753–1815) besuchte im Februar 1798 in Stockholm eine Ausstellung der Kunstakademie und schrieb: »Hillerström, der sich ebenfalls einige Zeit im Auslande aufgehalten hat, kann mit Recht zu der Zahl der einsichtsvollen und angenehmen Maler gerechnet werden. Er komponiert im Kleinen historische Gegenstände und groupirt mit Geschmack; ihm glücken nicht nur ruhige Darstellungen, sondern am meisten die Wirkungen des Lichts und Schattens beim Feuer, wie z. B. Schmiede-Werkstätten und Feuersbrünsten.«[15]

2 Pehr Hilleström d. Ä., *Das »Ameisenbad« im Bergwerk von Falun (Myrbadet i Falu gruva)*, nach 1781 Koppargruva och Museum, Falun

Hilleström ist mehr ein dokumentarischer Maler ›nach der Natur‹ als ein Bildregisseur dramatischer Handlung, auch wenn er Männer bei der Arbeit in packender Aktion schildert. Die Tendenz zum Realismus – »s'impatroniser du vrai«[16] – entspricht seiner charakteristischen Suche nach Wahrheit in der Darstellung. Man erkennt in der Wiedergabe von Metalloberflächen, Stoffen, Kleidern, Möbeln und weiteren Dingen den gesuchten Stilllebenmaler, der er ebenfalls war. Seine Figuren bleiben meist vom Betrachter abgewandt, zeigen nicht ihr distinguiertes Lächeln wie in zeitgenössischen Porträts, denn Hilleström geht es um das Leben in körperlicher Arbeit. Eine seltsame Faszination rührte von dieser frühindustriellen Lebenswelt her, die oft Eingang in die Schilderung europäischer Reisender[17] fand. Piranesis Unterwelt der *Carceri* (1745–61) (Kat. Nr. 32) weist Berührungspunkte mit Hilleströms Grubenbildern auf.

Der Botaniker Carl von Linné (1707–1778) sprach in seinem *Iter Dalekarlicum* in mitfühlender Weise von der Arbeit unter Tage: »Diese jämmerlichen Menschen wandelten halb nackt, und um nicht zu viel Rauch und Staub einatmen zu müssen, trugen sie ein Wolltuch vor dem Mund. Hier gab es keinen Platz für den geringsten frischen Luftstoß, der Schweiß floss an ihren Körpern wie Wasser herab.«[18] Der Historiker Jörg-Peter Findeisen beschreibt das Leben der Minenarbeiter: »Es war eine sehr eigenwillige Gesellschaft in den Bergbau- und Hüttenregionen, nahezu autark, eine besondere ›Hüttenkultur‹. Meister und Arbeiter schliefen neben ihren Schmieden, versorgt durch essenbringende Frauen, die in den Gemeinschaftsunterkünften kochten und auf das Wochenende warteten. Zeitgenössische Quellen dokumentieren, daß die Mehrheit der Schmiede früh alterte, die Männer als Fünfzigjährige oft krumm und taub waren. Sie waren ihren ›Patronen‹ ausgeliefert, die auch das Prügelrecht besaßen. Stolz lebten sie dennoch, diese ›Aristokraten‹ der schwedischen Bergarbeitergesellschaft. Ihre Frauen arbeiteten in einer eigenen selbstversorgenden Viehwirtschaft. Sie webten in Heimarbeit, wurden gewöhnlich von den Hüttenherren verlegt, die den Frauen dafür auch den Kredit in den werkseigenen Magazinen und Kaufläden einräumten. Tatsächlich fesselte diese Form des ›Kreditsystems‹ durch die Hüttenpatrone die Arbeiterfamilien an das jeweilige Unternehmen. Die Region und den Arbeitsplatz konnte nur verlassen, wer seine ›Schulden‹ bezahlt hatte.«[19]

In Schweden gab es 1748 bereits 366 Eisenhütten, die insgesamt 47 000 Tonnen produzierten. Eine neue Schicht von Unternehmer-Kaufleuten verkaufte das Stangeneisen aus den vielen kleinen Hütten des Landes an internationale Handelshäuser. Die außergewöhnliche Qualität des schwedischen Eisens war überall bekannt, dazu heißt es im Artikel *Fer* (Eisen) der *Encyclopédie* (1756) von Diderot und d'Alembert: »aucun pays d'Europe ne livre d'aussi grandes quantités que la Suède et d'aussi bonne qualité, à cause de la générosité naturelles des ses mines ou à cause du soin que l'on met à travailler ce métal.« Das Eisen wurde per Schiff nach England, Preußen, Holland, später auch nach Frankreich und Südeuropa und bis in den Nahen Osten und nach Brasilien exportiert.

3 Pehr Hilleström d. Ä., *Der Besuch Gustavs III. im Bergwerk von Falun (Gustav III:s besök vid Falu gruva 1788)*, 1788 Koppargruva och Museum, Falun

Die Kunst der Malerei erreichte in Schweden im Laufe des 18. Jahrhunderts einen Höhepunkt, der unmittelbar mit dem Wohlstand der Nation durch die Industrie einherging. Dichter, Schriftsteller, Künstler und Wissenschaftler stammten häufig aus den Minenregionen Schwedens und waren Teil des goldenen, kulturellen Zeitalters während der Regentschaft Gustavs III. Es bestand eine enge Verbindung zwischen dem König und den Bürgern. Die einflussreichen Unternehmer in den Eisen- und Kupferhütten, den Waffenschmieden und ersten großen Textilmanufakturen sorgten für die Blüte und den Wohlstand des Landes; im Gegenzug waren sie an einem starken Königtum interessiert. Die Besuche und Bankette Gustavs III. in den Bergwerken, die in den Gemälden Hilleströms dargestellt sind, muss man auch vor diesem Hintergrund als bewusste ›Veröffentlichungen‹ betrachten. Der König stieg dreimal in die Kupfermine von Falun ab, eines der wertvollsten nationalen Besitztümer. Feierliche Illuminationen und Musik von Pergolesi begleiteten die Festmahle in der 292 Meter tief gelegenen »Neptuns«-Galerie, die Hilleström in zwei Gemälden festgehalten hat (Abb. 3).

England: Joseph Wright of Derby

Die Zusammenhänge zwischen Kunst, Wissenschaft und den Anfängen der Industriellen Revolution spielten in den Gemälden Joseph Wrights of Derby (1734–1797)[20] eine entscheidende Rolle. Als Porträtmaler ausgebildet, fühlte er sich von den neuesten wissenschaftlichen und industriellen Entwicklungen seiner Gegenwart angezogen, die er in seinen berühmtesten Gemälden, den »scientific candle-lights« fest-

4 Joseph Wright of Derby, *Die Hufschmiede (The Blacksmith's Shop)*, 1771 Derby Museum and Art Gallery

hielt. Neben Demonstrationen wissenschaftlicher Experimente malte er Schmiededarstellungen mit und ohne wasserkraftbetriebene Eisenhammer, Alchimisten und Naturphilosophen in ihren Werkstätten. Er stand der Lunar Society nahe, einer exklusiven Vereinigung, der die größten Wissenschaftler der Zeit angehörten. Sie traf sich seit den 1760er Jahren in Birmingham, ihre Mitglieder teilten idealistische Ideen über die Zukunft der Gesellschaft und förderten einen Kreis von Künstlern, zu dem auch Wright of Derby gehörte.

1771 hat Wright of Derby zwei Versionen einer Schmiedeszene[21] in einem noch vorindustriellen Stadium gemalt (Abb. 4), die von Darstellungen der moderneren mechanischen Hammerschmieden wie *Schmiede mit mechanischem Eisenhammer (An Iron Forge)*, 1772 und *Ansicht einer Hammerschmiede (The Iron Forge Viewed from Without)*[22], 1773 ergänzt wurden. Den architektonischen Hintergrund des Gemäldes *Die Hufschmiede (The Blacksmith's Shop)* bildet eine zerfallene Kirche, zu erkennen an einem Portal, über dem im Zwickel ein Engelsrelief schwebt. Die Szene ist im Ganzen von einem religiösen Unterton geprägt, der in Architektur und Beleuchtung an traditionelle Darstellungen der Anbetung Christi erinnert. Wright of Derby hat dieses Motiv verwandelt in eine Anbetung der menschlichen Arbeit, Stärke und Geschicklichkeit. Die christliche Ikonographie hat er in sein Bild übernommen und säkularisiert. Auch die Mitglieder der Lunar Society versuchten, Glaube und wissenschaftliche Erkenntnis in Übereinstimmung zu bringen. Die Darstellung der Schmiede in den Mauern einer Kirchenruine legt die Interpretation nahe, dass der wissenschaftlich-technische Fortschritt auf den Trümmern der christlichen Tradition gründet und sie ablöst.

Die Malerei des ›Eisernen Zeitalters‹

In den letzten Jahrzehnten des 18. Jahrhunderts entstand ein neues Genre der Malerei, das besonders Produktionsprozesse um die Förderung und Verarbeitung von Eisen in frühindustriellen Interieurs thematisiert. Die Verwissenschaftlichung und umfassende Auseinandersetzung mit dem Werkstoff geschah in einigen der ältesten und führenden Zentren der frühen Industrialisierung, den Regionen mit Kohlen- und Eisenvorkommen, wie den südlichen Niederlanden (Belgien), Schweden und England.

Mit naturwissenschaftlichem Blick und dem Versuch größtmöglicher Objektivität erreichten die Maler dieses ›Eisernen Zeitalters‹ zugleich ein Höchstmaß an bildhafter Gestaltung. Mit enzyklopädischer Präzision waren sie auf das vollständige Erfassen der Wirklichkeit bedacht. Das Zuschauen durch die oberen Stände bei den Produktionsprozessen kündet von der Bedeutung des Eisens als Quelle nationalen Wohlstands und der Malerei als Medium der ›Veröffentlichung‹.

1 *Conversations-Lexicon oder encyclopädisches Handwörterbuch für gebildete Stände*, Leipzig und Altenburg 1815.

2 Abraham Gottlob Werner, *Kurze Klassifikation und Beschreibung der verschiedenen Gebirgsgarten*, Dresden 1787.

3 James Hutton, *Theory of the Earth, or an INVESTIGATION of the Laws observable in the Composition, Dissolution, and Restoration of Land upon the Globe*, Royal Society of Edinburgh 1788.

4 Zu diesem Künstler: Defrance 1980; Dehousse/Pacco/Pauchen 1985; Hendrick 1987, S. 239–258; Pacco-Picard 1982; Ausst. Kat. Brüssel 1985/86, S. 347–350; Ausst. Kat. Lüttich 1980, S. 15–19, 64–77.

5 Vgl. Halleueux/Bernès/Etienne 1995.

6 *Hufschmiede* (*The Blacksmith's Shop*) und *Hammerschmiede* (*The Iron Forge*).

7 Ausst. Kat. Lüttich 1980, S. 66; Ausst. Kat. Brüssel 1985/86, S. 357.

8 Dehousse/Pacco/Pauchen 1985, S.10.

9 Boileau-Despréaux 1967; dazu Defrance: »De tous les livres qui donnent des leçons aux peintres, je n'en connais pas de plus utile que ›L'art poétique‹ de Boileau. Tous ses préceptes sont applicables à la peinture, mais déjà il faut être artiste pour en profiter«, in: ders. 1980, S. 95f.

10 Überliefert ist aus der Zeit seines Exils in Givet die Anfrage von Defrance bei Baron Antoine-Laurent de Jacquier de Rosée (1747–1825), Besitzer zweier großer Schmieden, seine Hütten zeichnen zu dürfen, siehe Pacco-Picard 1982, S. 15.

11 Im Besitz von Pierre-Joseph de Paul de Maibe (1743–1823), Eigentümer von Hammerschmieden und Mitglied der zweiten Kammer der Generalstände während der Herrschaft der habsburgischen Niederlande, befanden sich drei Gemälde des Künstlers: neben Szenen auf einem Fischmarkt und bei einem Tribunal auch *Schmiede auf einem Gehöft (L'interieur d'une ferme où l'on fond du fer)*.

12 Defrance 1980, S. 96.

13 Weitere Sujets sind namentlich nur aus Verkäufen seit Ende des 18. Jahrhunderts bekannt: *Gewehrlauffabrik (Fabrique de canons de fusil)*, *Schlosserei (Forge de serrurier)* und *Walzwerk (L'Atelier des lamineurs)*.

14 Zu diesem Künstler: Osvald 1900; Rönnow 1929; Cederblom 1927; Évrard 1955, S. 75–81.

15 Zit. nach Rönnow 1929, S. 341.

16 Cederblom 1927, S. 367.

17 Der Dramatiker Jean-François Regnard (1655–1709) in seiner *Voyage de Regnard en Flandre, en Hollande, en Danemark et en Suéde* (1681): »... Unsere Führer zündeten die Fackeln an, die kaum die starke Dunkelheit dieses unterirdischen Gebietes erleuchteten. So weit das Auge reichte, sahen wir von allen Seiten nur fürchterliche Dinge, die nur mit Hilfe des schwachen Lichtes wahrzunehmen waren. ... Wenn Sie sich außerdem das Getöse der Schläge und den Anblick der Schatten dieser unglücklichen Menschen, ganz nackt und schwarz wie der Teufel, vorstellen, werden Sie zugeben, dass nichts mehr der Hölle ähnelt als dieses lebhafte Bild, dieses Gemälde, das in den dunkelsten und düstersten Farben, die man sich denken kann, gemalt wurde. Wir gingen zwei Meilen unter der Erde, auf erbärmlichen Wegen, stiegen auf wackeligen Leitern hinunter, leichte Bretter überquerend, immer mit anhaltender Angst.« Zit. nach Ausst. Kat. Paris 1994, S. 154.

18 Zit. nach Ausst. Kat. Paris 1994, S. 154.

19 Findeisen 1997, S. 170.

20 Zu diesem Künstler: Nicolson 1968; Ausst. Kat. London 1990; Ausst. Kat. Derby 1997; Busch 1999/2000.

21 Erste Version gekauft von Lord Melbourne, heute Yale Center for British Art, New Haven, USA; zweite Version Derby Museum and Art Gallery, England.

22 Staatliche Eremitage, St. Petersburg.

Vom romantischen Mythos zum ersten Umweltskandal – Industrialisierung und Literaturproduktion im Deutschland des 19. Jahrhunderts

Ansgar Warner

Von den »Bergwerken der Seele« zur Industrielandschaft

»Als Karl mit seiner Olga in Amerika ankam, war schon der zweite Hochofen angesteckt, eine zweite und dritte Nagelschmiede errichtet, die Aktien waren auf das Dreifache ihres Emissionswertes gestiegen, und es bestand Aussicht, daß sie noch weiter steigen würden, wenn ... ein Gebläsewerk, das durch eine Dampfmaschine betrieben wurde, eingerichtet würde. ... Karls oder eigentlich Olgas Vermögen hatte sich bis 1806 schon verdreifacht. Er hatte sich auf seiner Besitzung ... eine prächtige Villa im italienischen Stil bauen lassen.«[1]

Unternehmer und Aktionäre, die Fabrikanlagen aus dem Boden stampfen, massiv in die Schwerindustrie investieren und dreistellige Wachstumsraten vorweisen können, das gab es zu Beginn des 19. Jahrhunderts in Deutschland weder in der Wirklichkeit noch im Roman. Das obige Zitat stammt aus Heinrich Albert Oppermanns mehrbändigem Werk *Hundert Jahre*, das die Zeit von 1770 bis 1869 umfasst und kurz nach Gründung des Kaiserreiches erschien. Die Industrialisierung hat die Gebiete des späteren Deutschen Reiches mit einiger Verspätung erreicht. Zu Beginn des 19. Jahrhunderts gab es erst eine Handvoll Dampfmaschinen zwischen Rhein und Oder – und dies spiegelt sich auch in den zentralen Erzählgattungen Roman und Novelle wieder. Die durchaus technik- bzw. fortschrittskritischen Autoren der späten Romantik schildern mit realem Hintergrund noch eine Umwelt, die von vorindustriellen Lebensverhältnissen geprägt ist. Technik und die damit verbundene wirtschaftliche Dynamik erscheint bei ihnen in personifizierter Form: als trügerische, noch im alchemistisch-magischen Zusammenhang stehende »Menschenmaschine« in E. T. A. Hoffmanns Erzählung *Der Sandmann*, als dämonischer Fernkaufmann und Seelenhändler »Holländermichel« in Volker Hauffs Märchennovelle *Das steinerne Herz*. Mary Shelleys 1816 entstandene Vision *Frankenstein or, the Modern Prometheus* (Abb. 1) hatte bereits in beispielhafter Weise offenbart, inwieweit die Zeitgenossen am Beginn des 19. Jahrhunderts vom technischen Fortschritt unmittelbare Auswirkungen auf den Menschen selbst erwarteten. Nicht nur dessen Simulier-, sondern sogar dessen Reproduzierbarkeit schien in greifbarer Nähe zu liegen. Erst im unserer Tage anbrechenden Zeitalter der Fusion von Informationswissenschaft und Life Sciences kündigen sich solche Auswirkungen tatsächlich an – was den Menschen des beginnenden 19. Jahrhunderts bevorstand, war hingegen eine auf die Außenwelt begrenzte, dort aber umfassende Umwälzung der Lebensverhältnisse. Auf den bereits stark arbeitsteiligen, teilmechanisierten Produktionsmethoden des 18. Jahrhunderts baute die Dynamik der mit fossilen Brennstoffen betriebenen Dampfmaschinentechnologie auf. Die Nutzung von Kohle als neuem Energieträger kannte zunächst keine Wachstumsgrenze. Das vorläufige Resümee von Karl Marx und Friedrich Engels im *Kommunistischen Manifest* von 1848 lautete sehr zutreffend, die »Unterjochung der Naturkräfte« habe in kurzer Zeit »massenhaftere und kolossalere Produktionskräfte« geschaffen als »alle vergangenen Generationen zusammen«.[2]

Da in Deutschland sowohl die Verstädterung als auch die Entstehung von Industriegebieten und des städtischen wie ländlichen Proletariats im Vergleich zu Großbritannien erst mit einiger Verspätung zum Tragen kamen, verlief auch die literarische Entwicklung teilweise in anderen Bahnen. So hat etwa Theodore Ziolkowski in einer Studie über die deutschen Romantiker gezeigt, wie die zeitgenössische Sicht des Bergbaus in Deutschland beeinflusst war von vergleichsweise rückständigen Fördertechniken in den deutschen Abbaugebieten. Bergwerksbesichtigungen wurden in weiten Kreisen als ein nachhaltig prägendes Bildungserlebnis angesehen. Das unterirdische Mineralreich galt als Beispiel für die Durchdringung des Organischen und Anorganischen, das heißt der Einheit von belebter und unbelebter Natur. Als Anfangsdatum der romantischen Bewegung in Deutschland wird in der Literaturgeschichtsschreibung vielfach das Jahr 1793 angesehen – zu diesem Zeitpunkt besichtigten Wilhelm Heinrich Wackenroder und Ludwig Tieck auf ihrer Pfingstwanderung die Eisenminen in Oberfranken und berichteten davon in begeisterten Briefen an ihre Eltern.[3] Das Bergwerk war den Romantikern kein »technisch-industriell bestimmtes Gelände«, sondern ein »vitaler, pulsierender Ort, in den der Mensch hinabstieg wie in seine eigene Seele«.[4] So reiht sich etwa die Bergbauthematik in Tiecks Novelle *Runenberg* ebenso nahtlos ein in die Topographie romantisch-märchenhafter Orte wie in Novalis' Roman *Heinrich von Ofterdingen*. Ermöglicht wurde diese idealisierte Sichtweise der Bergbauindustrie dadurch, dass man sich in Deutschland auch zu Beginn des 19. Jahrhunderts noch auf die eher kleinräumige Gewinnung von Edelmetallen beschränkte. Die Rückständigkeit der deutschen Zustände war es, die Friedrich Engels bewog, die Lebensumstände der arbeitenden Bevölkerung besser auf den britischen Inseln zu untersuchen: dort existierten die »proletarischen Zustände« bereits in ihrer »klassischen Form«.[5] Seine 1845 publizierte Schrift über die *Lage der arbeitenden Klasse in England* sollte die Deutschen davor warnen, dass auch die soziale Ordnung auf dem Kontinent »über kurz oder lang auf die Spitze getrieben werden muß, welche sie jenseits der Nordsee bereits erlangt hat – falls nicht beizeiten die Einsicht der Nation Maßregeln zustand bringt, die dem ganzen sozialen System eine neue Basis geben«.[6] Engels interessierte sich für die Entwicklungen in den mit großer Schnelligkeit wachsenden Städten wie London, Manchester und Dublin, aber auch für die rapiden Veränderungen in den vormals agrarisch geprägten

1 W. Chevalier nach Theodor von Holst, *Frankensteins Geschöpf (Frankenstein's Creature)*, Frontispiz von: Mary Wollstonecraft Shelley, *Frankenstein, or: The Modern Prometheus*, 1831

Regionen der Provinz. Solche minutiösen Beschreibungen der verarmten, überbevölkerten Arbeiterviertel, aber auch die unvermittelt aufeinander treffenden Gegensätze zwischen Arm und Reich in den pulsierenden Stadtzentren gingen weit über das hinaus, was die zeitgenössische deutsche Literatur ästhetisch bewältigen konnte. Heinrich Heine, der etwa zur selben Zeit die britische Metropole besuchte, rief irritiert aus: »Schickt einen Philosophen nach London, aber bei Leibe keinen Poeten!«[7] Nicht nur Heine standen offenbar keine Wahrnehmungskategorien zur Verfügung, um das Erlebnis einer Metropole, in der industriell geprägte Randzonen fließend in die hektische Betriebsamkeit innerstädtischen Handels übergingen, in literarische Form zu bringen.[8]

»Schöne Verhältnisse erzeugen«: Aus- und Einblendung der Industrialisierung auf dem Lande

Tatsächlich war es nicht nur bis zur literarischen Darstellung der Industrialisierung, sondern auch zur Schilderung modernen großstädtischen Lebens in der deutschen Literatur noch ein weiter Weg. Fast alle Autoren verfochten zunächst ein diametral entgegengesetztes Programm: die ›Dorfgeschichte‹. Man verdrängte die gesellschaftlichen Folgen der Industrialisierung, die »Klassenfrage«, wie sie sich durch die Herausbildung der »proletarischen« Schichten am Rande der Städte stellte, und konzentrierte sich auf die Schilderung des ursprünglichen, noch nicht proletarisierten Volkes auf dem Lande. So wurden etwa Auerbachs *Schwarzwälder Dorfgeschichten*, die der Gattung auch den Namen geben sollten, bei ihrer Herausgabe im Jahr 1844 gefeiert als ein Werk, das »unmittelbar in die Mitte von Volkszuständen [führe], wo noch die stille Natur waltet, wo das Heiligtum einer naturgemäßen Entwicklung noch nicht durch die Laster der großen Welt getrübt worden« sei.[9] Dagegen wandte sich derselbe Rezensent vehement gegen Eugène Sues Schilderung der Pariser Unterschichten in den *Geheimnissen von Paris*. Sue zeichne »die untersten Klassen in der verdorbenen Hauptstadt ..., wobei er ... einen Abgrund der furchtbarsten Laster und Verbrechen den Lesern vor die Seele führe«, denn zu »den vielen Übeln, welche die demoralisierte Stadt mit sich« bringe, komme »gerade in Paris das furchtbare Mißverhältnis zwischen Armuth und Reichtum«.[10] »Schöne Verhältnisse erzeugen« könne der Autor so beim besten Willen nicht, kritisiert der Rezensent.[11] Die Konzentration der ›Dorfgeschichten‹ auf die in gesicherten Verhältnissen lebenden Hofbauern führte jedoch dazu, dass die Situation der auf dem Lande herrschenden Klassenstruktur und die daraus resultierenden Ausbeutungsverhältnisse in der Regel nicht dargestellt wurden.[12] Eine Ausnahme in der Literatur der 1830er Jahre bildet deswegen Karl Leberecht Immermanns Roman *Die Epigonen*. Dort wird ausführlich die zeitgenössische Umwandlung der Agrar- in eine Industrielandschaft sichtbar gemacht, die aus den noch nach althergebrachter Weise wirtschaftenden Bauern nun entfremdete Fabrikarbeiter macht: »Fast alle Zweige dieser Art menschlicher Tätigkeit [in Fabriken] hatten sich hier im Umkreise ... abgelagert. Man mußte wirklich über den Geist des Mannes erstaunen, der in verhältnismäßig kurzer Zeit eine ganze Gegend umzuformen verstanden hatte.

Aus einfachen Landbauern waren Garnspinner, Weber, Bleicher, Messer- und Sägenschmiede, Glasbläser, Töpfer, Vergolder, ja sogar Zeichner und Maler gemacht worden.«[13] Die Proletarisierung der Bauern wird vom Betrachter – und insofern konform mit den Verfechtern der idealisierten ›Dorfgeschichten‹ – durchweg negativ gesehen: »Wie die beiden Beschäftigungen, die natürliche und die künstliche, den Menschen zuschlagen, sah Hermann in diesen Gebirgen oft im härtesten Gegensatze. Während er hinter den Pflügen Gesichter erblickte, die von Wohlsein strotzten, nahm er bei den Maschinen andere mit eingefallenen Wangen und hohlen Augen wahr ...«[14] Die alte Kultur- und Naturlandschaft erscheint dem Betrachter »entstellt und zerfetzt«. Der Wald, »welcher die Hügel bedeckte«, ist zur Gewinnung von Feuerholz bereits »fleißig gelichtet«, der Fluss, dessen Wasserkraft mehrere Fabriken antreibt, muss sich »zwischen einer Bretter- und Pfosteneinfassung fortzugleiten bequemen«. Zu dem Lärm der zahlreichen Maschinen kommt ein mit »widerlichen Gerüchen geschwängerter Dunst, welcher von den vielen Färbereien und Bleichen herrührte«.[15] Vorbild für diese frühe Industrielandschaft und ihren Schöpfer war Gottlob Nathusius (1760–1835), der bei Althaldersleben in der Nähe Magdeburgs einen ausgedehnten Industriekomplex geschaffen hatte, in dem die verschiedensten Gewerbe und Fabrikationen einander in die Hand arbeiteten. Immermanns Schilderung maschineller Produktionsstätten wurde zum Modell für die späteren Fabrikromane der 40er und 50er Jahre.

Ein bedeutender Teil von Gustav Freytags Roman *Soll und Haben* aus dem Jahr 1855 beschäftigt sich ebenfalls mit dem durch die Industrialisierung ausgelösten Umbruch auf dem Lande, wenn auch aus anderer Perspektive. Freytag schildert die Situation eines Landadligen, der sich nur schwer in der neuen Zeit behaupten kann. Baron Rothsattel, dem schließlich der Kaufmann Anton Wohlfarth unter die Arme greifen muss, wird als »Musterbild eines adligen Rittergutsbesitzers« beschrieben, der noch »keine Geldgeschäfte« macht. Wider besseres Wissen, denn er weiß, dass es »gerade die Zeit [war], wo eine Menge von industriellen Unternehmungen aus dem Ackerboden aufschossen, wo durch hohe Schornsteine der Dampfmaschinen, durch neuentdeckte Kohlen- und Erzlager, durch neue landwirtschaftliche Kulturen große Summen erworben und noch größere Reichthümer gehofft wurden«.[16] In Immermanns *Epigonen* ist der adlige Landbesitzer, auf dessen ehemaligem Grund und Boden die neuen Fabriken errichtet wurden, längst durch den bürgerlichen Unternehmer verdrängt worden. Dieser macht aus seiner Verachtung für den Adel keinen Hehl: »... es [sei] an der Zeit, das Eigentum aus den Händen derer, welche es nicht zu benutzen verständen, in fleißigere übergehen zu lassen.«[17] Der Unternehmer herrscht über die Industrielandschaft ähnlich autokratisch wie vormals der adlige Landesherr über die Agrarlandschaft. Der bürgerliche Potentat wohnt im Schloss seines Vorgängers, richtet ein selbständiges Schulwesen ein, lässt eigenes Papiergeld drucken und wird wegen seiner wirtschaftlichen Macht von seinen Verhandlungspartnern als Territorialherrscher akzeptiert: »Man konnte sagen, daß er eine Macht darstellte. Denn nicht allein, daß seine Handelsbeziehungen über die ganze Erde griffen, auch mit den Fürsten und Regierenden war er in Verhältnisse gediehen, bei welchen er, da er mehr zu gewähren, als zu erbitten hatte, sich ziemlich auf gleichem Fuße zu ihnen halten durfte.«[18]

Damit war der deutsche Prototyp eines neuen Romanhelden geboren: der Unternehmer; und mit ihm ein neuer Handlungsort: die Fabrik. Bis sich beide Elemente endgültig in der Hochliteratur etablierten, sollte allerdings noch einige Zeit vergehen – zunächst galt es, die wachsende Sphäre der Trivialliteratur zu erobern.

»Die große Dampfmaschine ruht nicht ...«: Karl Gutzkow und der Fabrikroman

Wie langsam auch immer gesellschaftliche Wirklichkeit in die Hochliteratur seit den 30er und 40er Jahren des 19. Jahrhunderts eindrang: das Medium Buch selbst war, unabhängig vom Inhalt, längst zur Ware geworden, die industriell produziert wurde. Nicht nur die Papiermühlen, auch die Druckerpressen wurden seit den 20er Jahren des 19. Jahrhunderts zunehmend mit Dampfmaschinen betrieben. Durch die maschinelle Produktion wurde das Buch zur Massenware. Eine besondere Rolle spielten dabei die preisgünstigen Leihbibliotheken und Vorabdrucke in der Tagespresse, in Wochen- und Monatsschriften sowie speziellen »Romanzeitungen«. Es sind gerade diese von den großen Massen – im Gegensatz zu der nur von einer vergleichsweise kleinen Schicht von Gebildeten wahrgenommenen Hochliteratur – gelesenen Unterhaltungs- und Trivialromane, in die zuerst die durch die Industrialisierung verursachten gesellschaftlichen und technischen Neuerungen eindrangen.[19] Eine der wohl frühesten Schilderungen moderner, bereits mit Dampfmaschinen ausgestatteter Fabrikgebäude durch einen Autor der Hochliteratur findet sich in Karl Gutzkows Roman *Die Ritter vom Geiste* aus dem Jahr 1850: »Schwarze Wolken steigen da aus zehn turmhohen Schornsteinen, die Eisenhämmer dröhnen aus den gewaltigen Werkstätten, in den Glutöfen siedet es, der große Ventilator, womit gegen hundert Schmiedefeuer zu lichterloher Glut geblasen werden, stößt ächzende, markerschütternd klagende Töne aus und zu dieser Musik der menschlichen Arbeit und des die Materie bewältigenden Gedankens wiehern die Rosse, die die hier gebauten Locomotiven in die entferntesten Gegenden achtspännig führen, um Kunde zu geben von der Thätigkeit vereinigter Menschenhände und der gefesselten Naturkräfte.«[20] Neben der Schilderung der gebändigten Naturkräfte, die hier noch den Pferden, die die Lokomotive zu ihrem Einsatzort bringen müssen (Abb. 2), gegenübergestellt werden, zeigt sich in Gutzkows Fabrikbeschreibung bereits die Eigengesetzlichkeit der Maschinenwelt: »In den Schmelzöfen ging die Gluth die ganze Nacht nicht aus. Die langen Schornsteine durften nicht kalt werden. Die große Dampfmaschine, die das Gebläse zu den Cupolöfen der Eisengießerei trieb, ruhte nicht. In langsam feierlicher Bewegung gingen ihre Hebel und Stempel auf und abwärts und hielten jene furchtbare Kraft gleichsam in gelindem Athem, die in der Frühe um sechs Uhr wieder gewaltig ausholen und wie mit vollen Lungen die Kraft von tausend Menschen ersetzen sollte.«[21] Das Fabrikgebäude wird durch künstliches Licht beleuchtet, denn neben der Fabrik befindet sich eine »Gasanstalt, durch deren tausend unterirdische Röhren die ganze Fabrik in Winterabenden durch tausend Gasflammen erhellt war«.[22] Im Zentrum des Fabrikgeländes liegt das »Comptoir, wo die Bestellungen angenommen, die Bücher geführt, die Zahlungen geleistet werden. Durch die großen Glasfenster kann man von allen Seiten die gewaltige Anlage übersehen.« Von hier aus beherrscht der Unternehmer Willing, »von Technikern und Buchführern umgeben«, die gesamte Fabrik, die als »großes vulkanisches Reich« bezeichnet wird.[23]

2 Carl Eduard Biermann, *Ansicht von Borsig's Eisengießerei und Maschinenbauanstalt in Berlin*, 1847

Bei allem Realismus der Detaildarstellung nutzt der Autor hier die ganze Palette allegorischer und metaphorischer Mittel, um den seinerzeit noch ungewohnten Schauplatz in das Romangeschehen einzufügen. Der weitere Handlungsverlauf zeigt jedoch gleichzeitig, in welchem Maße die Romanfiguren die neuen Produktions- und Lebensbedingungen bereits als Normalität empfinden und ihre Gedanken auf die Folgen des erlebten technischen Fortschritts für die Zukunft richten.

Der Ingenieur als tragischer Held: Max Eyths Chronologie einer technischen Katastrophe

Mit dem europaweit boomenden Eisenbahnbau der 40er Jahre war die Industrialisierung in eine neue Phase eingetreten. Durch den erheblichen Bedarf an Eisen und Stahl für Fahrzeuge, Schienenwege und Brücken stieg der Abbau von Eisenerz und Kohle in den Bergbauregionen steil an. Gleichzeitig machte das wachsende Eisenbahnnetz auch Rohstoffe und Güter aus zuvor entlegenen Regionen zu günstigen Preisen und in kürzester Zeit verfügbar. Immer gewagter wurden die Konstruktionen der Ingenieure, immer komplizierter die Planungs- und Berechnungsgrundlagen von Großprojekten. Die steigenden Materialkosten für große Gebäude und Brückenbauten führten zur Notwendigkeit, durch genaue statische Berechnungen den Materialaufwand zu minimieren, ohne die Stabilität der Konstruktionen zu gefährden. In seiner Erzählung *Berufstragik* stellt der Dichter und Ingenieur Max Eyth 1898 erstmals in aller Deutlichkeit die Frage nach der Verantwortung des Ingenieurs für von technischen Schöpfungen ausgehende Risiken (Abb. 3). Vorbild für die Erzählung war die wohl größte technische Katastrophe des 19. Jahrhunderts: der Einsturz der englischen Tay-Brücke im Jahr 1880, die einen kompletten Personenzug mit in die Tiefe riss und unmittelbar danach Theodor Fontane zu seinem bekannten Gedicht *Die Brück' am Tay* inspiriert hatte. Steht bei Fontane der Triumph der Naturkräfte über den Menschen im Vordergrund, so geht Eyth darüber hinaus den durchaus menschlichen Ursachen des Versagens der Technik nach. In Anlehnung an die nach dem Unglück am Tay von einer Untersuchungskommission festgestellten, durch den Drang nach Kosteneffizienz verursachten groben Planungsfehler siegt in Eyths Erzählung das professionelle Gewissen des verantwortlichen Ingenieurs.[24] Doch allein die Natur des Großprojektes selbst stellt den Protagonisten vor immer neue Probleme: »Das Unerwartete kommt uns so oft in die Quere, und dann geht auch im gewohnten Gleise nicht immer alles, wie es sollte. Von manchem kritischen Punkte wissen wir noch so blutwenig und sollen und müssen darauf losbauen.«[25] Beim Bau der Brücke geschehen mehrere schwere Unfälle, und schließlich erweist sich der Untergrund der Bucht, durch die die Brücke führen soll, als unerwartet instabil. Der Ingenieur, den die knappen Finanzmittel zu immer weiteren Kompromissen bei den statischen Berechnungen zwingen, steht zudem vor dem praktischen Problem, dass nicht genügend Erfahrungen mit großen Bauwerken vorliegen: »Festigkeitskoeffizienten unserer heutigen Materialien, Winddruckfragen – alles ist so unsicher, daß man mit zehnfacher oder zwanzigfacher oder dreißigfacher Sicherheit rechnen kann, ohne fehlzugehen.«[26] Am Ende bricht während eines schweren Sturms der Mittelteil der Brücke zusammen und reißt einen Personenzug, in dem sich auch der Ingenieur befindet, mit sich hinab. In der Presse wird daraufhin versucht, die Ursachen der Katastrophe zu relativieren: »Das entsetzliche Unglück weise aufs Neue darauf hin, daß es Grenzen gebe, die der Mensch nicht ungestraft überschreite, daß aber der Ruf der englischen Technik von diesem tief bedauerlichen Unfall nicht ernstlich berührt werde.«[27]

Der Fortschrittsoptimismus blieb trotz solcher Rückschläge im 19. Jahrhundert ungebrochen – erst die epochale Erfahrung der Materialschlachten des Ersten Weltkriegs sollte eine grundsätzliche Technikkritik endgültig in den Mittelpunkt des Interesses einer breiten Öffentlichkeit lenken. In der Literatur war ein entsprechendes ›Krisenbewusstsein‹ für das technische Zeitalter längst vorhanden – wie sich im Folgenden zeigen wird, sogar auf dem Gebiet der ökologischen Folgen industriellen Wachstums.

»Roman eines Abwasserprozesses«: Wilhelm Raabes Blick auf Ökonomie und Ökologie

In dem bereits 1884 erschienenen Roman *Pfisters Mühle* von Wilhelm Raabe stehen die Auswirkungen der Industriellen Revolution auf Natur und Umwelt sowie auf hergebrachte Wirtschafts- und Produktionsformen im Vordergrund.[28] Am Beispiel eines Rechtsstreits zwischen dem alten Wassermühlenbesitzer Pfister und den Besitzern der modernen Zuckerfabrik Krickerode, die den Mühlbach mit Abwässern verunreinigt, stellt Raabe eindringlich dar, wie die ›neue‹ Ökonomie durch ihre aggressive Dynamik unaufhaltsam die alten Zustände aus dem Gleichgewicht bringt. Zwar wird durch die Hinzuziehung eines Sachverständigen der Verursacher der Wasserverschmutzung eindeutig festgestellt: »Und so umschritten wir den wohl zwanzig Morgen bedeckenden künstlichen Sumpf und gelangten unter der Mauer der großen Fabrik zu dem dunklen Strahl heißer, schmutziggelber Flüssigkeit, der erst den Bach zum Dampfen brachte und dann sich mit demselben über die weite Fläche verbreitete ...« Der Gutachter ergreift dabei jedoch eher Partei für den Fortschritt: »Das, was ihr in Pfisters Mühle ... laienhaft erbost, als eine Sünde und Schande, eine Satansbrühe ... bezeichnet, nenne ich ruhig und wissenschaftlich das Produkt der reduzierenden Wirkung der organischen Stoffe auf das gegebene Quantum schwefelsauren Salzes.«[29] Der Rechtsstreit gegen die Fabrik geht zwar erfolgreich aus, doch stirbt der resignierte Mühlenbesitzer kurz darauf. Die ohnehin durch zunehmende industrielle Konkurrenz ökonomisch kaum noch wettbewerbsfähige Mühle wird abgerissen, um Platz für eine weitere Fabrik zu machen.

Ebenso wie bei Max Eyths Erzählung stand auch bei *Pfisters Mühle* ein tatsächliches Geschehnis Pate – die Verschmutzung eines Wasserlaufs in der Nähe Braunschweigs. In der unmittelbaren Umgebung Wilhelm Raabes hatten die

3 Umschlag von: Max Eyth, *Hinter Pflug und Schraubstock. Skizzen aus dem Taschenbuch eines Ingenieurs*, 1899

Abwässer einer Zuckerfabrik nicht nur zu einem Fischsterben, sondern auch zu einer Algenpest geführt, die schließlich den Betrieb einer Wassermühle lahm legte. Raabe bezieht in seinem Roman allerdings keine eindeutige Position gegenüber der Industrialisierung. Resignation und Melancholie angesichts des unaufhaltsamen Endes der alten Zeit, für die Pfisters Mühle symbolisch steht und fällt, gehen einher mit der Hoffnung, dass der technische Fortschritt auch positive Aspekte besitzen möge. Raabes Romanfiguren antworten auf die neuen Verhältnisse oft schlicht durch den Rückzug ins private Idyll, wenn dies auch durch Kompromisse erkauft werden muss. Der Erbe von Pfisters Mühle hat zwar durch den Verkaufserlös sein Auskommen und zieht als Rentier nach Berlin, die traditionelle Existenzform seiner Familie jedoch lebt nur noch in der Erinnerung weiter.

Der Protagonist in Raabes etwa zur selben Zeit entstandenem Roman *Stopfkuchen* zieht sich dagegen auf einen Bauernhof zurück. Doch dessen Ländereien muss er zur Bestreitung seines Lebensunterhalts verpachten – an eine Zuckerfabrik, die Ackerflächen für den Anbau von Zuckerrüben benötigt. Widerspruchsfrei, das ist die pessimistische und auch heute noch gültige Einsicht Raabes, lässt es sich in der neuen Zeit schlicht nicht mehr leben. Auch die distanzierte Position der Nischenexistenz trägt in seiner Prosa deutlich die Spuren des durch die Auswirkungen von Technik und Kapitalwirtschaft längst im Kern beschädigten Lebens.

Als Max Eyth und Wilhelm Raabe sich in den Jahrzehnten nach der Reichsgründung in ihren Texten mit den Auswirkungen der Industriellen Revolution beschäftigten, hatte diese Deutschland bereits endgültig zu einer der mächtigsten Industrienationen in Europa umgewandelt. Für ihren Schriftstellerkollegen Heinrich Albert Oppermann war diese rasante Entwicklung bereits um 1870 Anlass gewesen, mit seinem – eingangs zitierten – Roman *Hundert Jahre* in einem breit angelegten Rückblick die wirtschaftlichen und gesellschaftlichen Veränderungen vom Ende des 18. Jahrhunderts bis unmittelbar vor der Reichsgründung nachzuvollziehen. Oppermann antwortet auf die Enttäuschung der liberalen Revolutionsideale von 1848 mit einer Vision, die im ausgesprochenen Gegensatz zu den melancholischen Rückzugs-Idyllen Wilhelm Raabes steht, aber ebenso zur ernüchternden Fusion von feudal-autoritärer Territorialherrschaft und freiem Unternehmertum der Immermann'schen *Epigonen*. Oppermann bündelt die wirkungsmächtigen Mittel industrieller Massenproduktion und Kapitalwirtschaft mit den besten Elementen fortschrittlich-demokratischer Tradition. Am Ende von *Hundert Jahre* ruft der nach 1848 in die Vereinigten Staaten emigrierte Eisenbahningenieur Theodor Hellung auswanderungswillige Deutsche zur Gründung eines neuen Gemeinwesens am Rande der Sierra Nevada auf. Die Ansiedlung ist »nach den Grundsätzen ... Freier Boden, Freie Arbeit, Freie Rede, Freie Menschen! ... begründet«.[30] Das klimatisch begünstigte »Hellungen«, welches »keinen Winter, kein Aufhören der Vegetation« kennt, garantiert ein Leben im Einklang mit der Natur, aber auch mit dem Menschen. Die auf dem Reißbrett entworfene Stadt wird mit maschinell hergestellten Fertighäusern errichtet, die man aus dem Industriezentrum Pittsburgh bezieht. Die hier vor Ort konkretisierte Utopie von Einigkeit, Freiheit und Gleichheit ist für Oppermann Teil einer umfassenderen, ja globalen Vision, die insbesondere durch die Entwicklung des Verkehrs- und Nachrichtenwesen in greifbare Nähe gerückt zu sein schien. Die Gründung des utopischen »Hellungen« fällt nicht umsonst in die Zeit des viel beachteten Lückenschlusses der Eisenbahnlinien zwischen Pazifik- und Atlantikküste, den der Autor in einer wahren Technik-Apotheose ausführlich schildert.

Heinrich Albert Oppermanns optimistische Zukunftsvision bindet die Ideale der bürgerlichen Revolution fest an den wirtschaftlichen Fortschritt. Dabei werden gesellschaftliche Umwälzungen im Rahmen des Industrialisierungsprozesses konsequent weitergedacht, wie sie erstmals 40 Jahre zuvor in Immermanns *Epigonen* in aller Deutlichkeit beschrieben worden sind. Im Bild der unaufhörlich arbeitenden Dampfmaschine, wie sie in Karl Gutzkows Prototyp des Fabrikromans erscheint, hat die Dynamik dieses Prozesses eine langfristig prägende Symbolisierung erhalten. Ihr zur Seite stand in der zeitgenössischen Literatur mit dem tatkräftigen Entrepreneur die Personifizierung der bürgerlichen Herrschaft, die die Grenzen der alten, ständisch geprägten Gesellschaft hinter sich gelassen hatte. Dass der Industrialisierungsprozess zwar unumkehrbar war – wie Karl Marx und Friedrich Engels bereits um die Jahrhundertmitte formuliert hatten –, die Entwicklung jedoch vom Menschen nur in unzureichendem Maße steuerbar war und unaufhörlich neue Probleme schaffen sollte, haben Schriftsteller wie Max Eyth und Wilhelm Raabe bereits in aller Deutlichkeit gesehen. Das somit bereits im 19. Jahrhundert entwickelte Krisenbewusstsein hat seitdem den zivilisatorischen Fortschritt begleitet – es scheint jedoch zumindestens fraglich, ob Schriftsteller auch im 21. Jahrhundert noch in dem Maße Position beziehen können, wie dies in der ersten Phase der Industrialisierung möglich war. Die Literatur teilt mit den anderen darstellenden Künsten in zunehmendem Maße das grundsätzliche Problem, die Auswirkungen der aktuellen technologischen Entwicklungen bildlich und begrifflich nicht mehr hinreichend fassen zu können.

1 Oppermann 1982, IV. Buch, S. 220.
2 Marx/Engels 1956–90, Bd. 4, S. 467.
3 Ziolkowski 1992, S. 32.
4 Ebd., S. 41 u. S. 47.
5 Marx/Engels 1956–90, Bd. 2, S. 232.
6 Ebd., Bd. 2, S. 233.
7 Heine 1973–79, Bd. 7.1, S. 213.
8 Stauf 1997, S. 142.
9 *Jahrbücher der Gegenwart* 1844, S. 816, zit. nach Bucher u. a. 1976, Bd. 2, S. 152.
10 *Jahrbücher der Gegenwart*, ebd.
11 *Jahrbücher der Gegenwart*, ebd.
12 Zimmermann 1975, S. 68.
13 Immermann 1971, Bd. 2, S. 419.
14 Ebd., Bd. 2, S. 421.
15 Ebd., Bd. 2, S. 407.
16 Freytag 1910, Bd. 4/5, S. 33f.
17 Immermann 1971, Bd. 2, S. 424.
18 Ebd., Bd. 2, S. 426.
19 Hädecke 1993, S. 15.
20 Gutzkow 1998, S. 1344.
21 Ebd., S. 1345.
22 Ebd.
23 Ebd., S. 1345f.
24 Segeberg 1987, S. 151.
25 Eyth 1986, S. 375.
26 Ebd., S. 385.
27 Ebd., S. 434.
28 Horst Denkler hat zu Recht darauf hingewiesen, *Pfisters Mühle* sei, anders als es viele Interpreten sehen wollten, weitaus mehr als ein »Roman der Abwasserbiologie« oder eines »Abwasserprozesses«. Raabe selbst gibt durch den Erzähler in *Pfisters Mühle* einen größeren Deutungsspielraum vor: es gehe um den »Übergang der deutschen Nation aus einem Bauernvolk in einen Industriestaat«. Denkler 1988, S. 82 sowie Raabe 1951–94, Bd. 16, S. 114.
29 Raabe 1951–94, Bd. 16, S. 100.
30 Oppermann 1982, Bd. 3, S. 315.

Das Industriebild als Auftrag zwischen Vormärz und Gründerzeit

Dieter Vorsteher

Als zur Mitte des 19. Jahrhunderts deutsche Unternehmen auf eine erste – wenn auch häufig nur kurze – Betriebsgeschichte zurückblicken konnten, boten sich als Zeichen ihres unternehmerischen Erfolges Darstellungen von den baulichen Erweiterungen ihrer Fabriken an. Die Expansion der Produktionsstätte war das unübersehbare Zeugnis für wirtschaftlichen Erfolg. Eine vergleichende Gegenüberstellung zweier Ansichten nach dem Motto ›Einst und Jetzt‹ war ein beliebter wie auch überzeugender Kunstgriff für die Darstellung von Fortschritt. Die Borsig'sche Maschinenbauanstalt bei Berlin gab ein herausragendes Beispiel für diese Darstellungsform einer Industrielandschaft.[1]

Die Fabrikansichten von Carl Eduard Biermann

Im Jahr 1847 bestellte der Unternehmer August Borsig (1804–1854) bei dem Maler Carl Eduard Biermann (1803–1892) zwei Ansichten seiner Maschinenbauanstalt. In diesen beiden Darstellungen sollte der Maler das beeindruckende Lebenswerk des Industriebürgers in Szene setzen und somit der Nachwelt überliefern. Anlass war das zehnjährige Bestehen des Unternehmens. Als Landschafts- und Architekturmaler konnte Biermann sich bei Borsig empfehlen. In beiden Fähigkeiten sah der Auftraggeber das künstlerische Potential, um seine Idee umzusetzen. Einerseits war die architektonische Qualität der Borsig'schen Fabrik für ihre Zeit außergewöhnlich, andererseits bedurfte es für das Gelingen der Aufgabenstellung scheinbar auch der Effekte einer modernen Natur- und Landschaftsmalerei, um die Fabrik in eine sich überhöhende Industrielandschaft hineinzustellen. Biermann hatte bei Carl Blechen (1798–1840) gelernt, der in den 20er Jahren an der Berliner Akademie die Landschaftsmalerei revolutioniert hatte.

Der Auftrag umfasste eine Ansicht des Borsig'schen Werkes aus dem Gründungsjahr 1837 und eine weitere aus der Gegenwart. Die Expansion und damit der Erfolg des Unternehmens innerhalb nur eines Jahrzehnts wurde nach Erfüllung des Auftrags im Vergleich beider Ansichten überzeugend sichtbar. Die Ansicht von 1837, als großformatiges Aquarell angelegt, zeigt die kleine, zwischen Obstbäumen errichtete Gießerei in Nachbarschaft des Oranienburger Tores vor Berlin (Abb. 1). Zehn Jahre später hatte sich aus ihr eine Produktionsanlage von annähernd städtischem Ausmaß entwickelt. Ihrer Bedeutung entsprechend, war die aktuelle Ansicht als ein großformatiges Ölgemälde ausgeführt (Kat. Nr. 59). Es übertraf mit einer Breite von 1,60 Meter und einer Höhe von 1,10 Meter alle bisher bekannten Abmessungen von Gemälden mit Industriedarstellungen aus der ersten Hälfte des 19. Jahrhunderts. Allein diese Tatsache gab dem Auftrag Gewicht. Innerhalb der Gattung Malerei war einem Industriemotiv noch nie ein solches Galerieformat zugewiesen worden.

Für beide Ansichten müssen sehr konkrete Vorgaben vom Auftraggeber erfolgt sein. Nicht nur, weil das erste Gebäude von 1837 inzwischen durch den rasanten Ausbau der Anlage nur noch rudimentär vorhanden und für Biermann nur noch anhand alter Bauzeichnungen rekonstruierbar war, sondern auch, weil in der aktuellen Ansicht bereits zukünftige Bauvorhaben des Unternehmers vorweggenommen wurden. Entscheidend ist jedoch bei diesem Zusammenwirken von Biermann und Borsig, dass ein tiefes Verständnis des Fabriksystems Eingang in die Gestaltung fand. Lebten bisherige Industrieansichten von der Faszination der architektonischen Eigentümlichkeit des Industriebaus in romantischer Landschaft (so bei Blechens Eisenwerk bei Eberswalde) oder vom Kontrast zwischen Alter Welt und Neuer Welt (wie bei Alfred Rethels Harkort'scher Maschinenbauanstalt vor der mittelalterlichen Burg in Wetter an der Ruhr [Kat. Nr. 56]), so prägte hier der Expertenblick des Unternehmers die Ansicht. So wird beispielsweise durch die zunächst vordergründige Akzentuierung des Uhrturms mit Glocke, für den ein mittelalterlicher Backsteinturm aus der Mark Brandenburg das Vorbild war, nicht nur ein schönes Architekturelement betont, sondern mit Nachdruck auf ein Herzstück der Fabrikarbeit verwiesen. Dieser schöne Turm war nämlich auch ›Blickfang‹ für alle Beschäftigten der Borsig'schen Fabrik. Durch ihn bekamen sie den Arbeitsbeginn, die ihnen zustehenden Pausen und das Arbeitsende angezeigt und eingeläutet. Der zentrale Uhr- und Glockenturm war der Tatsache geschuldet, dass mit Einführung der arbeitsteiligen Massenproduktion eine gleichzeitige Anwesenheit der Beschäftigten zwingend erforderlich wurde. Seine tiefere Bedeutung führte die Fabrikordnung aus, die wenig später – nach Errichtung des Turmes Mitte der 40er Jahre – in Kraft trat und in der Folge weiter ausgebaut wurde. Um 1847 galt sie immerhin für über 1 000 Arbeiter, die zumeist aus dem Handwerk gekommen waren und für die Industriearbeit erst diszipliniert werden mussten. So bestand nur zweimal am Tag die Möglichkeit, Einlass in die Fabrik zu erhalten: um 6 Uhr früh und um 12 Uhr mittags. Für Verspätete gab es ab 6.15 Uhr keinen Einlass mehr. Man konnte die Fabrik erst wieder ab 12 Uhr betreten und musste somit auf einen halben Tagelohn verzichten. Der wirtschaftliche Erfolg des Unternehmens gründete sich seit Mitte der 40er Jahre auf einer Massenproduktion von Industriegütern, vorwiegend im Dampfmaschinenbau, der – je nach Auftragslage – in stationären Kraftmaschinen oder in rollenden Lokomotiven endete. Dies war revolutionär für die Fertigungsmethoden in Fabriken, worüber schon zeitgenössische Besucher bei Borsig philosophierten, so 1848 ein Redakteur der *Leipziger Illustrirten Zeitung*: »Jedes Rad, jede Welle, jeder Arbeiter erfüllt nur seinen Zweck, scheint nur für sich tätig, und doch empfängt Alles nur aus der Allbewegungskraft sein Besonderes; jedes Einzelne dient nur dem Ganzen, indem es für sich vollkommen ist; doch ist jeder abhängig, wie frei er auch für sich dastehen möge und wie wenig wir im Allgemeinen den das Ganze leitenden Plan, den beaufsichtigenden Geist zu erkennen im Stande sind ... So oft wir die Borsigsche Anstalt, und immer wieder mit neuer Bewunderung, in Augenschein genommen haben, stets war uns dieser scheinbare Mangel jeglicher Ueberwachung auffallend und daß gleichsam so Alles von selbst sich zu machen schien.«[2]

Diese tief greifende Veränderung der Produktionsmethoden innerhalb der Werkhallen wurde auch bei der Ansicht des Jahres 1847 nach außen gespiegelt – zumindest war sie für den Zeitgenossen zu erahnen. Wir sehen, wie eine fertige Lokomotive durch ein Pferdegespann vom Gelände gezogen wird. Vor dem Torbogen der großen Endmontagehalle, im Bildhintergrund rechts, ist bereits die nächste Lokomotive zu erkennen. Sieben Jahre vor der Entstehung des Gemäldes war keine deutsche Fabrik in der Lage, überhaupt eine gangbare Lokomotive zu bauen. Und hier waren gleich zwei Lokomotiven bereit, den Fabrikhof zu verlassen. Bereits im Herbst des Jahres 1847 feierte das Unternehmen die Fertigstellung der 200sten Lokomotive. Die Werkstätten waren so aufeinander abgestimmt, die Maschinen so ausgerüstet, dass alle zwei Wochen eine Lokomotive hergestellt werden konnte. Diese Dimension in der Produktivität ließ manchen Zeitgenossen ratlos zurück.

Das Gebäude links im Bild mit der Aufschrift »Contoir« verweist auf jene Koordinierungsstelle für einen unsichtbaren, aber doch das Ganze leitenden Plan, den der Redakteur der *Leipziger Illustrirten Zeitung* spürte. Hier wurden die Ausgaben für Materialeinsatz und Lohn kontrolliert, die Produktionsverträge überwacht und die Einnahmen verwaltet. Vor dem Uhrturm wird gerade das Fundament für eine Waage gelegt. Mit ihr sollten später die in die Fabrik angelieferten Bleche der Zulieferfirmen überprüft werden. Den wirtschaftlichen Erfolg und privaten Reichtum des Unternehmers spiegelt die große Terrassenanlage der Fabrikantenvilla im Vordergrund des Gemäldes wider. Sie ist hier allerdings ein vorweggenommenes Zitat für jene Villa, die drei Kilometer weiter am Ufer der Spree gerade erst entstand.

Dieser Erfolg hatte sich bereits verheißungsvoll angekündigt in der Dynamik des ›Theaterhimmels‹ über der kleinen Gießhalle in der Ansicht von 1837. Eine Schöpfung aus dem Nichts, eine in die sandige märkische Landschaft gesetzte Unternehmensidee. Das Aquarell beschreibt gleichnishaft die ›Genesis‹ dieses Unternehmens als Naturschauspiel und gibt den Prolog zu seiner Erfolgsgeschichte. Die Landschaft erscheint weitgehend als Tabula rasa, die Gießhalle, von Menschenhand in sie hineingestellt, beginnt ihren Kampf mit den Elementen. Die qualmenden Schornsteine verweisen auf eine geheimnisvolle Produktivität und Energieentladung im Innern der Fabrik. Die dunklen Rauchschwaden stehen im dramatischen Kontrast zu dem gerade gleißend aufreißenden tiefblauen Himmel. Metaphorisch ragen die Schornsteine wie Obelisken in die Unendlichkeit des Naturschauspiels empor. Der menschliche Geist bezwingt die Naturkräfte und vollbringt damit eine zivilisatorische Tat für den allgemeinen Fortschritt der Menschen. Aufruhr und Dramatik in der Himmelszone des Aquarells sind im Gemälde von 1847 befriedet und umgesetzt in die Dynamik der Produktion. Der Himmel zeigt sich freundlich und ausgeglichen; der Blick konzentriert sich jetzt auf das Auf und Ab der Silhouette der Fabrikhallen und auf den Rhythmus der Schornsteine, die nun hinter dem hervorleuchtenden Uhr- und Glockenturm zurücktreten.

In Biermanns Ölgemälde erscheint die Fabrik nicht nur als Wiedergabe einer Maschinenbauanstalt, sondern sie ist vor allem Produktionsort gesellschaftlichen Wohlstandes, Arbeitsstätte für zeitweise bis zu 1 000 Menschen, gewaltiger Immobilienbesitz und Ausdruck unternehmerischen Reichtums, der sich in dem Anschnitt der großen Fabrikantenvilla im Vordergrund ausdrückt. Das hergestellte Produkt, die Lokomotive, galt ohnehin allen Zeitgenossen als

1 Carl Eduard Biermann, *Die Eisengießerei von A. Borsig im Jahre 1837*, 1847
Deutsches Technikmuseum Berlin

herrliches oder auch schreckliches Symbol gesellschaftlichen Umbruches, als Zeichen der neuen Zeit.

Im Jahr ihrer Entstehung wurde diese Darstellung einer Industrielandschaft getragen von einem ungebrochenen Fortschrittsoptimismus, der seinen Rückhalt während der ersten deutschen Industrialisierungswelle seit 1820 erfahren hatte. Noch waren Bewusstsein und Visionen der Fabrikanten auf ungebrochenen technischen und wirtschaftlichen Fortschritt ausgerichtet, der sich gerade im Vergleich der beiden Bilder mit Stolz und Zuversicht ausdrückt. Zu dieser Botschaft war nur ein Beteiligter, der Unternehmer selbst, fähig. Dafür spricht auch, dass sich Biermann in seinem späteren Werk aus eigenem Antrieb nie wieder dem Industriemotiv zuwandte. Die Präsentationsform der Fabrik auf dem Gemälde offenbarte Borsigs Selbstwertgefühl, der nach einer märchenhaften Erfolgsgeschichte innerhalb nur eines Jahrzehnts von weiten Teilen seiner Arbeiterschaft und der Berliner Öffentlichkeit als »Lokomotivkönig« verehrt und gefeiert wurde. Vor dieser Bewunderung machte auch der Landesfürst nicht Halt. König Friedrich Wilhelm IV. von Preußen soll bei einem Besuch in der Borsig'schen Fabrikantenvilla, die alle Vorzüge der modernen Zeit in Form von Dampfheizung, Warmwasser und riesigen beheizten Treibhäusern besaß, Anfang der 50er Jahre gesagt haben: »So wie Sie, lieber Borsig, möchte ich auch wohnen.«

Angesichts dieses Erfolges konnten sich die Vertreter der bürgerlichen Unternehmerschicht nicht nur als Persönlichkeiten der Wirtschaft, sondern auch als Erbauer einer neuen Gesellschaft geachtet sehen. Als Menschen der Tat, als ›homo faber‹, standen sie für einen neuen Unternehmertyp, der durch die Anwendung der nützlichen Künste und den Einsatz von Kapital Geschichte schreiben wollte. Borsig sah im Vergleich der beiden Ansichten nicht nur die bauliche Entwicklung seiner Fabrik, sondern vor allem auch den sich aus ihr entwickelnden Kosmos einer neuen Gesellschaft, zu der er 1837 den Grundstein gelegt hatte. In beiden Ansichten sah er außerdem den gesellschaftspolitischen Auftrag seiner Klasse erfüllt: die Träume der preußischen Wirtschaftsreformer von einem Anschluss an die westlichen Industrienationen, um die sozialen und finanziellen Krisen des Staates zu überwinden. Die sich daraus entwickelnde bürgerliche Wirtschaftstheorie mit all ihren gesellschaftspolitischen Utopien konnte sich innerhalb der zehn Jahre, die zwischen Aquarell und Ölgemälde vergangen waren, am Beispiel Borsigs konkretisieren.

Die Poetisierung der nützlichen Künste

Die Erforschung der Naturgesetze, ihre produktive Anwendung, die Herstellung neuer Maschinen zur Erleichterung der menschlichen Arbeit und die Erzeugung gesellschaftlichen Reichtums besetzte die Fabrikwelt der Industrie-

2 Adolf Eltzner, *Borsig's Eisengießerei und Locomotivbauanstalt am Oranienburgerthor in Berlin*, 1867

unternehmer mit Metaphern aus der Schöpfungsgeschichte. Gleichzeitig mit den Zeichnern und Malern drangen auch die Journalisten und Schriftsteller in diese Maschinenwelt vor. Ihre Reportagen aus den Fabriken schufen jene poetischen Sprachbilder, die in Malerei und Gebrauchsgraphik anschaulich wurden. Die Poetisierung der nützlichen Künste schuf eine geheimnisvolle Welt, in der von Unternehmerhand geführte Kobolde und Zyklopen in den Werkstätten bisher Unvorstellbares vollbrachten. Die schreibende Zunft machte aus der ihr noch unbekannten Industriewelt Göttersitze der Minerva und des Vulkan. Sie betrieb eine Mythologisierung der Maschinen- und Industriewelt und stellte sie als Schauspiel gebändigter Naturgewalten dar. Auf der Suche nach einem Realismus in der Literatur fand sie seine Motive in den expandierenden Fabriken um die Jahrhundertmitte. Hier, wo die alles umwälzende industrielle Produktion stattfand, wo der Mensch die Natur bezwang, sollten die Dichter singen, um die Welt der Unternehmer und die Welt der Produktion zu ›poetisieren‹: »Die Poesie der Gegenwart ist die Industrie, jeder Lokomotivzug ist ein Triumphzug des menschlichen Geistes, die Zeit der Romantik ist vorbei«,[3] jubelte 1858 ein Dichter angesichts der Borsig'schen Fabrik.

Im selben Jahr wurde anlässlich der Fertigstellung der 1 000sten Lokomotive ein ebensolcher Triumphzug menschlichen Geistes als Umzug auf die Straßen Berlins gebracht. In zwölf Bildern stellte er die Entwicklung der Menschheit von der antiken Götterwelt über Naturwissenschaft, Technik und Erfindergeist bis zu den anbetungswürdigen ›Göttern der Gegenwart‹ – in Gestalt einer Lokomotive von Borsig – vor. Die programmatische und öffentlichkeitswirksame Verkündung einer Fortschrittsidee fand zu diesem Zeitpunkt scheinbar keine Entsprechung mehr in einem konventionellen Gemälde, wie dies 1847 noch überzeugend gelungen war. Der Festumzug bot, wenn auch nur auf einen

Tag begrenzt, die adäquate Form zur Popularisierung einer bürgerlichen Unternehmensideologie. Sie maß jetzt, elf Jahre nach dem Ölgemälde, nicht mehr im Zehnjahresschritt wie noch 1847, sondern stellte sich in eine jahrhundertealte Tradition der europäischen Geistes- und Wissenschaftsgeschichte.

Auch zum 25-jährigen Jubiläum 1862 war eine malerische Bestandsaufnahme der aktuellen Fabrikansicht dem inzwischen die Firma leitenden Sohn des Gründers, Albert Borsig, keinen Auftrag mehr wert. Die Fabrik als Gegenstand der Bildbetrachtung versank in jenen Schatten, aus dem sie auf dem Aquarell 1837 so revolutionär und schöpferisch herausgetreten war. Eine kleinformatige Lithographie, die insbesondere den Verwaltungsbau mit seinen Arkadengängen an der Chausseestraße betonte und die Fabrik fast unsichtbar dahinter verbarg, reichte zum Jubiläum als bildliche Überlieferung des neben Krupp größten Industrieunternehmens in Preußen. Dieses architektonische Abrücken von der Fabrik zum Verwaltungsgebäude bezeugt nebenbei auch die unternehmenspolitische Hinwendung zum Angestellten als neuem Träger der Unternehmenskultur auf Kosten der Arbeiterschaft. Die Fabrikarchitektur begann als Symbol für die Macht des Wirtschaftsbürgers zu verblassen. Als Apotheose des Unternehmertums verlor sie an Bedeutung, nur als Tatort der Arbeiterklasse wird sie von sozial engagierten Malern in späterer Zeit wiederentdeckt, zumeist, um sie nun gegen das Unternehmertum zu verwenden. Bei Borsig beginnt diese Abkehr von der Fabrikarchitektur als Gegenstand der Industrielandschaft schon in den 60er Jahren. Mit ihr verbinden sich nicht mehr die Utopien der ersten Gründergeneration. So wird auch verständlich, dass Albert Borsig das Auftragsgesuch eines Künstlers ausschlug, der 1867 für die *Gartenlaube* einen Holzschnitt der Borsig'schen Fabrik aus der Vogelperspektive geschaffen hatte (Abb. 2) und diesen in ein Ölgemälde umsetzen wollte.

Der Zyklus von Paul Friedrich Meyerheim

Albert Borsigs Ablehnung, 20 Jahre nach seinem Vater ein weiteres Gemälde der Lokomotivfabrik zu beauftragen, mag auch darin begründet gewesen sein, dass er neben der Lokomotivfabrik inzwischen ein Walzwerk und eine Maschinenbauanstalt in Moabit, darüber hinaus ein Hüttenwerk in Oberschlesien besaß. Vor diesem Hintergrund bot sich nun eine umfassendere Konzeption für eine bildhafte Gestaltung dieses industriellen Verbundsystems an. Sie sollte das ganze Spektrum der industriellen Tätigkeit der Borsigwerke vorführen: von der Rohstoffgewinnung über die Eisenerzeugung zum Industrieprodukt und bis hin zum Welthandel. Es war ein monopolistisches und zugleich auch globales Industriekonzept, dass in seinen Grundzügen von Borsig vor der Reichsgründung nicht nur vorausgedacht war, sondern bereits seit Mitte der 60er Jahre existierte. Der Besitz von inzwischen vier Produktionsstätten, der legendäre Ruhm seines Dampfmaschinenbaus, die Symbolträchtigkeit der Lokomotive und die Monopolstellung im weltweiten Handel galt es darzustellen. 1873 beauftragte Albert Borsig den Berliner Künstler Paul Friedrich Meyerheim (1842–1915), Entwürfe für ein Bildprogramm mit insgesamt sieben Szenen anzufertigen. Dieser Zyklus sollte in dem 1870 errichteten Pavillon im Garten seiner Villa Aufstellung finden. Vermutlich waren die hohen Wandfelder bereits 1870 für Gemälde vorgesehen, die man aber erst jetzt nach der Reichsgründung und dem einsetzenden Wirtschaftsaufschwung der Gründerjahre realisierte.

Dass auch bei diesem Auftrag der Maler nicht frei erfinden konnte, davon ist auszugehen. Seine Motive orientierten sich an der Vorgabe, die das weitläufige Unternehmen selbst vorschrieb: die Erzgewinnung, der Hochofenabstich, die Maschinenfabrik, der Lokomotivbau, die Eisenbahnbrücke über den Rhein bei Ehrenbreitstein – die bei Borsig konstruiert und hergestellt worden war – und der Welthandel (Abb. 3–9). Dieser Bildabfolge gab man den Titel *Lebensgeschichte der Lokomotive*. Das siebte Motiv steht außerhalb des umgebenden Kanons: es zeigt Albert Borsig mit Familie beim Erntedankfest auf seinem Landgut Groß Behnitz.

Mit der Wahl des Künstlers hatte Borsig bereits die Darstellungsform vorgegeben: Meyerheim war als stimmungsvoller Genremaler und volkstümlicher Realist bekannt. Damit war eine allegorische Behandlung des Themas ausgeschlossen, für die es im Bereich der Industrie inzwischen zahlreiche Vorbilder gegeben hätte. Die Umsetzung des ehrgeizigen und vielversprechenden Bildprogramms erstreckte sich über drei Jahre. Erst 1876 wurde es fertig. Dennoch möchte man die Ausführung als gescheitert ansehen. Trotz des gewünschten Realismus in der Aussage zerfällt der Zyklus in Einzelbilder, die untereinander keine Spannung erzeugen. Schon die Mittelstellung des Erntedankfestes innerhalb des Gesamtzyklus befremdet. Diese idyllische Großgrundbesitzerszene inmitten einer weltumspannenden Industrieproduktion zerreißt den Anspruch nach industrieller Führungspersönlichkeit. Die früchtespendende Landarbeit, flankiert von der Großindustrie, wirkt eher wie eine Karikatur des Großunternehmers, als dass man in die Zukunft weisende Visionen des Industriellen vermutet. Mag sein, dass die lange Produktionszeit des Zyklus einem spannungsvollen Gesamtentwurf geschadet hat, aber auch die sechs anderen Bilder aus der *Lebensgeschichte der Lokomotive* verpassen so manchen dramatischen Moment der Bildgestaltung. Wie erschütternd unbeteiligt ist das Thema Erzgewinnung abgehandelt. Keine beeindruckenden Darstellungen des Abbaus ›unter Tage‹. Ein einziges Einstiegsloch mit einer Winde versucht dem Thema gerecht zu

3 Paul Friedrich Meyerheim, *Erzgewinnung*, 1873–76
Stiftung Stadtmuseum Berlin

4 Paul Friedrich Meyerheim, *Hochofenabstich*, 1873–76
Stiftung Stadtmuseum Berlin

7 Paul Friedrich Meyerheim, *Lokomotivbau bei Borsig*, 1873–76
Deutsches Technikmuseum Berlin

8 Paul Friedrich Meyerheim, *Eisenbahnbrücke über den Rhein bei Ehrenbreitstein*, 1873–76
Deutsches Technikmuseum Berlin

werden. Lediglich der Hochofenabstich verdient ernsthafte Beachtung. Er könnte als Anregung für Menzels *Eisenwalzwerk* (s. Abb. S. 25) verstanden werden, das einige Jahre später entstand und die Darstellung der Innenansicht von Industrieanlagen revolutionierte. Hingegen sind Meyerheims Maschinenbauanstalt und Lokomotivbau nette Erinnerungen an die Gründungsphase der Firmengeschichte. Die Szene bei Ehrenbreitstein ist sentimental kitschig und am schlechtesten konzipiert. Sie erschreckt geradezu wegen ihrer unparteiischen Gegenüberstellung von fröhlicher Post-

5 Paul Friedrich Meyerheim, *Maschinenfabrik*, 1873–76
Stiftung Stadtmuseum Berlin

6 Paul Friedrich Meyerheim, *Erntefest in Groß Benitz*, 1873–76
Muzeum Narodowe w Szczecinie, Stettin

9 Paul Friedrich Meyerheim, *Welthandel*, 1873–76
Stiftung Stadtmuseum Berlin

kutschenfahrt und beiläufiger Eisenbahnfahrt, die Dramatik des verkehrstechnischen und gesellschaftlichen Umbruchs seit Einführung der Eisenbahn ist verdrängt.

Der 1876 fertig gestellte Zyklus muss auf den informierten Betrachter etwas beklemmend gewirkt haben: Das Gesamtunternehmen war dargestellt, aber es fehlte jede Spannung, jede Utopie, jede Perspektive, die verraten könnte, zu welchen neuen Ufern es aufbrechen wollte. Die Begleitumstände bei diesem Auftrag waren aber auch andere als 25 Jahre zuvor: Die Reichsgründung führte relativ schnell zu einem Rückgang bei Bestellungen von Lokomotiven. Die Privat- und Länderbahnen hielten sich zurück, da eine Vereinheitlichung und Neustrukturierung unter dem einheitlichen Dach einer Reichsbahn bevorstand. Als dann durch die Krise der Gründerjahre zur Mitte der 70er Jahre auch der Maschinenbau stark getroffen wurde, erlebte das Unternehmen seine erste existentielle Krise. Es waren schwierige Jahre, von denen ehrgeizige Bildprogramme kaum profitieren konnten. Höhepunkt dieser Baisse war der überraschend frühe Tod von Albert Borsig mit 49 Jahren im Jahre 1878. Es folgte der wirtschaftliche Untergang der ersten Standorte an der Chausseestraße und in Moabit. Nach 15 Jahren und mit der Volljährigkeit seiner Kinder schrieb das Unternehmen erst wieder um 1900 an einem neuen Standort in Tegel bei Berlin Industriegeschichte.

1 Siehe dazu auch Vorsteher 1983.
2 *A. Borsig's Eisengießerei und Maschinenbau-Anstalt in Berlin*, in: *Leipziger Illustrirte Zeitung* 1848, No. 242, S. 116f., und No. 244, S. 148–150, hier S. 148.
3 Hintze 1855, S. 6.

z. B. (Dampf-)Wolken – Von der Natur der Industrie in Bildern des Impressionismus nebst einer Allegorie*

Michael Diers und Bärbel Hedinger

Ich sah das Gewimmel der Menge in einem Hafen, ohne die Menge selbst zu sehen; ich sah einen Eisenbahnzug durch eine normannische Landschaft rasen, die Bewegung von Rädern auf einer Straße, merkwürdige Menschen, die offenbar nicht ruhig Modell sitzen konnten. Von diesen ungewöhnlichen Bildern gefesselt, sandte ich einer Zeitung meiner Heimat einen Bericht, in dem ich versuchte, die Eindrücke wiederzugeben, die die Impressionisten festhalten wollten.
August Strindberg an Paul Gauguin, 18. Februar 1895[1]

Stadt/Landschaft

Nicht nur Licht, Luft und Sonne, wie es das Klischee besagt, sondern auch Dampf, Dunst und Qualm gehören zum Motivrepertoire des Impressionismus. Anders als die Vertreter der Barbizon-Schule, die die Veränderungen der neuen Ökonomie und Technik, wie sie sich in der Gestalt von Fabriken, neuen Verkehrswegen und -maschinen abzeichneten, noch weitgehend aus ihren Darstellungen ausgeblendet hatten,[2] bezog die jüngere Generation der französischen Landschaftsmaler ab den 70er Jahren des 19. Jahrhunderts die Spuren, die die fortschreitende Industrialisierung in der Landschaft hinterließ, in ihre Kompositionen explizit ein. Landschaft wurde nicht länger als radikaler Gegenentwurf zur Stadt, sondern vielmehr als ihr Komplement aufgefasst. Dies gilt zumindest für das Bild jener Regionen, die aufgrund der neuen verkehrstechnischen und wirtschaftlichen Anbindungen im weitesten Sinn zum Ballungsraum Paris gehörten. Nach Deutsch-Französischem Krieg und Depression führte der ökonomische Aufschwung nach und nach zur Verstädterung der *banlieue* und die Infrastruktur des Umlandes wurde den Bedürfnissen der Metropole angepasst.[3] Und während zugleich die Arbeitskräfte vom Land in die Großstadt wechselten, zog es die erholungsuchenden Großstädter, darunter die Künstler, regelmäßig aufs Land.[4]

Ohne Berücksichtigung der Gleichzeitigkeit von Stadt- und Landwahrnehmung als Folge des regelmäßigen Hin und Her zwischen dem urbanen Batignolles-Viertel der Hauptstadt und den eher beschaulichen Seine- und Oise-Flecken wie Argenteuil, Gennevilliers oder Pontoise lässt sich die Geschichte des Impressionismus nicht schreiben. Bei diesen Gängen der Maler aufs Land handelte es sich keineswegs um definitive Stadtfluchten, sondern überwiegend um befristete Aufenthalte vor den Toren der Großstadt, die einerseits – durchaus im Sinne des klassischen Topos vom Leben auf dem Lande – der Rekreation dienten und andererseits programmatisch der Idee der Erneuerung der Landschaftsmalerei folgten. Aus dem Pendelgang zwischen Stadt und Land resultiert als wichtiges künstlerisches Ergebnis unter anderem die neue Zwillingsgestalt dessen, was fortan Landschaftsbild heißen sollte. An die Seite der klassischen ›Natur‹-Landschaft trat die neue Kategorie der Stadt-Landschaft.[5] Den Stadtraum als Landschaft anzusehen, das heißt ihn aus der Perspektive des Landschafters wahrzunehmen, und parallel dazu das Land aus dem Blickwinkel des Stadtmalers zu visieren (und damit zugleich die traditionelle Dichotomie zu unterlaufen), gehört zu den grundlegenden Errungenschaften jenes Künstlerkreises, der sich der Pariser Öffentlichkeit erstmals im Frühjahr 1874 in einer Gruppenausstellung präsentierte und deren anti-akademische Wirklichkeits- und Bildauffassung von der konservativen Kritik umgehend mit dem Spottnamen des »Impressionismus« belehnt wurde.

Industrienatur

Um aus der Vielzahl möglicher Aspekte, die das Gesagte veranschaulichen könnten, nur einen einzelnen Gesichtspunkt auszuwählen, sei hier näher auf das Thema der Wolkendarstellung eingegangen, das für eine an der Wiedergabe atmosphärisch verdichteter Augenblicke orientierte Malerei von zentraler Bedeutung war. Daher haben sich die Impressionisten mit spürbar wachsendem Interesse auch jener merkwürdigen Konjunktion von Natur und Industrie angenommen, die in dem charakteristischen Phänomen der zwei Wolkengattungen – hier Himmels-, dort Industrierauch-Wolke – alltäglich begegnete. In dem Maße, in dem vermehrt dampfproduzierende Maschinen in Stadt und Umland in Er-

1 Claude Monet, *Impression, Sonnenaufgang (Impression, soleil levant)*, 1872
Musée Marmottan, Paris

2 Armand Guillaumin, *Sonnenuntergang bei Ivry (Soleil couchant à Ivry)*, um 1869
Musée d'Orsay, Paris, Stiftung Paul Gachet

scheinung traten, erhielt die Industrialisierung in den Rauchfahnen, die aus den Schloten der Fabriken, Lokomotiven und Schiffe aufstiegen, ihr ubiquitäres, über große Entfernungen hin sichtbares Kennzeichen. Rauchwolken signierten die Himmelsregion von Stadt und Land und kündeten von Prosperität und Mobilität. Die Kritiker allerdings wiesen bereits früh auch auf die ökologischen Folgen dieser Entwicklung hin, darunter die grassierende Luftverschmutzung und – auf längere Sicht – mögliche Klimaveränderungen.[6]

Mit dem Motiv der Dampfwolke fügten die Maler in ihre Darstellungen ein ebenso technisch produziertes wie natürlich-physikalisches Element ein, das sich vor dem geläufigen Wolkenhimmel charakteristisch abzeichnet, bevor es sich selbst darin auflöst. Für kurze Frist treten die beiden Wolkenklassen jeweils in augenfällige Konkurrenz und prägen durch ihren Wettstreit die Bilder nicht nur im ikonographischen Sinn eines leicht auszumachenden motivischen Subystems, sondern, wesentlicher noch, sie beleben es durch den im eiligen Zug der Dampfwolken repräsentierten, spezifisch anderen Zeittakt. Dies gilt in besonderem Maße für den Ausstoß jenes Qualms, der die Fahrten der Eisenbahn begleitet. Die Rauchfahnen der Lokomotiven im Bild fungieren als Vektoren, die Tempo, Bewegungsrichtung und allgemeine Dynamik anzeigen. Vielfach ist dieses Motiv in den Gemälden der Impressionisten präsent, nicht selten wird es sogar in den Mittelpunkt gerückt.

Selbst das heute prominenteste Gemälde der ersten Impressionisten-Schau, Claude Monets *Impression, Sonnenaufgang (Impression, soleil levant)* (Abb. 1), lässt sich hier einreihen. Der Titel des Bildes aus dem Jahr 1873, das zunächst topographisch schlicht *Ansicht von Le Havre (Vue du Havre)* hieß, hat dem spöttelnden Kritiker des *Charivari* bekanntlich den Schimpfnamen für die Künstlergruppe suggeriert, der sich bald darauf zu einem Ehrentitel und schließlich zur kunsthistorischen Epochenbezeichnung wandeln sollte.[7] Leicht aus der Mitte nach rechts gerückt fixiert Monets Hafenszene über der weiten Wasserfläche einen glutroten Sonnenball. Als blaugraue Schatten lassen sich im Dunst linker Hand Segelschiffe und vis-à-vis die Hafenanlagen nebst Kränen ausmachen. Auch einige rauchende Schlote sind in dieses Liniendickicht integriert. Das Grisaille und die fahrig-kürzelhaften Strichlagen des Bildes verschleifen jedoch die Einzelheiten eher, als dass sie betont würden. Doch der Rauch scheint allgegenwärtig und repräsentiert neben dem allgemeinen Dunst die neue Ordnung einer kaum unterscheidbaren zweiten Natur.

Zur genannten Ausstellung hatte auch Armand Guillaumin sein um 1869 entstandenes Gemälde *Sonnenuntergang bei Ivry (Soleil couchant à Ivry)* (Abb. 2) beigesteuert, auf dem zwei Dampfwolkenketten die Rolle der Protagonisten einnehmen.[8] Der Blick führt längs einem Uferabschnitt im Vordergrund über eine Flussbiegung in Richtung Horizont, vor dem sich das verschattete, reich mit Schornsteinen skandierte Panorama des Seine-Städtchens Ivry abhebt. Rotgolden lodert über der Ebene der hohe Himmel. Vor dieser Kulisse zeichnen sich die beiden lang wehenden, gekrausten Rauchfahnen deutlich ab, und zwar so sehr, dass sie das eigentliche Handlungszentrum bilden. Während ringsum der Abendfrieden Einzug gehalten hat, stoßen die Schlote fortwährend Rauch aus und künden, vor Goldgrund pathetisch gesteigert, von industrieller Produktion in dem südöstlich von Paris gelegenen Ort. Mit diesem Signalement dominieren sie die Landschaft am Fluss und charakterisieren diese als Industriestandort. Während Monet den Rauch eher beiläufig zu zitieren scheint, gibt dieser bei Guillaumin den entscheidenden optischen Rhythmus im Sinne einer gesteigerten Durchdringung von Zeit und Raum vor. Die beiden parallelen Rauchbänder spannen eine kräftige Diagonale durchs Bild, und fast gewinnt der Betrachter den Eindruck, eine Lokomotive oder ein Dampfschiff ziehe vorbei und habe die Stadt am Wasser ins Schlepptau genommen.

In mancher Hinsicht gesteigert begegnet diese Idee der Dynamisierung des Bildes durch industriell produzierte Wolkenzüge in Monets Gemälde *Die Eisenbahnwagen (Le convoi de chemin de fer)* (Abb. 3) aus dem Jahr 1872. Im Bildaufbau der drei Jahre älteren Darstellung Guillaumins durchaus verwandt, hat jetzt das Band der Dampfwolke einer nahe am Ufer entlang geführten Lokomotive definitiv eine die Komposition tragende Rolle übernommen. Entschiedener noch als bei Guillaumin ist die Diagonale betont, eine Folge nicht zuletzt auch der gesteigerten Dampfwolkenmasse sowie der gewählten Nahsicht. Darüber hinaus fasst Monet gleich drei Wolkenregister in einem Gemälde zusammen, indem er im Mittelgrund die Fabrikschlote mit ihren in Windrichtung abziehenden Rauchfahnen als kontrastierende Folie markiert und darüber einen wolkenreichen Himmel ausspannt, in den die Maschinen ihre Dampfgebilde stetig entlassen. Den Sieg in dieser Konkurrenz der Dampfsysteme trägt optisch die Rauchfahne der Lokomotive davon. Ihr kräftiges Wolkenband entfaltet sich aufgrund des hohen Fahrtempos gegen die Windrichtung und folgt somit jenen eigenen Gesetzen, die mit der Geschwindigkeit als Zug der Zeit einhergehen.

3 Claude Monet, *Die Eisenbahnwagen (Le convoi de chemin de fer)*, 1872 Privatsammlung, Großbritannien

Monet hat dem Porträt der Fabrikanlagen von Robec und Déville nahe Rouen im selben Jahr noch drei weitere Bilder gewidmet,[9] bevor er sich anschließend der vornehmlichen Schilderung der Gegend um Argenteuil als seinem

4 Claude Monet, *Der Bahnhof von Argenteuil (La gare d'Argenteuil)*, 1872 Conseil Général du Val-d'Oise, Château de la Motte, Luzarches

neuen Wohnsitz zugewandt hat. Argenteuil, nur elf Bahnkilometer von Paris entfernt gelegen und in einer knappen halben Stunde von der Metropole aus zu erreichen, wurde damals zu einem zentralen Motivschauplatz der Impressionisten. Monets Darstellung des *Bahnhofs von Argenteuil* (*La gare d'Argenteuil*) (Abb. 4) liegt zeitlich der berühmten späteren Gemäldefolge, die der Gare Saint-Lazare als jener Pariser Bahnstation gewidmet ist, von der aus auch die Züge Richtung Argenteuil starteten, um fünf Jahre voraus. In kräftigen Erdtönen gemalt, zeigt sie vor der Hügelkette am Horizont die Bahnhofs- und Gleisanlagen des Städtchens nebst drei unter Dampf stehenden Lokomotiven. Der abziehende, teils düstere Rauch verdeckt weite Teile des Wolkenhimmels, und auch in der Ebene hat sich das System Bahn bis in absehbare Ferne breit gemacht. Wie zum Schaukampf angetreten, sind die Lokomotiven im Bild über eine Diagonale in Position gebracht und stellen ringsum alles in den Schatten ihrer gepanzerten Dampfkraft. Eben dieses elementare Potential fängt das Gemälde wie zur Huldigung der technischen Kolosse im ausgeklügelten Spannungsfeld seiner Komposition ein. Die das Schienennetz begleitenden Telegraphenleitungen sekundieren dem Geschehen mit dem Verweis auf die unsichtbare Energie der Elektrizität.

5 Claude Monet,
Blick ins Innere des Bahnhofs Saint-Lazare: Die Linie nach Auteuil (*Vue intérieure de la gare Saint-Lazare: la ligne d'Auteuil*), 1877
Musée d'Orsay, Paris, Vermächtnis Gustave Caillebotte

Mit der Gare Saint-Lazare-Serie (Abb. 5) hat Monet im Jahr 1877 das Sujet am anderen topographischen Ende der Bahnstrecke wieder aufgegriffen. In einer großen Reihe von Gemälden wendet er sich jetzt dem äußerst spektakulären und machtvollen Auftritt der Schienengiganten inmitten der Stadt zu.[10] Damit sind bereits mithilfe des Motivs Bahn Stadt und Land als die zwei Enden ein und desselben (Verkehrs-) Systems bestimmt, und zugleich wird die Idee der Stadtlandschaft aufgegriffen. Auch hier bestimmt der künstlich erzeugte Wolkendunst das Bild, Rauch erfüllt die Station, hüllt sie ein und entfaltet sich in virtuosen Wandlungen im Sonnenlicht. Dampf regiert die Welt des Bahnhofs, mimt Natur und bestimmt die Sicht auf die Dinge, die sich, so fest sie als Körper auch immer gefügt sein mögen, von Rauch und Licht umspielt, in ihrer Materialität aufzulösen scheinen. Vorgeführt wird eine Welt aus Licht und Luft im Verbund mit jener aus Gas, Glas und Eisen, kurz Technik im Naturverbund oder die Natur der Industrie.

Wolkenzug

Wie sich das gleiche Sujet noch auf eine ganz andere, weniger naturalistische denn realistisch-allegorische Weise nutzen lässt, hat in sehr engem zeitlichen und topographischen Zusammenhang mit den bislang angeführten Werken Édouard Manet, Haupt der neuen Schule von Batignolles, mit seinem Washingtoner Gemälde *Die Eisenbahn* (*Le chemin de fer*) alias *Der Bahnhof Saint-Lazare* (*La gare Saint-Lazare*) aus dem Jahr 1873 gezeigt. Dieses Bild kann als eine Inkunabel der neuen Stadtlandschafts-Malerei gelten. Ein kurzer Rückblick auf seine Entstehung soll die Ausführungen über das spezifische Zusammenspiel von Ikonographie und Bildreflexion, von Industrie und Allegorie, das Manet über das Motiv einer Dampfwolke in Szene setzt, einleiten.

Manet hat die Sujets seiner Bilder vielfach auf der Straße gefunden, nicht selten sogar vor der eigenen Haustür. In einigen Fällen ist dies durchaus wörtlich zu nehmen. Als Manet im Juli 1872 sein Atelier aus der rue Guyot im Batignolles-Viertel in die rue de Saint-Pétersbourg und damit ins Quartier de l'Europe verlegte, boten sich dem Maler die Motive bereits beim Blick aus dem Fenster dar. Dass dies freilich keinen Rückzug in Idylle und Beschaulichkeit bedeutete, versteht sich von selbst bei einem Künstler, dessen zentrales Anliegen die Schilderung des gegenwärtigen Lebens von Paris[11] war und der seine Arbeit über die Zeitgenossenschaft hinaus programmatisch als eine Fortführung der Historienmalerei im Gewand des Alltags verstand. Man denke nur an die Porträtfolge, die Manet der rue Mosnier, der heutigen rue de Berne, gewidmet hat, jener damals eben erst angelegten Straße, in die der direkte Blick aus seinen Fenstern fiel. Beugte man sich ein wenig vor und sah nach links, so erblickte man den nahen Pont de l'Europe sowie die Gleisanlagen, die dieses technisch avancierte Bauwerk als eine Drehscheibe des Verkehrs bis heute zu überbrücken hat (Abb. 6). Sternförmig laufen hier in unmittelbarer Nachbarschaft der Gare Saint-Lazare als dem ältesten und damals bedeutendsten Pariser Kopfbahnhof sechs Straßen zusammen, darunter auch die rue de Saint-Pétersbourg. Immer wenn ein Zug passierte, vibrierte der Parkettboden des

6 Auguste Lamy, *Ansicht des Pont de l'Europe (Vue du Pont de l'Europe)*, 1868

Manet'schen Ateliers. Seinen Bewohner allerdings hat dieses regelmäßige Beben, wie es heißt, nicht gestört. Im Übrigen machten sich die Züge der diversen Linien der »Chemin de fer de l'Ouest«-Kompagnie durch ihren Lärm nicht nur akustisch, sondern durch ihre Rauchfahnen auch optisch bemerkbar;[12] auf diese Weise schienen sie dem Beobachter am Fenster regelmäßig Signal zu geben.

Und noch eine weitere Blickachse eröffnete sich von der Fensterfront des vornehmen Ateliers, und zwar jene leicht schräg über die Bahntrasse hinweg auf die Hinterseiten der Häuserzeile der rue de Rome, deren äußerst schmale Gartenabschnitte bis heute durch eine Eisengitterfront von der steil abfallenden Böschung der Bahnanlage abgegrenzt werden. Hier, jenseits der Gleise, aber in Sichtweite, wohnte und arbeitete Manets Künstlerkollege Alphonse Hirsch, und dieser hat dem Freund auch Zutritt zu jenem rückwärtigen Gärtchen verschafft, das Manet als Schauplatz für sein Gemälde *Die Eisenbahn* gewählt hat (Abb. 7). Dieses Bild ist das erste größere Gemälde, das Manet während des Sommers 1872 in seinem neuen Atelier in Angriff genommen hat. Fertig gestellt wurde es im Jahr darauf, öffentlich zu sehen war das Bild erstmals im Salon von 1874, wo es sowohl wegen des als banal empfundenen Sujets kritisiert als auch wegen seines angeblich unfertigen Zustandes als bloße »impression« abgetan wurde; die Karikaturisten konnten ihre spitzen Federn vor übermütigen Einfällen und Invektiven gar nicht halten.[13]

Es handelt sich um eines jener ›Genre‹-Bilder, die Manet wie kaum ein anderer Zeitgenosse nutzt, um den mannigfaltigen Aspekten der *vie moderne* nachzuspüren. Indem Manets Œuvre den Themen und dem Programm nach geradezu ausdrücklich dem Hier und Jetzt verpflichtet ist, wird das Genrebild, das traditionell auf die Darstellung des so genannten niedrigen Alltags abonniert ist, wieder zu einer signifikanten Gattung. Genre, so hat Max J. Friedländer definiert, schildert das, was immer der Fall ist, Historie das, was jetzt im Augenblick der Fall ist.[14] Manet verschränkt die beiden Gattungen, er nutzt das Schema des Genregemäldes für seine Geschichtsbilder.

Die Umbennung des Bildes in *La gare Saint-Lazare*, gewissermaßen eine retrospektive Anpassung an die gleichnamige spätere Gemäldefolge von Monet,[15] spezifiziert und konkretisiert die Topographie in einer Weise, von welcher der ursprüngliche Titel (*Le chemin de fer*) gerade absieht, zumal nicht der Bahnhof selbst, sondern allenfalls das erweiterte Bahngelände, und dies auch nur in einem kleinen Ausschnitt, in den Blick genommen ist. Manet geht mit topographischen Angaben sehr sparsam um, er deutet an und markiert, zeigt aber nicht – anders als Monet – ostentativ her. Allerdings lassen sich die wenigen Einzelheiten sämtlich verifizieren, das heißt an Ort und Stelle überprüfen. Und der Ort ist besagter äußerst schmale Abschnitt der viel frequentierten Bahntrasse nahe dem von den Zeitgenossen als technisches Meisterwerk bestaunten Pont de l'Europe, der bei

Manet rechts am Bildrand eben noch zu erkennen ist. Diesen abgerückten, fast versteckten Nicht-Platz bestimmt Manet als Kulisse seines Gemäldes.

Die Protagonistinnen seines Bildes präsentiert Manet nach Ausschnitt und Nahsicht in geradezu fotografischer Manier. Eine junge Frau, sommerlich à la mode gekleidet, sitzt auf einer schmalen Steinbrüstung vor einem schwarzen Gitter. In ihrem Schoß ruht schlafend ein Hündchen, die Hände halten geöffnet ein Buch; eben hat sie ihre Lektüre unterbrochen, um aufzuschauen. Der Sitzenden zur Seite steht rechts ein Kind, angetan mit einem silbrig-weißen Batistkleid, das von einer großen Schärpenschleife geziert wird. Das Mädchen kehrt dem Betrachter den Rücken zu und blickt, gegeben im verlorenen Profil, ins Bild hinein. Mit der linken Hand umfasst es einen der Eisenstäbe. Das Gitter trennt den Vordergrund deutlich vom Mittel- und Hintergrund. Hinter dieser Schranke fällt das Gelände stark nach unten ab. Der Blick wird auf Schienenstränge, Signalschilder und ein Gleiswärterhäuschen gelenkt. Im Übrigen füllt weißer Rauch die rückwärtige Szene; ausgespart bleiben im Wesentlichen nur die Abbreviaturen der Fassade links und der Brücke rechts.

Manets lichtdurchflutetes Gemälde schildert ein Pariser Spätsommeridyll, ein veritabler Vorwurf für eine Genreszene nach klassischem Zweifigurenschema, wie sie insbesondere die holländische Malerei des 17. Jahrhunderts ausgeprägt hat. So rudimentär die topographischen Angaben auch sind, so exakt und bezeichnend sind sie zugleich, und ähnlich ist es um die Zeitangaben bestellt. Die Mode datiert das Bild in den Sommer des Jahres 1872, die rechts auf dem Mauervorsprung liegende Weintraube und die (Sonnen-)Lichtverhältnisse verweisen auf den Monat September, das Promenadenkleid des Kindes lässt auf einen Sonntag schließen. Demnach hält das Bild einen Sonntagnachmittag gegen Ende September des Jahres 1872 fest, als soeben fauchend wieder ein Zug die Gare Saint-Lazare Richtung Normandie verlässt.

7 Edouard Manet, *Der Bahnhof Saint-Lazare (La gare Saint-Lazare)*, 1873 National Gallery of Art, Washington

Mit der Bestimmung von Ort und Zeit und der Bezeichnung von Personen und Handlung ist der äußere Vorwurf des Bildes, noch nicht seine ästhetische Verfasstheit, geschweige denn sein Gehalt benannt. Eines der grundlegenden Modelle, welche das Gemälde in seiner Struktur prägen, ist das der Differenz und Distinktion. Auf Kontrasten und Gegensatzpaaren ist das Bild aufgebaut. Formale und inhaltliche, semiotische und semantische Analogien und Oppositionen bilden sein konstruktives Gerüst und bestimmen die Komposition ebenso wie das Kolorit.

Das eigentümlichste Bildelement, jenes, das die zeitgenössischen Betrachter äußerst irritiert und die Karikaturisten auf den Plan gerufen hat, stellt das rabenschwarze Eisengitter dar. Überdeutlich zerteilt diese Schranke das Bild in zwei hintereinander liegende Raumhälften. Dieses graphische Gitter fungiert sowohl als Grenze wie als Fenster, es gliedert zum einen die Bildtiefe und zum anderen die Bildfläche, und zwar in zwölf schmale Vertikalfelder, die den Hintergrund in dunkel konturierte Einzelbilder auffächern. Stillstand (des Kindes) und Bewegung (des Zuges) werden durch das Linienraster des Gitters so miteinander verschränkt, dass der Blick auf die verschwundene, durch Rauchschwaden ersetzte Bahn wie eine fotografisch-filmische Sequenz erscheint.[16] Die Eisenbahn, die der Bildtitel ankündigt, ist nurmehr anwesend über eines ihrer charakteristischen Abzeichen, das der Dampfwolke, die im nächsten Moment bereits verflogen ist. Dieses luftig-weiße Rauchzeichen fügt eine riesige Leerstelle ins Bildzentrum und kündet dort ex negativo vom harten, schwarzen technologischen System Eisenbahn, das im Bild nur repräsentiert, nicht wiedergegeben ist; die Lokomotive wird metonymisch evoziert, nicht dargestellt. Mit Bezug auf den ursprünglichen Titel des Gemäldes ließe sich auch von einem Rebus sprechen, und es verwundert kaum, dass die Salonbesucher sich düpiert fühlten, weil die Darstellung nicht hielt, was der Titel versprach. Die Wolke – keine hehre Himmels-, sondern eine profane Industrierauch-Wolke – bezeichnet einen blinden Fleck im Bild, so als weise das Gemälde hier auf seinen Grund, auf die Grundierung (und die Malerei auf sich selbst). Es entsteht eine Projektionsfläche, arrangiert weniger für das Kind, von dem man nicht weiß, was es sieht, als vielmehr für die Betrachter.

Der Mythologie der Alten antwortet Manet mit der *mythologie moderne*, indem er vom Leben in der Großstadt, von Technik und Fortschritt und insbesondere von den Menschen, ihren Beschäftigungen und Sehnsüchten handelt.

Und unversehens wird aus der Genreszene ein Historienbild, das eben jenem wie zufällig wiedergegebenen Moment ein Denkmal setzt, der in dem sinnenden Blick der jungen Frau fixiert ist. Ihrem Blick, ihrem Augen-Blick, der Nachdenklichkeit und Gegenwärtigsein provoziert, korrespondiert der andere, der im Bild verlorene Blick des Kindes, der im Verfolgen des technischen Gefährtes in die Ferne von Raum und Zeit, kurz, tagträumend in die Zukunft gerichtet zu sein scheint. So gehen die Blicke einerseits aus dem Bild und andererseits ins Bild hinein, und dem Betrachter wird mittels der im Zentrum durch die Wolke ausgesparten Leere ein klassisches Vehikel zur Beförderung der eigenen Imagination offeriert. Die topographischen Details, welche die Wolkenszene säumen, verankern das Geschehen im Hier und Jetzt, im neuen Paris der Jahre nach Deutsch-Französischem Krieg und Commune und zu Beginn der Ära der Dritten Republik.

Gemalte Kunsttheorie

Manet verbindet sein Nachdenken über die Stadt als eine Topographie der Moderne zugleich mit Reflexionen über das Metier des bildenden Künstlers. Thema seines Bildes ist auch die Malerei, ganz im Sinne eines »selbstbewußten Bildes«, wie Victor Stoichita diese Klasse bezeichnet hat.[17] Nicht nur erwägt das Gemälde vielfältige Aspekte der Sichtbarkeit in den Dimensionen des Augenfälligen, des Verborgenen und der Imagination, es bedenkt zugleich den (Erkenntnis-)Modus und Status eines gemalten Bildes, indem es in diagonaler Reihung von oben links nach unten rechts in einem Dreischritt zentrale Topoi und Embleme der eigenen Kunst verschränkt. Indem in der oberen linken Gemäldehälfte, vom Strohhut der Sitzenden leicht überschnitten, mit der Doppelpforte und dem linker Hand sich anschließenden Balustradenfenster nicht eine x-beliebige Staffage, sondern vielmehr ein bezeichnender Ausschnitt einer der Umgebung eindeutig zuzuordnenden Häuserzeile vis-à-vis des Bahngrabens zitiert, ja geradezu inszeniert wird, hat das Gemälde darin seine zweite, diskrete Signatur: Mit Torweg und Fensterfront kommt hier in Außenansicht unmissverständlich Manets damals neues Atelier in der rue de Saint-Petersbourg ins Bild.[18] Und dieser sprechenden Markierung der persönlichen Topographie antwortet auf der Gegenseite zur signifikanten Bestimmung des öffentlichen Raumes hell leuchtend einer der mächtigen Steinpfeiler des Pont de l'Europe samt einem kleinen Abschnitt seiner schwarzgrauen Gitterbrüstung. Eingebettet in diese zweifach codierte Rahmenarchitektur gibt Manet die eigentliche Szene. Über das Atelier wird auf die Produktionsstätte des Bildes verwiesen, über die Wolke als Tabula rasa auf die Grundfläche und -bedingung der Malerei (als Malerei) sowie das Problem der Formgestaltung und über die Weintraube (nebst der unmittelbar darunter platzierten Signatur) mit Zeuxis und Parrhasios auf die Tradition der hohen Schule der Malkunst und auf die elementare Ambition eines jeden Realismus, die Wirklichkeit zu schildern (Imitation) und zugleich die Wahrnehmung auf die Probe zu stellen (Irritation).

Dass Manet für dieses Gemälde, das sich im Anschluss an das Gesagte mit einigem Fug und Recht im Sinne eines Programms auch als ein Atelier-Bild bezeichnen lässt, ein Exterieur wählt, lässt sich möglicherweise verbinden mit der Idee einer Malerei im Freien als Überwindung der traditionellen akademischen Kunst. Manet hält, wie es scheint, die Mitte. Die Angabe, die sich gelegentlich in der Literatur findet, es handele sich bei der *Eisenbahn* um sein erstes im Freien gemaltes Bild und damit zugleich um eine Art Auftakt- und Programmbild des Impressionismus, muss bezweifelt werden, wenn damit mehr gemeint sein soll als der Umstand, dass Manet vor Ort Skizzen angefertigt hat.[19] Bereits die Tatsache, dass der reale, winzig kleine Garten der Szene samt Staffelei wohl kaum genügend Platz geboten hätte, spricht gegen diese Annahme, insbesondere aber der ausgeklügelte Gesamtaufbau des Bildes, die Korrekturen der Komposition und die Übermalungen. Manet platziert sein Modell – Victorine Meurent, Modell auch der *Olympia* und des *Frühstücks im Freien* – der Logik des Aufbaus und der Planimetrie nach direkt vor bzw. unterhalb des eigenen Ateliers, aber offenbar nur, um diese Konstruktion eines Außen und Innen sinnfällig werden zu lassen zu einem Zeitpunkt, als die Malerei auszog, das Freilicht zu erproben. Manet ist diesem Aufruf der Freunde und Kollegen bekanntlich nur sehr bedingt gefolgt. Er zeigt seine *Eisenbahn* denn auch im Rahmen des offiziellen Salons des Jahres 1874, während die Freunde sich zur selben Zeit im vormaligen Atelier des Fotografen Nadar zur ersten eigenen Schau verabreden. Und beide Unternehmungen, jene offizielle Manets wie jene unabhängige der Malerkollegen, fallen bei der Pariser Kritik gleichermaßen durch.

»Il n'y a pas de point de vue.« – »Es gibt keine Perspektive, keinen bestimmenden Blickpunkt mehr«: In diesem Satz Gustave Courbets klingt eine der zentralen kunsttheoretischen Aussagen des 19. Jahrhunderts an.[20] Die klassische Einheit des traditionellen Bildkonzeptes, wozu in erster Linie die fokussierende, alles an ihren Platz und damit zurechtrückende Zentralperspektive rechnet, taugt nicht mehr zur Gestaltung der Erfahrungen der Moderne. Die Alltagswahrnehmung ›zerfällt‹ und hat Mühe, die heterogenen Bestandteile zu synthetisieren. Folglich bestimmen vielfach Fragmente und Chiffren das Bild. So jedenfalls verfährt Manet. Dass auf diesem Wege kein bloßes Kaleidoskop entsteht, leitet sich her aus dem Umstand, dass Manet, so sehr er einerseits die traditionelle Bildauffassung provoziert, andererseits dennoch im konventionellen Sinne durchaus an einer ›Bildidee‹ festhält. Dieses Paradox bestimmt viele seiner Gemälde und begründet ihre Spannung. Das Eisenbahn-Bild lebt von solchen Oppositionen und Kontrasten, die dazu beitragen, das Gattungsschema (Genre/Historie/Allegorie) zu durchkreuzen, das Hoch/Niedrig-Paradigma zu unterlaufen (Un-Ort Bahntrasse), das Stadt/Natur-Verhältnis auszusetzen oder die distinkten Malweisen und Perspektivwechsel zu verschleifen.

Nur im Medium des Bildes, so ließe sich resümieren, kann die Wirklichkeit überboten werden, im Zentrum bei Manet steht im vorliegenden Fall der Sturz ins Bodenlose des Sichtbaren. Und wenn nicht alles täuscht, so finden sich eingeschlossen in Manets Gemälde mit seinen fotografischen Reflexen und Effekten auch Reflexionen der Differenzen beider Gattungen und Medien: Das schier Sichtbare wird als Terrain zunehmend dem Fotografen überlassen, das Un-Au(gen)fällige, Un-Spektakuläre und Un-Sichtbare mehr und mehr als das eigentliche Gebiet des Malers begriffen. Manets Industrierauch-Wolke könnte ein Abzeichen dieses Übergangs von naturalistischer Illustration zu inspirierter und konspirativer Imagination sein.

[*] Dieser Beitrag kann in Kurzform nur einige wenige Aspekte des weiten Themas ansprechen; er entstammt im Übrigen dem größeren Zusammenhang einer Untersuchung über Édouard Manet und sein Gemälde *Die Eisenbahn (Le chemin de fer)*, die demnächst abgeschlossen wird.

[1] Zit. nach Rewald 1965, S. 215.

[2] Vgl. hierzu ausführlich den grundlegenden Aufsatz von Herbert 1982 sowie die entsprechenden Abschnitte in dem Band von Frascina u. a. 1993, S. 127ff.

[3] Vgl. hierzu Boime 1995, S. 87f. und passim.

[4] Im vorliegenden Zusammenhang sei exemplarisch auf die Monographie von Tucker 1986a hingewiesen.

[5] Vgl. dazu allgemein Frey 1999.

[6] Unter anderem der englische Schriftsteller und Kunsttheoretiker John Ruskin hat in seinen Schriften frühzeitig und hellsichtig auf diese Konsequenzen hingewiesen; vgl. dazu Kemp 1983, S. 388ff.

[7] Dazu Rewald 1965, S.189ff.; ferner Tucker 1986b sowie Eisenman 1986. – Monet selbst hat von einer *Ansicht von Le Havre* gesprochen, als er rückblickend auf die Idee der Titelgebung zu sprechen gekommen ist; siehe M. Guillemot, *Claude Monet*, in: *Revue Illustrée* vom 15. März 1898, zit. in Ausst. Kat. Paris 1980, S. 139: »... une chose faite au Havre, de ma fenêtre, du soleil dans la buée et au premier plan quelques mâts de navires pointant ... On me demande le titre pour le catalogue, ça ne pouvait vraiment pas passer pour une <u>vue du Havre</u>; je répondis: ›Mettez *Impression*‹« (Hervorhebung der Verf.).

[8] Über Guillaumin, sein Gemälde und die Freundschaft mit Camille Pissarro sowie dessen Fabrikporträts und -landschaften aus der Zeit um 1873 s. Brettell 1990, S. 91f. Vgl. auch Frascina u. a. 1993, S. 136f.

[9] Dazu Tucker 1986a. S. 4.

[10] Dazu ausführlich Ausst. Kat. Washington/Paris 1998, S. 103–129.

[11] So lautet eine der bekannten Devisen Manets; hier zitiert aus dem Zusammenhang seiner Bewerbung um den Auftrag zur Schaffung von Bildern für das Pariser Hôtel de Ville im April 1879; vgl. Proust 1917, S. 84.

[12] Siehe die Angaben bei Hamilton 1954, S. 173; Hamilton zitiert den Bericht des Journalisten Fervacques über einen Atelierbesuch bei Manet, publiziert im *Figaro* vom 25. Dez. 1873.

[13] Siehe zur Rezeption u. a. das entsprechende Kapitel bei Hamilton 1954, S. 175ff. sowie Ausst. Kat. Washington/Paris 1998, S. 49ff.

[14] Vgl. Friedländer 1963, S. 154.

[15] Zur Erwerbung des Gemäldes durch das New Yorker Sammlerehepaar H. O. Havemeyer im Jahr 1898 und die Umbenennung im Zuge der Überführung des Gemäldes in die USA s. jetzt Ausst. Kat. Paris 1997, S. 54f. und passim.

[16] Zum Aspekt der Raster- und Gitterstrukturen und ihrer Bedeutung für den Wahrnehmungsakt bei Manet s. Haus 1986, S. 259f.

[17] Stoichita 1998.

[18] Dies eine Entdeckung, die Juliet Wilson-Bareau zu danken ist; s. Ausst. Kat. Washington/Paris 1998, S. 61f.

[19] Vgl. dazu u. a. Hamilton 1954, S. 176 sowie Ausst. Kat. Washington/Paris 1998, S. 56.

[20] Siehe dazu Herding 1998.

Das Industriebild als modernes Historienbild – Monumentalisierung und Heroisierung von Industrie und Arbeit in Belgien

Hubertus Kohle

Realismus zwischen Sozialkritik und Agrar-Romantik

Darstellungen menschlicher Arbeit erlangten im 19. Jahrhundert im Zuge von Industrialisierung und Demokratisierung eine neue Dignität. Vorher meist beschränkt auf Jahreszeitenzyklen oder den niederen Gattungen zugewiesen, damit im Anspruch von vornherein reduziert und häufig sogar der Lächerlichkeit preisgegeben, wachsen dem Menschen – der erst durch die Arbeit zum eigentlichen Menschen wird – Rollen zu, die vorher den Vertretern der hohen Stände oder den Helden historischer und mythologischer Ereignisse vorbehalten waren. Galt in der Antike (körperliche) Arbeit als eines freien, zur reflektierenden Muße bestimmten Menschen unwürdig, wurde sie im mittelalterlichen Weltbild als Strafe für den Sündenfall gewertet. Schien sie auch noch in der neuzeitlichen aristokratischen Gesellschaft ein zweifelhaftes Vorrecht der niederen Stände, so änderte sich dies vor allem unter dem Einfluss von zwei wichtigen Bedingungen: Einerseits hat die von Max Weber untersuchte protestantische Ethik unverkennbar zu einer Neubewertung der Arbeit auch im Heilsplan der Welt geführt. Andererseits waren endgültig erst im 19. Jahrhundert durchgesetzte Einsichten der Ökonomie-Theoretiker in die Wertschöpfungskraft menschlicher Arbeit entscheidende Bedingung für deren Aufwertung.[1]

Dieser Paradigmenwechsel hat sich gleichermaßen in der Kunst niedergeschlagen, besser gesagt: Auch die Kunst hat ihren Teil dazu beigetragen, die Umwertung durchzusetzen. Bezüglich der belgischen Malerei und Plastik der zweiten Hälfte des 19. Jahrhunderts hat hier ein Ereignis geradezu wie ein Paukenschlag gewirkt, dessen Einfluss auf die Kunstszene des Landes nicht hoch genug einzuschätzen ist. Gemeint ist die Ausstellung von Gustave Courbets *Steinklopfern (Les casseurs de pierre)* (Abb. 1) im Brüsseler Salon 1851, mit der es gelang, die revolutionäre Attitüde des französischen Realismus einzuführen. Straßenarbeiter waren hier in einem großen, damit den Status von Historienmalerei beanspruchenden Format dargestellt, und dies in einer Weise, die auf jedes gönnerhafte Sentiment verzichtete. Gerade das war das Problem für viele Betrachter, die schon bei der vorherigen Ausstellung des Bildes in Paris »sozialistische Tendenzmalerei« bemängelten und in den beiden Arbeitern Träger eines revolutionären Elans sahen, dessen man sich im Verlauf der 1848er Aufstände gerade erst mühsam entledigt hatte.

Im Wesentlichen richtete sich dieser Realismus, der bei Courbet mit einer entschieden freiheitlichen Rhetorik einherging, gegen drei Strömungen, die vor allem die belgische Malerei, aber auch die Skulptur bis dahin bestimmt hatten: Erstens gegen die Geschichtsmalerei, in der ein erst 1830 unabhängig gewordenes Land in den ersten Jahrzehnten seiner Existenz Legitimationsmuster und Orientierungsrahmen gesucht hatte. Zu nennen wären hier Künstler wie Gallait, Wappers oder Leys. Zweitens gegen eine harmlose Genremalerei, die nie mehr bezweckte, als behagliche Staffage des bürgerlichen Heims zu sein. Und drittens gegen einen weiterhin am Vorbild der Antike orientierten Klassizismus, der mit dem bis in die Mitte der 1820er Jahre im Brüsseler Exil arbeitenden Jacques Louis David ebenfalls aus Frankreich kommend seinen Einfluss in Belgien vor allem über dessen Schüler François-Joseph Navez entfaltete.

Neben Courbet war noch ein zweiter Franzose Protagonist einer Kunst, die sich mit dem Thema Arbeit beschäftigte: Jean-François Millet wird ebenfalls zu den realistischen Erneuerern gezählt, seine Domäne war die Darstellung des arbeitenden Bauern. Mit seinen Bildern, die zwischen Sozialkritik und Agrar-Romantik changieren, faszinierte er eine Öffentlichkeit, die am Ende des Jahrhunderts in zunehmendem Maße bereit war, hierfür astronomische Preise zu bezahlen.

Der industrielle Lebensraum

Courbet und Millet, in den progressiven belgischen Künstlervereinigungen der Zeit gern gesehene Ausstellungs-Gäste oder Mitglieder, formulierten bildnerisch zwei Varianten der Arbeiterdarstellung, die in der zweiten Hälfte des Jahrhunderts durch eine dritte ergänzt wurde, in der verstärkt der Industriearbeiter bzw. der industrielle Lebensraum an sich thematisiert wurde. Denn auch die beiden ästhetisch innovativen Franzosen beschränkten sich auf das motivische Spektrum traditioneller Arbeitsformen, auf handwerklich-technische bzw. agrarisch-ökonomische Sujets, Motivgruppen, die schon seit dem Mittelalter zur Darstellung gelangten. Allerdings brauchte es auch in Belgien seine Zeit, bis die Industriearbeit als eigenständiger Gegenstand der Malerei anerkannt war. Geläufig waren hier verharmlosende bis verklärende Szenen des handwerklichen Alltags, wie wir sie etwa von dem Antwerpener Maler Henri Braekeleer kennen;[2] daneben landwirtschaftliche Tätigkeiten, wie sie uns beispielsweise in den Werken Eugène Laermans aus Brüssel begegnen. Eigentlich erst zu einem Zeitpunkt, als die Industriearbeiter sich in Organisationen zusammenschlossen, um sich in der Öffentlichkeit mehr Gehör zu verschaffen und um gemeinsam für ihre Rechte zu kämpfen, drangen Themen der Arbeit verstärkt in das Bewusstsein und die Bildwelt der Künstler ein.[3]

1 Gustave Courbet, *Die Steinklopfer (Les casseurs de pierre)*, 1849
ehemals Staatliche Kunstsammlungen Dresden
(Kriegsverlust)

Infolge der Souveränität befand sich Belgien unter den bürgerlich-liberalen Regierungen auf einem industriellen Expansionskurs, der auf dem Kontinent ohne Beispiel war und an Dynamik sogar mit der englischen Wirtschaft Schritt halten konnte. Produktionsschwerpunkte waren der Bergbau, daneben die Metall- und Glasindustrie, wobei insbesondere die Kohlen- und Erzgewinnung als Treibriemen der industriellen Entwicklung Europas fungierten. Geographisch war die Ausbildung dieser Zentren allerdings ungleich verteilt: Dem agrarisch geprägten flämischen Staatsgebiet stand der industrialisierte wallonische Teil gegenüber, durch dessen Prosperität vor allem die Landstriche um Mons, Charleroi und Lüttich in ihrer Physiognomie stark verändert wurden.

Die schnelle und ungehinderte Industrialisierung forcierte die Proletarisierung in einer Weise, die deutlich über das hinaus ging, was bislang in anderen Ländern beobachtet werden konnte. Im Kampf gegen Niedriglöhne, extrem lange Arbeitszeiten – auch für Kinder – und die politische Rechtlosigkeit wurden erst gegen Ende des Jahrhunderts Erfolge erzielt. Von den Arbeitgebern erbittert und mit rigider Gewaltanwendung bekämpfte Streiks und Arbeiterzusammenschlüsse sozialistischer, anarchistischer und katholischer Couleur trugen das Ihrige zu einer wenigstens bescheidenen Sozialgesetzgebung bei. Verschärft wurden die sozialen Spannungen durch eine fortschreitende Mechanisierung und Rationalisierung, die einerseits zu einer höheren Produktivität führten, andererseits aber Massen von Arbeitern erwerbslos machten.

Constantin Meunier

Der Brüsseler Constantin Meunier (1831–1905), damals wichtigster Vertreter der belgischen Industriemalerei und -bildhauerei, war auch im internationalen Vergleich einer der bedeutendsten Künstler des ausgehenden 19. Jahrhunderts. Er kann geradezu als Verkörperung dessen gelten, was im Titel mit »Monumentalisierung und Heroisierung« programmatisch angedeutet ist. Die Arbeiter-Skulpturen aus den letzten 20 Jahren seines Lebens sind mit ihrer noblen und zugleich schmerzvollen Ausstrahlung zum Inbegriff eines einfachen und authentischen Daseins geworden, gleichzeitig beschreiben sie die Emanzipation der unteren Klassen im beginnenden Massenzeitalter.

Meuniers Leben war von zahlreichen schmerzlichen persönlichen Erfahrungen geprägt, aus denen man die zuweilen schwermütige Gravität seines Werkes ableiten zu können glaubte. Unter ärmlichen Umständen aufgewachsen, häufig Hunger leidend, scheint er schon früh zum Melancholiker geworden zu sein. Schicksalsschläge begleiteten ihn sein Leben lang. An der Schwelle zum Greisenalter musste er miterleben, wie zwei seiner Söhne in kurzem Abstand nacheinander starben.

Sein künstlerischer Werdegang scheint indes typisch für die anbrechende Epoche des Realismus. Mit 15 Jahren wurde er Schüler der Akademie und erhielt eine Ausbildung im Atelier Charles Auguste Fraikins, eines Bildhauers, der die geläufigen antikischen Themen in der Skulptur vertrat. Bald wechselte er zur Malerei, um sich erst mit über 50 Jahren wieder der Bildhauerei zuzuwenden, in der er schließlich seine größten Erfolge erzielte. Grund dafür scheint die Tatsache gewesen zu sein, dass die belgische Skulptur um 1850 weit zurückhing und pseudoklassische Themen in einer eher faden, zuweilen auch rhetorisch gestelzten Weise pflegte, die ambitionierte Jüngere nicht zu beeindrucken vermochte. In der Malerei dagegen waren wirklichkeitszugewandtere Künstler tätig, die sich von den erwähnten Franzosen anregen ließen. Bald schloss sich Meunier Charles de Groux an, der sich einer sozial engagierten Malerei widmete und in anrührenden, monumental aufgefassten Szenen gesellschaftliche Probleme wie den Alkoholismus thematisierte und auf die Leiden der niederen

2 Charles Hermans, *Im Morgengrauen (À l'aube)*, 1875
Musées royaux des Beaux-Arts de Belgique, Brüssel

Klassen aufmerksam machte. Meunier begann mit religiösen Themen, wählte allerdings weniger Szenen aus Bibel und Kirchengeschichte (diese offenbar nur zum Broterwerb als Erfüllung staatlicher Aufträge) als vielmehr zeitgenössische Begebenheiten, darunter Darstellungen mildtätiger Betschwestern und Alltagsszenen aus dem Klosterleben. Auch wenn diese Sujets konventionell erscheinen, so atmen sie dennoch den Geist des Realismus, weil sie beobachtet sind und auf intimer, durch intensives Studium der gezeigten Lebenssphäre erlangter Kenntnis beruhen. Und damit entsprechen sie dem, was ein naturalistisch orientierter Theoretiker wie Camille Lemonnier, Freund Meuniers und dessen erster Biograph, von der Kunst forderte: »Ich rate den Künstlern leidenschaftlich, ihre Ateliers zu verlassen und anstelle der akademischen Posen eines symmetrisch gefältelten Flitterkleides die wunderbare Vielfältigkeit des Lebens auf der Straße zu beobachten. Sie erschöpfen ihre Einbildungskraft damit, in sich selber Bildthemen aufzuspüren, die sie dort zu tausenden finden würden. Noch dazu gelingt es ihnen nicht, diesen jene Art moralischer Schwingung zu vermitteln, die den Betrachter zu packen vermag.«[4]

In der zweiten Hälfte der 1860er Jahre gründete Meunier mit anderen Neuerern die Société libre des Beaux-Arts, die sich ausdrücklich gegen die Traditionalisten des Cercle du Conservatoire richtete. Immer deutlicher fokussierte er sein Interesse auf die Situation unterdrückter Gesellschaftsschichten, das er in den 1870er Jahren mit Kollegen wie Charles Hermans teilte. Dieser zeigte in seinem berühmten Bild *Im Morgengrauen (À l'aube)* (Abb. 2) eine Gruppe von Arbeitern, die sich frühmorgens auf den Weg zur Arbeit macht und einer Reihe von betrunkenen Mitgliedern der gehobenen Gesellschaft begegnet, welche soeben ein rauschendes Fest verlässt. Das zeitgenössische Kunstpublikum registrierte naserümpfend die soziale Anklage – ebenso wie das auch hier gewählte große Bildformat, das dem Genre traditionell nicht entsprach, hingegen die neue Würde der Straßenszene in die entsprechende Form brachte.[5]

Das Interesse an Szenen aus dem Volksleben verstärkte sich während einer Spanienreise zu Beginn der 80er Jahre. Schon gegen Ende der 70er Jahre hatte Meunier mit Darstellungen aus der Industrie begonnen. Zum endgültigen Schwerpunkt innerhalb seines Œuvres scheinen sie durch ein Erlebnis geworden zu sein, das im Nachhinein manche Kritiker wie einen Initiationsritus beschreiben. Gemeint ist der Besuch im Borinage 1881, der am stärksten industrialisierten Gegend südwestlich von Mons, das wenige Jahre zuvor bereits von Vincent van Gogh als Studienort aufgesucht worden war.

Die »Beherrscher der Materie«

Am auffälligsten in Meuniers Arbeiterdarstellungen ist sein immer wieder auch schon von Zeitgenossen mit Erstaunen bemerkter Hang, die Figuren zu monumentalisieren, ihnen eine Erhabenheit zuzuweisen, die man bis dahin nur aus künstlerischen Darstellungen bedeutender Persönlichkeiten der Weltgeschichte gekannt hatte. Sie wirken groß und mächtig wie ehedem nur der Herrscher oder der mythische Held. Anhänger seiner Kunst unterstreichen die »heroische Größe dieser Beherrscher der Materie«.[6] Der zum Anarchismus bekehrte französische Kritiker und Romancier Octave Mirbeau etwa lobte Schönheit, Einfachheit und Größe von Meuniers 1886 entstandenem *Hammerschmied (Le marteleur)*.[7] Und in der Tat strahlt die Figur eine Nonchalance aus, die über die Härte der Arbeit den Sieg davonträgt. Ein anderer Kritiker bemerkte 1882 auf dem Bild *Der zerbrochene Schmelztiegel (Le creuset brisé)* (Abb. 3) »eine Anzahl von Arbeitern, die ... in einer Größe dargestellt ist, wie wir sie in einem Werk dieses Genres bisher noch nicht gesehen haben. Das Bild weist die Noblesse auf, welche man bei der Darstellung von Szenen erreichen kann, die bislang für vulgär gehalten wurden.«[8]

Die Protagonistin eines weiteren Gemäldes – entstanden im selben Jahr –, nämlich das *Bergmädchen aus dem Borinage am Schacht (Hieurcheuse boraine à la fosse)*,[9] stellt eine Person dar, die in deutlichem Kontrast steht zu den Berichten über die extrem harten Bedingungen, denen Kinder bei ihrer Arbeit in den belgischen Bergwerken des 19. Jahrhunderts ausgesetzt waren. In ihren Zügen ist eine gleichsam charmante Ausstrahlung nicht zu verkennen.

Ein anderes Bildbeispiel, der *Ruhende Puddler (Puddleur au repos)*[10] aus den Jahren 1884–87, zeigt seine Besonderheit gerade im Vergleich mit seinem offensichtlichen Vorbild, Millets *Winzer (Le vigneron)* von 1870. Hier ist der erschöpft wirkende Arbeiter im Hag durch eine Figur ersetzt, welcher die Plackerei vor allem an den Gesichtszügen abzulesen ist. Demgegenüber scheint die Konstitution eben jener Person erheblich kräftiger als die des Vorbildes.[11]

Die verschiedenen Versionen des *Schiffslöschers (Le débardeur)* (Abb. 4) aus den 1890er Jahren gleichen sich in mindestens einem Punkt: hinsichtlich der heroischen Entschlossenheit, die in der Physiognomie dieser ausgesprochen schönen Gestalt zum Ausdruck kommt.

Die Monumentalisierung offenbart bei allen genannten Beispielen eine gewissermaßen unauflösbare Paradoxie. Gedacht als Ausdruck der Wertschätzung des heldenhaft schaffenden Arbeiters, ist doch auch ein Element der Verharmlosung nicht zu vermeiden, scheint doch die Realität in den industriellen Anlagen der Frühzeit erheblich weniger erhaben gewesen zu sein, als uns das bei Meunier suggeriert wird. Zwar ist durchgängig die Plattheit von Heroisierungsversuchen vermieden, die wir sowohl aus der Nazikunst der 1930er Jahre wie aus dem Sozialistischen Realismus kennen; Meunier bewunderte offenbar nicht so sehr den leidenden als vielmehr den sein Schicksal ertragenden Arbeiter, der Stolz selbst dann noch verkörpert, wenn ihn die andere Lebensumstände gewohnte Nachwelt nurmehr bemitleiden

3 Constantin Meunier, *Der zerbrochene Schmelztiegel (Le creuset brisé)*, 1884 Musées royaux des Beaux-Arts de Belgique, Musée Constantin Meunier, Brüssel

zu müssen glaubt. Adorno hat diese Einstellung bürgerlich genannt, da sie dem Proletariat »schönes Menschentum und edle Physis bescheinigte«.[12] Georg Simmel verwies indirekt – und womöglich adäquater – auf sie, als er die Ambivalenz des Arbeitsbegriffs benannte und in Meunier denjenigen Künstler erkannte, der diese zum ästhetisch fruchtbaren Ausdruck gebracht habe: »Das ist das Wunder der Arbeit: daß sie das Tun des Subjekts den Forderungen eines Stoffes untertan macht (denn sonst brauchten wir nicht zu arbeiten, sondern könnten träumen oder spielen) und zugleich damit den Stoff in die Sphäre des Subjekts hineinzieht.«[13]

Insgesamt ist es nicht einfach, eine gesellschaftspolitische Orientierung aus den Werken des Bildhauers herauszulesen, allgemein ist man heutzutage vorsichtiger bei der ideologischen Festlegung von Werken bildender Kunst, deren vielschichtiger Charakter und mediale Eigenart immer stärker als nicht-reduzierbar auf weltanschauliche Überzeugungen betrachtet werden. Zu vermuten ist, dass Meuniers Arbeiterheroen, deren Gesamterscheinung zumeist von einem starken Moment der Innerlichkeit getragen wird, auch eine historische Entwicklung reflektieren, die in Belgien in den 1880er Jahren anzusiedeln ist. Bei aller Bescheidenheit der erreichten Ziele haben selbst Marxisten wie Louis de Brouckère diese Jahrzehnte als »glorreiche Zeiten« charakterisiert, in denen »unsere Arbeiter voller Begeisterung und Energie waren«.[14] Der tendenziell fatalistische Unterton, der die Ästhetik der Werke Meuniers mitbestimmt, ist mit diesem Geist des Aufbruchs zweifellos schlecht in Übereinstimmung zu bringen. Hingegen muss das Selbstbewusstsein, das diese Figuren durchweg ausstrahlen, als ein Reflex auf die veränderten historischen Umstände gewertet werden.

4 Constantin Meunier, *Der Schiffslöscher (Le débardeur)*, 1893 Folkwang Museum, Essen

»Die traurige Größe des Menschen«

Zudem ist festzustellen, dass unter den Anhängern der Meunier'schen Kunst ebenfalls eine Reihe von Künstlerkollegen gewesen sind, die der belgischen Arbeiterbewegung nahe standen und sein Werk teilweise enthusiastisch priesen. Jules Destrée, Gründer der für die Arbeiterbildung etablierten Volksuniversitäten im industrialisierten wallonischen Teil des Landes,[15] lobte etwa den Bruch Meuniers mit der Kunst der Vergangenheit: »Wo die Vorgänger nur abgeschmackte und lächerliche, hammertragende Herkulesse gesehen hatten, fühlte und entdeckte Meunier die traurige Größe des Menschen, die er dann auch zum Ausdruck brachte, so wie das vor ihm Millet mit dem Bauern getan hatte. So wurde der Arbeiter zum Gegenstand der Kunst und wurde als den antiken Göttern gleichwertig anerkannt.«[16] Emile Verhaeren, wie manch andere Apologeten Meuniers Mitglied der Section d'art der belgischen Arbeiterpartei und Freund der avantgardistischen belgischen Künstlergruppe »Les Vingt«, der einige der bedeutendsten europäischen Künstler assoziiert waren, unterstrich vor allem den Modernitätscharakter in Meuniers Werken: »Hier liegt die Zukunft des Gemäldes schlechthin: keine riesigen Maschinen mit Operngedonner mehr, sondern eine klare Vision der modernen Szenerie, intensiviert durch nüchterne Beobachtung.«[17] Edmond Picard, sozialistisch orientierter Mitbegründer der Zeitschrift *L'Art Moderne*, welche sich die Propagierung einer »art social« zum Programm erkoren hatte, machte in Anbetracht des *Zerbrochenen Schmelztiegels* darauf aufmerksam, dass erst Meunier die entschiedene Aufwertung der Arbeiterpersönlichkeit gelungen sei, die man bis dahin als eine eher burleske Figur angesehen habe.[18] Die offizielle Rezeption der Arbeiten Meuniers scheint zwiespältig gewesen zu sein, wenngleich sie nicht etwa nur von den Linken geschätzt wurden. In zumindest einem Fall hatte diese Parteinahme auch ganz konkrete, kontrovers geführte Diskussionen zur Folge: Zur Aufstellung des *Denkmals der*

5 Léon Frédéric, *Die Kreidehändler (Les marchands de craie)*, 1882–83
Musées royaux des Beaux-Arts de Belgique, Brüssel

Arbeit, von Meunier über Jahrzehnte geplant, konnten sich die Regierenden lange Zeit nicht entschließen, weil sie befürchteten, es könnte zum Kristallisationspunkt von Arbeiteraufständen werden.[19]

Aber was sagt das über die gesellschaftspolitische Orientierung von Meuniers Werken aus? Erstens wäre nach derjenigen der belgischen Arbeiterbewegung selbst zu fragen, so wie sie sich in dem deutlich pragmatischen Charakter des »Parti ouvrier« ausdrückte, der sich etwa von der doktrinären deutschen Sozialdemokratie erkennbar unterschied – und der bei den dort jeweils führenden Köpfen durchaus bürgerlich geprägt war. Auf der anderen Seite ist zu berücksichtigen, dass die Analyse von Kunstwerken zwar Aufschluss über deren Charakter gibt, deswegen aber nicht notwendigerweise die Intention des Künstlers treffen muss – so es denn eine solche jenseits des künstlerischen Willens überhaupt gegeben hat. Von Meunier wissen wir, dass er zeit seines Lebens ein gläubiger Christ war und dass ihn biblisch-religiöse Themen auch in seinem Spätwerk noch beschäftigten. Man wird ihn daher wohl eher als Befürworter eines sozial engagierten Katholizismus einordnen dürfen, der in Belgien viel zur Emanzipation der Arbeiterklasse beigetragen hat und dessen Engagement im übrigen häufig Hand in Hand mit demjenigen linker Gruppierungen ging.

Die Aufbruchstimmung der belgischen Arbeiterbewegung in den letzten beiden Jahrzehnten des 19. Jahrhunderts spiegelt sich auch in den Werken eines anderen Künstlers, der hier zum Schluss noch kurz angesprochen sei: Der 1856 geborene Léon Frédéric gehörte in seiner Frühzeit der »miserabilistischen« Schule an, die in Charles de Groux ihren wichtigsten Vertreter gefunden hatte. Sein berühmtes Triptychon *Die Kreidehändler (Les marchands de craie)* von 1882–83 (Abb. 5) zeigt eine völlig demoralisierte Familie im ewigen Kreislauf ihrer harten Plackerei, die zum Leben zu wenig und zum Sterben zu viel einbringt. Anfang der 1890er Jahre ist hier ein Umschwung zu beobachten. Mit den ebenfalls als Triptychen organisierten *Eines Tages wird das Volk den Aufgang der Sonne sehen (Le peuple un jour verra le lever du soleil)* und *Die Lebensalter des Arbeiters (Les âges du paysan)* schuf er zwei Werke, deren optimistische Elemente viel stärker ausgeprägt sind, Bilder, die versuchen, die eigenständige Identität der Arbeiterklasse zu definieren und ihr die Macht eines historischen Faktors zuzugestehen.[20]

[1] Vgl. den Artikel »Arbeit« im *Historischen Wörterbuch der Philosophie*, hrsg. von Joachim Ritter, Bd. 1, Darmstadt 1971.
[2] Stark 1979, S. 193f.
[3] Vgl. auch Hielscher 1979, S. 221f.
[4] Zit. nach Goetz 1984, S. 17.
[5] Onken 1979, S. 218.
[6] Goetz 1984, S. 172.
[7] Exemplar im Kaiser Wilhelm Museum, Krefeld; vgl. dazu Ausst. Kat. Hamburg 1998, Nr. 1, Abb. S. 66.
[8] *Constantin Meunier. Exposition de tableaux, dessins, esquisses et études au Cercle Artistique*, in: *L'Art Moderne* 1882, Nr. 1, S. 12.
[9] Ausst. Kat. Hamburg 1998, Nr. 45, Abb. S. 55.
[10] Ausst. Kat. Hamburg 1998, Nr. 19, Abb. S. 56.
[11] Goetz 1984, S. 122 und Hielscher 1979, S. 228.
[12] Adorno 1973, S. 341.
[13] Simmel 1919, S. 169.
[14] Vgl. Braam 1979, S. 153.
[15] Puissant 1979, S. 134.
[16] Vgl. Fontaine 1923, S 78f.
[17] Vgl. Baudson 1998, S. 14.
[18] Ebd.
[19] Vgl. Levine 1996, v. a. S. 50ff.
[20] Vgl. Rapetti 1990, v. a. S. 142ff.

Agrarische Arbeit als Gegenentwurf zur modernen Industriewelt – Die Rezeption Millets in der Malerei des deutschen Kaiserreiches

Alexis Joachimides

Im letzten Drittel des 19. Jahrhunderts verwandelte sich Deutschland mit rasanter Geschwindigkeit in eine Industriegesellschaft, die ihre jahrhundertelang von der Landwirtschaft und der bäuerlichen Arbeit geprägte Umwelt zunehmend an den Rand drängte. Die neuen Industriereviere im Ruhrgebiet oder in Oberschlesien mit ihren Fabrikschornsteinen und Fördertürmen und die neuen urbanistischen Zusammenballungen rings um die Handels- und Verkehrszentren Berlin oder Hamburg mit ihrer nach Millionen zählenden Einwohnerschaft erschienen den zeitgenössischen Betrachtern als Vorboten einer umfassenden Veränderung des eigenen Lebensraumes. Selbst wer nicht im Umfeld eines dieser »Experimentierfelder der Moderne« lebte, musste angesichts der entfesselten Dynamik der Hochindustrialisierung davon ausgehen, dass seine gewohnte kleinstädtische oder ländliche Heimat in naher Zukunft ihr Gesicht radikal verändern würde. Über kurz oder lang stand zu befürchten, dass auch die letzten Rückzugsräume der vorindustriellen Welt diesem Veränderungsdruck nicht standhalten könnten.[1] Die Reaktion der bildungsbürgerlichen Eliten des Kaiserreiches auf diese Herausforderung war bekanntlich ein modernisierungskritischer Kulturpessimismus, der sich auf die unterschiedlichsten Lebensbereiche auswirken konnte. Er konkretisierte sich im politischen Diskurs etwa als Ablehnung eines parlamentarischen Interessenausgleiches durch Parteien und Verbände, ermöglichte aber auch innerbürgerliche Gesellschaftskritik, die in unterschiedliche Projekte der Lebensreform einmündete, oder legitimierte kulturpolitische Erneuerungsansprüche in der Literatur, auf der Bühne und in der bildenden Kunst.[2] Es darf deshalb trotz der regressiven Tendenz der Modernitätskritik nicht verwundern, wenn kulturpessimistische Positionen gerade in jenen Teilen des Kulturbetriebes prominent hervorgetreten sind, deren innovative Kraft sich gegen einen traditionellen Kunstbegriff wendete. Im Gegenteil, man findet im Umkreis der Vertreter einer etablierten Kunstpraxis am ehesten Beispiele für ein unkritisches, rein affirmatives Verhältnis zur neuen industriellen Lebenswelt. Die beiden anspruchvollsten Zyklen von Industriebildern, die nach 1870 in Deutschland im Auftrag führender Unternehmer und des Staates entstanden, stammten von den Berliner Akademikern Paul Friedrich Meyerheim und Arthur Kampf.[3]

Ein Symptom der vorherrschend industriefeindlichen und gegenwartskritischen Einstellung des Kulturpublikums kann man in der Tatsache erkennen, dass die Welt der Fabriken und ihrer maschinellen Produktionsweisen, die Großstadt als Resultat der Massenurbanisierung oder die neue Verkehrsinfrastruktur im späteren 19. Jahrhundert nicht sehr häufig Gegenstand der Malerei geworden sind. Vor allem im Bereich der Darstellung menschlicher Arbeit erstaunt das Ausbleiben von Industriebildern nach Menzels *Eisenwalzwerk* von 1875, während gleichzeitig die Darstellungen bäuerlichen Lebens und agrarischer Arbeit eine ausufernde Konjunktur erlebten.[4] Diese Proliferation von Bauerndar-

1 Jean-François Millet, *Der Sämann (Le semeur)*, 1850 Museum of Fine Arts, Boston

2 Jean-François Millet, *Die Ährenleserinnen (Les glaneuses)*, 1857 Musée d'Orsay, Paris, Schenkung Mme Pommery

stellungen erklärt sich zum Teil aus der lang etablierten Tradition des bäuerlichen Genrebildes niederländischer Provenienz, für dessen Fortbestand im Kreis akademisch-konservativer Maler wie Franz von Defregger oder Ludwig Knaus noch lange gesorgt wurde. Doch zeigt sich eine auffällige Bevorzugung von bäuerlichen Motiven auch in jenen Künstlerkreisen, die mit den idyllischen, sentimentalen oder ironischen Gattungskonventionen dieser Tradition brechen wollten. In diesem Umfeld war vor allem das Vorbild französischer Künstler einflussreich, die unter dem Schlagwort ›Realismus‹ seit der Jahrhundertmitte eine neue Ikonographie der Arbeit geschaffen hatten.[5]

Von allen französischen Künstlern, die in Deutschland als Anreger für neue Formen der Arbeitsdarstellung wahrgenommen wurden, kommt Jean-François Millet eine besondere Stellung zu. Seine beiden bekanntesten einschlägigen Kompositionen, der im Salon des Jahres 1850 ausgestellte *Sämann (Le semeur)*[6] (Abb. 1) und die 1857 dort präsentierten *Ährenleserinnen (Les glaneuses)*[7] (Abb. 2), erhielten im späteren 19. Jahrhundert den Status von Ikonen bäuerlicher Arbeit. In diesen Bildern schien ein neuer emphatischer Begriff der Arbeit enthalten zu sein, der eine überzeugende Wirklichkeitsillusion der Anstrengungen körperlicher Tätigkeit mit einer harmonisch ausgewogenen Gestaltung verband, die Millet vor allem durch Rückgriffe auf klassizistische Kompositionsmuster erreichte. Das Ergebnis war für einen deutschen Kritiker wie Richard Muther vor dem Hintergrund der Gattungsgeschichte jedoch keineswegs retrospektiv: »Das ist es, was Millets oeuvre so neu macht, was es an die Spitze eines neuen kunstgeschichtlichen Abschnittes stellt: dass er als erster das Thema aufnahm, das vorher alle vermieden. Jahrhundertelang hatten die Maler nur die drolligen und rührenden Episoden des Landlebens geschildert. Da trat Millet auf und malte das Volk auf dem Felde, ohne humoristische Pointen, doch auch ohne Pathetik. ... Und indem er als erster den Bauern bei seiner Arbeit suchte, gab er ihm das Recht der eigenen Existenz. Vorher eine Operettenfigur, zu nichts anderem auf der Welt als Städter zu belustigen oder mitleidig zu stimmen, hat er nun sich aufgerichtet und steht wie ein König in seinem Reich.«[8]

Diese ethische Dimension, die deutsche Kritiker in Millets Werken ausmachten, beruhte nicht zuletzt auf einer Monumentalisierung der Figuren, die den Bruch mit der Gattungskonvention hervorhob, indem sie den sozial niedrigstehendsten Protagonisten eine zum Entstehungszeitpunkt äußerst provokative eigenständige Bildwürdigkeit zugestand.[9] In der späteren Wahrnehmung Muthers ist dieser ursprüngliche Affront mit seinen gesellschaftspolitischen Implikationen bereits völlig zu einer kunstimmanenten ästhetischen Innovationsleistung transzendiert. Man könnte diesen Perspektivwechsel als Ergebnis der zeitlichen Distanz abtun, in der jede Provokation verfliegt, und darauf hinweisen, dass Millets Bilderfindungen nach 1890 eine ungeahnte Popularität entfalteten, die sich in unzähligen Reproduktionsstichen äußerte. An der Wende zum 20. Jahrhundert war Millet alles andere als ein kontroverser Künstler. Betrachtet man jedoch die Aufnahme der von Millet geprägten Motive bei den ersten deutschen Künstlern, die sich während des Kaiserreiches mit der Darstellung bäuerlicher Arbeit beschäftigt haben, wird sichtbar, dass diese Transformationsleistung von der politischen in die ästhetische Sphäre bereits in den frühesten Begegnungen mit dem Werk Millets angelegt war.

Der »epochemachenste der Maler«

Einer der ersten deutschen Künstler, der auf den französischen Maler aufmerksam wurde und wesentlich zu dessen Rezeption in seinem eigenen Heimatland beigetragen hat, war Max Liebermann. Wie er selbst berichtet, hatte er kurz nach dem Deutsch-Französischen Krieg als junger Kunststudent auf Vermittlung des erfolgreichen ungarischen Salonmalers Mihály Munkácsy die Gelegenheit, für mehr als zwei Jahre ein Pariser Atelier zu unterhalten: »Nun hielt ich mich – Ende 1873 – für reif genug, nach Paris überzusiedeln. Munkácsy zog mich mächtig an, aber noch mehr taten es die Troyon, Daubigny, Corot, vor allem aber Millet, und der Schwärmerei für letzteren, den ich für den epochemachensten der Maler halte, bin ich bis heute treu geblieben. Im Sommer 1874 ging ich nach Barbizon, wo ich Millet, der im folgenden Jahr starb, noch sah.«[10] Eine Konsequenz dieser Begegnung war Liebermanns Versuch, die Komposition der *Ährenleserinnen* mit einem eigenen, motivisch variierenden Gemälde der *Kartoffelernte* zu paraphrasieren, das er noch in Barbizon im Herbst 1874 begann und im Frühjahr des Folgejahres vorläufig beendete.[11] Das Ergebnis erschien Liebermann jedoch unbefriedigend, sodass er das Bild nicht wie andere Werke im Salon ausstellte und noch mehrfach überarbeitete, bevor er es schließlich 1884 dem befreundeten Maler und Leibl-Intimus Johannes Sperl überließ. Da die *Kartoffelernte* erstmals 1899 in der Berliner Kunsthandlung Gurlitt ausgestellt worden ist, konnte sie innerhalb der frühen Millet-Rezeption jedoch keine erhebliche Bedeutung erlangen.

Wichtiger war Liebermanns Vermittlerrolle für die Bekanntschaft Fritz von Uhdes mit dem Werk des »epochemachensten der Maler« des modernen Frankreich, aus der eine der wichtigsten deutschen Reaktionen auf Millet hervorgegangen ist. Liebermanns Begeisterung für die Maler von Barbizon und seine eigenen Versuche in der Art Millets und Courbets müssen Uhde stark beeindruckt haben, obwohl er sich in den späteren 1880er Jahren vor allem auf das problematische Gebiet des modernen religiösen Historienbildes konzentrierte.[12] Gleichzeitig blieb jedoch Uhdes Interesse an der Landschafts- und Genremalerei wach – und hier zeigt sich die Vorbildlichkeit der Sujets von Millet, wie das Gemälde *Die Ährenleser* bezeugt, dass 1889 während eines Ausfluges nach Dachau entstand.[13]

Trotz der engen Anlehnung an das berühmte Motiv handelt es sich bei Uhdes *Ährenlesern* (Abb. 3) wie bei Liebermanns früherem Versuch mit der *Kartoffelernte* um eine eigenständige Weiterentwicklung des bewunderten Vorbildes, bei der aufschlussreiche Unterschiede zu bemerken sind, die sich nicht allein auf stilistische Eigenschaften in Uhdes künstlerischer Entwicklung zurückführen lassen.[14] Wie Millet rückt Uhde drei größere Gestalten nahsichtig in den Vordergrund seines Bildes, die nach der Kornernte übrig gebliebene Ähren vom Feld auflesen, während weitere, bei Uhde zum Teil nicht vollständig ausgeführte Personen im Hintergrund bleiben. Seine Figuren sind jedoch im Gegensatz zu Millets jahreszeitlich unspezifischem, gleichmäßig ausgeleuchtetem Hintergrund in eine atmosphärisch dichte Landschaft gestellt, deren verhangener Himmel und diesigtrübe Beleuchtung den Charakter eines bereits kühlen Spätsommertages evozieren. Außerdem betont Uhde den tiefenräumlichen Bildaufbau, der einen Blick von oben auf ein sanft abfallendes, hügeliges Gelände suggeriert, an dessen Grund die Häuser eines Dorfes sichtbar werden.

Auch für die Komposition der drei Hauptpersonen weicht Uhde ab von Millets friesartiger Anlage mit den zwei gebückten Frauen, zu denen gerade eine dritte hinzutritt, die die Repoussoir-Funktion übernimmt, indem er seine drei Gestalten asymmetrisch entlang einer diagonalen Linie aufreiht und die beiden äußeren von den Bildrändern anschneiden lässt. Dieses von den französischen Impressionisten entlehnte Verfahren soll den Betrachter nicht nur unmittelbarer als das traditionelle Repoussoir-Motiv in den Bildzusammenhang einführen, sondern es vermittelt ihm zugleich das Gefühl, selbst Teil der arbeitenden Gruppe zu sein, die sich um seine Anwesenheit nicht zu kümmern scheint. Denn alle drei Gestalten wenden ihr Gesicht vom Betrachter ab und erzeugen so eine gesteigerte Illusion seiner selbstverständlichen Anwesenheit. Schließlich verändert Uhde die Zusammensetzung der Protagonisten in einen kleinen Jungen, der rechts von einer alten Frau und links von einer nach unten gebückten jungen Frau mit blondem Haar unter dem Kopftuch flankiert wird. Diesen armen, einfach, aber nicht schäbig gekleideten Bauern gehört ebenso offenkundig Uhdes Symphatie, wie Millet eine Anteilnahme an dem Schicksal seiner Dorfarmen hervorruft. Doch fehlt bei Uhde bezeichnenderweise das soziale Gegenüber, das bei Millet erst die gesellschaftskritische Dimension dieses Mitleides konkretisiert.

3 Fritz von Uhde, *Die Ährenleser*, 1889 Bayerische Staatsgemäldesammlungen, Neue Pinakothek, München

An der Stelle, an der Millet im Hintergrund den Gutsherrn und seine Erntearbeiter damit beschäftigt zeigt, im eklatanten Kontrast zu den armseligen Anstrengungen der drei im Nachhinein auf das Feld gelassenen Ährenleserinnen den überreichen Erfolg ihrer Arbeit einzufahren, findet sich bei Uhde eine Leerstelle. Die weiteren Gestalten seines Hintergrundes sind ebenfalls mit dem Ährenlesen beschäftigt oder gehören jedenfalls zu derselben Dorfgemeinschaft, deren Handlungsraum am Horizont angedeutet ist. Auf diese Weise verschiebt Uhde die Aussage des Sujets aus dem konkreten Bereich sozialer Hierarchien und Konflikte auf eine allgemeine Ebene gemeinschaftlicher Arbeit auf dem Lande, die in Verbindung mit der von Millet entlehnten Monumentalität der Vordergrundgestalten einer Heroisierung landwirtschaftlicher Arbeit gleichkommt. Auch die von Millet abweichende Auswahl der Protagonisten erhält in diesem Licht eine besondere Bedeutung, entspricht sie doch dem traditionellen allegorischen Motiv der drei Lebensalter. Kindheit, Erwachsensein und Alter arbeiten in einer materiell beschränkten, aber von Konflikten ungetrübten Welt zusammen, in der auch der Betrachter als natürlicher Mensch seinen Platz finden könnte, wenn er sich von großstädtischen Vorurteilen und zivilisatorischen Ansprüchen freimachen würde.

Die Transformation von Millets religiös motivierter Gesellschaftskritik in ein Emblem agrarromantischer Großstadtkritik traf beim deutschen Publikum auf eine verbreitete Erwartungshaltung, die selbst aufgeschlossene, nicht chauvinistische Anhänger des modernen Naturalismus wie Muther dazu verleiteten, den in Barbizon zurückgezogen lebenden Millet zu einem Idealbild des unentfremdeten Bauern zu stilisieren[15] und diese Übertragung vom Werk auf den Künstler bei Uhde unter nationalen Vorzeichen zu reduplizieren: »Das oft mißbrauchte Wort vom deutschen Gemüt ist hier keine Lüge. Inmitten einer Kunst, die immer mehr in kosmopolitische Bahnen einlenkt, steht Fritz von Uhde als ein Meister, den noch sehr viel Innerlichkeit mit der deutschen Volksseele verbindet.«[16] Die hier bei Uhde konstatierte Innerlichkeit war ein zentraler Begriff des kulturpessimistischen Diskurses, in dem eine äußerlich-technische Zivilisation mit den westlichen Konkurrenten Deutschlands um Weltgeltung, eine wahre, verinnerlichte Kultur im Gegenzug mit spezifischen deutschen Traditionen gleichgesetzt werden konnte. Die Annahme, dass Uhde entsprechende Erwartungen in seinen Bildern zu erfüllen versuchte, findet eine Bestätigung im Vergleich mit dem zweiten deutschen Künstler, der zur gleichen Zeit auf das Werk Millets reagierte. Hans Thomas 1886 entstandenes Gemälde *Der Sä-*

4 Hans Thoma, *Der Sämann*, 1886
Standort unbekannt

mann greift in ähnlich freier Umformung auf Millets gleichnamiges Werk zurück, wie es bei Uhde zu verfolgen war, und bemühte sich in vergleichbarer Weise, die Aussage des Vorbildes an den heimischen Erwartungshorizont anzupassen.[17]

Transformation ins ›Deutsche‹

Der Sämann war Thomas erste Fassung eines Themas, dass ihn in seinem späteren Werk noch mehrfach beschäftigen sollte und dem bereits Landschaftsdarstellungen mit pflügenden und säenden Bauern als miniaturisierte Staffage vorausgegangen waren.[18] Seine erste Begegnung mit Werken Millets fällt in die Zeit einer Paris-Reise 1868 mit seinem Frankfurter Malerfreund Otto Scholderer, der über exzellente Kontakte zu französischen Gegenwartskünstlern verfügte.[19] Im Rückblick verallgemeinert Thoma diese Erfahrung zu einer kunsthistorischen Aussage: »Wir Deutschen haben in der Malerei der Anregung der Franzosen gar viel zu danken, sie hat manchmal wie eine Befreiung gewirkt, z. B. aus den gar engen Banden einer ›gemütvollen‹ Genremalerei. ... Der kraftvolle Courbet, der seelenvolle Millet, der feinfühlige Corot haben stark gewirkt, die Anschauung über Malerei wurde vielfach geklärt – man fühlte wieder, daß sie als Kunst der Ausdruck inneren Schauens sein konnte und nicht dazu da ist, die belehrende Dienerin für historische Begebenheiten oder Volkskunde zu sein.«[20]

Das Gemälde (Abb. 4), mit dem Thoma Millet seine Reverenz erweisen sollte, ist jedoch noch stärker als Uhdes *Ährenleser* geprägt von seiner Schulung als Landschaftsmaler, sodass eine eindeutige Gattungszuordnung zur Genremalerei beinahe problematisch erscheint. Die Gestalt des säenden Bauern ist gegenüber dem französischen Vorbild, bei dem sie das gesamte Bildfeld füllt, in der Größe stark reduziert. Sie tendiert zur Staffagefigur und erlaubt einen weiten Ausblick auf eine – für die frühen Arbeiten Thomas charakteristische – panoramahafte Landschaft. Trotz dieser Veränderung im Maßstab dominiert der Sämann das Bild durch seine hervorgehobene Position im Vordergrund links der Mittelachse und durch den Kontrast seiner vertikalen Kontur zu einer ansonsten von horizontalen Linien bestimmten Komposition. Der Landschaftshorizont, der bei Millet im oberen Bilddrittel angesetzt ist, sodass sein Sämann fast ganz vor der Folie des braunen Ackerbodens erscheint, ist bei Thoma in die untere Bildhälfte herabgezogen und eröffnet ein in der historischen Aufnahme nur mehr erahnbares Spiel mit atmosphärischen Effekten am bewölkten Sommerhimmel. Diese deutliche Akzentverschiebung lässt aus dem für Millets Zeitgenossen verstörenden Emblem der Mühsal und Anstrengung bäuerlicher Daseinsbewältigung eine harmonische Einheit zwischen einer fruchtbaren Kulturlandschaft und dem von ihr und in ihr lebenden Landarbeiter werden.

Die Verwandlung des Motivs im Sinne einer antistädtischen Kulturkritik wird noch verstärkt durch die Umkehrung der Millet'schen Figur, die in Thomas Bild dem Betrachter den Rücken zuwendet, sodass sie in der Tradition romantischer Identifikationsfiguren wohl als Angebot an den Betrachter zu verstehen ist, die evozierte Harmonie mit der Natur in sich selbst wiederzufinden. Thoma teilte die verbreitete agrarromantische Auffassung, in der bäuerlichen Landbevölkerung Residuen einer noch nicht entfremdeten Welt aufspüren zu können: »Die Bauern sind auch schon vielfach verdorben; aber gesunde Keime hat es noch. Sie sind doch noch keine Hanswürste und haben noch viel zu viel Respekt vor ihrem Leib, als daß sie sich maskierten.«[21] Er ärgerte sich allerdings, dass diese Wahrnehmung auch in seinem Falle unvermeidlich dazu führte, dass ihn die Kritik zum vermeintlich unverbildeten Schwarzwaldbauern stilisierte.[22]

Für die Aufnahme von Elementen der großstadtfeindlichen Kulturkritik hatte Thoma einen privilegierten Zugang, der seine Anschauungen zu einem frühen Zeitpunkt prägte, noch bevor er 1890 mit Henry Thode in Berührung kam, dessen Überzeugungen von der »demoralisierenden Sklavenarbeit der Fabriken« ihm vertraut vorgekommen sein dürften.[23] Wie er selbst berichtet, stand Thoma genau zu dem Zeitpunkt, an dem er an seiner Komposition des *Sämannes* arbeitete, in engstem Kontakt zu dem Schriftsteller Julius Langbehn, dessen 1890 als Sensationserfolg erschienene kulturkritische Polemik *Rembrandt als Erzieher. Von einem Deutschen* ihn mit einem Schlag zu einer Berühmtheit werden ließ: »In diesen Jahren [1883] war auch eine Ausstellung meiner Bilder bei Gurlitt in Berlin – sie hatte aber gar keinen Erfolg. In Berlin traf ich auch Langbehn und er ging mit mir nach Frankfurt. ... Er besuchte mich und wir schrieben uns oft. Jetzt in Frankfurt arbeitete er an seinem Buch ›Rembrandt als Erzieher‹. Ich war fast der einzige, der davon wissen durfte. ... Ich hatte zu der Zeit ein größeres Atelier gemietet und Langbehn war fast täglich bei mir.«[24] Das Buch, das dabei entstand, wurde zum Inbegriff einer chauvinistischen Zivilisationskritik, die einen lebensreformerischen Impuls innerbürgerlicher Gesellschaftskritik mit einem Apell an die Wiedererweckung nationaler Tugenden verband.[25] In den Augen vieler seiner Leser war dem Autor mit der hochgradig fiktiven Einfühlung in die Gestalt Rembrandts ein überzeugender Entwurf für ein neues, zukünftiges Lebensideal gelungen. Thoma war zu diesem Zeitpunkt seines Zusammentreffens mit dem Autor des »Rembrandt-Deutschen«, vor dem Durchbruch mit seiner Ausstellung im Münchner Kunstverein desselben Jahres, in dem Langbehn seine Schrift publizierte, ein weitgehend unbekannter und in seinen eigenen Augen missverstandener Künstler. Diese Erfahrung verband ihn mit Langbehn, dessen fundamentale Abrechnung mit der modernen Welt auf einem vergleichbaren Gefühl der Marginalität beruhte. Beide korrespondierten über ein halbes Jahrzehnt hinweg, tauschten sich über die gemeinsame Nietzsche-Lektüre aus und erträumten eine von Grund auf bessere Welt, in der sie ihrer tatsächlichen Bedeutung gemäß wahrgenommen würden.[26]

Auch nach 1900 blieb Thoma den agrarromantischen Idealen der Modernitätskritik treu, die ihn schließlich zu einem der schärfsten Gegner des Impressionismus werden ließen. In einem Dankesschreiben an Langbehns Nachlassverwalter Momme Nissen, der ihm einen kunstkritischen Beitrag »über Monumentalmalerei« zugesandt hatte, begründet er seine Ablehnung der in Deutschland inzwischen intensiv rezipierten französischen Kunstrichtung als Ausdruck großstädtischer Nervosität: »Man könnte diese Erzeugnisse [Werke von Monet, Degas, Munch] als Ausdruck unserer überhasteten Zeit verteidigend anerkennen, wenn nicht die Kunst berufen wäre, gerade diese Überhastung nicht mitzumachen, sondern ihr ein Spiegelbild des ruhigen Seins vorzuhalten – da ja ihr Ursprung aus einem tiefen Gefühl für das Dasein entspringt.«[27]

Heimatkunst – »aus tiefinnerlichem Geiste geboren«

Zu den Künstlern einer jüngeren Generation, die Thomas Anforderung nach einer Kunst als »Spiegelbild des ruhigen Seins« einlösen konnten, gehörte der Österreicher Albin Egger-Lienz, in Deutschland einer der am meisten beachteten Vertreter einer neuen ›Monumentalmalerei‹.[28] Ähnlich wie Thoma hat sich Egger-Lienz im Laufe seines Lebens immer wieder mit dem Millet'schen Motiv des *Sämannes* auseinander gesetzt, wie überhaupt sein späteres Werk im Wesentlichen aus der kontinuierlichen Variation eines begrenzten Motivrepertoires überzeitlicher, symbolhafter Gestalten besteht. Vor allem zwei anspruchsvolle Projekte, das großformatige Gemälde *Sämann und Teufel*[29] von 1909 und das 1912 als Altar für die Kirche von St. Justina bei Bozen konzipierte Triptychon *Die Erde*[30], dessen linker Flügel die Figur eines säenden Bauern zeigte, spiegeln seine Auseinandersetzung mit Millet. Beide Werke sind Opfer der Autodestruktivität ihres Urhebers geworden, aber das als biblisches Gleichnis gemeinte Bild von 1909 (Abb. 5) macht aufgrund guter älterer Farbreproduktionen und erhaltener Fragmente eine genauere Betrachtung möglich.[31] Vor einem kaum differenzierten rötlich-braunen Ackerboden ist die Gestalt des Sämannes in zwei spiegelbildlich aufeinander bezogenen Figuren verdoppelt, wobei die linke, dem Betrachter zugewandte Figur durch ihre einfache bäuerliche Kleidung einer anderen Realitätsebene zugeordnet wird als die rechte, nackte Gestalt des Unkraut säenden Teufels, dessen Gesicht sich vom Betrachter abwendet. Während der

5 Albin Egger-Lienz, *Sämann und Teufel*, 1909 nicht erhalten

Bauer damit beschäftigt ist, seine Lebensgrundlage durch harte Arbeit zu gewährleisten, vernichtet der für ihn unsichtbare Teufel das Ergebnis durch eine Imitation des Säevorganges unter entgegengesetzten Vorzeichen.[32] Beide Gestalten sind als Paraphrasen von Millets *Sämann* leicht wiederzuerkennen, auch wenn Egger-Lienz in den Details der Kleidung seines Bauern wie in der Aktfigur des Teufels vom Vorbild abweicht. Beide Gemälde verbindet die bildfüllende Monumentalität der Figuren, die durch eine friesartige Komposition auf der vordersten Bildebene unterstrichen wird. Wo Millet jedoch bemüht war, seinem säenden Bauern in der Schilderung standestypischer Details eine wirklichkeitsnahe Plausibilität zu verleihen, reduziert Egger-Lienz die Gestalten durch eine abstrahierende Malweise zu verallgemeinerten Bildchiffren. Als symbolhafte Idealtypen vertreten sie anthropologische Grundprinzipien, sozusagen die aristotelische ›Substanz‹ des arbeitenden Bauern jenseits aller Akzidenz. Seine Intention erläuterte Egger-Lienz in einem Beitrag unter dem Titel *Heimatkunst*, in dem die Wirkung beschrieben wird, die er sich von der Stilisierung seiner Figuren erhoffte: »Wie dieser lange Bergwinter den Menschen zu formen vermag, weiß jeder, der sie kennt, die Leute in großen Holzschuhen und Lodengewand. Der erschwerte Kampf um die Scholle macht sie bedächtig und würdevoll. ... Die großen Vorgänge der Natur, welche einen solchen Menschen umgeben, und seine spekulative, ringende ›Arbeit‹ um das tägliche Brot ergeben für ihn nur zweckdienliche Notwendigkeiten; daher auch die monumentale Ruhe und Einsamkeit in seinem Gebaren.«[33]

In der Sicht zeitgenössischer Kritiker, die den Anspruch der ›Monumentalkunst‹ akzeptierten, hatte diese Form von agrarromantischer Projektion jenseits aller Anhänglichkeit an regionale Identitäten vor allem eine völkisch-nationale Konnotation: »Egger-Lienz wendet sich von den aristokratischen Typen im hellenisch-römischen Stile [Klingers] ab und dem rustikalen germanischen Rassetypus zu. ... Ob man solchen Arbeiten gegenüber nicht geradezu von einem sozialen Symbolismus sprechen kann? Sie sind sicher aus tiefinnerlichem Geiste geboren und huldigen der Rasse.«[34] Nach der Jahrhundertwende hatte sich innerhalb des Kulturpessimismus ein politisch reaktionärer Kern herausgebildet, dessen Insistenz auf eine nationale Kulturidentität zunehmend aggressivere Töne anschlug. Schon in der späteren Rezeption des Werks von Hans Thoma kündigt sich diese Tendenz an, zumal in dem von Henry Thode geprägten Begriff des »Thoma-Deutschen«, der dem Langbehn'schen Slogan des »Rembrandt-Deutschen« nachgebildet war.

Aus den vorher angesprochenen, vorsichtigen Hoffnungen, in Uhdes Werk Spuren einer spezifisch deutschen Innerlichkeit aufzufinden, war über die Vereinnahmung Thomas als idealtypischem Repräsentanten einer deutschen Kunsttradition schließlich bei Egger-Lienz eine ›Huldigung der germanischen Rasse‹ geworden. Es verwundert daher nicht, dass sich die Bildmotive der Agrarromantik über die konservative Opposition der Weimarer Republik bis in die Zeit des Nationalsozialismus weiterverfolgen lassen.[35] Betrachtet man sie jedoch unter dem Gesichtspunkt ihrer Rezeption während des Kaiserreiches, so wird erkennbar, dass das Repertoire zivilisationskritischer Projektionsleistungen über alle stilistischen und ästhetischen Gegensätze dieser Epoche hinweg eine anhaltende Relevanz enthielt, die sich an der produktiven Verarbeitung der von Millet exemplarisch vorgeführten Darstellungen bäuerlicher Lebensbewältigung ablesen lässt. Der als »Rinnsteinkunst« geschmähte Realismus Uhdes, die neu-idealistische, an Vorbildern wie Böcklin geschulte Malerei Thomas oder der monumentale Symbolismus von Egger-Lienz umreißen die denkbar unterschiedlichsten Positionen innerhalb des kaiserzeitlichen Kunstbetriebes. Dennoch scheinen die Bemühungen dieser Künstler im Umgang mit den aus dem Werk Millets entlehnten Motiven agrarischer Arbeit auf einen gemeinsamen Erwartungshorizont zu rekurrieren, der ihre Versuche als unabhängig voneinander entstandene Beiträge zur kulturpessimistischen Selbstwahrnehmung des kaiserzeitlichen Publikums kennzeichnet.

1 Zur Industrialisierung und ihren landschaftsräumlichen Konsequenzen u. a. Henning 1973; Kiesewetter 1985; Wehler 1995.

2 Zum Kulturpessimismus allgemein vgl. Stern 1963; Bergmann 1970; Hepp 1987.

3 Zu Paul Friedrich Meyerheims Villa Borsig-Zyklus, 1873–76 (Stiftung Stadtmuseum Berlin; Deutsches Technikmuseum Berlin; Muzeum Narodowe w Szczecinie, Stettin) vgl. Obermeier 1993; vgl. auch den Beitrag von Dieter Vorsteher im vorliegenden Katalog. Arthur Kampfs Fresken, 1898–1902, befinden sich im Sitzungssaal des Aachener Kreishauses.

4 Dies bestätigt ein Blick in die älteren Überblickswerke, vgl. Springer 1911; Rieß 1925; Brandt 1928, Bd. 2, S. 275–306.

5 Menzel 1971; Hamann/Hermand 1973, S. 326–347; Ude 1978.

6 Zu dem Gemälde (Provident National Bank, Philadelphia; eine weitere gleichzeitige Version derselben Komposition im Museum of Fine Arts, Boston) vgl. Ausst. Kat. Paris 1975/76, S. 89–92.

7 Zu dem Gemälde vgl. Ausst. Kat. Paris 1975/76, S. 101–103.

8 Muther 1902, S. 29.

9 Zur Reaktion des zeitgenössischen französischen Publikums auf Millets Werke vgl. Ausst. Kat. Paris 1975/76, S. 89ff.; Fehl 1999, S. 69–74.

10 Liebermann 1978, S. 27f. Der autobiographische Text ist laut beigefügter bibliographischer Notiz erstmals 1889 in der Zeitschrift *Über Land und Meer* veröffentlicht worden.

11 Das Gemälde befindet sich heute im Kunstmuseum der Stadt Düsseldorf; zur Entstehung vgl. Ausst. Kat. Berlin/München 1979/80, S. 170–175.

12 Zur künstlerischen Entwicklung Uhdes vgl. zuletzt Hansen 1998.

13 Zum Gemälde, das sich heute in der Neuen Pinakothek, München befindet, vgl. Ausst. Kat. München 1979, S. 418.

14 Zu diesem Schluss kommt dagegen Ludwig 1983.

15 Muther 1902, S. 34.

16 Muther 1914, S. 171. Der Text ist laut Einleitung Hans Rosenhagens zwischen 1901 und 1909 in der Wiener Zeitschrift *Die Zeit* erschienen.

17 Der gegenwärtige Standort des Bildes ist unbekannt (1909 in der Sammlung Anna Spier, München); vgl. Thode 1909, S. XLVII–L, Abb. S. 249.

18 Ein frühes Landschaftsbild mit Staffage ist *Frühling* von 1874 (Deutsche Bank AG, Frankfurt/M.), vgl. Ausst. Kat. Frankfurt 1983, Nr. 3; spätere Versionen beginnen mit der Lithographie *Sämann*, 1897 (z. B. Muzeum Narodowe, Graphische Sammlung, Warschau), vgl. Ausst. Kat. Warschau 1990, S. 162; daraus ging schließlich die Gemäldefassung des zweiten *Sämannes*, 1906, hervor (Standort unbekannt, 1909 in der Sammlung Eugen Geiger, Karlsruhe), vgl. Thode 1909, Abb. S. 473.

19 Zur Begegnung mit Millets Bildern in Paris vgl. Thoma 1909, S. 36; zu diesem Abschnitt seiner Biographie allgemein Imiela 1978.

20 Thoma 1909, S. 163.

21 Brief Thomas an Julius Langbehn, 22. Juli 1886, zit. nach Beringer 1929, S. 207.

22 Zu Thomas zeitgenössischer Rezeption und seiner Reaktion vgl. Zimmermann 1989.

23 Zit. nach Brief Thodes an Thoma, 29. Dez. 1903, vgl. Beringer 1928, S. 234f.

24 Thoma 1919, S. 84f.

25 Langbehn 1890.

26 Ausschnitte aus dem Briefwechsel zwischen 1883 und 1888 in Beringer 1929, passim. Bei Zimmermann 1989, S. 15f. wird die Beziehung zu Langbehn bagatellisiert.

27 Thoma an Momme Nissen, 2. Feb. 1902, in Beringer 1929, S. 282.

28 Größere Beachtung fand Egger-Lienz allerdings erst im Rahmen der Ausstellung *Monumental-Dekorative Malerei* 1912 in Dresden; vgl. Weigelt 1914.

29 Das Gemälde wurde später vom Künstler zerschnitten und die Gestalt des *Sämannes* (heute Sammlung Rudolf Leopold, Wien) als Halbfigur neu signiert; vgl. Kirschl 1996, Bd. 1, S. 132–136.

30 Auch dieses Werk wurde später vom Künstler zerstört; vgl. Abb. des intakten Triptychons bei Hammer 1930, S. 121. Eine eigenhändige Replik des linken Flügels mit dem *Sämann* (früher Staatsgalerie Stuttgart, seit 1945 verschollen) stammt von 1913; vgl. Slg. Kat. Stuttgart 1931, S. 46; Hammer 1930, Abb. S. 123.

31 Farbreproduktion von *Sämann und Teufel* bei Koeppen 1914, S. 128, Abb. 122.

32 Diese Deutung entspricht der Selbstexegese des Bildes durch Egger-Lienz in den Aufzeichnungen für Curt Weigelt (1912), publiziert in Kirschl 1996, Bd. 1, S. 136.

33 In: *Allgemeiner Tiroler Anzeiger* vom 24. Dez. 1909; zit. nach Egger-Lienz/Sotriffer 1996, S. 146.

34 Koeppen 1914, S. 136.

35 Vgl. im Anschluss an hier angesprochene Motive etwa Oskar Martin-Amorbachs *Sämann* von 1937 (Depot NS-Kunst, Bundesrepublik Deutschland); vgl. Hinz 1974, S. 107f.; Ausst. Kat. München 1995, S. 266, Abb. 209.

Im Zeichen der Zirkulation – Verkehrsströme, Kraftflüsse und die Bilder der Elektrizität

Christoph Asendorf

Aus dem Jahr der großen Londoner Weltausstellung von 1851 stammt eine weitreichende Prophezeiung von Karl Marx hinsichtlich einer bis dahin nur in Teilbereichen entwickelten Technologie. In einem Gespräch über die zu erwartende naturwissenschaftlich-technische Revolution sei er, erinnert sich Wilhelm Liebknecht, auf deren wichtigsten Agenten eingegangen: »Der König Dampf ... habe ausregiert, an seine Stelle werde ein noch ungleich größerer Revolutionär treten: der elektrische Funke.«[1] Die erste kleine Dynamomaschine stellte Werner von Siemens erst 1866 fertig. Bis dahin war nur in der Telegraphie das Veränderungspotential der neuen Kraft sichtbar geworden. Über deren getrennte Räume verschmelzende Wirkung spekuliert eine Figur in Nathaniel Hawthornes Roman *The House of the Seven Gables*, der im Jahr der Marx'schen Vorhersage erschien und diese gleichsam konkretisiert: »Ist es nicht eine Tatsache, ... daß die materielle Welt durch elektrische Kräfte zu einem einzigen großen Nerv geworden ist, der in der Zeit eines Atemzugs 1.000 Meilen durchzittert? Wahrlich, die runde Erdkugel ist ein ... mit Intelligenz gefüllter Geist!«[2]
Die Vernetzung durch Telegraphendrähte lässt sich als ein Prozess der Innervation beschreiben. Er ist eingebettet in den größeren allgemein zunehmender Zirkulation. Das Strömen von Menschen, Kräften, Geldern und Daten erscheint seit der Mitte des 19. Jahrhunderts in den meisten Versuchen, die Eigenschaften der Moderne zu bestimmen, als eines ihrer wesentlichen Kennzeichen. »Alles Ständische und Stehende verdampft«, lautet die berühmte Formel von Marx, mit der er die Anfänge der Globalisierung, der Unifikation der Erde durch die große Industrie beschreibt.[3] An die Stelle von Statik und Separation in der alten Weltordnung sind Prozesse der Zirkulation, die Möglichkeit bzw. Notwendigkeit immer neuer Verbindung getreten. Die technischen Voraussetzungen dafür bieten neue Verkehrs- und Kommunikationsmittel.

Im Zentrum der sozialen Erfahrung der Zirkulation aber steht die Großstadt mit dem ständigen Wechsel aller Eindrücke und Bezüge. Baudelaire reflektiert die besonderen Wahrnehmungsbedingungen des von Baron Haussmann transformierten Paris in seiner Theorie der Modernität. In *Peintre de la vie moderne*, dem wichtigen einschlägigen Text zum Thema von 1859, erscheint die Inspiration durch die großstädtische Zirkulation in einer Elektrizitätsmetapher: »Für den vollendeten Bummler, den leidenschaftlichen Beobachter ist es ein ungeheurer Genuß, sich die Menge, das Wogende, Bewegte, Flüchtige und Unendliche zum Heim zu nehmen ... [Für ihn ist] die Masse ein ungeheures Behältnis elektrischer Spannungen.«[4] Der Flaneur liefert sich dem Unvorhersehbaren der Zirkulation aus; wenn er auch Künstler ist, wird es ihm zum Material seiner Arbeit. Soziologisch wird die großstädtische Individualität um 1900 bei Georg Simmel zum Thema. Wachsendes Tempo und eine »Steigerung des Nervenlebens« indizieren ihm, dass neben die festen Formen traditioneller gesellschaftlicher Organisation etwas anderes getreten ist, nämlich »all die tausend, von Person zu Person spielenden, momentanen oder dauernden ... vorüberfliegenden oder folgenreichen Beziehungen«.[5] Und hier, in dieser allgemeinen Fluidität, sieht er das charakteristische Merkmal der modernen Gesellschaft, welches sie von jeder vorangegangenen unterscheidet.

Strömungsmetaphern

In der Malerei des Impressionismus lösen sich die Konturen auf; die Farbpartikel scheinen durch die Atmosphäre zu gleiten. Auf Claude Monets Gemälde *Der Normandie-Zug (Arrivée du train de Normandie, gare Saint-Lazare)*, das zur Serie vom Pariser Bahnhof St. Lazare gehört, die 1877 entstand, gehen Menschen und Maschinen, Rauch und Atmosphäre so ineinander über, dass Theodore Reff, ohne zu übertreiben, von dem »dynamic flux«[6] sprechen kann, der dieses Bild durchzieht. Auffällig oft auch gehen die Maler aufs Wasser. Als Monet 1887 sein *Boot (La barque)* malt, ist dessen Rumpf der einzige Fixpunkt in einem Bild, das ganz vom »flux« des Wassers beherrscht wird.

Dass der Impressionismus mehr als eine Maltechnik ist, nämlich auch Ausdruck einer bestimmten Weltanschauung, suchte Hermann Bahr zu beweisen. Diese Malerei sei Ausdruck einer Welt, in der »alles ewig fließt«; sie sei infolgedessen für Menschen, die meinen, die Welt der Erscheinungen ordnen und Einzelnes abgrenzen und abtrennen zu können, prinzipiell unverständlich. Und er bezieht diese Kunst dann auf die *Analyse der Empfindungen*, ein Hauptwerk des Physikers und Philosophen Ernst Mach von 1884: »Alle Trennungen sind hier aufgehoben, das Physikalische und das Psychologische rinnt zusammen, Element und Empfindung sind eins, das Ich löst sich auf und alles ist nur eine ewige Flut ... alles ist nur Bewegung von

Farben, Tönen, Wärmen, Drücken, Räumen und Zeiten, die auf der anderen Seite, bei uns herüben, als Stimmungen, Gefühle und Willen erscheinen.«[7] Hier gehe es, so baut Bahr seine Brücke, um die Lebensstimmung der Fin de siècle-Generation. Machs Werk wird für ihn explizit zur »Philosophie des Impressionismus«, bei dessen Lektüre er, wie es etwas beliebig heißt, Bilder von Manet, Degas oder Renoir vor sich gesehen habe.

Die dunkle Seite einer alle Umrisse auflösenden Bildsprache wird in den späten Arbeiten Vincent van Goghs ablesbar; kein fester Boden ist mehr spürbar, die Dinge unterliegen einem eigentümlichen Sog. *Landschaft mit Olivenbäumen*, *Die Sternennacht* oder *Straße mit Zypressen* – in Werken wie diesen sind die Gegenstände in gestrichelte Wellenlinien aufgelöst, die Pinselstriche scheinen den Kraftlinien in sich überlagernden Magnetfeldern zu folgen oder um kosmische Licht- und Kraftzentren zu kreisen. Alles ist in einen Strudel oder Bewegungsstrom hineingerissen. Kasimir Malewitsch beansprucht ihn später als Vorläufer der futuristischen Ästhetik: »Seine Landschaften, Genres, Porträts dienten ihm als Ausdrucksformen einer dynamischen Kraft, und er eilte, um in zerfetzten, nadelförmigen malerischen Fakturen die Bewegung des Dynamismus auszudrücken; jeden Keim durchströmte Elektrizität.«[8] Van Gogh hingegen fühlt sich diesen Zuständen ohnmächtig ausgeliefert.

1 Victor Horta, *Treppenhaus der Maison Tassel in Brüssel (rue Paul-Emile Janson 6)*, 1893

Sogar die Architektur, Erzeugerin fester Gehäuse, beweist die Macht energetischer Vorstellungsbilder. Die Gestalter des Art Nouveau erfinden eine Vielzahl von Strömungsmetaphern, um die Zirkulation von Menschen und Kräften zu repräsentieren. Wo August Endell im Foyer des Bunten Theaters, das er 1901 in Berlin einrichtete, ganz konkret durch Fließmuster auf Bodenbelägen menschlichen Bewegungsfluss symbolisierte, also ein gleichsam naturalistisches Ornament verwendete, da löst Otto Wagner ein verwandtes Problem mit anderen Mitteln: in einer Station der Wiener Stadtbahn dekoriert er einen Stiegenarm mit einem Ornament, das sowohl als Verweis auf das Netz elektrischer Leitungen wie auf Bahnlinien gelesen werden kann, aber in seiner Sprache abstrakt bleibt. Victor Horta geht noch einen Schritt weiter, als er im Brüsseler Maison Tassel das Phänomen ›Strom‹ auf drei Ebenen repräsentiert (Abb. 1): den der Menschen im Treppenhaus durch Zirkulationslinien, den statischer Energien, wie an dem Kapitell der schlanken Eisensäule deutlich wird, durch Kraftlinien und den der Elektrizität durch die demonstrativ exponierten Zuleitungen der Glühlampen. Mehr noch als die anderen Beispiele ist dieses Treppenhaus ein räumliches Gebilde, das jeden Gedanken an Festigkeit vermeidet und stattdessen in jeder Hinsicht als fluid erscheinen will.

Universelle Vibration

Die Hinweise auf natürliche oder technisch erzeugte Ströme, wie sie in den Künsten seit dem Impressionismus in den verschiedensten Formen begegnen, indizieren eine Welterfahrung, der alles Feste abhanden gekommen ist, in der alles verbunden ist, aber auch sichernde Distanzen verschwunden sind. Sämtliche zivilisatorischen Strukturen scheinen in Bewegung geraten, die Kategorien der Erfahrungswelt dynamisiert. Dass diese Entwicklung zwei Gesichter hat, war den Zeitgenossen durchaus bewusst – die Welt »wird mehr als je zuvor zu einer großen Einheit, in der sich alles berührt, alles zusammenwirkt, aber auch alles aufeinanderstößt und aufeinanderschlägt«, schrieb etwa der Historiker Erich Marcks, der zugleich nach Steuerungsmechanismen fragte.[9] Radikal hingegen auf eine immer weitergehende Entfesselung aller nur denkbaren Kräfte fixiert waren die Künstler des italienischen Futurismus. Die Manifeste und Werke der Jahre 1909 bis 1914 umkreisen das Automobil, die Luftfahrt und immer wieder auch die

Potentiale der Elektrizität. Ihr unbedingter Wille zur Zeitgenossenschaft und die entschlossene Positivierung der Entwicklung machen die Futuristen zur ersten künstlerischen Avantgarde, die wirklich auf das technische Zeitalter bezogen ist.

Als Umberto Boccioni 1911 sein Bild *Die Kräfte einer Straße* (*Le forze di una strada*, Abb. 2) malte, wusste er auch theoretisch, was er tat. Ein Jahr zuvor war er Mitunterzeichner des *Technischen Manifestes* der futuristischen Malerei gewesen, in dem nach einem künstlerischen Ausdruck moderner Wirklichkeitserfahrung verlangt wurde. Geschwindigkeit, Dynamik, »universelle Vibration« – das sind die Leitbegriffe dieses Manifests. Kein Ding bleibt an seinem Platz, es erscheint, verschwindet, wird durch ein neues abgelöst. Röntgenstrahlen machen Körper durchsichtig, Bewegung und Licht zerstören ihre Stofflichkeit, jede Umgebung verändert sich: »Raum existiert nicht mehr: eine regennasse, von elektrischen Lampen erleuchtete Straße führt zum Mittelpunkt der Erde hinab.«[10]

In Boccionis Darstellung der *Kräfte einer Straße* ist jeder eindeutig begrenzte Raum verschwunden. Auffälligstes Merkmal des Bildes ist das Fehlen der Straße als einer stabilen Fläche – es wirkt buchstäblich bodenlos. Wie die Wagen der Straßenbahn stehen auch die Passanten nicht lotrecht auf der Erde, sondern schräg, als wären sie von unsichtbaren Kräften herumgeschleudert. Die Menschen sind zu Silhouetten geworden, sie erscheinen flach, so körper- wie schwerelos, und gleichen eher Projektionen. Von den Straßenbahnen gehen einerseits Lichtstrahlen aus, während andere durch sie hindurchgehen, die Integrität der Waggons durchschneiden. Boccioni malt auch die Häuserzüge, die den energetisch zerwühlten Straßenraum begrenzen, in labiler Formation. Nichts ist fest. Das Bild veranschaulicht die These des *Technischen Manifestes*, dass Raum nicht mehr existiert; was bleibt, ist das Ineinanderwirken verschiedenster Energien, die ununterbrochene Abfolge vergänglicher Zustände.

Was hier malerisch-visionär dargestellt ist, kann in mancher Hinsicht als Blaupause für die Stadt der Zukunft gelten, wie sie 1914 das Manifest der futuristischen Architektur entwirft. Mit provozierender Deutlichkeit wird der Charakter der neuen Stadt als »riesiger, lärmender Bauplatz« betont, als Maschinerie.[11] Bauten ohne Verzierung, deren geschlossene Körper aufgebrochen und an die Zirkulationssysteme der Stadt angeschlossen werden sollten: das war das Programm, das aber über Entwurfszeichnungen hinaus nicht gedieh. Diese zeigen die dynamischen Kraftlinien »Elektrischer Zentralen«, gewaltige Verkehrsknotenpunkte und Wolkenkratzer mit freistehenden Fahrstuhlschächten. Die Stadt wird hier gleichsam einem Prozess der Kompression unterworfen, eine Vielfalt von Aktivitäten wird in den neuen Zentren konzentriert. Man gräbt sich in die Erde, nutzt die Dächer, schichtet Verkehrssysteme übereinander. Antonio Sant'Elias Entwürfe zeigen kaum mehr horizontale Straßenzüge, sondern vielfältig ineinander und übereinander geschobene Gebäude. Dies sind städtische Räume eines neuen Typs, deren Planungsvorgabe nicht die Erzeugung einer wie auch immer gearteten Aufenthaltsqualiät ist, sondern die effektive Vernetzung von Verkehrs- und Energieströmen, um die Welt tatsächlich in den Zustand einer universellen Vibration zu versetzen.

2 Umberto Boccioni, *Die Kräfte einer Straße* (*Le forze di una strada*), 1911 Privatsammlung, Liechtenstein

Domestikation der Kräfte

Der futuristischen steht eine »klassizistische Avantgarde«[12] gegenüber. Geht es der einen Bewegung um Freisetzung von Kräften, geht es der anderen um deren Domestikation. Der exponierteste Vertreter dieser Richtung ist Peter Behrens. Die Allgemeine Elektricitäts-Gesellschaft (AEG) berief ihn 1907 in ihren künstlerischen Beirat – faktisch wurde er damit zu ihrem Architekten und zum ersten Industriedesigner, der das Erscheinungsbild des Konzerns vom einzelnen Produkt bis hin zu Logo und Werbebroschüren prägte. Behrens stand bei Design und Werbegraphik vor ganz neuartigen Herausforderungen: weder diese Art von Produkten noch ihre Energieversorgung hatten irgendein Vorbild. Besonders die Körperlosigkeit der Elektrizität warf ein Repräsentationsproblem auf. Das wird deutlich, wenn man die Entwicklung von Firmen- und Warenzeichen bei der AEG betrachtet. So zeigt ein seit 1894 verwendetes Warenzeichen eine Göttin des Lichtes mit einer Glühbirne in der Hand auf einer von Blitzen umzuckten Weltkugel – eine zeittypische mythologische Verbrämung also. Das Firmenzeichen Franz Schwechtens verschlingt 1896 die drei Buchstaben »AEG« wie Akanthusranken ineinander; das Naturvorbild der Initialen verbindet antike Ornamenttradition mit einer Andeutung floralen Jugendstils.[13]

Einen weiteren Entwicklungszustand markiert das Firmenzeichen Otto Eckmanns von 1900. Zwei der drei Buchstaben sind verbunden; Eckmann arbeitete mit einer Schrifttype, die aus sich heraus den Eindruck des Strömens suggeriert. Behrens verzichtet auch auf derartige Verfahren. In seinem bis heute gebräuchlichen Firmenzeichen von 1912 ist jede noch so abstrakte mimetische Anspielung getilgt; es zeigt stattdessen nur die klassische Strenge eines Antiqua-Typus als Signum von Rationalität. Auch wenn Produkte beworben werden, erscheinen meist nur diese selbst, und zwar in der Form einer technischen Zeichnung. Elektrisches Licht übersetzt eine Werbegraphik von 1907 in kreisförmig angeordnete Punkte, die von einem Dreieck gerahmt werden (Abb. 3); hier findet sich keine Andeutung von dem energetisch hoch aufgeladenen Farbgestöber, das von Giacomo Ballas 1909 gemalter Straßenlaterne ausgeht. Die Metallfadenlampe der AEG lässt allein ein raffiniert eingesetzter Negativ-Effekt leuchten.

Angesichts der Dynamik der Moderne ist Behrens auf der Suche nach Halt gebender Form. Als er um 1910 in einer Folge von Vorträgen auf seine Intentionen zu sprechen kommt, betont er, wie er bei den AEG-Bauten durch bündige Flächen den Eindruck einer starken, geschlossenen Körperlichkeit erzielen wollte.[14] Eine derartige formale Reduktion und Konzentration sei eine Anpassung an die Beschleunigung des modernen Lebens: »Wenn wir im überschnellen Gefährt durch die Straßen unserer Großstadt jagen, können wir nicht mehr die Details der Gebäude wahrnehmen ... Einer solchen Betrachtungsweise ... kommt nur eine Architektur entgegen, die möglichst geschlossene, ruhige Flächen zeigt.«[15] Der erhabene Fassadenrhythmus der Kleinmotorenfabrik etwa wäre ein Beispiel eines aus solchen Vorgaben resultierenden Industrieklassizismus. Vor anderen Theoretikern, auch vor den entsprechenden futuristischen Manifesten, nennt Behrens hier Verkehr als Bedingung architektonischen Gestaltens. Wo die Futuristen das Motiv der Dynamik aber architektonisch ausreizen wollten, geht es ihm darum, durch gestalterische Mittel der Verflüchtigung aller Eindrücke entgegenzuwirken.

Das Selbstverständnis des technischen Zeitalters

In den Jahren zwischen den Weltkriegen werden die konkreten Erscheinungsformen der Elektrizität genauso wie die allgemeinen Vorstellungen und Erwartungen, die sich an sie knüpfen, noch einmal thematisiert, und zwar innerhalb einer breiteren Diskussion über das Selbstverständnis des technischen Zeitalters. An der Schnittstelle von künstlerischer Avantgarde und Industriekultur operierte etwa László Moholy-Nagy 1929 in seinem Bauhaus-Buch *Von Material zu Architektur*. Die metropolitanen Szenen, die das Abbildungsmaterial in großer Fülle zeigt, wären ohne Elektrizität nicht denkbar. Das Licht der nächtlichen Städte, die ephemeren Räume, die hier entstehen, inspirieren nicht nur Moholys Arbeiten, die künstlerisch auf solche Umgebungen antworten und mit ihnen interagieren – er sieht überhaupt eine Welt »kondensierter Raumerlebnisse« entstehen, in der ein »stetes Fluktuieren«[16] an die Stelle statischer Beziehungen getreten ist.

Moholys Buch in mancher Hinsicht verwandt und zugleich sein Dementi ist der von Edmund Schultz herausgegebene Bildband *Die veränderte Welt* (Abb. 4). Das Vorwort stammt von Ernst Jünger, der wohl auch Konzept und Bildauswahl wesentlich mitbestimmt hat. Mit guten

3 Peter Behrens, *AEG-Metallfadenlampe*, 1907

Gründen wurde dieses Buch als »visueller Kommentar« zu Jüngers 1932 erschienenem Großessay *Der Arbeiter* bezeichnet.[17] Auch in der *Veränderten Welt* geht es, wie bei Moholy, immer wieder um das Bild der modernen Stadt. Der Bauhäusler aber hatte stets seine Lust am »Zirkulationstaumel«[18] erkennen lassen, an städtischen Räumen, die offen für wechselnde Konstellationen sind. Jünger und Schultz enwerfen ein anderes Bild. Der Funkturm in Königswusterhausen, der bei Moholy als Beispiel einer modernen und fast körperlosen Schönheit abgebildet ist, erscheint auch in der *Veränderten Welt*, wo er für die »Steigerung der raumbeherrschenden Mittel« steht.[19] Und unter einer Fotografie der Leitzentrale eines Kraftwerkes steht das Bild einer gestisch gleichgerichtet demonstrierenden Menschenmenge mit dem Kommentar, dass man »auch in der Technik der Massenbewegung Fortschritte gemacht« habe.[20] Wo Moholy von Fluktuation und »Durchdringung« spricht, da arbeitet Jünger mit dem Leitbegriff der totalen »Mobilmachung«. Dahinter werden sehr verschiedene Grundvorstellungen sichtbar: Partizipation und Nichtdetermination stehen gegen die Vorstellung strikter Organisation und die Ausrichtung aller Kräfte auf ein Ziel.

Betont zivilgesellschaftlich ist dagegen das Bild der Elektrizität, wie es auf der Pariser Weltausstellung von 1937 entworfen wird.[21] Ein Auftrag der Pariser Elektrizitätsgesellschaft für die Ausgestaltung des Lichtpavillons veranlasste Raoul Dufy, ein 600 Quadratmeter großes Wandbild zu malen, das die Geschichte ihrer Erforschung und gegenwärtige Anwendungen der Elektrizität in der Form eines Panoramas zeigt. Zielpunkt ist die Gegenwart von 1937, über deren lichtdurchflutete freundliche Alltagsszenerien die spielerisch noch einmal in einer Fee verkörperte Elektrizität hinwegfliegt, so Mythos und Technik versöhnend. Für einen anderen Pavillon behandelt Fernand Léger das Thema elektrischer Kraftübertragung in einer nüchterneren, mehr technoiden Bildsprache. Sein Gemälde *Kraftübertragung (Transport de forces)* zeigt eine Naturlandschaft, die von technischen Anlagen eingefasst ist. Naturkräfte werden in Elektrizität verwandelt – und bei aller darstellerischen Differenz zu Dufy geht es auch Léger um eine zivilisatorisch konstruktive Vision der Elektrizität.

In den Vereinigten Staaten standen die 30er Jahre im Zeichen der ›Stromlinie‹ – fließfähig gestalteter Flugzeuge, Autos und Lokomotiven, deren Formensprache zum allgemeinen Symbol effektiven Kräfteeinsatzes wurde. *Electronics – A New Science for a New World* lautet 1942 der Titel einer Informationsbroschüre, die das Aufkommen eines neuen Leitbildes ankündigt. Herbert Bayer gestaltete sie für die General Electric Company; Geschichte, Funktionsweisen und künftige Anwendungsgebiete elektronischer Geräte werden in einer Folge souverän konzipierter Doppelseiten vorgestellt (Abb. 5). Dabei taucht naheliegenderweise ein Motiv häufiger auf, nämlich Elektronenbahnen, die, wie in den Modellen von Rutherford und Bohr, einen Atomkern umkreisen. Auffällig aber ist, wie weit Bayer dieses Motiv ausreizt – Elektronenbahnen umkreisen Menschen wie Planeten, er zeigt sie in Mikro- und Makrokosmos, sie werden zur allübergreifenden energetischen Chiffre schlechthin.

Gemälde Bayers aus dieser Zeit, freie künstlerische Arbeiten, tragen Titel wie *Interstellare Kommunikation (Interstellar Exchange)* oder *Himmlische Räume (Celestial Spaces)*; Pfeile zeigen die Richtung der Rotation von Himmelskörpern an, Kräftekonstellationen oder die beständige Durchdringung meteorologischer Phänomene in der Erdatmosphäre – es sind Darstellungen allseitig wirkender Energien. Für die Erstausgabe von Sigfried Giedions *Space, Time and Architecture* entwarf er 1941 einen Umschlag, der über einem Barockgarten ein Autobahnkreuz zeigt. Giedion selbst spricht vom »ununterbrochenen Verkehrsfluß«[22] der

4 aus: *Die veränderte Welt*, hrsg. von Edmund Schultz, 1933

»Während man in isolierten Räumen bereits riesige Energien zu meistern versteht ...
hat man auch in der Technik der Massenbewegung Fortschritte gemacht«

5 Herbert Bayer, *Streben nach dem Himmel (Reaching for the Sky)*, aus: *Electronics – A New Science for a New World*, Werbebroschüre für die General Electric Company, 1942

Highways, Bayers Umschlag zeigt dieses moderne Bewegungskontinuum im Unterschied zur statischen Linearität der Vergangenheit. Das Werk Bayers ist der Fluchtpunkt in Alexander Dorners einflussreichem Buch *The Way beyond Art* von 1947, einer Zusammenfassung des Kunstwollens der Moderne. Dorners zentrale Beobachtung ist das Vorhandensein einer »überräumlichen Wirklichkeit reiner Energien«.[23] 100 Jahre nach der Vorhersage von Marx und am Übergang zum elektronischen Zeitalter hat die von Kräften durchwirkte moderne Welt nach der Überzeugung von Dorner in Bayer ihren Ikonographen gefunden.

1 Liebknecht 1896, S. 16.
2 Hawthorne 1988, S. 326f.
3 Marx 1956, S. 101.
4 Baudelaire 1925, Bd. 3, S. 163f.
5 Georg Simmel, *Die Großstädte und das Geistesleben*, in: Simmel 1957, S. 227f. und ders., *Soziologie der Sinne*, in: Simmel 1998, S. 135f.
6 Reff 1982, S. 64, vgl. S. 34.
7 Hermann Bahr, *Dialog vom Tragischen*, Teilnachdruck in: Wunberg 1981, hier S. 259.
8 Zit. nach Duganow 1983, S. 241.
9 Erich Marcks, *Die imperialistische Idee in der Gegenwart* (1903), in: Marcks 1911, Bd. 2, S. 271.
10 *Technisches Manifest*, in: Schmidt-Bergmann 1993, S. 307ff.
11 Ebd., S. 233.
12 Neumeyer 1987, S. 35.
13 Buddensieg/Rogge 1979, S. 21f.
14 Peter Behrens, *Die Turbinenhalle der Allgemeinen Elektricitäts-gesellschaft zu Berlin* (1910), in: Buddensieg/Rogge 1979, S. D 277.
15 Peter Behrens, *Kunst und Technik* (1910), in: Buddensieg/Rogge 1979, S. D 284.
16 Moholy-Nagy 1968, S. 222.
17 Schultz 1933. Zu Entstehungsgeschichte und Hintergrund s. Werneburg 1994.
18 Klaus Heinrich, s. Lethen 1994, S. 49.
19 Schultz 1933, S. 160.
20 Ebd., S. 32.
21 Vgl. dazu Huhn 1986, S. 329ff.
22 Giedion 1965, S. 489.
23 Dorner 1959, S. 127 (das zentrale Bayer-Kap. der amerikan. Erstausg. fehlt in dieser Übers.).

Die Gesellschaft als Fabrik – Industriebilder der Sowjetunion und der DDR

Eckhart Gillen

Marszivilisation und Erdenmenschheit

In den Fabriken gab es weder »Dunst, noch Ruß, noch Gestank, noch Staub. In der reinen, frischen Luft arbeiteten die Menschen kraftvoll und gleichmäßig, das Licht war nicht schmerzlich grell, doch drang es überall hin ... Hebel, stählernen Riesenhänden ähnlich, bewegten sich gleichmäßig und glatt ... Hunderte von Arbeitern gingen gelassen durch den Raum ... Auf ihren Zügen lag keine angespannte Sorge, sondern bloß ruhige Aufmerksamkeit.« Die Arbeiter bestimmten selbst ihre Arbeitszeit und jeder nahm von den Produkten »das, was er braucht, nimmt soviel, wie er will«, ganz nach der Devise von Karl Marx: Jeder nach seinem Bedürfnis. Geld als Äquivalent für geleistete Arbeit gab es nicht. »Bei uns ist die Arbeit frei, es herrscht an nichts Mangel. Der erwachsene soziale Mensch fordert nur eines: Arbeit. Wir brauchen ihn weder auf verhüllte noch auf offene Art zur Arbeit zu zwingen.«

Die beschriebene Szenerie liest sich wie eine Beschreibung des Gemäldes *Textilarbeiterinnen* von Alexander Deineka aus dem Jahr 1927 (Kat. Nr. 118) auf dem junge Frauen barfuß in luftigen Sommerkleidern mit grazilen Bewegungen in einem sonnendurchfluteten, staubfreien Raum die automatisierte Textilproduktion kontrollieren. Sie findet sich in dem 1908 erschienenen Roman *Der rote Stern*[1] von Alexander A. Bogdanow (1873–1928), der zwischen 1906 und 1910 als Konkurrent Lenins um die Führung des bolschewistischen Flügels der russischen Sozialdemokratie galt. Der russische Revolutionär Leonid wird von einer auf der Erde gelandeten Delegation der Marszivilisation zu einem längeren Aufenthalt auf ihrem Planeten eingeladen, um ihre »Lebensordnung« kennenzulernen. Wie sich schnell herausstellt, ist auf dem Mars alles, was auf der Erde noch revolutionäre Theorie ist, bereits vernünftig und planmäßig organisierte Wirklichkeit. Die Kleidung zum Beispiel ist einfach und bequem, »ohne nutzlose Einzelheiten wie Kragen und Manschetten« (S. 42), und erlaubt die größtmögliche Freiheit der Bewegung.

Auch die kommunistische Marszivilisation basiert, wie die spätere Sowjetunion, auf einer vergangenen heroischen Zeit, in der unter dem Kommando eines Chef-Ingenieurs mit strenger Energie, »kalter Entschlossenheit, ja fast Grausamkeit« (S. 63) der Bau eines Systems von großen Kanälen vorangetrieben worden war, an denen hunderttausende Menschen arbeiteten. Bereits 1908 hat Bogdanow also die gigantischen Kanalprojekte der Stalinzeit, zum Beispiel den Weißmeer-Ostsee-Kanal (1931–33), antizipiert.

Da die Ressourcen des Mars bald erschöpft sein werden, planen die kommunistischen Marsmenschen die Kolonisierung anderer Planeten. Auf ihrem Nachbarplaneten beobachten sie mit Interesse die Aktivitäten der sozialistischen Bewegungen, doch: »Ihr Sozialismus ist noch lange nicht unser Sozialismus« (S. 138). Der kalte, analysierende Verstand des Astronomen und Mathematikers Sterni, der »alle Phantasien des Geistes und des Gefühls« (S. 123) zerstört, kommt mit messerscharfer Logik zu dem Schluss: »Die Kolonisierung der Erde fordert die völlige Ausrottung der Erdenmenschen.« Die einzige Alternative wäre »der sofortige Versuch einer sozialistischen Erziehung der Erdenmenschheit. ... Wir kennen die Erdenmenschheit nun schon zu Genüge, um einzusehen, daß diese Idee völlig sinnlos sei« (S. 135). Kann die vollständige Umerziehung nicht durchgeführt werden, so bleibt dem Erzieher nur die Liquidierung: »Ich rede von der Ausrottung der ganzen Erdenmenschheit. ... Das höhere Leben darf nicht dem niedern geopfert werden. ... Es bedeutet daher keinen Verlust, wenn sich auf der Erde anstelle des noch fernen, halb barbarischen Sozialismus schon heute unser Sozialismus verwirklicht, das unvergleichlich harmonischere Leben mit seiner ununterbrochenen, unbesieglichen Entwicklung« (S. 139f.).

In seinem Roman stellt Bogdanow die entscheidende Lebensfrage: Entweder gelingt die Überwindung der Anarchie der sozialen Kräfte und Interessen durch die Revolution, oder es kommt zum »Zerfall der Zivilisation«[2]. Auch Trotzkij war überzeugt, dass die Revolution nur mit »Gewalt, Ausrottung und Zerstörung« die Voraussetzungen für die neue Gesellschaft schaffen könne. »Wenn die proletarische Revolution nicht gekommen wäre, wäre die Menschheit an ihren Widersprüchen erstickt. Der Umsturz rettet die Gesellschaft und die Kultur, aber mit den Methoden der grausamsten Chirurgie. ... Alles, was stört, wird mitleidlos niedergetrampelt.«[3]

Die Revolution wird die letzte Schlacht sein, der totale Krieg für den totalen Frieden einer auf ewig befriedeten Gesellschaft, für den Zustand der ›Entropie‹ als glücklich austariertes Gleichgewicht nach dem Energieschub der Revolution. Bogdanow entfaltet in seinem Roman die statische Utopie eines zeitlosen Zustandes ewiger Glückseligkeit nach dem Ende der Geschichte. Stalin war es, der nach Lenins Tod die Weltrevolution zugunsten eines »Sozialismus in einem Land« aufgab. Die letzte, endgültige Säuberung sollte der ›Große Terror‹ der Jahre 1936 bis 1938 werden. Nadeschda Mandelstam beschreibt in ihren Memoiren den Zustand einer »Utopie als Ordnungsentwurf«[4], die ewige Glückseligkeit, Stabilität, Harmonie und damit zugleich auch den Stillstand als soziale Konstruktion: Es schien so, als sei »die Zeit eingefroren, sei stehengeblieben. Das war ein zentrales Merkmal der beschriebenen Krankheit. Man hatte uns eingeredet, in unserem Land würde sich niemals mehr etwas ändern, und die übrige Welt müsse nur bis zu unserem Zustand gelangen, das heißt auch in die neue Ära eintreten, dann gäbe es niemals mehr eine Veränderung.«[5]

Die utopischen Romane und Theorien von Alexander A. Bogdanow entwarfen schon lange vor der Revolution die totalitäre Utopie einer entdifferenzierten, homogenen Gesellschaft (z. B. durch Zwangskollektivierung) als regressives Gegenmodell zum westlichen Prinzip zunehmender gesellschaftlicher Ausdifferenzierung und Arbeitsteilung. Mit seiner *Allgemeinen Organisationslehre*[6] entwickelte Bogdanow die Theorie einer kollektivistischen Gesellschaft der Zukunft, die auf der Idee einer harmonischen Organisiertheit der Dinge vermittels der Technik und der Menschen über die Wissenschaften aufbaute und zum Vorbild wurde für Lenins Vorstellung der sozialistischen Gesellschaft als Fabrik. Der Arbeitswissenschaftler und Proletkultdichter Alexej Gastew, Direktor eines 1920 in Moskau gegründeten Zentralen Arbeitsinstitutes, verherrlichte seit 1918 in literarischen Werken und Artikeln wie *Poesie des Arbeiterschlages* (1918) oder *Über Tendenzen der proletarischen Kultur* (1919) die »unio mystica« der Maschinen mit der Psyche der Arbeiter. Auf der Organisationslehre von Bogdanow aufbauend, übertrug dieser Exponent des russischen Taylorismus die Verfahren der »Wissenschaftlichen Arbeitsorganisation« (russ. NOT abgekürzt) auf alle Bereiche des Alltagslebens. Die ganze Gesellschaft sollte nach den Prinzipien der maschinellen Technik und Fabrikdisziplin organisiert werden.

Die sowjetischen Avantgarde-Künstler, vor allem die Konstruktivisten, adaptierten diese mechanischen Prinzipien, zum Beispiel führte Rodtschenko die NOT als Studienfach an der Metallwerkstatt der WChUTEMAS (Höhere Staatliche Künstlerisch-Technische Werkstätten, 1921–26) ein und erhob im gemeinsam mit seiner Frau Warwara Stepanowa formulierten *Produktivistenmanifest* Bogdanows Begriff der »Tektonik« zur zentralen Kategorie im Sinne einer Gleichsetzung von Konstruktion mit Organisation.[7] Als Spezialisten der Materialorganisation fühlten sich die Konstruktivisten sowohl in der Lage, den »Widerstand des Materials« zu brechen, es sich »gefügig zu machen und ihm jede gewünschte Form zu geben« (Boris Groys), als auch im übertragenen Sinne das »Menschenmaterial« in den Fabriken psychophysisch zu erziehen. Sie bildeten sich ein, dank ihres Organisationswissens auch über die materielle und soziale Wirklichkeit zu verfügen. »Die ›Tektologie‹ räumte dem Künstler als aktivem Organisator des Bewußtseins und der Emotionen der Massen, ihrer sogenannten ›Psychoideologie‹ und ihrer ›materiellen Kultur‹, einen zentralen Platz beim Aufbau der neuen Gesellschaft ein.«[8]

Bogdanows Gleichgewichtslehre, seine Vorstellungen von harmonischen Wechselwirkungen zwischen Natur, Technik und Gesellschaft gingen von der Annahme eines optimalen Energieflusses aus. Auch die Protagonisten der Lebensphilosophie (*elan vital*), des Futurismus, Suprematismus (Weltenergie) und Konstruktivismus waren darauf bedacht, die gesellschaftlichen Prozesse über die Organisation energetischer Kraftströme zu optimieren. Allein der organisierte Umgang mit der Energie garantierte das allgemeine Menschenglück. Bogdanows Organisationswissenschaft zielte auf die Aufhebung der Gegensätze, Widersprüche und des Individualismus zugunsten des absoluten Gleichgewichts, der Homogenität und des Kollektivismus. Gegen Lenins ›Parteizarismus‹ baute er allerdings noch auf die freiwillige Selbstorganisation des Proletariats und die kameradschaftliche Solidarität der Arbeiter, die – wie schon bei Gorki – zu einer Quelle kollektiver Erfahrungen werden sollten. In der Praxis stieß die freiwillige Selbstorganisation der vielseitigen Persönlichkeiten im Kollektiv jedoch schnell an ihre Grenzen, und an die Stelle der kollektiven Erfahrung trat die unfehlbare Partei.[9]

Neben individualtherapeutischen Maßnahmen gegen einzelne Künstler hoffte Bogdanow, durch eine konsequente Ästhetisierung der Politik in Masseninszenierungen, Aufmärschen, Spartakiaden etc. die »Entgegensetzung unseres ›Ich‹ zur äußeren Welt« zu überwinden. In Momenten »des intensiven Erscheinens eines kollektiven Willens« vergesse sich der Mensch, »und dann sind seine Erlebnisse am harmonischsten«.[10] Bogdanow und die Vertreter der von ihm initiierten »Proletkult«-Bewegung betrachteten die Kunst als »Organisations-Ästhetik«, als ein Medium zur Organisation sozialer Erfahrung »vermittels lebender Bilder, nicht nur in der Sphäre der Erkenntnis, sondern auch in der Sphäre des Fühlens und Wollens. Infolgedessen ist sie das mächtigste Werkzeug der Organisation der kollektiven Kräfte.« Zur Umformung der Individualisten in Kollektivisten braucht das Proletariat »seine eigene Klassenkunst. Der Geist dieser Kunst ist der Arbeitskollektivismus; sie nimmt die Welt wahr und widerspiegelt sie vom Standpunkt des Arbeitskollektivismus.«[11] In der kommunistischen Gesellschaft des »Roten Planeten« waren deshalb die Kunstgegenstände ausschließlich für die Gemeinschaftsgebäude bestimmt.

Künstler als »Ingenieure der Seele«

Die Vertreter der sowjetischen Avantgarde einte bei aller Differenz in Fragen der formalen Organisation die Überzeugung, dass der Künstler im Sinne einer ›Produktionskunst‹ die neue Arbeitsgesellschaft aktiv gestalten muss (Design, Architektur, Städtebau) und durch eine massenwirksame Kunst (Wandbild, Plakat, Zeitschriften) die Bewusstseinsbildung der Arbeiter (die Künstler als »Ingenieure der Seele«, nach dem berühmten Diktum Stalins) beeinflussen sollte. »Nicht das Hervorbringen neuer Bilder ..., sondern die Formung eines neuen Menschen unter Nutzung der Kunst als eines der Produktionsmittel war der Kompaß des Futurismus von seinen Kindertagen an.«[12]

Das Bild vom Schriftsteller als Ingenieur der Seele macht Sinn, sobald man, wie der sowjetische Pädagoge Anton Makarenko, den Menschen als Maschine betrachtet: »Auf jeden Fall war für mich klar, daß sehr viele Details der menschlichen Persönlichkeit mit der Stanzmaschine serienweise hergestellt werden können, daß dazu aber eine besonders präzise Arbeit der Maschine erforderlich ist, peinlichste Behutsamkeit und Genauigkeit.«[13] Auf der Basis dieser großartigen Präzision sind der Einzelne und die Gesellschaft glücklich, obwohl das Kollektiv von der Einzelpersönlichkeit, »solange sie ihm angehört, bedingungslose Unterwerfung« fordert.

Jewgenij Samjatin (1884–1937) schrieb aufgrund seiner politischen Erfahrungen und Enttäuschungen mit seinem Roman *Wir*[14] eine hellsichtige Antiutopie gegen das mechanisch-totalitäre Sozialismusmodell.[15] Der Roman galt sofort als antisowjetische Schmähschrift und konnte erst 1988 in der Sowjetunion erscheinen. Nach seiner 1925 erfolgten Erstveröffentlichung in England wurde er zum Prototyp der antitotalitären, negativen Utopien von Aldous Huxley (*Schöne neue Welt*, 1932) und George Orwell (*Farm der Tiere* von 1945, *1984* von 1949). Wir lesen die Tagebucheintragungen der Nummer D-503, des Konstrukteurs des Raumschiffes »Integral« und Mathematikers des »Einzigen Staates«. Dieses Gebilde ist nach einem 200-jährigen Krieg zwischen Stadt und Land übrig geblieben und schottet sich mit einer grünen, gläsernen Mauer vom unzivilisierten Rest der Welt ab (Sozialismus in einem Land!). Seine Bewohner sind Nummern, alle haben die gleichen Gedanken. Mit der Fertigstellung des Raumschiffes wartet auf diese Nummern die Aufgabe, »jene unbekannten Wesen, die auf anderen Planeten – vielleicht auch in dem unzivilisierten Zustand der Freiheit – leben, unter das segensreiche Joch der Vernunft zu beugen. Sollten sie nicht begreifen, daß wir ihnen das mathematisch-fehlerfreie Glück bringen, haben wir die Pflicht, sie zu einem glücklichen Leben zu zwingen. ... Wir werden die wilde, krumme Linie geradebiegen. ... Denn die Linie des Einzigen Staates ist die Gerade« (S. 5).

Während Andrej Gastev sich für das »Geradebiegen des Volkes« in »Schulen der Arbeitsbewegungen« ausspricht, da »sich der menschliche Organismus, besonders bei uns in Rußland, in einem jämmerlichen Zustand« befindet,[16] überträgt Rodtschenko dieses psychotechnische Denken auf die Kunst. In seinem Manifest *Die Linie* (1921) behauptet er »den totalen Sieg« der Linie über »die letzten Bastionen der Malerei«.[17] Die geometrisch objektive Linie als Basiselement für Mathematiker und Konstrukteure galt ihm und den Konstruktivisten als Garant gegen mögliche Rückfälle in die bourgeoise Kunst der Stimmungswerte und Gefühle, die als Ausdruck subjektiver Empfindungen und Phantasien von der Avantgarde vehement abgelehnt wurde.

Die Diagonale wird neben Spirale und Hyperbel zur wichtigsten, Dynamik suggerierenden Organisationsfigur der Konstruktion, mit der das Menschenmaterial bzw. die Natur symbolisch unterworfen wird. Der T-Träger auf der Fotocollage *Dynamische Stadt* (1919) von Gustav Klucis (Abb. 1) ist die stützende Schrägachse für die gesamte Bildkonstruktion wie für die Lenin gewidmete Rednertribüne von El Lissitzky und für Tatlins Turm der III. Internationale. Die geometrischen Grundformen Kreis, Kubus, Zylinder und ihr freies Schweben im Raum kommen noch aus dem Suprematismus, werden aber von Klucis in Verbindung mit den fotografischen Einsprengseln von Montagearbeitern, T-Trägern und Hochhäusern zu Metaphern für den Bau einer neuen Welt. Das Plakat *Die gewaltige Energie der Wolga soll der sozialistischen Rekonstruktion dienen!* (1930) von Nikolaj Dolgorukow (Abb. 2) zeigt mit einem Staudamm, der aus der Vogelperspektive gesehen als weiße Diagonale von links unten nach rechts oben erscheint, den »Eingriff der Geometrie in die Geographie« als Planung, dem der reale »Einbruch des Menschen in die Natur« folgen wird.[18]

Diese technokratische Vernunft garantiert, dass die Arbeiter im Roman *Wir* »zu einem einzigen millionenhändigen Körper« verschmelzen und sich zu den »Taylor-Exerzitien« in den Auditorien versammeln (S. 12). Im Paradies herrscht die Freiheit von allen Wünschen, dort gibt es weder Mitleid noch Liebe, »nur Selige, denen man die Phantasie herausoperiert hat« (S. 132). Insgeheim sympathisiert Samjatin trotz seiner antisozialistischen Satire mit Trotzkijs Idee der »permanenten Revolution« im Sinne von Ketzertum und steter Veränderung gegen die stalinistische Erstarrung der Gesellschaft. An einer Stelle des Romans lässt er die Rebellin I mit dem Mathematiker D-503 über die Notwendigkeit weiterer Revolutionen diskutieren: »›Es gibt keine letzte Revolution, die Anzahl der Revolutionen ist unendlich.‹ ... – ›Es gibt kein Weiter! Punkt aus! Überall, im ganzen Weltall muß Gleichheit und Gleichmaß herrschen.‹ – ›Aha! Gleichmäßigkeit, überall! Da haben wir sie, die Entropie, die psychologische Entropie. Ist dir als Naturwissenschaftler denn nicht klar, daß nur in der Verschiedenartigkeit ... Leben ist?‹«[19]

1 Gustav Klucis, *Dynamische Stadt*, 1919
Staatliches lettisches Kunstmuseum, Riga

2 Nikolaj Dolgorukow, *Die gewaltige Energie der Wolga soll der sozialistischen Rekonstruktion dienen!*, 1930
Lenin-Bibliothek, Moskau

Mit der Entscheidung für den Ersten Fünfjahrplan (im Frühjahr 1929 rückwirkend ab dem 1. Oktober 1928 in Kraft gesetzt), der die forcierte Industrialisierung einleitete, und für die totale Kollektivierung mit dem Ziel der »Liquidierung der Kulaken als Klasse« hatte sich Stalin für eine bedingungslose Flucht nach vorn, ohne Möglichkeit der Umkehr, entschlossen. Im Moment der von oben angeordneten zweiten und endgültigen Revolution, einem permanenten Krieg der Regierung gegen die eigene Bevölkerung, wurden die Begriffe ausgetauscht: An die Stelle schematisierter, typisierter Funktionsträger rückte der »lebendige Mensch«. Obwohl die Parole vom »lebendigen Menschen« bereits auf dem ersten Kongress der proletarischen Schriftsteller (RAPP) 1928 verkündet worden war, bekam sie erst nach der Auflösung dieser Gruppe[20] in den 30er Jahren den Charakter einer ›Leitkultur‹ gegen alles ›Mechanische‹, ›Logische‹ und ›Abstrakte‹. Die kulturrevolutionäre Arbeit der proletarischen Künstlergruppen während des Ersten Fünfjahrplanes war plötzlich nicht mehr gefragt. Sie hatten »Kommandierungen«[21] auf die Großbaustellen der Schwerindustrie und in die Kolchosen organisiert, bildeten Künstler zu »Stoßarbeitern« aus und gründeten »Künstlerbrigaden«. Die konstruktivistischen Künstler, Architekten, Fotografen, Typografen und Filmemacher der Künstlervereinigung »OKTJABR«, wie El Lissitzky, Gustav Klucis, Alexander Rodtschenko, die Gebrüder Vesnin und Sergej Eisenstein, die – analog zu ihrer Forderung nach einer aktivistischen, ins Leben eingreifenden Kunst – die künstlerische Selbsttätigkeit der Arbeiter und Bauern propagierten, mussten Selbstkritik üben. Viktor Schklowski erklärte am 21. August 1934 auf dem Ersten Allunionskongress der Sowjetschriftsteller: »Wir ... LEF-Leute [Linke Front der Künste] haben vom Leben das Nützliche genommen, denkend, dies sei schon die Ästhetik; wir, die Erwecker der Konstruktivisten, machten solche Konstruktionen, daß sie zu Unkonstruktionen wurden. Wir unterschätzten das Menschliche und das Gesamtmenschliche der Revolution.«[22]

3 Heinrich Witz, *Der neue Anfang*, 1959
Wismut GmbH, Chemnitz

Von der Sowjetunion lernen

Dennoch versuchte Walter Ulbricht 1959 – 30 Jahre nach der Kulturrevolution in der Sowjetunion – eine Wiederholung im Maßstab der DDR: Alfred Kurella propagierte als Leiter der Kulturkommission beim Politbüro der SED den Bitterfelder Weg. Als ehemaliger Abteilungsleiter für Bildende Kunst im Volkskommissariat für Volksbildung (NARKOMPROS) 1928/29 und Mitglied der Avantgardegruppe »OKTJABR«, deren Manifest er mitverfasst hatte, verfügte er über einschlägige Erfahrungen und das entsprechende Vokabular. Doch niemand in der DDR wusste von Kurellas Polemiken gegen »den Realismus der stagnierenden individuellen Lebensweise, den passiv-beschaulichen, der die Wirklichkeit lediglich fruchtlos kopiert, der die alte Lebensweise verherrlicht und kanonisiert, der die Energien fesselt und den Kulturwillen des ungefestigten Proletariats schwächt«.[23]

Inzwischen lobte der alternde sozialistische Humanist Kurella die Genremalerei eines Heinrich Witz (*Der neue Anfang* von 1959, Abb. 3) und die altmeisterliche Lasurtechnik eines Werner Tübke (*Gruppenbild* von 1971/72, Kat. Nr. 153). Er übernahm von der Kulturrevolution des Jahres 1928 zwar Tretjakows Losung: »Es wäre lächerlich, wollte ein einzelner Schriftsteller von philosophischer Hegemonie träumen angesichts der kollektiven Weisheit der Revolution«[24], nicht aber dessen operative Kunstformen, für die er 1928 noch eingetreten war: »Wir sind gegen ein passives Abbilden, wir verteidigen die aktive, führende Rolle des Künstlers.«[25] So konnte der zweite Versuch einer Kulturrevolution, an der Kurella beteiligt war, trotz der Losung von der »Einheit von Kunst und Leben« nur zu einer Travestie seines Vorbildes werden.

Die Parteileitungen in den Industriebetrieben und landwirtschaftlichen Produktionsgenossenschaften als die neuen gesellschaftlichen Auftraggeber forderten von den Künstlern die passive Widerspiegelung einer idealisierten Arbeitswelt. Das Porträt des Arbeiters als Eigentümer und das Gruppenbild der ›selbstbestimmt‹ diskutierenden Brigade waren die bevorzugten Themen des ›sozialistischen Realismus‹. Während die detailgetreue Wiedergabe des Arbeiters am Arbeitsplatz dem ›bürgerlichen Realismus‹ verpflichtet sein sollte, bezeichnete das Adjektiv ›sozialistisch‹ die Perspektive auf eine nichtentfremdete Arbeit, die ›objektiv‹ durch die Revolutionierung der Eigentumsverhältnisse bereits verwirklicht sei, ›subjektiv‹ aber vom Arbeiter, der täglich mit veralteten Produktionsmitteln, stockendem Materialzufluss etc. zu kämpfen hatte, noch nicht wahrgenommen werden konnte. Kultur wurde zunehmend ökonomistisch verstanden als

4 Willi Sitte, *Chemiearbeiter am Schaltpult*, 1968
Staatliche Galerie Moritzburg Halle, Landeskunstmuseum Sachsen-Anhalt

Animations- und Motivationsfaktor für besseres Arbeiten.[26] Die kulturelle Betätigung sollte die Entwicklung der »sozialistischen Persönlichkeit« als »wissenschaftlich gebildeten Menschen« befördern.

Mit der wachsenden Erkenntnis, dass die sozialistische Produktion »den selbständig denkenden, sicher reagierenden, wissenschaftlich gebildeten ... arbeitenden Menschen«[27] benötige, geriet jedoch das autoritäre, auf Gehorsam, Unterordnung und Anpassung geeichte System mit seinem stalinistischen Misstrauen gegen jede Art von selbständigem Denken in einen grundsätzlichen Widerspruch zu den Erfordernissen dieser wissenschaftlich-technischen Revolution. Der Kunstwissenschaftler Peter H. Feist forderte entsprechend dem wachsenden Anteil »intelligenzintensiver« Produkte wie Elektronenrechner statt Schaufelstielen eine »intelligenzintensive Kunst«[28]: »Es galt, etwas nicht unmittelbar sichtbar Werdendes anschaulich zu machen, nämlich geistige Arbeit – Planen, Denken, Entwerfen, Entscheiden, Verantworten.«[29]

Mit dem Gemälde *Chemiearbeiter am Schaltpult* von 1968 (Abb. 4) gelang Willi Sitte ein Musterbild der gewünschten »intelligenzintensiven« Kunst. Der Maler bringt sein Publikum in einen direkten Dialog mit dem Kunstwerk – über den Kunstgriff einer transparent gemachten Schaltwand, durch die hindurch der Betrachter auf die Konzentration und Verantwortungsbewusstsein zum Ausdruck bringenden Gesichtszüge des Chemiearbeiters schaut wie auf sein Alter Ego im Spiegel. Anfang der 70er Jahre sprachen die Kunstwissenschaftler vom »dialogischen Bild«[30], das den mitdenkenden, aktiven Betrachter als Partner des

Künstlers ernst nehmen sollte. Die dominant weit in den Vordergrund ausgestreckten Hände an den Schalthebeln komplizierter Produktionsabläufe im Zentrum eines ›sozialistischen Chemie-Giganten‹ überhöhen den Industriearbeiter zum Demiurgen: Auf das »Götterbild, das Jahrtausende lang die Kunst beherrschte«, erhebt jetzt der Arbeiter Anspruch, »und Sitte zeigte, daß es ... nur ein totaler Anspruch sein kann, der die ... geistige Meisterung auch der kompliziertesten Prozesse modernen Produzierens und Leitens einschließt«.[31]

Im Betriebsalltag der ›sozialistischen Rationalisierung‹ dagegen öffnete sich die Schere zwischen der immer anspruchsvolleren Tätigkeit der Ingenieure und der rezeptiven Vereinfachung der Arbeit bei den Werktätigen. Die ideologische Funktion des Gemäldes lag in der Suggestion, jeder Facharbeiter könne in der sozialistischen Menschengemeinschaft komplexe Produktionsprozesse allein steuern und unterscheide sich dank forcierter Qualifikationsmaßnahmen nicht wesentlich von einem Wissenschaftler. Aber gerade das ist ja die Funktion des ›sozialistischen Realismus‹: den »sozialistischen Charakter der Arbeit und unserer ganzen Gesellschaft in jedem Bereich und an jedem Arbeitsplatz auch subjektiv und anschaulich erleben« zu lassen.[32]

Das Ende des Bitterfelder Weges

Nach dem Sturz Chruschtschows am 14. Oktober 1964 beschloss sein Nachfolger Leonid Breschnew – für die DDR-Führung überraschend – einen Politikwechsel, der statt Reformen einer militärischen Aufrüstung den Vorzug gab. Diese Reaktion auf die expandierende Intervention der USA in Vietnam veränderte die bisherigen *terms of trade*: Die Sowjetunion als Rohstoff- und Halbfabrikatlieferantin verteuerte die Erdölpreise radikal und kürzte die Getreidelieferungen, während die DDR ihre hochwertigen Fertigprodukte in Zukunft zu Dumpingpreisen zu liefern hatte. In dieser Situation versuchte die SED von dem ökonomischen Rückschlag und dem Ende der Wirtschaftsreformen abzulenken durch ein Umfunktionieren des »Wirtschaftsplenums« im Dezember 1965 zu dem berüchtigten »Kahlschlag«-Plenum (15. bis 18. Dezember 1965), auf dem die Aufmerksamkeit der Bevölkerung auf Nebenschauplätze wie die angebliche Verrohung der Jugend (lange Haare, Rowdytum) durch die westlich dekadenten Einflüsse der Beat- und Rockmusik und der Jeans gelenkt wurde.[33] Christa Wolf erinnert sich an diese Versammlung: »Wir hatten ganz deutlich das Gefühl, daß die Kunst›diskussion‹ als Ersatz für die Auseinandersetzung mit den Problemen, die sich in der ökonomischen und gesellschaftlich-politischen Realität der DDR angehäuft hatten, dienen mußte, daß wir als Sündenböcke herhalten sollten. ... Und als klar wurde, daß die Verbindung der Künstler mit den Betrieben dazu führte, daß sie realistisch sahen, was dort los war, daß sie Freundschaften mit Arbeitern, mit Betriebsleitern und mit Leuten anderer Berufe knüpften und daß sie Bescheid zu wissen begannen auch über die ökonomische Realität in diesem Land: Da, genau an diesem Punkt, wurde die Bitterfelder Konferenz, wurden die Möglichkeiten, die sie uns eröffnet hatte, ganz rigoros beschnitten.«[34]

Wie 30 Jahre zuvor in der Sowjetunion wurde der Kontakt der Künstler zur konkreten Arbeitswelt rigoros unterbunden, da er für die Parteiführung kontraproduktiv zu werden drohte. Das 11. Plenum, auf dem Walter Ulbricht erklärte: »Sind wir der Meinung, daß ein paar Künstler oder Schriftsteller schreiben können, was sie wollen, und sie bestimmen die ganze Entwicklung der Gesellschaft?«[35], war für Christa Wolf, wie sie selbst in einem Gespräch mitteilte, die entscheidende Zäsur in ihrem Verhältnis zur »strengen Lehrerin« (Uwe Johnson) DDR. »Danach war nichts mehr zu beschönigen und keine Illusion mehr möglich.«[36]

1 Bogdanow 1982, S. 68ff.
2 Bogdanow 1926, S. 10.
3 Trotzkij 1968, S. 161.
4 Vgl. Gaßner/Gillen 1994.
5 Mandelstam 1991, S. 56.
6 Die beiden Bände seiner *Tektologie* erschienen 1913 und 1917, dt. 1926 und 1928.
7 Vgl. Gaßner 1982, S. 26, Anm. 94, S. 125.
8 Ebd., S. 27.
9 Hans-Dietrich Sander definiert den Stalinismus als »Synthese von Leninscher Parteiherrschaft und Bogdanowscher Organisationswissenschaft« (Sander 1970, S. 76).
10 Zit. nach Grille 1966, S. 183.
11 Alexander A. Bogdanow, *Resolution zur ersten Allunionskonferenz der proletarischen Kultur- und Aufklärungsorganisation*, Sept. 1919, zit. nach Grille 1966, S. 185f.
12 Tretjakow 1923, S. 195.
13 Makarenko 1961, S. 81, 224.
14 *Wir* war der programmatische Titel zahlreicher Gedichte von Proletkultdichtern wie Wladimir Kirillow und Futuristen wie Wladimir Majakowskij. Über dem Eingang der WChUTEMAS stand die Losung »Wir / Boten eines neuen Glaubens / an die Schönheit, die stählern ertönt ...« (W. Majakowskij), zit. nach Demosfenowa 1982, S. 19.
15 Samjatin beteiligte sich bereits 1905 an politischen Aktionen. Er war zeitweise Mitglied in der bolschewistischen Fraktion der Sozialdemokratischen Arbeiterpartei Russlands, wurde verhaftet, verbannt und lebte in der Illegalität. Nach einer erneuten Verhaftung im August 1922 weigerte er sich, Russland zu verlassen.
16 Andrej Gastev, *Geradebiegen des Volkes (Narodnaja vypravka)*, in: *Prawda*, Nr. 128, 1922, zit. nach der dt. Übers. in: *alternative*, H. 122/123, 1978, S. 242–246, hier S. 245.
17 Alexander Rodtschenko, *Linija*, Moskau 1921, in russ. Sprache unveröff. Typoskript eines Vortrags für das INChUK (Institut für Künstlerische Kultur). Zit. nach der dt. Übers. in: Gaßner/Gillen 1979, S. 116.
18 V. Kataev, *Vremja, vpered*, 1932, Roman, zit. nach Gaßner 1982, S. 107, Anm. 498.

[19] Samjatin 1982, S. 109f.

[20] Die RAPP wurde zusammen mit allen anderen Schriftsteller- und Künstlergruppen am 23. April 1932 durch die Verordnung des ZK der KPdSU (B) über »die Umbildung der Literatur- und Kunstorganisationen« zugunsten von Einheitsverbänden nach Kunstgattungen aufgelöst. Vgl. Dokumente 1972, S. 433f.

[21] Vgl. Gillen 1977a, insbesondere die Abschnitte: Der Fünfjahrplan der Kunst, Die Kommandirovki, Die Kunst in die Produktion (S. 137–144).

[22] Schmitt/Schramm 1974, S. 95.

[23] Deklaration der Künstlervereinigung »OKTJABR«, 3. Juni 1928, zit. nach Gaßner/Gillen 1979, S. 181.

[24] Tretjakow 1972, S. 193.

[25] Kurella [1928] 1979, S. 352.

[26] Der Regisseur Manfred Wekwerth zitiert in einem Rundtischgespräch zum Thema »Kultur, Ökomomie und Effektivität« einen Betriebsleiter: »Kann ich von der Kunst nicht verlangen, daß sie [die Arbeiter] am nächsten Tag begeistert zurückkommen und klüger, rationeller, intensiver arbeiten, bessere Resultate im Produktionsprozeß erzielen? Was aber sind sie am nächsten Tag? Müde sind sie. Wo also ist euer Nutzen?« (Wekwerth 1972, S. 128).

[27] Staufenbiel 1966, S. 98.

[28] Feist 1966, S. 435.

[29] Feist 1972, S. 15.

[30] Vgl. Feist 1974, S. 122ff.

[31] Raum 1975, S. 60.

[32] Arbeitskultur 1973, S. 90.

[33] Vgl. Agde 2000.

[34] Wolf 2000, S. 347, 350f. In diesem Sammelband (Agde 2000) ist auch ihre Rede auf dem Plenum abgedruckt, von der die *ND-Beilage zum 11. Plenum. Aus der Diskussion* vom 19. Dez. 1965, S. A 12, nur Auszüge brachte.

[35] Walter Ulbricht, zit. nach *Neues Deutschland* vom 19. Dez. 1965, S. 11.

[36] Thomas/Wolf 1997, S. 572.

Eisen und Stahl – Ausstellungen zum Industriebild in Deutschland

Lutz Engelskirchen

Die Industrie als Thema der bildenden Kunst war mehr als der Wille Einzelner, die Veränderung in der Welt um sich herum malend zu dokumentieren. Es war der Aufschein einer neuen Zeit, in der Technikoptimismus und fortschreitende Industrialisierung neue Bildwelten, neue Interpretationen und neue Mythen produzierten. Das Erscheinen, die Veränderung und schließlich das Verschwinden des Industriebildes war nicht nur Ausdruck der wechselnden Moden in der bildenden Kunst. Es war die Konsequenz aus einem gesellschaftlichen Modernisierungsprozess, einem lang anhaltenden Wandel, der schließlich auch das Ende der industriellen Bildwelten bedeutete, die das Erleben der Zeit bestimmt hatten.

Der zeitliche Rahmen dieser Entwicklung reicht vom späten Kaiserreich bis in die frühe Bundesrepublik: der Zeit, als die Schwerindustrie im Zenit ihres Ansehens stand, bis zu den Jahren des beginnenden Wirtschaftswunders, als von Ferne die ›Angestelltengesellschaft‹, eine Vision voller ›weißer Kragen‹ ohne rußige Schwerarbeit sichtbar wurde. Symbolische Eckpunkte bilden zwei große Ausstellungen zum Thema Industrie und Kunst: Die eine im Jahr 1912, die andere im Jahr 1952, kurz nach der Einrichtung der Montanunion, die für die Industriemalerei noch einmal letzte Impulse gab. Die gesellschaftlichen Veränderungen, auf die die Kunst in diesem Zeitraum reagierte, waren Teil eines langfristigen Wandels, der über die Industrie- in unsere heutige Wissensgesellschaft geführt hat. Am Ende dieses Prozesses stehen andere Medien und Formen der Reflexion gesellschaftlicher und ökonomischer Entwicklungen, die das Industriebild schließlich ersetzten.

Vom späten Kaiserreich bis zum Ende der NS-Zeit

In den Jahren vor Ausbruch des Ersten Weltkriegs wurde in der Öffentlichkeit intensiv das Verhältnis der Gesellschaft zum Fabrikzeitalter diskutiert. Diese Standortbestimmung durchzog das gesamte Kaiserreich und war einer der zentralen Konfliktpunkte der Zeit überhaupt. War es der Moloch, der alles Alte fraß, oder war es die Verheißung auf eine neue, moderne und bessere Zukunft? Der Aufstieg der modernekritischen völkischen Bewegung in diesen Jahren war ein Produkt dieser Unsicherheit. Wie kaum eine andere Branche verkörperte die Schwerindustrie, also »Eisen und Stahl«, das Neue und Dominante dieser Zeit. Ihre Werke, die rund um die Uhr arbeiteten, bestimmten den Lebenstakt hunderttausender Menschen, hier gab die Maschine dem Menschen seinen Rhythmus vor – unterwarf ihn, wie nicht wenige empfanden. Auch auf seiner Höhe fand das Industriezeitalter keine Ruhe, es blieb das ›nervöse‹ Zeitalter.[1] Voller sozialer und politischer Spannungen, blieb auch seine Selbstbeschreibung zwiespältig, eine unentschiedene Bilanz von Verlust und Neugewinn, mit einer ungewissen Perspektive auf die Zukunft.

Vor diesem Hintergrund ist der Versuch des Kunstmuseums Essen zu sehen, 1912 zum Jubiläum des Krupp-Konzerns eine erste große Gesamtschau der Industriemalerei zu unternehmen (Abb. 1).[2] Krupp war das Symbol deutscher Industrialisierung, sein Stahl war der Werkstoff der Industriezeit, durchwirkt von nationalem Pathos und dem Mythos einer festen, geschlossenen Gemeinschaft des Volkes, die in der Klassengesellschaft des Kaiserreichs al-

1 Umschlag von: Ausst. Kat. *Die Industrie in der bildenden Kunst*, Essen 1912

lerdings keine reale Entsprechung mehr hatte. Mit der Ausstellung *Die Industrie in der bildenden Kunst* wurde erstmals eine reine Kunstausstellung organisiert, die gezielt unter dieses Thema gestellt wurde. Schon zuvor waren Industriebilder Bestandteil von Ausstellungen gewesen, doch dienten sie dort vorwiegend der Illustration. Ein typisches Beispiel war die *Industrie-, Gewerbe- & Kunstausstellung* in Düsseldorf 1902 – eine Veranstaltung, die nicht bloß eine reine Verkaufsmesse war, sondern die dem Publikum den Fortschritt der Zivilisation aufzeigen sollte. Gleichzeitig ermöglichte sie der Industrie, zukunftsträchtige Potenz zu demonstrieren.[3] In diesem Kontext umgaben sich die Konzerne des späten Kaiserreichs mit Kunst als akzeptiertem Kulturwert.

Von der illustrierten Gewerbeschau 1902 zur reinen Industrie-Kunstaustellung 1912, die gleichermaßen der Kategorisierung des Vorhandenen und der bürgerlichen Traditionsstiftung diente, war es ein beachtlicher Sprung. Die Ausstellung sollte helfen, mit den Mitteln der Kunst die Bilderwelt der Industrie zu verorten. Selbstvergewisserung für jene »Kinder des Industriebezirks, die erlebten, wie durch das Werk Krupps, wie durch die ... Kierdorf, Stinnes und Thyssen ... unsere rheinisch-westfälische Heimat in raschem Siegeslauf zur Großmacht ward«.[4] Die großen Industriereviere waren geschichtslose Orte, emporgekommen in kurzen Jahrzehnten stürmischer Industrialisierung, bevölkert von geldreichen Wirtschaftsbürgern und namenlosen Arbeitermassen: Menschen einer neuen Zeit, die zu sich selbst finden musste.[5]

Die Ausstellung verdeutlichte die Breite der Auseinandersetzung mit dem Thema. Ästhetisch waren viele Werke mit ihrer realistischen und impressionistischen Ausrichtung in der Tradition des 19. Jahrhunderts verwurzelt. Inhaltlich aber wurde das Thema Industrie in sehr unterschiedlicher Weise interpretiert. Drei verschiedene Gruppen suchten die Organisatoren zu unterscheiden: Zu der ersten Guppe zählten die »malerischen« Industriebilder wie die Eugen Brachts (Kat. Nr. 72) und Friedrich Kallmorgens, die nach Meinung der Veranstalter nach den Kriterien traditioneller Landschaftsmalerei komponiert waren. Einige beschworen in Form harmonischer Idyllen die Möglichkeit der Einordnung des Neuen in alte Traditionen. Andere aber nutzten die Stilmittel der Landschaftsmalerei, um das Neue, Gewaltige der Industrielandschaften noch zu betonen. Auch Interieurs wie diejenigen Theodor Hummels waren nicht ungewöhnlich: Blicke in die verbotene Welt der Werke, ins Innere der Glashütten und Ziegeleien, voll pittoreskem Spiel von Licht und Schatten. Ein zweiter Typus wurde an symbolträchtigen, heroisierenden Bildern, wie jenen Constantin Meuniers (Kat. Nr. 80–86), Friedrich Kellers oder Arthur Kampfs (Kat. Nr. 101) festgemacht. Hier sah man die Dramatik der Industrialisierung beschworen. Als der Zeit angemessen beurteilten die Organisatoren jedoch einen dritten Typus: Die Darstellung der industriellen Arbeit. Unübersehbar stand hinter der großen Industrie die Arbeit hunderttausender Menschen – dies angemessen darzustellen, schien ihnen die Perspektive des Genres für die Zukunft. Diese Hochschätzung der Arbeit als individuelle Leistung war ein Erbstück bürgerlichen Denkens, und in diese Richtung sollte auch die künstlerische Darstellung weisen. Angesichts wachsender Erfolge der Arbeiterbewegung sahen die Veranstalter durchaus die Notwendigkeit einer sozialen Abfederung des industriellen Wirtschaftssystems: »Zum Arbeiterbild muß neben dem Maler ein nachdenklicher und barmherziger Mensch stehen, der ... den Maschinisten in das Getriebe der Räder folgt, der sein Auge mit Stolz auf den prachtvoll entfalteten Muskeln ruhen läßt und mit mitleidiger Wärme auf den Rissen und Narben ihrer verwitterten Gesichter.«[6] Nicht zuletzt suchte das Industriebürgertum mit Hilfe der Kunst eine eigene Tradition zu kreieren, sich in die Geschichte zu stellen, Ort und Bezug zu finden.

Der technisierte und industrialisierte Erste Weltkrieg scheint die Faszination der Fabrikwelt, die im industriellen »Rhythmus der Massen« entdeckt wurde, eher noch gesteigert zu haben. Teile der Generation verarbeiteten ihr Kriegserlebnis so wie Ernst Jünger, in dessen *Stahlgewittern* der industrialisierte, technisierte Krieg als Zeiterfahrung verherrlicht wurde. Sie entdeckten einen altbekannten Typus für sich: Den Arbeiter, so wie ihn Oswald Spengler Anfang der 1930er Jahre beschrieb. Nicht als klassenbewussten Proletarier, sondern als Menschen des Fabrikzeitalters, nüchtern, rational, technischen Rhythmen folgend und sie zugleich vorantreibend. Andererseits boten die 1920er Jahre auch andere Perspektiven auf das Industriezeitalter: Sozialkritische Bilder, die das Leiden der Fabrikarbeiter thematisierten, Verhältnisse von Macht und Herrschaft ansprachen.[7] ›Parteiische‹ Motive, die nicht die Ästhetik der Masse, sondern ihr Elend und ihre Tragik hervorhoben, wie die sozialkritischen Bilder Franz Jansens oder Konrad Felixmüllers und gerade auch Karl Völkers (Kat. Nr. 112). Andere Künstler – wie beispielsweise Sella Hasse – suchten in der anonymen Menge das Individuum in seinem Handeln und Leiden zu erkennen. So blieb das Verhältnis zu Technik und Industrie in den 1920er Jahren ambivalent und widersprüchlich. Fortschrittsgläubigkeit und -euphorie wie auch expressionistisch-irrationale Abneigung der den Menschen unterwerfenden Macht kennzeichnen die Zeit gleichermaßen.

Die zunehmende Technisierung und die beginnende Rationalisierung aller Arbeits- und Lebensbereiche führte zum Schrecken vieler Zeitgenossen schon in den 1920er Jahren zu hohen Produktionssteigerungen bei gleichzeitiger Freisetzung von Arbeitskräften. So entstanden Visionen von der modernen Zeit als dem alles beherrschenden und zer-

2 Bernd Templin,
August-Bierwes-Hütte der Firma Mannesmann in Huckingen, vor 1939
Bundesrepublik Deutschland, Dauerleihgabe an das Deutsche Historische Museum, Berlin

mahlenden Golem: das von Menschen gemachte, technische Monster, das nun seine Schöpfer verschlang. Andererseits entstanden Industriebilder voller Symbolik, die darauf beharrten, dass trotz allem – und mehr denn je – der »Mensch der Schlüssel zur Technik«[8] sei. Die Überzeugung, dass Modernität wesentlich definiert werde durch Rationalität, Effizienz und immer weiter fortschreitende Technisierung, der Glaube an die Möglichkeit technokratischer Steuerung[9] von Wirtschaft und Gesellschaft – dieser Mythos hatte seine eigenen Bildwelten, die das Verhältnis von Mensch, Technik und Industrie beleuchteten: lustvoll den neuen technischen Menschen feiernd, oder kritisch diese Perspektive hinterfragend. Maler wie Otto Dix, Carl Grossberg (Kat. Nr. 120), Nicolay Diulgheroff und – als Vertreter eines magischen Realismus – Franz Radziwill (Kat. Nr. 135) thematisierten diese Aspekte in ihren Werken.

Nach 1933 verschwanden solche Reflexionen aus der deutschen Kunstproduktion. Inhaltlich bemerkenswerte Arbeiten entstanden im Wesentlichen außerhalb der Diktaturen, während vor allem in Deutschland und in der UdSSR die Industriebilder ideologisch instrumentalisiert wurden.

Populär gerade in NS-Deutschland blieb die Beschwörung einer Einheit von Industrie und Landschaft, Technik und Gesellschaft. Insbesondere in der Reichsautobahn-Propaganda spielte dies eine bedeutende Rolle: Die angebliche Fähigkeit der Nationalsozialisten, modernste Technik »organisch« in Bestehendes einzufügen (Abb. 2).[10] In der Umgebung der westdeutschen Industrieregionen spiegelte sich dies in Werken von regionalen Künstlern wie Alfred Dupré, Carl Barth oder Will Küper. Manchmal wichen solche Gemälde in die Inszenierung vor- und frühindustrieller Idyllen aus. Doch diese völkisch-reaktionären Töne waren längst nur noch NS-Folklore. Die Nationalsozialisten brauchten die gesamte Industrie für ihre ambitionierten Rüstungs- und Kriegspläne und stießen als potentielle Auftraggeber auf das Wohlwollen vieler Stahlkonzerne. Es waren die Ruhrindustriellen, unter denen Hitler schon früh reüssieren konnte.

Da in Deutschland die Kunstproduktion in den Dienst der Systemstabilisierung gestellt war,[11] verschwanden alle kritischen Motive. Stattdessen zielte die visuelle Rhetorik der NS-Propaganda auf den Mythos von einer ›organischen

Gemeinschaft‹ statt einer diskursiv verhandelten Gesellschaft – das war der Versuch, die sozialen Spannungen des Industriezeitalters aufzuheben, indem mit dem Mittel der Propaganda ihre Konturen aufgelöst wurden. Ein Beispiel für die Instrumentalisierung der Kunst im Umfeld der Schwerindustrie war die Reichs-Ausstellung *Schaffendes Volk*,[12] eine NS-Propagandaveranstaltung, die 1937 in Düsseldorf, vor den Toren des Ruhrgebietes, abgehalten wurde. Zu sehen war eine Leistungsschau der deutschen Industrie unter den Bedingungen der NS-Zeit. Für die Druckgraphik der Ausstellung besann man sich erneut auf den Topos des Arbeiters als Archetyp, symbolisiert durch eine stilisierte Faust, die einen Hammer schwingt – eine bei linken wie rechten Ideologien eingesetzte Metapher. Jenseits der martialischen, nationalsozialistischen Symbolik war die Reichs-Ausstellung zumindest auch eine Industriemesse, die sich weltoffen und aufgeschlossen gab – mit wohlüberlegtem Kalkül. Denn auch die deutsche Schwerindustrie war zumindest bis 1937 stark *export*orientiert. Einmal mehr musste die bildende Kunst als Beleg dienen: innerhalb der Reichs-Ausstellung wurde dementsprechend eine eigene Kunstausstellung inszeniert.[13]

Nach 1939 stellte sich die Schwerindustrie – und auch andere Industriezweige – nicht uneigennützig in den Dienst des Krieges. So sind für die Zeit bis 1945 ganz andere Industriebilder in Erinnerung, Bilder der nationalsozialistischen Durchhaltepropaganda: Soldat, Arbeiter und Ingenieur, im gemeinsamen Kampf um den Endsieg, an der Front und in den Werken der Heimat, jeder an seinem Platz. Diese Bilder machen deutlich, welche Rolle die Propaganda der Schwerindustrie zugedacht hatte und dass sie diese als gut verdienender Erfüllungsgehilfe der Kriegsmaschinerie bereitwillig auch eingenommen hat.[14]

Das Ende nach 1945

Schneller als erwartet hatte nach 1945 der Wiederaufstieg des besetzten Deutschland begonnen. Im Zuge des Kalten Krieges benötigten die Westalliierten einen stabilen Bündnispartner im Kampf gegen die ›rote Gefahr‹, und das in den Westzonen vorhandene industrielle Potential erwies sich als unverzichtbar für den Wiederaufbau Europas. 1949 wurde im Westen Deutschlands ein neuer Staat gegründet, dessen politisches System auf einer soliden demokratischen Grundlage stand, und schon bald endeten die Demontagen in den Werken der Schwerindustrie. Doch die Furcht der Westalliierten vor der deutschen Schwerindustrie übertraf die tatsächliche ökonomische Bedeutung der Branche bei weitem. Deshalb sollte die westdeutsche Wirtschaft nachhaltig und unwiderruflich mit dem Westen verflochten werden – vor allem: Eisen und Stahl, das schwerindustrielle Potential des Landes sollte eingebunden werden in einen europäischen Kontext. In der jungen Bundesrepublik wurde der Gedanke der europäischen Einigung von der Bevölkerung begeistert aufgenommen. Auftakt dieser Einigung, aus der später die heutige EU hervorging, war die Gründung des Europarats und vor allem die Gründung der Montanunion 1950. In der Montanunion regelten Deutschland, Frankreich, Italien und die Beneluxstaaten einvernehmlich die Beziehungen ihrer Schwerindustrien: Eine Sensation im Europa der Nationalstaaten!

In diesem Kontext suchte die Schwerindustrie 1952 noch einmal die Annäherung an die Kunst. So entstand eine der letzten großen Ausstellungen zur Industrie in der bildenden Kunst – vor allem im Medium der Malerei –, die von der Schwerindustrie initiiert wurde: die Kunstausstellung *Eisen und Stahl* in Düsseldorf. Die Erinnerung an Krieg und NS-Kulturpolitik war noch frisch – andererseits verhießen Montanunion und Wiederaufbau eine wirtschaftlich positive Zukunft. *Eisen und Stahl* war eine eigenständige Kunstausstellung, zugleich eine groß angelegte Image-Kampagne. Als Schirmherr wurde Bundespräsident Theodor Heuss gewonnen, die Liste der Organisatoren war ein *Who's who* der deutschen Schwerindustrie nach 1945.[15]

Verbunden war die Ausstellung mit einem hoch dotierten Kunstwettbewerb, der vom damaligen Nordrhein-Westfälischen Ministerpräsidenten Karl Arnold selbst ausgerufen wurde. Ein erklärtes Ziel der Ausstellung war, die Schwerindustrie in ihrer Rolle als »dienender«[16] Mäzen im Bewusstsein der Öffentlichkeit zu verankern. War doch 1952 die Schwerindustrie weniger als Förderer von Kunst und Kultur denn als Produzent von Kriegsgütern in Erinnerung. So sollte die Ausstellung gerade gegenüber dem Ausland vom Kulturbewusstsein der deutschen Schwerindustrie Zeugnis ablegen.[17] Vor dem Hintergrund des ›Dritten Reichs‹ und der Kriegsrüstung war das ein kompliziertes Unterfangen, zumal viele Industriebilder klassische Auftragsarbeiten waren. Gleich mehrere Katalogartikel analysierten und rechtfertigten deshalb das schwierige Verhältnis von Kunst und Konzernen, die als Auftraggeber eben doch stets mehr waren als bloße, den Künstler in seiner individuellen Entwicklung fördernde Mäzene. Die Zeit des ›Dritten Reichs‹ selbst war ein Tabuthema, das dennoch unausgesprochen allgegenwärtig war – ein typisches Phänomen der ersten Nachkriegsjahre, bevor der ökonomische Erfolg des Wirtschaftswunders das Verdrängen der NS-Jahre zeitweilig erleichtert hat.[18]

Zugleich diente die Ausstellung dem Wiederanschluss an Traditionen vor 1933, die wie so oft dem rigorosen Neuanfang vorgezogen wurden. So wurde zeitgenössischen Werken ein historischer Teil beigestellt. Innerhalb des Ausstellungskatalogs wurde zudem eine Tradition des Genres bis tief in die Geschichte konstruiert: von den Werken Meuniers, Menzels und Schütz' bis zur Abbildung des alttestamen-

3 Werbeanzeige der Duisburger Kupferhütte, aus: Ausst. Kat. *Eisen und Stahl*, Düsseldorf 1952

tarischen Schmiedes Tubalkain in einem Fresko des Andrea da Firenze aus dem 14. Jahrhundert. Im Hintergrund spielte – angesichts des Zerstörungspotentials der Technik – wohl immer noch die Frage nach dem Kulturwert des industriellen Schaffens eine Rolle. Zahlreicher als bei der Essener Ausstellung 1912 waren Motive vertreten, in denen aktuelle Trends zeitgenössischer Kunst erkennbar wurden – vorsichtig tasteten sich 1952 die Kunstschaffenden in der wiedergewonnenen Freiheit an die internationale Entwicklung heran. Düster-heroische Motive fehlten 1952 in Düsseldorf, statt dessen erschienen Menschen in den Bildern, genauer: Aspekte des Menschlichen, so wie es damals vor allem Henry Moore vormachte. Die Inszenierung einer dunklen Masse von Maschinen-Menschen wurde abgelöst durch den Blick auf grundlegende menschliche Regungen. Mit den Plastiken und Bildern Walter Englerts, Heinz Luckenbachs und Wolfgang Schulz' wurden Momente hoher Konzentration trotz schwerer Tätigkeit, dynamische Bewegung, eiserne Kraft und (Selbst-)Beherrschung gezeigt. Auch dort, wo das industrielle Objekt im Mittelpunkt stand, dominierte die Reduktion auf das Wesentliche, so in Brigitte Denninghoffs *Walzstraße* oder Johannes Pawlicks *Werft*. Die Motive muten seltsam unbeteiligt an, sie verklärten den Menschen des technischen Zeitalters ebenso wenig, wie sie für den Proletarier Partei ergriffen – Dokumente der skeptischen Generation der Nachkriegskünstler, denen angesichts des dröhnenden Pathos der NS-Zeit direkte politische Aussagen suspekt schienen.

Fast bemerkenswerter als der Aufsatz- und Bildteil ist die zweite Hälfte des Ausstellungskataloges von 1952. Er enthält zahlreiche Werbeanzeigen der beteiligten Unternehmen, die alle als Motiv ein Industriebild haben. Auf diese Weise konnten sich die Konzerne gegenüber dem Leser ganz unmittelbar als Freunde und ›Diener‹ der Kunst präsentieren und sich ideologisch verorten: »Das Ziel der Wirtschaft ist der freie Mensch«, tönte etwa die Duisburger Kupferhütte (Abb. 3).

Als Katalog- und Werbebild zeigte die Ausstellung *Eisen und Stahl* dem Genre tatsächlich eine Perspektive auf. Zwar setzen sich bis heute Künstler mit dem Thema auseinander, doch im Wesentlichen ist die Zeit des Industriebildes seit den 1960er Jahren vorüber. Gewiss hat dem Genre geschadet, dass es allen Abstraktionstendenzen zum Trotz länger als andere Bereiche der bildenden Kunst am Gegenständlichen festgehalten hat. Doch das allein verursachte nicht seinen Niedergang. Denn das von der Schwerindustrie dominierte Fabrikzeitalter neigte sich ganz allgemein seinem Ende zu – und mit ihm die Malerei, die es begleitet hatte. Die Modernisierungen in der Wirtschaft und Gesellschaft Westdeutschlands während der Wiederaufbaujahre hatten einen Strukturwandel ausgelöst, dessen Tragweite erst langsam deutlich wurde. Die Wohlstandsgesellschaft wurde zum Wunschziel der breiten Bevölkerung. Die Entbehrungen und Nöte der vergangenen Jahre schienen endlich überwindbar. Das Verschwinden alter Produktionstechniken, die Automatisierung und die Steigerung der Arbeitsproduktivität bei schrittweiser Arbeitszeitverkürzung, steigende Anforderungen an das Qualifikationsniveau und die ›Tertiärisierung‹ der Arbeitswelt führten zu einem auch gesellschaftlich fundamentalen Wandel. Dieser minimierte nicht nur die ökonomische und symbolische Bedeutung der alten Industrien, sondern führte schließlich auch zur Auflösung der traditionellen gesellschaftlichen Großgruppen mit ihrer gemeinsamen Kultur und ihren verbindlichen Zeichen- und Kommunikationscodes.[19] Die mit diesem Wandel entstehenden industriellen Bildwelten aber wurden kaum noch malend, sondern zumeist fotografisch dokumentiert und inszeniert.[20]

Das war das Ende. Als die Möglichkeit wenigstens eines relativen Wohllebens für alle konkret greifbar wurde, erledigten sich – wenigstens materiell – die alten Erlösungsverheißungen von selbst, jene der Religion ebenso wie die des Sozialismus. Mit dem Fabrikzeitalter verschwanden auch seine Bildwelten. Der neue gesellschaftliche Mythos war der *white-collar worker*, der Angestellte mit Auto, Frau und Kind im eigenen Häuschen am Rande der großen Stadt. Fast anrüchig war die Erinnerung an die schweißtreibende Schwerarbeit vor dem Feuer der Hochöfen.[21] Nachdem es in der individualisierten Gesellschaft keine verbindlichen Bildwelten und gleichklingenden Zeiterfahrungen mehr gibt, kann es auch keine einheitliche künstlerische Reflexion von Arbeit mehr geben. Bei den Hüttenwerken von einst war das Mächtige und Beherrschende unmittelbar und eindrücklich zu erkennen. Heutige Formen von Wirtschaftsmacht und Herrschaft sind subtiler und nicht mehr unmittelbar eingängig wie einst die Bilder von *Eisen und Stahl*. Und längst ist an die Stelle der Naturbeherrschung durch Faust und Feuer jene durch Wissen und Information getreten, jene Wissensgesellschaft, die seit den 1960er Jahren entstand.[22]

Wenn es überhaupt noch einen Mythos, ein Symbol von Belang gibt, dann ist es bestenfalls der Typus des Aktienhändlers: Die Erfüllung der Vision des *white-collar workers*, der überhaupt nicht mehr produktiv arbeitet, sondern sein Geld rein spekulativ, wissensbasiert anhand gesammelter Information verdient, der Antipode zur Fabrikarbeit. Sein Medium aber ist das Fernsehen, das in genauso schnellem Rhythmus immer neue Bilder und Informationen produziert, wie der Aktienkurs Ausschläge nach oben und unten: schnell, spektakulär und zynisch. Was könnte ein Genre wie das Industriebild mit seinem Pathos angesichts dieser gewandelten, keine Legitimation mehr suchenden, wissensbasierten und abstrakten Arbeitswelt noch bewirken? Nichts.

1 Die kultur- und politikgeschichtliche Übertragung des eigentlich aus der Psychoanalyse stammenden Konzepts der ›Nervosität‹ hat seit einigen Jahren Konjunktur. Siehe hierzu z. B. Radkau 1998; s. a. V. Ullrich 1999.

2 Ausst. Kat. Essen 1912; zum Jubiläum s. Krupp 1912b; Krupp 1912a.

3 Vgl. Stemmrich 1997, S. 1.

4 Ausst. Kat. Essen 1912, S. 10.

5 Am Beispiel des Ruhrgebiets als bedeutendster deutscher Industrieregion dokumentiert diesen schwierigen Prozess z. B.: Slg. Kat. Essen 2000.

6 Ausst. Kat. Essen 1912, S. 6.

7 Siehe hierzu Bertsch 1997.

8 So der Titel eines wahrscheinlich von Ladislav Kroha gefertigten Industriebildes; vgl. Engelskirchen 2000a, S. 65.

9 Willeke 1994; s. a. Willeke 1995.

10 Lang/Stommer 1982.

11 Brenner 1963; s. auch Backes 1988; Adam 1992.

12 Vgl. dazu Ausst. Kat. Oberhausen 1997, S. 146.

13 Vgl. Ausst. Kat. Düsseldorf 1937.

14 Ebd., S. 143ff.

15 Ausst. Kat. Düsseldorf 1952, S. 6f., S. 8ff.

16 Ebd., S. 13.

17 Ebd., S. 19.

18 Siehe hierzu demnächst: Lutz Engelskirchen, *»Symbol der Zerfahrenheit Deutschlands«? Die Geschichte des Denkmals am Deutschen Eck in Koblenz*; Diss. Bochum, voraussichtlich 2002/03.

19 Beck 1986, S. 121ff.

20 Siehe z. B. Ausst. Kat. Essen 1998.

21 Eymold 1994.

22 Führ/Furck 1998; Petzina 1996; Engelskirchen 2000b.

Dramatik und Distanz – Positionen der Industriefotografie im 20. Jahrhundert

Andreas Zeising

Für die Geschichte des Industriebildes spielte im 20. Jahrhundert neben den traditionellen künstlerischen Techniken in zunehmendem Maße auch das neue Medium Fotografie eine Rolle. An eine Industriefotografie mit dezidiert künstlerischer Ausrichtung war allerdings anfangs noch nicht zu denken. Die Vertreter der vorherrschenden ›Kunstfotografie‹ der Zeit um 1900 versicherten sich hinsichtlich Motivwahl und Technik noch ganz der Nähe zur Malerei. Die industrielle Arbeitswelt, die man zu Recht mit Schmutz, sozialem Elend und Klassenkampf konnotierte, wäre ein denkbar ungeeignetes Sujet für eine Fotografie gewesen, die durch Weichzeichner-Effekte und Edeldruckverfahren das Kamerabild zu nobilitieren und vom Makel des Technischen und Mechanischen zu befreien suchte.

Während die ›Kunstfotografie‹ damals der idealistischen Ästhetik verpflichtet blieb und an der traditionellen Trennung der Sphären von Kunst und Technik bzw. Industrie festhielt, hatte sich die gewerbliche Industriefotografie längst zum lukrativen Geschäft entwickelt. Bereits seit den 1860er Jahren hatten Unternehmer fotografische Aufnahmen von Industrieanlagen zur Eigen- und Produktwerbung in Auftrag gegeben (Kat. Nr. 166.1–2).[1] Während der wilhelminischen Phase des Kaiserreichs erreichte die Unternehmensfotografie enorme Ausmaße. So verzeichnete etwa das Firmenarchiv der Allgemeinen Elektricitäts-Gesellschaft (AEG) annähernd 25 000 Aufnahmen, die zwischen 1898 und 1929 im Auftrag der Berliner Maschinenfabrik Brunnenstraße angefertigt wurden.[2] Das Motivrepertoire reichte von Fabrikanlagen, Maschinen und Produkten bis hin zu Aufnahmen von Verwaltungs-, Sanitär- und Wohlfahrtseinrichtungen. Typisches stilistisches Kennzeichen dieser Richtung der gewerblichen Fotografie blieb bis in die 1940er Jahre hinein die Verbindung von klaren, detailreichen und übersichtlichen Ansichten mit Momenten geschickter Inszenierung, mit deren Hilfe die Größe der hergestellten Güter, wirtschaftliche Potenz und Expansionsstreben anschaulich gemacht werden sollte (Abb. 1).[3] Die Wirklichkeit industrieller Arbeit erschien zwangsläufig nur in verfremdeter, den Interessen der Auftraggeber entsprechender Form.

Insignien der modernen Zeit

Für die gewerbsmäßig betriebene Industriefotografie war das Medium vor allem aufgrund seiner Effizienz bei der Herstellung von Bilddokumenten interessant. Diese Situation änderte sich erst in der Zeit nach dem Ersten Weltkrieg, denn die 20er Jahre standen allgemein im Zeichen der Entdeckung der Industrie als Thema der Fotokunst. Diese Entwicklung vollzog sich im Zusammenhang der im Zeichen eines ›Neuen Sehens‹ auftretenden avantgardistischen Strömungen, die sich als Opposition zum vorherrschenden Piktoralismus formierten.

1 *Stator ED 300/290000, Nore, 3. März 1927*, 1927
Deutsches Technikmuseum Berlin, Historisches Archiv, AEG

2 Albert Renger-Patzsch, *Die »Eiserne Hand« in Essen*, 1930
Sammlung »Kunst aus Nordrhein-Westfalen«, Aachen-Kornelimünster

Wenn in den 20er Jahren die ›Schönheit‹ von Maschinenwelt und technischer Form beschworen wurde,[4] war dies freilich nicht ganz neu, denn das hatten die Verfechter der kunsthandwerklich-architektonischen Reformbewegung schon um 1900 getan.[5] Neu war jedoch, dass man der Überzeugung war, die Detailschärfe des Kameraapparates sei das adäquate künstlerische Mittel, um das moderne Gepräge des Industriezeitalters festzuhalten.

In Deutschland waren es Fotografen wie Albert Renger-Patzsch oder Hans Finsler, die, inspiriert vom Glauben an die zukunftweisenden Potentiale der modernen Technik, die Welt der Industrie als Motiv entdeckten. Parallelen hatte diese Hinwendung in anderen hoch industrialisierten kapitalistischen Ländern, in denen Künstler teilweise zu sehr ähnlichen Ergebnissen kamen. In Amerika etwa machte Charles Sheeler Ende der 20er Jahre seine berühmten Aufnahmen der Ford-Werke in River Rouge, die er als Monumente des Industriezeitalters inszenierte. Zur selben Zeit erlangte der Portfolioband *Métal* (1928) der Französin Germaine Krull Berühmtheit, der eine regelrechte Hymne an die Maschine war.[6]

Betrachtet man die Industrie- und Technikfotografie der 20er Jahre insgesamt, so lässt sich eine Zuspitzung des Motivrepertoires registrieren. Während der arbeitende Mensch in den Bildern eine eher marginale Rolle spielt, zeigen die suggestivsten Aufnahmen dramatisch ins Bild gesetzte Fabrikbauten und Schlote, subtil verwinkelte Stahlkonstruktionen und übermächtiges industrielles Großgerät. Die Wahl spezifischer Bildausschnitte, die man auch als Reflex auf die veränderten Wahrnehmungsgewohnheiten des Großstädters verstand,[7] unterstreicht das Symbolhafte dieser Bilder. Ein Beispiel dafür ist Albert Renger-Patzsch, der die Welt der Industrie weniger als Sphäre der Arbeit und der Ökonomie denn als ›Kulturphänomen‹ ins Bild setzte.[8] In dem legendären Bildband *Die Welt ist schön* rückte er Hochofenwerke in die Nachbarschaft von Sakralbauten und verlieh ihnen damit die Aura von ›Kathedralen‹ der Industriekultur. Aufnahmen wie *Winderhitzer* oder *Kauper* (Kat. Nr. 125.1) zeigen die technischen Anlagen durch Untersicht, Symmetrie und harte Helldunkelkontraste geradezu dramatisch verfremdet. »Steigerung« zu »symbolhaltiger Einprägsamkeit« nannte Carl Georg Heise das im Vorwort zur ersten Auflage.[9] Renger-Patzsch interpretiert die Industriebauten als Insignien der modernen Zeit und des gesellschaftlichen und ökonomischen Status quo. Sofern er dabei die äußere Gestaltqualität ins Auge fasst, ist seine Arbeit derjenigen August Sanders vergleichbar, der mit seinen Porträtaufnahmen eine »anschauliche Soziologie« (Sander) seiner Epoche vermitteln wollte.

Wesentlich sachlich-dokumentarischer sind Renger-Patzschs etwa zeitgleich entstandene Aufnahmen von Ruhrgebietslandschaften, die ›unkünstlerische‹ Orte wie Hinterhöfe, einsame Straßen oder Brachflächen einfangen, an deren Horizont oftmals eine entfernte Industriesilhouette schimmert (Abb. 2).[10] Es sind Milieustudien einer seltsam entvölkerten Lebenswelt, in der die Industrie als ungreifbare, auratische Macht im Hintergrund zu wirken scheint.

Autonome Skulpturen

Die neusachliche Industriefotografie der 20er Jahre, die noch ganz dem Glauben an die Segnungen der modernen Technik verpflichtet war, hat nach 1945 keine direkte Nachfolge gefunden. Mit dem Rüstungswahnsinn des Krieges und der nationalsozialistischen Bildpropaganda mit ihrer Verherrlichung von Arbeit und Volkskraft hatte die Industrie ihre Unschuld für die Kunst verloren.

Es waren vor allem Bernd und Hilla Becher, die in der zweiten Hälfte des 20. Jahrhunderts die künstlerische Industriefotografie wiederbelebten und dabei Traditionslinien der 20er Jahre wiederentdeckten.[11] Ihre Auseinandersetzung mit den technischen Zeugnissen der Arbeitswelt ist indessen dadurch geprägt, dass für sie die Industrialisierung bereits eine Figur der Geschichte geworden war, als sie um 1960 damit begannen, Industrieanlagen zu fotografieren. Damals, als selbst unter Denkmalschützern und Kunsthistorikern die Funktionsarchitektur des 19. Jahrhunderts noch kaum eine Lobby hatte, waren es die Bechers, die die Technikgeschichte dieser Bauten und ihr lebensweltliches Gepräge festhielten und damit Pionierarbeit auf dem Gebiet der Industriearchäologie leisteten.

Beispielhaft kann in dieser Hinsicht die Dokumentation der stillgelegten Zeche Zollern II/IV in Dortmund-Bövinghausen genannt werden, die das Künstlerpaar 1969/70 umfassend dokumentierte.[12] Die Aufnahme einer Fördermaschine (Abb. 3), ein Foto aus diesem Werkkomplex, besticht durch das in unmittelbare Betrachternähe gerückte Großgerät und die präzise Schärfenzeichnung. Die Einbeziehung des räumlichen Umfelds und der in die Bildtiefe vorstoßenden Hallenkonstruktion steht dabei klar in der Traditionslinie der Unternehmensfotografie. Kaum zufällig gehören die Bechers zu den Wiederentdeckern der Fotografie der Unternehmensarchive und Messbildanstalten, an deren handwerkliche Perfektion sie anknüpfen.[13]

Der frontale Aufnahmestandpunkt verweist aber zugleich auf die fotografische Bildästhetik der 1920er Jahre. Nicht die Funktion der Maschine, sondern gestalterische Reize stehen im Vordergrund. Hierin liegt eine Parallele zum Formverständnis von Fotografen wie Renger-Patzsch oder Karl Blossfeldt, deren unbeteiligte, dokumentarische Sichtweise die Bechers teilen.

Das Neue an der Becher'schen Industriefotografie ist ihr konzeptueller Ansatz. Sie begreifen die Industriebauten als »anonyme Skulpturen«[14] und stellen in ihren Publikationen und Ausstellungen Gruppen von Einzelaufnahmen – Fördertürme, Gasbehälter, Wasser- und Kühltürme, Silos und anderes Großgerät – zu typologischen Tableaus zusammen, in denen verwandte Objekte im direkten Vergleich stehen (Kat. Nr. 157). Der Betrachter wird so auf die visuelle Gestaltqualität der Zweckbauten verwiesen, und der erste Eindruck von Gleichförmigkeit oder Komplexität weicht der Erkenntnis einer je individuell variierten ›Grundform‹. Im Werk der Bechers, das mittlerweile enzyklopädische Ausmaße erreicht hat, wird die Fotografie als ein Medium eingesetzt, das in den Hintergrund tritt und dadurch Objektivität gewährleistet. Durch diesen Ansatz setzt sich ihr Œuvre von Fotografen wie Carl Andreas Abel oder Chargesheimer[15] ab, die in den 50er und 60er Jahren mit heimatlich geprägten Bildern des Ruhrgebiets hervortraten (Abb 4, 5). In Fortführung der schon von der Kunst des 19. Jahrhunderts[16] vorgezeichneten Ikonographie rauchender Schlote und aufrechter Arbeiter gaben sie ein subjektives, von Verzerrungen nicht freies Bild des Lebens im Revier, das bei ihnen ein kleinbürgerliches Gepräge hat.

Solche unterschwellig romantischen Bilder, die von der kommerziellen Werbefotografie adaptiert und festgeschrieben wurden,[17] bestimmten für lange Zeit das ›Image‹ des Ruhrgebiets und anderer Industrieregionen. Dieses musste zwangsläufig umso nostalgischer und unwirklicher werden, je mehr sich das Erscheinungsbild der Industrie selbst wandelte. Seit den 60er Jahren verschwanden im Zuge des Strukturwandels immer mehr Zechen, Fördertürme und Hochöfen. Statt dessen prägte vielerorts eine gleichförmige Container- und Hallenarchitektur das Gesicht der Industrie.

3 Bernd und Hilla Becher, *Westliche Fördermaschine (1907)*, aus: Bernd und Hilla Becher/Hans Günther Conrad/Eberhard G. Neumann, *Zeche Zollern 2*, 1977

Auch der Charakter der Arbeit änderte sich, da handwerkliche Tätigkeit hinter den Leistungen elektronisch gesteuerter, komplexer Maschinen oder Roboter zurücktrat. Entzieht sich schon deren Arbeitsweise und Geschwindigkeit dem Zugriff der menschlichen Wahrnehmung – man denke nur an die moderne automatisierte Automobilfabrikation – so hat sich bis in die jüngste Zeit das Antlitz der Industrie durch den Einzug neuester Technologien der Datenverarbeitung, Telekommunikation oder Mikroelektronik weiter verändert – mit Folgen für die Industriefotografie: »Für die Fotografie bleibt als Problem zurück, daß mit derart abstrakten Gegenständen kaum informative oder auch nur reizvolle Bilder zu machen sind.«[18]

Orte der Arbeit

Ein Beleg für die künstlerische Problematik der Abbildbarkeit der Industrie ist das ambitionierte Siemens-Fotoprojekt. Zwischen 1987 und 1992 hat das Münchner Siemens Kulturprogramm Fotografen eingeladen, an Standorten des Unternehmens Fotoprojekte zu realisieren. Einzige inhaltliche Vorgabe war es, eine Aussage zum Verhältnis Mensch, Umwelt und Technik zu formulieren.[19]

Die Resultate der eingeladenen Fotografen – unter ihnen Gosbert Adler, Dieter Appelt, Rudolf Bonvie, Joachim Brohm, Hans-Peter Feldmann, Ulrich Görlich, Andreas Gursky, Axel Hütte, Michael Schmidt und Petra Wunderlich – erweisen sich als Versuchsfeld, auf dem eine große Spannweite fotografischer Möglichkeiten erprobt wurde. Dennoch lassen sich drei Aspekte herausstreichen: erstens das Fehlen dezidiert kritischer Positionen; zweitens die Bevorzugung ausschnitthafter Motive sowie drittens eine hohe Gewichtung fiktional-verfremdender Ansätze. Auch dort, wo die Fotografen sachlich-dokumentarische Positionen vertreten, wie vor allem Petra Wunderlich in Fortführung der Becher'schen Bildästhetik, haftet der Industrie doch zumeist etwas Hermetisches, Fremdartiges und Unerklärliches an. Ist die heutige Industrie, so ließe sich fragen, eine Welt, die wir sehen, aber nicht erklären können? Ist das Verlangen nach fotografischer Abbildung gar antiquiert?

Zwei jüngere Ansätze in der Industriefotografie, von Andreas Gursky und Timm Rautert, sollen im Hinblick auf diese Frage näher betrachtet werden. Andreas Gursky hat um 1990 eine Reihe von Aufnahmen in Industrieunternehmen gemacht.[20] Zwischen 1991 und 1993 arbeitete er im Rahmen des Siemens-Fotoprojekts, fotografierte aber in dieser Zeit auch in anderen High-Tech-Unternehmen wie Mercedes Benz und Grundig. Generell ist die Industrie in seiner Arbeit aber nur ein Thema unter vielen. Als Fotograf der *vie moderne* unserer Tage reicht sein Motivrepertoire von Warenauslagen teurer Nobelgeschäfte bis zu Aufnahmen von Handelsbörsen rund um den Globus.

Gursky arbeitet mit einem streng systematischen Ansatz, bei dem nichts dem Zufall überlassen bleibt. In dem 1991 entstandenen Bild *Siemens, Karlsruhe* (Kat. Nr. 159), einer der bekanntesten Arbeiten dieser Werkgruppe, richtet er den Blick von einem außerhalb des Bildgeschehens liegenden, erhöhten Standpunkt in eine Montagehalle der Elektroindustrie. Der scheinbar in unendliche Tiefen reichende, diagonal aufgenommene Bildraum ist ausgefüllt mit einer unüberschaubaren Vielzahl von Leitungen, Gestängen,

4 Carl Andreas Abel, *Superschwarz in Lederjacke. Kumpel nach der Schicht*, 1952
Rheinisches Landesmuseum, Bonn

Kabeln und elektronischem Gerät. Inmitten dieses Gewirrs lassen sich vereinzelte, wie absorbiert wirkende menschliche Figuren ausmachen. Sie treten nicht als Individuen in Erscheinung, sondern sind eingeflochten in den industriellen Produktionsablauf.

Wie viele seiner Bilder – man denke an die Aufnahmen der Handelsbörsen –, zeichnet sich das Bild durch »eine gleichmäßige Aufmerksamkeitsverteilung, durch ein charakteristisches ›allover‹«[21] aus. Gursky ist nicht daran gelegen, funktionale Vernetzungen, Hierarchien oder Abläufe zu schildern, die die Arbeit maßgeblich bestimmen. Er betrachtet diese Sphäre vielmehr als einen ästhetischen Kosmos, der in der Nahansicht in eine mikroskopische Vielzahl von Elementen zerfällt.

Dennoch enthält die Aufnahme eine Aussage über die industrielle Arbeitswelt. Sie ist, wie Gursky selbst sagt, Ergebnis einer Suche »nach einem *Bildäquivalent* für meine *Vorstellung* von einem modernen Großunternehmen«.[22] Der Künstler hat sich auch auf die bekannte Kritik Bert Brechts bezogen, derzufolge der durch »Verdinglichung der menschlichen Beziehungen« gekennzeichneten industriellen Wirklichkeit durch schlichte Wiedergabe nicht beizukommen sei.[23] Diesem Diktum folgend, vertritt Gursky in seiner Arbeit das Prinzip der Konstruktion. Seine Industriebilder vermitteln keinen realistischen, sondern einen gezielt übersteigerten Eindruck von der Komplexität und der Anonymität von High-Tech-Produktionsstätten. Statt konkreter Fertigungsabläufe oder Arbeitssituationen zeigt er eine als »Ornament der Masse«[24] inszenierte Totalität. Gursky schafft damit Sinnbilder einer Arbeitswelt, die den Menschen absorbiert hat. Im Gegensatz zu seinen Lehrern, Bernd und Hilla Becher, interessiert er sich deshalb auch nicht für Unternehmen der Schwerindustrie, weil dort – wie er lakonisch formulierte – »ja nach wie vor noch richtig gearbeitet wird und das Sozialflair zu stark ist«.[25]

Während Gursky die Welt der Industrie in ein suggestives Panoptikum verwandelt, kommt Timm Rautert zu anderen Bildlösungen.[26] Er befasst sich seit rund drei Jahrzehnten mit der industriellen Arbeitswelt und hat eine Zeit lang auch im Auftrag von Unternehmen fotografiert.

Seit Mitte der 80er Jahre hat Rautert verstärkt High-Tech-Unternehmen und hoch automatisierte Produktionsstätten besucht, die durch das scheinbare Verschwinden sinnlich wahrnehmbarer menschlicher Tätigkeit gekennzeichnet sind. Rautert fotografierte futuristische Reinräume und edelstahlarmierte Labors, robotergesteuerte Fertigungsstraßen und neondurchflutete Bildschirmarbeitsplätze, in denen die Arbeit auf eine gespenstische Weise entmaterialisiert erscheint. Wo in seinen Aufnahmen Menschen auftauchen, wirken sie »peripher«[27], in ihren Schutzanzügen entpersonalisiert oder agieren hinter gläsernen Schutzwänden (Kat. Nr. 158). Rauterts Aufnahmen machen ratlos, denn sie erläutern dem Betrachter nicht, was vor sich geht, schildern diese fremdartige Arbeitswelt vielmehr emotionslos und ungerührt. Trotz der Nähe, in die die Kamera zuweilen rückt, wirkt alles unnahbar und gespenstisch. Seine Aufnahmen wirken verstörend, da sie nichts erzählen, sondern bloß teilnahmslos einer geheimnisvollen und ereignislosen Szenerie beiwohnen.

Rauterts Bildästhetik fehlt das Verführerische eines Gursky. Bei allen formalen und konzeptionellen Unterschieden gibt es – neben dem Einsatz der Farbfotografie – aber auch Gemeinsamkeiten. Beide sind nicht wie die Bechers an retrospektiven Aspekten interessiert, setzen nicht deren an der Architekturfotografie geschulte Methode fort, sondern wählen das Interieur, den Ort der Arbeit als Motiv. Dass indessen das fotografische Bild diese hoch technisierte Arbeitswelt nicht anschaulich und nicht plausibel machen kann, wissen beide. Auf einer höheren Ebene operierend, versuchen sie stattdessen, die Distanz widerzuspiegeln, in die unsere Wahrnehmung der Industrie gerückt ist. Gerade diese jungen Positionen zeigen, dass das Thema der

5 Chargesheimer, *Im Ruhrgebiet. Fußballplatz*, 1958
Museum Ludwig, Köln

Industrie als Gegenstand der Fotografie auch im Zeitalter der dritten Industriellen Revolution nicht obsolet geworden ist, solange es gelingt, neue und adäquate bildkünstlerische Strategien zu entwickeln, um die Spezifik der sich wandelnden Arbeitswelt ins Bild zu setzen.

[1] Anfänglich war die Unternehmensfotografie ein Zweig der Gebrauchsgraphik gewesen, denn bereits seit dem frühen 19. Jahrhundert waren im Auftrag der Industrie Angebotskataloge, Festschriften, Briefköpfe und andere Druckerzeugnisse mit Ansichten von Werkanlagen, Fabrikinterieurs oder produzierten Gütern illustriert worden. Vgl. Lenk 1994.
[2] Vgl. Ausst. Kat. Berlin 2000. – Im Rahmen der verstärkten kulturgeschichtlichen Auseinandersetzung mit der industriellen Vergangenheit sind in den letzten Jahren eine Reihe solcher Firmenarchive bearbeitet worden. Vgl. Matz 1987; Tenfelde 1994; Ausst. Kat. Hamburg 1999.
[3] Es handelt sich hier nur um kursorische Anmerkungen zur Typologie der gewerblichen Industriefotografie. Vgl. die ausführlichen Kategorisierungen bei Matz 1987 sowie Sachsse 1999b.
[4] Vgl. beispielsweise den Fotoband *Technische Schönheit*, eingel. und erl. von Hanns Günther, Zürich 1929.
[5] Exemplarisch sei hier nur der kunsttheoretische Ansatz des Belgiers Henry van de Velde genannt, der um die Jahrhundertwende für eine Formgebung eintrat, die mit der gesetzmäßigen Konstruktionslogik des Ingenieurs begründbar sein sollte. Vgl. Velde 1955.
[6] Vgl. Ausst. Kat. Stuttgart/Essen 1979. Zu Krull vgl. Ausst. Kat. Essen u. a. 1999.
[7] Vgl. Molderings 1988, S. 21.
[8] Vgl. Ausst. Kat. Bonn 1977b; Ausst. Kat. Oberhausen 2001a. Siehe ferner Ausst. Kat. Hannover u. a. 1997.
[9] Renger-Patzsch 1928, S. 16.
[10] Die zu Lebzeiten nur verstreut publizierten Aufnahmen wurden in den 80er Jahren editorisch zusammengeführt. Vgl. Wilde 1982; Janzen 1996.
[11] Vgl. exemplarisch: Ausst. Kat. Bochum 1994; Lange 2001; Zeising 2002.
[12] Die Aufnahmen wurden später publiziert in: Becher u. a. 1977.
[13] Sachsse 1999a.
[14] Becher 1970. – Unter demselben Signet wurden ihre Arbeiten auf der Kasseler documenta 5 (1972) gezeigt.
[15] Ausst. Kat. Bonn 1992a; Böll/Chargesheimer 1958; zu Chargesheimer vgl. Mißelbeck 2001.
[16] Vgl. exemplarisch Krauß/Zeising 1994.
[17] Ausst. Kat. Essen 2000.
[18] Matz 1987, S. 16.
[19] Weski 1993.
[20] Vgl. exemplarisch: Ausst. Kat. Düsseldorf 1998; Ausst. Kat. New York 2001. – Bereits in den frühen 1980er Jahren hatte Gursky im Milieu der Großkonzerne fotografiert. Damals fertigte er eine Serie von Aufnahmen der Foyers an, die in gleichbleibender strenger Frontalität den skurrilen Anblick vereinsamt wirkender Pförtner zeigen. Diese frühe Werkserie lehnt sich methodisch an das Konzept der Bechers an, wendet jedoch deren Ernst ins Ironische. Vgl. Ausst. Kat. New York 2001, Abb. 21–24.
[21] Schmitz 1994, S. 8.
[22] Gursky/Jocks 1999, S. 263 (Hervorhebung des Verf.).
[23] Vgl. dazu Marzona 2000.
[24] Siegfried Krakauers Schlagwort ist im Zusammenhang mit Gursky bereits öfter zitiert worden. Vgl. Krakauer 1963.
[25] Gursky/Jocks 1999, S. 263.
[26] Zu Rauterts Industrieaufnahmen vgl. Ausst. Kat. Essen 1992; Ausst. Kat. Oberhausen 2001b.
[27] Böhme 1992, S. 90.

Endstation Kunst – Schrott für die ›Ewigkeit‹

Monika Wagner

Man muß, koste es was es wolle, die Verteidigungsmittel stärken, welche die Welt der Wahrnehmung vor der Eroberung durch jene Dinge schützen können, die die Menschen mehr aus Gewohnheit denn aus Notwendigkeit zu gebrauchen pflegen: Hier wie überall muß das wahnsinnige Untier »Gebrauch« umzingelt werden.
André Breton

Seit rund 200 Jahren bescheren Industrieunternehmen der Welt mit wachsender Dynamik Legionen neuer Dinge und Materialien, die mit kaum minderer Geschwindigkeit nutzlos, überflüssig oder unmodern werden. Solch unüberbietbar erfinderischen Diensten begegneten eine Reihe von Künstlern des 20. Jahrhunderts mit einem künstlerischen Programm des *Ent*nutzens, *Ent*zweckens, des »Entformens« und »*Ent*produzierens«.[1]

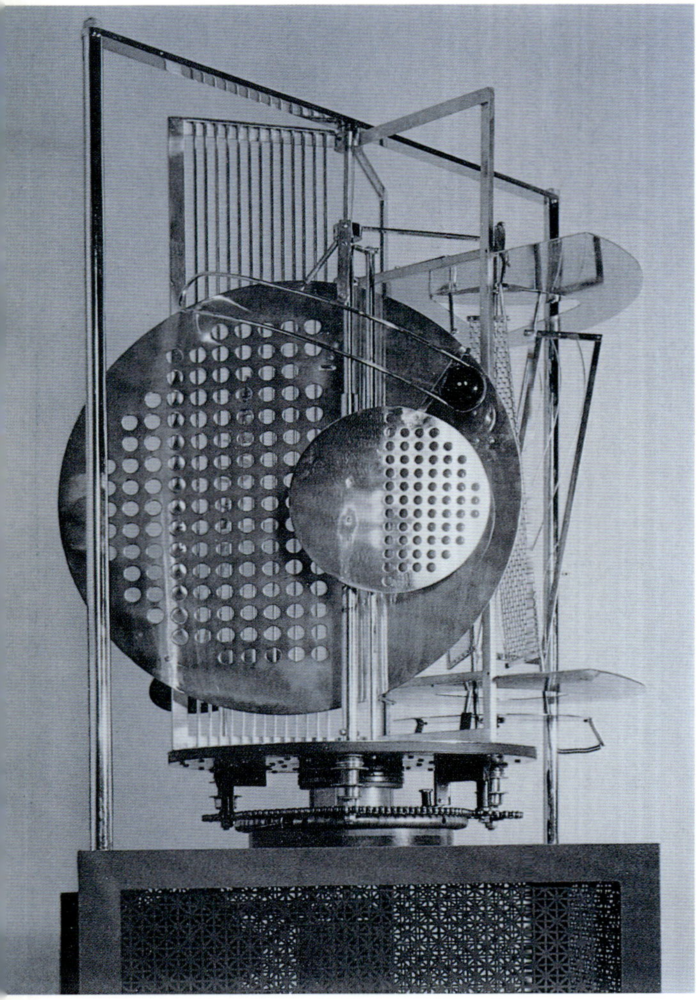

1 László Moholy-Nagy, *Licht-Raum-Modulator (Lichtrequisit)*, 1930 Harvard University, Busch-Reisinger-Museum, Cambridge/Mass.

Im Alltag ist demgegenüber nicht *Ent*nutzen, sondern *Um*nutzen massenhaft produzierter Waren aus Zeiten der Not vertraut. So fanden, um nur eines von vielen Beispielen zu nennen, nach dem Zweiten Weltkrieg überflüssig gewordene Stahlhelme als Güllekellen oder – durchlöchert – als Küchensiebe Verwendung.[2] Doch gibt es auch heute, vor allem in der so genannten Dritten Welt, unzählige Umnutzungen des Schrotts[3] aus den Industrienationen. Einiges davon findet seinen Weg zurück: seit Jahrzehnten wird zum Beispiel in den Industrienationen begehrtes, weil individuell gestaltetes Blechspielzeug aus den ärmsten Ländern angeboten. Die Autos, Flugzeuge oder wundersamen Blumen sind aus Müll, vornehmlich aus farbig bedruckten leeren Blechdosen gefertigt,[4] die meist in Europa, den USA oder Japan produziert wurden, sodass der Abfall der exportierten Industrieprodukte handverarbeitet zurückkehrt.

Dass dieser Schrott eine ästhetische Faszination entfalten kann, hängt zum einen mit der als originell angesehenen, für ›high-tech-user‹ nahezu archaischen Handarbeit zusammen; zum anderen hat Abfall, besonders solcher aus Metall, in der Kunst des 20. Jahrhunderts eine Nobilitierung erfahren, von der auch die ›Designerästhetik‹ mit ihren Möbeln aus rostigen Oberflächen seit einigen Jahren zehrt.[5] Seit Beginn des vergangenen Jahrhunderts haben Künstler Verfahren praktiziert, die technisch gesehen Umnutzungen von Schrott entsprechen, allerdings mit dem Unterschied, dass die Nutzung von Dingen und Materialien des Alltags *als* Kunst gerade in der Entnutzung und dem Absehen von praktischen Zwecken besteht, denen alltägliche Umnutzungen dienen.

Experimente mit Blech

In Arbeiten experimentierfreudiger Künstler sind in den 10er und 20er Jahren häufig Metalle, zunächst besonders die dank der Walzwerke weit verbreiteten Feinbleche, anzutreffen. Das durch die große Industrie des mechanischen Zeitalters billig gewordene, ubiquitäre Material, das zum Beispiel in Gestalt dünnwandiger Dosen gewissermaßen die

Verbrauchsvariante von Metall darstellt, hat den Vorteil, dass es sich leicht weiterverarbeiten lässt. Man kann es mit einfachen Geräten schneiden, biegen, knicken, falzen, stanzen oder perforieren; es lässt sich löten und besitzt eine gewisse Beständigkeit. Kurz und gut, Blech ist ein Material, das sich auch zum Basteln eignet. In Arbeiten der russischen Avantgarde, aber auch bei einem Bauhaus-Künstler wie László Moholy-Nagy wurden Metallbleche als Signum des Industriezeitalters eingesetzt. Für Vladimir Tatlin waren ›Materialkombinationen‹ aus Holz und Blech, Pappe und Eisen Teil seines Programms einer »Materialkultur«, in der Kunst und Leben, Stadt und Land, alte und neue Zeit zum Ausgleich gelangen sollten, ohne unter dem Primat der Technik zu stehen.[6]

Die Künstler der russischen Avantgarde nutzten – wie 50 Jahre später Jannis Kounellis und andere Vertreter der »Arte Povera« – noch nicht geformte Metallbleche, Halbzeug also, dem keinerlei vorausgehende Verwendung anzusehen ist. Im Unterschied zu industriebegeisterten Künstlern wie Moholy-Nagy, der seinen motorgetriebenen *Licht-Raum-Modulator* (*Lichtrequisit*, Abb. 1) aus industriell gestanzten und perforierten Edelstahlblechen und Plexiglasteilen zusammensetzte und als Ausdruck der Kunst des Industriezeitalter verstand, stellten russische Künstler Eigenschaften und Ästhetik des Halbzeugs in den Vordergrund. Auf diese Weise brachten sie etwa grobe Eisen- und Zinkbleche mit dem traditionsreichen Holz zusammen, um so die »Gesetze des Materials«[7] zu erkunden. Demgegenüber betonte Kurt Schwitters in den seit 1919 entstandenen *Merz*bildern[8] gerade den ephemeren Charakter der Waren, indem er deren Trümmer und Relikte – besonders häufig Verpackungen, darunter etwa Blechdeckel und Wände ehemaliger Konservendosen – in seine Bilder integrierte. Das »Entformen der Materialien« von dem Schwitters sprach, »kann schon erfolgen durch ihre Verteilung auf der Bildfläche«.[9] Zur gleichen Zeit postulierte Raoul Hausmann als Aufgabe zeitgenössischer Kunst, »den Dingen und Materialien ihren Nützlichkeitscharakter« zu entziehen.[10] Hausmanns pries die »Vorzüglichkeit und Schlagkraft unserer Materialverwertung« und beschrieb »Konstellationen aus wirklichem Material« in ihrer »geradezu vollendeten Brüchigkeit, Ausgebeultheit«. 1918/19 war das nicht allein ein Verweis auf knappe Materialvorräte für den zivilen Alltag, sondern zugleich auch die sarkastische Reaktion des Dada-Künstlers auf die »Materialschlachten« des Ersten Weltkriegs.[11]

Zweckfrei rotierende Räder

Von Anfang an erregte alles, was mit Mobilität und Bewegung als Kennzeichen der Industriegesellschaft in Verbindung stand, das Interesse von Künstlern. Während Marinetti im ersten Manifest des Futurismus 1909 den Rennwagen höher pries als die *Nike von Samothrake*,[12] montierte

2 Marcel Duchamp, *Fahrrad-Rad (Roue de bicyclette)*, 1913 (verloren), Remake von 1964 Sammlung Arturo Schwarz, Mailand

Marcel Duchamp 1913 ein bescheidenes *Fahrrad-Rad (Roue de bicyclette)*[13] in eine nach oben gerichteten Fahrradgabel, sodass das Speichenrad ohne Widerstand ›zwecklos‹ in der Luft rotieren kann (Abb. 2). Auch Alexander Calder, der später als Vater der Mobiles gefeiert werden sollte, hat sich seit den 20er Jahren in fragilen beweglichen Arbeiten, so beispielsweise dem *Auto (Car)* aus einer Zigarrenkiste und einer Konservendose für den Kühler, der alltäglichen Abfälle der Industriegesellschaften bedient. Picasso kombinierte für seine berühmt gewordene Skulptur *Kopf eines Stiers (Tête de taureau)* Lenker und Sattel eines Fahrrads, für den *Großen Vogel (Grand oiseau)* aus den frühen 40er Jahren Teile eines metallenen Tretrollers.

Während Halbzeug, also etwa die verschiedenen Bleche, wie Tatlin sie verwendete, erst vom Künstler eine Form erhält, ist in Fragmenten von Alltagsgegenständen nicht allein die Geschichte der Formgebung durch nicht-künstlerische Arbeit, sondern auch die des Gebrauchs enthalten.

Künstlerische Arbeiten zehren von der offensichtlichen Zweckentfremdung und Entnutzung eines industriell produzierten Alltagsgegenstands, wie er ungezählte Male existiert. Die Spuren des Gebrauchs lassen den seriell produzierten Gegenstand eine individuelle Geschichte erzählen. Damit haben viele Künstler der 60er Jahre des 20. Jahrhunderts gearbeitet.[14]

Während in Arbeiten aus der ersten Hälfte des 20. Jahrhunderts vorwiegend industriell produzierte Materialien oder einzelne signifikante Teile ausgeschiedener Gegenstände sorgsam arrangiert und komponiert wurden, gewannen Schrottskulpturen, Environments und Räume, wie sie etwa auch Edward Kienholz inszenierte, seit den späten 50er Jahren gigantische Dimensionen. In Paris sammelte Arman im Oktober 1960 tonnenweise Abfall auf den Straßen, darunter auch fünf Fahrräder, und stopfte das Konglomerat, dem er den Titel *Le Plein* gab,[15] unsortiert in die Galerie von Iris Clert. An den zum Bersten vollen Räumen zeichnete sich die Veränderung von der Nachkriegs- zur Wohlstandsgesellschaft ab. Noch wenige Jahre zuvor waren Fahrräder, die nun als Schrott deklariert werden, kostbare Gegenstände, die sorgsam repariert und geflickt wurden. Während Arman in vielen anderen Arbeiten den Schrott wie ein Sammler systematisch nach verschiedenen Dingsorten trennte, die er in Formaldehyd konservierte oder in Plexiglasbehältern versammelte, hat er in *Le Plein* das Scheitern der ›Ordnung der Dinge‹ vorgeführt, indem er das Chaos von Produktion und Konsumption im Abfall re-inszenierte und im Schaufenster der Galerie inmitten der Metropole vor Augen führte. 20 Jahre später wählte Mierle Ladermann Ukeles einen der realen Umschlagplätze für Müll in Manhatten zum ›Erlebnisort‹ der unentwegten Entnutzungen und Entformungen im ›Realzeitsystem‹.[16]

Auch die Arbeiten des Schweizer Künstlers Jean Tinguely, die aus Industrieschrott zusammengesetzt sind, nahmen Ende der 50er Jahre immer größere Dimensionen an. Im Unterschied zu Arman betätigte Tinguely sich jedoch nicht nur als Sammler von Schrott, sondern auch als Monteur, ein Konzept, das nach dem Ersten Weltkrieg schon Berliner Dadaisten wie John Heartfield und George Grosz für sich in Anspruch genommen hatten.[17] Im Zentrum von Tinguelys Arbeit steht nicht die Ware, nicht der ausgeschiedene Teil der Konsumption, sondern das Kernstück der Industriellen Revolution, die Maschine. Mit allen möglichen Maschinenteilen und Rädern baute Tinguely Apparate von nostalgischer Poesie. Räder bilden darin einen zentralen Bestandteil, sie bewegen sich, treiben andere Räder an, ganze Apparaturen rotieren, aber ihre Bewegung hat kein Ziel, sie bleibt zweckfrei. 1960 entstand Tinguelys berühmtestes Werk, die *Hommage to New York* (Abb. 3). Die Skulptur, die der Künstler aus Tonnen alter Maschinenteile, aus Zahn- und Schwung-, Antriebs- oder Kurbelrädern, aus Rädern von Puppen- und Kinderwagen, von Fahrrädern, Autos und Eisenbahnen zusammenbaute und mit mehreren Motoren ausstattete,[18] wurde im Innenhof des Museum of Modern Art in Bewegung gesetzt; das Ungetüm ratterte, knatterte, dampfte, stank und zerstörte sich schließlich selbst. 1962 folgte eine weitere Apparatur, die sich in der Wüste von Nevada durch Sprengsätze ebenfalls selbst zerstörte. Ort und Titel – *Study for the End of the World* – nahmen Bezug auf die Kernwaffentestgelände in Nevada. Obwohl Tinguely weiterhin Apparate aus alten Maschinenteilen baute, übten die maschinenstürmerischen Aktionen vor allem deshalb eine nostalgische Faszination aus, weil die schwerfälligen Giganten aus Eisen und Stahl, wie schon wenige Jahre später von Pontus Hultén vertreten,[19] als symbolische Verabschiedung des mechanischen Zeitalters erschienen. Der Verweis auf atomare Kräfte scheint mit diesen mechanischen Mitteln allerdings kaum überzeugend.

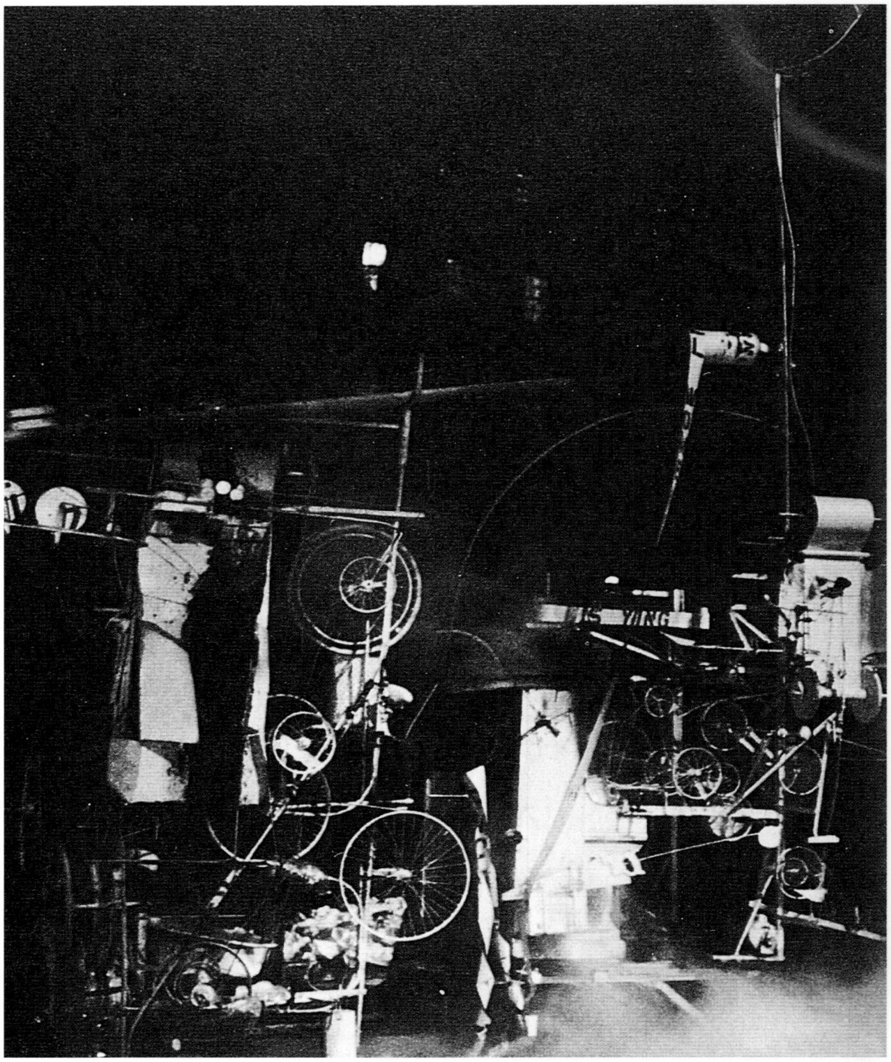

3 Jean Tinguely, *Hommage to New York*, 1960 Museum of Modern Art, New York

Die Faszination des sprichwörtlich ineinander greifenden Räderwerks der großen Maschinerie mit seinen für

Laien undurchschaubaren Abläufen hatte neben vielen Malern wie den Dada-Maschinisten Francis Picabia und Max Ernst auch Charlie Chaplins Filmkomödie *Modern Times* als Ambivalenz von Spiel und Bedrohung gefeiert. Doch gegenüber der Repräsentation von Maschinen in den Bildmedien enthalten die Apparaturen aus realen Maschinenteilen stets die Dimension des ›Authentischen‹, des Belegs für gesellschaftliche Arbeit. Speziell Eisen und seinen Derivaten haftet im Unterschied zu Edelmetallen oder der jahrtausendelang für Kunstwerke eingesetzten Bronze das Odium schwerer Arbeit an. Zwar kommen Metalle in der Natur vor, doch durchlaufen die Rohstoffe einen komplexen, arbeitsteilig organisierten Prozess der Gewinnung, des Schmelzens, Legierens etc. und schließlich des Formens zu Dingen des Gebrauchs. Mit ihren Entnutzungen schreiben sich die individuell produzierenden Künstler gewissermaßen in die Industriearbeit ein. Schon Walter Benjamin hatte den Versuch, »authentische Bruchstücke des Lebens« in die Kunst einzubeziehen, nachdrücklich gewürdigt, weil darin die Anerkennung des Entwicklungsstandes der Produktivkräfte stecke.[20]

Dauerparkplätze für stillgelegte Autos

Der beliebteste Schrott in der Gegenwartskunst stammt vom populärsten Kind des industriellen Zeitalters, das im Alltag einen immer größeren Anteil am anfallenden Müll darstellt: dem Auto. Autos sind funktionale und zugleich fetischartig aufgeladene Prestigeobjekte. Seit den 60er Jahren treten sie in ungezählten Werken der Kunst auf: Wolf Vostell hat ebenso wie Arman und Vito Acconci Autos verschiedentlich einbetoniert, Edward Kienholz baute 1964 in *Back Seat Dodge* (Abb. 4) eine mörderische Liebeslaube, während Suzanne Lacy mit ihren Studenten 1972 ein demoliertes Coupé durch einen pinkfarbenen Anstrich und überwuchernde Pflanzen so drastisch romantisierte, dass es wie ein Denkmal für zerstörte Träume erscheint. Inzwischen wurde von Fiona Tan ein ganzes *Schrottautokino* aus 50 Unfallwagen eingerichtet.[21]

4 Edward Kienholz, *Back Seat Dodge*, 1964 Los Angeles County Museum of Art

1974 hat die Künstlergruppe »Ant Farm« aus San Francisco neben der legendären Route 66 bei Amarillo/Texas gleich zehn Cadillacs der Baujahre 1949 bis 1963 je zur Hälfte – mit dem Kühler voran – in der Erde begraben. Zum flachen Land der Ranch eines mäzenatischen Millionärs bildeten die im gleichen Winkel emporragenden Heckteile einen bizarren Kontrast.[22] Inzwischen musste die *Cadillac Ranch* umziehen, da sie von der expandierenden Stadt eingeholt wurde und sich diese Kontrastbeziehung verlor. Die inzwischen über und über mit Graffiti bemalten Autohecks drohten mit ihrer Isolation auch ihren Kultstatus zu verlieren. Denn im Kontext der Stadt mutieren ausrangierte Autos zu banalem Schrott, der nicht zur Reflexion, sondern zur Beseitigung aufruft. Ein Ort verliert durch schrottreife Autos an sozialem Prestige. Kaputte, deformierte und rostende Autos gelten als sichere Zeichen der Verslumung. Daher bedürfen ästhetische Inszenierungen von Schrottautos einer kontrastierenden Umgebung.

Bei all diesen noch so unterschiedlich ausfallenden Stillstellungen des Automobils bleiben Form, Marke und Typ erhalten, sodass sich der ehemalige Prestigewert ablesen lässt. Die Formen der Heckflossen in *Cadillac Ranch* etwa werden als abgelebte Zeichen vergangenen Chics deutlich, sodass die Autos als Vanitaszeichen figurieren.

Ein anderes Konzept liegt Césars *Kompressionen (Compressions)* zugrunde. César hatte 1995 auf der Biennale in Venedig im französischen Pavillon, einem zierlichen Bau, den man durch eine ovale Vorhalle mit ionischen Marmorsäulen betritt, eine gigantische *Kompression* aus 520 Tonnen komprimierter Autowracks ausgestellt. In der Lagunenstadt, in der noch nie ein Auto fuhr, in welcher der Autoschrott per Lastkahn angeliefert wurde, mutete dieser Friedhof besonders bizarr an. Im Unterschied zu den zerbeulten, aber ihre funktionale Gesamtform bewahrenden Autowracks wurde hier jedes Modell auf dieselbe Form eines Quaders zusammengepresst, sodass sich die einzelnen Pakete nur durch die Farbe des Lacks unterscheiden. Das Verfahren entspricht einer älteren Form der industriellen Autoverwertung.[23] Die Entformung der Fahrzeuge verwandelt sie gleichsam in Rohstoff zurück, der seinerseits eine abstrakte Form erhält. In den Kunstraum überführt wird das Recyclingverfahren, das den Schrott der erneuten Formgebung zuführt, angehalten und stillgestellt. Inzwischen nehmen Werbeanzeigen für ›neue‹ Gebrauchtwagen auf derartige Schrottinszenierungen, die das ästhetisch Ausgeschiedene nobilitiert haben, ironisch Bezug.[24]

César hat Verfahren der industriellen Abfallverwertung genutzt und so jede Formgebung als Handschrift des Künstlers radikal verweigert. Im Unterschied zu Marcel Duchamps *Ready-mades* wie zu den Montagen aus Maschinenteilen und Waren, für die das ebenfalls gilt, liegt der Akzent jedoch gerade nicht auf Verfahren der industriellen Produktion, sondern auf solchen des *Ent*produzierens und der industriellen Entsorgung.

Im Unterschied dazu setzt John Chamberlain zusammengestauchte und zerknautschte farbige Autobleche ein, die er zu Skulpturen zusammensetzt (Abb. 5). Das heißt, der industriellen Kompression steht die Handarbeit des Künstlers, seine individuelle Komposition gegenüber. Auf diese Weise können Autoteile refiguriert werden.[25] Chamberlain verwendet sie wie ein Bastler. In einigen der überaus zahlreichen Schrottkompositionen hat er Kotflügel, Stoßstangen und andere Blechteile dekomponierter Autos so angeordnet, dass in der Gesamtfiguration futuristische Figurationen wie Umberto Boccionis *Schreitender* oder Duchamps *Akt, eine Treppe hinabsteigend*, aufgerufen werden.

Auch Chamberlains wohlkomponierte Schrottfiguren können nur in einer bereinigten, noblen Umgebung wie den antiseptischen Räumen eines Museums oder den polierten Granitfoyers von Bank- oder Geschäftshäusern ihre Wirkung entfalten. Der in Kunst überführte Inbegriff industrieller Produktion mit Verfallsdatum, das Auto, kann unter den Bedingungen des Kontrastes sogar das Anspruchsniveau der Umgebung steigern.[26] In hochglanzpolierten, überwachten Geschäftsvierteln, in den neuen Einkaufspassagen und halböffentlichen Plazas übernehmen es Schrottskulpturen, in gefilterter Form die Abenteuer des Mülls und die Dimensionen physischer Arbeit im mechanischen Zeitalter als einem inzwischen musealen Phänomen zu vermitteln.

5 John Chamberlain, *Der Turm von Klythie*, 1994/95 Friedrichstadt-Passagen, Berlin

Patinierter Plastikmüll

Der ungeheuren Menge an künstlerischen Arbeiten, in denen Metallabfälle als Signum der ›großen Industrie‹ genutzt werden, steht eine verschwindend geringe Anzahl von Arbeiten aus Plastikabfall gegenüber,[27] obwohl der Anteil von Kunststoffen im Müll der Wohlstandsgesellschaften unermüdlich steigt. Das ist zum einen Ausdruck davon, dass sich das Material dem bastelnden Umgang widersetzt. Im Alltag des Plastikzeitalters sind keine Reparaturtechniken entwickelt worden, weil sich das angeblich nicht lohnt. Der Stoff, der seiner unendlichen Formbarkeit und potentiell »endlosen Umwandlung« wegen gerühmt wurde, ist noch immer nicht problemlos oder gar individuell umschmelzbar. Plastik insgesamt, in »der poetischen Ordnung der großen Substanzen ... ein zu kurz gekommenes Material«,[28] wurde lange Zeit als Ersatz teurer und rarer Materialien eingesetzt, sodass ihm noch immer »das Etikett der Minderwertigkeit« anhaftet. Das wurde durch die Verbreitung von Plastik als »Haushaltssubstanz« noch verstärkt. Vor allem aber, so jedenfalls eine gängige Zuschreibung, können Kunststoffe im Unterschied zu Metallen angeblich keine Patina annehmen, weil sie nicht würdig altern, sondern einfach nur kaputt gehen.[29]

Gerd Rohling hat jedoch die Besucher der letzten Biennale im Arsenal von Venedig eines Besseren belehrt. In einer Reihe von Glasvitrinen, wie sie aus Museen vertraut sind, glaubte man auf den ersten Blick eine Sammlung kostbarer Gefäße aus farbig schimmerndem und halbtransparentem, patiniertem antikem Glas vor sich zu haben, so, als hätten die Manufakturen aus dem benachbarten Murano ihre edelsten Stücke im Arsenal präsentiert (Abb. 6). Bei

6 Gerd Rohling, *Wasser und Wein*, 1984–2001, Installation 2001 Arsenal, Venedig

genauerem Hinsehen entpuppten sich die Schätze jedoch als Montagen aus zerstörten und verblichenen, von Wind und Wasser abgeschliffenen Plastikbehältern alltäglichster Art. Rohling hat Bruchstücke von millionenfach existierenden Plastikbehältern für alle erdenklichen Alltäglichkeiten – von der Spüliflasche über die Zahnpastatube bis hin zur Tubberschüssel – zu singulären Einzelobjekten aus erlesenen Formen montiert. Die Zerstörung der normierten Industrieform individualisiert die wertlosen Abfallmaterialien und kommt so traditionellen künstlerischen Verfahren entgegen. Damit scheinen die Kunststoffe mit ihrer imitatorischen Potenz den Betrachter wieder zu täuschen. Doch indem dies zugleich offen gelegt wird, erzählt der Nippes nicht nur von der Schönheit einer Prilflasche, sondern auch von der Sehnsucht nach dem Bastler, der alles rettet, was die funktionale Welt ausscheidet.

1 Der Begriff »Entformen« stammt von Kurt Schwitters, s. u. Anm. 9; von »Entproduzieren« spricht Jochen Gerz, s. Janke 1997, S. 24.

2 Ausst. Kat. Stuttgart 1983, bes. S. 135ff.

3 ›Schrott‹ ist ein niederhochdeutscher Begriff und bezeichnet ursprünglich altes Metall und unbrauchbare Metallabfälle.

4 Vgl. Krieger 1983.

5 Fischer 1996, S. 54f.

6 Groys wertet Tatlins nicht funktionierende Apparate als Ausdruck einer antitechnischen Haltung und »antiwestlichen Einstellung«; s. Groys 1993, S. 255.

7 Vladimir E. Tatlin, zit. nach *Dokumente*, in: Shadowa 1987, S. 260.

8 Die Bezeichnung geht nach Schwitters' eigenen Angaben auf den aus einer Anzeige der Kommerz- und Privatbank herausgeschnittenen Textbaustein zurück; s. Elderfeld 1987, S. 12f.

9 Schwitters (1919), zit. nach El-Danasouri 1992, S. 185.

10 Hausmann, *Dada empört sich*, in: Dada Berlin 1977, S. 10.

11 Wagner 2001, S. 61ff.

12 F. Th. Marinetti, in: Baumgarth 1966, S. 26.

13 Zur Rezeptionsgeschichte vgl. Daniels 1992.

14 Zu den wichtigsten zählt Edward Kienholz, der in vielen seiner Arbeiten, so in *Volksempfänger*, politische Geschichte in Erinnerung ruft.

15 Zu *Le Plein* ausführlich Rübel 2002, S. 119–121.

16 Wagner 2001, S. 66f.

17 Damals ging es in erster Linie um Bildmontagen aus allen möglichen Druckerzeugnissen, vereinzelt aber auch, wie die Berliner »Dada-Messe« zeigte, um dreidimensionale Arbeiten.

18 Billy Klüver, ein Mitarbeiter Tinguelys in New York, hat unter dem Titel *The Garden Party* einen ausführlichen Bericht über Vorbereitungen und Ablauf verfasst, abgedruckt in: Ausst. Kat. New York 1968, S. 169f.

19 So der Titel von Hulténs New Yorker Ausstellung; s. Ausst. Kat. New York 1968.

20 Wagner 2001, S. 57f.

21 Realisiert im Juli 2000 im Hamburger Oberhafen; s. Aussendienst 2000, o. S.

22 Wagner 1997, S. 131–137.

23 Bei diesem Verfahren wurden alle Bestandteile eines Autos zusammengepresst. Heute zerkleinert man zuerst das Auto, um die verschiedenen Materialien zu separieren.

24 *Hamburger Abendblatt*, Nr. 95, Ostern 1998, S. 35.

25 Vgl. *Lord Suckfist* 1989, in: Ausst. Kat. Amsterdam/Wolfsburg 1996, S. 77.

26 Wagner 2002, S. 104–114.

27 Vgl. etwa Vergine 1997.

28 Roland Barthes, *Plastik* (1957), in: Barthes 1996, S. 80. Ebd. auch die folgenden Zitate.

29 Vgl. *Magie der Werkstoffe* (Themenheft), *Daidalos* 56, Juni 1995, S. 31f.

Deindustrialisierung und Deökonomisierung – Das Verschwinden der Industrielandschaft*

Wolfgang Engler

Der Osten als Experimentierfeld

Mangels überzeugender eigener Konzepte schien der Osten Deutschlands im Umbruch der Jahre 1989/90 dazu bestimmt, den Westen zu kopieren. Die Ressourcen des Landes waren erschöpft und bald auch die Menschen, nachdem ihre anfängliche Begeisterung abgeklungen und die ganze Dimension der Probleme sichtbar geworden war. »Keine Experimente!« stand hinfort auf vielen Transparenten zu lesen, mit denen ihre Träger einen möglichst schnellen Anschluss der DDR an die Bundesrepublik forderten. Der Umbau Ostdeutschlands nach westdeutschen Muster würde, so viel stand fest, die finanziellen und organisatorischen Kapazitäten der Muttergesellschaft erheblich beanspruchen; Intellekt und Phantasie schien er dagegen kaum herauszufordern. Was binnen weniger Jahre im Beitrittsgebiet entstehen würde, glaubten die westdeutschen Eliten ebenso zu kennen wie die Mehrheit der Ostdeutschen – eine leistungsfähige Wirtschaft auf dem neuesten Stand von Technik und Ökologie, eingebettet in einen potenten Sozialstaat, der die absehbaren Risiken des Umstellungsprozesses erträglich machen würde.

Mitte der 90er Jahre wurde dieser Optimismus brüchig, wenig später erwies er sich als Illusion. Die Wirtschaft wuchs langsamer, die Arbeitslosigkeit schneller als im Westen, die Menschen verließen in großer Zahl das Land und soziale wie regionale Kontraste verschärften sich zusehends. Die innerdeutsche Ost-West-Differenz begann sich im Osten zu reproduzieren, und zwar als schroffer, unvermittelter Gegensatz von (partieller) Modernisierung und (weiträumiger) Unterentwicklung.

Im Unterschied zu den Industrie- und Arbeitnehmergesellschaften des Westens, die einen mehrere Jahrzehnte umfassenden Anpassungsprozess durchliefen, stolperte Ostdeutschland beinahe übergangslos von der historischen Etappe an die Front der globalisierten Weltgesellschaft. Viele der gravierendsten Probleme, mit denen die industriell fortgeschrittensten Gesellschaften ringen – Lösung der Unternehmen von ihren Standorten, Arbeitslosigkeit infolge hoher Produktivität, Finanznot der Kommunen, drohende kulturelle Auszehrung von Städten und Gemeinden, Bevölkerungsschwund, Überalterung, Krise der kollektiven Versorgungssysteme –, haben auch Ostdeutschland erfasst. Nur verbinden sie sich hier, und das ist das Brisante und zugleich Neuartige der Entwicklung, mit den Folgen systematischer Deindustrialisierung, mit massiver Abwanderung, mit bereits einsetzendem Städtesterben und fremdbestimmter Wirtschaft zu einer präzedenzlosen Konstellation. An ihr prallen alle Versuche ab, Konzepte aus dem Westen einfach nur zu übernehmen. Wenn in diesem Zusammenhang überhaupt von Übernahme die Rede sein kann, dann in umgekehrter Richtung, von Ost nach West bzw. in doppelter, nach Westen *und* nach Osten, denn wie Ostdeutschland die Krise meistert, ist auch für Osteuropa von enormer Bedeutung.

Gewollt oder nicht: Ostdeutschland ist dazu auserkoren, zu einem der größten Experimentierfelder der jüngeren Geschichte zu werden. Hier, wo der Verfall der Industrielandschaft mit Händen zu greifen, der Abschied von der Arbeitsgesellschaft unumkehrbar geworden ist, muss es sich erweisen, ob Mensch und Landschaft, ihrer bisherigen Funktion jäh verlustig gegangen, einer neuen Bestimmung fähig sind. Doch vor der Kür die Pflicht.

Zum Beispiel Hoyerswerda

»Abriss-Hochhaus
Albert-Einstein-Straße 1–5
Dieses Projekt wird aus Mitteln des Freistaates Sachsen und der Bundesanstalt für Arbeit gefördert
Entwurfsverfasser ...«

Vor Jahresfrist stand dieses Schild vor einer der großen, leer gezogenen Wohnscheiben mitten in der Neustadt von Hoyerswerda, gleich neben der Lausitzhalle.

Unterdessen ist die Arbeit getan und die Stelle bietet denselben Anblick wie der nahe gelegene Marktplatz. Dort ließ die städtische Wohnungsbaugesellschaft schon früher einen baugleichen Wohnblock abreißen; seither klafft in dem weiträumigen Geviert eine gespenstische Lücke. »Freier Blick aufs Mittelmeer!« hieß die verrückte Forderung aus einem Stück von Dario Fo; soll sie ausgerechnet in der Lausitz Wirklichkeit werden?

Aber was heißt hier ›verrückt‹? Gleich den städtebaulichen Realitäten übt auch die administrative Semantik im Osten Deutschlands den Kopfstand. »Projekt«, »Entwurf«, dabei denkt man gemeinhin an etwas Konstruktives, Schöpferisches. In Hoyerswerda scheint die schöpferische Arbeit darin zu bestehen, destruktive Akte als Aufbauwerke zu kaschieren. Auch anderswo; die Leipziger Stadtverwaltung überschrieb ihr Vorhaben, demnächst 700 Häuser aus der Gründerzeit abzureißen, mit »Neue Gründerzeit«; die Informationstafel der ersten »Rückbaustelle« verkündete lakonisch: »Sanierungsvorhaben: Abriss«. Architekten und Landschaftsplaner, dazu aufgerufen, Zukunftsentwürfe für den von Wohnungsleerstand besonders heimgesuchten Leipziger Osten zu unterbreiten, schlugen unter anderem eine ›Zone‹ vor, die mitten durch das Quartier führen sollte, gegliedert in »Hirschgehege, dunkler Wald, lichter Hain«.

Was die soziale und kulturelle Lage vieler ostdeutscher Städte, selbst ganzer Regionen nach der Wiedervereinigung so schnell kritisch werden ließ, war ihre Ausrichtung auf ein äußerst eng gefächertes Wirtschaftsspektrum. Oft genug hing ihre Existenz an einem einzigen Wirtschaftszweig. Mit dessen Schrumpfung oder Abwicklung verloren sie buchstäblich den Boden unter den Füßen.

Auch in dieser Hinsicht ist der Fall Hoyerswerda symptomatisch: Die beiden Schlüsselindustrien der Stadt wie der

Entstädterung

Der Deindustrialisierung folgt, wie schon angedeutet, die schleichende Entstädterung auf dem Fuße. Beherbergte die »zweite sozialistische Stadt der DDR« 1989 etwa 70 000 Einwohner, sind es gegenwärtig weniger als 50 000. Die Ursachen sind vielschichtig – Abwanderung in den Westen, der Arbeit nach, Umzug ins Umland, mehr Sterbefälle als Geburten, politische Fehlsteuerung, finanzielle Anreize zur Stadtflucht –, weisen aber alle in dieselbe Richtung.

»Daß Städte wieder zur Dörfern werden könnten, daß Dörfer mangels Menschen von der Landkarte verschwinden, ist in unserem Denken nicht vorgesehen. Wir alle aber werden es erleben«, stand kürzlich in der *Frankfurter Allgemeinen Zeitung* zu lesen.[1]

In Hoyerswerda wird das Futurum zum Präsens, zum beobachtbaren Vorgang. Sinnlich am greifbarsten ist der enorme und weiter wachsende Leerstand, das Veröden ganzer Quartiere, die drohende Insolvenz von Wohnungsunternehmen in der Zange zwischen Schuldendienst (auch

1 Josef Koudelka, *Chemopetrol bei Most (Chemopetrol od Mostu)*, aus der Serie: *Das Schwarze Dreieck (The Black Triangle)*, 1990–93
Josef Koudelka/Magnum Photos, Paris

Lausitz im ganzen, Braunkohle und Energiewirtschaft, ernähren nach der ›Umstrukturierung‹ nur noch einen Bruchteil der Bevölkerung, neue Arbeitsplätze gibt es nur wenige, die Arbeitslosenquote liegt bei 25 %. Die Region leidet nicht nur unter der Unterentwicklung, sondern, paradoxerweise, auch unter dem ›Fortschritt‹. Im nahe gelegenen Schwarze Pumpe entstand das modernste Kraftwerk auf Braunkohlenbasis weltweit. Die Investitionssumme betrug 3,5 Mrd. DM und damit die Hälfte der für die Neubebauung des Potsdamer Platzes verausgabten Mittel; gerade genug, um etwas mehr als 300 Menschen langfristig mit Arbeit zu versorgen. Das gigantische Missverhältnis desavouiert jeden Gedanken an eine Rückkehr zum Status quo ante.

für leer stehenden, selbst abgerissenen Wohnraum), Mieterschwund und sinkender Kreditwürdigkeit. Weniger greifbar, aber nicht minder drückend: Mit jedem Wegzug schrumpfen die Mittel, die die Stadt aus dem Finanzausgleich erhält, verengt sich der Kreditrahmen auch für die Kommune.

Schließlich: Was im Westen erst vor wenigen Jahren ins öffentliche Bewusstsein trat – die prekäre Haushaltslage von Kommunen, deren angestammte Unternehmen sich mit allen Mitteln der ›Globalisierung‹ ihrer Steuerpflicht entziehen –, war ostdeutschen Städten und Gemeinden von Anfang an vertraut. Die wenigen Unternehmen von überregionaler Bedeutung, die nach 1990 hier investierten, hatten ihren Firmensitz so gut wie stets im ›Steuerausland‹.

Hoyerswerda ist nicht überall, aber vielerorts.

»Vorbei die Zeit, dass der Abriss eines Elfgeschossers noch eine überregionale Meldung wäre. Inzwischen stehen im Osten Deutschlands über eine Million Wohnungen leer, Tendenz unaufhaltsam steigend. Die Leerstandsquoten bewegen sich zwischen zehn und fünfzehn Prozent (Landesdurchschnitte), alarmierende Spitzenreiter sind Leipzig (ca. 20 % insgesamt) und Görlitz (über 50 % in der Altstadt), daneben Stendal (über 42 % in den Plattenbauvierteln) und Halle-Altstadt (28 %).«[2]

Der Gegensatz zwischen dem erfreulichen Anblick, den die weitaus meisten ostdeutschen Städte heute bieten, und dem versiegenden Leben hinter den Fassaden ist denkbar krass und wird sich noch weiter verschärfen. Ist der zweite Akt des Dramas, das auf der demographischen Bühne spielt, doch längst geschrieben. In knapp zehn Jahren werden die geburtenschwachen Jahrgänge, Resultat des ostdeutschen ›Gebärstreiks‹ der Nachwendejahre, den Arbeitsmarkt entlasten, Häuser, Kindertagesstätten und Schulen jedoch aufs Neue entvölkern. Damit nicht genug, schlägt die Deindustrialisierung in einer ganzen Reihe von Regionen unterdessen in Deökonomisierung um; nicht nur in der Lausitz, sondern auch in Teilen Sachsen-Anhalts, Brandenburgs und Mecklenburgs. Zugleich mit den Betrieben schlossen dort die sozialen und kulturellen Institutionen, die an sie gebunden waren. Infolge hoher Arbeitslosigkeit und Abwanderung werden kommerzielle Dienstleistungen auf Selbstversorgung umgestellt. Kommunen und Landkreise verlieren weitere Steuerzahler und auch die private Ökonomie büßt mit der Arbeit ihr Rückgrat ein. Oft sind es einzig die schulpflichtigen Kinder, die den Tagesablauf der Erwachsenen strukturieren. Der Staat, seine Transferleistungen und Beschäftigungsinitiativen, werden zum letzten Rettungsanker des sozialen Zusammenhalts. Das Engagement über den eigenen Lebensumkreis hinaus erstirbt oder schrumpft auf ein Minimum zusammen und die ›müde Gemeinschaft‹ aus den Zeiten der Großen Depression kehrt wieder.[3]

Blühende Landschaften?

Warum ein Bild vom Osten zeichnen, das den Eindruck zweier inkommensurabler deutscher Teilgesellschaften vermittelt? Gibt es im Westen etwa keine Problem›zonen‹?; keine von gravierenden Problemen verschonten Landstriche beiderseits der Elbe? Was käme gar heraus, wenn man die Vergleichsperspektive umkehrte und die Vorposten des Ostens mit den Schlusslichtern des Westens ins Verhältnis setzte? Doch wohl ein realitätsnäheres Bild der Wirklichkeit.

Darauf ist Folgendes zu entgegnen:

1. Natürlich gibt es im Osten neben devastierten Regionen auch Entwicklungsräume, Orte wirtschaftlicher Prosperität, von Wachstum und Beschäftigungsgewinn. Der Wirtschaftsjournalist Günter Heismann hat sie in einem detaillierten Report sorgsam kartographiert, wobei er einräumt, dass es bisher nicht gelang, diese Räume miteinander zu verbinden, die Verinselung des Fortschritts aufzubrechen.[4]

Die geforderte Perspektivenumkehr fördert insofern durchaus Realität zutage; nur eben nicht die Regel, sondern den Ausnahmezustand; ›der Osten‹ ist keine Erfindung, sondern eine Realabstraktion, die das Wesentliche verdeutlicht.

2. Alle Wahrscheinlichkeit und die gesamte zurückliegende Entwicklung seit 1990 sprechen dagegen, dass der Ausnahmezustand den Nukleus einer ›Normalisierung‹ Ostdeutschlands nach westdeutschem Vorbild bilden könnte.

2 Josef Koudelka, *Neue Mülldeponie bei Ústí nad Labem (Nová skládka odpadů u Ústí nad Labem)*, aus der Serie: *Das Schwarze Dreieck (The Black Triangle)*, 1990–93 Josef Koudelka/Magnum Photos, Paris

3. Tritt das Wahrscheinliche ein und bleibt ein neuerliches ›Wirtschaftswunder‹ aus, benötigt man ein Paradigma, das den Ausnahmezustand zu seinen eigenen Bedingungen normalisiert – eine ›Umwertung der Werte‹.

Um diese etwas gedrängt formulierten Gedanken zu veranschaulichen und zu untermauern, mag es hilfreich sein, die Seiten zu wechseln und den Osten Deutschlands mit den Augen der wirtschaftlichen Eliten des Westens zu betrachten.

Vor Jahresfrist diskutierten Führungskräfte eines großen deutschen Industriekonzerns die wirtschaftlichen Aussichten Ostdeutschlands. Um die recht moderat ablaufende Diskussion zuzuspitzen, ergriff einer von ihnen das Wort und sagte in etwa dies:

Ich weiß aus eigener Erfahrung, dass die Situation in den Neuen Bundesländern außerordentlich schwierig ist. Das Kernproblem ist natürlich die ökonomische Lage, nur kann ich diesbezüglich vor falschen Hoffnungen nur warnen: Sowohl der Industrialisierungsgrad als auch das Beschäftigungsniveau der alten DDR gehören unwiderruflich der Vergangenheit an. So wird es nie wieder werden. Die deutsche Wirtschaft denkt nicht daran, sich im Osten Deutschlands selber Konkurrenz zu machen. Wenn sie dort investiert, dann höchst punktuell und zu Sonderkonditionen, unter denen kräftige Finanzbeihilfen von Bund und Ländern ganz oben rangieren. Das ist auch unsere Unternehmensstrategie. Dazu gehört ferner, dass wir auf die Standortpolitik unserer wirtschaftlichen Partner, aber auch des Staates im Sinne einer Vermeidung von unliebsamer Konkurrenz Einfluss nehmen. Das klingt nicht besonders philanthropisch, ist aber unternehmenspolitisch rational. Rational ist auch, dass viele Ostdeutsche ihre Heimat verlassen und sich dort ansässig machen, wo es Arbeit gibt. Bei uns – er sprach von Bayern –, sind die Arbeitsämter seit geraumer Zeit dazu übergegangen, komplexe Lösungen (Arbeit, Wohnung, Kinderbetreuung) für ganze Familien anzubieten, die vom Osten in den Westen übersiedeln wollen; so werden aus Pendlern Ansässige und die Leute bleiben zusammen. Statt darüber zu klagen, müsste man sich eigentlich mit ihnen freuen. Gewiss, dadurch dünnen die ostdeutschen Städte und Dörfer weiter aus. Und je mehr sie es tun, desto unattraktiver werden sie als Standorte. Nur sehe ich keine überzeugende Alternative zu diesem Prozess und darum sind wir gehalten, das Beitrittsgebiet unter experimentellen Gesichtspunkten zu entwickeln.

Wie wäre es, wenn man mit der Formel von den ›blühenden Landschaften‹ einmal Ernst machen würde? Wo findet man denn mitten in Europa so reizvolle, abwechslungsreiche, weiträumige Landschaften wie in Ostdeutschland – dünn besiedelt, von Industrie, Abgasen und Beton verschont? Liegen hier nicht Ansatz und Ressourcen für eine ganz andere Standortpolitik? Sie wird die heute dort noch lebenden Menschen nicht alle in Arbeit setzen und ernähren können. Aber wenn wir ein wenig nach vorn blicken, 50 Jahre weiter, wer weiß, vielleicht haben sich dann Bevölkerung und Beschäftigungslage auf einem zugestandenermaßen geringen Niveau eingependelt.

Bis dahin ist die Politik gefordert, sind klare Worte vonnöten. Den Westdeutschen muss unmissverständlich gesagt werden, dass sie ihre Brüder und Schwestern im Osten während dieses langen Anpassungsprozesses alimentieren müssen, und zwar in ihrem wohlverstandenen Eigeninteresse; die Ostdeutschen müssen sich von Trugbildern verabschieden und in Geduld fassen – das Tal, in dem sie leben, ist nicht zum Durchzug, sondern zum Verweilen bestimmt.

Verzweifelte Rettungsversuche

Hart an der Grenze zum Zynismus, sie aber nicht überschreitend, war hier ein Paradigmenwechsel anvisiert.

Er war noch insofern mit einem Rest von Inkonsequenz behaftet, als er die nähere Bestimmung der Landschaft offen ließ bzw. selbst ein Trugbild offerierte – der Osten als Freizeitpark für überarbeitete Führungskräfte.

Mit dieser Aussicht haben sich ostdeutsche Landes- und Kommunalpolitiker im Verein mit Vermarktungsgesellschaften und Werbeagenturen längst angefreundet; je unwahrscheinlicher die Reindustrialisierung eines Territoriums, desto kühner die Spekulation auf touristische Nachnutzung.

Die Lausitz, um noch einmal auf diesen Landstrich einzugehen, präsentiert seit kurzem eine stillgelegte Förderbrücke aus dem Braunkohlentagebau als »liegenden Eiffelturm«, der bei Nacht illuminiert wird. Entwickelt wurde das Projekt im Rahmen der Internationalen Bauaustellung »Fürst-Pückler-Land«. Die gastgebende Gemeinde für dieses ›Spektakel‹, Lichterfeld-Schacksdorf, hat, laut Werbeprospekt, noch weit mehr zu erwarten:

»Künftig wird es am Rande der Gemeinde einen See geben mit Bootshafen, Badestrand und Bungalows. Aber nicht nur das. Es sind eine Eislauffläche unter dem Riesen und Führungen bis auf seine obere Spitze geplant. Wenn auch die Glaskanzel auf der Spitze der Brücke, von der aus man weit über das Lausitzer Land sehen kann, noch Zukunftsmusik ist, lohnt sich dennoch schon heute ein Besuch des ›liegenden Eiffelturms‹.«

Wenn die Phantasie aus der Verzweiflung kommt, gebiert sie Schimären. Der Denkfehler dieser wie anderer gut gemeinter ›Normalisierungsprojekte‹ liegt darin, dass man die weiträumig deindustrialisierte Gesellschaft des Ostens mit der postindustriellen Gesellschaft des Westens verwechselt und allen Ernstes glaubt, die Lücke, die die verschwundene Industriemoderne in die Landschaft riss, derart schließen zu können. Nur handelt es sich in Ostdeutschland nicht um eine Lücke, sondern um einen Krater, der mit weiten Teilen des Landes deckungsgleich ist. Ferner verschwand die Industrielandschaft im Osten nicht gemächlich, sondern abrupt, oft wenig mehr zurücklassend als den berühmten ›Staub von Brandenburg‹. Und schließlich: die postindustriellen Gesellschaften des Westens gruppieren sich um veritable industrielle Kerne, die aus dem Umbau verjüngt und gestärkt hervorgegangen sind. Im deindustrialisierten Osten sind solche Kerne nur noch selten anzutreffen (in Jena, Dresden, Eisenhüttenstadt, den Leuna-Werken); im Regelfall stehen sie in einem Umland, dass sie geradezu verhöhnt.

Unter diesen Voraussetzungen wird das scheinbar Normale und Naheliegende verrückt und zum Irrweg; das Weitermachen um jeden Preis; eine Tourismusindustrie, die Städte und Landschaften ihrer Reize gerade dadurch beraubt, dass sie sie anpreist, zum Objekt massenhafter Schaulust macht; eine Investitionspolitik, die sich weder fragt, wie es weitergeht, wenn die Autobahnen gebaut und die Bundesstraßen modernisiert sind, noch, wo die neuen klein- und mittelständischen Unternehmen im schrumpfenden Osten ihren Absatz finden sollen; eine Standortpolitik, die sich potentiellen Investoren als spendabler Kofinanzier in die Arme wirft und dennoch zumeist den Kürzeren zieht; überhaupt die Jagd nach vermarktbaren Besonderheiten, nach dem *unique selling point* des letzten, unscheinbaren Fleckens Erde.

Friede den Landschaften!

Die einzig Sinn und Zukunft versprechende Losung lautet ganz anders: Friede den Landschaften! Dabei geht es um nichts weniger als darum, der Abwesenheit Präsenz zu verleihen, dem Funktionsverlust Bestimmung, dem Nichts etwas Positives, Produktives beizumessen: Schneisen und Touristenpfade, die *nicht* durch die Landschaft gezogen werden, Natur, die *nicht* versiegelt wird, Emissionen, die *nicht* ausgelöst, Ressourcen, die *nicht* beansprucht werden.

Statt den Westen sklavisch nachzuahmen, könnte der Osten sein Alter Ego werden, Ruhe- und Regenerationsraum, und ihm dadurch unschätzbare Dienste leisten. Das wäre ein ›Solidarpakt‹, der den Namen verdient, weil beide Teile wissen, was sie einander schulden, aneinander haben.

Es wäre darüber hinaus tatsächlich eine epochale ›Umwertung der Werte‹, die die Ostdeutschen nicht länger an der Unterentwicklung, am ausbleibenden Fortschritt leiden ließe, weil ›Entwicklung‹ und ›Fortschritt‹ im Plural definiert würden, geschäftig und regenerativ. Es wäre schließlich eine Probe aufs Exempel, ob eine solche Lebensweise, die dem Begriff Reichtum seinen ursprünglichen Sinn zurückgibt, nicht ihrerseits zur Nachahmung einladen könnte.

Kurzum: Statt Sorgenkind zu sein, könnte der Osten die Zukunft repräsentieren; die Lösung der Frage, was der reiche Westen mit seinem Reichtum macht, wenn ihm eines vielleicht gar nicht so fernen Tages die Arbeit doch einmal ausgehen sollte.

»Friede den Landschaften!«, »Regenerieren!«, »Loslassen!« – diese Losungen sind kein kommodes Angebot, die Hände in den Schoß zu legen. Die Ostdeutschen werden Landwirtschaft, Gewerbe, Handel treiben, wenn Aufträge und Märkte dazu Anlass geben, Hochtechnologien ansässig machen, die äußerste Effizienz mit ökologischer Behutsamkeit verbinden; sie werden Bildung, Wissenschaft und Forschung, überhaupt der kulturellen Produktion höchste Priorität zuerkennen, für sich und andere entdecken, dass diese Tätigkeiten über ihre äußere Bestimmung hinaus Selbstzwecke verkörpern; sie werden den Reiz ihrer Städte und Landschaften mit Reisenden und Fremden teilen, die Natur wie ein Vermächtnis hüten und dadurch auch für jene

3 Josef Koudelka, *Kippe Růžodolska, zum Abriss bestimmt (Růžodolska výsypka, k Boření)*, aus der Serie: *Das Schwarze Dreieck (The Black Triangle)*, 1990–93
Josef Koudelka/Magnum Photos, Paris

etwas leisten, die diese Räume weder betreten noch nutzen können.

Aus der Zwangsjacke auf- bzw. nachholender Modernisierung befreit, werden sie tausend Dinge tun, von denen wir noch gar nichts wissen – nur nicht um jeden Preis.

Aber vielleicht ist das zu vereinnahmend formuliert und auch zu lax. Vielleicht müsste man, statt ›die Ostdeutschen‹ in ihrer Gesamtheit anzusprechen, eine Auswahl unter ihnen treffen und den Ermutigungsdiskurs auf jene beschränken, die tatsächlich für den Osten gemacht sind – auf die Pioniere, die wahren Abenteurer einer anderen Moderne; kein Aufbruch ohne inneren Auftrag und frei gewählte Bestimmung.

So oder so: Man muss sich schon eine reichlich verdrehte Vorstellung vom Menschen und seinen Möglichkeiten machen, um glauben zu können, dass jenseits der Arbeitsgesellschaft nur Leere herrscht, dass die einzigen Alternativen zur (post-)industriellen Geschäftigkeit Schmarotzertum und Faulheit sind.

Was der ›schrumpfende Osten‹ seit einem Jahrzehnt gezwungenermaßen vorexerziert, weist über das kulturelle Modell der Arbeitsgesellschaft hinaus, auf eine Weise, die die Metropolen des westlichen Kapitalismus eigentlich verstören müsste.

Seit zehn Jahren lebt man in Ostdeutschland mit deutlich mehr als 15 % registrierten Arbeitslosen; zuzüglich derer, die resigniert haben und sich irgendwie durchschlagen; die in den Vorruhestand gegangen sind; die Qualifizierungs- und/ oder ABM-Maßnahmen durchlaufen haben oder momentan noch darin ›aufgehoben‹ sind; die ihre ›Jugendinsel‹ beharrlich verteidigen, von Ausbildung und Studium in episodische Beschäftigungsverhältnisse und wieder zurück wechseln. Nimmt man all diese Gruppen zusammen, dann übertreibt man sicher nicht, wenn man von einer konstanten Quote von 25–30 % der ausbildungs- und arbeitsfähigen Bevölkerung ausgeht.

Sie alle leben ohne kontinuierliche Arbeit und sie leben überwiegend unter menschlich vertretbaren (wenngleich subjektiv nicht notwendigerweise befriedigenden) Umständen. In einer ökonomisch fortgeschrittenen Gesellschaft wie der Bundesrepublik hat ein mäßiges Wachstum genügt, um dieses Wunder zustande zu bringen. Liegt darin nicht die Präambel eines neuen Gesellschaftsvertrags beschlossen: Tausche Wachstum gegen selbstbestimmtes Leben?

Gewiss, um ausstrahlen zu können, müsste man der aufgenötigten Existenzform Not und Stigma nehmen; müsste man aufhören, die Ausgemusterten und Ausgestiegenen mit den Kautelen der Arbeitsgesellschaft zu kujonieren; müsste man dem deprimierenden Gefühl, zu nichts mehr nutze zu sein, Abenteuerlust vermitteln, experimentellen Geist.

Nur, wer will das schon?

Alles spricht dafür, dass die Propheten der Arbeitsgesellschaft nichts unversucht lassen werden, den Osten mit enormen, letztlich jedoch untauglichen Mitteln in das Industriezeitalter, aus dem sie ihn selbst unwiderruflich vertrieben haben, zurückzubeordern: Ärmel hochkrempeln, die Zähne zusammengebissen und wenn wir das Ziel auch nicht erreichen, so sind wir doch tüchtig marschiert!

[*] Der Aufsatz greift auf Gedanken und Formulierungen zurück, die der Autor anderswo entwickelt hat. Vgl. Engler 2001.

[1] Ausgabe vom 22. Feb. 2001.

[2] Kil 2002.

[3] Vgl. hierzu Jahoda/Lazarsfeld/Zeisel 1975.

[4] Heismann 2000.

Katalog

1 Himmelwärts – erdwärts

Die Profanisierung von Bergwerk und Schmiede 1500–1800

Obgleich der seit der Altsteinzeit praktizierte Abbau von Stein und später von Erz und Kohle über die Jahrhunderte vielerorts in Europa zur Ausbildung von Bergbauzentren als Frühformen der industriell geprägten Landschaften geführt hatte, spielten diese als Motiv in den bildenden Künsten bis in die Frühe Neuzeit hinein praktisch keine Rolle. Erst mit dem Wachsen der großen Bergbauregionen in Sachsen, im Harz, im Breisgau und in Tirol und der damit einhergehenden Prosperität des Bergbauwesens fanden Ansichten montanindustrieller Anlagen seit dem 15. und 16. Jahrhundert in breiterer Form Eingang speziell in die regionale Tafelmalerei.

Einen bevorzugten Ort für solche Darstellungen lieferten die Haupt- und Knappschaftsaltäre in den Kirchen, die den Bergbauheiligen, vor allem dem Propheten Daniel und der hl. Barbara, geweiht waren. Häufig wurden Szenen aus den Heiligenlegenden um Ausblicke auf Bergwerksanlagen erweitert, um göttlichen Schutz für diese Betriebe und ihre Beschäftigten zu erbitten. Hierbei richtete sich die Aufmerksamkeit nicht auf die identifizierbare Wiedergabe konkreter Orte, sondern zunächst noch auf die idealtypische, von Selbstbewusstsein getragene Abbildung des Arbeitsumfeldes eines stolzen Berufsstandes im Bildgrund hinter der dominierenden christlichen Symbolik.

In der profanen Landschaftsmalerei hielten Bergwerkseinrichtungen gegen Mitte des 16. Jahrhundert über die Werke flämischer Künstler Einzug. In diesen Gemälden fungierten die von Gruben durchsetzten Gebiete als neue, stark vom Menschen geformte Gegenbereiche zur ›natürlicheren‹ Agrarlandschaft, deren Formen, jahreszeitliche Veränderungen und bäuerliche Aktivitäten die Landschaftsdarstellung bis dato geprägt hatten. Montanindustrielle Anlagen wurden zudem schnell auch als Bildelemente in variierende Formen der Allegorie integriert, jener sinnbildlich verschlüsselten Darstellungsform, die sich, ausgehend von der Druckgraphik, seit dem 16. Jahrhundert eine wichtige Position innerhalb der Malerei eroberte. In der Vielfalt der Möglichkeiten setzten Maler Schachteingänge beispielsweise als Sinnbilder für die Begegnung mit den Sphären des *mundus subterraneus* oder als Metaphern für das Symbolreich des in der Alchemie mit dem Element Erde verbundenen Planeten Saturn ein. Die ebenfalls häufig in Verbindung mit Bergwerken erscheinenden Verhüttungs- und Schmiedeanlagen setzten die Umwandlung des Erzes in glänzend-reines Edelmetall durch die Urgewalt eines anderen Elementes ins Bild, dessen mythische Ursprünge ebenfalls in den Tiefen der Erde verborgen lagen: das Feuer. Dafür bedienten sich Künstler seit der Renaissance häufig auch der Symbolgestalt des göttlichen Schmiedes Vulkan, der bereits im Pantheon der Antike für die Beherrschung des Feuers wie auch für die Handwerkskunst allgemein gestanden hatte. Wahrscheinlich verdankte es die Schmiede diesem mythologischen Hintergrund, dass sie bis ins 18. Jahrhundert weitgehend der einzige Produktionsort blieb, der als eigenständiges Motiv regelmäßig in der Malerei Darstellung fand.

Bildliche Vorlagen für die Künstler lieferten seit dem 16. Jahrhundert die ›Maschinen-Bücher‹. Nach Ansicht ihrer Autoren offenbarte sich in der Erkenntnis und der mechanischen Anwendung der Naturgesetze den Menschen die Herrlichkeit Gottes. Die Nachahmung und Vervollkommnung seiner Schöpfung diente dem Lobpreis Gottes; gleichzeitig sollte die Befreiung von den Zwängen der Natur die Menschen dem Paradies näher bringen. Im Laufe des 17. Jahrhunderts setzten Rationalismus und Empirismus eine Inventarisierung aller Wissens- und Erkenntnisstände der Epoche in Gang. Dies hatte auch Folgen für die bildenden Künste: Die technischen Einrichtungen von Textilmanufakturen, Kanonen- und Salpeterfabriken, Gießereien und anderen Gewerbezweigen, darunter weiterhin auch des Bergbauwesens, wurden jetzt für würdig befunden, nicht nur Gegenstand von illustrierten Monographien und lexikalischen Sammelwerken zu werden, sondern einen neuen attraktiven Bildgegenstand der Malerei auszumachen. *HJC*

Stöcklein 1969; Veldman 1980; Heilfurt 1981; Ausst. Kat. Cappenberg 1990; Slotta 1994; H. Holländer 2000a.

1
Hans Hesse (tätig um 1497 – 1539)
Rückseite des Bergaltars der Annenkirche zu Annaberg-Buchholz, nach 1521 (Kopie durch Heinz Olbrich, 1975)
Eitempera auf Holz, 190 x 160 (Mitteltafel), 215 x 80 (Flügel), 85 x 145 (Predella)
Berlin, Deutsches Historisches Museum, Inv. K 77/30

Aufgrund seiner göttlichen Beschirmung in der Löwengrube wurde der Prophet Daniel in der Westkirche schon früh als einer der Schutzpatrone der Grubenarbeiter und Bergleute angebetet. Im 15. und 16. Jahrhundert erfuhr seine Verehrung durch die Verknüpfung mit der Legende der Silbererzauffindung im sächsischen Annaberg durch den sagenhaften Bergmann Daniel Knappe neuen Aufschwung. Dieser Legende nach erklomm der Prophet bzw. sein Nachfahre auf der Suche nach der Herkunft des kostbaren Erzes zunächst die Gipfel der Bäume, um dann von einem Engel darüber belehrt zu werden, dass die Bemühungen besser in den Erdboden zu richten seien, wo Knappe schließlich auch den ersten Lagerort entdeckte.

Hesse zeigt die eigentliche Legende im linken oberen Feld einer Mitteltafel, die mit ihren Seitenflügeln die Rückwand zu einem Altarschrein mit biblischen Szenen bildet. Die mittelalterliche Ausdrucksform der Simultandarstellung von mehreren Ereignissen einer Erzählabfolge aufgreifend, sind der bärtige Prophet mit Bergbarte (Paradebeil) und sein beratender Engel gleich zweimal dargestellt. Einmal erkennt man sie in der Krone eines Baumes, dem zeitlich früheren Geschehen, sowie links daneben im Gespräch zu ebener Erde, wobei der Gestus des Engels auf einen grabenden Mann vorausdeutet, der per Schriftband als »Knappis«, als Daniel Knappe, der Namensgeber der Bergknappen, ausgewiesen ist. Während dieser sich noch mit der Hacke in den Boden vorarbeitet, hat sich die Erzgewinnung im umgebenden Bildraum bereits zu einem ausgedehnten Montangewerbe mit zahlreichen ausgebauten oder sogar überhausten Stolleneingängen, Förderanlagen, Göpelwerken und Bewetterungseinrichtungen ausgeweitet. Mit Karren, Hundestößern und Erzmulden wird das geförderte Erz jeweils den nächsten Bearbeitungsschritten zugeführt, die ein Ausschläger im Vordergrund und eine Erzwäscherin mit Pfanne am Fluss durchführen.

Auf der Predella wird das Erzauswaschen nochmals in Erweiterung um das modernere Verfahren der Planenwäsche auf einem stufenförmig abfallenden Herd mit fließendem Wasser wiederholt, während die Seitentafeln mit Schmelz- und Veredelungsvorgängen (links) und schließlich dem Münzschlagen (rechts) die wichtigsten weiteren Schritte der Verarbeitung des Silbererzes bis hin zum fertigen Geldstück darbieten. Mit den Bearbeitungsschritten verändern sich in demonstrativer Weise die Gebäude und Gewandungen als Zeichen für die wachsende Hochwertigkeit des Materials, aber auch als Spiegel für die stetig höhere soziale Stellung der Akteure. *HJC*

Ausst. Kat. Dresden 1989a, S. 71–74; LCI, Bd. 6, S. 30; Slotta 1994, S. 218ff.; H. Holländer 2000b, S. 650.

2

Hendrik III van Cleve zugeschrieben
Bergwerke und Schmelzöfen – Die Welt des Saturn, um 1600
Öl auf Holz, 51 x 71
München, Bernheimer Fine Old Masters

In den Niederlanden wurde im 16. Jahrhundert eine Kupferstichserie nach Vorlagen von Hendrik Goltzius mit allegorischen Darstellungen zu den sieben Planeten aufgelegt. Aus dem Saturn-Blatt entlehnte der Maler dieser Symbollandschaft die Kolossalstatue des Saturn und setzte sie als Zitat in den Mittelpunkt seines eigenen Gemäldes. Gleichzeitig unterzog er den umgebenden Bildraum einer grundlegenden Veränderung: Anstelle der Ackerlandschaft mit erntenden Bauern, die im Stich das Patronat des Saturn über die Feldarbeit versinnbildlicht, findet sich nunmehr eine suburbane Szenerie mit Aktivitäten rund um die Gewinnung und Verarbeitung von mineralischen Bodenschätzen. Eine ausgemauerte Schmiedegrotte, rauchende Schmelzöfen, Stollenmundlöcher mit Fördergerüsten und ein Grubeneingang im Fels prägen den vorderen Bildraum. Im Mittelgrund breitet sich eine Stadt mit vielen Prachtbauten aus, deren Reichtum sich offenbar auf die Verarbeitung der Bodenschätze stützt. Die Bedeutung des Handels unterstreichen ein belebter Hafen und Kaufleute mit beladenen Pferden.

Die Verküpfung dieser Aktivitäten mit Saturn ermöglicht dessen allegorische Zuordnung zum Element Terra, die diesmal nicht als Nährboden, sondern als Hort unterirdischer Schätze aufgefasst wird – eine Deutung, die spätestens mit den Schriften des Heinrich Cornelius Agrippa von Nettesheim (1486–1535) Verbreitung fand. Zum gleichen Deutungshorizont gehört die Verbindung schauerlicher Orte wie Gruben und Höhlen mit der Saturn-Welt, die in den Bergwerks- und Schmiedestätten des Gemäldes nachklingt, sowie auch die Zueignung der Eigenschaften Fleiß, Geduld, Ernsthaftigkeit zu den saturnischen Menschen, die sich in der ruhigen Betriebsamkeit der Figuren ausdrückt. Obendrein galt Saturn seit Hesiod (um 700 v. Chr.) als Regent des Goldenen Zeitalters, das hier mit einer prosperierenden Gesellschaft handwerklicher Prägung gleichgesetzt wird. *HJC*

Hauber 1916; Ausst. Kat. Stuttgart 1997, S. 76ff., Nr. 18.1; H. Holländer 2000b, S. 648f.

3

Marten van Valckenborch
(Löwen 1534/35 – 1612 Frankfurt/M.)
Phantastische Flusslandschaft mit Eisenhütten, 1609
Öl auf Leinwand, 96 x 167
München, Bernheimer Fine Old Masters

Das Gemälde kann exemplarisch für eine kleine Gruppe von Werken der Brüder Marten und Lucas van Valkenborch mit frühindustriellen Anlagen stehen, die eine Invention des Herri met de Bles fortführen und ihre Schöpfer zugleich auf der Höhe der zeitgenössischen Entwicklungen in der Landschaftsmalerei zeigen.

Vor dem Betrachter entfaltet sich ein durchkomponiertes Panorama, das von einem erhöhten Augenpunkt aus wahrgenommen wird. Über den Kunstgriff der Gabelperspektive sind drei grundverschiedene Landschaftsräume voller Figurenszenen miteinander verschränkt. Im Mittelgrund öffnet sich v-förmig ein bergiges Flusstal mit entfernter Stadt. Davor gabelt sich ein Weg in die rechte Bildhälfte, der in eine Waldlandschaft mit Dorf und mähenden Bauern führt. Dunkle Waldlandschaften hatten erst um 1600 als eigenständige Thematik Eingang in die nordalpine Landschaftsmalerei gefunden, sodass Marten hier eine aktuelle Motivik in seine Überschaulandschaft integrierte. Den ungewöhnlichen Charakter der Darstellung erhöht die Gegenüberstellung der Ackerregion im Walde mit einer felsigen Montanindustrielandschaft auf der linken Bildhälfte. Alle Stadien der Metallverarbeitung sind hier präsent: die Erzgewinnung und -förderung über Schachtanlagen, der mühselige Transport des Rohmaterials mit Schubkarren und Trägern, die Verhüttung im gemauerten Schmelzofen bis hin zur Verarbeitung des Erzes in einem großen Schmiedebau, dessen Hammerwerke ebenso wie der Blasebalg des Hochofens durch Wasserräder angetrieben werden. Das starke Interesse des Künstlers für die technischen Details weist auf eine Loslösung auch der Bergbau- oder Industrielandschaft als eigene Untergattung der Landschaftsmalerei voraus, die sich, im Unterschied zur Waldlandschaft, freilich zu Lebzeiten der Brüder van Valckenborch noch nicht durchsetzen konnte. *HJC*

Ausst. Kat. Manchester 1965, Nr. 231; Wied 1990, S. 275, Nr. 42; Devisscher 1992; H. Holländer 2000b, S. 652–654.

4
Gérard Douffet
(Lüttich 1594 – 1660 Lüttich)
Venus in der Schmiede des Vulkan, 1615
Öl auf Leinwand, 96 x 163
Lüttich, Musée de l'Art Wallon, Inv. AW. 41

Unter allen Sinnbildern für das Handwerk ist die Figur des Feuergottes Vulcanus (= griech. Hephaistos) sicherlich das älteste. Seit antiker Zeit reizte Maler die Darstellung der in den Tiefen des Ätna oder der Liparischen Inseln lokalisierten Werkstatt des Vulkan mit ihren dramatischen Lichtverhältnissen sowie einer bedrohlich-faszinierenden Atmosphäre der kraftvollen Arbeit. Auch der flämische Rubens-Schüler Douffet setzte sich mit der Thematik auseinander, wobei er sich kompositorisch eng an einer graphischen Vorlage des Maerten van Heemskerk orientierte. Sein Gemälde zeigt formatfüllend die mythische Schmiedestätte mit dem Amboss, auf dem Vulkan mit zwei Gehilfen ein glühendes Eisen bearbeitet, während ein dritter das Feuer der Esse anfacht. Auf der gegenüberliegenden Seite müht sich Venus, die Gattin des Vulkan, ihren Sohn Amor für das Schmieden zu interessieren, da ja auch seine Pfeile dort ihren Ursprung besitzen. Allerdings ringt der Kleine lieber furchtsam darum, dem martialischen Geschehen zu entrinnen.

In der Figur des Vulkan, der wegen seiner lahmen Beine sitzend arbeitet, und in der Darstellung seiner Gehilfen als Zyklopen nähert sich das Gemälde stark den mythologischen Vorgaben an. Allerdings zeigt Douffet seine Protagonisten weniger als antikisch gewandete, riesenhafte Göttergestalten denn als muskulös-wohlgestaltete Männer, die in einfacher, den Formen des 17. Jahrhunderts angenäherter Arbeitskleidung auftreten. So wird es möglich, das Gemälde bei etwas Distanz auch als reine Handwerksszene in der Tradition profaner Schmiededarstellungen zu lesen, wobei das flache Querformat in Verbindung mit den Gesten der Akteure und den Lichteffekten einen lebendigen Eindruck von den engen, heißen und lauten Arbeitsbedingungen in einer Schmiedewerkstatt nachzuzeichnen bemüht ist. *HJC*

Lex. der Alten Welt, Bd. 2, S. 1252f.; Cartari 1647 (1963), S. 205ff.; Pigler 1974, Bd. 2, S. 291–294; Kairis 1982; Larsen 1985, S. 262f.; Köhler 1997; Türk 2000, S. 73ff.

5
Matthäus Gundelach
(Kassel? 1566 – 1653/54 Augsburg)
Allegorie des Bergbaus, um 1620
Öl auf Leinwand, 133 x 83
Dortmund, Museum für Kunst- und Kulturgeschichte der Stadt Dortmund, Inv. C 5188

Ähnlich wie der Maler der Saturn-Landschaft (Kat. Nr. 2) wählte auch der am Hofe Rudolfs II. tätige Gundelach eine überlieferte Ikonographie als Ausgangspunkt für seine symbolische Bilderfindung zum Bergbau. Traditionelle Darstellungsformen der seit der Antike verehrten Glücks- oder Zufallsgöttin Fortuna liegen der unbekleideten Zentralfigur seines Bildes zugrunde.

Tatsächlich erscheint die Anknüpfung an Fortuna nahe liegend. Zum einen sind Bergleute bei ihrer Tätigkeit mehr als andere auf glückliche Umstände angewiesen. Zum anderen bot die tradierte Symbolik der Fortuna eine Fülle geeigneter Anknüpfungspunkte für den Bergbau: Sie wurde häufig mit einem Füllhorn gezeigt, dem Gold und Edelsteine entfließen, jene Güter also, um deren Gewinnung die Arbeit der Bergleute kreist. Deren Berufsstand repräsentiert hier der Bergknappe mit Kapuze und Spitzhacke im rechten Bildfeld, der einen Erzklumpen hält. Das Symbol der Weltkugel zu Füßen der Fortuna verwandelte Gundelach in das Rad einer Förderhaspel, wodurch zugleich das Symbol des Glücksrads mit ins Bild gebracht wird. Für die Bewetterung und Entwässerung im Bergbau stehen Wetterfahne und Windrad, die das traditionelle Segel in den Händen der Glücksgöttin als Sinnbild der günstigen Winde in ungewöhnlicher Weise ersetzen. Bemerkenswert ist schließlich, dass Gundelach über die Figurengruppe im linken Hintergrund, die sich unter Anleitung eines Gelehrten um die Hebung eines von einem Ungeheurer bewachten Goldhortes bemüht, auch die Schatzgräberei einbezog. Die Verknüpfung mit Fortuna erscheint hierbei nicht minder gerechtfertigt.

Als Gegenstück zu diesem Gemälde bewahrt das Bodensee-Museum in Friedrichshafen eine Allegorie des Fischfangs von Gundelach, die es erlaubt, die beiden Bilder auch als symbolische Darstellungen der Elemente Erde und Wasser aufzufassen. *HJC*

Ripa 1603; Pigler 1974, Bd. 2, S. 488f.; Bender 1981; Ausst. Kat. Essen 1988, S. 231f. (mit Abb. des Pendants); Meyer-Landrut 1997; H. Holländer 2000b, S. 657f.

6

Cornelis de Man (Delft 1621 – 1706 Delft)
Die Tranöfen der Amsterdamer Kammer der Grönländischen Kompanie auf der Jan Mayen-Insel, 1639
Öl auf Leinwand, 108 x 205
Amsterdam, Rijksmuseum, Inv. SK-A-2355

Die westlich von Grönland gelegene Jan Mayen-Insel verdankt ihren Namen dem nordniederländischen Walfänger Jan Jacobsz. May, der sie 1614 als Stützpunkt für die Walfangflotte seiner Heimat entdeckte. Während der Sommermonate steuerten die niederländischen Walfängerschiffe seitdem die »Walroßbai« an, um ihre Wale zu zerkleinern und weiter zu verarbeiten. Im Laufe der Zeit wurden hierzu Häuser, Fabrikations- und Verladeanlagen sowie ein kleines Fort angelegt.

Das Gemälde bietet einen Panoramablick über diese Bucht mit dem Beerenberg-Vulkan (2277 m) im linken Bildfeld sowie der als Orientierungspunkt für Seefahrer dienenden Toren van Brielle-Klippe davor. Im Hafen liegen mehrere der für den niederländischen Walfang typischen, bauchigen *Fluit*-Schiffe mit großen Laderäumen, deren Beiboote (*Walvissloepen*) über die Bucht verteilt Wale harpunieren. Auf dem Festland wird einem bereits verendeten, mit Hilfe von Winden an Land gezogenen Wal das Fettgewebe herausgeschnitten, um es anschließend von Arbeitern in einer doppelreihigen Fabrikanlage unter freiem Himmel zerkleinern und in Tranwannen erhitzen zu lassen. Quadratische Bottiche nehmen das frisch gewonnene Tranöl auf, das schließlich über ein hölzernes Leitungssystem im Mittelgrund in Fässer abgefüllt wird.

Cornelis de Man, der nach 1654 als Maler von Gesellschaftsstücken Ansehen erlangte, präsentiert in seinem Frühwerk die Inselfabrikation im Stadium einer maximalen Auslastung und Produktivität. Das repräsentative Bild sollte zweifellos im Stile zeitgenössischer Darstellungen von Industrie- und Hafenanlagen auch in anderen Niederlassungen etwa der Ost- oder Westindischen Kompanien die organisatorischen und technischen Errungenschaften einer niederländischen Kaufmannschaftsvereinigung zelebrieren. Schon 1650 endete die kurze Blüte der Tranfabrikation auf Jan Mayen, da die Zahl der in dieser Seeregion zu erlegenden Wale erschöpft war. *HJC*

Mededelingen Vereniging Zeegeschiedenis 26, 1973, S. 37–42; Slg. Kat. Amsterdam 1976, S. 360; Ausst. Kat. Delft 1996, S. 190ff.; Ausst. Kat. Rotterdam 1996/97, S. 368ff.

7.1–2

Johann Weiss
(Prag 1745 oder 1747 – 1787 Prag)
oder Johann Benedikt Werkstätter
(Neumarkt 1708 – 1772 Salzburg)
1. Nassmechanische Erzaufbereitung, 1770/90
2. Arsenikgewinnung und Blaufarbenerzeugung, 1770/90
Öl auf Leinwand, 72,5 x 50,5
Salzburg, Museum Carolino Augusteum

Die Darstellungen gehören zu einer achtteiligen Folge, die wie vergrößerte, kolorierte Schautafeln einer Enzyklopädie technische Einrichtungen zur Förderung und Aufbereitung mineralischer Bodenschätze vorführen. Die gezeigten Produktionsanlagen sind aus unterschiedlichen Standardwerken der Montanliteratur hergeleitet, wobei oft ältere und jüngere Verfahren miteinander kombiniert werden. Alle technischen Einrichtungen lehnen sich eng an ihre druckgraphischen Vorbilder an und werden detailreich in Form von Schnitten durch die zugehörigen Gebäude gezeigt, die mit wenig Aufmerksamkeit für perspektivische Bildkonstruktion, dafür jedoch eingepasst in variierende Landschaftsgründe, angelegt sind.

In 7.1 sind die simpelsten Verfahren der Auswaschung des Erzes unter Verwendung von Pfannen und Planen im unteren Bilddrittel zu erkennen (vgl. die Predella des *Annaberger Bergaltars*, Kat. Nr. 1), wobei G. E. Löhneyß (1690) Pate stand. Die Schrift dieses Autors enthielt auch schon das fortschrittlichere Pochwerk rechts darüber, bei dessen Darstellung sich der Maler zusätzlich an einer mit zwei Wasser-

rädern betriebenen Anlage in dem grundlegenden Werk von Georgius Agricola (1556) orientierte. Die Vorlage für das aufwendigste, zugleich effizienteste Verfahren der Erzabscheidung unter Einsatz eines Waschwerkes mit beweglichem Messingsieb im Mittelgrund lieferte Lazarus Erker (1580).

Arsenik (auch ›Hüttrauch‹ genannt) fiel ursprünglich als unerwünschtes giftiges Nebenprodukt bei der Veredelung arsenhaltiger Erze an. Seit dem 14. Jahrhundert nutzte man es als Hilfsmittel vor allem in der Medizin sowie in der Glas- und Farbenherstellung. Damit einher ging die Einführung von Gewinnungsanlagen, deren Kernbestandteil, wie in 7.2 gezeigt, ein langer, abgewinkelter Mehlfang war, in dessen Inneren das durch Rösten des Ausgangsmaterials verdampfte Arsenik-Pulver auskondensierte. Die Vorbilder für diese Einrichtung, wie auch für die links daneben sichtbare Sublimierungsanlage, in der die kristalline Substanz durch einen zweiten Erhitzungsvorgang in metallenen Öfen mit Kondensationsaufsätzen verfeinert wurde, lieferte Balthasar Rößler (1790). Bei genauer Betrachtung fällt auf, dass der große Ofen im linken Vordergrund mit seinen Beschickungsöffnungen im Kuppeldach zugleich als Schmelzofen Verwendung findet, in dem Kobaltglas oder Kobaltblau-Pigmente erzeugt werden, deren Pulverisierung in der vorne rechts sichtbaren Farbmühle nach Johann Gottlob Lehmann (1761) demonstriert wird. *HJC*

Agricola 1556; Erker 1580; Löhneyß 1690; Lehmann 1761; Rößler 1790; Ludwig 1979, S. 71–86, 135–154; Türk 2000, S. 152ff.

Das Kerrad, S. 164

8

Georgius Agricola
(Glauchau 1494 – 1555 Chemnitz)

Vom Bergwerck xii Bucher darinn alle Empter Jnstrument Gezeuge vnnd alles zu disem Handel gehörig mitt schönen figuren vorbildet vnd klärlich beschriben seindt, 1557

Verlag: Hieronymus Froben und Nikolaus Bischof, Basel

Berlin, Deutsches Historisches Museum, Inv. RA 87/1310.2

Mit dem 1556 veröffentlichten Buch *De re metallica*, das bereits ein Jahr später auch in einer deutschen Ausgabe erschien, avancierte Agricola zum Begründer der Montanwissenschaft. Nach einem Studium der alten Sprachen in Leipzig war er zunächst als Lehrer nach Zwickau gegangen. Er entschied sich jedoch, an die Universität zurückzukehren, und studierte in Leipzig und Bologna Medizin. Ab 1527 wirkte er als Stadtarzt in Joachimsthal. In dieser im Erzgebirge liegenden Stadt war 1516 Silber gefunden worden. Die Einwohnerzahl, die zu dieser Zeit noch bei 1 000 gelegen hatte, wuchs daraufhin bis 1530 auf 18 000. Sein Interesse am Bergbau hielt an, als er 1531 als Stadtarzt nach Chemnitz wechselte.

Agricola beschloss, eine systematische Arbeit zu verfassen, die die antiken Mythen zur Entstehung und Gewinnung der Bodenschätze entkräften sollte. Gleichzeitig wollte er das Ansehen des Bergbaus heben, der seinen Zeitgenossen als Inbegriff menschlicher Gier und Gewinnsucht galt. Das Manuskript zu *De re metallica* war 1550 abgeschlossen. In den folgenden Jahren überwachte er die Anfertigung von 292 Holzschnitten. Um die Untertagebauten zeigen zu können, sezierten die von ihm angeleiteten Zeichner die Erdrinde wie Anatomen den Körper eines Lebewesens (s. a. Abb. S. 43). Auch Fördermaschinen, wie das »Kerrad«, bildeten sie ab: Mit den »haspel winden« (CD) konnte der »hengsitzer« (O) die Richtung des mit Wasserkraft betriebenen Schaufelrads ändern.

Bis zum Ende des 18. Jahrhunderts blieb Agricolas Lehrbuch das Standardwerk der Hüttenkunde. Mit seinen Illustrationen prägte es die Bildgeschichte des Bergbaus. Noch Denis Diderot und Jean le Rond d'Alembert griffen für ihre *Encyclopédie* (Kat. Nr. 12) auf diesen Fundus zurück. *AS*

Ausst. Kat. Chemnitz/Bochum/Prag 1994; Holländer 2000b, S. 660–663.

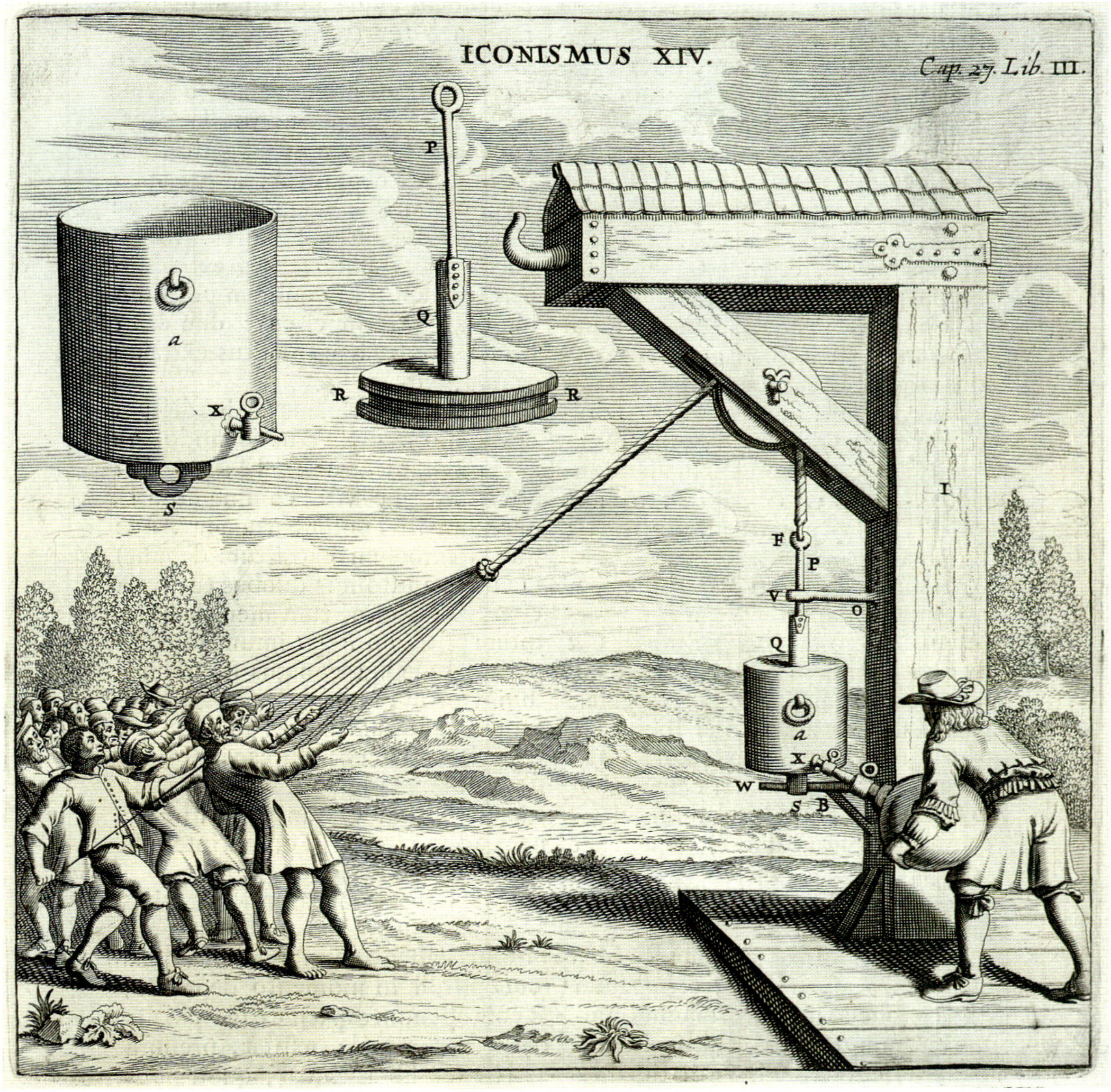

Iconismus XIV, S. 109

9

Otto von Guericke
(Magdeburg 1602 – 1686 Hamburg)
Experimenta Nova (ut vocantur) Magdeburgica de Vacuo Spatio, 1672
Verlag: Johannes Jansson van Waesberge, Amsterdam
Berlin, Deutsches Historisches Museum, Inv. RA 60/94

Mit seinen »Neuen, so genannten Magdeburger Versuchen über den leeren Raum« gehört Guericke zu den Wegbereitern der experimentellen Wissenschaft in Deutschland. Nach Studien in Leipzig, Helmstedt, Jena und Leiden war er 1630 zum »Bauherrn« von Magdeburg ernannt worden. Ein Jahr später zerstörten die Truppen Tillys die Stadt, sodass ihm der Wiederaufbau der Befestigungen und Brücken übertragen wurde. Guericke wollte mit seinen Versuchen Klarheit über das Wesen des Raumes zwischen den Himmelskörpern gewinnen. Er erfand die Luftpumpe und erforschte die Wirkungen des Luftdrucks. Damit bewies er die – von Aristoteles bestrittene – Existenz des Vakuums. Über Christiaan Huygens und Denis Papin beeinflusste er mittelbar die Entwicklung der atmosphärischen Dampfmaschine durch Thomas Newcomen. Der Kupferstich *Iconismus XIV* wirkt wie eine Vorstufe zu diesem Aggregat: Ein Mann pumpt den Zylinder leer; die Luft drückt den Kolben in das entstehende Vakuum und überwindet den Widerstand der Männer, die an den Seilen ziehen.

Die Abbildungen in Guerickes Buch sind sachlich und funktional. Alle Versuche werden perspektivisch wiedergegeben, wichtige Details als vergrößerte Konstruktionszeichnungen hinzugefügt. Allegorische Zutaten, wie sie für die barocke Buchillustration typisch waren, fehlen. Dieser Modus, der die Wiederholung von Experimenten erleichtern sollte, galt bis in das 19. Jahrhundert als Standard für die dokumentarische Graphik. Er erleichterte nicht nur den wissenschaftlichen Diskurs, sondern beeinflusste auch die Künstler, die Vorlagen für die Darstellung technischer Sachverhalte suchten. *AS*

Ferguson 1993, S. 25; Krifka 2000a, S. 743–749.

10

Jacob Leupold
(Planitz bei Zwickau 1674 – 1727 Leipzig)
Theatrum Machinarium Generale. Schau-Platz des Grundes Mechanischer Wissenschaften. Das ist: Deutliche Anleitung zur Mechanic oder Bewegungs-Kunst, 1724
Verlag: Christoph Zunckel, Leipzig
Berlin, Deutsches Historisches Museum, Inv. RB 60/582

Das von 1724 bis 1739 erschienene zehnbändige Werk Leupolds mit seinen über 430 Kupferstichen gilt als »die erste wirkliche Enzyklopädie der Technik« (Ernst H. Berninger). Der Autor hatte das Studium in Leipzig abgebrochen, um eine mechanische Werkstätte zu gründen in der er Globen, Feuerspritzen, Mess- und Zeicheninstrumente anfertigte. Daneben baute er eigene Erfindungen, darunter eine Vier-Spezies-Rechenmaschine.

In einem Überblickswerk wollte er den zeitgenössischen Stand der Technik festhalten. Dabei kam es ihm auch auf die soziale Aufwertung seines Tätigkeitsfelds an: Der mit der Theorie wie der Praxis der Mechanik vertraute Ingenieur sollte nicht länger mit dem Handwerker auf eine Stufe gestellt, sondern als ein für die Hebung des Reichtums eines Landes unverzichtbarer Berufsstand gewürdigt werden. Diese Absicht entsprach der Wirtschaftstheorie des Kameralismus.

Wie alle Techniker seiner Zeit interessierte sich Leupold für die Konstruktion einer kontinuierlich arbeitenden Dampfmaschine. Aus dem 1707 erschienenen Werk *Ars nova ad aquam ignis adminiculo efficacissime elevandum* von Denis Papin übernahm er dessen Darstellung einer Hochdruckdampfpumpe: In einem runden Kessel (A) wird Dampf erzeugt, der einen Kolben (F) bewegt. Das darunter befindliche Wasser wird in ein Steigrohr (M) gedrückt. Wenn das Ventil (E) geschlossen wird, bewegt sich der Kolben zurück. Neues Wasser wird durch einen Trichter (G) zugeführt. Derselbe Kupferstich präsentiert ein »Feuer Rad«, das sich aufgrund der Verlagerung des Wassers von einem der mit Zahlen bezeichneten Kompartimente zum andern in Bewegung versetzen sollte. Anders als Agricola (Kat. Nr. 8) interessierte sich Leupold auch für spekulative Projekte; er beschrieb nicht nur das, was funktionierte, sondern auch das, was funktionieren könnte. *AS*

Troitzsch 1975; Berninger 1989 (Zitat); Ferguson 1993, S. 130, 134; Bacher 2000c, S. 513f.

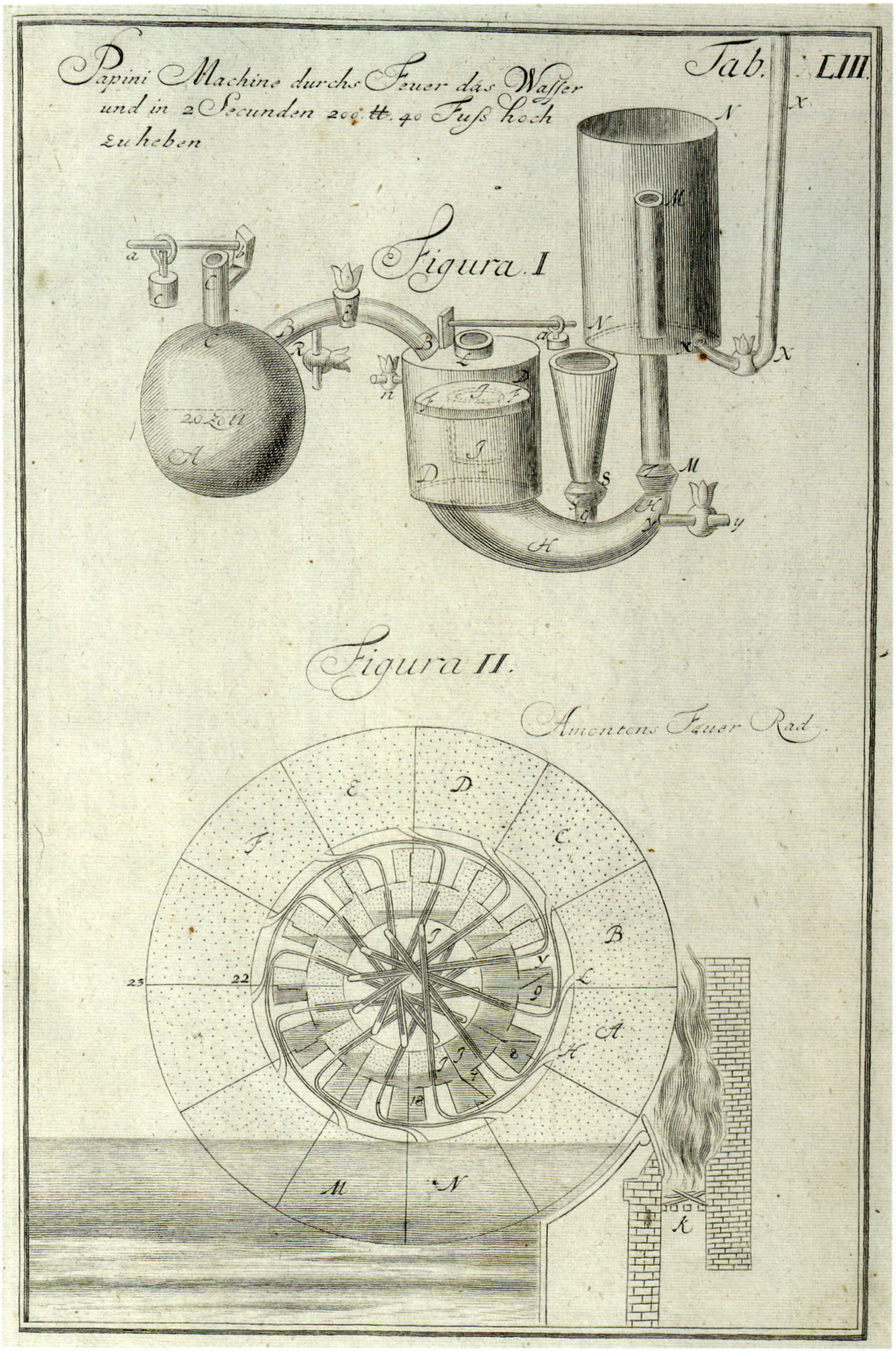

Tab. LIII, aus dem Anhang

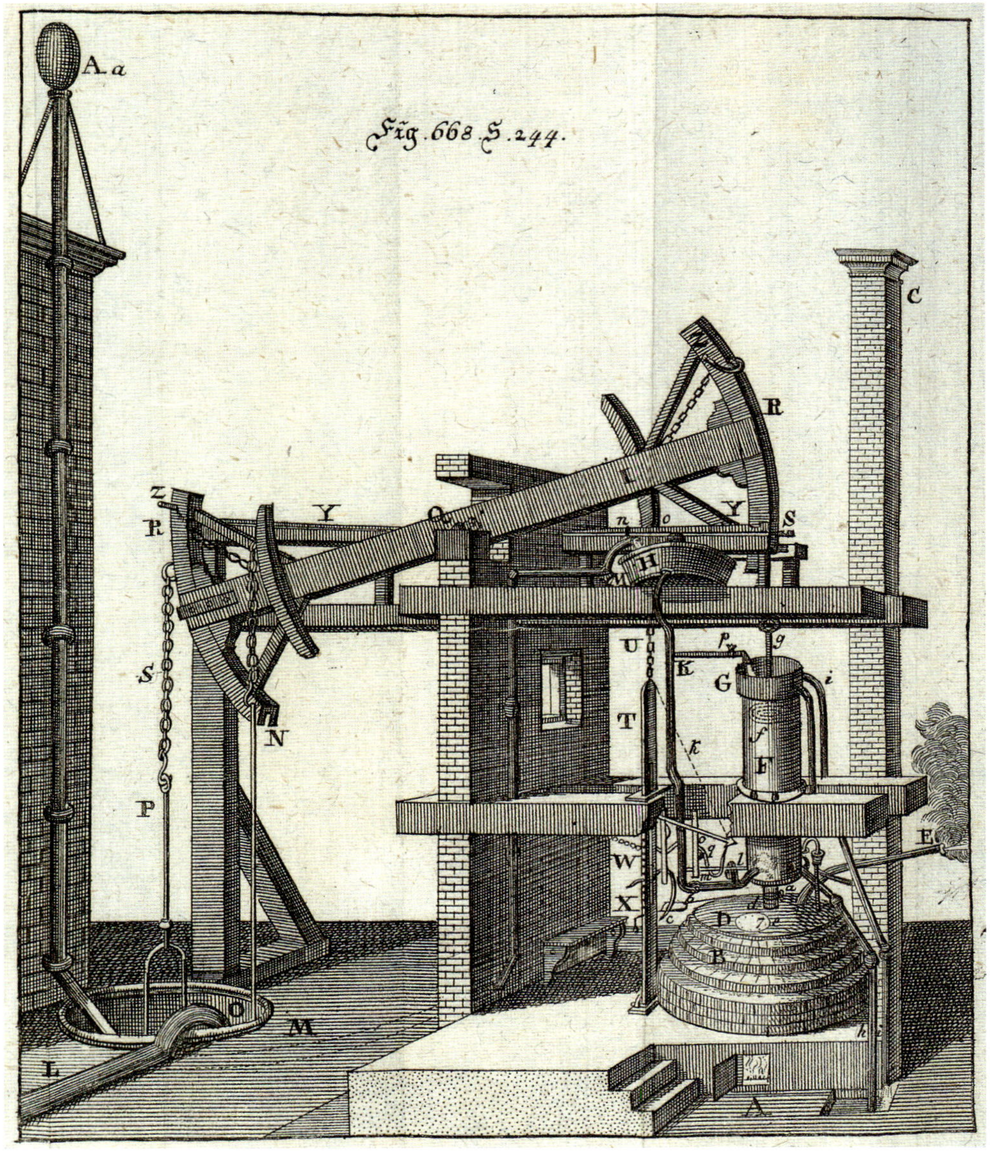

Pl. 5, Fig. 668, aus dem Anhang zu Bd. 13, 1778

11

Johann Georg Krünitz
(Berlin 1728 – 1796 Berlin)
Ökonomisch-technische Enzyklopädie oder allgemeines System der Staats- Stadt- Haus- u. Landwirthschaft, in alphabetischer Ordnung, 1773–1858
242 Bände, Verlag: Joachim Pauli, Berlin
Berlin, Deutsches Historisches Museum, Inv. R 57/2077

Die zwischen 1773 und 1858 erschienenen 242 Bände der *Ökonomisch-technischen Enzyklopädie* bilden das bis heute umfangreichste Reallexikon in deutscher Sprache. Das vom Gedankengut der Aufklärung inspirierte Werk wurde von dem Mediziner Krünitz begründet, der die ersten 72 Bände mit je über 600 Seiten allein erstellte. Für seine Artikel verarbeitete er gedruckte Informationen aus dem In- und Ausland zu einem weiten Themenbereich, der die Herstellung und den Gebrauch aller menschlichen Erzeugnisse umfasste. Seine Enzyklopädie ist kein wissenschaftliches Universallexikon mehr, aber auch noch kein Fachlexikon für eine einzelne wissenschaftliche Disziplin. Ihre Attraktivität als Nachschlagewerk beruhte wesentlich auf dem umfangreichen Bildprogramm: Allein die bis zum Tod von Krünitz erschienenen Bände enthalten 4 311 Kupferstiche. Bei den Illustrationen legte der Autor Wert auf Praxisbezug: Geräte und Maschinen werden einzeln vorgestellt und nur selten im Zusammenhang mit Arbeitern und Werkstätten präsentiert.

Im Entstehungszeitraum der Enzyklopädie entwickelte sich Preußen vom Agrar- zum Industriestaat. Als Krünitz 1778 seinen Artikel *Feuer-Maschine* konzipierte, war ihm noch nicht bewusst, welche Bedeutung dieser Energieumwandler schon bald gewinnen würde. Der beigegebene Kupferstich zeigt eine Newcomen-Dampfmaschine, wie sie Joseph Emanuel Fischer von Erlach 1722 im Garten des Fürsten von Schwarzenberg in Wien aufstellte, »um das herunterfallende Wasser für die Fontänen wieder in den Sammelkasten hinauf zu treiben, und durch eine beständige Circulation wiederum durch die Fontänen springend zu machen« (S. 243). Während Krünitz der *Feuer-Maschine* acht Seiten einräumte, widmete er im selben Band dem *Fisch-Fang* 161 Seiten. *AS*

Troitzsch 1990, S. 1–14; Fröhner 1994, S. 135–138.

12

Denis Diderot (Langres 1713 – 1784 Paris) und Jean le Rond d'Alembert (Paris 1717 – 1783 Paris) als Herausgeber
Encyclopédie, ou Dictionnaire raisonné des Sciences, des Arts et des Métiers, 1751–80
35 Bände, Verlag: Briasson/David/Le Breton/Durand, Paris
Berlin, Deutsches Historisches Museum, Inv. RB 97/64

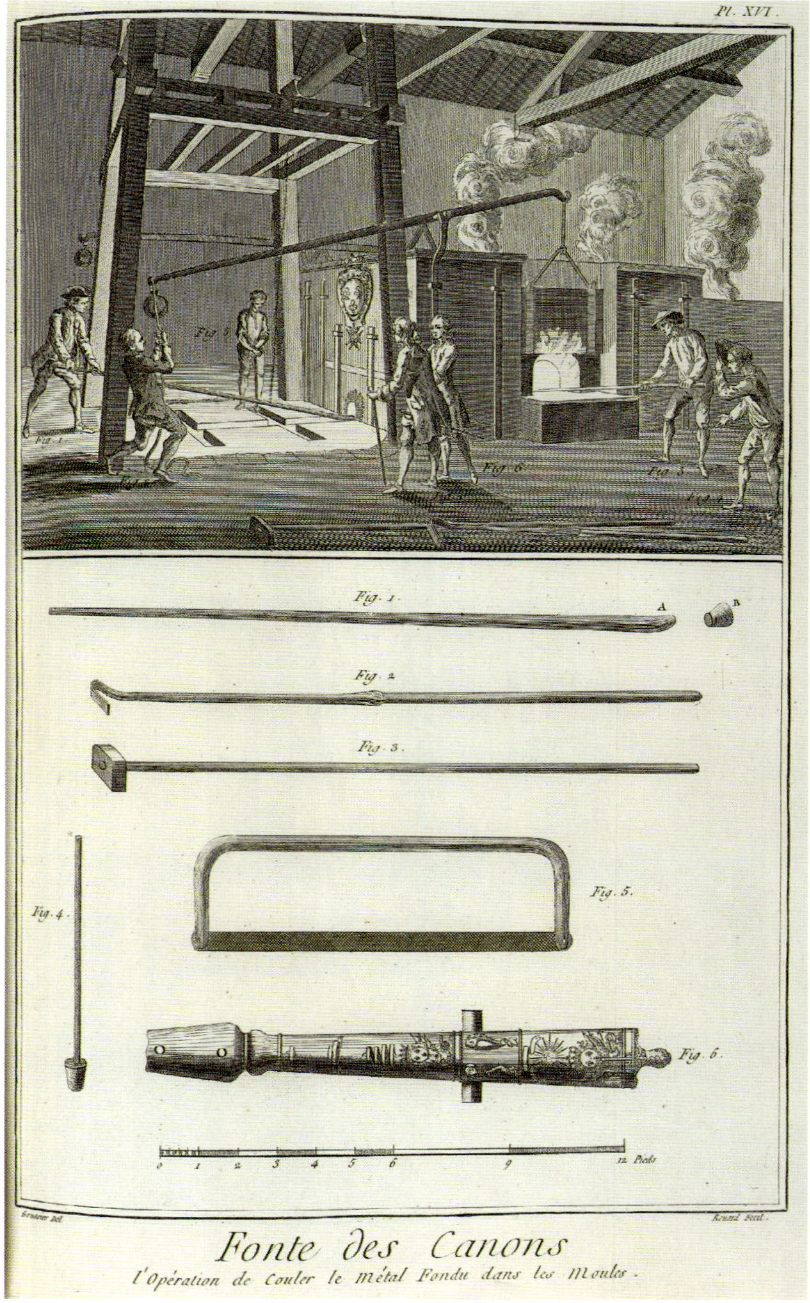

Robert Benard nach Louis-Jacques Goussier, *Kanonengießerei (Fonte des Canons)*, Recueil de Planches, Bd. 5, Paris 1767, Fonte des Canons, Pl. XVI

Die *Encyclopédie* ist das umfassendste Werk der französischen Aufklärung und ein Dokument der Geschichte des europäischen Denkens. Im Interesse der Aufklärung sollte sie über sämtliche Wissensgebiete Auskunft geben. Anders als die bisherigen Nachschlagewerke wurden auch die technischen und handwerklichen Berufe berücksichtigt. Aufgrund ihres kritischen, Politik und Kirche einbeziehenden Charakters riefen viele Artikel und damit das ganze Werk bei seinem Erscheinen in ganz Europa großes Aufsehen hervor. Robespierre galt sie als »Einleitungskapitel der Revolution«. Das Unternehmen wurde zum größten Buchhandelserfolg des Jahrhunderts.

Der Bereich der *Arts méchaniques* nimmt einen großen Teil des Werkes ein. Wenngleich sich Illustrationen auch auf das Vorbild älterer Werke wie Agricolas *De re metallica* (Kat. Nr. 8) beziehen, sind viele vor Ort angefertigt. Die Stecher arbeiteten dabei häufig mit Ingenieuren staatlicher Institutionen zusammen, um den neuesten Stand damaliger technischer Möglichkeiten aufzuzeigen. Ziel war die Wiedergabe der funktionalen, vorbildlichen Zusammenhänge von Fertigungsweisen. Entsprechend werden Apparate wie die Strumpfwirkmaschine (*Travail du Bas au Metier*) detailliert in ihrem Aufbau gezeigt. Unter dem Stichwort *Histoire Naturelle* wird in der nicht auf Anschauung beruhenden, sondern auf altertümliche Idealvorstellungen zurückgehenden Ansicht des Salzabbaus im polnischen Wieliczka (vgl. Kat. Nr. 34.1–2) die berühmte unterirdische Architektur sowie die verschiedenen, dort ausgeführten Tätigkeiten geschildert. Produktionsdarstellungen wie *Fonte des Canons* weisen in ihrer Anlage direkt auf gegen Ende des Jahrhunderts enstehende innovative Gemälde mit Interieurs von Schmieden und Eisengießereien von Pehr Hilleström d. Ä. (Kat. Nr. 18) oder Léonard Defrance (Kat. Nr. 20, 21). Die Illustrationen der *Encyclopédie* stellten ein Motivrepertoire für zukünftige Industriedarstellungen dar. Insbesondere eine nicht auf mythologische oder christliche Ikonographie zurückgehende Darstellungform bediente sich dort vorgegebener Muster. *SB*

Literatur: B. Holländer 2000; Darnton 1993.

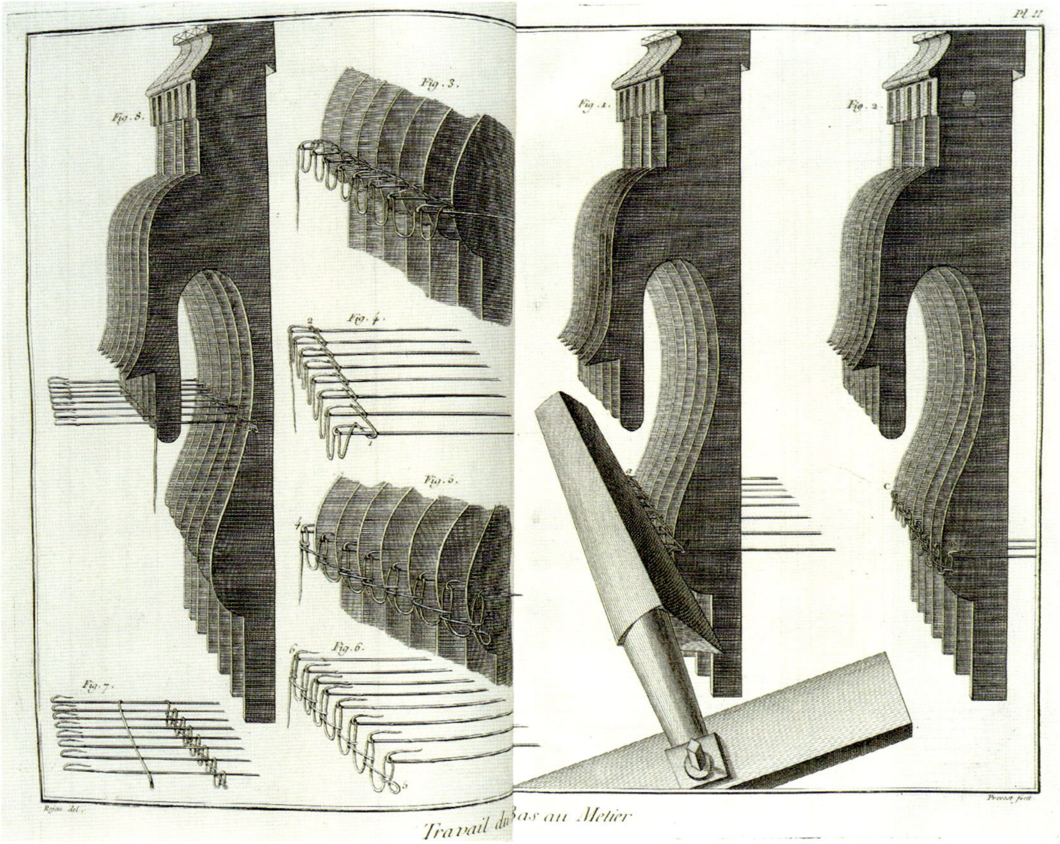

Bonaventure-Louis Prevost nach Rojau, *Strumpfwirkmaschine (Travail du Bas au Metier)*, Recueil de Planches, Bd. 2, Paris 1763, Travail du Bas au Metier, Pl. II

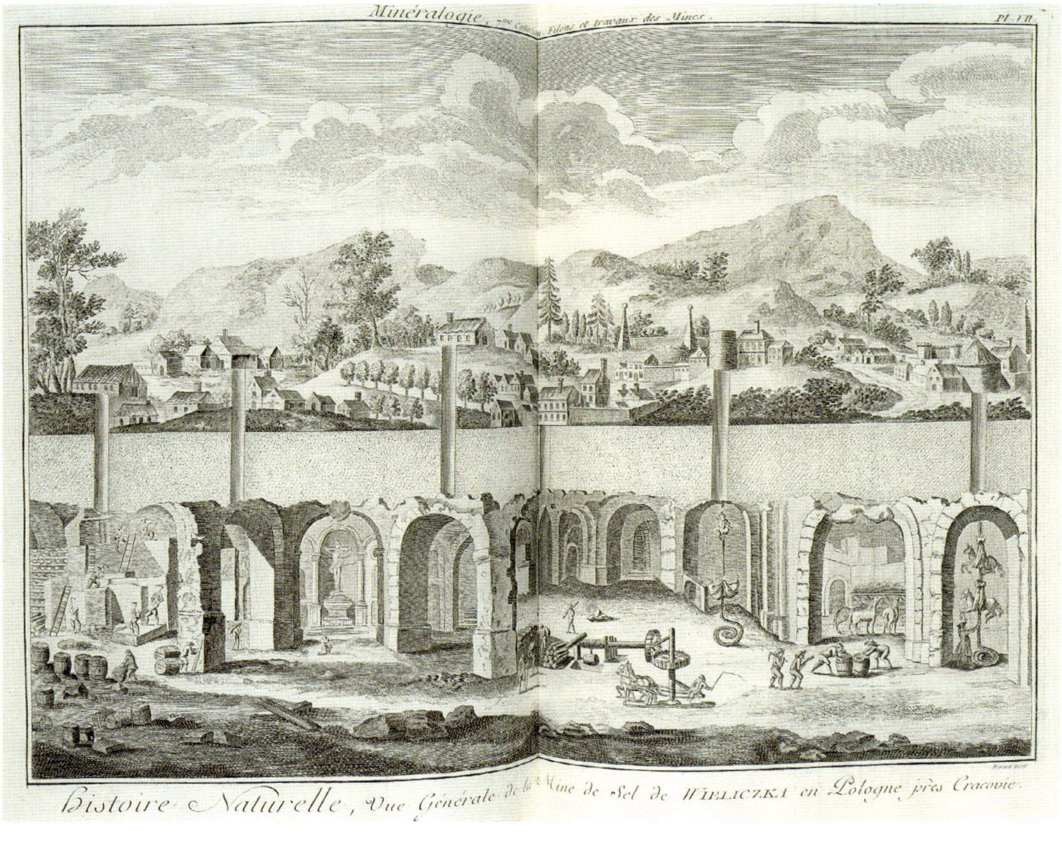

Robert Benard nach einer unbekannten Vorlage, *Gesamtansicht des Salzbergwerks von Wieliczka in Polen bei Krakau (Vue Générale de la Mine de Sel de Wieliczka en Pologne près Cracovie)*, Recueil de Planches, Bd. 6, Paris 1768, Histoire Naturelle, Mineralogie, Pl. VII

2 Produktion als Spektakel

Interieurs und Landschaften der Frühindustrialisierung 1770–1840

Die Industrielle Revolution war »die gründlichste Umwälzung menschlicher Existenzen in der Weltgeschichte« (Eric Hobsbawm). Es änderten sich die Arbeits- und Lebensbedingungen, die wirtschaftlichen Strukturen und die sozialen Beziehungen. Auch das Verhältnis des Menschen zur Natur gestaltete sich neu: Die Industrie verstand sich als Initiator einer ›zweiten Schöpfung‹, deren prägnanteste äußerliche Zeichen Feuer und Rauch waren. Die ungeheure Dynamik dieser Entwicklung veränderte auch den Themenkanon und die Formensprache der bildenden Kunst.

Ihren Ausgang nahm die Industrielle Revolution in Großbritannien. Dort ermöglichten verbesserte Anbau- und Erntemethoden um 1700 ein starkes Wachstum der Bevölkerung. Der Bedarf an Gütern aller Art nahm ebenso zu wie das Potential an Arbeitskräften. Große Kohlen- und Erzlager, kurze Verkehrswege und erhebliche Mengen an verfügbarem Kapital stellten gute Voraussetzungen für eine Ausweitung der industriellen Produktion dar. Der Staat ließ den privaten Unternehmen Raum zur Entfaltung, und die Vorherrschaft im Seehandel sowie das ausgedehnte Kolonialreich erleichterten die Ausfuhr von Waren. In dieser Situation stießen technische Neuerungen wie der Kokshochofen von Abraham Darby (1709), die Dampfmaschinen von Thomas Newcomen (1712) und James Watt (1765) sowie die Spinnmaschine von Richard Arkwright (1769) auf das Interesse marktwirtschaftlich kalkulierender Investoren. Das Zusammenwirken von Arbeits- und Kraftmaschinen ermöglichte den Durchbruch zur gewerblichen Massenproduktion, wofür die Fabrik als zentralisierter Großbetrieb den geeigneten organisatorischen Rahmen bildete. Das Resultat dieser Veränderungen war ein dauerhaftes, sich selbst erhaltendes Wachstum. Auf dieser Basis entstand das kapitalistische Wirtschafts- und Gesellschaftssystem, in dem der Markt die regulierende Instanz darstellt.

Die Umwandlung naturbelassener Räume in Schauplätze industrieller Aktivität erreichte zuerst in Großbritannien ein solches Ausmaß, dass Kohlengruben und Eisenhütten in den Rang von Sehenswürdigkeiten erhoben wurden. Zu den ersten Reisenden, die diese Orte aufsuchten, zählten Künstler, die Studien für die Illustration topographischer Werke anfertigten. Auf der Grundlage dieser Vorarbeiten entstanden Gemälde, die in den Akademieausstellungen gezeigt wurden. Die Beschäftigung von Künstlern mit industrialisierter Landschaft war um 1750 noch stark von den für adelige Landbesitzer angefertigten Veduten geprägt. Bei solchen Darstellungen ermöglichte die Vogelperspektive einen Überblick über die Ländereien, die den sozialen Status des Auftraggebers begründeten. Von Menschen genutzte Gegenden galten zu dieser Zeit als schön, unkultivierte Regionen als uninteressant und befremdlich. Die deutliche und nüchterne Wiedergabe von Fabriken und Brücken lässt den Stolz über die Beherrschung der Natur durch den Menschen erkennen.

Die ästhetischen Kategorien der Naturbetrachtung änderten sich um 1780. Unter dem Einfluss von Edmund Burke und William Gilpin strebten die Künstler nach der poetischen Wiedergabe ihrer Empfindungen. Dieses romantische Konzept war ein »Gegen- und Sprengbegriff« (Hans Holländer) zur klassizistisch-akademischen Tradition. Beide Theoretiker bezogen sich auf die ungenutzte, weder landwirtschaftlich noch industriell umgeformte Natur. Werkhallen und Verkehrswege hielten sie nicht für bildwürdig. Die von ihnen geprägten Kategorien des ›Erhabenen‹ (*sublime*) und des ›Malerischen‹ (*picturesque*) erwiesen sich aber als so wirkungsmächtig, dass sie nicht nur auf Wasserfälle, Schluchten, Stürme und Vulkanausbrüche, sondern auch auf glühende Koksfelder und höhlengleiche Kupferbergwerke Anwendung fanden. Die Gleichsetzung außergewöhnlicher Naturerscheinungen mit spektakulären Produktionsvorgängen schuf ein Bewusstsein dafür, wie tief greifend sich die Beziehung zwischen Mensch und Natur durch die Industrialisierung verändert hatte, und erleichterte so die Auseinandersetzung mit diesem Phänomen. *AS*

Klingender [1947] 1974, S. 76–78; Wagner 1979, S. 13–41; Pollard 1981, S. 3–41; Hobsbawm 1969, Bd. 1, S. 14 (Zitat); Pierenkemper 1996, S. 10–37; H. Holländer 2000c, S. 483f. (Zitat).

A

Philoſophical Enquiry

INTO THE

ORIGIN of our IDEAS

OF THE

SUBLIME

AND

BEAUTIFUL.

LONDON:

Printed for R. and J. DODSLEY, in Pall-mall.

M DCC LVII.

13

Edmund Burke

(Dublin 1729 – 1797 Beaconsfield)

A Philosophical Enquiry into the Origin of our Ideas of the Sublime and Beautiful, 1757

Verlag: Dodsley, London

Berlin, Staatliche Museen zu Berlin, Kunstbibliothek, Inv. A 7 Rarum

Der britische Parlamentarier und Schriftsteller Burke betrat 1765 die politische Bühne. Mit seinem 1790 erschienenen Buch *Reflections on the Revolution in France*, in dem er die Französische Revolution als Verstoß gegen die durch Tradition geheiligten Regeln des politischen Lebens verurteilte, wurde er zu einem Wegbereiter des Konservatismus.

A Philosophical Enquiry into the Origin of our Ideas of the Sublime and Beautiful, eine seiner frühesten Veröffentlichungen, galt keinem politischen, sondern einem ästhetischen Thema. Er untersuchte darin, wie Sinneswahrnehmungen auf das Gemüt wirken. Als gegensätzliche Kategorien beschrieb er das Erhabene (*sublime*) und das Schöne (*beautiful*). Damit berief er sich auf den im ersten Jahrhundert nach Christus verfassten literaturtheoretischen Traktat *Über das Erhabene*, der dem griechischen Philosophen Longinus zugeschrieben wird.

Zum Erhabenen zählte Burke alles, was geeignet war, den Selbsterhaltungstrieb des Menschen zu aktivieren: »Whatever is fitted in any sort to excite the ideas of pain, and danger, that is to say, whatever is in any sort terrible, or is conversant about terrible objects, or operates in a manner analogous to terror, is a source of the sublime; that is, it is productive of the strongest emotion which the mind is capable of feeling« (S. 13). Das Große und Wechselhafte, Düstere und Einsame, das sich in den Ansichten unberührter Landschaften oder extremer Naturschauspiele ausdrückte, war für ihn das Erhabene, denn es konfrontierte den Menschen, der diese Bilder von einem sicheren Ort aus wahrnahm, mit seiner Sterblichkeit. Es hatte für ihn auch eine gesellschaftliche Komponente, denn es förderte den Unternehmensgeist des Menschen und verhinderte Erschlaffung und Nachahmung. Im Gegensatz dazu bezeichnete er das Kleine, Sanfte, Zarte, Klare und Helle als das Schöne, das dem Betrachter zwar Freude bereitet, aber keine tieferen Eindrücke hinterlässt. *AS*

Klingender [1947] 1974, S. 76f.; White 1994, S. 27–33; Eagleton 1994, S. 58f.; H. Holländer 2000c.

14

William Gilpin
(Carlisle 1724 – 1804 Boldre)
Three Essays on Picturesque Beauty, on Picturesque Travel, and on Sketching Landscape, to which is added a Poem on Landscape Painting, 1792
Verlag: Blamire, London
Berlin, Staatsbibliothek zu Berlin, Inv. Nu 4131

Der in Oxford ausgebildete Geistliche und Reformpädagoge Gilpin verwendete die von Burke erarbeiteten Klassifikationen von Sinneswahrnehmungen als Grundlage seiner ästhetischen Theorie. In viel beachteten Veröffentlichungen, vor allem den zwischen 1782 und 1809 publizierten Reisebeschreibungen und den 1792 erschienenen Essays, wandelte er Burkes Begrifflichkeiten für die Zwecke der Künstler und der Touristen ab.

Die zentrale Kategorie war für ihn das Malerische (*picturesque*, von ital. *pittoresco* = für ein Gemälde geeignet). Bildwürdig erschien ihm das Rohe und Ungeordnete. Die Darstellung kulturell überformter Landschaften lehnte er ab. Selbst »cottages, and mills, and foot-paths, and foot-bridges« störten ihn, wie er 1790 in einem Brief schrieb: »By no means do I depreciate these little simple subjects; I can even conceive them to be picturesque: but I have not a relish for them. I totally however repudiate their interfering with grand scenes.« Anzeichen für Eingriffe des Menschen in die Landschaft akzeptierte er nur dann, wenn der Prozess des Verfalls, also der Rückverwandlung in Natur, im Bild bereits sichtbar war. Ein »Palladian House« wollte er folgendermaßen dargestellt wissen: »We must beat down one half of it, deface the other and throw the mutilated members around in heaps. In short, from a smooth building, we must turn it into a rough ruin« (S. 7). In der Malerei Claude Lorrains (1600–1682) und Salvator Rosas (1615–1673) sah er seine Vorstellungen am vollkommensten verwirklicht.

Der *Essay on Picturesque Beauty* enthält zwei Aquatinten nach Vorlagen von Gilpin, die als ein positives und als ein negatives Beispiel für die Darstellung einer Landschaft dienen sollen: »In a mountain-scene what composition could arise from the corner of a smooth knoll coming forward on one side, intersected by a smooth knoll on the other; with a smooth plain perhaps in the middle, and a smooth mountain in the distance. The very idea is disgusting. Picturesque composition consists in uniting in one whole a variety of parts; and these parts can only be obtained from rough objects. If the smooth mountains, and plains were broken by different objects, the composition might be good, on a supposition the great lines of it were so before« (S. 19). *AS*

William Gilpin an Mary Hartley, 16. Feb. 1790, in: Barbier 1963, S. 114 (Zitat); Klingender [1947] 1974, S. 76f.; Wagner 1979, S. 25–27; Bermingham 1987, S. 63–73.

William Gilpin, *Landschaft ohne malerische Ausschmückung (Scene without Picturesque Adornment)*, zwischen S. 18 und 19

William Gilpin, *Landschaft mit malerischer Ausschmückung (Scene with Picturesque Adornment)*, zwischen S. 18 und 19

15.1–2

William Williams
(Norwich um 1758 – um 1797)
1. Eine Morgenansicht von Coalbrookdale und von Teilen des ausgedehnten Eisenwerks, 1777
2. Eine Nachmittagsansicht von Coalbrookdale, 1777
Öl auf Leinwand, 102 x 126 (15.1), 102 x 125 (15.2)
Shrewsbury, Shrewsbury Museum and Art Gallery, Rowley's House

Coalbrookdale (Shropshire) bezeichnet sich selbst als »the birthplace of industry«. Die Bedeutung dieses Ortes ergibt sich daraus, dass Abraham Darby hier 1709 erstmals einen Hochofen mit Koks betrieb. Zuvor musste die teurere Holzkohle eingesetzt werden, um Eisen zu schmelzen. Steinkohle kam hierfür nicht ohne weiteres in Frage, weil sie außer dem benötigten Kohlenstoff zu viele andere Substanzen enthält. Darby stellte fest, dass Koks, also eine durch Schwelen veredelte Form der Steinkohle, die technischen Eigenschaften des Eisens im Hochofen nicht beeinträchtigt. Sein Verfahren verbreitete sich ab Mitte des 18. Jahrhunderts. Die Umstellung vom nachwachsenden Energieträger Holz zur nicht erneuerbaren Ressource Kohle war ein wichtiger Schritt auf dem Weg von der solaren Kreislauf- zur fossilen Durchflusswirtschaft. Die bisher geltenden Wachstumsgrenzen wurden dadurch außer Kraft gesetzt.

Die 1717 nach dem Tod Abraham Darbys gegründete Coalbrookdale Company wurde über fünf Generationen von Mitgliedern seiner Familie geleitet. Sie produzierte die Zylinder für zahlreiche der ab 1712 gebauten Newcomen-Dampfmaschinen und lieferte 1767 die Schienen

für die erste eiserne Bahnstrecke in Großbritannien. Abraham Darby III initiierte den Bau der als »phenomenon of the age« gefeierten Ironbridge über den Severn, die 1777/78 in Coalbrookdale gegossen wurde.

Zu dieser Zeit schuf der aus Norwich stammende Maler Williams zwei aufeinander bezogene Bilder, in deren Zentrum die Anlagen der Coalbrookdale Company stehen. Ob es sich dabei um Auftragskunst handelt, ist unklar. In beiden Bildern sind die gewaltigen Rauchfahnen zu sehen, die vom Maschinenhaus, von den Hochöfen und von den Koksfeldern aufsteigen. Die Newcomen-Dampfmaschine, die genau im Zentrum platziert ist, pumpte das Wasser vom Lower Furnace Pool zurück in den Upper Furnace Pool. Das dadurch entstehende Gefälle trieb über Wasserräder verschiedene Arbeitsmaschinen an.

Die Morgenansicht zeigt links einen Transportarbeiter, der einen Wagen mit Kohle über einen Schienenweg ins Tal bugsiert. Die Nachmittagsansicht präsentiert drei Reisende, die sich von einem Arbeiter die Vegetation erklären lassen; dem spektakulären Panorama, das sich vor ihnen ausbreitet, schenken sie keine Beachtung. Die beiden Gemälde stehen noch ganz in der Tradition der herrschaftlichen Vedute, die Landbesitz quantitativ statt qualitativ erfasst. Agrarische und industrielle Formen der Naturaneignung werden nebeneinander gestellt, ohne eine Wertung vorzunehmen. *AS*

Wagner 1979, S. 18–22; Raistrick 1989, Taf. VIII; Krifka 2000b, S. 811f.

16

Joseph Wright of Derby
(Derby 1734 – 1797 Derby)
Arkwrights Baumwollspinnereien, bei Nacht (Arkwright's Cotton Mills, by Night), um 1783
Öl auf Leinwand, 86 x 114
Großbritannien, Privatbesitz

Richard Arkwright (1732–1792) begann seine Karriere als Selfmademan. Als Perückenmacher in Lancashire, der an vielen Orten Haare für seine Produkte aufkaufte, erfuhr er von den Nöten der Textilindustrie. Er erhielt 1769 das Patent auf eine Spinnmaschine, mit der in Großbritannien »eine neue Epoche der Technik« (Akos Paulinyi) begann. Um seine Erfindung praktisch nutzen zu können, errichtete er in Cromford (Derbyshire) 1771 eine fünfstöckige und 1776/77 eine siebenstöckige Fabrik. Die Spinnmaschinen wurden mit dem Wasser des River Derwent betrieben. Um 1780 beschäftigte er bereits etwa 600 Männer, Frauen und Kinder, die in zwei Zwölf-Stunden-Schichten rund um die Uhr arbeiteten. Ein Augenzeuge berichtete 1783: »The spinning went on at night; the preparation was made in the day.«

Mit den Produkten seiner Fabriken und den Lizenzen seiner Patente verdiente der Unternehmer ein Vermögen. Er wurde 1786 geadelt. Obwohl er für sein Herrenhaus bei Wright Porträts von sich und seiner Familie in Auftrag gab, war er kein »patron of the arts« (Benedict Nicholson). Die Darstellung der Spinnereien in Cromford beschäftigte den Künstler aus eigenem Antrieb. Sein Bild markiert »einen Wendepunkt in der englischen Landschaftsmalerei« (Sabine Krifka). Es zeigt keine arkadische Ideallandschaft, sondern ist am Verhältnis von Industrie und Natur interessiert.

Ein solches zeitgenössisches Thema bedurfte der künstlerischen Legitimation. Wright inszenierte die beiden Fabriken, in denen die Arbeit andauert, wie ein festlich erleuchtetes Anwesen. Von der Gewalt, die die Industrialisierung auf Mensch und Umwelt ausübt, ist wenig zu spüren, obwohl der Lichtschein aus den in die Talmulde geduckten Fabriken Assoziationen zu den Vulkanlandschaften aufkommen lässt, die Wright in Italien malte. *AS*

Nicholson 1968, Bd. 1, S. 158–169 (Zitat S. 168); Klingender [1947] 1974, S. 56; Wagner 1979, S. 61; Ausst. Kat. London 1990, S. 198–200; Paulinyi 1991, S. 277 (Zitat); Krifka 1996, S. 96–106 (Zitat S. 98).

17

Pehr Hilleström d. Ä.
(Väddö 1732 – 1816 Stockholm)
Prinz-Gustav-Galerie im Bergwerk von Falun (Prins Gustavs ort i Falu gruva), um 1784
Öl auf Leinwand, 79 x 65
Stockholm, Nationalmuseum, Inv. NM 6746

Das berühmte Bergwerk von Falun war die weltweit größte und ertragreichste Kupfermine um die Mitte des 17. Jahrhunderts. Dank der Gewinne, die der schwedische Staat durch sie erwirtschaftete, ließ sich ein Heer finanzieren, dessen Eroberungen das Territorium des Reiches vergrößerten. Im 18. Jahrhundert war die schwedische Minenindustrie wiedererstarkt, und Falun wurde von ausländischen Reisenden bis aus China aufgesucht.

Der Hofmaler Hilleström stieg am Eröffnungstag, dem 28. Juni 1781, im Alter von 50 Jahren zum ersten Mal 270 Meter tief in die Grube, um dort Zeichnungen der verschiedenen Arbeitsbereiche anzufertigen, die er später zu einigen seiner zahlreichen Industrieinterieurs verarbeitete. Die Szene zeigt eine der Holztreppen, welche das Labyrinth von Förderkammern und Passagen verbanden. Bis zu 500 Arbeiter konnten nur mit dem flackernden Licht der Fackeln in der erhobenen Hand ihren gefährlichen Weg finden.

Hilleström vermittelt eine wissenschaftlich präzise, durch den Schein der Fackeln aber atmosphärisch eindringliche Beschreibung der Räume und Arbeitsbedingungen in dieser Unterwelt. Die Grubenkammern waren abwechselnd kochend heiß (durch die Fackeln) oder eiskalt, erfüllt vom Echo der lauten Rufe und Dynamitsprengungen und feucht vom aussickernden Vitriolwasser. Die Grube ist benannt nach König Gustav III., der selbst dreimal zu Festlichkeiten in sie hinabstieg. *MB*

Rönnow 1929 (engl. Summary); Slg. Kat. Stockholm 1995, S. 238.

18

Pehr Hilleström d. Ä.
(Väddö 1732 – 1816 Stockholm)
Kupferhütte im Bergwerk von Falun (Kopparhytta vid Falu gruva), um 1784
Öl auf Leinwand, 79 x 65,5
Stockholm, Nationalmuseum, Inv. NM 6747

Hilleström schilderte in seinen Industrieinterieurs neben den menschenunwürdigen Arbeitsbedingungen im Inneren des Bergwerks von Falun auch die in unmittelbarer Nähe gelegenen Kupferhütten. Das Erz wurde in niedrigen, schaftförmigen Hochöfen aus Stein, die mit Holzkohle befeuert wurden, entschlackt und dann in ähnlich gebauten Schmelzhütten ein zweites Mal geschmolzen.

In Hilleströms Darstellung schlägt eine hohe Flamme fast bis zur Öffnung im Dach der Schmelzhütte. Ein Arbeiter beseitigt vor dem Ofen mit einer hängenden Gabel die Schlacken, ein anderer trägt in einem Korb Holzkohle herbei. Im Vordergrund wartet ein Junge. In anderen Versionen des Gemäldes besucht der Besitzer der Schmelze mit zwei Damen die Hütte.

Das Feuer ist in den Interieurs Hilleströms von zentraler Bedeutung; es brachte den Menschen Licht und Wärme und wurde seit jeher zur Gewinnung und Bearbeitung von Metall gebraucht. Trotz enzyklopädischer Genauigkeit in der Wiedergabe der Arbeitsschritte und der Balkenkonstruktion der Hütte gelingt dem Künstler in diesem Nachtstück durch den harten Kontrast von Feuer und Schatten eine magische Lichtwirkung. *MB*

Rönnow 1929 (engl. Summary); Slg. Kat. Stockholm 1995, S. 238.

19
Pehr Hilleström d. Ä.
(Väddö 1732 – 1816 Stockholm)
Besuch in einer Stangeneisenschmiede, um 1780–90
Öl auf Leinwand, 63 x 77 (Abb. entspricht nicht den Maßen)
Stockholm, Jernkontoret

Im 18. Jahrhundert löste in Schweden das Eisen das Kupfer in seiner wirtschaftlichen Bedeutung ab. Halbzeuge aus Eisen (z. B. Stangen) gehörten zu den wichtigsten Exportartikeln des Landes, dessen politische und wirtschaftliche Macht zum großen Teil auf den Gruben und Schmieden der Regionen Uppland, Närke, Västmanland und Dalarna basierte. Der königliche Minenrat und die Besitzer der in der Gewinnung und Verarbeitung von Eisen tätigen Firmen arbeiteten erfolgreich zusammen. Die Unternehmer gründeten 1747 das Eisenkontor, um durch Interventionskäufe und niedrige Preise den Absatz zu stabilisieren. Hilleström zeigt den Besuch von Adeligen oder wohlhabenden Bürgern in einer Eisenschmiede. Der Unternehmer, der in der Bildmitte zu sehen ist, lenkt mit seiner rechten Hand den Blick zum Amboss, auf dem das glühende Eisen zu Stangen geformt wird. Der Feuerschein aus dem Ofen erhellt den ansonsten dunklen Raum, die beleuchteten bzw. verschatteten Partien gliedern und akzentuieren den Schauplatz. Der Künstler, der das Bild auf einem der Briketts signierte, verknüpfte den offiziellen Anspruch mit seinem Interesse an einer detaillierten Schilderung. Das Hammerwerk und die Balkenkonstruktion stellte er präziser dar als die Besuchergruppe. Ebenso ist der Blasebalg am linken Bildrand trotz der dunklen Lichtverhältnisse genau wiedergeben. Wahrscheinlich hat Hilleström – wie für seine Bilder aus Falun – an Ort und Stelle Studien angefertigt. Auffällig ist die Nähe zu den Kupferstichen der *Encyclopédie* (Kat. Nr. 12 und Abb. S. 41). Die Fokussierung auf den Hammer und auf das Feuer im Ofen sowie die ausgeklügelte perspektivische Konstruktion führen jedoch zu einer stärkeren Verdichtung des Raumes, der wie eine Guckkastenbühne angelegt ist. *BS*

Rönnow 1929; Ausst. Kat. Paris 1994; Magnusson 1994.

20
Léonard Defrance
(Lüttich 1735 – 1805 Lüttich)
Besuch in einer Gießerei, um 1777
Öl auf Holz, 36 x 56
Lüttich, Musée de l'Art Wallon,
Inv. AW 25

Lüttich liegt im Flusstal der Maas, in dem sich wegen der vorhandenen Wasserkraft und der Nähe zu Erzlagern schon früh die eisenverarbeitende Industrie angesiedelt hatte. Das Bild zeigt die große Halle einer Eisengießerei, die an einen mit Holzkohle betriebenen Hochofen gebaut ist. Die Arbeiter gießen das flüssige Eisen mit großen Schöpfkellen in die Formen am Boden, in denen Eisengitter mit kunstvollen Ornamenten im Stil Louis' XV. entstehen. Ungeschützt vor der großen Hitze und Helligkeit, stehen sie vor dem Schmelztiegel mit flüssigglühendem Eisen. Während ihre Gesichter im Dunkeln oder vom Betrachter abgewandt bleiben, wird das distinguierte Besucherpaar am rechten Bildrand vom lichten Schein des Gießvorganges beleuchtet und ihre helle, farbige Kleidung dadurch sichtbar. Defrance betont durch den Kontrast von beleuchteten und schattenhaften Figuren sowie bunten und braunen Kleidern den Standesunterschied der Personen. Der Maler schildert in den einzelnen Arbeitern nicht nur minutiös die aufeinander folgenden Schritte des Gießvorgangs, sondern komponiert aus den stehenden Arbeitern und ihren horizontal aufragenden Geräten eine malerische Gruppe von stilllebenhafter Qualität.

Bei dem Besucher handelt es sich möglicherweise um Pierre-Paul Maibe, einen der wichtigsten Gießereibesitzer, über dessen Haltung gegenüber den Arbeitern die Zeitschrift *L'Oracle* 1823 in einem Nachruf schrieb: »[Er war] Freund und Unterstützer des Armen und glaubte mit Recht, dass es besser ist, ihn durch Arbeit zu ernähren, die ihn sittlich adelt, als durch Almosen, die ihn erniedrigen, ihn zum Müßiggang verleiten und damit zur Geißel der Gesellschaft machen.«
MB

L'Oracle, 27. Aug. 1823; Louis 1930, S. 97; Évrard 1950, S. 5, Nr. 2; Slg. Kat. Lüttich 1954, Nr. 88; Évrard 1955, S. 67, 70, Nr. 43; Pacco-Picard 1982, S. 6, Nr. 7; Ausst. Kat. Brüssel 1985/86, S. 357, Nr. 321.

21

Léonard Defrance
(Lüttich 1735 – 1805 Lüttich)
Innenansicht eines Walz- und Schneidwerks, um 1790
Öl auf Holz, 36 x 56
Lüttich, Musée de l'Art Wallon, Inv. AW 23

Die ältesten bekannten Walzwerke stammen aus der Region von Lüttich und wurden 1583 und 1587 von David und Remacle Koch konstruiert. Von dort aus wurde die wallonische Technik nach ganz Europa verbreitet. In dem dargestellten Walz- und Schneidwerk werden Eisenbarren, die aus den Hammerschmieden angeliefert wurden, im Ofen von einem Arbeiter glühend erhitzt, von einem zweiten Arbeiter zwischen den Zylindern einer Plättmaschine flachgewalzt und damit gedehnt. Anschließend werden die Teile durch die Schneiden einer weiteren Walze zu Eisensprossen geschnitten, die zur Herstellung von Nägeln dienten. Ein dritter Arbeiter sammelt die Nägel in Bündeln auf.

Defrance differenziert kunstvoll zwischen den verschiedenen Lichtquellen von weißem Tageslicht, rotglühendem Eisen und offenem Feuer. In den kunsttheoretischen Überlegungen am Ende seiner Memoiren forderte der Maler die genaueste Beobachtung der Lichtverhältnisse, um Wahrhaftigkeit und Schönheit in der Darstellung zu erzielen. Die dunkle Schwere und Einfachheit der Hütte sowie die farblosen Figuren der unter Gefahren arbeitenden Handwerker kontrastieren mit der hochmodischen Erscheinung des eleganten Besucherpaares. *MB*

Évrard 1950, S. 5, Nr. 4; Slg. Kat. Lüttich 1954, Nr. 90; Évrard 1955, S. 70f., Nr. 46; Évrard 1956, S. 26, Nr. 4; Ausst. Kat. Lüttich 1980, S. 71, Nr. 68; Pacco-Picard 1982, S. 11; Dehousse/Pacco/Pauchen 1985, S. 162, Nr. 298.

22.1–2

Étienne Bouhot (Bard-les Epoisses 1780 – 1862 Semur-en-Auxois)
1. Innenansicht einer Schmiede bei Châtillon-sur-Seine, Côte-d'Or (Vue intérieur d'une forge, près Châtillon-sur-Seine, Côte d'Or), 1823
2. Außenansicht einer Schmiede bei Châtillon-sur-Seine, Côte-d'Or (Vue extérieur d'une forge près Châtillon-sur-Seine, Côte d'Or), 1823
Öl auf Leinwand, 38 x 46
Buffon, Musée de la Sidérurgie en Bourgogne du Nord, Inv. 82.01.02, 82.01.01

Bouhot ist bekannt für seine Architekturdarstellungen und topographischen Ansichten von Paris aus der Zeit Napoleons und der Restauration. Zwischen 1820 und 1830 fertigte er mehrere Darstellungen von Schmieden in seiner Heimat Burgund nahe Châtillon-sur-Seine (nördlich von Dijon), die er unter anderem an einen der Werksbesitzer verkaufte. Das vorliegende Gemälde eines frühindustriellen Hammerschmiedeinterieurs besitzt als Pendant die Ansicht einer Schmiede von außen; beide Bilder wurden im Pariser Salon von 1824 (Nr. 229/230) ausgestellt. Im Gegensatz zu Lüttich (Léonard Defrance oder Louis-Bernard Coclers) und Schweden (Pehr Hilleström d. Ä.) waren solche Motive in Frankreich vor 1830 sehr selten. Die Darstellung geht einher mit der Expansion der Eisenfabrikation in Frankreich, die während der Restauration stattfand.

Das Äußere der Schmiede wird von dem großen pyramidalen Schornstein und den Wasserrädern bestimmt. Die unterschiedlichen Materialien, die beim Bau verwendet wurden, verdeutlichen den sukzessiven Ausbau des Betriebs. Die Szene im Vordergrund zeigt die Anlieferung eines Roheisenstücks durch einen

lokalen Transporteur von einem benachbarten Hochofen.

Der kaufmännische Angestellte der Schmiede wickelt das Geschäft ab. Die zwei Schmiede, die beim Abladen geholfen haben, wenden sich wieder ihrer Arbeit zu. Im Vordergrund werden weitere Roheisenstücke für die Bearbeitung gelagert. Links, hinter der Mauer, befindet sich das Wasserrad zum Antrieb des Hammers und des Blasebalgs. Rechts im Hintergrund spielen Kinder vor den Arbeiterhäusern.

Das Bild des Schmiedeinneren zeigt die unterschiedlichen Arbeitsgänge. Im Zentrum prüft der Heizer die Temperatur des Feuers, in dem das Werkstück beim Bearbeiten erhitzt wird. Rechts ist das Holzgestell des hydraulischen Blasebalgs zu sehen. Im Hintergrund ist der Hammer im Einsatz beim Schmieden. Ganz hinten werden fertige Werkstücke ihrer Größe nach geordnet. *MB*

Principales acquisitions 1981, S. 57, Nr. 1; Julia 1983, S. 419–425; Catalogue d'acquisition 1985, S. 172, Nr. 760–761; Julia 1985/86, S. 188f.; Ausst. Kat. Lille 1993, Nr. 18–19; Ausst. Kat. Semur-en-Auxois 2001, S. 46f.

23

Francis Chesham
(London 1741 – 1806 London)
nach George Robertson
(London 1724 – 1788 Newington)
Eine Ansicht des Eingangs zu einer Kohlengrube in Broseley, Shropshire (A View of the Mouth of a Coal Pit near Broseley, in Shropshire), 1788
Stich, 35,9 x 52,3 (Bildgröße),
Verlag: John & Josiah Boydell, London
London, National Museum of Science and Industry, Inv. 1980-757

Robertson schuf eine Serie von sechs Ansichten, die Industrie und Natur im Tal des River Severn bei Coalbrookdale (Shropshire) zeigen. Die nach diesen Vorlagen entstandenen Stiche wurden 1788 zur Erinnerung an den Bau der ersten gusseisernen Brücke der Welt angefertigt. Drei Gemälde zeigen die 1779/80 erbaute Ironbridge, drei andere verschiedene Produktionsstätten im benachbarten Broseley.

Eine der von Robertson ausgewählten Anlagen ist eine Kohlengrube, die in einer idyllischen Waldlandschaft liegt. Zu sehen sind ein Fördergerüst, ein Pferdegöpel und ein Ventilationsschacht.

Die Kohle wird mit Grubenhunden über einen hölzernen Schienenweg abtransportiert. Um der Anlage – gemäß der ästhetischen Theorie Gilpins – ein ›pittoreskes‹ Äußeres zu verleihen, stellte der Künstler die beim Mauerwerk und bei den Holzkonstruktionen erkennbaren Verfallserscheinungen besonders heraus.

Bei den anderen beiden von Robertson gemalten Produktionsstätten handelt es sich um die Geschützgießerei und das Bohrwerk von John Wilkinson. Dieser Fabrikant erlangte dadurch Berühmtheit, dass er die exakt gebohrten Zylinder liefern konnte, die die Firma Boulton & Watt für ihre Dampfmaschinen benötigte.

Dem Künstler kam es offenbar darauf an, typische Stationen der industriellen Produktion vom Bergwerk über die Fabrik bis zur Brücke als dem Endprodukt zu zeigen. Eine ähnliche Motivation liegt dem 1873 bis 1876 entstandenen Borsig-Zyklus von Paul Friedrich Meyerheim zugrunde (s. Abb. S. 70–71). *AS*

Klingender [1947] 1974, S. 80–82; Wagner 1979, S. 56f.; Gray 1982, S. 12.

24

Joseph Constantin Stadler (? – 1812)
nach Philippe Jacques de Loutherbourg
(Straßburg 1740 – 1812 Chiswick)
Die Schiefergrube (The Slate Mine), 1800
Aquatinta, handkoloriert, 43,2 x 61,
Verlag: Robert Bowyer, London
London, National Museum of Science and Industry, Inv. 1986-353

Die Vorlage für diese Druckgraphik war das Gemälde *Ein Schiefersteinbruch bei Rydell Water, Cumberland (A Slate Quarry near Rydell Water, Cumberland)*, das Loutherbourg 1785 in der Royal Academy ausgestellt hatte.

Rydal Water ist der Name eines kleinen Sees im Lake District. Loutherbourg richtete den Blick aber nicht auf dieses malerische Gewässer, sondern auf die Arbeit in einem nahe gelegenen Tagebau. Ihn reizte der Eingriff des Menschen in eine wilde Landschaft. Während der Industriellen Revolution nahmen Steinbrüche an Zahl und Umfang schnell zu. Deshalb wurden sie von Künstlern, die sich für den durch die Ökonomisierung der Natur ausgelösten Wandel interessierten, schon früh als geeignetes Motiv angesehen.

Den Arbeitern in diesem für den lokalen Markt tätigen Betrieb schenkte Loutherbourg mehr Aufmerksamkeit, als Staffagefiguren üblicherweise zuteil wird. Alle Arbeitsschritte bei der Gewinnung von Schieferplatten aus Schieferblöcken führt er detailliert vor. Der Weg, den die Fuhrleute mit ihrem Gespann einschlagen, öffnet den durch die Felswände eng begrenzten Schauplatz nach rechts. *AS*

Ausst. Kat. London 1973, Nr. 50; Wagner 1979, S. 31f.

25.1–2

Philippe Jacques de Loutherbourg
(Straßburg 1740 – 1812 Chiswick)
1. Das Kessel- und das Gießhaus eines Hochofens, wahrscheinlich Bedlam Furnaces, in Coalbrookdale, 1800
2. Eine Eisengießerei, Madeley Wood, Coalbrookdale, 1800
Feder, laviert, auf Papier, 8 x 12 (25.1), 8 x 13 (25.2)
London, Tate Britain, Inv. D 36407, D 36408

Loutherbourg stellte 1801 in der Royal Academy sein Gemälde *Coalbrookdale bei Nacht (Coalbrookdale by Night)* aus, das eine neue Sicht auf die Industrie eröffnete (s. Abb. Seite 50). Anders als bei den Gemälden von William Williams (Kat. Nr. 15.1–2) oder Joseph Wright of Derby (Kat. Nr. 16) spielt die Natur hier nicht den Gegenpart zur Industrie, sie wird durch die von Flammen umhüllten Gebäudekomplexe nahezu aus dem Bild verdrängt. Loutherbourg vollzog damit die Abwendung von der topographischen Tradition, in der die Industrielandschaft stand. Seine »Industrietotale als moderne nationale Kulturlandschaft« (Monika Wagner), die von der wirtschaftlichen Stärke Großbritanniens zeugt, bildet ein Äquivalent zum Historienbild, dem zu dieser Zeit der höchste Rang unter den Gattungen zuerkannt wurde.

Loutherbourg besichtigte Coalbrookdale 1800 auf der Rückkehr von einer Reise nach Wales. Die hier gezeigten Studien, die er als Grundlage für sein Gemälde verwendete, entstanden vermutlich auf dieser Reise. Die in Madeley Wood gelegenen Bedlam Furnaces zeichnete er als ein Konglomerat aus ineinander verschachtelten Anlagen. Im Zentrum steht eine Dampfmaschine, die an ihrem schrägstehenden Balancier zu erkennen ist. Der Name ›Bedlam‹, der im Englischen als Synonym für ›Tollhaus‹ verwendet wird, verweist auf die Dynamik der Produktionsvorgänge. Bei der Eisengießerei konzentrierte sich Loutherbourg auf die wie ein Portal gestaltete Öffnung des Frischfeuers. Die Studien wurden – vermutlich 1833 bei einer Auktion des Hauses Christie's – von Joseph Mallord William Turner erworben, mit dessen Nachlass sie in Museumsbesitz gelangten. Sie galten lange als Arbeiten dieses Künstlers. *AS*

Finberg 1912/13, S. 128f.; Ausst. Kat. London 1973, Nr. 52; Wagner 1979, S. 60–72 (Zitat S. 62).

26

William Pickett (Lebensdaten unbekannt) nach Philippe Jacques de Loutherbourg (Straßburg 1740 – 1812 Chiswick)

Eisenwerk, Coalbrookdale (Iron Works, Colebrook Dale), 1805

Aquatinta, handkoloriert, 23 x 32 (Bildgröße), Verlag: Robert Bowyer, London
London, National Museum of Science and Industry, Inv. 1987-510

Diese Aquatinta gehört zu der Serie *The Romantic and Picturesque Scenery of England and Wales* mit 18 Blättern nach Vorlagen von Loutherbourg. Das Eisenwerk scheint hier stärker in die Natur integriert zu sein als bei der von demselben Künstler geschaffenen Nachtansicht (s. Abb. S. 50). Den in einer Vertiefung liegenden, von Vegetation überwachsenen Fabrikbauten verlieh Loutherbourg ein ›pittoreskes‹ Äußeres. Arbeiter sind auf dem Blatt nur als winzige Silhouetten zu erkennen. Stattdessen zieht ein Reiter einen mit Steinen gefüllten Schlitten hinter sich her – diese Transportart war vor dem Beginn des Eisenbahnzeitalters durchaus gebräuchlich. Sein Weg ist von Gussstücken gesäumt, die wie Ruinenteile arrangiert sind. Loutherbourg bediente sich also eines aus der Darstellung antiker Gebäude bekannten Musters, um die Industrie bildwürdig zu machen.

Aufgrund der durch den rötlichen Rauch und die gelblichen Flammen verursachten Lichteffekte äußerte Francis D. Klingender die Vermutung, es könne sich bei dem Blatt um eine Studie für das von Loutherbourg ab 1781 betriebene »Eidophusikon« handeln. In diesem Miniaturtheater ohne Schauspieler brachte der Künstler Szenen wie *Satan arraying his Troops on the Banks of the Fiery Lake, with the Raising of the Palace of Pandemonium, from Milton* auf die Bühne. Er setzte dabei bewegliche, mit Naturalien besetzte Bildmodelle ein, die dramatisch beleuchtet und musikalisch untermalt wurden. Das Ziel der Inszenierung war eine möglichst exakte Naturwiedergabe. *AS*

Joppien 1972, S. 342–366; Klingender [1947] 1974, S. 87f.; Wagner 1979, S. 64–66; Paulinyi 1991, S. 389; Krifka 2000b, S. 814.

27
William Havell
(Reading 1782 – 1857 London)
Kilgarren Castle am River Teifi (Kilgarren Castle on the River Teifi), um 1805
Aquarell/Deckfarbe, 61 x 91
London, Victoria & Albert Museum,
Inv. 1932-1900

Das ungewöhnlich große Blatt zeigt einen Kalkofen unterhalb der im Süden von Wales gelegenen Touristenattraktion Kilgarren Castle (Pembrokeshire). Kalk war ein wichtiger Grundstoff während der Industriellen Revolution. Er diente als Ausgangsmaterial für die Mörtelherstellung, als Flussmittel bei der Eisenverhüttung und als Dünger in der Landwirtschaft.

Die Kombination von Kalkofen und Burgruine findet sich bei vielen Künstlern. Die Beliebtheit dieses Motivs lässt sich auf eine 1798 von William Gilpin festgehaltene Beobachtung anlässlich einer Bootsfahrt auf dem River Tamer in Cornwall zurückführen: »The lime-kilns, which we see in many places on its banks, are of such noble dimensions, that they may, at a little distance, be mistaken for castles.« Zwar schwächte sich dieser Eindruck bei näherer Betrachtung etwas ab – »its dignity was degraded when we learned it was only a lime-kiln« – dennoch rangierten die Kalköfen für ihn »among the greatest ornaments of the river«.

Die Formanalogie zwischen den beiden ungleichen Gebäuden reizte auch William Havell. Der ›malerische‹ Rauch, der den Felsen konturiert, kaschiert die relative Bedeutungslosigkeit der Brennerei. Außerdem steht er in reizvollem Kontrast zu den Strahlen der durch die Wolken brechenden Sonne. *AS*

Gilpin 1798, S. 232 (Zitat); Bury 1949, S. 106–109; Wagner 1979, S. 49f.

28

John Laporte (London 1761 – 1839 London)
Ein Förderturm an einer Flussmündung, 1809
Aquarell, 31,4 x 43,5
Telford, The Ironbridge Gorge Museum, Elton Gallery

Laporte, ein Londoner Künstler, schuf um 1800 malerische Ansichten aus Wales und aus dem Lake District. Die von ihm dargestellte Zeche befand sich wahrscheinlich in Glamorgan, einer Grafschaft im Süden von Wales.

Über dem Schacht erhebt sich ein massiver Turm. Sein Mauerwerk fängt die seitlichen Zugkräfte auf, die beim Heben und Senken der Förderkörbe entstehen. Die Kraft für die Förderung liefert der neben dem Turm stehende große Göpel. Im Hintergrund mündet ein von Schiffen belebter großer Fluss in das Meer, bei dem es sich um den River Tawe in der Nähe von Swansea oder den River Neath in der Nähe von Briton Ferry handeln könnte. Über den Hafen an der Flussmündung konnte die in der Grube geförderte Kohle leicht zu den Verbrauchern gelangen.

Allein die Großstadt London benötigte um 1800 über eine Million Tonnen Kohle pro Jahr. Tatsächlich erklärt sich die Bedeutung des südwalisischen Reviers, das zu dieser Zeit das zweitwichtigste in Großbritannien war, hauptsächlich durch die günstigen Transportwege.
AS

Long 1922; Gray 1982, S. 15.

29
John »Warwick« Smith
(Irthington 1749 – 1831 London)
Zinngrube in Carclaze (Tin Mine at Carclaise), um 1800
Aquarell, 14 x 22
London, National Museum of Science and Industry, Inv. 1985-1869

Carclaze liegt bei St. Austell (Cornwall). Der Abbau von Zinnerz hat dort eine jahrhundertelange Tradition. Durch die Arbeit der Bergleute entstand ein 60 Meter tiefer Krater, dessen Durchmesser 1,5 Kilometer umfasst. Auf dem Boden der Grube befanden sich Maschinen zum Zerkleinern des Gesteins. Sie wurden mit der Kraft des Wassers betrieben, das die fast senkrechten Wände herabrauschte; nachdem es das Räderwerk in Bewegung versetzt hatte, floss es durch einen Tunnel ab. Der Fabrikant William Cookworthy (1705–1780) entdeckte in Carclaze eine der ersten ergiebigen Lagerstätten für Kaolin auf den britischen Inseln. Seit Mitte des 19. Jahrhunderts wird dort anstelle von Zinn hauptsächlich der Rohstoff für die Porzellanherstellung abgebaut.

John »Warwick« Smith galt als einer der angesehensten Aquarellisten seiner Zeit. Er hatte bei Sawrey Gilpin gelernt, dem Bruder des als Kunsttheoretiker hervorgetretenen Geistlichen William Gilpin (Kat. Nr. 14). Seinen Spitznamen erhielt er aufgrund der Tatsache, dass der Earl of Warwick ihm einen von 1776 bis 1781 währenden Italienaufenthalt finanzierte. Auf Reisen in England und Wales schuf er zahlreiche Ansichten von Bergwerken und Fabriken. Sein in Carclaze entstandenes Aquarell zeigt eine Totale des Steinbruchs. Diese Art der Darstellung bringt es mit sich, dass der in die Landschaft eingebettete Krater nicht mehr als menschliches Werk zu erkennen ist. *AS*

Wagner 1979, S. 32–36.

30

John Nixon (? – 1818 Ryde, Isle of Wight)

Lord Penryhns Schieferbruch, Bangor (Lord Penrhyn's Slate Quarry, Bangor), 1807

Aquarell, 14 x 20,7

London, National Museum of Science and Industry, Inv. 1987-1013

Um 1770 begann die bei Bethesda (Carnarvonshire) im Norden von Wales ansässige Familie Pennant mit dem Abbau von Schiefer auf ihren Gütern. Die Arbeiter sprengten Steinblöcke aus dem Hang, die sie anschließend in schmale Platten schnitten. Beim Hantieren mit Schwarzpulver kam es häufig zu tödlichen Unfällen. Der feine Schieferstaub verursachte zudem unheilbare Lungenkrankheiten.

Richard Pennant (1737–1808) erhielt 1783 den Titel eines Lord Penryhn. Als Betreiber von Zuckerrohrplantagen auf Jamaika gehörte er zu den größten Sklavenhaltern in Westindien. Seine Nachkommen bauten zwischen 1820 und 1845 in der Nähe von Bangor das neonormannische Penryhn Castle, eines der bizarrsten Herrenhäuser, das die durch die Industrielle Revolution reich gewordenen britischen Familien hinterlassen haben.

Nixon war ein Londoner Kaufmann, der in seiner Freizeit als Maler und Zeichner tätig war. Er ging diesem Hobby auf ausgedehnten Reisen in Großbritannien und auf dem Kontinent nach. Sein Aquarell zeigt die Bergleute bei ihrer gefährlichen Arbeit auf den schmalen Felsvorsprüngen. Grubenhunde auf Holzschienen dienen zum Abtransport der Steinblöcke. Am rechten Bildrand steht eine Gruppe von Aufsehern, zu denen möglicherweise auch Lord Penrhyhn selbst gehört. Aufgrund des von Nixon gewählten Standorts wird das enorme Ausmaß des Schieferbruchs nicht deutlich. Das Aquarell ist wohl von einem Zeichenlehrer korrigiert worden; es trägt auf der Rückseite den Vermerk »observe to reduce the distant figures at the end of the Quarry – they are much too large«. *AS*

Mallalieu 1977, S. 1260f.

31
Thomas Picken (Lebensdaten unbekannt)
nach Phillip Mitchell
(Lebensdaten unbekannt)
Ansicht von Botallack Mine in der Gemeinde St. Just, in Penwith, Cornwall (This View of Botallack Mine, in the Parish of St. Just, in Penwith, Cornwall), 1840
Lithographie, handkoloriert, 29,5 x 40 (Bildgröße), Verlag: Ackermann, London
London, National Museum of Science and Industry, Inv. 1985-644

Die Kupfer- und Zinnbergwerke an der Westküste von Cornwall zählen zu den am spektakulärsten gelegenen Industrieanlagen in Großbritannien. Naturgewalten und Maschinenkräfte treffen hier direkt aufeinander. Die Stollen dieser Gruben reichen bis unter die Meeresoberfläche; die Bergleute hörten das Donnern der Brandung über ihren Köpfen.

Ein beliebtes Motiv der Künstler war Botallack Mine. Das Bergwerk war von 1721 bis 1895 kontinuierlich in Betrieb, wobei zunächst hauptsächlich Kupfererz, ab 1860 vorwiegend Zinnerz abgebaut wurde. Der Prince of Wales fuhr 1865 mit seiner Gemahlin in die Grube ein und besichtigte die Stollen unter dem Atlantik. Durch diesen Besuch avancierten die Übertagebauten des Bergwerks zu einem gefragten Touristenziel.

Die nach einer Vorlage von Mitchell geschaffene Lithographie zeigt das 1835 hart am Rand der Klippen errichtete Crowns Engine House mit seinem rauchenden Schornstein. Es beherbergte eine als Pumpe eingesetzte Dampfmaschine. Auf dem höchsten Punkt des schroffen Felsens liegt ein weiterer Schacht. *AS*

Klingender [1947] 1974, S. 84.

32

Giovanni Battista Piranesi
(Mogliano bei Venedig 1720 – 1778 Rom)
Carceri d'Invenzione, Blatt VII, Zugbrücke, 1761
Radierung (2. Fassung)
Berlin, Staatliche Museen zu Berlin, Kupferstichkabinett, Inv. 13.7-59

Das Blatt zeigt eine monumentale Phantasiearchitektur als Träger technischer Elemente. Weder Aus- noch Eingang sind zu erkennen; das Treppensystem und die Apparaturen folgen keinem nachvollziehbarem Zweck. Die Lichtquelle ist nicht auszumachen, Licht und Schatten werden zur Steigerung des ›Sublimen‹ eingesetzt. Es ist eine abgeschlossene Unterwelt, ein Labyrinth, dem die Menschen ausgeliefert zu sein scheinen, dessen Sinn nicht zu erschließen ist. Gegenüber der ersten Fassung, die um 1745 entstand, verstärkte Piranesi bei der Wiederauflage – in Reflexion der 1757 erschienen Schrift *A Philosophical Enquiry into the Origin of our Ideas of the Sublime and Beautiful* von Edmund Burke (Kat. Nr. 13) – durch deutlichere Helldunkelkontraste die Schrecknisse dieser Umgebung.

Piranesis *Carceri* sind eine eigene Formulierung des Höhlenthemas, das im 18. Jahrhundert im Zusammenhang mit der intensiven Erforschung geologischer und paläontologischer Probleme an Bedeutung gewann. Der Blick des Betrachters wird gleichsam in eine vergangene Zeit gelenkt, die durch die Bildschöpfung eine neue Gegenwart erhält. Eine vergleichbare Motivation liegt auch den Bergbaudarstellungen seit dem ausgehenden 18. Jahrhundert zugrunde, »in denen Naturgeschichte, menschliche Geschichte und individuelles Schicksal sich in den Schächten der Zeit manchmal treffen« (Hans Holländer). *SB*

H. Holländer 1998; ders. 2000c; ders. 2000b, S. 666f. (Zitat).

33
Joseph Mallord William Turner
(London 1775 – 1851 London)
Das Innere einer Eisengießerei, um 1797
Aquarell, 24,7 x 34,5
London, Tate Britain

Mit ungeheurem Sammeleifer hielt Turner Ideen für potentielle Aquarelle oder Gemälde zeichnerisch fest. Seine Skizzenbücher enthalten etwa 19 000 mit Bleistift oder Wasserfarbe angefertigte Studien.

Aus dem Heft *North England* stammt die Vorlage für das hier gezeigte Aquarell. Es präsentiert Arbeiter in einem ebenso malerisch wie provisorisch anmutenden Gemäuer, das ursprünglich vielleicht als Scheune errichtet worden war. Die benötigte Antriebskraft stellt das in der linken Bildhälfte erkennbare Wasserrad bereit. Solche improvisierten Werkstätten waren nicht untypisch für das produzierende Gewerbe an der Schwelle zum Zeitalter der Massenproduktion. *AS*

Ausst. Kat. London 1990, S. 98f.; Rodner 1997, S. 115.

34.1–2

Léon Jean-Baptiste Sabatier (? – 1887)
nach Barthélemy Lauvergne
(Toulon 1805 – 1871 Carcès)

Zwei Ansichten des Bergwerks von Wieliczka (Vue prise dans les mines de Wieliczka), 1840

Lithographie, 28,5 x 42,4 (Bildgröße, 34.1),
27,7 x 42,3 (Bildgröße, 34.2),
Verlag: Arthus Bernard, Paris
London, National Museum of Science and Industry, Inv. 1984-431, 1984-432

Lauvergne lieferte Vorlagen für topographische Werke unter anderem aus Tasmanien, China und Brasilien. In den Jahren 1836/37 nahm er an der von Auguste Nicholas Vaillant geleiteten Weltumsegelung mit der »Bonite« teil. Seine Ansichten des Salzbergwerks von Wieliczka gehören zu einem um 1842 in Paris verlegten Reisebericht der Commission scientifique du Nord mit dem Titel *Voyages en Scandinavie, en Laponie, au Spitzberg et au Feröe*.

Die polnische Stadt Wieliczka liegt nördlich von Krakau. Das dortige Salzbergwerk ist seit dem 13. Jahrhundert in Betrieb. Die spektakuläre Anlage erstreckt sich über neun Ebenen, die bis 327 Meter unter die Oberfläche hinabführen. Die Arbeiter schlugen mehrere Kapellen in den Berg, die reich mit Salz- und Holzskulpturen ausgestattet sind. Erleuchtet werden sie durch Kronleuchter mit Lüstern aus Salzkristall. Andere der bis zu 36 Meter hohen Kammern wurden gelegentlich für Sportveranstaltungen und Theateraufführungen genutzt. Zu den prominenten Neugierigen, die das Salzbergwerk anzog, gehören Kopernikus, Goethe und Alexander von Humboldt.

Lauvergne konnte also mit seinen beiden auf den 20. März 1840 datierten Ansichten (von denen hier nur eine abgebildet ist) auf großes Interesse rechnen. Seine Vorlagen zeigen die für Touristen angelegten Treppen und Leitern, die an den drei unterirdischen Salzseen vorbei zu den Kapellen führen. Durch die Wahl des Bildausschnitts betonte er die Höhe der Kammern. Besondere Aufmerksamkeit widmete er den von den Kronleuchtern und Fackeln ausgehenden Lichteffekten.

In Reisebeschreibungen des 18. und 19. Jahrhunderts wurden eindrucksvolle Bergwerke oft mit sakralen Bauten verglichen. Die assoziative Überhöhung ermöglichte die Einordnung neuartiger industrieller Phänomene in die Erfahrungswelt des bürgerlichen Betrachters. Selten entsprach eine unterirdische Anlage diesem Topos so exakt wie das Salzbergwerk von Wieliczka. Daraus erklärt sich vermutlich auch der Ruhm, den es im Ausland genoss. *AS*

Coxe 1787, Bd. 1, S. 242–248; Wagner 1979, S. 23f.

35.1–4

Johan Fredrik Martin
(Stockholm 1755 – 1816 Stockholm)

1. Eisenerzbergwerk bei Dannemora in Upland (Dannemora Jerngrufva i Upland), um 1800
2. Eisenerzbergwerk von Persberg in Värmland (Persbergs Jerngrufva i Wermeland), um 1800
3. Kupfererzbergwerk bei Falun (Falu Koppargrufva), um 1800
4. Eisenerzbergwerk von Högborn in Västmanland (Högborns jerngrufva i Westmanland), um 1800

Aquatinta, 51,2 x 35,4 (Bildgröße, 35.1), 52,2 x 34,8 (Bildgröße, 35.2), 52,8 x 35,7 (Bildgröße, 35.3), 50,3 x 35,4 (Bildgröße, 35.4)
London, National Museum of Science and Industry, Inv. 1984-434, 1989-751, 1988-968, 1988-969

Im an Bodenschätzen reichen Schweden wurde seit rund 2000 Jahren Kupfer- und Eisenerz abgebaut. Das Roheisen wurde allerdings bis ins 16. Jahrhundert hinein nach Deutschland zur Verhüttung ausgeführt; erst unter König Gustav Wasa errichtete man eigene Schmelzhütten und Eisenhämmer, wobei die Deutschen Lehrmeister der Schweden wurden. Auch Wallonen kamen ins Land und brachten ihre Produktionsmethoden mit. In dieser Zeit liegt der Aufschwung des schwedischen Bergbaus. Schweden eroberte in den 20er und 30er Jahren des 17. Jahrhunderts den holländischen Markt, seit der Jahrhundertmitte den englischen. Den Schweden kam dabei die Knappheit an Holzkohle zugute. Erst im 19. Jahrhundert gelang es den Briten, eine Massenproduktion ihres auf Koks basierenden Puddeleisens zu entwickeln und so die Marktsituation grundsätzlich zu verändern.

Martins Graphikfolge zeigt wichtige Kupfer- und Eisenerzabbaugebiete in Schweden. Insbesondere Falun war weltberühmt. Aus Dannemora stammte ein für seine Qualität bekanntes Eisen. Allerdings scheint es dem Künstler – trotz präziser topographischer Angaben auf den Blättern – nicht um die Abbildung identifizierbarer Ort gegangen zu sein. Weniger die Bergwerke als der erhabene Charakter der durch den Menschen veränderten Tagebaulandschaft bestimmen die Motive. Solche vegetationslose Wildnis hatte bereits in England und Wales faszinierend auf Reisende gewirkt. Der Mensch und seine Maschinen wirken klein angesichts der Monumentalität der Naturformen. Das Vordringen zum Erdinneren, zum Unterirdischen, in die Höhle, ist auch ein Weg zum Ursprungsort der Zeit. Diesen Gedanken vertrat bereits im 17. Jahrhundert Athanasius Kircher in seiner Abhandlung *Mundus subterraneus*. Die ästhetische Kategorie des ›Sublimen‹ beförderte zudem die künstlerische Relevanz des Themas. *SB*

Wagner 1979, S. 32–36; H. Holländer 2000c.

3 Industriegewalten

Aquarelle und Druckgraphik aus England und Wales 1810–1870

Die Dampfmaschine machte die Industrie von Wind- und Wasserkraft unabhängig. Dies führte – zuerst in Großbritannien – zu einer Verstädterung der vorher überwiegend ländlichen Industrie. Die Unternehmen konzentrierten sich an verkehrsgünstig gelegenen, mit Kohlen- und Erzvorkommen gesegneten Produktionsstandorten. Sie lockten Arbeiter an, deren Familien in schnell erstellten Siedlungen unterkamen. Der Anteil der Städter stieg in Großbritannien zwischen 1760 und 1841 von 15 % auf 35 % der Gesamtbevölkerung. Vor allem die Einwohnerschaft der Industriestädte explodierte: Liverpool und Sheffield wuchsen zwischen 1800 und 1850 um 450 %, Birmingham und Manchester um 300 %.

In diesen Ballungsgebieten schienen die Gewalten der Industrie über die der Natur zu triumphieren. Der Historiker und Essayist Thomas Carlyle schilderte 1839 den Arbeitsbeginn in einer Industriestadt: »Hast thou heard, with sound ears, the awakening of a Manchester, on Monday morning, at half-past five by the clock; the rushing-off of its thousand mills, like the boom of an Atlantic tide, ten-thousand times ten-thousand spools and spindles all set humming there, – it is perhaps, if thou knew it well, sublime as a Niagara, or more so.« Das bei Birmingham gelegene »Black Country« beschrieb Elihu Burrit, der dort ansässige amerikanische Konsul, 1862 als »black by day and red by night«. Die Sonne wurde hier von künstlichen Wolken verfinstert und von künstlichen Lichtquellen überstrahlt.

Im Zuge der Urbanisierung wandelte sich Armut von einem vorwiegend ländlichen zu einem hauptsächlich städtischen Problem. Die Ballung von lohnabhängigen Arbeitern in den industriellen Zentren beförderte den Prozess der Klassenbildung. In ihrer überwiegenden Zahl blieben die Angehörigen der Unterschichten allerdings bis weit in die zweite Hälfte des 19. Jahrhunderts hinein unorganisiert. Konflikte trugen sie oft gewaltsam aus, ohne eine langfristige Strategie zu verfolgen. Auf die Maschinenstürmerei der »Ludditen« reagierten die Behörden mit unbarmherziger Härte: Zahlreiche Verschwörer wurden nach Australien deportiert, einige hingerichtet. Auch die Arbeitsniederlegungen in einzelnen Städten und Unternehmen – wie 1816 im walisischen Merthyr Tydfil – wurden mit militärischen Mitteln niedergeschlagen. Eine dramatische Zuspitzung erlebten die Proteste gegen gesellschaftliche, wirtschaftliche und politische Missstände bei einer Demonstration am 16. August 1819 auf dem St. Peter's Field in Manchester, als berittene Soldaten elf Menschen töteten und 400 verletzen. Die von der Teilhabe am parlamentarischen System ausgeschlossenen Unter- und Mittelschichten erlebten hier ihr »Peterloo«.

Die Verstädterung hatte Konsequenzen für die künstlerische Darstellung der Industrie: Um 1850 tritt die ›Rahmung‹ einer einzelnen Fabrik durch nicht ökonomisierte Natur seltener auf als 50 Jahre zuvor. Die Industrie beherrscht den gewählten Ausschnitt nun total; als Begrenzung werden Schornsteine und Abraumhalden, Bahntrassen und Kesselrohre eingesetzt. Diese Akzentverschiebung lässt sich zuerst bei Handzeichnungen und Druckgraphiken feststellen. Ein beliebtes Medium war das Aquarell: Es diente oft als Vorlage für Stahl- und Kupferstiche, die den an *Picturesque Views* interessierten bürgerlichen oder adeligen *connaisseur* erschauern ließen. Trotz der Tatsache, dass sich die sozialen Spannungen an verschiedenen Orten bereits gewaltsam entladen hatten, sind Arbeiter in diesen Darstellungen nach wie vor lediglich als Staffagefiguren existent. Als Protagonist erschien das Proletariat erst bildwürdig, nachdem es zu einem eigenständigen, branchen- und regionenübergreifend agierenden politischen Subjekt aufgestiegen war. *AS*

Carlyle 1839, S. 165f. (Zitat); Briggs 1971, S. 80–138; Hobsbawm 1969, Bd. 1; Brown 1991, S. 395–429.

36

Robert und Daniel Havell
(Lebensdaten unbekannt)
nach George Walker
(Killingbeck Hall 1781 – 1856 Killingbeck Hall)
Bergmann (Collier), 1813
Aquatinta, koloriert, 19,8 x 29,8 (Bildgröße),
Verlag: Robinson & Son, Leeds
London, National Museum of Science and Industry, Inv. 1935-505

Die Druckgraphik gehört zu dem 40 Blätter umfassenden Album *Costume of Yorkshire*, für das der in Lincolnshire ansässige Gutsherr, Naturwissenschaftler und Maler Walker die Vorlagen lieferte. Sie zeigt einen Bergmann auf dem Heimweg von der Zeche. Sein Arbeitsplatz ist die Kohlengrube Middleton (Yorkshire, West Riding), deren Fördergerüst und Dampfmaschine auf dem Hügel zu sehen sind.

Bei dem Blatt handelt es sich um die früheste bekannte künstlerische Darstellung einer Dampflokomotive. Der Direktor der Zeche, John Blenkinsop, ließ 1812 eine Zahnradbahn für den Kohlentransport von Middleton nach Leeds bauen. Auf dieser Strecke wurden vier Lokomotiven eingesetzt, deren Zylinder – genau wie bei der Fördermaschine auf dem Hügel – aufrecht stehen, obwohl sich so die Kraft der Kolbenstangen nur schwer auf die Räder übertragen lässt. Abgebildet ist die »Salamanca«, die nach einer 1812 von Wellington gegen napoleonische Truppen in Spanien gewonnenen Schlacht benannt wurde. *AS*

Klingender [1947] 1974, S. 97–99; Gray 1982, S. 17; Paulinyi 1991, S. 376.

37

Thomas Miles Richardson d. Ä.
(Newcastle upon Tyne 1784 – 1848
Newcastle upon Tyne)
Zeche im Nordosten, Murton, 1841
Aquarell, 28 x 42,5
Newcastle upon Tyne, Laing Art Gallery

Das Aquarell des in Newcastle upon Tyne tätigen Malers Thomas Miles Richardson zeigt die umfangreichen Übertagebauten der Zeche von Murton (County Durham), deren drei Schächte zwischen 1838 und 1840 abgeteuft wurden. Außerdem sind einige Wagen der Grubenbahn zu sehen.

Im Unterschied zur verarbeitenden Industrie, die in die Städte verlegt werden konnte, wenn dies ökonomisch vorteilhaft erschien, blieb der Bergbau an die Fundorte der Rohstoffe gebunden. Die Zeche wirkt wie ein Fremdkörper in der pastoralen Umgebung. Den Vordergrund des Aquarells dominieren nicht die Schachtanlagen, sondern spielende Kinder an dem durch ein kleines Wehr gestauten Bach. *AS*

Gray 1982, S. 66.

38

Thomas Hornor (Hull 1785 – 1844)

Walzwerk, Merthyr Tydfil (Rolling Mills, Merthyr Tydfil), um 1817

Aquarell, 28 x 48

Cardiff, The National Museums & Galleries of Wales, Inv. NMW A 3553

Hornor schuf zwischen 1817 und 1819 sieben aufwendige Alben mit Ansichten aus dem Süden von Wales. Die offenbar für einen wohlhabenden Abnehmerkreis bestimmten Bände enthielten jeweils den gleichen Satz an Aquarellen, die der Künstler manuell reproduzierte.

In Merthyr Tydfil (Glamorgan) siedelten sich vier Unternehmen an, die mit Hilfe des Puddelverfahrens schmiedefähiges Eisen herstellten. In Walzwerken und Gießereien produzierten sie daraus Schienen, Zahnräder und andere Erzeugnisse. Hornor wählte für sein Aquarell das 1784 gegründete Eisenwerk von Penydarren aus.

Der Künstler betont die große Ausdehnung des Fabrikhofs, indem er ihn aus der Froschperspektive darstellt. Ähnlich wie beim Walzwerk in Lendersdorf (Kat. Nr. 58), das nach britischen Vorbildern konzipiert wurde, ist die Längsfassade nicht geschlossen, sodass ein Blick auf die Walzgerüste möglich wird. Der von der Fabrik in den Nachthimmel ausstrahlende Feuerschein, der nur durch die harten Schatten der Dachstützen und Schornsteine gebrochen wird, symbolisiert die Beherrschung der Naturgewalten durch den Menschen, die »neu- und fremdartige Erhellung der Welt« (Klaus Herding). Tagsüber wirkte das von hochgradig kontaminierten Produktionsrückständen umgebene Eisenwerk keineswegs malerisch. Hornors Kollege John George Wood beschrieb die Fabrik- und Wohnanlagen von Merthyr Tydfil 1813 als »smoking ruins of some vast city, a prey to the devouring element«. *AS*

Wood 1811–13, Bd. 2, S. 59 (Zitat); Klingender [1947] 1974, S. 115f.; Wagner 1979, S. 89–92; Herding 1987, S. 450 (Zitat); Paulinyi 1991, S. 385.

39
Penry Williams
(Merthyr Tydfil 1798 – 1885 Rom)
Das Eisenwerk von Cyfarthfa bei Nacht (Cyfarthfa Ironworks at Night), 1825
Aquarell, 15,2 x 21,5
Merthyr Tydfil, Cyfarthfa Castle Museum & Art Gallery, Inv. CCM 1048.995

Die Familie Crawshay, die seit drei Generationen führend in der walisischen Eisenindustrie tätig war, suchte einen Maler, der die künstlerische Dokumentation ihres Besitzes übernehmen konnte. Ihre Wahl fiel auf Penry Williams, den Sohn eines Fassadenmalers in Merthyr Tydfil, der durch seine zeichnerische Begabung auf sich aufmerksam gemacht hatte. Der junge Mann, der zuvor selbst als Fabrikarbeiter tätig gewesen war, wurde 1822 zur Ausbildung an die Royal Academy in London geschickt. Ab 1827 finanzierten ihm seine Gönner einen längeren Italienaufenthalt.

Das Eisenwerk von Cyfarthfa, eines der vier in Merthyr Tydfil entstandenen Unternehmen, existierte seit 1765 und befand sich seit 1794 im alleinigen Besitz von Richard Crawshay. Als er 1810 starb, war Cyfarthfa der größte Eisenproduzent Großbritanniens, wahrscheinlich sogar der Welt. Im Auftrag der Erben malte Williams das Walzwerk, eine geräumig wirkende Halle mit einer für die damalige Zeit sehr fortschrittlichen eisernen Dachkonstruktion. Die für die Herstellung des Stabeisens benötigten Walzgerüste sind links und in der Mitte im Hintergrund zu sehen. Rechts befindet sich ein Puddelofen. Die – im eigenen Werk produzierten – Architekturelemente nehmen einen ebenso prominenten Platz ein wie der Arbeitsvorgang. Von der Dynamik des Produktionsprozesses ist in dieser nüchternen Darstellung, die die Rationalität unternehmerischen Handelns betont, nur wenig zu spüren. *AS*

Wagner 1979, S. 94–97; Atkinson/Barber 1987, S. 49f.

40

Charles Hullmandel
(London 1789 – 1850 London)
nach Francis Nicholson
(Pickering 1753 – 1844 London)
Bei Shifnal (Near Shiffnall), 1820
Lithographie, 21 x 29 (Bildgröße),
Verlag: Rodwell & Martin, London
London, National Museum of Science and Industry, Inv. 1982-354

Die Industriekulisse der wenige Kilometer von Coalbrookdale entfernt gelegenen Stadt Shifnal (Shropshire) gewinnt in der Darstellung von Nicholson ähnlich dämonische Züge wie das häufiger von Künstlern aufgesuchte »Black Country« (Kat. Nr. 42.1 und 44). Die apokalyptische Stimmung wird dadurch verstärkt, dass der Rauch der Schornsteine das Bild begrenzt. Vor dieser Kulisse wirkt der Bauer mit dem Pferdekarren wie ein Relikt aus einer vergangenen Zeit.

Hullmandel, der Lithograph dieses Blattes, traf sich 1817 mit Alois Senefelder (1771–1834) in München und führte die von diesem erfundene Lithographie in Großbritannien ein. Die 1821 verlegten *Lithographic Impressions of Sketches from Nature* von Nicholson, aus denen die hier gezeigte Ansicht stammt, zählen zu den frühesten mit Hilfe dieser Technik vervielfältigten Werken des Landes. *AS*

Long 1924; Klingender [1947] 1974, S. 115; Wagner 1979, S. 71.

41.1–2

1. H. W. Bond (? – 1851)
nach Henry Gastineau
(Camberwell 1791 – 1876 Camberwell)
Ansicht von Coldbrook Vale, Monmouthshire (View in Coldbrook Vale, Monmouthshire), 1830
Stahlstich, koloriert, 9 x 14,4 (Bildgröße),
Verlag: Jones & Co., London
London, National Museum of Science and Industry, Inv. 1970-450

2. Henry Gastineau
(Camberwell 1791 – 1876 Camberwell)
Eisenwerk in Nant-y-glo (Nant-y-glo Iron Works), um 1829
Aquarell, 14 x 20
Cardiff, The National Museums & Galleries of Wales, Inv. 62.385

Nur die letzten beiden Abbildungen in dem 1829/30 erschienenen sechsbändigen Tafelwerk *South Wales Illustrated in a Series of Views comprising the Picturesque Scenery, Towns, Castles, Seats of Nobility and Gentry, Antiques etc. engraved on steel from original Drawings by Henry Gastineau* zeigen Industrielandschaften. Die erste Ansicht ist hier durch eine nach Gastineau gefertigte Reproduktion, die zweite Ansicht durch das Original vertreten.

Die Hüttenwerke von Coldbrook Vale und von Nant-y-glo lagen nur wenige Kilometer voneinander entfernt in der Grafschaft Monmouthshire. Im Jahr 1830 belief sich die Eisenproduktion des einen auf 1 900 Tonnen, die des anderen auf 17 400 Tonnen. Der Eindruck, den sie auf den Betrachter machen, könnte kaum unterschiedlicher ausfallen: Die Ansichten der

beiden Fabriken verkörpern »zwei Seiten der Rezeption industrieller Naturveränderung« (Monika Wagner).

In Coldbrook Vale ist neben dem großen Schornstein des Maschinenhauses der kleine Schornstein einer Dampflokomotive zu erkennen. Trotz der rauchenden Hochöfen wirkt die Szenerie friedlich. Der Mann, der sich auf dem Bootssteg im Vordergrund ausruht, verstärkt diesen Eindruck. Auch die Schlackehalden am rechten Bildrand harmonieren mit der Landschaft. Dagegen herrscht in Nant-y-glo eine gespenstische Atmosphäre. Die Tageszeit ist angesichts der alles verschleiernden Rauchschwaden nicht zu bestimmen. Eine einsame Figur, die zu dem über ihr aufscheinenden Gestirn in Beziehung gesetzt ist, vermittelt zwischen der Szenerie und dem Betrachter. Ob die diesen Menschen umgebende Düsternis schon als Kritik an der Belastung der Umwelt durch die Industrie gewertet werden muss, ist allerdings schwer zu beurteilen; sie »kann das prometheische Pathos der ›zweiten Schöpfung‹ auch zustimmend transportieren« (Klaus Herding). *AS*

Klingender [1947] 1974, S. 35 (fälschlich George Robertson zugeschr.); Wagner 1979, S. 97f. (Zitat); Herding 1987, S. 447 (Zitat); Lord 1998, S. 136 (als Werk eines anonymen Künstlers).

42.1–2

1. Robert Wallis (1794 – 1878)
nach Joseph Mallord William Turner
(London 1775 – 1851 London)
Dudley, Worcestershire, 1835

2. William Raymond Smith
(Lebensdaten unbekannt)
nach Joseph Mallord William Turner
(London 1775 – 1851 London)
Kettenbücke über den River Tees (Chain Bridge over the River Tees), 1838

Kupferstich, 28 x 39,
Verlag: Longman & Co., London
Berlin, Staatsbibliothek zu Berlin,
Inv. Kart. Y 5657/10

Der Verleger Charles Heath vereinbarte 1825 mit Turner die Publikation von 120 Kupferstichen nach Aquarellen des Künstlers. Das ambitionierte Projekt, das den Titel *Picturesque Views in England and Wales* trug, startete 1827 mit den ersten zwölf Blättern. Zu dieser Zeit hatte die Begeisterung des Publikums für malerische Ansichten ihren Höhepunkt allerdings schon überschritten. Heath geriet in finanzielle Schwierigkeiten und musste seine Rechte an den Verlag Longman & Co. abtreten, der die Serie 1838 nach der Herausgabe von 96 Blättern einstellte.

Das Projekt umfasst eine Vielzahl von Sujets: pastorale Landschaften, urbane Szenen, dramatische Naturschauspiele und historische Stätten. Das Blatt *Dudley, Worcestershire* ist das einzige, das ausdrücklich die Industrielle Revolution thematisiert. Es zeigt eine nächtliche Ansicht dieser im Herzen des »Black Country« gelegenen Stadt. Die Eisenwerke rechts des Kanals umgibt eine Gloriole aus Feuer und Rauch. Am linken Bildrand ist der Kessel einer Dampfmaschine zu erkennen. Weitere Anlagen – Kalköfen, Glashütten und Lagerhäuser – liegen verstreut im Tal oder an den Hängen. Der einflussreiche Kunstkritiker John Ruskin (1819–1900) pries das Blatt 1878 rückblickend als eine Vision dessen, »what England was to become«. Die im Mondlicht glänzenden Überreste von Dudley Castle und die vom Dunst vernebelten Kirchtürme erschienen ihm »as

emblems of the passing away of the baron and the monk«. Angesichts der Tatsache, dass der Earl of Dudley 1833 mit zehn Zechen und sechs Eisenwerken der mächtigste Unternehmer der Region war, wirkt zumindest der Abgesang auf die Aristokratie etwas verfrüht. Turner, der die Stadt 1830 besucht hatte, ließ sich denn auch weniger von nostalgischen Stimmungen leiten, sondern zeigte sich beeindruckt von der Dynamik, die die Industrielle Revolution entfesselte.

Typischer für die Serie – und geradezu paradigmatisch für die von der zeitgenössischen Kunsttheorie beeinflusste Gattung der *Picturesque Views* – ist das Blatt *Kettenbrücke über den River Tees* (*Chain Bridge over the River Tees*). Hier spielen die Naturgewalten die Hauptrolle: Der ungebändigte Fluss stürzt durch eine wilde Berglandschaft zu Tal, während die eiserne Kettenbrücke, die auf den kultivierenden Eingriff des Menschen verweist, in den Hintergrund rückt. Der Jäger, der auf einen Wildvogel anlegt, symbolisiert die Allgegenwart des Todes. »Here nature threatens man, and man threatens nature, in one of Turner's most dramatic works« (Luke Herrmann). *AS*

Ruskin 1878, S. 34 (Zitat); Wagner 1979, S. 102f.; Ausst. Kat. Toronto/New Haven/London 1980/81, S. 130f., 168f.; Shanes 1983, S. 43, 48; Herrmann 1990, S. 132, 138 (Zitat); Rodner 1997, S. 104–121; Ausst. Kat. London 1998, S. 98–100.

43
James Sands (Lebensdaten unbekannt)
nach Thomas Allom
(London 1804 – 1872 Barnes)
Das Eisenwerk von Lymington am River Tyne (Lymington Iron Works, on the Tyne), 1835
Stahlstich, koloriert, 9,7 x 15,5 (Bildgröße),
Verlag: Fisher, Son & Co., London
London, National Museum of Science and Industry, Inv. 1970-337

Das Blatt ist auch in der bereits 1832 in Buchform erschienenen Beschreibung der Grafschaften Westmorland, Cumberland, Durham und Northumberland (Kat. Nr. 48) enthalten. Es präsentiert das Eisenwerk von Lymington (Northumberland). Zu sehen sind Heizer, die einen Ofen beschicken. Das Flammenmeer, von dem sie umgeben sind, wirkt auf den Betrachter wie ein Katastrophenszenario.

Der Text von Thomas Rose beschreibt nicht die Verrichtungen der Arbeiter, sondern preist die Leistungen der Unternehmer: »Wenn wir die enorme Bedeutung dieses Metalls bedenken, seine vielfältige Verwendung und – im gegenwärtigen Zustand unserer Gesellschaft – die Unmöglichkeit, auf diese Produktion zu verzichten oder einen angemessenen Ersatz dafür zu finden, müssen wir die Eisenwerke dieses Landes mit der verdienten Bewunderung betrachten und ihre Betreiber zu den größten Wohltätern der Menschheit rechnen.« *AS*

Westmorland 1832, S. 159 (Zitat); Klingender [1947] 1974, S. 115; Herding 1987, S. 448.

44

George Greatbach
(Lebensdaten unbekannt)
nach Henry Warren
(London 1794 – 1879 London)

Das »Black Country« bei Bilston (The Black Country, near Bilston), 1869

Stahlstich, 14 x 19 (Bildgröße), Verlag: William Mackenzie, Glasgow/Edinburgh/London
London, National Museum of Science and Industry, Inv. 1985-1889

Das »Black Country« nordwestlich von Birmingham war einer der Hauptstandorte der britischen Metallindustrie. Leicht abbaubare Kohlenvorkommen ermunterten zahlreiche Betreiber von Hochöfen, Eisengießereien und Hammerwerken, sich hier niederzulassen. Selbst im vergleichsweise dicht industrialisierten England gab es wenige Plätze, an denen die Eingriffe des Menschen in die Natur so spürbar waren wie hier.

Über das nächtliche Antlitz des »Black Country« hieß es in einem Zeitungsartikel, der 1866 anlässlich eines Besuchs von Queen Victoria in Wolverhampton verfasst worden war: »Die grellen Rauchfahnen und Flammenzungen der unzähligen Öfen und Schmieden, vereint mit dem Feuer der vielen Haufen brennenden Auswurfes an den Eingängen der Gruben, verliehen dem Himmel einen glühenden Schimmer, vor dem sich die Umrisse der Gebäude, hohen Schornsteine und Maschinen, oder auch der vorbeieilenden Arbeiter, Karren und Pferde, Eisenbahnzüge und Kanalschiffe in riesigen Schatten abzeichneten; die Landschaft muss zu den wildesten und phantastischsten gezählt werden, die irgendwo in Augenschein genommen werden können.«

Künstler, die das »Black Country« porträtierten, wählten gern solche nächtlichen Szenen. Warren zeigt – ganz wie in dem Zeitungsartikel beschrieben – glühende Kohlenfelder, vor denen sich die Silhouetten von Arbeitern abheben. An einigen Stellen wird Gas abgefackelt. Am rechten Bildrand stehen Reste einer mit Wasserkraft betriebenen Anlage. Solche Relikte verstärken beim Betrachter den Eindruck, einer Endzeitvision beizuwohnen. *AS*

The Town of Wolverhampton, in: *The Illustrated London News* 49, 1866, Nr. 1402, S. 562 (Zitat).

45
Arthur Fitzwilliam Tait
(Livesey 1819 – 1905 Yonkers, bei New York)
Der Viadukt von Stockport (Stockport Viaduct), um 1845
Lithographie, 25,6 x 38,5 (Bildgröße),
Verlag: Bradshaw & Blacklock, Manchester
London, National Museum of Science and Industry, Inv. 1985-1901/2

Der 34 Meter hohe, aus 27 Bögen bestehende Viadukt in Stockport (Cheshire) ist der größte Ziegelbau seiner Art in Europa. Er wurde 1842 eröffnet und wird bis heute genutzt. Eine Ansicht dieser Brücke schuf Tait für die 1848 gedruckte Publikation *Views on the London & North Western Railway – Northern Division*, die 18 Lithographien von seiner Hand enthält.

Die enormen Ausmaße des Bauwerks verdeutlicht der Künstler durch die Darstellung eines winzig wirkenden Zuges, der von rechts nach links durch das Bild fährt. Ein Sägewerk und die rauchenden Schornsteine weiterer Fabriken kennzeichnen Stockport als Industriestadt. Auch der rege Verkehr auf der parallel zum Fluss verlaufenden Straße verweist auf die Geschäftigkeit, die im Tal des River Mersey herrscht.

Die London & North Western Railway entstand 1846 aus dem Zusammenschluss dreier kleinerer Eisenbahngesellschaften. Sie bediente mit London, Birmingham, Manchester, Liverpool, Leeds, Glasgow und Edinburgh die wichtigsten Städte des Landes. Unter den britischen Aktiengesellschaften war sie diejenige mit dem höchsten Kapitalwert. Die Spekulation mit Eisenbahnaktien an der Londoner Börse erreichte 1846 einen Höhepunkt. Drei Jahre später stürzten die Kurse dieser die damalige ›New Economy‹ bildenden Gesellschaften ab; viele Anleger verloren ihr Vermögen. *AS*

46

Samuel Bough
(Carlisle 1822 – 1878 Edinburgh)
Ansicht eines Gaswerks bei Sonnenuntergang, 1850
Gouache, 12,4 x 19
London, National Museum of Science and Industry, Inv. 1984-173/3

Die Geschichte der öffentlichen Gasbeleuchtung begann 1812 in London mit der Gründung der Gaslight and Coke Company durch den deutschstämmigen Kaufmann Friedrich Albert Winsor. In den 20er Jahren des 19. Jahrhunderts leuchteten Gaslaternen bereits in mehr als 50 britischen Gemeinden. Die Gaswerke, in denen Leuchtgas aus Steinkohle erzeugt wurde, waren die ersten chemischen Fabriken, die nicht draußen vor der Stadt, sondern inmitten der Wohngebiete errichtet wurden. Explosionen und Vergiftungen durch ausströmendes Gas sorgten an vielen Orten für Schlagzeilen.

Die Gouache des in Schottland wirkenden Malers Bough zeigt die Fabrik mit ihrem rauchenden Schlot zwischen ärmlichen Reihenhäusern, vor denen einige Passanten flanieren. Gerade wird die erste Laterne angezündet. Sie erstrahlt im gleichen Licht wie der grell verfärbte Himmel. Natürliche Vegetation findet in dieser konturlosen Stadtbrache keinen Platz mehr. *AS*

47

John Aikin
(Kibworth 1747 – 1822)
A Description of the Country from Thirty to Fifty Miles round Manchester, 1795
Verlag: John Stockdale, London
Berlin, Staatsbibliothek zu Berlin, Inv. Tx 5364

Topographische Werke, die mit Kupfer- oder Stahlstichen illustriert waren, bildeten im England des 18. Jahrhunderts eine sehr populäre Gattung. Sie enthielten überwiegend Darstellungen von sehenswerten Herrenhäusern, Burgen und Städten. Aber auch Industrieanlagen und Verkehrswege wurden gezeigt, wenn sie einen spektakulären Anblick boten.

Für seine Beschreibung der Gegend um Manchester ließ sich der Geistliche, Schullehrer und Publizist John Aikin von Robert Pollard (1755–1838) eine nach John Swertner (1746–1813) gestochene Ansicht der Brücke von Barton anfertigen. Der Stich zeigt den Kanal, den der Herzog von Bridgewater 1761 von seinen Kohlengruben in Worsley (Lancashire) nach Manchester hatte bauen lassen. Die künstliche Wasserstraße überquerte auf einem Aquädukt den River Irwell. Aikin schrieb: »Der Zuschauer genoss deshalb das außergewöhnliche, nie zuvor in diesem Land erblickte Schauspiel eines Schiffes, das über ein anderes hinwegsegelt; und diejenigen, die diesen Versuch zuerst als Luftschloss verspottet hatten, waren gezwungen, sich der Begeisterung für die wunderbaren Fähigkeiten des Ingenieurs anzuschließen, dessen kreativem Geist so ziemlich alles nur irgend Mögliche zuzutrauen war« (S. 113f.). *AS*

Klingender [1947] 1974, S. 23f.

48

Westmorland, Cumberland, Durham, and Northumberland, Illustrated. From Original Drawings by Thomas Allom, George Pickering, &c. With Historical and Topographical Descriptions by Thomas Rose, 1832
Verlag: Fisher, Son & Co., London
Göttingen, Niedersächsische Staats- und Universitätsbibliothek, Inv. ALT 93 B 49

Die Beschreibung der vier nordenglischen Grafschaften Westmorland, Cumberland, Durham und Northumberland, in denen sich mit der Umgebung von Newcastle upon Tyne eine der Kernlandschaften der Industriellen Revolution befindet, enthält lediglich eine Fabrikansicht. Sie zeigt das Eisenwerk von Lymington (Kat. Nr. 43). Die Veränderungen, die Stadt und Land durch den Aufschwung des produzierenden Gewerbes erlebten, sind ansonsten nur durch die Darstellung von Schieferbergwerken und Eisenbrücken präsent.

Das Blatt *Thrang Crag Slate Quarry, Great Langdale, Westmorland* wurde von William le Petit nach Thomas Allom gestochen. Das Bergwerk war eines der wenigen in England, in denen Schiefer unter Tage abgebaut wurde. Die von Allom gezeichneten Arbeiter brechen mit Werkzeugen aller Art Steinbrocken aus den Wänden, die noch vor Ort zu Platten verarbeitet werden. Thomas Rose empfahl seinen (eher den Besserverdienenden zuzurechnenden) Lesern: »Diejenigen, die ein Interesse für die Wissenschaft der Geologie aufbringen oder Freude daran empfinden, die Geschichte und Herkunft eines wichtigen Spenders häuslicher Geborgenheit (nämlich einer ebenso eleganten wie haltbaren Abdeckung ihrer Wohnstätten) zu erforschen, werden es nicht unterlassen, auf ihrer Tour durch den Lake District einen flüchtigen Blick auf die Schiefergruben zu werfen« (S. 79). *AS*

4 Eisenbahnraum und Eisenbahnzeit

Die veränderte Wahrnehmung der Landschaft 1830–1860

In der Philosophie des 18. Jahrhunderts wurde die Natur des Urzustandes neu entdeckt. In der Malerei förderte diese neue Sicht die Entdeckung der heimischen Landschaft als Motiv. Ausflüge der Stadtbewohner in die ›unberührten‹ Regionen der Umgebung nahmen zu. Die Ausflüge und Reisen erfolgten im 19. Jahrhundert zunehmend mit dem Dampfschiff oder der Eisenbahn. Die Intensivierung des Verkehrs geriet zum augenfälligsten Aspekt industrieller Technik zwischen 1840 und 1880. Sie ging mit einer deutlichen Veränderung der Landschaft einher, denn neben den landschaftsdurchtrennenden Trassen ermöglichte die verkehrstechnische Erschließung bis dahin ungestörter Naturräume den dortigen Abbau größerer Rohstoffmengen.

In Deutschland ist der Beginn des Industrialisierungsprozesses unmittelbar mit dem Eisenbahnbau verbunden. Gleichzeitig mit der Einrichtung der ersten Strecken wurde 1834 der Deutsche Zollverein gegründet, der zusammen mit dem neuen Verkehrsnetz die Grundlage für einen einheitlichen Wirtschaftsraum schuf. Die erste deutsche Eisenbahnstrecke führte seit 1835 von Nürnberg nach Fürth mit einer Geschwindigkeit von etwa 23 Stundenkilometer. Die Reisezeit von Dresden nach Leipzig verringerte sich durch das neue Transportmittel bereits 1838 von 21 auf drei Stunden. Die Reisegeschwindigkeit nahm durch die Entwicklung neuer Lokomotiven stetig zu.

Die Eisenbahn veränderte nicht nur die Landschaft, sondern auch deren Erleben. Die deutliche Verkürzung der Reisezeit führte zu einem neuen Weltbild mit dem Phänomen der Vernichtung von Raum und Zeit. Die Landschaft verlor ihren räumlich begrenzten Charakter. Die neue Perspektive ermöglichte den ›Überblick‹ des Panoramas. Die geschwindigkeitsbedingte Verflüchtigung der Landschaft wurde aber auch als Verlust von Wahrnehmungsqualität beklagt. John Ruskin, einer der schärfsten zeitgenössischen Kritiker der Eisenbahnreise, bemerkte, es sei »gleichgültig, ob Sie Augen im Kopf haben oder blind sind oder schlafen, ob Sie intelligent sind oder dumm; was Sie über das Land, durch das Sie fahren, bestenfalls erfahren können, das ist seine geologische Struktur und seine allgemeine Oberfläche«. Andererseits gab es Befürworter dieser neuen Reiseerfahrung, denen sich eine Landschaft durch die Bahnfahrt erst erschloss. Aus dieser Sicht konnte auch eine an sich unspektakuläre Landschaft neue Reize gewinnen. Zudem konnte sich die Abfolge der einzelnen Bilder zur Synthese des Panoramas erweitern. So führte für den französischen Literaten Jules Clarétie die Eisenbahn in wenigen Stunden »ganz Frankreich vor, vor Ihren Augen entrollt sich das gesamte Panorama, eine schnelle Aufeinanderfolge lieblicher Bilder und immer neuer Überraschungen. Sie zeigt Ihnen lediglich das Wesentliche einer Landschaft, wahrlich ein Künstler im Stil der alten Meister. Verlangen Sie keine Details von ihr, sondern das Ganze, in dem das Leben ist.«

Auch die Zeit verlor mit den Eisenbahnnetzen ihre Individualität, ihre räumlich begrenzte Gültigkeit. Die Beibehaltung der lokalen Zeit war für die Einhaltung überregionaler Fahrpläne und im Verhältnis der schneller überwundenen Strecken zueinander unmöglich. Bereits in den 40er Jahren wurde deshalb in England von den einzelnen Bahngesellschaften die Vereinheitlichung der Zeit für die jeweiligen Fahrpläne eingeführt. 1880 wurde die Eisenbahnzeit allgemeine Standardzeit für das Königreich Großbritannien, in Deutschland wurde die Zonenzeit 1893 verbindlich.

Die neue panoramatische Seherfahrung und die ästhetische Aufwertung von – zumindest im klassischen Sinne – wenig interessanten geologischen Formationen fand ihren Widerhall in der Darstellung von Industrielandschaften. Carl Blechens frühe deutsche Industrielandschaft *Walzwerk Neustadt-Eberswalde* gibt noch die Perspektive des Spaziergängers, der nur den Ausschnitt erfasst und über die Figuren im Vordergrund in den Bildraum hineingeführt wird. Hier wird ein ausgewogenes, wenig distanziertes Verhältnis von Natur, Industrie und Betrachter formuliert. François Bonhommé hingegen verleiht dem kargen Abbaugebiet in seiner panoramatischen Industrietotale *Montchanin* eine eigene ästhetische Qualität. Darüber hinaus gibt er Auskunft über die Macht, mit der der Mensch sich die Ressourcen der Natur erschließt und die Landschaft in einem schöpferischen Akt prägt, indem er sie kultiviert. *SB*

Clarétie 1865, S. 4 (Zitat); Ruskin 1903–12, Bd. 36, S. 62 (Zitat); Sternberger 1974; Schivelbusch 1977.

49

J. Baumhauer (Lebensdaten unbekannt)
Eisenbahn bei Nacht (Nächtliche Fahrt der »Adler«)
Öl auf Holz, 26 x 32,5
Köln, LETTER Stiftung, Inv. Nr. E 547/o. J.

Bei dem Bild handelt es sich um die vermutlich früheste gemalte Darstellung der »Adler«, die als erste Lokomotive Deutschlands ab 1835 zwischen Nürnberg und Fürth fuhr, jedoch nur tagsüber verkehrte. Obwohl sie eindeutig zu identifizieren ist, geht es dem biographisch nicht fassbaren Künstler nicht um eine Schilderung der technischen Details der Lok oder des Alltagsbetriebs. Durch den Verzicht auf eine topographische Verortung und die Einbindung der Bahnfahrt in einen romantisierten Bildraum erhält die Szene vielmehr eine symbolhafte Überzeitlichkeit.

Die Wahl einer Nachtlandschaft, die sich deutlich an Bildern Aert van der Neers aus dem 17. Jahrhundert orientiert, erlaubt nicht nur, Feuer und Rauch effektvoll darzustellen. Dunkelheit und die in der Zielrichtung unbestimmbare Fahrt des Zuges vermitteln zugleich ein Gefühl von Ungewissheit. Der Mensch, der Maschine hier winzig und ohne realen Maßstabsbezug beigeordnet, ist den Kräften des Schicksals anheim gestellt, immer in Gefahr, sprichwörtlich ›die Bahn zu verlieren‹. Die drei Kreuze fungieren demgemäß als Memento mori, und der Bahn, die trotz realen Vorbilds durch Beleuchtung und Szenerie eine irrationale Aura ausstrahlt, kommt weniger die Rolle zu, Zeugnis menschlichen Schöpfergeistes zu sein, sondern vielmehr Sinnbild seines stets gefährdeten Lebensweges. In dieser metaphorischen Ambivalenz stellt Baumhauers Bild ein außergewöhnliches Zeugnis romantischer Aneignung industrieller Wirklichkeit dar, das ohne Nachfolge geblieben ist.

Gerade das Moment der Bewegung, das nur ansatzweise durch die verwehende Rauchwolke und die verwischten Radspeichen suggeriert wird, ist es, was die Künstler in der Folge besonders fasziniert und einen neuen Zugriff auf das Phänomen der Technisierung von Landschaft eröffnet. Dies zeigt nicht zuletzt Menzels berühmte *Berlin-Potsdamer Eisenbahn* von 1847 (s. Abb. S. 22), in der Geschwindigkeit bar romantischer Symbolik ihren malerisch adäquaten Ausdruck findet. *RR*

Meurer 1989, S. 76–79, Nr. 36.

50

Unbekannter Künstler

Donautal mit Donaustauf und Walhalla, um 1843

Öl auf Leinwand, 44 x 66

München, Münchner Stadtmuseum, Inv. 56/245

Der anonyme Maler zeigt hier die idyllische Szene einer Donaulandschaft mit der Burgruine Donaustauf und der Walhalla. Einen besonderen Effekt versuchte der Künstler durch die Spiegelung der Höhenzüge und der Architektur auf der Wasseroberfläche zu erzielen. Die Walhalla, zwischen 1830 und 1842 als nationale Ruhmeshalle von Leo von Klenze im Auftrag des bayerischen Königs Ludwig I. erbaut, ist Teil einer im 19. Jahrhundert vollendeten Denkmallandschaft. In diese historisch bedeutungsvoll inszenierte Landschaft fügte der Maler mit der Darstellung eines Dampfschiffes auch ein Stück moderne Technik ein. Die an der Donau neu entstehenden Industriebetriebe erforderten einen erhöhten Transportbedarf an Rohstoffen und Gütern, dem die traditionelle Binnenschifffahrt nicht mehr gewachsen war. In Österreich hatte man sich bereits seit 1813 bemüht, auf der Donau Dampfschiffe einzusetzen. Bald nach der Gründung der ersten Donau-Dampfschifffahrts-Gesellschaft 1829 wurde der Schiffsverkehr zwischen Wien und Budapest eingerichtet. 1835 folgte die königlich-bayerisch-württembergische Dampfschifffahrt, die mit dem Dampfer »Ludwig« ab 1837 auf der Donau fuhr. Bereits im folgenden Jahr gab es einen fahrplanmäßigen Pendelverkehr zwischen Regensburg und Linz. *BB*

Ausst. Kat. München 1987, S. 19, S. 638, Nr. 9.27, S. 694, Nr. 11.3.22, Abb. S. 696.

51

Carl Blechen (Cottbus 1798 – 1840 Berlin)

Walzwerk Neustadt-Eberswalde, um 1830

Öl auf Holz, 25,5 x 33

Berlin, Staatliche Museen zu Berlin, Nationalgalerie, Inv. NG 763

Das Finowtal bei Eberswalde, der ältesten Industriestadt der Mark, entwickelte sich seit dem 17. Jahrhundert zum frühesten industriellen Zentrum Brandenburgs. Voraussetzung waren reichhaltige Vorkommen an Raseneisenerzen, die Energieversorgung durch Finow und Schwärze und die großen Wälder zur Gewinnung von Brenn- und Baumaterial. Nach den Freiheitskriegen wurden die drei ältesten Industriezentren des Finowtales unter Obhut des Staates auf den neuesten Stand gebracht, die Eisenspalterei, der Kupferhammer und das Messingwerk.

Das Bild zeigt das nach englischem Vorbild 1816–18 errichtete Walzwerk der Eisenspalterei. Im Vordergrund sind Fischer auf dem vom Finowkanal abgeleiteten Betriebs- und Freigraben zu sehen. Blechen fuhr 1830 nach Eberswalde, um den Stich *Gesundbrunnen zu Neustadt-Eberswalde* für den *Berliner Kalender* anzufertigen. Zahlreiche Zeichnungen des Walzwerks entstanden bei dieser Gelegenheit. Ein Jahr zuvor hatte Johann Joachim Bellermann einen Reiseführer veröffentlicht, in dem neben den üblichen Sehenswürdigkeiten des Kurorts Eberswalde auch die Fabriken in der Nähe als attraktive und bildende Ausflugsziele vorgestellt wurden. Führungen ermöglichten die Besichtigung der Anlagen: »Die Fabriken und Gewerke, welche in Neustadt-Eberswalde und deren Umgebung liegen, machen den Badegästen den hiesigen Aufenthalt unterhaltend, und den Freunden der Industrie, des Maschinenwesens und der Erfindung lehrreich und sehr anziehend.«

Das Bild, eine der ersten deutschen Industrielandschaften, entstand ohne Auftrag und wurde von Blechen vermutlich an den Verein für Kunstfreunde in Preußen verkauft, der es verloste. Die topographische Situation in Eberswalde wird aus der Sicht eines Spaziergängers wiedergegeben. Der im Vergleich zu den Zeichnungen kleinere Bildausschnitt lässt den Blick in die Ferne nicht zu, sondern steigert das Rauchmotiv als romantisches Stimmungselement. *SB*

Bellermann 1829, S. 21 (Zitat); Seifert/Bodenschatz/Lorenz 1998, S. 23–28, 52f., 58–62; Ausst. Kat. Berlin 1990b, Nr. 45, 210–212, 278.

52
Andreas Achenbach
(Kassel 1815 – 1910 Düsseldorf)
Die »Neusser Hütte« in Heerdt, 1860/67
Öl auf Holz, 25,5 x 37,4
Düsseldorf, Stadtmuseum Düsseldorf,
Inv. B 1506

In der »Neusser Hütte« am Rhein wurde 1860 der erste Hochofen angeblasen. Die Eisenverhüttung erfolgte hier bis zum Jahr 1884. Achenbach malte das Hüttenwerk im ersten Jahr seines Bestehens. Das kleine Bildformat und die Tatsache, dass das Gemälde noch mehrere Jahre in Achenbachs Besitz verblieben ist, zeigen, dass es sich nicht um ein Auftragswerk gehandelt haben kann.

Über ein flaches Flussufer hinweg erkennt man eine große Industrieanlage, die den Blick auf die dahinter liegende Landschaft versperrt. Tiefschwarze und dicke weiße Rauchschwaden verdunkeln den Himmel, im Hochofen flackert der Feuerschein. Die düster gehaltene Farbigkeit entspricht durchaus der von Achenbach zu dieser Zeit bevorzugten Farbpalette und zeigt keine Besonderheit, die nur dem Industriebild zuteil geworden wäre.

Die lockere Pinselführung sowie die nicht detailliert wiedergegebene Architektur, die von Rauchfahnen überdeckt wird, erwecken den Eindruck des Skizzenhaften und lassen eine Momentaufnahme vermuten. Das dem nicht so ist, darauf verweist die durch die Signatur dokumentierte Überarbeitung von 1867. In diesem Jahr wurde der zweite Hochofen in Heerdt fertig gestellt. Sein Modell hatte man auf der Pariser Weltausstellung 1867 bewundern können. In Fachkreisen erhielt dieser besonders fortschrittliche Hochofen, der nach dem »System Büttgenbach« erbaut worden war, große Aufmerksamkeit.

Für Achenbach war dies ein Anlass, sein Bild zu ergänzen. Dass er dabei auf eine realistische Wiedergabe Wert gelegt hat, zeigt ein Vergleich mit den Unterlagen aus dem »Concessions-Gesuch per Anlage eines II. Hochofens der Neußer Hütte von 27.4.1865«. Achenbachs für die Zeit herausragende Leistung liegt in der atmosphärischen Einbindung des Industriemotivs in die Landschaft. *BB*

Seeling 1960, S. 32f., 37; Ausst. Kat. Düsseldorf/Darmstadt 1979, S. 244f.; Herding 1987, S. 457, Abb. 42; Hütt 1995, S. 212, Abb. 147; Ausst. Kat. Düsseldorf/Hamburg/Linz 1997, S. 213; Sitt 1997, S. 15; Türk 2000, S. 159f.

53
William Wheldon
(Lebensdaten unbekannt)
Förderturm einer Zeche im nordöstlichen Kohlenrevier (North Eastern Coalfield: Colliery Pit-head), um 1840
Öl auf Leinwand, 28 x 46
London, National Museum of Science and Industry, Inv. 1981-1277/2

Die auf Eisenschienen fahrenden Eisenbahnen nahmen ihren Anfang im Bergbau. Dort verwendete man bereits seit Jahrhunderten hölzerne Gleise zum Rollen von Loren. 1767 kamen schließlich im englischen Coalbrookdale erstmals Eisenschienen in einer Grube zum Einsatz, die aufgrund ihrer guten Eigenschaften schnell weiterentwickelt wurden. Bis die vielfältigen Versuche zur Konstruktion einer durch Dampfkraft angetriebenen Zugmaschine erfolgreich waren, dienten Pferde als Zugtiere. 1820 wurden dann erstmals von George Stephenson und seinem Sohn Robert (Kat. Nr. 61) fünf Lokomotiven und Schienenwege für den Kohlentransport gebaut. 1825 erfolgte die Eröffnung der ersten Bahnlinie für den Güter- und Personentransport zwischen Darlington und Stockton im nordenglischen Bergbaugebiet mit Lokomotiven Stephensons.

Das Bild zeigt die Produktionsstätten einer Zeche. Neben dem Fördergebäude sind im Hintergrund brennende Öfen einer Kokerei zu sehen. Loren transportieren Kohle, die in der Kokerei zu leichterem Koks verhüttet wird. Sie rollen das leicht abschüssige Gelände herunter. Das Bild zielt auf eine dokumentarische Wiedergabe der Industrielandschaft, wobei Schienen und Loren als neueste Errungenschaften des industriellen Fortschritts prominent in Bild gesetzt werden. Deutlich wird die Veränderung der Landschaft durch den Streckenbau: die notwendige Begradigung des Terrains zeigt sich an der Abbruchkante des Hügels links im Bild. Auf dem Gegenstück (London, National Museum of Science and Industry, Inv. 1981-1277/1) ist eine Lokomotive zu sehen, die bei Bedarf die Lorenzüge rangieren konnte. *SB*

54
Johann Joseph Leyendecker
(Dernau an der Ahr 1810 – 1867 Paris)
Mechernicher Bleibergwerk, 1854
Öl auf Leinwand, 108 x 155
Mechernich, Stadt Mechernich

Leyendecker stellt einen Tagebau dar, der zur Bleierzgewinnung in der Nähe von Mechernich am Fuße der Eifel betrieben wurde. Die Betreiber waren die vier Brüder Kreuser, die zugleich die Auftraggeber für dieses Bild waren. Erst Anfang der 50er Jahre hatten die Unternehmer die Bergwerksgesellschaft übernommen. In kürzester Zeit gelang es ihnen, durch die Einführung des Tagebaus die Erzgewinnung auf zuvor nicht für möglich gehaltene Mengen zu steigern. Auf einem Vorsprung am Rande der Abbaugrube sind von links Hilarius, Carl, Wilhelm und Werner Kreuser porträtiert. Carl und Werner Kreuser sind durch ihre Uniformen als Leiter des Bergbaubetriebes gekennzeichnet. Von dem immensen Arbeitsaufwand zeugen die unzähligen Bergleute, die paarweise und in langen Reihen angeordnet das erzhaltige Gestein abtragen. Der tief in die Erde eingeschnittene Kegel beherrscht das Bild und zeigt die hierdurch entstandene tief greifende Veränderung der Landschaft. Der hoch aufragende Schornstein der Bleihütte erhält im Kontrast eine Signalwirkung.

Leyendecker lebte über 20 Jahre in Paris, wo er ausgebildet wurde und erfolgreich tätig war. Um 1850 kam er zurück nach Bonn, um dort in erster Linie als Porträtmaler zu arbeiten. Allerdings riss die Verbindung nach Paris nie ab, 1860 zog er schließlich wieder in die französische Hauptstadt. Die in ihrem panoramatischen Ausschnitt und ihrem dokumentierenden Realismus für Deutschland singuläre Industrielandschaft – auch in Leyendeckers Œuvre blieb das Thema eine Ausnahme – zeigt den Einfluss französischer und englischer Vorbilder. Der Maler konnte sich bei dem für ihn ungewöhnlichen Auftrag etwa an Malern wie François Bonhommé (Kat. Nr. 55) orientieren, der regelmäßig in den Pariser Salons vertreten war und dessen Werke über die Druckgraphik weite Verbreitung fanden. Beide Maler konnten darüber hinaus Anregungen aus der englischer Graphik des späten 18. und frühen 19. Jahrhunderts verarbeiten (vgl. Kat. Nr. 29, 30). *BB*

Leduc 1985; Ausst. Kat. Berlin 1981b, Bd. 1, Nr. 22/315, Abb. S. 445; Ruland 2000.

55

François Bonhommé
(Paris 1809 – 1881 Paris)
Steinkohlenbergwerk und Tongruben von Montchanin (Huillières et carrières d'argile de Montchanin), 1860
Öl auf Leinwand, 117 x 158
Montchanin, Ville de Montchanin

Bonhommé schuf eine Reihe der bedeutendsten Industriebilder des 19. Jahrhunderts. Nach einer klassischen akademischen Ausbildung zum Landschafts- und Genremaler begann er sich Mitte der 30er Jahre für Industriemotive zu interessieren. Ein wesentlicher Anlass waren belgische Reiseerlebnisse. Zufällig besichtigte er die Schmieden im wallonischen Philippeville, wo er sich für die Szenerie und die Lichtverhältnisse begeisterte. »Seit dieser Zeit verschrieb Bonhommé sich dem Kampf des Menschen gegen die Materie. Er unternahm Reisen nach Preußen, Frankreich und Deutschland, immerfort angezogen von den Schmieden und Minen«, berichtete Alexandre Dumas. Bonhommé schuf in der Folge sowohl Industriebilder in staatlichem Auftrag wie für private Unternehmer, die vor allem in der Industrieregion von Burgund ansässig waren. Im Auftrag von Charles Avril, dem Direktor der Steinkohlenbergwerke und Tongruben von Montchanin in Burgund, entstand die hier gezeigte panoramatische Industrietotale.

Am Abhang im Vordergrund ist der Schachteingang einer Fördergrube zu sehen. Rechts verweist der Schornstein auf eine Dampfmaschine. Unten im Tal befindet sich der Eingang eines weiteren Förderschachts für Steinkohle. Im Hintergrund links fährt ein Zug, rechts liegt Montchanin mit seinen Fabriken. In das ganze Gelände fressen sich Tongruben. Die Landwirtschaft wird zurückgedrängt, die Industrie dominiert. Die Männergruppe im Vordergrund erörtert in Anwesenheit des Unternehmers weitere Planungen zum Ausbau der industriellen Anlagen. Der Mensch erschließt sich die Natur und wird zum Schöpfer einer neuen Landschaft. Bonhommé selbst – rechts neben der Gruppe dargestellt – trägt seine Staffelei und befindet sich offenbar auf dem Heimweg. Mit seiner Anwesenheit auf dem Bild dokumentiert der Künstler das Studium vor Ort und damit den Anspruch realistischer Motivwiedergabe. *SB*

Ausst. Kat. Metz 1996, Nr. 131, S. 20 (Zitat), 33–35; Türk 2000, S. 164–165.

5 Selbstdarstellung der Bourgeoisie

Auftragskunst und Industriekultur 1830–1875

Im Verlauf der Industriellen Revolution formierte sich eine neue soziale Klasse: die »auf produktionskapitalistischem Unternehmertum und intensiver Verkehrswirtschaft beruhende Bourgeoisie« (Hans-Ulrich Wehler). In Deutschland engagierten sich – anders als in Großbritannien – nur wenige Adelige als Fabrikanten. Dagegen stammten viele von ihnen aus kleinen Verhältnissen. Als Handwerker oder Kaufleute hatten sie Kenntnisse über Fertigungsmethoden oder Absatzmärkte erworben, die sie in einer eigenen Fabrik gewinnbringend verwerteten. Andere waren – wie August Borsig – Studenten einer technischen Fachschule gewesen. Eine schnell wachsende Zahl von Unternehmern hatte ihre Firma nicht gegründet, sondern geerbt. Friedrich Harkort, Eberhard Hoesch und Carl Friedrich Stumm übernahmen Betriebe, die sich schon seit Generationen im Besitz ihrer Familien befanden. Diese vorindustriellen Fabrikationsstätten modernisierten sie grundlegend, oft anhand von Erkenntnissen, die sie bei Reisen durch England und Wales gewonnen hatten.

Die Identität des industriellen Großbürgertums entwickelte sich in der Auseinandersetzung mit anderen Klassen, vor allem mit dem Adel und der Arbeiterschaft. Der unbeirrt durchgesetzte, nicht durch Leistung legitimierte Führungsanspruch der Aristokratie empörte die Fabrikanten. Dem adeligen Müßiggang setzten sie ein – oft religiös überhöhtes – bürgerliches Arbeitsethos entgegen. Ihre Vorstellung von Ehre beruhte auf Fleiß, Solidität und Rechtlichkeit, alles Eigenschaften, die sie der Aristokratie absprachen. Ihre Adelskritik war wesentlich durch einen starken Fortschrittsglauben motiviert: Hochöfen und Maschinenbauanstalten galten ihnen – wie auch den Journalisten und Literaten – als die Zeichen einer neuen Zeit. Wie Friedrich Harkort beobachtete, ging schließlich selbst dem Adel auf, »daß die Lokomotive der Leichenwagen ist, auf dem der Absolutismus und Feudalismus zum Kirchhof gefahren werden«.

Wichtiger als die Abgrenzung gegenüber der Aristokratie war allerdings die Distanz zur Arbeiterschaft. Der Fabrikant sah sich als ›Herr im Haus‹, der seinem Personal keine Selbständigkeit zubilligte. Dem liberalen Menschenbild entsprechend, stand es jedem Arbeiter frei, seine Lage durch individuelle Tüchtigkeit zu verbessern. Wer wirtschaftlich nicht auf eigenen Füßen stehen konnte, hatte demnach kein Recht auf politische Mitsprache. Patriarchalische Fürsorge milderte zwar soziale Härten, verstärkte aber gleichzeitig die Abhängigkeit vom Arbeitgeber. Der Graben zwischen dem industriellen Großbürgertum und der Arbeiterschaft vertiefte sich in den Jahren 1848/49. Das »Revolutionstrauma« (Manfred Gailus), das viele Unternehmer davontrugen, erhöhte ihre Bereitschaft, die sozialkonservative Ordnungspolitik der wiedererstarkten Fürstenhäuser mitzutragen.

Wie ambivalent das Verhältnis zwischen Bourgeoisie und Adel war, verdeutlicht die Selbstdarstellung der aufstrebenden sozialen Klasse. Im Bemühen um Gleichrangigkeit kopierten viele Unternehmer die Repräsentationsformen der Aristokratie. Ihre Werksfassaden schmückten sie mit Rundbögen, ihre Dampfmaschinen mit Säulen. Tore und Türme auf dem Firmengelände vermittelten einen Eindruck von Monumentalität und Wehrhaftigkeit. Zur Villa neben der Fabrik kam das Gut auf dem Land. Einen künstlerischen Ausdruck fand dieser Geltungsdrang nicht nur in der Architektur, sondern auch im Unternehmerbildnis, das sich aus dem absolutistischen Herrscherporträt entwickelte: Parallelen bestehen bei der Haltung und der Kleidung der Figuren ebenso wie bei den sie hinterfangenden Landschaftsausschnitten mit den zur Schau gestellten Besitztümern. Was bei den Industriepionieren des Vormärz noch als moderate bürgerliche Repräsentation gelten konnte, verwandelte sich bei ihren wilhelminischen Nachfolgern in die Imitation einer feudalen Herrenexistenz. Das Adelsprädikat galt nun als erstrebenswertes Attribut. AS

Friedrich Harkort, zit. nach Böhme 1968, S. 55; Kocka 1975, S. 54–59; Wehler 1987, S. 174 (Zitat); Gailus 1990, S. 71 (Zitat).

56

Alfred Rethel
(Aachen 1816 – 1859 Düsseldorf)
Porträtlandschaft mit Fabrickgebäuden (Die Harkortsche Fabrik auf Burg Wetter), 1834
Öl auf Leinwand, 43,5 x 57,5
Wetter/Ruhr, Demag Cranes & Components GmbH

Die auf das 13. Jahrhundert zurückgehende Burg Wetter befand sich seit 1819 im Besitz von Friedrich Harkort (1793–1880) und Heinrich Kamp (1786–1853), die dort die Mechanische Werkstätte Harkort & Co., eines der ersten Eisenindustrie-Werke in Westfalen, einrichteten. Der Kaufmann Kamp finanzierte die nach englischem Vorbild errichtete Maschinenfabrik. Aufmerksam verfolgten und imitierten die Unternehmer der Region die technische und wirtschaftliche Entwicklung im Mutterland der Industriellen Revolution. So errichtete Harkort 1826 nach englischem Vorbild einen Hochofen und 1827 ein Puddel- und Walzwerk. Zunächst hatten sich die Unternehmer auch am englischen, auf Export ausgerichteten Modell orientiert, das sich jedoch als nicht tragfähig erwies. Um 1830 setzte – beispielhaft durch Harkort und Kamp verkörpert – ein Umdenken ein, das sein Interesse auf eine umfassende heimische Entwicklung der Industrie legte.

Die Fabrik erstreckte sich sowohl über den unteren wie auch den oberen Teil der Burganlage. Links im Hintergrund fließt die Ruhr. Im oberen Teil, dem ehemaligen Burghof, befand sich links das Eisenhüttenwerk. Das weiße Gebäude war vermutlich der Sitz der Verwaltung. Unten rechts war das Walzwerk, aus dessen Dächern die Schornsteine ragen. Nicht mehr ihren ursprünglichen Zwecken dienende Burgen und Schlossanlagen wurden in den Anfängen der Industrialisierung häufig als Fabrikgebäude genutzt.

Kamp hat das Bild mit hoher Wahrscheinlichkeit bei dem jungen und als Wunderkind geltenden Rethel, dem Sohn seines Buchhalters, in Auftrag gegeben. Als Industriebild war es im Werk Rethels, der seine Zukunft in der Historienmalerei sah, eine Ausnahme. Rethel selbst setzte sich die porträthafte, realistische Wiedergabe der Anlage zum Ziel. In seinem sich an französischer und deutscher Architektur- und Panoramenmalerei orientierenden Realismus blieb dieses frühe und herausragende deutsche Industriebild ohne direkte Nachfolge. *SB*

Fritz 1958; Ausst. Kat. Duisburg 1969, S. 16f.; Türk 2000, S. 160f.; Ausst. Kat. Berlin 1990b, S. 276; Köllmann/Reininghaus/Teppe 1994; Krifka 2000b, S. 822.

57.1–2

Louis Krevel
(Braunschweig 1801 – 1876 Trier)
1. Carl Friedrich Stumm, 1836
2. Marie Louise Stumm, 1835
Öl auf Leinwand, 102 x 80,5
Saarbrücken, Saarland Museum Saarbrücken,
Stiftung Saarländischer Kulturbesitz,
Inv. A XIV-4 (NI 4589), A XIV-5 (NI 4590)

Carl Friedrich Stumm (1798–1848) übernahm 1835 die von seinem Vater hinterlassenen Hüttenwerke an der Saar. Das ererbte Firmengeflecht sicherte ihm eine dominierende Stellung in der Wirtschaft dieser Region. Er hatte 1829 eine Englandreise absolviert, um die neuesten Errungenschaften der dortigen Industrie kennen zu lernen. In dem 1831 unter seiner Leitung errichteten Hochofen-, Puddel- und Walzwerk in Neunkirchen, das neben seiner linken Schulter zu erkennen ist, konnte er diese Erfahrungen verwerten. Es war 1836 mit 260 Beschäftigten der größte Gewerbebetrieb in der südlichen Rheinprovinz. Indizien für den technischen Sachverstand Stumms sind die ihm beigegebenen Objekte: das Lot, das Schreibzeug und der Plan der 1835 in Neunkirchen aufgestellten Dampfmaschine. Der Hund verweist auf das ihm zustehende Jagdrecht, ein zuvor dem Adel vorbehaltenes Privileg.

Das aristokratische Selbstverständnis der Auftraggeber kommt auch im prachtvollen Kleid und im aufwendigen Schmuck von Marie Louise Stumm (1813–1864) zum Ausdruck. Neben ihrer linken Schulter hat der Maler das (eigentlich noch im Bau befindliche) Herrenhaus abgebildet. Als weiteres Zeichen, woher der Wohlstand stammt, ist der Rauch aus dem Schornstein der Eisenschmelze zu verstehen. Der immergrüne Buchsbaumzweig versinnbildlicht die Treue der seit 1834 miteinander Vermählten. Sie stammten aus eng verwandten Unternehmerdynastien: Marie Louise, geb. Böcking, war die Nichte des Schwagers von Carl Friedrich. Die Mitglieder der weitverzweigten Großfamilie Böcking waren als Kaufleute im Saarland und in Lothringen tätig. Angesichts des noch ungenügend entwickelten Kapitalmarkts war diese Heiratspolitik ein übliches Mittel der Akkumulation von Ressourcen im industriellen Großbürgertum.

Der älteste Sohn des Paares, Carl Ferdinand Stumm (1836–1901), wurde 1888 geadelt. Mit seiner auf die Disziplinierung der Arbeiter ausgerichteten betrieblichen Sozialpolitik und seinem langjährigen Einsatz als Reichstagsabgeordneter für die Interessen der Unternehmer wurde er zum Inbegriff des Industriepatriarchen im Kaiserreich. *AS*

Jacob 1993; Trepesch 2001, S. 40f.

58
Carl Schütz (1796 – ?)
Lendersdorfer Walzwerk, 1838
Öl auf Leinwand, auf Hartfaser aufgezogen, 77 x 110,5
Düren, Leopold-Hoesch-Museum der Stadt Düren, Inv. 69

Seit dem 17. Jahrhundert betrieben Mitglieder der Familie Hoesch im Raum Aachen eisen- und stahlverarbeitende Betriebe. Das Werk in Lendersdorf bei Düren wurde 1819 von Eberhard Hoesch (1790–1852) übernommen. Bei einer Englandreise lernte er 1823 die neuesten Methoden der Eisenverhüttung kennen. Danach rüstete er seinen Betrieb um: Als erster deutscher Unternehmer führte er 1824 das Puddelverfahren ein. Ab 1838 lieferte die Fabrik Schienen für die Rheinische Eisenbahn, die von Köln über Düren nach Aachen führte.

Im gleichen Jahr malte Schütz das Werk, wobei er sich um eine möglichst genaue Wiedergabe bemühte: Links befindet sich der Hochofen, in dem aus Eisenerz Roheisen geschmolzen wird; das Wasserrad treibt ein Gebläse an, das ihn mit Luft versorgt. Neben dem Hochofen steht der mit einem hohen Schornstein versehene Puddelofen, in dem der Kohlenstoffgehalt des Roheisens durch Rühren mit Haken oder Stangen so weit herabgesetzt wird, dass schmiedefähiges Eisen entsteht. Aus den erstarrten Klumpen dieses Materials formen die Arbeiter auf einem Herd Luppen, die bis zur Schweißglut erhitzt und dann im angrenzenden Walzwerk auf die vorgesehenen Profile und Längen umgeformt werden. Die offene Fassade der lang gestreckten Halle erlaubt es, den Walzern bei der Herstellung von Stabeisen zuzusehen.

Das Gemälde ist als Geschenk aus der Familie Hoesch in das Museum gelangt. Es ist sehr wahrscheinlich, dass der Gründer des Lendersdorfer Werkes es bei Schütz in Auftrag gegeben hat. Die naive Manier, in der das Bild ausgeführt wurde, verweist darauf, dass Eberhard Hoesch in der Eifel nicht wie August Borsig in Berlin (vgl. Kat. Nr. 59) auf akademisch geschulte Landschaftsmaler zurückgreifen konnte. *AS*

Schmücker 1930, S. 11f.; Ausst. Kat. Duisburg 1969, S. 38; Motz 1980, Nr. 139; Ausst. Kat. Düren 1980, Nr. 200; Paulinyi 1991, S. 401 und Abb. XXVb.

59

Carl Eduard Biermann
(Berlin 1803 – 1892 Berlin)
Borsig's Maschinenbau-Anstalt zu Berlin, 1847
Öl auf Leinwand, 110 x 161,5
Berlin, Archiv der A. Borsigschen Vermögensverwaltung in Berlin (Deutsches Technikmuseum Berlin), Dauerleihgabe an die Stiftung Stadtmuseum Berlin

August Borsig (1804–1854) war ein sehr traditionsbewusster Unternehmer. Firmengeburtstage und Produktionsjubiläen ließ er aufwendig inszenieren, um die eigene Leistung öffentlichkeitswirksam zu dokumentieren. In seiner vor dem Oranienburger Tor gelegenen Eisengießerei und Maschinenbauanstalt waren 1847 etwa 1 200 Personen beschäftigt. Neben Dampfmaschinen wurden dort vor allem Lokomotiven hergestellt, von denen 1846 bereits 100 Stück ausgeliefert worden waren. Zum zehnjährigen Jahrestag der Gründung seines Unternehmens gab Borsig bei Biermann ein großformatiges Gemälde in Auftrag. Der – wie Eduard Gaertner – in der Königlichen Porzellan-Manufaktur ausgebildete Künstler galt als führender Berliner Architekturmaler seiner Zeit. Ab 1844 war er als Professor an der Bauakademie tätig, wo er angehende Architekten im Zeichnen und Aquarellieren unterrichtete.

Im Zentrum des Gemäldes steht das achteckige Hüttengebäude mit dem Schornstein, aus dem schwarzer Rauch entweicht. Davor ragt der aufwendig dekorierte Uhr- und Wasserturm der Eisengießerei empor. Rechts im Hintergrund sind die Montagehalle und ein weiterer Wasserturm zu sehen. Die Vorbilder dieser Architektur – der *Turm der Winde* in Athen, die Wehrtürme mittelalterlicher Handelsstädte, Häuser und Kirchen von Karl Friedrich Schinkel und Ludwig Persius in Potsdam – verweisen auf die gesellschaftlichen Ansprüche des Bauherrn. Ein ›Dampfross‹ wird von einem Pferdegespann vom Hof gezogen. Das als herrscherlicher Ausblick von der (eigentlich erst 1849 in Moabit errichteten) Terrasse der Fabrikantenvilla konzipierte Gemälde spiegelt das Selbstbewusstsein der bürgerlichen Unternehmerschicht eindrucksvoll wider. *AS*

Vorsteher 1983, S. 112f.; Ausst. Kat. Berlin 1987, S. 152f.; Gramlich 1990, S. 292–295.

60

Paul Friedrich Meyerheim
(Berlin 1842 – 1915 Berlin)
In der Werkhalle beim Lokomotivenbau (Schmieden eines Treibrades), 1872/73
Öl auf Leinwand, auf Karton aufgezogen, 64,5 x 44,5
Schweinfurt, Sammlung-Dr.-Georg-Schäfer-Stiftung, Inv. MGS 5699

Die Studie ist eine Vorarbeit zu dem Gemälde *Maschinenfabrik* aus dem *Zyklus Lebensgeschichte der Lokomotive*, den Meyerheim in den Jahren 1873 bis 1876 für Albert Borsig (1829–1878) malte. Er umfasst sieben großformatige Ölgemälde auf Kupferplatten, die in der Gartenloggia der Familie Borsig hingen und der Öffentlichkeit zugänglich waren. Sie zeigen die industrielle Herstellung einer Lokomotive von der Förderung des Erzes über die Stahlgewinnung bis hin zur Verschiffung der fertig gestellten Lokomotiven in alle Welt.

Die Studie zeigt die Schmiede in den Borsig-Werken. Im vorderen linken Bildzentrum dominiert die menschliche Arbeitskraft in einer spannungsreichen Szene: Drei Schmiede formen mit schweren Hämmern ein mannshohes Lokomotivtreibrad, das ein weiterer Arbeiter mit einer Zange fixiert. Als Kontrast beherrscht ein riesiger Dampfhammer den Mittelgrund auf der rechten Bildseite. Die beiden Hauptakteure – Mensch und Maschine – verbindet eine dynamisierende Tiefenflucht, die den Betrachter diagonal in das Bild führt. Für die dichte Atmosphäre der Arbeitsszene sorgen die Industriearchitektur aus Stahl und Glas, der Rauch und Dampf der Produktionsprozesse und das streifig einfallende Sonnenlicht.

Zu Meyerheims Vorbildern gehören einerseits industrielle Innendarstellungen, die sich jedoch auf eine Präsentation neuester Technik beschränkten. Anderseits standen mythologische Schmiededarstellungen Pate. Neu ist an seinem Zyklus, dass die Arbeiter den eigentlichen Mittelpunkt der Bilderzählung ausmachen. Sie und ihre Arbeit sind bildwürdig geworden. Indes idealisiert Meyerheim die Arbeit in den Fabriken seines Auftraggebers. Damit nimmt er eine Gegenposition zu seinem Freund und Zeitgenossen Adolph Menzel ein, der etwa zeitgleich am bekanntesten Industriebild des 19. Jahrhunderts arbeitete, dem *Eisenwalzwerk* (s. Abb. S. 25). *MO*

Ausst. Kat. Berlin 1990a, S. 392; Obermeier 1993; Türk 2000, S. 174f.

61
William Lucas
(London um 1840 – 1895 London)
Geburtsstätte der Eisenbahn
(Birthplace of the Locomotive), 1861
Öl auf Leinwand, 137,5 x 121,5
London, National Museum of Science and Industry, Inv. Nr. 1939-380

Der Ingenieur Robert Stephenson (1803–1859) bestellte 1857 bei John Lucas für £ 350 ein Gemälde, das eine quasi-historische, allegorische Gruppe zeigt und die Verdienste seines Vaters George Stephenson (1781–1848) würdigt. Er vererbte das Gemälde seinem Cousin George Robert Stephenson, der es 1861 von William Lucas, einem Sohn des Auftragnehmers, kopieren ließ.

Der in einen karierten Rock gekleidete George Stephenson hält eine Grubenlampe vom Typ ›Geordie‹ in der rechten Hand. Mit der linken Hand zeigt er auf das Geleucht, während er zu seinem in Bergmannskleidung porträtierten Sohn Robert aufblickt. George hatte 1815, ungefähr zur selben Zeit wie Humphry Davy, eine Sicherheitslampe für Bergleute erfunden. Seine Mutter, Mabel Carr, steht hinter der Gruppe. Sie trägt die Tracht einer Melkerin aus Tyneside. Links sitzt seine erste Frau, Frances (Fanny) Henderson, die 1806 an Schwindsucht starb. Sie hält ein Kind im Arm, das ihre (eigentlich im Alter von drei Monaten gestorbene) Tochter darstellen soll. Fanny war auch die Mutter von Robert, der bei ihrem Tod drei Jahre alt war. Die zweite Frau von George, die 1845 gestorbene Elizabeth Hindmarsh, liest das *London Journal* vom September 1848, das den Nachruf auf ihren Ehemann enthält. Robert senior, der Vater von George, weist auf eine sich nähernde Lokomotive. Drei Generationen einer Familie – oder die drei Lebensalter des Menschen – werden hier präsentiert: der tatkräftige Jüngling, die Errungenschaften der mittleren Jahre und die Erinnerungen des Greises.

Die Lokomotive, die sich der Familie auf dem eingleisigen Schienenweg hinter George nähert, wird oft für die »Puffing Billy« gehalten. Sie soll aber wahrscheinlich eine frühe Grubenlokomotive darstellen, die 1814 gebaute »Blucher«, obwohl sie einige Details aufweist, die erst später erfunden wurden. Als Modell verwendete der Maler Stephensons zweite Lokomotive, die »Wellington« von 1815. Als das Bild gemalt wurde, war diese Maschine jedoch bereits umgebaut worden; es zeigt eine Rauchkammer und andere Teile, die erst lange nach der »Blucher« zum Einsatz kamen.

Im Hintergrund steht Dial Cottage, das Haus der Stephensons in Killingworth. George und sein Sohn Robert lebten dort von 1805 bis 1823. Rechts daneben befindet sich Killingworth High Pit (West Moor Colliery), eine für den Nordosten Englands typische Zechenanlage, in der George viele Jahre lang beschäftigt gewesen war. *WS*

62.1–5

Thomas Allom
(London 1804 – 1872 Barnes)
1. Kardieren, Strecken und Vorspinnen (Carding, Drawing and Roving), um 1834
2. Spinnen mit der ›Mule‹ (Mule Spinning), um 1834
3. Maschinelles Weben (Power Loom Weaving), um 1834
4. Bedrucken von Baumwolle (Calico Printing), um 1834
5. Die Fabrik der Messrs Swainson, Birley & Co. bei Preston (The Factory of Messrs Swainson, Birley & Co. near Preston), um 1834
Bleistift, Feder, Sepia und Wasserfarben, je 12 x 19
London, National Museum of Science and Industry, Inv. 1985-2173/1-5

Nicht nur das Gemälde, sondern auch das technisch-wissenschaftliche Buch war ein Medium, das sich zur Feier bürgerlichen Unternehmergeistes eignete. Bildende Künstler lieferten die Illustrationen für solche Veröffentlichungen.

Die von Allom angefertigten Zeichnungen entstanden als Vorlagen für Stahlstiche zur 1835 erschienenen *History of the Cotton Manufacture in Great Britain* von Edward Baines (1774–1848). Der Autor erläuterte die wegweisenden Erfindungen zur Mechanisierung von Spinnerei und Weberei in seinem Land. Dabei wies er wiederholt auf die Verdienste Richard Arkwrights (1732–1792) hin, der als erster sämtliche Produktionsvorgänge der Spinnerei in funktionalen Gebäuden konzentriert und damit den Prototyp der modernen Fabrik geschaffen hatte (s. a. Kat. Nr. 16). Er stellte fest: »Arkwright und Watt sind wir mehr zu Dank verpflichtet als Nelson und Wellington.«

Bei seiner Beschreibung der britischen Textilindustrie konzentrierte er sich auf die Wechselwirkungen zwischen Spinnerei und Weberei: Innovationen in dem einen Bereich provozierten Innovationen in dem anderen, und umgekehrt. Alloms erste Zeichnung zeigt Kardier- und Vorspinnmaschinen, die der Aufbereitung der Fasern für die eigentliche Garnherstellung dienen. Das Feinspinnen wird mithilfe der halbautomatischen ›Mule‹ erledigt, die auf der zweiten Zeichnung zu sehen ist. Das Aufwinden des Garns geschieht

hier durch das von einem Arbeiter ausgeführte Einschieben des Spindelwagens. Eine Arbeiterin knüpft gerissene Fäden zusammen. Einen Saal mit mechanischen Webstühlen präsentiert die dritte Zeichnung. Eine Arbeiterin ist hier jeweils für die Überwachung mehrerer Maschinen zuständig. Die vierte Zeichnung widmet sich dem Dekorieren von Baumwollstoffen auf Walzendruckmaschinen. Vor der Mechanisierung des Kattundrucks waren die Muster mit hölzernen Modeln aufgebracht worden. Eine Walzendruckmaschine dekorierte in der gleichen Zeit ebenso viel Stoff wie 100 Handdrucker. Die Monumentalität der nüchternen Backsteinbauten, in denen die Garne und Stoffe hergestellt wurden, betont die fünfte Zeichnung, die die Fabrik der Messrs Swainson, Birley & Co. bei Preston (Lancashire) zeigt. Lancashire war einer der Schwerpunkte der britischen Textilindustrie.

Die nach Alloms Zeichnungen gefertigten Stiche sind heute vor allem deshalb noch bekannt, weil sie immer wieder als Illustrationen zum Thema ›Kinderarbeit im 19. Jahrhundert‹ herangezogen werden. Beim Kardieren sind Mädchen zu sehen, die die Vorspinnmaschinen mit Vorgarn bestücken; unter dem Spindelwagen der ›Mule‹ kriecht ein Junge herum, der den Boden von Faserstaub reinigt. Baines verteidigte die Kinderarbeit, wobei er sich nicht nur auf die Fabrikanten, sondern auch auf die Eltern berief. Das am 1. Januar 1834 in Kraft getretene Gesetz, das die Arbeitszeit von Kindern einschränkte, kritisierte er folgendermaßen: »Der angeordnete Schulzwang und die Beschränkung der Arbeit auf täglich 8 Stunden können, nach der Meinung sämmtlicher Inspectoren, keine andere Wirkung haben, als daß man alle jüngeren Kinder entlassen wird; und wenn diesen Vorschriften vollends alle Kinder unter 12 oder 13 Jahren unterworfen werden wollten, daß manche Fabriken kaum fortarbeiten könnten. Das Schulgesetz werde hiemit eine Last für die Eltern, indem die Kinder den Verdienst verlieren. Die Aufseher und Spinner finden es unthunlich, Kinder anzustellen, die sich ablösen müssen. Zudem glauben die Inspectoren, daß allen Kindern, über 10 oder 11 Jahren wenigstens, eine 12stündige Arbeit zuzumuthen sey. So sehr man also auch wünschen muß, daß diese Kinder gehörig unterrichtet, und daß sie nicht zu frühe angestrengt werden, so muß man andrerseits einsehen, daß einmal die ärmern Arbeiter durchaus nicht im Stande sind, ihre Kinder, ohne daß diese selbst etwas verdienen, bis ins 12te Jahr zu erhalten; und daß das Gesetz, so wohlgemeint es sey, eine ganz entgegengesetzte Wirkung haben müßte, indem es unzählige Kinder nur dem Bettel Preis gäbe. Ueberhaupt erfordern alle Beschränkungen der Industrie die größte Behutsamkeit. Wir dürfen nicht vergessen, daß unsere Fabriken mit denen des Auslands zu concurriren haben, und daß jeder Nachtheil, der ihnen zugefügt wird, zunächst und am meisten von den Arbeitern selbst empfunden wird.« *AS*

Baines/Bernoulli 1836 (Zitat); Klingender [1947] 1974, S. 100; Föhl/ Hamm 1988, S. 47, 49, 52; Paulinyi 1991, S. 298, 311, 316; Krifka 2000b, S. 818, 825.

63.1–6

Adolph Menzel (Breslau 1815 – 1905 Berlin)
1. Skizze nach Arbeitern im Walzwerk, 1872
2. Flammende Schlote in Königshütte, 1872
3. Halle im Walzwerk Königshütte, 1872
4. Maschinenraum im Walzwerk, 1872
5. Transportwagen, 1872
6. Gusskelle, 1872–74

Bleistift, 30,5 x 22,5 (63.1), 12,2 x 19,1 (63.2), 23,8 x 32,9 (63.3), 22,3 x 30,5 (63.4), 22,3 x 30,5 (63.5), 13 x 20,8 (63.6)
Berlin, Staatliche Museen zu Berlin, Kupferstichkabinett, Inv. SZ Menzel N 1375, N 3195, N 155, N 1381, N 1379, N 811

Bei der Walzarbeit alles
Balken u. Stangenwerk roth
angeschienen.
Alles Gitterwerk oben
auf dieser Seite heller als der
grau Hintergrund

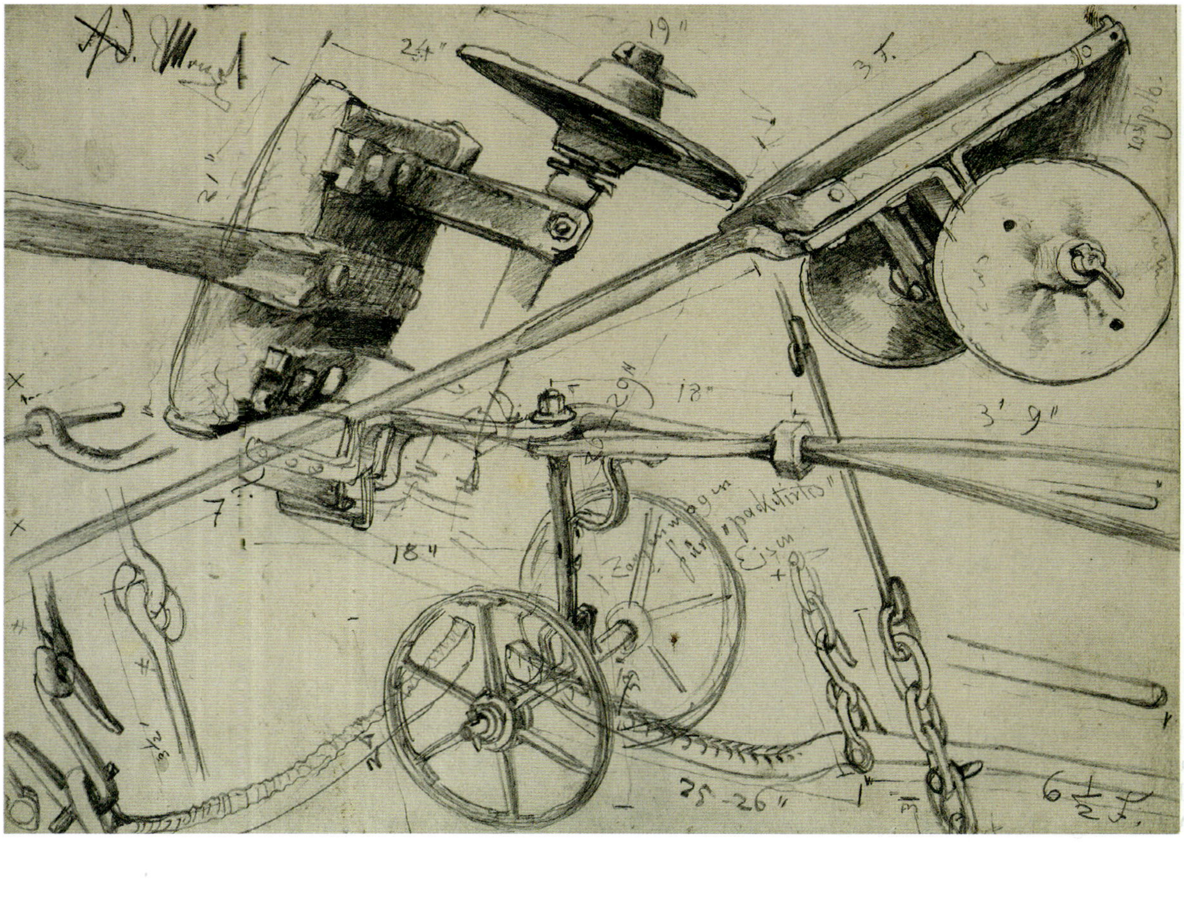

Das Eisenwalzwerk – ein epochemachendes Gemälde (s. Abb. S. 25): in den Jahren 1872 bis 1875 entstanden, ist es sowohl ein Höhepunkt im Œuvre Menzels als auch Ausdruck einer neuartigen Bildsprache. Ungewöhnlich war nicht nur das Sujet, sondern vor allem auch seine innovative künstlerische Umsetzung: Aus distanzierter Perspektive ist der körperlich tätige Mensch in der ihn umgebenden – heute geradezu als inhuman empfundenen – Fabrikwelt der Schwerindustrie dargestellt. In der pathetisch überhöhten Schilderung der Szenerie kommt ein zeitgemäßer fortschritts- und technikgläubiger Anspruch zum Ausdruck, der sich auch in der Benennung *Moderne Cyklopen* widerspiegelt. Gefeiert als »modernes Historienbild«, wurde es durch die Nationalgalerie noch im Jahr der Fertigstellung 1875 erworben und in vielfältiger Weise rezipiert.

Dem Gemälde ging ein intensiver Prozess der künstlerischen Annäherung voraus. Zahlreiche der etwa 80 seit 1869 geschaffenen Vorzeichnungen entstanden im Schienenwalzwerk in Königshütte (Oberschlesien). Viele davon zeigen Arbeiter bei ihrem beschwerlichen Tagewerk inmitten der dampfkraftbetriebenen Maschinerie (63.1). Neben flächenhaft zusammengezogenen Außenansichten (63.2) richtet Menzel den Blick in das Innere (63.3 und 63.4). In seinen meist kleinformatigen Entwürfen und Bewegungsskizzen fokussiert er überdies unterschiedliche Phasen des Produktionsprozesses und bildet Gerätschaften sowie Werkzeuge in bemerkenswerter Präzision ab (63.5 und 63.6). Basierend auf einer genauen Beobachtung technischer Details und deren künstlerischer Umsetzung, erscheint hier Courbets Forderung nach einer »Trivialisierung« der Kunst erfüllt.

Vor dem Hintergrund der gesellschaftspolitischen Entwicklungen jener Jahre greift Menzel insofern die soziale Frage auf, als dass er den ›Vierten Stand‹ ins Zentrum seines Darstellungsinteresses rückt – er misst ihm damit, und zwar erstmals in der deutschen Kunst, bildrelevante Bedeutung zu. Verschiedene Skizzenbücher Menzels weisen darauf hin, dass der Künstler bereits während der Pariser Weltausstellung von 1855 verschiedene Industriebilder rezipierte. Dennoch ragt das *Eisenwalzwerk* aus dem zeittypischen Kanon weit heraus: Als verborgenes Triptychon angelegt, zeigt es in der räumlichen Einheit der Werkhalle nicht nur die beeindruckende Kraft der mechanisierten Fabrikation, sondern stellt die produktive Tätigkeit des Menschen ins Zentrum, flankiert von der regenerativen Sphäre der Mahlzeit und des Waschens nach der Schicht. *JM*

Herding 1987, S. 463; Ausst. Kat. Paris/Washington/Berlin 1996/97, Nr. 147–160.

6 Das Reich der Kraft

Auf den Spuren Adolph Menzels 1875–1915

Mit den Weltausstellungen, die seit 1851 in den führenden Industriestaaten veranstaltet wurden, etablierte sich ein öffentliches Forum für den Wettkampf der Nationen um die wirtschaftliche Führungsmacht. Auf diesen universalen Bestandsaufnahmen des materiellen und geistigen Fortschritts gehörten industrielle Erzeugnisse – wozu auch die Maschinen zur Herstellung dieser Produkte zählten – zu den wesentlichen Ausstellungsschwerpunkten. Mit der Absicht des internationalen Leistungsvergleichs sollte ein Überblick über die Industrieerzeugnisse ermöglicht werden. Technische Entwicklung wurde zum Bestandteil imperialer Strategie und damit eine Angelegenheit des nationalen Prestiges. Sie galt als Voraussetzung für die Fähigkeit des Menschen, sich Werkzeuge für die Gestaltung der Welt zu schaffen. Traditionelle Bereiche wie die Textilindustrie, der Bergbau und das Hüttenwesen dominierten zwar nach wie vor, doch stellten sie in immer geringerem Maße Wachstumsfaktoren dar. Die technischen Tätigkeitsfelder wurden Ausbildungsreformen unterzogen, um die wirtschaftliche Konkurrenzfähigkeit zu erhalten. Der Beruf des Ingenieurs stand im Zentrum, seine Bedeutung wuchs stetig mit dem Aufstieg der optischen und feinmechanischen, elektrotechnischen und chemischen Industrie. Die technologische und wirtschaftliche Entwicklung ging mit politischen und gesellschaftlichen Veränderungen in den hoch industrialisierten europäischen Ländern einher. Das Wirtschaftsbürgertum gewann an Einfluss, die Arbeiterbewegung wurde zum politischen Faktor. Am Beginn des 20. Jahrhunderts war die Welt in hoch industrialisierte, imperialistische Mächte einerseits und in Kolonien und Halbkolonien andererseits aufgeteilt.

Mit Adolph Menzels großformatigem *Eisenwalzwerk* (1872–75) entstand zu Beginn dieser Epoche ein Gemälde, das als markanter Höhepunkt des Industriebildes Maßstäbe für die weitere Bearbeitung des Themas setzte. Menzel erhob das Genremotiv in den Rang eines Historienbildes. Traditionell galt die Historienmalerei mit Themen aus der Geschichte, aus der Mythologie und der Bibel als die anspruchsvollste Malereigattung. Die Landschaftsdarstellung, das Genre mit Motiven des Alltags, das Bildnis und das Stillleben nahmen nur die unteren Ränge ein. Menzels Werk entstand im Rahmen einer Diskussion über die Einbeziehung von Motiven aus der Industrie und des großstädtischen Lebens in die Malerei, wie sie in Frankreich als Forderung nach einer *peinture de la vie moderne* vergleichbaren Ausdruck fand. Zeitgenössische Kunst hatte sich der Zeitgenossenschaft durch Wiedergabe der modernen Welt zu stellen. Menzel, der das Werk ohne Auftrag in Angriff nahm, sah die »Präzision in der Darstellung aller technischen Requisiten ... doch nur als eine nothwendige Consequenz« seines Versuchs an, »die Vorgänge an solchem Ort als rein malerische Aufgabe auszugenießen«. Die Akzeptanz der hierarchischen Aufwertung des Industriemotivs war jedoch begrenzt. Um den Ankauf des Bildes durch die Königliche Nationalgalerie in Berlin zu erleichtern, wurde dem Werk von dem Museumsdirektor der Titel *Moderne Cyklopen* gegeben. Indem auf die antike Mythologie als traditionelles Thema der Historienmalerei verwiesen wurde, sollte die Anerkennung des Bildes durch offizielle Stellen erleichtert werden.

Mit der Ausstellung *Die Industrie in der bildenden Kunst*, 1912 in Essen gezeigt, und dem im selben Jahr erschienenen Buch *Das Reich der Kraft* von Artur Fürst wurde vor dem Ersten Weltkrieg in Deutschland noch einmal die realistisch begründete künstlerische Bearbeitung des Industriethemas als Ausdruck von Zeitgenossenschaft eingefordert. Eine von Pathos getragene Sicht artikulierte sich hier, in der das Industriebild als Historienbild verstanden wurde, das über die geistigen und sittlichen Werte der Gesellschaft Auskunft gibt, »denn nicht nach naturalistischer, den Stoff peinlich beschreibender, sondern nach monumentaler, ins Symbolische steigernder Wiedergabe verlangt das industrielle Bild, wenn die im Begriff der Industrie mitschwingenden, ethischen Momente, der heroische Ernst, die geheiligte Würde der Arbeit zum Ausdruck kommen sollen« (Ernst Gosebruch).

In der Malerei überwogen nach wie vor Motive der Schwerindustrie. Neuere Branchen, wie die Elektrotechnik und die Chemie, hielten als Bildthema nur vereinzelt Einzug. *Das Reich der Kraft* hatte an Faszination nichts verloren: Feuer und Rauch, Bergbau und Metallbearbeitung stellten nach wie vor die künstlerisch interessanten Motive bereit. *SB*

Ausst. Kat. Essen 1912, unpag. (Zitat); Fürst 1912; König 1990; Ausst. Kat. Paris/Washington/Berlin 1996/97, S. 277f. (Zitat).

64

Léon-Auguste Mellé (Paris 1816 – 1889)
Steinbrüche von Gentilly (Carrières de Gentilly), 1879
Öl auf Leinwand, 90 x 125
Sceaux, Musée de l'Ile de France, Château de Sceaux, Inv. 73.24.2

Das Bild zeigt einen der zahlreichen Steinbrüche im Süden von Paris bei Gentilly. In Stollen wurden die Steine dort unterirdisch gebrochen und mit Hilfe von Rädern nach oben transportiert.

Die Räder konnten einen Durchmesser von bis zu 12 Meter erreichen. Ihre Felgen waren gespickt mit Holzsprossen, durch die sie im Erdinneren von zwei Männern in Bewegung gehalten wurden. Auf diese Weise wurde der Stamm gedreht, um den ein Hanf- oder Metallseil lief, an dem der Stein befestigt wurde. Steine mit einem Gewicht von ein bis zwei Tonnen konnten so nach oben befördert werden. Oben angekommen, wurde das Grubenloch mit starken Brettern abgedeckt. Das Rad wurde nun entgegen der ursprünglichen Laufrichtung bewegt und so der Stein auf die Bretter abgesenkt.

In Gentilly befanden sich die Räder vergleichsweise dicht beieinander, da die Steinschichten nicht sehr tief lagen. Seit 1870 wurden die Räder zunehmend von Pferden bewegt. Ursprünglich arbeiteten Hunderte von Männern in den zahlreichen Steinbrüchen, um 1880 existierten nur noch sechs mit 56 Arbeitern. Den Maler interessierte weniger die Arbeit im Steinbruch als das malerische Motiv der Räder in der winterlichen Landschaft. *SB*

Ausst. Kat. Sceaux 2001, S. 26f.

65

Ernest-Jean Delahaye
(Paris 1855 – 1921 Paris)
Gaswerk in Courcelles (L'Usine à gaz de Courcelles), 1884
Öl auf Leinwand, 136 x 184
Paris, Petit Palais, Musée des Beaux-Arts de la Ville de Paris, Inv. PP3678

Mit dem Beginn der Dritten Republik nahm die Zahl der Industriebilder in Frankreich zu. Besonders zwischen 1880 und 1889, dem 100-jährigen Jubiläum der Französischen Revolution, lässt sich diese Entwicklung deutlich an den jährlichen Salons in Paris ablesen. Getragen von republikanischem Geist, trachteten die Künstler danach, der ›Schönheit der Arbeit‹ Ausdruck zu geben. Der Arbeiter, aber auch der Künstler selbst als Schilderer der *vie moderne*, hatte auf diese Weise teil am kollektiven Aufbau der nationalen Gesellschaft. Delahayes Werk ist ein typisches Beispiel dieser meist realistischen Malerei von hohem technischen Können.

Das Gaswerk in Courcelles befand sich auf dem Gebiet, das heute von der rue de Courcelles und der rue Desrenaudes im XVII. Pariser Arrondissement begrenzt wird. Die Anlage, ursprünglich von englischen Unternehmern betrieben, ging auf das Jahr 1821 zurück. Das Werk beschäftigte zeitweilig mehr als 200 Arbeiter. Diese waren in der cité Lombard in einer eigens errichteten Siedlung untergebracht. 1890 wurden Siedlung und Fabrik abgerissen.

Die Arbeit der Männer wird stimmungsvoll geschildert. Die Fabrik und der Gasometer bilden als Hintergrund nur die Folie für das Ethos der Arbeit. Weder der große Umfang der Anlage noch ihre Funktionalität wird wiedergegeben. Das Bild wurde 1884 im Pariser Salon gezeigt und von der Stadt Paris angekauft. *SB*

Promenade historique 1986, S. 122, 124, Nr. 215; Pierrot 2001, S. 96–98, 143.

66

Peder Severin Krøyer
(Stavanger 1851 – 1909 Skagen)
In der Eisengießerei von Burmeister & Wain (Fra Burmeister og Wains jernstøberi), 1885
Öl auf Leinwand, 144 x 194
Kopenhagen, Statens Museum for Kunst, Inv. KMS 3605

Die Schiffswerft und Maschinenfabrik Burmeister & Wain wurde 1843 in Kopenhagen gegründet. Carl Christian Burmeister, ihr Direktor, beauftragte den renommierten Maler Krøyer, den Produktionsprozess in dem Unternehmen darzustellen.

Der Maler verbrachte seit Beginn der 80er Jahre die Sommer in Skagen, wo ihn das Leben der Fischer zu Zeichnungen und Gemälden inspirierte. Mit der Wiedergabe schwerindustrieller Vorgänge war er dagegen nicht vertraut. Ein Vorbild für seine Eisengießerei war sicherlich Adolph Menzels *Eisenwalzwerk* (s. Abb. S. 25). Allerdings beschränkte er sich – anders als der ohne Auftrag arbeitende preußische Maler – auf eine leichter zu überschauende Anzahl von Figuren, wodurch dem im Zentrum seines Bildes platzierten Zylinder tragenden Direktor größere Aufmerksamkeit zuteil wird als dem Aufseher in Menzels lebendiger Komposition. Die von Krøyer dargestellten Arbeiter konzentrieren sich darauf, das flüssige Metall aus zwei großen Tiegeln in die Gießbahn zu befördern. Die Hektik der Schichtarbeit, die Menzel durch die Darstellung von sich Waschenden, Essenden und Trinkenden andeutet, wird in Krøyers Gemälde nicht spürbar.

Das nach seiner Vollendung in der Kunstakademie ausgestellte Bild erregte erhebliches Aufsehen. Der Kritiker des *Dagbladet* schwärmte: »Allein das Thema! Wer hätte ... gedacht, daß sich Kopenhagen eines Tages in Bewunderung um ein Gemälde scharen würde, das eine Maschinenwerkstatt darstellt! Ein Etablissement neuester Konstruktion mit Glasdach und Eisenbalken, eine Aktiengesellschaft, deren Steigen und Fallen jeden Morgen in den Zeitungen verfolgt wird. Und doch ist es gelungen, unserer industriellen Zeit des Gießens und Hämmerns ein Denkmal der Schönheit zu setzen, an dessen Dauerhaftigkeit, Echtheit und Wert wohl kaum jemand zweifeln wird.« *AS*

Hornung 1987, S. 73–76 (Zitat); Türk 2000, S. 222.

67

Christian Ludwig Bokelmann
(St. Jürgen 1844 – 1894 Charlottenburg)
Bleibergwerk in Selbeck bei Kettwig, 1888
Öl auf Pappe, 50 x 60
Berlin, Staatliche Museen zu Berlin, Nationalgalerie

Bokelmann hatte an der Akademie in Düsseldorf studiert. Seine Spezialität waren Bilder, denen – wie einer seiner Biographen 1903 schrieb – »ernste sociale Probleme« zugrunde lagen. Durch Reproduktionen in Zeitungen und Zeitschriften erlangten Gemälde wie *Volksbank kurz vor dem Krach* (1877) oder *Abschied der Auswanderer* (1882) einen hohen Bekanntheitsgrad.

Der Künstler hielt sich 1888 zu Studienzwecken im Bleibergwerk von Selbeck bei Kettwig auf, wo mehrere Ölskizzen entstanden. Warum sie nicht in ein Gemälde umgesetzt wurden, ist nicht bekannt. Die einzige erhaltene dieser Studien zeigt Arbeiter, die an einer Drehscheibe erzhaltige Brocken von taubem Gestein scheiden. Ihre Tätigkeit war gesundheitlich nicht unbedenklich; zwar waren Fälle von Bleikrankheit in Bergwerken seltener als in Hüttenbetrieben, dennoch konnte es auch hier zu akuten oder chronischen Vergiftungen kommen. *AS*

Alfred Gotthold Meyer, *Christian Ludwig Bokelmann*, in: ADB, Bd. 47, 1903, S. 89f. (Zitat); Ausst. Kat. Duisburg 1969, S. 88; Hodel 1985, S. 52, 108; Ausst. Kat. Berlin 1990a, S. 429; Ausst. Kat. Hamburg 1994.

68

Hans W. Schmidt
(Hamburg 1859 – 1950 Weimar)
Großherzog Carl Alexander von Sachsen-Weimar-Eisenach in der Eisengießerei von Stieberitz, 1889
Öl auf Holz, 79 x 100
Weimar, Kunstsammlungen zu Weimar, Inv. G 1632

Großherzog Carl Alexander von Sachsen-Weimar-Eisenach förderte während seiner langen Regierungszeit (1853–1901) zahlreiche künstlerische Projekte, unter anderem den Ausbau der Wartburg zu einem Denkmal deutscher Geschichte. In Weimar gründete er 1860 die Kunstschule, an der sich – von der akademischen Tradition abweichend – eine auf intensivem Naturstudium beruhende realistische Bildauffassung durchsetzte. Für wirtschaftliche Fragen interessierte er sich weniger, obwohl er wiederholt Industriebetriebe besuchte. Ein regelmäßiger Gast war er in der »Optischen Anstalt« von Ernst Abbé in Jena. Die soziale Frage hielt er im Rahmen patriarchalischer Fürsorge für lösbar.

Hans W. Schmidt schloss 1888 sein Studium an der Weimarer Kunstschule ab. Sein Blick in die Eisengießerei Stieberitz & Müller in Apolda verrät wenig von der Dynamik der industriellen Produktion. Der Künstler stellt die wichtigsten Stadien des Gießens übersichtlich vor: das Anfertigen der Gussformen und das Herstellen des Gussstücks. Hinter den beiden knienden Arbeitern lagern die hölzernen Modelle einer Riemenscheibe und eines Zahnrads. An der Rückwand des Raumes stehen die Kupolöfen, die das flüssige Eisen liefern.

Die verschiedenen Verrichtungen sind kreisförmig gegen den Uhrzeigersinn angeordnet, wobei das Zahnrad mit den Initialen des hohen Besuchers das Zentrum bildet. Carl Alexander, mit Handschuhen und hellem Zylinder, betrachtet den Guss, während die Blicke der Übrigen auf ihn gerichtet sind. Vielleicht als Reminiszenz an Adolph Menzels *Eisenwalzwerk* (s. Abb. S. 25) ist am rechten Bildrand ein Junge zu erkennen, der Verpflegung für die Arbeiter bereithält. *AS*

Ausst. Kat. Berlin 1990a, Nr. 8c/17; Bahr 1991, S. 9f.; Scheidig 1991, S. 239; Pöthe 1998, S. 400–403.

69

Joseph Huber-Feldkirch
(Feldkirch 1858 – 1932 Neuburg am Inn)
Dampfkesselschmiede, 1891/92
Öl auf Leinwand, 58 x 78
München, Mannesmann Plastics Machinery AG, Inv. 611

Der Bankier Joseph Anton von Maffei übernahm 1838 ein Hammerwerk in Hirschau bei München, in dem ab 1841 auch Lokomotiven gebaut wurden. Bereits wenige Jahre später galt das Unternehmen als Hoflieferant der Bayerischen Staatsbahnen. Georg Krauß, der bei Maffei das Schlosserhandwerk gelernt hatte, gründete 1866 auf dem Münchner Marsfeld einen eigenen Betrieb. Nach dem Kauf der Firma J. A. Maffei durch den Konkurrenten Krauss & Comp. entstand 1931 die Krauss-Maffei AG, einer der großen deutschen Lokomotivhersteller.

Der vor allem als kirchlicher Monumentalmaler hervorgetretene Huber-Feldkirch stellte 1892 im Münchner Glaspalast ein Gemälde mit dem Titel *Dampfkesselschmiede* aus. Dabei handelte es sich höchstwahrscheinlich um das hier gezeigte Bild. Ob es ein Auftragswerk war, kann heute nicht mehr geklärt werden. Dargestellt ist vermutlich ein Münchner Betrieb, wobei offen bleiben muss, ob die Anlagen von Maffei oder von Krauss als Motiv gewählt wurden.

Huber-Feldkirch malte eine nüchterne Ansicht der Kesselschmiede in der Lokomotivfabrik. Unter der lichten Dachkonstruktion werden mehrere Dampferzeuger gleichzeitig montiert. Außer den Schmieden sind ein technischer Zeichner und zwei mit dem Studium von Plänen beschäftigte Vorarbeiter zu sehen. Auf diese Weise präsentiert der Künstler – ähnlich wie Paul Friedrich Meyerheim in dem Bild *Lokomotivbau bei Borsig* (s. Abb. S. 70) – ein breites Spektrum an Arbeitsfunktionen. Die Größe der Kessel, an denen die Männer hantieren, hob Huber-Feldkirch allerdings nicht hervor, durch den gewählten Standpunkt wird sie sogar noch relativiert. *AS*

Krauss-Maffei 1988, S. 44 (dort als *Maffei's Dampfkesselschmiede* ausgewiesen); Türk 2000, S. 221.

70
Franz Skarbina
(Berlin 1849 – 1910 Berlin)
Braunkohlenwerk (Clettwitz), 1899
Öl auf Leinwand, 69,5 x 100
Berlin, Bröhan-Museum, Landesmuseum für Jugendstil, Art Déco und Funktionalismus, Inv. 73-793

Das Gemälde vermittelt einen Eindruck von der gravierenden Veränderung der Landschaft durch den Braunkohlentagebau. Schaufelbagger und Loren wirken miniaturisiert durch die Entfernung und verlieren sich in der weiten Fläche. Skarbina führt dem Betrachter diese Wirkung durch die Kombination von extremer Nah- und Fernsicht vor Augen. Im Vordergrund schiebt sich der freigelegte, dunkel gefärbte Braunkohlenflöz in das Bild und teilt es diagonal in zwei Abschnitte. In der rechten unteren Bildecke ist ein Bergmann zu sehen, wie er die Kohle aus dem Flöz löst. Im Mittel- und Hintergrund hebt sich die helle, lichtdurchflutete Landschaft mit Fernblick ab.

Auf der Sohle der Abbaufläche schiebt ein weiterer Arbeiter den Förderwagen für die gelöste Kohle in einen kammerartigen Stummelort. Weiter im Mittelgrund ist ein dampfbetriebener Eimerkettenbagger zu erkennen, der den Abraum beseitigt. Direkt hinter diesem Bagger beginnen die Abraumhalden und die mit hellem Gestein verfüllten Flächen des ausgekohlten Tagebaus. Über dieser leuchtend gelben Fläche erhebt sich als kompositorisches Gegengewicht zu dem Hauer im Vordergrund eine rauchende und dampfende Brikettfabrik mit zahlreichen Schornsteinen.

In Skarbinas Gemälde erhalten wir eine detaillierte Wiedergabe der unterschiedlichen Arbeitsprozesse. Der Künstler hat sich aber nicht mit der speziellen Situation der Arbeit auseinander gesetzt, auch technische Details waren ihm nicht wichtig. Ihn interessierte vielmehr die künstlerische Umsetzung einer durch den Menschen veränderten Natur. Die »intime malerische Wirkung« und der »malerische Effekt« waren stets die »Hauptsache« für seine Arbeit, äußerte der Künstler 1900 in einem Gespräch mit Julius Norden. *BB*

Norden 1902, S. 92 (Zitat); Ausst. Kat. Berlin 1910, S. 10, Nr. 62; Ausst. Kat. Berlin 1995, S. 142ff., Nr. 55, S. 160, Nr. 63.

71

Herman Heyenbrock
(Amsterdam 1871 – 1948 Blaricum)
Umbau eines Stahlwerkes in Peine, um 1911
Pastell, 86 x 127
Hoofddorp, TNO Arbeid

Der niederländische Maler Heyenbrock gehört zu den wenigen Künstlern, die sich in ihrem Werk nahezu ausschließlich der Darstellung der Industrie- und Arbeitswelt gewidmet haben. Dabei hat er sich seine Motive in den Industrieanlagen der Niederlande, Belgiens, Englands, Deutschlands und Skandinaviens gesucht. Der niederländische Dichter und Philosoph Frederik van Eden (1860–1932) schrieb 1913 über Heyenbrock: »Daß der Abstand, den er wählt, ich meine den psychischen Abstand im übertragenen Sinne, gerade der richtige ist, spürt man überall bei seiner Behandlung der menschlichen Gestalten in diesen großartigen Szenen. Hätte er ständig das Elend dieser Arbeiter als Hauptmotiv in den Vordergrund gestellt, dann wäre der Abstand zu gering gewählt gewesen, dann wären seine Bilder sentimental und tendenziös geworden. ... Hätte er dagegen die menschliche Komponente ganz außer Acht gelassen, dann wäre der Abstand zu groß und er würde dekadent wirken. Heyenbrock macht weder das eine noch das andere.«

Heyenbrock war jedoch politisch interessiert und hatte durch seine Frau Kontakt zur sozialistischen Arbeiterbewegung. Er verzichtete aber darauf, seinen Bildern eine politische oder kämpferische Aussage zu geben. Er hat sich außerdem für die mehr romantisch und idealistisch verklärten Ideen des Amerikaners Gerald Stanley Lee (1862–1944), einem bedingungslosen Bewunderer der Industrie, interessiert, dessen Buch *The Voice of the Machines* (1906) er wichtige Anregungen verdankte. Aber auch die rein verklärende Sicht auf die moderne und für den Menschen ausschließlich hilfreich empfundene technische Welt lag ihm fern. Seine Industriebilder sind Dokumentationen der Arbeit und der Arbeitsabläufe. Lediglich das Atmosphärische von Luft, Licht und Feuer spielt noch eine wichtige Rolle in seinen Werken. *BB*

Ausst. Kat. Münster 1985; Jansen 1985, S. 20 (Zitat); Türk 2000, S. 231.

72

Eugen Bracht
(Morges 1842 – 1921 Darmstadt)
Die Henrichshütte bei Hattingen am Abend, 1912
Öl auf Leinwand, 69 x 87
Münster, Westfälisches Museum für Kunst und Kulturgeschichte – Landesmuseum, Inv. 1404 LM

Der Schweizer Eugen Bracht fasste 1882 beruflich Fuß in Berlin als Mitarbeiter an Anton von Werners Sedan-Panorama und als Professor für Landschaftsmalerei an der Akademie der Künste. Seine Hinwendung zur Pleinair-Malerei führte 1902 zum Wechsel nach Dresden.

Ab 1903 beschäftigte er sich wiederholt mit der Darstellung industrieller Anlagen. Der Henrichshütte widmete er 1912 die hier gezeigte, durch einen impressiven Realismus gekennzeichnete Ölskizze und 1913 ein großformatiges Gemälde. Bei seiner Themenwahl spielte der soziale Aspekt keine Rolle, wie er 1912 bekannte: »Was nun die Industriebilder betrifft, so bin ich diesem Gebiet keineswegs genaht, weil es Industrie war, sondern aus koloristischem Triebe; schon lange reizte mich beim Durchqueren der Kohlen- und Eisengebiete die gebrochene Palette der Hochöfen und Montanwerke mit ihren Rauch- und Dampfwolken, die mir ebenso interessant erschienen wie ein ballendes Gewittergewölk.« Der Kritiker Max Osborn vermeinte dennoch Anklänge an den Grundkonflikt der Zeit zu spüren: »Und unsichtbar, nicht eigens zitiert und doch zur Stelle, schreitet durch dieses finstere Revier das Gespenst des sozialen Grollens.«

Die 1854 von Graf Henrich zu Stolberg-Wernigerode gegründete Henrichshütte zählte zu den traditionsreichsten Industriestandorten im Ruhrgebiet. Hier wurden Kohle und Erz gefördert sowie Koks, Eisen und Stahl produziert. Auch Einrichtungen zum Walzen, Schmieden und Gießen waren vorhanden. Die Henrichshütte wurde 1904 von der Lokomotiv- und Maschinenfabrik Henschel & Sohn in Kassel übernommen, die umfangreiche Modernisierungen der Produktionsanlagen durchführte. Die Belegschaft lag 1910 bei 6 000 Personen. Ab 1974 gehörte die Henrichshütte zur August-Thyssen Hütte AG. Seit ihrer 1987 erfolgten Stilllegung ist sie eine der Außenstellen des Westfälischen Industriemuseums. *AS*

Osborn 1909, S. 90 (Zitat); Ausst. Kat. Duisburg 1969, S. 100; Slg. Kat. Münster 1975, S. 20f.; Ausst. Kat. Darmstadt 1992, S. 114 (Zitat); Laube 1992.

7 See-Erfahrungen

Hafenbilder zwischen Schiffsporträt und Luftmalerei 1890–1915

Menschen, Güter und Nachrichten reisten im 19. Jahrhundert per Schiff von Kontinent zu Kontinent. Die Nationen, die Anspruch auf ›Weltpolitik‹ erhoben, konkurrierten um den Aufbau einer leistungsfähigen Handels- und Kriegsmarine. Dabei setzte sich das Dampfschiff allmählich gegen das Segelschiff durch. In den Überseehäfen lagen noch zu Beginn des 20. Jahrhunderts beide Arten von Schiffen nebeneinander. Dieser Kontrast zwischen alter und neuer Zeit faszinierte nicht nur die Künstler.

Seit den 30er Jahren des 19. Jahrhunderts befuhren ›Klipper‹ die Weltmeere, schnittige Segler, die – zumindest bei guten Windverhältnissen – schneller waren als Dampfer, allerdings auch weniger Ladung aufnehmen konnten. Sie verkehrten zwischen der Ost- und der Westküste der USA ebenso wie zwischen Großbritannien, Indien und China. An Bedeutung verloren sie erst, als 1869 zwei große Infrastrukturprojekte fertig gestellt wurden: die transkontinentale Eisenbahnstrecke durch die Vereinigten Staaten und der Suez-Kanal, der in das windstille Rote Meer überleitet.

Eine regelmäßige Nordatlantik-Verbindung existierte ab 1838, als das Dampfschiff »Great Western« den Dienst zwischen Bristol und New York aufnahm. Weil die britische Regierung sicherstellen wollte, dass einmal im Monat Post in die USA befördert werden konnte, unterstützte sie diese Linie mit massiven Subventionen. Die 1866 erfolgte Verlegung eines transatlantischen Telegraphenkabels eröffnete neue Möglichkeiten für den Transport von Nachrichten. Nicht nur die Post, sondern auch der Strom der Auswanderer provozierte technischen Wandel auf der Amerikaroute. Während 1866 nur 36 % der Emigranten mit einem Dampfer reisten, waren es 1871 bereits 84 %. Die Schiffe wurden größer, schneller, effizienter und zuverlässiger, wozu vor allem die Verbund-Dampfmaschine, die Schraube und der Stahlrumpf beitrugen. Ab den 50er Jahren des 19. Jahrhunderts – nach der Gründung der Hapag und des Norddeutschen Lloyd – vollzog sich die Auswanderung aus Deutschland nicht mehr über Liverpool, sondern über Hamburg und Bremen. Der Kampf um das »Blaue Band«, das für die schnellste Atlantiküberquerung vergeben wurde, provozierte einen ähnlichen wirtschaftlichen und technischen Wettstreit der Nationen, wie er auf den Weltausstellungen ausgetragen wurde.

Großbritannien war nicht nur die unangefochtene Seemacht, sondern auch der mit Abstand wichtigste Produzent von Dampfschiffen. Wilhelm II. entwickelte den Ehrgeiz, zum Vereinigten Königreich aufzuschließen. Er hielt es nicht für möglich, das von ihm erträumte weltumspannende Kolonialreich ohne eine moderne Schlachtflotte zusammenzuhalten. Spätestens durch das »Wettrennen um China«, bei dem sich Deutschland 1897 die Bucht von Kiautschou sicherte, sah er sich bestätigt. Im folgenden Jahr legte das Reichsmarineamt ein kostspieliges Programm zum Bau von Großkampfschiffen auf. Es sollte nicht nur das Ausland beeindrucken, sondern auch eine innenpolitische Funktion erfüllen: Der Organisator der deutschen Flottenpolitik, Alfred von Tirpitz, empfand »ein gewisses Bedürfnis der Nation nach einem Ziel, nach einer vaterländischen Sammlungsparole«, und empfahl den Bau von Panzerschiffen als »starkes Palliativ gegen gebildete und ungebildete Sozialdemokraten«. Der von ihm massiv unterstützte Deutsche Flottenverein mobilisierte große Teile der Bevölkerung für die Aufrüstung der Seestreitkräfte.

Die Künstler reagierten mit maritimen Szenen auf den Marine-Enthusiasmus, der bis weit in das linksliberale Bürgertum hineinreichte. Aber nicht nur von allerhöchster Stelle protegierte Spezialisten wie Willy Stöwer oder Hans Bohrdt interessierten sich für Meer, Werft und Hafen, sondern auch Pleinairisten wie Leopold Graf von Kalckreuth oder Max Liebermann. Ihnen bot dieses Thema die Möglichkeit, die Kräfte der Industrie und die Gewalten der Natur unmittelbar aufeinander wirken zu lassen. Im Zusammenspiel von Wind und Wellen, von Feuer und Wasser vollzog sich eine Auflösung der Form, die sich stimmungsreich darstellen ließ. *AS*

Tirpitz 1919, S. 52, 96 (Zitate); Bracker 1980; Weber 1990, S. 141–168.

Ich unterschied die kleinste Rauchwolke unter dem hängenden Gewölk, ja sogar ein Mast, der am Horizont wanderte, fein wie eine Nadel, konnte meinen Augen nicht entgehen. Die Rauchwolke wuchs, ein grauer qualmender Turm stand auf der Linie des Horizonts. Der Turm wölbte sich, bekam Maste, Kamine, Verdecke. Die Möwen schwangen sich von den Klippen und schossen schrillend hinaus. Und der Dampfer kämpfte sich näher. Sein Bug sank ein und verschwand, lange, als ginge es hinab. Dann stieg der Bug in die Höhe und der Stern versank. Und wieder neigte sich der Bug. So zog er dahin. Die Gischtsäulen fuhren senkrecht am Schnabel in die Höhe, die Sturzseen strichen übers Deck. Wenn es dunstig war, so kam es vor, daß ich die Dampfer aus den Augen verlor und minutenlang suchen mußte, bis ich sie wiederfand. Bei Sturm erschienen sie wie verzweifelte Gespenster, die sich mit dem Meere schlugen. Sie sahen kahl aus, wie rasiert vom Wetter. Sie stampften auf und ab, qualmten, rollten hin und her, versanken, und oft dauerte es eine Stunde, bis sie den großen Strom passiert hatten.

Bernhard Kellermann, *Das Meer*, 1910

Diese Woge war die größte und schönste, die ich hier außen sah. Schon von weitem sah ich sie herankommen. Sie riß sich ihre Bahn durch all die wandernden Schaumkämme, ihr Gischt flog vor ihr einher und sie brauste und zischte wie eine Schnellzugslokomotive. So groß und ungestüm war sie, daß sie sich inmitten der andern Wogen ausnahm wie die rasende Wildsau unter den Frischlingen. … Sie war schwarzgrün, aber als sie anschwoll, wurde sie grün wie Flaschenglas. Darüber bebte eine Kuppe von Türkis und auf dieser Kuppe saß ein Schmelz von gelbem Bernstein, von der Sonne durchleuchtet, und darüber ein Diadem aus schneeweißem Schaum. Über der ganzen Woge aber schwebte ein breiter Schleier von Dunst, eine Wand von Dunst, in der die Farben des Regenbogens schillerten.

Bernhard Kellermann, *Das Meer*, 1910

73
Gerald Maurice Burn
(London 1862 – 1945)
Stapellauf der »Fuji« in Blackwall (Launch of the »Fuji« at Blackwall), 1896
Öl auf Leinwand, 168 x 305
London, National Museum of Science and Industry, Inv. 1913-372

In Japan begann 1868 mit dem Machtantritt des Kaisers Meiji ein umfassender Reformprozess. Verwaltung, Justiz, Militär und Wirtschaft wurden nach europäischen Vorbildern neu organisiert. Beim Aufbau der Schlachtflotte ließ sich das ostasiatische Land von Großbritannien unterstützen, das über die modernsten Werften verfügte. Die Briten waren gerne bereit, den Japanern zu helfen, weil sie sich davon eine Schwächung ihres russischen Rivalen erhofften. Nach 1890 vollzogen Großbritannien, die USA, Deutschland, Russland und Japan etwa zeitgleich den Übergang vom Kreuzer zum Großkampfschiff. Dieser maritime Wettbewerb setzte die erste internationale Rüstungsspirale in Gang, die den Weg in den Ersten Weltkrieg beschleunigte.

Die 122 Meter lange »Fuji« war Japans erstes Großkampfschiff. Bei ihrem Stapellauf am 31. März 1896 drängten sich Tausende von Schaulustigen auf dem Werftgelände der Thames Iron Works and Shipbuilding Company in Blackwall, einem Stadtteil Londons. Burn, ein Spezialist für Marineszenen und Stadtansichten, berücksichtigte außer dem Protagonisten, der in den kaiserlichen Farben Weiß und Rot erstrahlt, auch die von Seglern und Dampfern belebte Themse und die mit Gasometern und Schornsteinen bestückte Uferkulisse im Osten der englischen Hauptstadt. Das Schiff und seine Umgebung werden mit viel Liebe zum Detail ins Bild gesetzt. Schon durch sein ungewöhnlich großes Format dokumentiert das Gemälde den Stolz über die politische und wirtschaftliche Vorrangstellung Großbritanniens.

Die »Fuji« erlebte ihre Bewährungsprobe im russisch-japanischen Krieg, der 1905 durch die Seeschlacht von Tsushima entschieden wurde. Sie wurde 1922 zu einem Trainingsschiff umgerüstet. Während eines amerikanischen Luftangriffes kenterte sie 1945 im Hafen von Yokosuka; drei Jahre später wurde sie verschrottet. *AS*

Jentschura/Jung/Mickel 1970, S. 34; Wyatt 1998, unpag.; Atterbury 2001, S. 155.

74
Eduard Krause-Wichmann
(Stettin 1864 – 1927)
Die Stettiner Vulcan-Werft, 1905
Öl auf Leinwand, 66 x 101
Greifswald, Pommersches Landesmuseum,
Inv. B 1151/41 937

Der 1851 gegründete »Vulcan« gehörte seit Ende des 19. Jahrhunderts zu den bedeutendsten Schiffbaubetrieben weltweit. Am linken Oderufer liefen in schneller Folge vier Transatlantik-Liner vom Stapel, die zu ihrer Entstehungszeit nicht nur die größten, sondern auch die schnellsten Passagierschiffe waren: Die Dampfer »Kaiser Wilhelm der Große« (1898), »Deutschland« (1900), »Kronprinz Wilhelm« (1902) und »Kaiser Wilhelm II.« (1904) gewannen nacheinander das »Blaue Band« für die zügigste Atlantiküberquerung. Auch die kaiserliche Yacht »Hohenzollern«, mit der Wilhelm II. seine Norwegen- und Mittelmeerfahrten unternahm, war 1891/93 dort gebaut worden.

Der in Dresden ausgebildete und in Stettin ansässige Maler stellte die Werft zu einem Zeitpunkt dar, als ein weiteres großes Projekt seiner Vollendung entgegenging: Neben dem eisernen Hellinggerüst liegt die »Kaiserin Auguste Victoria«, die am 29. August 1905 ihren Stapellauf erlebt hatte. Ein Schwimmkran hebt Maschinen und andere Ausrüstungsteile an Bord. Der 213 Meter lange Dampfer war mit einem Raumgehalt von 24 581 Bruttoregistertonnen bis 1907 das größte Schiff der Welt. Albert Ballin, der Direktor der Reederei Hapag, vollzog mit diesem Auftrag den Wechsel vom Schnelldampfer zum kombinierten Passagier- und Frachtdampfer, der bei geringerer Geschwindigkeit mehr Komfort für Reisende und mehr Platz für Waren bot.

Noch im selben Jahr beschloss der »Vulcan« die Verlegung des Großschiffbaus nach Hamburg. Das Stettiner Werk musste 1928 stillgelegt werden. Die »Kaiserin Auguste Victoria« wurde während des Ersten Weltkriegs außer Dienst gestellt und 1919 als Kriegsbeute von Großbritannien beschlagnahmt. Nachdem sie zum Rücktransport von US-Soldaten eingesetzt worden war, befuhr sie ab 1921 als »Empress of Scotland« die Strecke Southampton–Quebec. Sie wurde 1930 abgewrackt. *AS*

Slg. Kat. Kiel 1982, S. 120f.; Wulle 1989, S. 50f.

75

Cornelius Wagner
(Dresden 1870 – 1956 Söcking)
Der Hamburger Hafen zu seiner Blütezeit, vor 1914
Öl auf Leinwand, 114,5 x 164,5
Bremerhaven, Deutsches Schiffahrtsmuseum, Inv. I/3526/85

Im Zentrum des Gemäldes steht die »Potosi«, ein 132 Meter langer Fünfmaster, der 1895 in Geestemünde (heute Bremerhaven) für den Transport von Salpeter aus Chile nach Deutschland gebaut worden war. Dieses Rohmaterial wurde für die Herstellung von Kunstdünger und Sprengstoff benötigt. Eingerahmt wird das Segelschiff von zwei Dampfern – eine Konstellation, die den Kontrast zwischen alter und neuer Zeit, zwischen Natur und Technik symbolisiert. Zwischen den Seeschiffen tummeln sich kleinere Fahrzeuge für den Transport von Gütern und Personen: Schuten und Leichter stellen die Verbindung zwischen Schiff und Land her; Jollen befördern die Hafenarbeiter zu ihren Einsatzorten. Ein Getreideheber löscht den am linken Bildrand liegenden Dampfer; Schlepper bewegen die Seeschiffe in den Hafen hinein und wieder hinaus.

Als Wahrzeichen des Hamburger Hafens galt der auch von Friedrich Kallmorgen (Kat. Nr. 76) ins Bild gerückte, 1875 eröffnete Kaispeicher A auf der Landzunge zwischen Sandtorhafen und Grasbrookhafen. In dessen Turmspitze befand sich bis 1934 eine von der Hamburger Sternwarte aus gesteuerte Zeitball-Anlage, die den Schiffsbesatzungen einen Zeitabgleich ermöglichte: Ein schwarzer Ball wurde dort jeden Tag um 11.50 Uhr Greenwicher Zeit langsam hochgezogen und exakt zehn Minuten später fallen gelassen. Genaue Uhren waren nötig, um auf See die geographische Länge bestimmen zu können.

Ähnlich wie Burn (Kat. Nr. 73) und Krause-Wichmann (Kat. Nr. 74) kam es dem in Dresden ausgebildeten, auf Marinemalerei spezialisierten Wagner darauf an, ein bestimmtes Schiff an einem identifizierbaren Ort zu porträtieren; anders als Kalckreuth (Kat. Nr. 77) und Grethe (Kat. Nr. 78) war er nicht vorrangig an einer atmosphärischen Schilderung des Zusammenspiels von Wind und Wellen interessiert. *AS*

Meyer-Friese 1981, S. 116; Maak 1985, S. 21f.; Rath 1988, S. 21–76; Scholl 1998.

76
Friedrich Kallmorgen
(Altona 1856 – 1924 Grötzingen)
An die Arbeit. Arbeiterboote im Hamburger Hafen, 1900
Öl auf Leinwand, 76,3 x 64,9
Essen, Museum Folkwang, Inv. 90

Kallmorgen, der 1896 Präsident des sezessionistischen »Karlsruher Künstlerbundes« wurde, war als ausgesprochener Landschaftsmaler zu Studienzwecken vielfach im In- und Ausland unterwegs. Neben Landschaften und Städten bildete die heimische Industrie den dritten Themenbereich. 1899 bezog er in der Hafenstraße in Altona, wo er seine Jugend verbracht hatte, eine Wohnung, um das Hafenleben zu studieren. Erste Skizzen zu *An die Arbeit* entstanden. Das Bild zeigt vom Standpunkt eines Schiffspassagiers vom Hauptfahrwasser der Elbe aus stromaufwärts fahrende Dampfbarkassen mit Arbeitern. Im Hintergrund ist als Landmarke der nicht mehr erhaltene Kaispeicher A zu sehen.

Hamburg war erst 1888 dem deutschen Zollgebiet beigetreten. Als Ausgleich für dadurch entfallende Einnahmen finanzierte das Reich den Bau der Speicherstadt im nun eingerichteten Freihafen. Mit der Ausdehnung des Hafens auf die südliche Elbseite hatte bereits im 19. Jahrhundert eine Steigerung des Personentransportaufkommens eingesetzt. Tausende von Arbeitern mussten zu den Kais und Schiffen gebracht werden.

1901 wurde Kallmorgen Nachfolger Eugen Brachts (Kat. Nr. 72) als Professor für Landschaftsmalerei an der Berliner Akademie. Im selben Jahr erhielt er in Dresden die kleine Goldene Medaille für *An die Arbeit*. An dem Bild zeigt sich beispielhaft die zeitgenössische Position des Industriebildes, das die Rolle der Historienmalerei als Ausdrucksträger von erhabenem Pathos übernommen hat: »Und auch der Landschafter Friedrich Kallmorgen dankt seiner glücklichsten Eingebung eine jenem Bild der über den Hamburger Hafen dampfenden Arbeiterboote, das eben mehr wie eine Landschaft ist. Denn indem er uns die Wasserfläche wie einen steil aufsteigenden Hang oder Wall zeigt, gegen den die Boote mühselig kämpfen, ruft er in uns die heroischen Begriffe von Anspannung und Todesmut wach, die im Wesen des Industriebildes so wichtig mitschwingen« (Ernst Gosebruch). *SB*

Ausst. Kat. Essen 1912, Nr. 36 (Zitat); Rath 1988; Ausst. Kat. Karlsruhe 1992, Nr. 17.

77

Leopold Graf von Kalckreuth
(Düsseldorf 1855 – 1928 Eddelsen)
Sonntagsstimmung auf der Elbe. St. Pauli Landungsbrücken, 1901
Öl auf Leinwand, 70 x 100
Hamburg, Hamburger Kunsthalle, Inv. 2170

Alfred Lichtwark begründete schon bald, nachdem er 1886 Direktor der Hamburger Kunsthalle geworden war, eine »Sammlung von Bildern aus Hamburg«. Er hoffte, durch die Wahl lokaler Motive das bürgerliche Publikum an die von ihm protegierte naturalistische Malerei gewöhnen zu können. Kalckreuth, ein enger Freund Lichtwarks, gehörte zu den herausragenden Vertretern dieser Richtung.

Lichtwarks unermüdliche Suche nach Mäzenen war sehr erfolgreich. So spendete Luise Friederike (Lulu) Bohlen 1901 zum Andenken an ihren verstorbenen Mann, den Generalkonsul Eduard Bohlen, 6 000 Mark, die für zwei Hafenansichten Kalckreuths verwendet werden sollten. Lulu Bohlen war die Schwester Adolph Woermanns, eines einflussreichen Hamburger Kaufmanns, Reeders und Reichstagsabgeordneten, der wesentlichen Anteil an der Etablierung der deutschen Kolonie in Kamerun hatte. Eduard Bohlen war Teilhaber des von seinem Schwager geleiteten Handelshauses C. Woermann.

Das hier ausgestellte Bild ist die Studie zu einem der beiden von Lulu Bohlen gestifteten Gemälde. Es zeigt einen Dampfer, in dessen Heck Anna, die ganz in Rosa gekleidete Tochter des Künstlers, steht. Allerdings füllt – ungewohnt für den zeitgenössischen Betrachter – nicht das Schiff, sondern die träge dahinfließende Elbe den größten Teil des Bildes aus. Die leere Wasserfläche, die die friedvolle Stimmung eines Sommertages vermittelt, wird durch die auf Steinwerder gelegenen Schiffbaubetriebe begrenzt, in denen selbst am Sonntag die Arbeit nicht ruht. Zu den wirtschaftlichen Führungspositionen, die Adolph Woermann innehatte, gehörte auch die Mitgliedschaft im Vorstand der dort ansässigen Werft Blohm & Voss. *AS*

Lichtwark an Kalckreuth, 8. Mai 1901, in: Lichtwark 1957, S. 89f. (Zitat); Brachert 1958, Bd. 2, S. 86; Kalckreuth 1967, S. 264; Washausen 1968, S. 67–75; Hücking/Launer 1986, S. 47–62.

78

Carlos Grethe
(Montevideo 1864 – 1913 Nieuwpoort)
Eis im Hafen, 1900–02
Öl auf Leinwand, 85 x 118
Bremen, Kunsthalle Bremen, Inv. 248-1903

Grethe wurde in Uruguay geboren, kehrte aber bereits 1869 mit seinen Eltern in deren Heimatstadt Hamburg zurück. Er verbrachte auch während seiner Tätigkeit als Professor an den Akademien von Karlsruhe (ab 1890) und Stuttgart (ab 1899) jeweils einen Teil des Jahres in der Stadt an der Elbe.

Sein Gemälde, das aus der »Permanenten Ausstellung« des Kunstvereins Bremen 1902/03 für die Sammlung der Kunsthalle erworben wurde, zeigt den Hamburger Hafen zu einem Zeitpunkt, an dem dort weniger Betrieb herrscht als gewöhnlich. Wenn die Fleete und Kanäle zugefroren waren, konnten die mit gelöschten Waren beladenen Schuten nicht zu den Speichern vordringen. Nur die Elbe und der Sandtorhafen wurden mit Eisbrechern freigehalten. Grethe konzentrierte sich auf die langsam vereisende Fahrrinne in der weiten Wasserfläche. Ein einzelner Dampfer liegt an der sich diagonal durch das Bild ziehenden Dückdalbenreihe. Der Rauch aus seinem Schornstein vermischt sich mit den Emissionen der Industriebetriebe an der Horizontlinie.

Maritime Motive boten Grethe – wie Kalckreuth (Kat. Nr. 77) – ideale Vorlagen für seine impressionistische Freilichtmalerei. Im Nachruf der *Frankfurter Zeitung* auf den Künstler heißt es: »Nichts wäre aber falscher, als Grethe einen Marinemaler zu nennen; ihn hat nie das Technische, das Sportliche, das Kennerhafte interessiert. Was ihn erfüllte, war vielmehr gerade das Vergehende in der Natur des Meeres, das ewig Veränderliche der Bewegung, der Atmosphäre, der Farben, kurz das Malerische.« *AS*

A. W., *Carlos Grethe* †, in: *Frankfurter Zeitung*, Nr. 296 vom 25. Okt. 1913 (Abendblatt), S. 1 (Zitat); Slg. Kat. Bremen 1973, Nr. 319.

8 Das schwarze Land

Die Monumentalisierung des Arbeiters in der belgischen Kunst 1880–1900

Neben England entwickelte sich Belgien im 19. Jahrhundert zur zweiten europäischen Industriemacht. Die Gründung des Staates fiel zusammen mit dessen industriellem Durchbruch. 1830 wurde Belgien, das zuvor Teil des Königreichs der Niederlande war, selbständig. Karl Marx galt das Land Mitte des Jahrhunderts aufgrund seiner krassen Klassengegensätze als das Paradies des kontinentalen Kapitalismus. Die Entwicklung der Industrie führte zu einer Steigerung der Steinkohlenförderung im Hennegau und in der Umgebung von Lüttich. Metall- und Glasindustrie und in Flandern vor allem die Textilindustrie bestimmten die Wirtschaft. Das ungeheure Wachstum beschränkte sich vor allem auf die wallonischen Kohlengebiete. Die Unterschiede zwischen Norden und Süden, Wallonien und Flandern bildeten sich weiter heraus. Unterstützt von Bankengründungen, freier Börse und der Abschaffung von Zöllen vollzog sich die industrielle und ökonomische Expansion nach der Jahrhundertmitte. Der Staat griff gemäß dem liberalen Wirtschaftsdenken selten regulierend ein, nicht zuletzt wegen des freien Handels; ein exportabhängiges Land konnte sich keine Schutzzollpolitik leisten. In ihrem Zusammenspiel bewirkten diese Faktoren synergetische Effekte, wie sie kein anderes Land aufzuweisen hatte. Das Borinage und die Gegend um Charleroi wurden zu dicht besiedelten Industrieregionen. Auch mit dem Zuzug von ausländischen Arbeitskräften, vor allem aus Deutschland und Frankreich, suchte man den Arbeitskräftebedarf zu decken. In der Eisengießerei dominierten noch Mitte der 80er Jahre Kleinbetriebe, die dann allmählich Konzernen wichen, die alle Bearbeitungsstufen integrierten. Mit der Industrialisierung einher ging eine schnelle Proletarisierung und Verelendung breiter Bevölkerungsschichten. Die frühen 90er Jahre waren durch umfangreiche Streikbewegungen geprägt. Doch letztlich war Belgien Anfang des 20. Jahrhunderts unter den Industriestaaten immer noch das Land mit den längsten Arbeitszeiten und den niedrigsten Löhnen.

Mit dem Aufschwung der Arbeiterbewegung Ende des 19. Jahrhunderts wurde das Borinage zum Gegenstand einer engagierten Kunst, der Arbeiter selbst zum Thema. Bereits Mitte der 80er Jahren entstanden in der Literatur maßgebliche Werke, die die soziale Realität in den belgischen und angrenzenden nordfranzösischen Industrieregionen zum Inhalt haben. Zunächst zog die Literaten, Maler und Bildhauer ein eher unbestimmtes soziales Interesse in das ›schwarze Land‹, aus dem sich jedoch große künstlerische Leistungen entwickelten. Für Constantin Meunier etwa verband sich mit der monumentalen Darstellung des Arbeiters die Hoffnung auf das Entstehen einer neuen Gesellschaft mit neuen zivilisatorischen Werten: »Sie [die Arbeiter] sind mir lieb. Ich habe in ihrer Umgebung gelebt und was ich von ihnen gesehen und gehört habe, hat in meinem Herzen einen Grund für Mitgefühl, Vertrauen, und Bewunderung gelegt. In ihnen ist all meine Hoffnung, denn schon lange bin ich müde und gelangweilt von unserer alten und lächerlichen Zivilisation, die einem komplizierten Uhrmechanismus ähnelt, der bald mit abgenutzen Zahnrädern stehenbleiben wird.« Der Proletarier verkörpert hier einen Wesensaspekt menschlichen Daseins. Er steht symbolisch für die idealistische Hoffnung auf Erneuerung der Zivilisation durch einfache, unverdorbene Werte. *SB*

Maus 1926, S. 63 (Zitat); Ausst. Kat. Berlin 1979; Pierenkemper 1996.

Mit geringen Abständen, sich fast berührend, folgen die Zechen hier aufeinander und verschließen mit ihren Halden den Horizont nach allen Richtungen, richten überall ihre Schornsteine und Gerüste auf und überdecken mit ihrem Schatten nicht weniger als ihrem Kohleregen die kleinen Häuser mit den roten Dächern, die wie Pilze zu ihren Füßen wachsen. Wie sich um die alten Burgen die Katen der Leibeigenen scharten, drängen sich die Hütten der Bergleute von allen Seiten um die Zeche und ducken sich dort in der glühenden Atmosphäre des Ungeheuers ... Die Zeche ist in der Tat der moderne Bergfried der Gegend; wie sein Vorfahr erhebt er den Zehnten und den Frondienst von der Bevölkerung; in seinem Umkreis, selbst von weitem hört man das dumpfe Raunen, das seine Nähe ankündigt, und von seinen Wellen her, die gleich Riesenwurzeln den Saft und das Leben der Umgebung einsaugen, dringt er ein, stürzt sich in das Herz der Erde und der Jahrhunderte.

Camille Lemonnier, *La Belgique*, 1888

... die Puddler, staubig und schwarz im Funkenregen ihrer Öfen keuchten vor Anstrengung; in langen Bahnen rann ihnen der Schweiß die erschöpften Gliedmaßen entlang bis hinunter in den Schlackenfluß, den ihre Sohlen zertraten ...

Camille Lemonnier, *Happe-Chair*, 1886

Mit elf Jahren nahm er [der Vater] sie aus der Schule und ließ sie als Schlackensortiererin in der Fabrik anfangen. ... Sie waren etwa zwanzig, die auf dem kaum abgekühlten Kohleberg herumstapften, bis zu den Knien steckten sie darin, und manchmal stieg ihnen die Kohle auch schon bis hinauf zu den Schenkeln. Die einen schoben mit schmerzgekrümmten Rücken und schiefen Schultern die kohlegefüllten Loren zum Walzwerk; die anderen kletterten ... auf den Schlackebergen herum, durchwühlten sie und sortierten die Kohle aus, dabei in der Taille abgeknickt, den Hintern in die Luft gestreckt.

Camille Lemonnier, *Happe-Chair*, 1886

79

Robert Koehler
(Hamburg 1850 – 1917 Milwaukee)
Der Streik, 1886
Öl auf Leinwand, 181,6 x 275,6
Berlin, Deutsches Historisches Museum,
Inv. 1990/2920

Obwohl die Landschaft in dem großformatigen Gemälde des Deutsch-Amerikaners Robert Koehler ausschließlich von der Industrie geprägt ist, tritt sie in den Hintergrund, denn die Belange der Arbeiter sind hier das vordringliche Thema. Die aufgebrachte Menge wird von einem Sprecher angeführt, der sich bereits vor dem Aufgang zu der Villa des Unternehmers befindet und mit einer weit ausholenden Geste seinen Protest vorbringt. Dass die Situation sehr spannungsgeladen ist und jederzeit in Aggressivität umschlagen kann, zeigt der Mann im Vordergrund, der sich gerade nach einem Stein bückt. Zur Verdeutlichung der schlechten Situation der Arbeiter steht eine Frau mit ihren beiden Kindern in der linken Bildecke vor der Villa.

Das Gemälde ist in München entstanden, wo Koehler von 1879 bis 1892 lebte. Den Anstoß zu diesem Bildthema erhielt er nach eigener Aussage aufgrund des Streiks der Eisenbahnarbeiter in Pittsburgh im Jahre 1877. Weitere Eindrücke sammelte Koehler bei Fabrikbesuchen in Belgien und Streiks in England. Die Darstellung zeigt somit keine bestimmte Begebenheit, die sich lokalisieren und datieren ließe, sondern eine allgemeingültige Charakterisierung eines Arbeiteraufstandes. Als *Streik in der Gegend von Charleroi (La grève au pays de Charleroi)* fand das Werk allerdings mit Bezug auf ein konkretes Ereignis in Belgien Eingang in die Reproduktionsgraphik, über die es eine außerordentlich weite Verbreitung erhielt. Auch das Bild selbst firmierte lange Zeit unter demselben Titel. 1885 war es zur Gründung der belgischen Arbeiterpartei gekommen, das Jahr 1886 wurde von blutigen Aufständen und Streikwellen erschüttert. Das Bild wurde zuerst in New York ausgestellt, wo es wegen seiner Aktualität große Aufmerksamkeit erregte. *BB*

The New York Times vom 4. April 1886, S. 4; Ausst. Kat. Berlin 1992, Nr. 70, S. 60; Specht 1992, S. 157f.; Slg. Kat. Berlin 1997, Bd. 2, S. 467; Türk 2000, S. 212f., Abb. 802.

80
Constantin Meunier
(Etterbeek 1831 – 1905 Ixelles)
Die Rückkehr der Bergleute (Le retour des mineurs), um 1885
Öl auf Leinwand, 132 x 238
Privatsammlung

Meunier wandte sich mit Beginn der 80er Jahre von nationalen historischen Themen ab. Er entdeckte die moderne Welt der Arbeit für seine Kunst. Die *Rückkehr der Bergleute* gehört in die frühe Phase der Hinwendung zum neuen Thema. Vor dem dunklen Hintergrund einer Halde hebt sich die Gruppe der Männer wie ein Relief ab. Bereits die Zeitgenossen sahen die Nähe zwischen diesen Gemälden und der Skulptur, der sich Meunier nun auch wieder widmete. Die Betonung des Linearen und die Monumentalisierung der Figuren zeichnet seine Arbeiten in beiden Gattungen aus.

Die Bedeutung des Themas – das Meunier immer wieder beschäftigte – wird beispielhaft sichtbar an seinem *Triptychon vom Bergwerk* (um 1900, Musées royaux des Beaux-Arts de Belgique, Brüssel). Hier zeigt er den Abstieg in die Grube und den Wiederaufstieg am Feierabend zusammen mit dem zentralen Bild des Wegs der Bergleute zum Kalvarienberg. Die gefahrvolle Arbeit im Bergwerk wird im religiösen Kontext und mit Hilfe der Pathosformel Triptychon als Bildthema formuliert. Entsprechend ist die Rückkehr vom Bergwerk nicht allein als ›gewöhnliches‹ Genremotiv zu verstehen, sondern es wird ein wesentlicher Moment im täglichen Leben des Bergmanns gezeigt und zum Mythos stilisiert. Er ist für diesen Tag der Gefahr unter Tage entronnen. In seiner würdevollen Erduldung der schweren Arbeit zeigt er Haltung und Würde und verkörpert somit einen zeitlosen Aspekt menschlichen Daseins, den jeder Betrachter – auch ohne Vorbildung – verstehen kann. Das Genremotiv erhält auf diese Weise einen neuen, der Historienmalerei entsprechenden Rang. Für seine belgischen Zeitgenossen trugen Meuniers Darstellungen von Arbeit und Arbeitern zum Ruhm der Nation bei. *SB*

Brand 1979; Baudson 1998, S. 17f.; Ausst. Kat. Hamburg 1998, Nr. 47, S. 52, 121, Nr. 46, S. 53, 121, Nr. 34, S. 54, 119.

81
Constantin Meunier
(Etterbeek 1831 – 1905 Ixelles)
Industrielandschaft, Charleroi (Vue industrielle du Borinage), um 1880/82
Öl auf Leinwand, 69,8 x 103
Brüssel, Musées royaux des Beaux-Arts de Belgique, Musée Constantin Meunier, Inv. 10.000/719

Als reine Industrielandschaft bildet das Werk eher eine Ausnahme im Œuvre Meuniers. Der Standpunkt des Malers befand sich in dem damals noch bäuerlichen Gebiet südlich von Charleroi. Von hier aus hatte er einen panoramatischen Blick über die Landschaft und die Stadt. Die Provinz Hainaut, zu der das Borinage und die Stadt Charleroi gehören, war Mitte des 19. Jahrhunderts das größte Kohlenfördergebiet Europas. In der kleinen Talsenke liegen die Häuser eines Dorfes. Rechts hinter den Häusern sieht man die Feuer einer Reihe von fünf Hochöfen. Die Anwesenheit von Eisen- und Stahlindustrie in der Stadt signalisieren Schornsteine, deren Rauch mit den Wolken, die gleichsam das Hauptmotiv des Bildes sind, eine malerische Verbindung eingeht.

Das Bild ist auch wegen seiner impressionistischen Auffassung untypisch für Meunier. Bezeichnend sind hingegen die topographische Genauigkeit und die Exaktheit, mit der ein Detail wie die Lokomotive wiedergegeben wird. Allerdings ist deren Darstellung nicht nur im Werk Meuniers eine Ausnahme, sondern auch in der belgischen Malerei der Zeit. Der Typ ist genau identifizierbar. Es handelt sich um eine Lokomotive für den Güterverkehr (T 2), die in einer Stückzahl von zunächst 300 seit 1865 bei Cockerill in Belgien gebaut wurde. Später wurde das Modell, von dem sich zahlreiche Varianten entwickeln sollten, unter anderem auch in Frankreich und Deutschland hergestellt. *SB*

Ausst. Kat. Brügge 1995, S. 200f., Nr. 55 (P. Baudson); Baudson 1998; Ausst. Kat. Hamburg 1998, Nr. 40, S. 49, 120.

82

Constantin Meunier
(Etterbeek 1831 – 1905 Ixelles)
Stahlwerk (Coin de fabrique d'acier)
Kohle und Pastell, 88,8 x 74
Brüssel, Musées royaux des Beaux-Arts de Belgique, Musée Constantin Meunier, Inv. 10.000/322

Besonders in Meuniers Zeichnungen zeigt sich seine Faszination für die Maschinerie der Produktionsstätte. »Hier richtet er seinen Sinn für das Malerische und für das Charakteristische auf die Dinge, auf Pfahlwerke, Gerüste, riesige Schornsteine und gigantische Werkhallen. Und noch einmal feiert er die Macht des Holzes, des Eisens und Stahls unter Himmeln voller Trauer und Rauch in einer undurchdringlich tristen Atmosphäre«, vermerkt eine zeitgenössische Quelle pathetisch.

Beim *Stahlwerk*, wo neben den Hochöfen eine an eine Burg erinnernde Fabrikarchitektur zu sehen ist, verändert Meunier bewusst die Perspektive. Die so erzielte Weite verursacht eine Monumentalisierung der Maschinerie, die die absichtliche Miniaturisierung der arbeitenden Menschen – als ›Schatten‹ in der Mitte des Vordergrundes – bewirken soll. Dramaturgisch setzt er die Lichteffekte zur Steigerung der Wirkung ein. Hier ist der Mensch nicht mehr ein Held der Arbeit, sondern er ist umgeben von einer bedrohlichen, höllenhaften, an Piranesi erinnernden phantastischen Kulisse (Kat. Nr. 32), die ihm keinen Weg in die Außenwelt eröffnet. *SB*

La Libre Esthétique, in: *L'Art Moderne* (Bruxelles) vom 3. März 1895, S. 65f., vgl. Baudson 1998, S. 19 (Zitat); Baudson 1998, S. 19f.; Ausst. Kat. Hamburg 1998, Nr. 49, S. 63, 121.

83

Constantin Meunier
(Etterbeek 1831 – 1905 Ixelles)
Puddler beim Herausnehmen der Luppe (Puddleurs sortant la loupe)
Kohle und Pastell, 65,3 x 60,4
Brüssel, Musées royaux des Beaux-Arts de Belgique, Musée Constantin Meunier, Inv. 10.000/287

Das Pastell zeigt drei Puddler in einem Moment großer Konzentration und Anspannung. Meunier erfasst den Zeitpunkt, in dem die Klappe hochgezogen und der Eisen- bzw. Weichstahlklumpen zur weiteren Bearbeitung aus dem Ofen geholt wird. Deutlich wird an dem Pastell seine bildhauerische Schulung durch die Betonung des Linearen bei gleichzeitigem Interesse an den plastisch herausgearbeiteten Oberkörpern. Der hinterste der Männer scheint ein Hemd zu tragen, die anderen beiden arbeiten mit nacktem Oberkörper. Das entsprach keineswegs der Realität, denn die Arbeiter waren bekleidet. Deutlich wird durch diese Veränderung sowohl das skulpturale Interesse Meuniers in der Gestaltung der nackten Körper als auch die Absicht einer idealen, heroischen Inszenierung der Arbeit. *SB*

Ausst. Kat. Hamburg 1998, Nr. 52, S. 62, 121.

84
Constantin Meunier
(Etterbeek 1831 – 1905 Ixelles)
Ruhender Puddler (Puddleur au repos), 1884/87
Bronze, braungrün patiniert, H. 37
Berlin, Galerie Westphal

Meunier hatte während seiner Studienzeit auch eine akademische Bildhauerausbildung absolviert. Nach langen Jahren als Maler begann er Anfang der 80er Jahre wieder zu modellieren. Neben dem *Schiffslöscher (Le débardeur)* (s. Abb. S. 84) gehörte zu seinen ersten Arbeiten die heute verlorene kleine Wachsfigur eines Puddlers, 1884 begonnen und 1885 erstmals ausgestellt, auf die diese Bronze zurückgeht. Meunier zeigt den Mann in einem Moment großer Erschöpfung von der schweren Arbeit am Hochofen. Nur mit einer Lederkappe, Hose und Schürze bekleidet lässt der nackte Oberkörper dem Künstler Spielraum zu ›idealer‹ Darstellung. Meunier wagt zwar mit dem *Puddler* eine bis dahin seltene Darstellung eines Arbeiters in der Skulptur, lehnt sich in der Komposition jedoch an klassische Vorbilder an. Der berühmte *Torso vom Belvedere* (Vatikanische Museen, Rom), das Fragment einer sitzenden hellenistischen Marmorstatue, das seit der Renaissance immer wieder von Bildhauern rezipiert wurde, gibt auch das kompositorische Grundmuster für den *Puddler* vor.

Das Neuartige der Skulpturen wurde von den Zeitgenossen wahrgenommen: »Sein Puddler und sein Schiffslöscher, der eine aufrecht in stolzer Pose, der andere sitzend in erschöpfter Haltung, die Meunier seinen Arbeitern mit Vorliebe gibt, sie beide lassen eine Kunst erahnen, die noch unerforscht ist und in der der Künstler sicherlich neue Emotionen entdecken wird. Der Arbeiter ist bis zum heutigen Tage kaum in der Skulptur gesehen worden. Die engen klassischen Traditionen ließen nur die Aktfigur, die Toga oder den Gehrock zu, nicht aber die Arbeiterbluse.« *SB*

Max Waller, *L'exposition des XX*, in: *La Jeune Belgique 4*, 1884/85, S. 222, vgl. Baudson 1998, S. 15 (Zitat); Baudson 1990; Ausst. Kat. Hamburg 1998, S. 124, Nr. 19.

85
Constantin Meunier
(Etterbeek 1831 – 1905 Ixelles)
Altes Grubenpferd (Vieux cheval de mine), 1890
Bronze, 31,1 x 50,1 x 16,1
Bochum, Deutsches Bergbau-Museum Bochum, Inv. 033302053000

1880 forderte eine Grubengasexplosion im Borinage über 100 Todesopfer. Meunier, der unverzüglich an den Ort des Geschehens reiste, fertigte dort zahlreiche Zeichnungen an. Aus dem künstlerisch Festgehaltenen entstand auch die kleine Skulptur des *Grubenpferds*. Das Motiv des alten, abgemagerten Arbeitspferdes, das sein rechtes Hinterbein zum Ruhen anwinkelt, hat Meunier auch als Bild festgehalten (Musées royaux des Beaux-Arts de Belgique, Brüssel, Inv. 1000/222). Das Tier wird ohne jede Idealisierung gezeigt, was für die damalige Skulptur sehr ungewöhnlich war und nicht der gängigen Ikonographie entsprach. In zahlreichen Reiterstatuen hatte sich seit der Antike das Bild des edlen Pferdes in der Herrscherikonographie tradiert. Mit dem Aufschwung der Tierskulptur im 19. Jahrhundert schrieb man dem Pferd zudem die Rolle des wilden und starken Tieres zu. Trotz seines gegenteiligen Charakters besitzt Meuniers Grubenpferd eine denkmalhafte Kraft, die sich aus der Würde der dienenden Kreatur erklärt.

Das Vorbild für Meuniers Grubenpferd versah seinen Dienst als Zugpferd über Tage. Die meisten Grubenpferde wurden jedoch unter Tage eingesetzt und auch dort gehalten. Im Ruhrgebiet ersetzten sie seit der Mitte des 19. Jahrhunderts das unrentable Befördern der Kohlewagen durch Bergleute. Erst im 20. Jahrhundert ging ihre Zahl durch die Mechanisierung des Transports zurück. *SB*

Drawer 1982; Ausst. Kat. Hamburg 1998, S. 17 und Nr. 13.

86
Constantin Meunier
(Etterbeek 1831 – 1905 Ixelles)
Bergmann mit Grubenlampe (Mineur à la lanterne), 1901
Bronze, H. 53 (Guss von 1948)
Bochum, Deutsches Bergbau-Museum Bochum, Inv. 033302059000

Meunier zeigt den Hauer in einem Moment des erschöpften Innehaltens. Die Grubenlampe ist an der Hose eingehängt, seine Kratze hält er in der rechten Hand. Wenngleich die Gestaltung des Bergmanns realistischer Auffassung verpflichtet ist, griff Meunier mit der kontrapostischen Haltung der Figur auf klassische, idealisierende Muster zurück. Der Bergmann gehört zu einer Reihe von stehenden Einzelfiguren wie dem *Schiffslöscher* (*Le débardeur*, 1893), dem *Rufenden Bergmädchen* (*Hiercheuse apellant*, 1888), dem *Hammerschmied* (*Le marteleur*, 1886), dem *Bergmädchen mit Schaufel* (*Hiercheuse à la pelle*, 1888) und dem *Bergmädchen mit Grubenlampe* (*Hiercheuse à la lanterne*, 1888), die alle Prototypen darstellen. Meunier strebte bei diesen Skulpturen nach dem Archetypischen, alles Zufällige und Anekdotische wurde vermieden. Bereits Ende der 80er, Anfang der 90er Jahre beschäftigte ihn der Gedanke an ein umfassendes Denkmal der Arbeit. Dort sollten Reliefe und Freiplastiken zu einem Monument vereint werden. Bis zu seinem Tod ließ ihn das Projekt nicht mehr los. Erst 1930 wurde das Denkmal in Brüssel aufgestellt. *SB*

Ausst. Kat. Hamburg 1998, Nr. 14.

87

Cécile Douard (Rouen 1866 – 1941 Brüssel)

Ausruhende Bergarbeiterin (La hiercheuse), vor 1898

Öl auf Leinwand, 162 x 102

Charleroi, Université du Travail Paul Pastur, Collection de la Province de Hainaut

In den expandierenden belgischen Industriezentren arbeiteten Frauen und Kinder nicht nur an den Maschinen, sondern auch in den Bergwerken. Constantin Meunier war der erste Künstler, der Bergarbeiterinnen auch über Tage darstellte, sei es in der Pause, auf dem Weg zur oder von der Arbeit. Ihm ging es dabei um die Herausarbeitung des Typus der Bergarbeiterin, nicht um individuelle Frauen. Andere Künstler folgten, in erster Linie jedoch Cécile Douard. Die Künstlerin lebte lange Jahre in Mons, wo sie sich neben ihrer künstlerischen Tätigkeit karitativ und sozial engagierte. Anders als Meunier zeigt Douard die Frauen deutlicher von den Anstrengungen der Arbeit gezeichnet.

Dennoch strebt auch sie eine Typisierung und Heroisierung der auf einem Schlackehaufen sitzenden Bergarbeiterin an. Lampe und Spaten, die bei der Arbeit in der Grube gebraucht werden, befinden sich als Attribute neben der Ruhe und Selbstbewusstsein ausstrahlenden Arbeiterin. Vor dem rauchig-diffusen Hintergrund hebt sich die Figur, deren Kopf und Schultern durch den hellen Rauch besonders konturiert und damit plastisch und monumental werden, deutlich ab.

Douard zeigt nicht das vielfach hervorgehobene soziale Elend. Ihr war daran gelegen, die Bergarbeiterin bewusst mit Würde auszustatten. Das wird deutlich an der Betonung des Gesichts durch den aufgehellten, wie einen Nimbus wirkenden Hintergrund. Nicht zuletzt die Monumentalisierung der ganzfigurigen Darstellung durch das große Format – ursprünglich Herrscherbildnissen vorbehalten – zeugt von der Nobilitierung des ›Vierten Standes‹ durch die Malerei. *SB*

Müller 1979, S. 234–239.

88
Cécile Douard (Rouen 1866 – 1941 Brüssel)
Die Halde (Le terril), 1898
Öl auf Leinwand, 195 x 113
Belgien, Sammlung des belgischen Staates (entliehen von der Communauté française de Belgique) als Leihgabe im Musée de l'Art Wallon (Lüttich), Inv. 1657

Schlacke bezeichnet die bei der Verbrennung in Industriefeuerungen anfallenden, nicht brennbaren festen Stoffe. Auf dem Bild wird gerade Schlacke aus Wagen geschüttet. Am Hang der Halde sind Frauen dabei, noch verwertbare Teile, die beispielsweise als Material beim Haus- oder Straßenbau verwendet wurden, zu sammeln. Das in grau-braunen Tönen gehaltene Bild, auf dem allein die Halde und der kleine verrauchte Himmelsausschnitt für Landschaft stehen, steigert die Eintönigkeit und Kargheit zu einer eigenen ästhetischen Qualität. Die sich in die Oberflächenstruktur der Halde einfügenden Frauen schildern einerseits realistisch die harten und ärmlichen Lebensbedingungen, andererseits gemahnt das Bild durch sein ungewöhnliches Hochformat, seine Lichtregie und die sich – wie die Verdammten – mühsam nach oben arbeitenden Frauen an Darstellungen des Jüngsten Gerichts. Die Künstlerin scheint durch die Verbindung mit einer subtilen christlich-symbolistischen Sprache dem Motiv eine über die bloße Schilderung sozialen Elends hinausgehende Aura der Würde verleihen zu wollen. *SB*

Müller 1979, S. 234–239.

89

Maximilien Luce (Paris 1858 – 1941 Paris)
Stahlwerk (L'aciérie), 1895
Öl auf Leinwand, 116 x 89
Genf, Petit Palais, Musée d'Art Moderne,
Inv. 8346

Luce, der enge künstlerische Beziehungen nach Belgien pflegte und in Brüssel an Ausstellungen der avantgardistischen Künstlergruppen »Libre Esthétique« und »Les Vingt« beteiligt war, reiste 1895 zusammen mit dem belgischen Maler Theo van Rysselberghe in das Industrierevier Borinage. Er wohnte bei dem Schwiegersohn Constantin Meuniers, dessen Werk er sehr bewunderte. Der belgische Dichter Emile Verhaeren hatte Luce bereits von der Gegend um Charleroi berichtet. An seinen Künstlerfreund Henri-Edmond Cross, wie er selbst der divisionistischen Farbzerlegung verpflichtet, schrieb er: »Je ne sais si vous connaissez ce pays, mais je m'en faisais pas une idée. Les environs de Paris au point de vue industriel ne sont rien, Saint-Denis n'est que de la blague; quel caractère, mon vieux. Dame, quant à la couleur, elle est à peu près absente. Je ne vois guère que l'application de la division, aussi je me laisse aller à mon instinct.«

Wenngleich Luce, selbst aus einfachen Verhältnissen stammend, sich immer für Themen der Arbeit interessiert hatte und politisch lebenslang sozialistischen Kreisen verbunden blieb, geht es in den Werken nicht um eine Anklage der Verhältnisse. »Ce pays m'épouvante ... C'est tellement terrible et beau que je doute de rendre ce que je vois!«, berichtete er Cross. Die Erhabenheit des Themas faszinierte ihn, die Motive schienen ihm darüber hinaus auch ganz besonders für seine stilistischen Interessen geeignet.

Im *Stahlwerk*, wo im Hintergrund das Spektakel des Abgießens stattfindet, schauen auch die nicht beteiligten Arbeiter dem Geschehen zu. Durch den rahmenden Bogen der Fabrikarchitektur wird die Arbeit im Hintergrund gleichsam zum Bild im Bild, das die Arbeiter von außen fasziniert betrachten. *SB*

Cazeau 1982, S. 85–87 (Zitate); Baudson 1998, S. 20f.

90

Maximilien Luce
(Paris 1858 – 1941 Paris)
Vollmond über dem Kanal in Charleroi (Claire de lune sur le canal à Charleroi), 1896
Öl auf Leinwand, 45 x 80
Charleroi, Musée des Beaux-Arts, Inv. 833

Charleroi ging aus dem Dorf Charnoy, am Fluss Sambre gelegen, und der in unmittelbarer Nähe im 17. Jahrhundert errichteten Zitadelle – zu Ehren des Herrschers der spanischen Niederlande, Karls II. von Spanien, Charleroi genannt – hervor. Erst Anfang des 19. Jahrhunderts erlebte die Stadt im Zuge der Industrialisierung eine rapide Entwicklung. Es existierten allerdings bereits im 16. Jahrhundert Pläne zum Bau eines Kanals zum Transport der in der Gegend abgebauten Kohle nach Brüssel. Aber erst unter Willem I. der Niederlande wurde von 1827 bis 1832 ein 74,5 Kilometer langer Wasserweg gebaut.

Das Nachtstück mit der Ansicht des Kanals ist ein Resultat von Luces zweiter Belgienreise im Jahr 1896. Neben Figurenbildern schuf der Maler zahlreiche Landschaften, in denen er nach dem stimmungshaften Erfassen der Atmosphäre der Industrieregion trachtete. Der Industrielandschaft mit der Halde und dem Widerschein von Industriefeuer wird eine eigene Schönheit zugestanden. Das Nachtstück mit der Vollmondstimmung erlaubt dem Maler ihre romantische Verklärung. Im Anschluss an seine Belgienreisen schuf Luce vergleichbare Stimmungslandschaften mit Industriemotiven aus der Umgebung von Paris. *SB*

9 Die Schönheit der großen Stadt

Urbane Impressionen 1870–1915

Mit der Industrialisierung wuchsen die Städte. Geburtenüberschuss und Hungerkrisen waren mitverantwortlich für die Landflucht größerer Bevölkerungsteile seit dem Beginn des 19. Jahrhunderts. Ausmaß und Tempo der Urbanisierung nahmen vor allem in der zweiten Jahrhunderthälfte bis dahin unbekannte Formen an. Oft stiegen die Einwohnerzahlen in wenigen Jahren auf das Drei- bis Fünffache. Die Städte fransten aus, die Eingemeindung von Vororten und ganzer Nachbargebiete trieb die Einwohnerzahlen ebenfalls in die Höhe. 1887 wurde schließlich die Großstadt in einer verbindlichen Definition als Stadt mit mehr als 100 000 Einwohnern bestimmt. Seit der Wende zum 20. Jahrhundert ist die Großstadt jedoch nicht nur eine statistische Bezugsgröße, sondern zunehmend auch Metapher für die moderne industrielle Gesellschaft. Faszination und Ablehnung ihrer Facetten begleiteten ihr Entstehen von Beginn an.

Mit dem Wachstum der Städte einher ging die Ausbildung neuartiger Viertel: Neben einer *City* mit Geschäfts-, Banken- und Bürovierteln entstanden Wohn- und Industrievororte. Allein eine hoch entwickelte technische Infrastruktur konnte langfristig das Zusammenleben von Hunderttausenden oder gar Millionen Menschen auf engem Raum gewährleisten, denn Grundbedürfnisse wie Nahrung, Wohnung, Wärme und Kommunikation mussten gesichert werden. Entsprechend gingen die systematischen, für die spätere Entwicklung vorbildlichen stadtplanerischen Überlegungen des Barons Haussmann in der Regierungszeit Napoleons III. nach dem Londoner Vorbild von der Anlage eines modernen Verkehrs- und Versorgungsnetzes für Paris aus. Anlässlich der Weltausstellung von 1867 wurden ganze Stadtviertel in Paris abgerissen und durch Neubauten ersetzt; neue, breite Straßen durchzogen die Stadt. Die alten Kleinstrukturen wurden beseitigt und die Stadt dem modernen Güterverkehr erschlossen, die Innenstadt mit der Peripherie verbunden. Zudem zielte Haussmann mit Hilfe der Umstrukturierung auf die Fragmentierung und Verlagerung von potientiell als politisch gefährlich angesehenen Bevölkerungsteilen. In Deutschland hatte erst mit Beginn der 70er Jahre eine breite Entwicklung zur Hochurbanisierung eingesetzt, die bis 1914 anhielt. Vor dem Ersten Weltkrieg war jeder fünfte Deutsche ein Großstädter. Berlin erlebte in dieser Zeit eine für Europa beispiellose Expansion. 1900 hatte es den Rang einer Millionenstadt erreicht und sich damit an die Spitze der deutschen Städte gesetzt.

Im Zuge der Urbanisierung wurde – zunächst in Paris – die *vie moderne*, das moderne Leben, gleichbedeutend mit bürgerlichem Großstadterlebnis und von der Malerei als Thema aufgegriffen. Vor allem die Pferdebahn, die Eisenbahn und die Tram, die – selbst industrielle Erzeugnisse – den Verkehr und die Schnelllebigkeit der Großstadt erst ermöglichten, sowie die Versorgung mit Energie durch Gas und Elektrizität wurden zu markanten Kennzeichen der Großstadt und Motiven für die Maler. In der 1908 erschienenen Schrift des Architekten August Endell *Die Schönheit der großen Stadt* wird diese als Natur, als neue Landschaft verstanden. Endell wirbt für ein auf alle Sinne einwirkendes Erleben der modernen Großstadt mit all ihren Facetten – Arbeit und Industrie eingeschlossen. Für ihn steht die Stadt als Gebilde im Einklang mit Natur, Technik und Zivilisation. Als »auffälligste, geschlossenste Gestaltung unseres Wirkens und Wollens« gilt Endell diese neue, durch den Menschen geschaffene ambivalente Welt, ihre Thematisierung durch die Kunst als Ausdruck von Zeitgenossenschaft. *SB*

Schivelbusch 1983; Bartmann 1987; Bothe 1987; Heller 1987; Schivelbusch 1992; Ausst. Kat. Amsterdam/Pittsburgh 2000/2001.

91

Victor Vignon
(Villiers-Cotterêts 1847 – 1909 Meulan)
Die Seine in Paris, 1874
Öl auf Leinwand, 16 x 30
Stuttgart, Maier & Co. Fine Art

Die stimmungsvolle Flusslandschaft zeigt ein industrielles, zersiedeltes Randgebiet von Paris mit Fabrik- und Werftanlagen. Die schwimmenden Docks rechts waren seinerzeit die neueste Erfindung. Auch größere Schiffe konnten für Reparatur- und Anstricharbeiten mit den Docks ins Trockene gehoben werden.

Vignon war Schüler Camille Corots und später ein erfolgreicher Vertreter des Impressionismus. Sowohl in der Pinselführung als auch aufgrund der gewählten Landschaftsmotive verweisen seine Bilder deutlich auf das Frühwerk Camille Pissarros, mit dem er befreundet war. Neben Paris und der Seine waren es zumeist die kleinen ländlichen Gemeinden der Seine-Oise-Gegend, die Vignon in diesen Jahren naturalistisch und in luminösem Farbauftrag malte. In der Anlage folgt die Komposition Landschaftsbildern unter anderem von Corot, wo der Blick auf eine Straße den Bildraum perspektivisch erschließt. Bereits um die Jahrhundertmitte hatte das Industriemotiv bei den Malern der Schule von Barbizon Eingang gefunden. *SB*

Herbert 1982; Müllerschön/Meier 2002.

92
Georges Seurat
(Paris 1859 – 1891 Paris)
Knaben mit Pferd, 1883
Öl auf Holz, 15,9 x 24,8
Edinburgh, National Gallery of Scotland,
Inv. NG 2222

Die kleine Studie diente zur Vorbereitung eines Hauptwerks von Seurat, des großformatigen Gemäldes *Badende bei Asnières* (*Une baignade, à Asnières*, 1883/84, National Gallery, London). Vor dem Hintergrund des Industriegeländes von Clichy bei Paris wird ein Pferd in der Seine gewaschen. Ein Junge in Arbeitskleidung schaut vom Ufer aus zu. Über die Brücke führt die Eisenbahnlinie in die Normandie: eine moderne, in ihren Formen sachliche Ingenieurkonstruktion. Clichy war ursprünglich ein dörflicher Pariser Vorort, der erst seit der Jahrhundertmitte zu einem Industriestandort geworden war. Unter Napoleon III. und seiner von Baron Haussmann geplanten Modernisierungspolitik für Paris wurde die Ansiedlung von Industriebetrieben in den Vororten forciert. In der französischen Literatur fand diese Entwicklung frühzeitig prominente Resonanz durch die Brüder Goncourt: »Der Lärm der Gießereien und das Pfeifen der Dampfmaschinen zerriß fortwährend das Schweigen des Flusses. Es war gleichzeitig Asnières, Saardam und Puteaux, eine dieser Pariser Landschaften am Seineufer, schmutzig und strahlend, jämmerlich und fröhlich, volkstümlich und lebendig ..., wo hier und da zwischen Mauerwerk, Arbeit und Industrie die Natur zum Vorschein kommt, wie ein Grasbüschel zwischen den Fingern eines Menschen.«

Die Ölskizze scheint einen spontanen Eindruck des Malers vor Ort wiederzugeben. Im großformatigen Bild der *Badenden* bleibt die Anlage der Komposition erhalten: im Hintergrund die Industrielandschaft, links die von Menschen bevölkerte ›arkadische‹ Natur. Seurat trachtete danach, die Anforderungen der Historienmalerei auf zeitgenössische Sujets zu übertragen. Das Leben des modernen Menschen sollte mit charakteristischen Motiven Eingang in die Malerei finden. In diesem Zusammenhang erhält das Industriemotiv seine Bedeutung: Es ist nicht nur Hintergrund, sondern die Folie für die Darstellung der Menschen am Ufer der Seine, deren Leben durch den Gegensatz von Arbeit und Freizeit, Natur und Industrie bestimmt wird. *SB*

Ausst. Kat. Paris 1991, S. 181–188; Zimmermann 1991, S. 135–160, S. 133 (Zitat), s. a. S. 110–124 *(Fabriken, Häuserzeilen und Ödländer)*.

93

Paul-César Helleu
(Vannes 1859 – 1927 Paris)

Der Bahnhof Saint-Lazare (La gare Saint-Lazare), um 1885

Öl auf Leinwand, 103 x 160
Privatsammlung, courtesy James Roundell, London

Das Gemälde wurde von der Pariser »Compagnie des chemins de fer de l'Ouest«, zu deren Bereich der Bahnhof gehörte, bestellt. Der Blick des Künstlers geht von dem Pont des Batignolles in Richtung Pont de l'Europe und im Hintergrund auf das Dach des Bahnhofs. Die weißen Halbsäulen der Brücke und ihre Seitengitter wurden von den Impressionisten bei Darstellungen der Gare Saint-Lazare oft als Motiv aufgegriffen. Wie Emile Zola 1877 schrieb, sollten die zeitgenössischen Künstler die Poesie in den Bahnhöfen suchen, so wie ihre Väter in Wäldern und Flüssen. Edouard Manet und Claude Monet hatten in den 70er Jahren die ersten Bilder der Gare Saint-Lazare geschaffen und damit eine rege Nachfolge bei den Impressionisten begründet. Der Bahnhof und die Eisenbahnen galten als Verkörperung modernen Lebens schlechthin.

Helleus Komposition stieß auf große Zustimmung unter den Kritikern, die dem Impressionismus gegenüber aufgeschlossenen waren. So schrieb Octave Mirbeau in seiner Salonbesprechung von 1885 über ein eng verwandtes Pastell Helleus: »Die abfahrenden Züge, die, die ankommen – atemlos, verschlingen die Schienen, tauchen aus dem schwarzen Rachen auf, den die Bögen der Brücke vortäuschen. Enorme Rauchwirbel, ausgespien von den Schornsteinen der Lokomotiven, füllen den Bildraum, schweben auf dem Geländer, berühren den Himmel, kriechen in die Häuserzeile. Ein Parfum von beißender Kohle entweicht von dort. Man riecht die Luft, betäubt vom Atem der Kolben und vom Husten der Maschinen. ... Die ›Impression‹ ist ausgezeichnet.« *SB*

Octave Mirbeau, *Le Salon*, in: *La France*, 1.,9., 12. Mai 1895 (Zitat); Wilson-Bareau 1998.

94
Franz Skarbina
(Berlin 1849 – 1910 Berlin)
Gleisanlagen im Norden Berlins, um 1895
Pastellkreide, Deckfarben und Aquarell auf Papier, mit Leinwand hinterlegt, 71,7 x 91
Berlin, Stiftung Stadtmuseum Berlin, Landesmuseum für Kultur und Geschichte Berlins, Inv. GHZ 72/12

Skarbinas Bild entwirft das eindrucksvolle nächtliche Panorama einer Eisenbahnlandschaft im dicht besiedelten, schnell gewachsenen industriellen Norden Berlins – weit ab vom historischen Zentrum. Links neben den Schienen ist im Hintergrund die städtische Gasanstalt zu sehen. In starker perspektivischer Verkürzung verlaufen die Schienen, ein- und ausfahrende Züge und S-Bahnen suggerieren Geschwindigkeit. Der nächtliche Himmel und der Dampf der Lokomotiven wird durch die Lichter der Stadt erhellt. Vor der Folie der Industrielandschaft erhält das Arbeiterpaar eine akzentuierte Stellung, die weniger mit der Problematisierung der sozialen Frage als mit dem Interesse des Malers für die neue großstädtische Lebenswelt zusammenhängt. Die Frau begleitet ihren Mann auf dem Weg zur Arbeit. In dem Korb trägt sie die vorbereitete Mahlzeit. Die Trennung von Arbeiten und Wohnen in der modernen Großstadt wird auf diese Weise augenfällig gemacht. Skarbina, der sich 1885/86 in Paris und in Belgien aufhielt, verarbeitete in dem Bild französische Einflüsse. *SB*

Ausst. Kat. Berlin 1987, Nr. 118.

95

Adolph von Meckel
(Berlin 1859 – 1893 Berlin)
Die Englische Gasanstalt an der Spree, 1891
Öl auf Pappe, 70 x 99
Berlin, Stiftung Stadtmuseum Berlin, Landesmuseum für Kultur und Geschichte Berlins, Inv. GEM 76/31

Wenngleich die Beleuchtung der Stadt durch Gaslampen und der Dampf der Lokomotiven bereits seit einigen Jahren Eingang in die Stadtdarstellung gefunden hatten, befassten sich deutsche Künstler um 1890 noch kaum mit den industriellen Randlagen der Stadt. Auf dem Bild ist der neue, 1863 erbaute Gasometer (Gasbehälter) der 1838 eingerichteten zweiten englischen Gasanstalt – englische Unternehmer bauten in Berlin die Gasversorgung auf – in Berlin zu sehen, die über den Wasserweg mit Kohle versorgt wurde.

In den Gasanstalten, deren Entwicklung zu Anfang des 19. Jahrhunderts in England ihren Ausgang nahm, wurde durch Destillation von Steinkohle brennbares Gas (Leuchtgas) erzeugt. In den Gasometern sorgten große eiserne Glocken, die unten offen waren und ins Wasser tauchten, dafür, dass das Gas außer durch ein Eingangs- und Ausgangsrohr im Inneren nicht entweichen konnte. Die Glocken schwammen und stiegen je nach Volumen in die Höhe.

Meckels Werk ist ein frühes Beispiel für die Abbildung eines Gasometers, der später in der Malerei zu einem Symbol großstädtischer Industrie wurde. Als Stadtvedute mit Flusslauf und Brücke angelegt, feiert Meckel in dem Bild die poetische Schönheit des Zusammenspiels von Natur und Industrie. Das Motiv stellt eine Ausnahme in Meckels Œuvre dar, das von gut verkäuflichen orientalischen Landschaften dominiert wird. *SB*

Ausst. Kat. Berlin 1987, Nr. 116.

96
Hans Baluschek
(Breslau 1870 – 1935 Berlin)
Eisenbahn in Stadtlandschaft, um 1890
Öl auf Pappe, 22 x 34
Privatbesitz

Das ungewöhnliche Motiv einer ohne sichernde Begrenzung zwischen Häusern fahrenden Lokomotive verdeutlicht eindringlich den Einbruch der industriellen Welt in die Stadt am Ende des 19. Jahrhunderts. Die perspektivische Untersicht wie auch die konsequente Diagonale – seit William Turners *Regen, Dampf und Geschwindigkeit (Rain, Steam and Speed*, s. Abb. S. 52) gleichsam Symbol der neuen Dynamik des industriellen Zeitalters – und die Spiegelung des künstlichen Lichts auf der regennassen Straße vereinen sich im Zusammenspiel mit Rauch und Feuerschein im abendlichen Himmel zu einem stimmungsvollen Bild der neuen Zeit, dessen Ausdruckskraft durch die impressionistische Malweise seine Grundlage erhält.

In der Skalitzer Straße in Berlin fuhren noch bis in die 20er Jahre hinein Dampfloks zwischen englischer Gasanstalt und Görlitzer Bahnhof. Zur Entstehungszeit des Bildes war die Gegend bereits dicht mit Mietskasernen bebaut. *SB*

Ausst. Kat. Berlin 1987, Nr. 119.

97
Julius Jacob
(Berlin 1842 – 1929 Berlin)
und Wilhelm Herwarth
(Berlin 1853 – 1916 Berlin)
Die Stadtbahnanlagen an der Jannowitzbrücke, um 1891
Feder, Wasser- und Deckfarben auf bräunlichem Papier, 116,3 x 221,5
Berlin, Stiftung Stadtmuseum Berlin, Landesmuseum für Kultur und Geschichte Berlins, Inv. GHZ 83/11

Bei dem maßgeblich von Jacob gestalteten Blatt handelt es sich vermutlich um den Entwurf für ein Wandgemälde für die Reichsbahndirektion oder das übergeordnete Ministerium für öffentliche Arbeiten. Möglicherweise sollte das 1891 errichtete Gebäude der Eisenbahndirektion am Schöneberger Ufer in Berlin damit ausgestaltet werden. Der Blick auf die neue, 1881–84 mit Schienen für die Pferdebahn gebaute Brücke, auf die von der Reichsbahndirektion errichtete Hochbahntrasse und die qualmenden Schornsteine und Fabriken erfasst zum einen topographisch genau einen Teil Berlins, zum anderen wird durch das bewusst gewählte Motiv die Stadt als prosperierende Industriemetropole gekennzeichnet. Dargestellt werden alle wichtigen großstädtischen Verkehrsanlagen und Transportfahrzeuge. Industrie, Technik und Verkehr stehen stellvertretend für die zukünftige Entwicklung der Stadt. Die schräg auf den Schienen liegenden Eisenbahnzüge suggerieren Geschwindigkeit und damit die Dynamik der neuen Zeit.

Der Wandel in der Wahrnehmung der Stadt wird an diesem Auftragswerk deutlich. Repräsentativ für die Hauptstadt ist nicht mehr ein Motiv des historischen Zentrums oder der bürgerlichen Verwaltung, sondern ein durch Verkehr und Industrie belebtes städtisches Randgebiet. *SB*

Ausst. Kat. Berlin 1987, Nr. 104.

98

Aroldo Bonzagni
(Cento 1887 – 1918 Mailand)
Die Ankunft des Zuges (L'arrivo del treno), 1912–13
Mischtechnik auf Karton, 44 x 63
Genua, The Mitchell Wolfson Jr. Collection – Fondazione Regionale Cristofero Colombo
Inv. 87.1078.5.1

Die Großstadt als veränderte Lebenswelt wurde eines der Themen in Aroldo Bonzagnis Malerei, nachdem er 1906 nach Mailand umgezogen war. Die Stadt war das wirtschaftliche und kulturelle Zentrum Norditaliens und darüber hinaus wichtiger Eisenbahn- und Verkehrsknotenpunkt. Im Umkreis der Futuristen Carlo Carrà, Umberto Boccioni und Luigi Russolo bekam Bonzagni schnell Kontakt zu der künstlerischen Avantgarde Italiens. 1910 unterzeichnete er das Manifest des Futurismus, distanzierte sich jedoch nach kurzem Engagement wieder von der Bewegung. In seinem Bild *Die Ankunft des Zuges* überträgt er den Eindruck der Großstadt, thematisiert die enge Verbindung von Eisenbahn und Stadt. Die einfahrende Lokomotive, ihr lang gestreckter Kessel und die kreisende Räderbewegung dominieren die Bildfläche.

Die Darstellung von Geschwindigkeit war eines der erklärten Ziele der futuristischen Malerei. Bonzagni erreicht diesen Eindruck durch die stark verwischten Partien im Bereich der Räder, die schemenhaften Silhouetten der im Vordergrund wartenden Männer, Frauen und Kinder sowie durch die ebenfalls lediglich angedeutete Stadtszenerie am rechten Bildrand, die sich einer topographischen Bestimmung entzieht. Neben der kraftvollen Darstellung des Körpers der Lokomotive vermittelt das Bild den Eindruck von Lärm und rußiger Luft.

Hatte Heinrich Heine 1843 noch prophezeit, dass die Eisenbahn den Raum »töten« und ganze Existenzen »in neue Gleise« fortreißen werde, so zeigt sich in Bonzagnis Großstadtbild, dass diese Prophezeiung zu Beginn des 20. Jahrhunderts zur Realität geworden war. *BS*

Schmidt-Bergmann 1993, S. 15 (Zitat Heine); Ausst. Kat. Parma 1999/2000, S. 13; Ausst. Kat. Hannover 2001, Nr. 126.

99

George Grosz
(Berlin 1893 – 1959 Berlin)
Nachtstück (Berlin-Südende), 1915
Öl auf Leinwand, 74,5 x 36,2
Berlin, Staatliche Museen zu Berlin, Nationalgalerie, Inv. B 686

In den Jahren vor Ausbruch des Ersten Weltkriegs entwickelte vor allem der italienische Futurismus neue formale Lösungen für die Darstellung des von Geschwindigkeit, Licht und Lärm geprägten Großstadterlebnisses. Der deutsche Expressionismus führte die stilistischen Neuerungen weiter. Die Großstadt wurde nun allerdings auch als Schauplatz einer verzerrten und schließlich aus den Fugen geratenen Welt mit eigener Dynamik begriffen. Die visionäre Überhöhung industrieller Motive – wie Autobusse, Telegraphendrähte, Fabriken, Eisenbrücken, Gasometer und Eisenbahn – konnte sowohl zur Feier der großen Stadt wie auch als Metapher einer beängstigenden neuen Welt eingesetzt werden.

Das städtische ›Nachtstück‹ ist in unmittelbarem Zusammenhang mit der durch die Industrialisierung zunehmenden nächtlichen Beleuchtung zum Thema der Stadtdarstellung geworden. Grosz verband es in seiner Darstellung des neuen Berliner Vorortes Südende, wo er von 1915 bis 1918 lebte, mit der markant das Bild durchschneidenden Stadtbahntrasse. Die nächtliche Stadt war für Grosz die Folie für ein expressionistisches Lebensgefühl, dem er 1915 in einem Gedicht Ausdruck verlieh: »Wir taumeln. / Brennend / zwischen grauen Blöcken Häuser. / Auf Brücken aus Stahl. / Licht aus tausend Röhren / umfließt uns, / und tausend violette Nächte / ätzen scharfe Falten / in unsere Gesichter.« Für Grosz ist die nächtliche Großstadtszenerie ein ästhetisches Phänomen und eine Kulisse für das eigene, pathetisch übersteigerte Lebensgefühl. *SB*

Fischer 1976, S. 36 (Zitat); Ausst. Kat. Berlin 1987, Nr. 144; Ausst. Kat. Berlin/Düsseldorf 1995, S. 316, Nr. IX.1.

10 Expansion und Konzentration

Künstler im Dienst von Wirtschaft und Staat 1910–1940

Kurz vor dem Ausbruch des Ersten Weltkriegs bot die deutsche Industrie ein anderes Bild als zur Zeit der Entstehung von Adolph Menzels *Eisenwalzwerk* (1872–75). Im Hüttenwesen, im Maschinenbau, in der Chemie- und in der Elektroindustrie dominierten Firmen die in eine vorher nicht gekannte Größenordnung vorgestoßen waren. Dabei besetzte die F. A. Krupp AG, die 1907 mehr als 64 000 Menschen beschäftigte, den Spitzenplatz. Im Zuge dieser Expansion war eine Konzentration erfolgt: Große Unternehmen wollten nicht nur bestimmte Waren herstellen, sondern auch die Rohstoffe fördern und den Vertrieb übernehmen. Stahlbetriebe hatten sich deshalb Kohlegruben, Kokereien und Walzwerke einverleibt. In einigen Branchen bildeten diese ›integrierten‹ Konzerne Kartelle oder Syndikate.

Große Unternehmen ließen sich nicht mehr durch einzelne, patriarchalisch agierende Führungsfiguren lenken. In vielen Konzernen kam es deshalb zur Trennung von Besitz und Kontrolle. Die Manager hielten Einzug in die Firmen. Auch auf den unteren Ebenen der Betriebshierarchie nahm die Bürokratisierung zu, was das Anwachsen der Angestelltenschaft beförderte. Komplexere Strukturen erforderten eine stärkere Kontrolle über Raum und Zeit: Die großen Unternehmen lösten sich aus dem baulichen Zusammenhang der Stadt und errichteten in deren Umland neue, der Logik der Produktionsabläufe folgende Anlagen. Gleichzeitig entwickelten sie Methoden zur Arbeitszeitermittlung und Leistungsbezahlung. Die 1913 in deutscher Übersetzung erschienenen *Grundsätze der wissenschaftlichen Betriebsführung* des Amerikaners Frederick Winslow Taylor (1856–1915) stießen auf großes Interesse.

Während des Ersten Weltkriegs lag die Organisation der Rüstungswirtschaft in den Händen des Staates, der dadurch erheblichen Einfluss auf ökonomische Abläufe gewann. Auch in der Weimarer Republik griffen die Regierungen regulierend in das wirtschaftliche Leben ein, was dazu beitrug, dass sich Konjunkturabschwünge schnell zu Staatskrisen auswuchsen. Die Kartellbewegung setzte sich unvermindert fort, wofür der 1925 erfolgte Zusammenschluss von Hoechst, Bayer und der BASF zur IG Farben nur ein Beispiel ist. Sowohl in der Politik wie in der Wirtschaft gewannen autoritäre, das freie Spiel der Kräfte einschränkende Lösungsversuche an Attraktivität.

Die Nationalsozialisten übertünchten die Interessengegensätze zwischen Arbeitgebern und Arbeitnehmern durch deren Einbindung in die von ihnen propagierte »Volksgemeinschaft«. »Volksempfänger« und »Volkswagen« gaben der Diktatur einen modernen Anstrich, verwiesen aber letztlich auf die ideologische Durchdringung aller Lebensbereiche. Die Ankurbelung der Wirtschaft, die dem Regime die Zustimmung der Bevölkerung sicherte, konnte nur durch eine unmittelbar der Kriegsvorbereitung dienende Rüstungspolitik erreicht werden. Dieses auf die territoriale Expansion ausgerichtete Programm stieß bei der Unternehmerschaft nur in Ausnahmefällen auf Widerstand.

In den Konzernen entstand in den letzten Jahren des Kaiserreichs eine neue Form der Auftragskunst: Direktoren bestellten ganze Serien von Ansichten ihrer Betriebe bei Malern, die auf dieses Sujet spezialisiert waren. Als Originale zierten solche Kunstwerke repräsentative Räume, als Reproduktionen auf Postkarten oder in Festschriften dienten sie der Reklame. Die Vorbilder für diese Darstellungen fanden sich in der Gebrauchsgraphik, auf Briefköpfen und Rechnungen.

Auch der zunehmend in das wirtschaftliche Leben eingebundene Staat bestellte für seine Amtsgebäude gemalte Szenen aus der Produktion. Bei behördlichen Aufträgen spielte die Darstellung des Arbeiters in der Regel eine größere Rolle als bei betrieblichen. Die ästhetische Heroisierung dieses ›Standes‹ blieb nicht auf die Zeit des Nationalsozialismus beschränkt: Im Schaffen der Künstler, die sich schon vor 1933 und noch nach 1945 der industriellen Welt widmeten, lassen sich gelegentlich erstaunliche Kontinuitäten feststellen. *AS*

Feldman/Homburg 1977, S. 27–47; Weisbrod 1978, S. 93–119; Schirmbeck 1984, S. 134–137; Blaich 1987, S. 15–33.

100

Arthur Kampf
(Aachen 1864 – 1950 Castrop-Rauxel)
Walzwerk, um 1904
Öl auf Leinwand, 48 x 92
Berlin, Deutsches Patent- und Markenamt,
Inv. PA 29175

Kampf widmete dem Thema ›Walzwerk‹ zwei monumentale Arbeiten. Eine gehört zu dem 1901 abgeschlossenen Zyklus für das Kreishaus in Aachen-Burtscheid, eine weitere ist das 1913 vollendete Gemälde für das Reichspatentamt in Berlin, zu dem die hier gezeigte Ölstudie gehört. Der Künstler ließ sich vom *Eisenwalzwerk* Adolph Menzels (s. Abb. S. 25) anregen. Das Aachener Bild und Studien zu dem Berliner Gemälde zeigen ebenfalls essende und sich waschende Arbeiter. Im Kontrast zu Menzel rückte Kampf aber die muskulösen Körper der Arbeiter, die hier sinnbildlich für die Kraft und Anstrengung dieser Tätigkeit stehen, ins Zentrum. Der Blick wird nicht in eine endlos erscheinende Fabrikhalle gelenkt, stattdessen wird die Szene auf einer knappen Raumbühne präsentiert.

In beiden Fällen ist das Walzwerk zugleich als Inbegriff der ›Industrie‹ aufzufassen. In Aachen wurde es der ›Landwirtschaft‹ gegenübergestellt, um damit die Haupterwerbszweige des Landkreises zu benennen. In Berlin erhielt es vor allem durch die Monumentalisierung der Figuren Symbolcharakter.

Später wurde Kampfs erstarrter Figurenstil, vor allem bei dem für das Reichspatentamt ausgeführten Wandbild, häufig in engem Zusammenhang mit der Kunst des Nationalsozialismus gesehen. Das Gemälde wurde sogar fälschlich in die Zeit des Dritten Reiches datiert. Bereits 1922 schrieb Hans Rosenhagen: »Wieder ist die große Auffassung, die gute Kenntnis der menschlichen Gestalt zu rühmen; aber das bei Kampf sonst so lebhaft betonte seelisch Menschliche fehlt der Schöpfung, und dieser Umstand läßt sie nicht so eindringlich wirken, wie das Bild im Aachener Kreishause, das ebenfalls ein Walzwerk darstellt. Allerdings kommt in dem Berliner Wandgemälde die Arbeit selbst, das Ausziehen der glühendroten Eisenplatte, anschaulicher zur Wiedergabe, indessen ist das kein Ersatz für die fehlende Wärme.« *BB*

Rosenhagen 1922, S. 92 (Zitat); Schroyen 1997; Türk 2000, S. 200f.; Biedermann 2001, S. 229.

101

Otto Bollhagen
(Wesenberg 1861 – 1924 Bremen)
Eisengießerei, um 1912
Öl auf Leinwand, 58,5 x 78,5
Dortmund, Westfälisches Industriemuseum – Sammlung Schmacke

Bollhagen betrieb gemeinsam mit seinem Bruder in Bremen ein sehr erfolgreiches Atelier für dekorative Malerei. Neben Aufträgen für die Industrie gehörte die Ausschmückung von Villen und von Schiffen des Norddeutschen Lloyd zu seinen hauptsächlichen Tätigkeitsbereichen. Bei diesen Aufträgen standen stets die Wünsche der Auftraggeber im Vordergrund, weniger die freie künstlerische Umsetzung des bestellten Motivs. Bollhagens Arbeiten zeichnet eine dokumentarische Präzision aus. Dies gilt auch für das Fabrikinterieur der *Eisengießerei*. Der detailliert und technisch exakt wiedergegebene Produktionsprozess wird hier zur Bildaufgabe. Allein die Modulation durch Licht und Schatten bot ihm die Möglichkeit, die Szenerie dramaturgisch zu gliedern. Im Vordergrund kümmern sich drei Arbeiter um einen rotglühenden Rohling. Den weiteren Schritt der Bearbeitung sieht man links im Hintergrund, wo eine zweite Gruppe damit beschäftigt ist, ein anderes Werkstück unter einen Dampfhammer zu legen. *BB*

Ausst. Kat. Münster 1990, Nr. 29; Scholl 1992; Türk 2000, S. 226f.

102

Heinrich Kley
(Karlsruhe 1863 – 1945 München)
Die Kruppschen Teufel, um 1914
Öl auf Leinwand, 165 x 234,5
Dortmund, Westfälisches Industriemuseum, Inv. 1999/1877

Kleys Bild bezieht sich auf zwei Gemälde Otto Bollhagens aus dessen umfangreichem Zyklus zur Feier des 100-jährigen Jubiläums der F. A. Krupp AG. Die Londoner Zeitung *The Illustrated War News* hatte diese Arbeiten im September 1914 – kurz nach dem Ausbruch des Ersten Weltkriegs – in polemischer Absicht mit den Titeln *The Devil's Foundry: For Germany's Great Guns: The Krupp Works at Essen* und *The Devil's Foundry: Will the Allies Destroy it on the Way to Berlin?* abgedruckt. Kleys satirische Reminiszenz an diese Form der Kriegspropaganda zeigt Teufel, die sich mit flüssigem Metall betrinken, während die Arbeiter von alldem nichts bemerken. Wie Bollhagen war auch Kley als Maler für Krupp tätig. Sein Bild hing im Kasino des Hüttenwerks der Firma in Duisburg-Rheinhausen. *SB*

Scholl 1992, S. 26; Türk 2000, S. 227f.

103

Otto Bollhagen
(Wesenberg 1861 – 1924 Bremen)
Das Werk Leverkusen (Bayer AG), 1912–21
Öl auf Leinwand, 183 x 580
Leverkusen, Bayer AG, Inv. 4460

Bollhagen hat zwischen 1909 und 1923 mehrere Aufträge von den »Farben-Fabriken vorm. Friedr. Bayer & Co.« erhalten. Der Anlass für das Panoramabild war die Verlegung des Verwaltungssitzes von Elberfeld nach Leverkusen (1912) und das 50-jährige Firmenjubiläum (1913). Das Gemälde war für das Konferenzzimmer des Direktors bestimmt. Bereits 1909/11 hatte Bollhagen ein Reklamebild geschaffen, das die fünf Bayer-Werke zeigt. Auf dieser Heliogravüre sind die Fabriken in Leverkusen, Elberfeld, Moskau, Flers (Frankreich) und Albany (USA) dargestellt. Die Darstellung des Werkes in Leverkusen gibt bereits die Komposition des späteren Monumentalgemäldes wieder.

Seit Mitte des 19. Jahrhunderts war es üblich geworden, Werkanlagen aus der Vogelperspektive zu zeigen; zunächst allerdings nur in kleinem Format, auf Briefköpfen, Preislisten und Warenverzeichnissen (vgl. Kat. Nr. 105). Das gemalte Panorama stellt gewissermaßen die prominenteste Form dieser Bildgattung dar. Beabsichtigt war nicht nur die detaillierte Wiedergabe der Gebäude, sondern auch die Darstellung der Verschmelzung des Werkes mit seiner Umgebung. Dass der Auftraggeber auf Aktualität großen Wert legte, wird in der mehrfachen Überarbeitung des Gemäldes zwischen 1912 und 1921 deutlich. Neu entstandene oder erweiterte Gebäudekomplexe wurden kontinuierlich ergänzt.

Die rauchenden Schlote verstellen hier nicht den Blick auf die Anlage. Die leuchtende Farbigkeit vermittelt den Eindruck des Positiven. Der Schatten über der Landschaft spart das Fabrikgelände aus; das Verwaltungsgebäude im Zentrum der unteren Bildmitte erstrahlt in hellem Sonnenlicht. Künstlerische Freiheit und malerische Effekte waren bei Industrieveduten nicht erwünscht. Sie sollten »in technischer Ausführung absolut den Fachmann befriedigen ..., darum auch jederzeit skizzenhafte künstlerische Behandlung des Dargestellten zu vermeiden war«, schrieb Bollhagen 1918. *BB*

Ausst. Kat. Leverkusen 1988, unpag.; Scholl 1992, S. 33 (Zitat); Türk 2000, S. 226f.

104

Erich Mercker
(Zabern 1891 – 1973 München)
Rohrbachbrücke Reichs-Autobahnen, vor 1939
Öl auf Leinwand, 100 x 120
Berlin, Bundesrepublik Deutschland, Dauerleihgabe an das Deutsche Historische Museum, Inv. L 98/365

Die Benutzbarkeit der Reichsautobahnen war nur ein Nebeneffekt. In erster Linie waren sie ein Propagandainstrument; sie galten als Symbol der Zusammenführung aller »deutschen Stämme« durch ein über das Reichsgebiet gespanntes Netz. Wirklich gebraucht wurden sie erst im Kriegsfall. Den expansiven Charakter des Bauvorhabens erläuterte 1935 der Architekt Hermann Giesler: »Raumnot ist Lebensnot. Dieser Lebenswille, der damit Kampfwille ist, bahnt sich Pfade, Wege und Straßen.«

Das Erlebnis ›Autobahnfahrt‹ wurde inszeniert: »Nicht die kürzeste, sondern die edelste Verbindung zweier Punkte heißt es zu schaffen«, verkündete 1938 Walter Ostwald, der Pressereferent des »Generalinspekteurs für das deutsche Straßenwesen«. Auch die Gestaltung der Brücken folgte ästhetischen Überlegungen. Der für den Nationalsozialismus kennzeichnende Widerspruch zwischen Avantgarde und Bodenständigkeit konnte dabei am leichtesten durch massive Steinbauten kaschiert werden. Aber auch Stahlbeton kam zum Einsatz, zum Beispiel bei der 1937 fertig gestellten, 336 Meter langen Rohrbachbrücke bei Stuttgart. Die Baustelle zog so viele Schaulustige an, dass eine eigene Buslinie dorthin eingerichtet wurde.

Die propagandistische Wirkung der Reichsautobahnen sollte durch Chronisten aus den Reihen der bildenden Künstler noch gesteigert werden. Der studierte Bauingenieur Mercker gehörte zu den Malern, die dieses Thema besonders häufig aufgriffen. Seine Ansicht der Rohrbachbrücke war 1939 in der *Großen Deutschen Kunstausstellung* in München zu sehen, wo sie Heinrich Hoffmann für die Sammlung Adolf Hitlers erwarb. Mit dem Anschnitt und mit der seriellen Reihung der sieben Zwillingsbögen verwendete Mercker Stilmittel der Neuen Sachlichkeit. Durch die in die Bildtiefe führenden Fluchtlinien erreichte er eine Steigerung ins Monumentale. *AS*

Giesler 1935, S. 802 (Zitat); Ostwald 1938, S. 737 (Zitat); Ausst. Kat. München 1939, Nr. 737; Industriemaler 1940; Uslular-Thiele 1974; Stommer 1995.

105.1–12

Geschäftsdrucksachen

1. Bronzewarenfabrik Kissing, Möllmann & Comp., Iserlohn, 1833
Frachtbrief, 3 x 5 (Bildgröße)
2. Friedrich-Wilhelms-Eisenhütte Primavesi & Comp., Gravenhorst, 1838
Rechnung, 3,5 x 10,5 (Bildgröße)
3. Gußstahl-Fabrik Friedrich Krupp, Essen, 1845
Rechnung, 7 x 21 (Bildgröße)
4. Gute Hoffnungs-Hütte (Jacobi, Haniel & Huyssen), Sterkrade, 1848
Rechnung, 4 x 19 (Bildgröße),
Entwurf: W. Severin, Düsseldorf
5. Schraubenfabrik Funcke & Hueck, Hagen, 1865
Geschäftsbrief, 10 x 21 (Bildgröße),
Entwurf: J. Peters & Schulte, Hagen
6. Eisenwerk Carl Rüetz & Comp., Dortmund, 1872
Rechnung, 8 x 21 (Bildgröße)
7. Knopffabrik P. C. Turck Wwe., Lüdenscheid, 1875
Rechnung, 7,5 x 21 (Bildgröße), Entwurf: Schagen & Grothe, Mönchengladbach
8. Spinnerei und Weberei J. Schilgen, Emsdetten, 1896
Rechnung, 7,5 x 16 (Bildgröße), Entwurf: Schagen & Grothe, Mönchengladbach
9. Fabrik für elektrotechnische Artikel Bergmann Elektricitäts-Werke AG, Berlin, 1910
Geschäftsbrief, 8 x 21 (Bildgröße)
10. Fabrik für elektrotechnische Artikel J. C. Koch, Hohenlimburg, 1913
Rechnung, 8 x 20 (Bildgröße)
11. Waffenfabrik Simson & Co., Suhl, 1914
Geschäftsbrief, 8 x 19 (Bildgröße),
Entwurf: Carl Weddigen, Barmen
12. Geldschrank- und Tresorbau C. Ade, Berlin, um 1925
Rechnung, 6 x 21 (Bildgröße)

105.1–105.11: Dortmund, Stiftung Westfälisches Wirtschaftsarchiv
105.12: Berlin, Landesarchiv Berlin

Bildliche Darstellungen auf Geschäftsdrucksachen verkörpern das Selbstverständnis und den Repräsentationswillen der Industrie. Da sie fast ausnahmslos Außenansichten zeigen, geschieht dies gleich auf zweifache Weise: Zum einen geben sie die – oft durch Stilzitate und Schaufassaden überhöhte – Architektur der Fabrikbauten wieder, zum anderen setzen sie diese durch Hinzufügungen und Auslassungen in Szene. Allegorien, die Fleiß und Erfolg figürliche Gestalt verleihen, und Arabesken, die Technisches mit dem Reiz des Naturhaften ausstatten, verstärken die Aussage.

Illustrierte Firmenbriefköpfe wurden ab etwa 1820 gebräuchlich, wobei Vignetten (kleinformatige Schmuckzeichen) und gemalte Landschaftsansichten die gestalterischen Vorbilder lieferten. Anfangs erschien die Fabrik oft noch als harmonischer Bestandteil einer landwirtschaftlich geprägten Umwelt (Kat. Nr. 105.1 und 105.2). Auch die späteren Kolosse Krupp (Kat. Nr. 105.3) und Gutehoffnungshütte (Kat. Nr. 105.4) wirkten um 1845 noch vergleichsweise idyllisch (vgl. Kat. Nr. 166 und 168). Einige Firmen bezogen Arbeiterwohnungen und Unternehmervillen in die Darstellung mit ein (Kat. Nr. 105.5). Die serielle Reihung der Werkshallen verdeutlichte ab 1870 den Massencharakter der industriellen Fertigung (Kat. Nr. 105.6 und 105.8). Medaillen, Markenzeichen und andere dekorative Elemente gewannen im ausgehenden 19. Jahrhundert an Bedeutung (Kat. Nr. 105.7 und 105.9), was sich bis zur Verwandlung von Telegraphendrähten in Jugendstilornamente steigern konnte (Kat. Nr. 105.10). Wegen der zunehmenden Ausdehnung der Produktionsflächen setzte sich im selben Zeitraum die über Eck gestellte Ansicht aus der Vogelperspektive als Standardmotiv durch (Kat. Nr. 105.11). Nach 1920 wurde das Werksmodell – von der Umgebung vollständig abstrahiert – gelegentlich zusammen mit dem Produkt auf einer Palette dargeboten (Kat. Nr. 105.12).

Die Entwicklung der Geschäftsdrucksache war eng mit dem Wandel der Drucktechnik verbunden. Um 1820 ermöglichte die Lithographie eine freiere bildliche Gestaltung der Briefbögen. Das Aufkommen der Fotografie machte sich zunächst kaum bemerkbar, da die Idealisierung der topographischen und architektonischen Gegebenheiten mit zeichnerischen Mitteln viel einfacher zu bewerkstelligen war. Im zweiten Viertel des 20. Jahrhunderts wurde der illustrierte Firmenbriefkopf allerdings allmählich durch andere Werbeformen verdrängt. *AS*

Ausst. Kat. Münster/Dortmund 1980; Dettmer 1985.

105.3

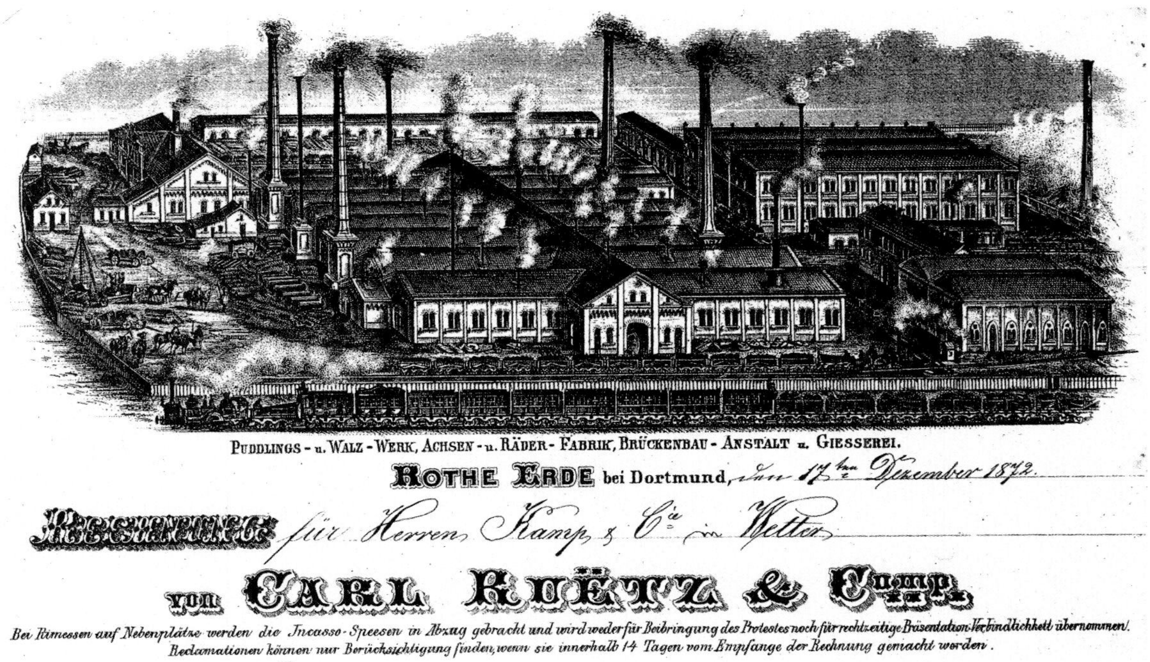

105.6

105.12

11 Energie, Kraft, Geschwindigkeit

Technik und Avantgarde 1910–1925

Die intensive Nutzung von Gas und Elektrizität in der Energiewirtschaft, die Verdichtung von Telekommunikationstechniken und die Entwicklung akustischer Speichersysteme sowie die zunehmende Automatisierung von industriellen Produktionsprozessen im Verlauf des 19. Jahrhunderts hatten einschneidende Veränderungen in der Wahrnehmung zur Folge. Die stetig zunehmende Mobilisierung erweiterte sukzessive den Horizont. Zu dem Massentransportmittel Eisenbahn kam Ende der 1910er Jahre das Automobil hinzu, und nachdem 1903 die ersten Flugversuche der Gebrüder Wright gelangen, erfüllte sich 1909 mit der Überfliegung des Ärmelkanals durch Louis Blériot der alte Menschheitstraum vom Fliegen.

Die Verarbeitung der technischen Neuerungen fand eine eigenständige künstlerische Ausdrucksform in einer neuen Bewegungs-, Geschwindigkeits- und Zeitmetaphorik. Die Maler standen vor der Herausforderung, auf der zweidimensionalen Bildfläche Bewegung im Raum darzustellen bzw. den Raum durch die Darstellung von Bewegung zu überwinden. Wesentliche Anregungen für die Übertragung auf die Leinwand gaben naturwissenschaftliche Untersuchungen von elektrodynamischen Erscheinungen, die die gegenständliche Wahrnehmung und Darstellung in einen alles durchdringenden, nicht objektgebundenen Kosmos von Wellen und Schwingungen transformierten.

Der Physiker James Clerk Maxwell baute zu Beginn der 1860er Jahren die Vorstellung von elektrischen und magnetischen Kraftlinien, die den Raum durchziehen, zu einer Theorie des elektromagnetischen Feldes aus. Maxwell schloss auf die Existenz entsprechender Wellen und formulierte somit auch eine elektromagnetische Lichttheorie. 1905 schließlich begründete Albert Einstein die relativistische Elektrodynamik bewegter Körper, mittels derer er die Energie der Masse als deren unmittelbares Äquivalent nachweisen konnte.

In der Physiologie wurden seit der Mitte des 19. Jahrhunderts mittels mechanischer Vorrichtungen bestimmte Lebensvorgänge – beispielsweise Kreislauf, Energie- und Wärmehaushalt oder Nerven- und Muskelbewegung – gemessen und aufgezeichnet. Diese Analysen beschränkten sich nicht allein auf Phänomene physikalisch-chemischer Gesetzmäßigkeiten des Lebens, sondern umfassten auch technische bzw. ingenieurwissenschaftliche Aspekte. 1887 veröffentlichte Eadweard Muybridge ein elfbändiges Werk mit 20 000 Phasenfotografien. Muybridge nahm seit 1872 menschliche und tierische Bewegungsabfolgen auf, die mit Hilfe mechanischer Projektionsapparate wieder zusammengesetzt werden konnten und somit einen Bewegungsablauf künstlich simulierten. Der französische Physiologe Étienne-Jules Marey entwickelte etwa zeitgleich das Verfahren der Chronophotographie, bei der er Simultanaufnahmen verschiedener Bewegungsphasen auf derselben Platte machte. Anhand der Einzelfotografien der Bewegungsphasen auf ein und derselben Platte, die sich teilweise durch Überlagerung verdichteten, konnte der Zeit- und Bewegungsablauf nachvollzogen werden. 1884 war es dem Physiker Ernst Mach und seinem Kollegen Peter Salcher erstmals gelungen, die Luftbewegungen eines fliegenden Gewehrprojektils fotografisch festzuhalten.

Graphische sowie fotografische Aufzeichnungsverfahren naturwissenschaftlicher Untersuchungen, die jede Bewegung und jede periodische Änderung einer physikalischen Größe notierten, bildeten ein neues Bild- bzw. Motivrepertoire für die Künstler verschiedenster Avantgardeströmungen. In der Malerei sollte die Übertragung von Geschwindigkeit und des Paradoxons von der Gleichzeitigkeit des Aufeinanderfolgenden durch Aufgabe der Zentralperspektive und das Zergliedern der Gegenstände in Farb- und Formflächen eingelöst werden. Durch graphische Diagrammlinien und kaleidoskopartige Prismenformen wurde die Bewegung eines Gegenstandes auf die zweidimensionale Bildfläche übertragen und zu komplexen, weitgehend abstrakten Bildstrukturen verdichtet. *BS*

Asendorf 1989; Paech 1991; Asendorf 1998; Sarasin/Tanner 1998; Hoffmann 2002.

106

Giacomo Balla (Turin 1871 – 1958 Rom)
Automobil in voller Fahrt (Automobile in corsa), 1913
Mischtechnik auf Karton, 73 x 104
Privatsammlung

1910 unterzeichnete Giacomo Balla zusammen mit Umberto Boccioni, Carlo Carrà, Luigi Russolo und Gino Severini das *Manifest der futuristischen Maler* und *Die futuristische Malerei – Technisches Manifest*. Die Futuristen forderten die Revolutionierung der Künste und eine alles umfassende Neukonstruktion des Menschen und seiner Lebenswelten. Im Mittelpunkt der futuristischen Idee stand die Bewegung und die aufgrund neuer Transport- und Kommunikationssysteme veränderte Wahrnehmung von Geschwindigkeit.

In dem Bild *Automobil in voller Fahrt* untersucht Balla die malerischen Möglichkeiten, die gegenstandslose Bewegung anhand der Geschwindigkeitsdarstellung eines fahrenden Autos umzusetzen. Die motorischen Antriebsenergien werden durch ein Raster von strahlenförmigen Diagonalen auf die Bildfläche übertragen und durch transparent aufgetragene kreis- und spiralförmige Farbwirbel rhythmisiert. Balla versucht hier das Prinzip des Dynamismus – eines der wesentlichen Elemente der futuristischen Malerei – bildlich umzusetzen. Analog zur naturwissenschaftlichen Erforschung von Licht-, Wärme- und Bewegungserscheinungen, besaß für die Futuristen jeder Gegenstand ein spezifisches Energie- und Kraftpotential, das sich aus seiner organischen Substanz – Farbe, Form, Konsistenz und Temperatur – ergab. Bildliche Anregungen für die Darstellung von diesen Energiefeldern bzw. Kraftlinien lassen sich in fotografischen Aufnahmen der Luftbewegungen um ein fliegendes Gewehrprojektil erkennen. In den dort auszumachenden hyper- und parabolischen Schockwellen sowie Keilformen und Luftverquirlungen haben die Futuristen ein Äquivalent für die Darstellung von Geschwindigkeit gesehen und diese entsprechend als bildnerisches Mittel eingesetzt. *BS*

Baumgarth 1966; Schröder 1984, S. 36–59; Ausst. Kat. Mannheim u. a. 1985; Ausst. Kat. Venedig 1986; Schmidt-Bergmann 1993; Ausst. Kat. Hannover 2001, Nr. 22.

107
Gino Galli
(Rom 1893 – 1954 Florenz)
Mechanischer und tierischer Dynamismus (Dinamismo meccanico e animale), 1916
Öl auf Leinwand, 62 x 68
Brescia, Musei Civici d'Arte e Storia

Gino Galli beginnt mit seiner futuristischen Malerei 1912 im Umkreis von Giacomo Balla. Die Faszination und die Herausforderung, Bewegung und Geschwindigkeit auf die zweidimensionale Bildfläche zu übertragen, zeigen sich auch in Gallis Darstellung des mechanischen und tierischen Dynamismus. Dargestellt ist ein Wettrennen zwischen einen Mischwesen aus Giraffe und Känguru und einer bis zur Unkenntlichkeit vermummten Gestalt, die ein motorrad- oder sportwagenähnliches Gefährt steuert. Es ist nicht zu erkennen, wer von den beiden den Paragone zwischen mechanischem und tierischem Dynamismus gewinnen wird.

Das Wettrennen zwischen dem Tier und der Union Mensch–Maschine stellt einen wesentlichen Programmpunkt der Futuristen auf die Probe. Die Maschine, herausgelöst aus ihrem industriell-revolutionären Kontext, verkörperte für die Futuristen nicht nur Fortschritt und Erweiterung der Lebensmöglichkeiten, sondern auch die Zukunftsvision vom Maschinenmenschen. Analog zu der romantischen Idee der Einheit von Mensch und Natur strebten die Futuristen die Einheit von Mensch und Maschine an. Als der französische Mediziner Alexis Carrel 1908 die erste gelungene Organtransplantation bei Tieren durchführte, berauschten sich die Futuristen an der Vision, dass dem Menschen eines Tages nicht nur Organe, sondern womöglich auch mechanische Ersatzteile implantiert werden könnten. *BS*

Baumgarth 1966; Benton 1983; Schmidt-Bergmann 1993; Ausst. Kat. Hannover 2001, Nr. 205.

Wir erklären, daß sich die Herrlichkeit der Welt um eine neue Schönheit bereichert hat: die Schönheit der Geschwindigkeit. Ein Rennwagen, dessen Karosserie große Rohre schmücken, die Schlangen mit explosivem Atem gleichen ... ein aufheulendes Auto, das auf Kartätschen zu laufen scheint, ist schöner als die Nike von Samothrake. ...
Wir stehen auf dem äußersten Vorgebirge der Jahrhunderte! ... Warum sollten wir zurückblicken, wenn wir die geheimnisvollen Tore des Unmöglichen aufbrechen wollen? Zeit und Raum sind gestern gestorben. Wir leben bereits im Absoluten, denn wir haben schon die ewige, allgegenwärtige Geschwindigkeit erschaffen.

Filippo Tommaso Marinetti, *Manifest des Futurismus*, 1909

Alles bewegt sich, alles vollzieht sich mit größter Geschwindigkeit. Eine Figur steht niemals unbeweglich vor uns, sondern sie erscheint und verschwindet unaufhörlich. Durch das Beharren des Bildes auf der Netzhaut vervielfältigen sich die in Bewegung befindlichen Dinge, ändern ihre Form und folgen aufeinander wie Schwingungen im Raum. So hat ein galoppierendes Pferd nicht vier, sondern zwanzig Beine, und ihre Bewegungen sind dreieckig.

Umberto Boccioni, Carlo Carrà, Luigi Russolo, Giacomo Balla und Gino Severini, *Die futuristische Malerei – Technisches Manifest*, 1910

Wir glauben an die Möglichkeit einer unabsehbaren Zahl menschlicher Verwandlungen und erklären in vollem Ernst, daß im Fleisch des Menschen Flügel schlafen. ... Der für eine allgegenwärtige Geschwindigkeit geschaffene a-humane und mechanisierte Typus wird natürlich grausam, allgegenwärtig und kampfbereit sein.

Filippo Tommaso Marinetti, *Der multiplizierte Mensch und das Reich der Maschine*, 1911

Wir haben in Berliner Ausstellungen die Futuristen, die Kubisten und ihre Verwandten toben gesehen. Diese Kurzsichtigen glauben, alle irdischen Formen zwischen bestimmte Linien zwängen, die Umwandlung der Schöpfung in einen chaotischen Haufen geometrischer Gebilde vornehmen zu müssen ...

Artur Fürst, *Das Reich der Kraft*, 1912

108
Walter Dexel
(München 1890 – 1973 Braunschweig)
Lokomotive im Oval, 1920
Öl auf Pappe, 51 x 46
Braunschweig, Städtisches Museum
Braunschweig

Walter Dexels künstlerisches Schaffen war stark geprägt von der Auseinandersetzung, autonome Kunst und gesellschaftliche Funktionalität in Einklang zu bringen. Er gehörte zu den Künstlern, die sich für eine stärkere Verbindung von ›freier‹ und ›angewandter‹ Kunst einsetzten. Zu Beginn der 20er Jahre entstanden eine Reihe von Maschinen- und Stadtbildern, die den Weg zum Konstruktiv-Konkreten vorbereiteten.

In dem Gemälde *Lokomotive im Oval* erscheint die Lokomotive in Form einzelner, geometrisch stilisierter Teile. Alle Bildelemente werden gleichwertig in ein rhythmisches Raster eingebunden. Das Zentrum des Bildes bildet ein kleiner durchscheinender Kreis. In ihm lässt sich der Scheinwerfer einer frontal auf den Betrachter zufahrenden Lokomotive erkennen, der über der Stirnfront des Kessels positioniert ist. Halbkreisförmige Linien, in Form einer Ellipse angeordnet, bilden den Lichtschein dieses Scheinwerfers. Die zentrifugal auf den Halbkreissegmenten angeordneten – lediglich angedeuteten – Fragmente von Landschaften und Häuserfassaden vermitteln den Eindruck, als ob sie an dem Betrachter vorbeifliegen würden und suggerieren eine hohe Geschwindigkeit. Die Dynamik der Bildkomposition wird noch durch die plastische Wirkung der Darstellung gesteigert, die sich aus dem Oval zu wölben scheint.

Dexel entwickelte in seinen Maschinen- und Stadtbildern einen bildnerischen Prototyp von geometrischen, vertikalen und horizontalen Strukturen, den er bis in sein Spätwerk beibehielt, und dessen Umsetzbarkeit er in verschiedensten Techniken und Materialen – darunter Typographie, Plakat, Reklame und Leuchtreklame sowie Verkehrsschilder – untersuchte.
BS

Ausst. Kat. Münster 1979a; Ausst. Kat. München 1985, Nr. 244; Wöbkemeier 1995, Nr. 142.

109
Otto Möller
(Schmiedefeld 1883 – 1964 Berlin)
Straßenlärm, 1920
Öl auf Leinwand, 62 x 75,5
Berlin, Berlinische Galerie, Landesmuseum für Moderne Kunst, Photographie und Architektur, Inv. BG-M 4060/88

Während die Arbeiten von Otto Möller aus den 1910er Jahren im Spannungsfeld von Impressionismus und Expressionismus entstanden, zeigt sich in den Werken zu Beginn der 20er Jahre eine stärkere Orientierung an Bildkonzeptionen der Futuristen, Kubisten, an den Collagen der Dadaisten wie auch an der Malerei Robert Delaunays.

In seiner chaotisch anmutenden Komposition *Straßenlärm* zerlegt Möller die Szenerie der Großstadt in einzelne zeichenhafte Bildelemente und voneinander isolierte Farbflächen. Großformatig tauchen die Buchstaben A und Z auf, die neben der Assoziation zum Jazz auf die Großstadt als Lebenswelt hinweisen, in der von A bis Z alles zu haben ist. Durch Überblendung von spitzwinkligen, teilweise durchscheinenden Farbflächen zwischen den Häuserfassaden wird das Einstürzen derselben verhindert, gleichzeitig aber auch ihre schwankende Bewegung noch potenziert. Nicht die Schilderung eines konkreten Ortes, sondern die bildliche Umsetzung von Bewegung, Lärm, Unordnung ist Anliegen der Darstellung. Die dynamische und lärmende Wirkung erreicht Möller durch Aufgabe der Zentralperspektive und Konstruktion mehrerer Bildebenen. Splitternd und knirschend fordert die emphatische Implosion der Darstellung die Wahrnehmung des Betrachters heraus, spricht Augen und Ohren an. Indem Möller die Technik des Überblendens einsetzt, entsteht eine Bildersturz ähnliche Komposition, die an den Querschnittfilm von Weimar erinnert und sich später auch in Walter Rutmanns Großstadtsinfonie wiederfindet. *BS*

Pfefferkorn 1974; Galerie Nierendorf 1986, Abb. Nr. 99; Ausst. Kat. Berlin 1987, S. 329.

110
Ljubov Sergeevna Popova
(Ivanovskoje 1889 – 1924 Moskau)
Raum-Kraft-Konstruktion, 1921
Öl auf Sperrholz, 83,5 x 64,5
Moskau, Staatliche Tretjakow Galerie

Nach der Oktoberrevolution, die eine politisch-soziale Umwälzung in Russland eingeleitet hatte, schien die Vision einer neuen Kunst in einer neuen Gesellschaft greifbar nahe zu sein. Die Bilder von Ljubov Popova stifteten eine neue Einheit von Kunst, Wissenschaft und Technik. Sie nahm die futuristische und kubistische Malerei als Herausforderung an, indem sie sich konsequent mit den bildnerischen Verfahren einer reduktiven Analyse von Formen auseinander setzte. 1919 begann sie die Bilder zu malen, die – *Raum-Kraft-Konstruktionen* genannt – sich kreuzende Linien in ein Spannungsverhältnis zum Raum setzten. In dem Gemälde von 1921 setzt Popova Künstlichkeit und Konstruktion konsequent neben die erfahrene Materialität der Realität. Im Bild rückt die Reflexion an sich, der bewusste Einsatz jedes Teils, in den Vordergrund, der die Konstruktion transparent macht und die Elemente um so plastischer hervortreten lässt, die den Bildraum bestimmen: Formen, Farben, Perspektiven und Kraftlinien. Durch die grauschwarzen Flächen, die wie Schatten gesetzt sind, gewinnt das Bild kontinuierlich an Tiefe, die aber zugleich in ihrer Einheitlichkeit und Übersichtlichkeit durch die planparallelen sowie die sich kreuzenden Linien gebrochen wird.

Vor dem Hintergrund der Erkenntnisse in den Naturwissenschaften eröffnete sich die Möglichkeit, sich von einer sichtbaren Erscheinung zu lösen und zu grundsätzlicheren Fragen nach dem Verhältnis von Individuum und Welt vorzudringen. Mit der Auflösung des Materie-Begriffs war es auch um die Glaubwürdigkeit und Aussagekraft äußerer Gegenstandsformen geschehen. Der Wechsel von materiell-statischer zu dynamisch-energetischer Perspektive lag im Verzicht auf die Dokumentation und Bearbeitung äußerer, sekundärer Formen. Lediglich ein sichtbar belassenes Konstruktionsskelett als asymmetrischer Funktionalismus bleibt im Bild bestehen. *BS*

Peck/Wie 1982; Ausst. Kat. New York u. a. 1991; Ausst. Kat Berlin 1997; Ausst. Kat. Berlin u. a. 1999.

111

Edmond van Dooren
(Antwerpen 1896 – 1965 Antwerpen)
Maschinenmenschen (Kubofuturistische Komposition), um 1925/26
Öl auf Leinwand, 85 x 100
Sammlung Hoh

Stilistisch reicht das Spektrum der Arbeiten Edmond van Doorens von abstrakter bis zu visionärer, figurativ-realistischer Malerei. Besonders ausgeprägt ist die Orientierung an der holländischen Gruppe »de Stijl«, am italienischen Futurismus sowie der Einfluss der Malerei Robert Delaunays.

Die Komposition *Maschinenmenschen* bewegt sich auf der Grenze zwischen Abstraktion und Figuration. Im Zentrum steht eine verdichtete Struktur aus Dreiecken und Pfeilformen, deren Flächen in kristalline Konturen aufgebrochen und ineinander verschränkt zusammengefügt sind. Im Hintergrund verlieren sich diese Formen durch Verlust der Tiefenschärfe ins Schemenhafte, ähnlich einer optischen Darstellung eines akustischen Nachhalls oder einer verklingenden Schwingung. Die raumgreifende Struktur erinnert an den agitativen Gestus der Bilder der italienischen Futuristen. Aus der kompakten Splitterkonstruktion gehen vereinzelt statuenhafte roboter- bzw. kriegerähnliche Köpfe als Metamorphose hervor. Der Regisseur Fritz Lang schuf in seinem Film *Metropolis*, der im Januar 1927 uraufgeführt wurde, mit der Figur Maria/Futura eine sehr ähnliche Gestalt. Der Erfinder Rotwang fängt Maria und kreiert in seinem Laboratorium nach ihrem Ebenbild den künstlichen Maschinenmenschen. Ähnlich wie bei Lang steht die von van Dooren angedeutete Erschaffung eines Maschinenmenschen bzw. -kriegers nach dem Ebenbild des Menschen nicht im Zusammenhang mit maschinellen Arbeits- und Produktionsprozessen, sondern stellt das Gegenstück der Roboterwelt dar und rekurriert auf den tradierten Topos vom Künstler als schöpferischem Genie. *BS*

Aker 1930; Ausst. Kat. Nürnberg 1998, Nr. 16.

12 Metaphysik der Maschine

Die Ästhetik gesellschaftlicher Utopien 1920–1935

Mit den 20er Jahren des 20. Jahrhunderts setzte eine neue Phase der Industrialisierung ein. Durch neue Verkehrswege und die Verwendung des Erdöls wurde die Industrie unabhängiger von geographisch günstigen Lagen. Die Technisierung griff auf alle Lebensbereiche über. Produktionszweige, die seit den 70er Jahren des 19. Jahrhunderts als ›neue Industrien‹ eine Rolle spielten, wurden nun ausgebaut: Chemie, Pharmazie, Elektroindustrie, Kfz-Industrie, Maschinenbau, Feinmechanik und Optik.

Die technische Entwicklung schlug sich nicht nur im Erscheinungsbild der Fabrik nieder, sie wurde auch selbst zum Faktor industrieller Entwicklung. Vor allem im großindustriellen Sektor war sie die Voraussetzung für produktivitätssteigernde Rationalisierungen nach amerikanischem Muster. Nach dem Vorbild des Amerikaners Henry Ford wurde der Herstellungsprozess mit Hilfe des Fließbandes, der Massenproduktion und höherer Löhne neu organisiert. Fords Ideen erhielten bei Unternehmern wie Gewerkschaften großen Zuspruch – Amerika wurde zum gelobten Land des Aufbruchs in eine neue Zeit. Vielfach galt die Maschine als Symbol dieser neuen Zeit – und zwar sowohl in utopischen Visionen wie auch in der pessimistischen Ablehnung der neuen Technikbegeisterung.

Der Erste Weltkrieg hatte gegenüber der Technik und der modernen Industriegesellschaft bereits bestehende Vorbehalte noch verstärkt, was in dem europäischen Bestseller des Geschichts- und Kulturphilosophen Oswald Spengler, *Der Untergang des Abendlandes* (1920), deutlich Ausdruck fand. Hier wird eine irrationale Technikfeindlichkeit geäußert; die Befindlichkeit der eigenen Zeit, geprägt durch politischen Umbruch, wirtschaftliche Krisen und Arbeitslosigkeit, Beeinträchtigung des Nationalgefühls und Verlust an bisher gültigen Werten, sah er in Abhängigkeit von der technischen Entwicklung. Das Abendland galt Spengler als eine »Wirtschaftswelt der Maschinenindustrie«, als Resultat einer »faustischen« Technik, die aus dem Streben des Menschen, sich gleich Gott zum Schöpfer aufzuschwingen, entsteht: »Man hat die Maschine als teuflisch empfunden und mit Recht. Sie bedeutet in den Augen des Gläubigen die Absetzung Gottes.« Die Maschine macht, Spengler zufolge, den Menschen zum Sklaven der Schöpfung.

Die in Deutschland schließlich einsetzende Konsolidierung der politischen und wirtschaftlichen Verhältnisse Mitte der 20er Jahre und die fühlbare technische Innovation führten aber auch zu einer Technikeuphorie, die gleichermaßen irrationale Züge trug. Sie gipfelt in der Vorstellung, mit Hilfe der Technik alle Probleme lösen zu können: »Die Technik hat die Tore des Paradieses gesprengt« (Richard Nikolaus von Coudenhove-Kalergi). Industrie und Technik wurden zum Schlüssel eines neuen innen- und außenpolitischen Herrschaftsverständnisses.

Der Technik wurde auch eine neue ästhetische Qualität zugeschrieben. Der Philosoph und Physiker Friedrich Dessauer bescheinigte ihr aufgrund ihrer vermeintlich mystisch-religiösen und ethischen Qualität eine Schönheit, die »in ihr selbst beschlossen« sei. Sie erschließe sich dem Betrachter unmittelbar, das heißt ohne Vorbildung: »man braucht eine moderne Schnellzuglokomotive nicht in ihrer Funktion zu verstehen, um doch von ihrem Anblick beglückt zu sein.« Dessauers Ansichten umschreiben gleichsam künstlerische Formulierungen, die sich in den 20er Jahren – sei es in der Malerei oder in der Fotografie – ausbilden: »Wenn der Sinn durch alle Formen hindurchrieselt, durchleuchtet, wenn der Stoff durchglüht, transparent ist von dem in ihn eingezogenen Geist ..., dann enthält das technische Gerät die objektive Wurzel für das ästhetische Erlebnis.« Der Künstler macht die Schönheit, die in der Technik liegt, anschaulich: »Technische Schönheit ist ein Begriff, den erst unsere Zeit entdeckt und dem sie dann selber den eigentlichen Inhalt gegeben hat.« *SB*

Spengler 1920–22, Bd. 2, S. 625 (Zitat); Richard Nikolaus von Coudenhove-Kalergi, *Apologie der Technik* (1922), in: ders. 1925, S. 113 (Zitat); Dessauer 1927, S. 141f. (Zitat); Ausst. Kat. Essen 1928; Ausst. Kat. München 1980.

112
Karl Völker
(Halle/Saale 1889 – 1962 Weimar)
Arbeitermittagspause, 1923
Öl auf Pappe, 64,5 x 94
Berlin, Deutsches Historisches Museum, Inv. Kg 63/42

Völker hatte sich Anfang der 20er Jahre einem expressiv-religiös motivierten Kommunismus zugewandt. Als Mitglied der linken »Hallischen Künstlergruppe« war er an der *Allgemeinen deutschen Kunstausstellung*, die 1924/25 in Moskau, Saratow und Leningrad gezeigt wurde, mit der *Arbeitermittagspause* beteiligt.

Das Programmbild zeigt in der Typisierung der Menschen expressionistische Stilelemente der gleichzeitig entstandenen Holzschnitte Völkers. Die Fabrik erscheint symbolhaft als proletarischer Lebensraum. Die Arbeiter werden als geschlossene Gruppe gezeigt, die mit der Strenge und Funktionalität der modernen Architektur formal eine Symbiose eingehen. Die Familie im Vordergrund verkörpert die Hoffnung auf eine Zukunft. in der die Industrie bzw. die Fabrikarbeit die Grundlage einer neuen, von der Herrschaft des Proletariats bestimmten Gesellschaftsordnung sein wird. *SB*

Schulze 1974, S. 9.

113

Gerd Arntz
(Remscheid 1900 – 1988 Den Haag)
Kleine Fabrik, 1926
Öl auf Leinwand, 80 x 60
Reading, Otto and Marie Neurath Isotype Collection, University of Reading

Zusamen mit Heinrich Hoerle (Kat. Nr. 114) und Franz Seiwert gehörte der Marxist Arntz in den 20er Jahren zur Kölner »Gruppe progressiver Künstler«, die revolutionäre, linke Positionen vertrat und ›proletarische‹ Kunst schaffen wollte. In seinen Werken kritisierte er die zeitgenössische kapitalistische Gesellschaftsstruktur. Mit Hilfe einer graphisch-flächigen Bildsprache, die konstruktive und realistische Formen verbindet, werden die Arbeiter, der Hut tragende Unternehmer, die Fabrikarchitektur und der auf Produktion verweisende Rauch in der *Kleinen Fabrik* zeichenhaft verwoben. Gebäude und Menschen sind zu Zeichen und Typen abstrahiert. Die wie gedruckt wirkende, entindividualisierte Signatur weist Arntz als Konstrukteur, als Ingenieur aus. Kunst und Leben nahmen mit dem Konstruktivismus eine dem Industriezeitalter angemessene künstlerische Form an, die auch mit dem Rückzug von der individuellen Handschrift des Künstlers einherging.

Die *Kleine Fabrik* ist eines der wenigen Gemälde von Arntz, der sich vorwiegend der Graphik widmete. Grundsätzlich verband die »Progressiven« die Ablehnung des Tafelbildes. Vielmehr strebten sie aus politischen Motiven die Ausführung von öffentlichen Wandbildern an. Viele ihrer Gemälde dürften denn auch in erster Linie Entwürfe für die gewünschte großformatige Übertragung in die Wandmalerei sein. Für Arntz war die Maschinenarbeit nicht die Ursache der in seinen Augen unbefriedigenden Situation des Arbeiters. Vielmehr war es das kapitalistische System, das dem Arbeiter keinen Spielraum für ein würdiges Leben einräumte. *SB*

Ausst. Kat. Deen Haag 1976; Ausst. Kat. München 1980, S. 81f.; Ausst. Kat. Berlin 1977, S. 275f.

114
Heinrich Hoerle
(Köln 1895 – 1936 Köln)
Arbeiter. Selbstbildnis vor Bäumen und Schornsteinen, 1931
Öl auf Papier auf Karton, 62 x 49
Privatsammlung

Hoerle, Mitbegründer der »Gruppe progressiver Künstler« (vgl. Kat. Nr. 113), beschäftigte sich vor allem Anfang der 20er Jahre und um 1930 in seinen politisch motivierten konstruktivistischen Werken mit der Welt der Industrie und Technik. Das *Selbstbildnis vor Bäumen und Schornsteinen* wird durch eine starke Stilisierung bestimmt. Beide Bildbereiche im Hintergrund – Industrie und Natur – behandelt Hoerle als gleichberechtigte Komponenten. Sowohl die Natur in Gestalt der Bäume als auch die Industriearchitektur bezieht er als flächenstrukturierende Elemente symmetrisch auf den Dargestellten.

Stellt der Konstruktivismus formal eine deutliche Gegenposition zum Naturalismus und vor allem zum Expressionismus dar, bezieht Hoerle in diesem Bildnis darüber hinaus auch inhaltlich Position: Er stellt sich in dem Arbeiterselbstbildnis als Teil der erhofften neuen, klassenlosen Gesellschaft dar. Mit Zirkel und Lineal konstruiert, zeigt es den Künstler als Ingenieur, als Konstrukteur, der an der Neuschöpfung der modernen, von der Rationalität der Industrie bestimmten Welt beteiligt ist. *SB*

Ausst. Kat. München 1980, S. 80; Ausst. Kat. Köln 1981; Ausst. Kat. Köln/Kiel 2000, passim; Ausst. Kat. München 2001, S. 190f..

115
Franciska Clausen
(Apenrade 1899 – 1986 Apenrade)
Die Schraube (Skruen), 1926
Öl auf Leinwand, 75 x 53
Skive, Skive Art Museum, Inv. M 41

Stilistisch in der Nähe zu den Bildarchitekturen ihres Lehrers Fernand Léger, entwickelte die von 1924 bis 1932 in Paris lebende dänische Künstlerin Franciska Clausen eine Bildsprache, die sich motivisch an technischen Versatzstücken und bildnerisch an den Möglichkeiten der Montagetechnik orientierte. In dem Bild *Die Schraube* stellt sie eine Schraubenwindung eines »Fleischwolfs« (Finn Terman Frederiksen) in das Zentrum des Bildes. Die Form des Gewindes evoziert eine vertikale, spiralförmige Bewegung im Bild, die sich wie ein Perpetuum mobile unaufhörlich fortsetzt. Obwohl der Betrachter einzelne technische Formen erkennen kann, erklären sich die Gesetzmäßigkeiten dieser »Ewigkeitsmaschine« (Finn Terman Frederiksen) nicht. Die graphische Bildästhetik erinnert an technische Konstruktionszeichnungen, verweigert sich jedoch einer Erklärung und eindeutigen Funktionsbestimmung.

Die Schraube, das normierte Element par excellence, verbindet einzelne Teile oder dient zur Bewegungsübertragung. Als einfachste ›Maschine‹ bringt sie die Einheit von Form und Funktion augenfällig zum Ausdruck. Bei Clausen erinnert sie zum einen an das Urprinzip der archimedischen Schraube, die als Wasserpumpe eingesetzt wurde. Zum anderen wird auf die Bearbeitung und Umsetzung von Werkstoffen hingewiesen.

Clausens intensive Auseinandersetzung mit den Funktionsprinzipien der Schraube, das Ausloten von materiell-statischer und dynamisch-energetischer Konstruktion, zeigt sich in einer Reihe von Bildern, in denen immer wieder der Schraubenkörper und seine vertikale Bewegung im Mittelpunkt stehen. Vor dem Hintergrund des verbreiteten Technikoptimismus steht die Schraube bei Clausen in Bezug zu den Funktionsprinzipien Vereinfachung und Rationalisierung, den zwei Paradigmen, auf deren Ordnung hin sich die moderne Gesellschaft entwickelte. *BS*

Ausst. Kat. Paris 1982; Frederiksen 1987/88 (Zitate Bd. 1, S. 80 u. S. 126); Ausst. Kat. Kolding 1996.

116
Paul Kelpe
(Minden 1902 – 1985 Austin/Texas)
Composition 188, 1930
Öl auf Leinwand, 46 x 31
Sammlung Hoh

Paul Kelpe studierte Kunstgeschichte und Architektur in Hannover, bevor er 1925 in die USA auswanderte. Bereits in seinen frühen Assemblagen, die in der Gestaltung an Kurt Schwitters *Merz*-Kunstwerke erinnern, erarbeitete Kelpe eine strenge, geometrische Ordnungsstruktur, die auch den Bildaufbau seiner Gemälde der 30er und 40er Jahre kennzeichnete. Auffällig sind dabei die Nähe zur Architektur bzw. zu architektonischen Formvorstellungen und die vielfältigen Technikbezüge. Kelpe löste die Objektwelt zwar in einfache geometrische Formen auf, ließ sie jedoch nicht zu reinen Farbflächen werden.

Das Gemälde *Composition 188* erinnert einerseits an das Collageprinzip der Dadaisten, zeigt andererseits aber auch das Interesse an der Verbindung zwischen bildender Kunst und Architektur. Das Bild setzt sich aus geometrischen Formen zusammen, die sich zur Mitte hin zunehmend durch Überlagerung verdichten. Speichenrad, Ritzel, Scheibe und Walze evozieren einen mechanisierten Bewegungsprozess, der – einmal in Gang gesetzt – aus eigenem Antrieb heraus gleichbleibend fortläuft.

Darstellung und Titel nehmen Bezug auf automatische Produktion und serielle Normierung, die im Bild allerdings einen produktionsungebundenen Bewegungsmechanismus und rein fiktiven Normenwert darstellen. Ähnlich wie Willi Baumeister interessierte sich Kelpe nicht für die Abbildung einer Maschine oder einer technischen Konstruktion, sondern vielmehr für die Darstellung eines maschinellen bzw. technischen Prinzips, dessen Funktionalität und Form den ästhetischen Gehalt der Darstellung widerspiegelt. *BS*

Ausst. Kat. Pittsburgh 1983; Ausst. Kat. New York/Atlanta 1986; Ausst. Kat. Nürnberg 1998, Nr. 47.

117
Willi Baumeister
(Stuttgart 1889 – 1955 Stuttgart)
Maschinenmensch mit Schraubenwindung II, 1929/30
Öl auf Leinwand, 80,5 x 65
Stuttgart, Staatsgalerie Stuttgart, Inv. 2870

Willi Baumeister entwickelte neben der Gruppe »de Stijl« in Holland und den russischen Konstruktivisten eine Bildsprache aus geometrischen und organisch-vegetabilen Formen, deren Elemente er frei von jeglichem subjektiven Ausdruck auf der Bildfläche wie die Glieder eines Körpers zusammenfügte.

Auf dem Gemälde *Maschinenmensch mit Schraubenwindung II* sind Mensch, Maschinen und Schraubenwindung schematisiert und durch charakteristische Formmerkmale wiedergegeben. Baumeister selbst schrieb gegen Ende der 1940er Jahre: »Bei den Maschinenfiguren der zwanziger Jahre sind von dem menschlichen Körper nur noch Teile übriggeblieben, ein Arm, ein Oberschenkel, ein Kopf, ein Rumpf. Das übrige ist ein Maschinengetriebe von sich überschneidenden Rad- und Kolbenfragmenten, Balken, Quadrate ... Dies entspricht dem allgemeinen Interesse, das wir an der Technik genommen hatten: Henry Fords Buch, Fließband, Auto, Flugzeug. Auch umgekehrt sind die Maschinen Gliedmaße des menschlichen Körpers. Ich dachte eine Zeitlang daran, Teile meiner Bilder beweglich zu machen.« In dem Stuttgarter Bild scheinen Bewegungs- und Funktionsmechanismus für einen Moment still zu stehen, in einer Form eingefroren zu sein. In den Maschinen- wie auch in den Mauerbildern, die in den Jahren 1919 bis 1923 nach seiner Rückkehr vom Militärdienst auf dem Balkan und im Kaukasus entstanden, erprobt Baumeister die Einsetzbarkeit von Form, Kontur und Farbe im Sinne einer »Logik der Bildgeometrie« (Gottfried Boehm) als Gestaltungs- und Ausdrucksmittel. Weder der Mensch als arbeitstechnisch normierte Maschine noch die Anfertigung einer Arbeitsmaschine nach dem Bild des Menschen wird in seinen Gemälde vorgeführt, sondern die Veranschaulichung eines Formen- und Bewegungsprinzips und seiner Analogien. *BS*

Grohmann 1963; Baumeister 1967, S. 134 (Zitat); Slg. Kat. Stuttgart 1982, S. 75; Baumeister [1947] 1988; Ausst. Kat. Berlin 1989a; Boehm 1995, S. 18 (Zitat); Ausst. Kat. Colmar 1999.

118

Alexander Deineka
(Kursk 1899 – 1969 Moskau)
Textilarbeiterinnen, 1927
Öl auf Leinwand, 171 x 195
St. Petersburg, Staatliches Russisches Museum, Inv. ZhB 988

Deinekas Bild verkörpert exemplarisch und auf hohem künstlerischen Niveau die im nachrevolutionären Russland beschworene Taylorisierung des Arbeitsprozesses. Mit Hilfe der Maschine sollte der kollektivistische, auf Effizienzsteigerung ausgerichtete Industrialisierungsprozess verwirklicht werden. Wenngleich die Frauen hier nicht am Fließband arbeiten, so stehen sie doch für gleichförmige, rhythmisierte, von der Maschine bestimmte Tätigkeit, hinter der ihre Individualität verloren geht. Deineka hat – eigener Aussage nach – die Arbeiterinnen dem »Rhythmus der ununterbrochenen Kreisbewegungen der Webmaschinen« unterworfen. Sowohl die Maschinenarbeit als auch die Maschinen selbst werden ästhetisiert. So zeugen die dekorativ zu seriellen Ornamenten zusammengefassten Spindeln von seiner Begeisterung für die neuen Maschinen, für das, wie er bemerkte, »Filigran der Werkskonstruktion«. Mit dem Blick aus dem Fenster auf die zwei Rinder mit ihrem Hirten spielt Deineka auf das Ideal des Zusammenwirkens von Arbeiter und Bauer im neuen sowjetischen Staat an. *SB*

Gillen 1977b, S. 221; Syssojew 1982, Nr. 6 (Zitate, unpag.); Ausst. Kat. St. Petersburg/Kassel 1993/94, S. 41, passim.

119

Hannah Höch
(Gotha 1889 – 1978 Berlin)
Gewächse, 1928
Öl auf Leinwand, 100 x 120
Gelsenkirchen, Städtisches Museum
Gelsenkirchen, Inv. I b 66/18

Hannah Höchs Œuvre umfasst neben den malerischen und zeichnerischen Arbeiten vor allem Collagen. Ohne sich einem programmatischen Formenkanon zu verschreiben, montierte Höch aus Zeitschriften, Prospekten und Fotografien durch Zusammensetzung räumlich und zeitlich unzusammenhängender Realitätsaspekte irritierend paradoxe Bildwelten, in denen sie verschlüsselt Kritik an den politischen Verhältnissen und den tradierten Geschlechterrollen formulierte. In ihren Ölbildern und Gouachen übernahm sie dieses dadaistische Prinzip der Fotomontage, an dessen Entwicklung sie zusammen mit Raoul Hausmann maßgeblich beteiligt war, als künstlerisches Gestaltungsmittel. Die in ihrem Gemälde *Gewächse* zu einem Gemenge vegetabiler Formen und Strukturen zusammengesetzten Maschinenteile führen ein wucherndes Eigenleben, das sich selbst überlassen – ohne die Kontrolle von Ingenieuren, Konstrukteuren und Werkmeistern – von der gesamten Bildfläche Besitz ergreift. Die phantastische Darstellung technisch-biomorpher Metamorphosen erinnert an Henri Rousseaus gemalte Urwaldwelten aus der ersten Dekade des 20. Jahrhunderts, deren materielle Präsenz den Betrachter in eine ungewohnte, absurde Welt versetzte. Der Aufstand der Dinge, der auf Höchs Bild geprobt wird, erscheint wie ein ironisierender Kommentar auf jene kulturkritische und kulturpessimistische Haltung, die die Mechanisierung für die nachhaltige Schädigung der Kulturentwicklung und den Wirklichkeitsverlust verantwortlich machte.
BS

Ausst. Kat. Duisburg 1969, Abb. 160, S. 143; Ausst. Kat. Berlin 1989b, Abb. S. 168; Maurer 1995, Nr. 38.

120
Carl Grossberg
(Elberfeld 1894 – 1940 bei Laon)
Traumbild: Dampfkessel mit Fledermaus, 1928
Öl auf Holz, 55 x 66
Privatbesitz

Im Unterschied zu den meisten Malern der Neuen Sachlichkeit thematisierte Grossberg auch industrielle Interieurs und Maschinen. Der *Dampfkessel mit Fledermaus* gehört zu der Werkgruppe der so genannten *Traumbilder*, die zwischen 1923 und 1931 entstanden. Das technische Gerät ist aus seiner ursprünglichen Funktion herausgelöst und skulptural wie ein Kunstwerk inszeniert. Der Dampfkessel erscheint als Ikone der Industrialisierung. Er wird in surrealer Beziehungslosigkeit – ohne technischen Funktionszusammenhang – mit dem Leben in Gestalt von Tieren in einem perspektivisch verfremdeten Raum kombiniert.

Über das *Traumbild: Maschinensaal* äußerte Grossberg, der ansonsten wenig Auskunft über seine Arbeit gab: »Es ist ein Traumbild wie alle meine Kompositionen, d. h. ich wachte eines Morgens mit der fast fertigen Komposition auf. Schon immer hatte ich [mich] mit den Fortschritten der Technik beschäftigt, fühlte aber, wie manche wesentlichen Dinge durch diese Entwicklung entglitten.« Die menschliche Psyche und die Rationalität der Technik sind für Grossberg nicht immer in Übereinstimmung in ein einheitliches Weltbild zu bringen. Der empfundene Zwiespalt wird künstlerisch in industriellen Bildwelten eingelöst, die Bildfindung bzw. der künstlerische Schöpfungsprozess selbst als unbewusster, nicht rationaler Prozess stilisiert. *SB*

Güssow 1980 (Zitat S. 59); Ausst. Kat. Wuppertal/Bad Homburg 1994/95, S. 71.

121
Carl Grossberg
(Elberfeld 1894 – 1940 bei Laon)
Weiße Röhren, 1933
Öl auf Holz, 70 x 90
Privatsammlung

1933/34 begann Grossberg die Arbeit an seinem so genannten *Industrieplan*, einem Zyklus von 20–25 Gemälden. Mit diesen Darstellungen wollte er »einen Querschnitt durch die wichtigsten Industrien Deutschlands ... schaffen«. Die *Weißen Röhren* gehören in diesen Zusammenhang. Das verzweigte Röhrensystem, teilweise mit weißem Isoliermaterial umhüllt, wird nüchtern-sachlich verzeichnet und trotz aller Detailtreue nicht in seiner Funktionalität bzw. Nützlichkeit wiedergegeben, sondern als ästhetisches Objekt von Eigenwertigkeit stilisiert.

Die Bilder sollten, wie Grossberg plante, »nach ihrer Fertigstellung in allen größeren Städten Deutschlands gezeigt werden und damit einem größeren Kreis die Erschließung der Formenwelt der Technik für die Malerei zugänglich« machen. Allerdings scheiterte der Plan mangels Unterstützung. Grossbergs Absicht war keineswegs politisch, sondern ausschließlich künstlerisch, getragen von Technikbegeisterung. So kritisierte er diejenigen, die »ihre grundsätzliche Abneigung gegen jede Technik auch auf meine Malerei übertragen«. Sie seien rückwärtsgewandt und bemerkten nicht, dass die Technik auch die Themen der Kunst verändert hätte. Seine Faszination für die technische Formenwelt gründete auf einem Selbstverständnis, das künstlerische Zeitgemäßheit als thematischen wie formalen Zugang verstand. Für ihn stand das Industriethema für die »symbolische Bildwerdung der Welt in der wir leben«. *SB*

Güssow 1980; Ausst. Kat. Wuppertal/Bad Homburg 1994/95, S. 71, 75 (Zitate), 126ff.; Ausst. Kat. München 2001, S. 171, 174.

122
Max Radler
(Breslau 1904 – 1971 München)
Große Lokomotive, 1935
Öl auf Holz, 80 x 120
München, Städtische Galerie im Lenbachhaus, Inv. 614900

Neben seinen oft idyllischen Landschaften schuf Radler auch Werke mit Darstellungen von Fabriken und Technik. Radlers fast menschenleeres Bild mit der langsam aus dem Bahnhof fahrenden *Großen Lokomotive* vereinigt typische Merkmale der figurativen Malerei der 20er und 30er Jahre des 20. Jahrhunderts. Unpathetisch wird die belanglose, menschenleere Landschaft und die nüchtern-funktionale zeitgenössische Architektur des – allgemein Nordwest-Station benannten – Bahnhofs geschildert und in ein surreal wirkendes Spannungsverhältnis mit der monumental im Zentrum stehenden Lokomotive gesetzt. Wenngleich der leichte Rauch Bewegung andeutet, scheint sie sich nicht fortzubewegen.

Es wurde vermutet, der Anlass für das Bild sei in der Beschäftigung von Radlers Schwiegervater bei der Münchner Lokomotivfabrik Kraus begründet. *SB*

Ausst. Kat. Regensburg 1976.

13 Abzüge der Realität

Fotografie des ›Neuen Sehens‹ 1920–1935

Neue Akzente in der Auseinandersetzung und Wahrnehmung des industriellen Aufbaus und der fortschreitenden Technisierung nach dem Ersten Weltkrieg setzte die Fotografie. Während die Malerei der Avantgarde schrittweise die Transformation des Sujets in das abstrakte Bild vollzog, eröffnete die Fotografie die Möglichkeit, die konkrete Wirklichkeit und damit die Objektwelt mit einer vorher nicht erreichten Beweiskraft und Sinnfälligkeit zu reproduzieren.

In Abkehr von der impressionistischen Kunstfotografie, die sich um 1900 etabliert hatte, orientierten sich die Fotografen der Neuen Sachlichkeit am Objekt selbst. Im Zentrum des Interesses stand das vermeintlich unscheinbare Detail, das, der repräsentativen Ordnung entfallen, als Realie weit stärker Zeugnis von der tatsächlichen Zeit der Vergangenheit ablegte. Ästhetisch der Tradition der wissenschaftlichen Fotografie verpflichtet, traten die Fotografen mit dem Ziel an, Wegweisungen für ein ›neues‹ Sehen zu vermitteln. Zum einen verfolgte man eine Bestandsaufnahme im Sinne einer systematischen Katalogisierung, zum anderen wurde die fotografische Bildproduktion selbst zum Anlass genommen, sich mit den technischen Verfahren auseinander zu setzen und durch Experimentieren mit neuen Materialien über die dinghaften Abbildungen jenseits ihrer sachlichen Erscheinung zu reflektieren. Fotoessays und Fotobücher entstanden als neue Literatur- und Kunstgattungen, deren montierte Bilder filmische Qualitäten aufwiesen, und die durch das Zusammenstellen von Bildserien und -gruppen ein vergleichendes Sehen ermöglichten.

Voraussetzung für die ästhetische Erneuerung der Fotografie waren die Entwicklungen im Bereich der technischen Verfahren. Die Entdeckung des Zelluloids, Ende der 1880er Jahre, als biegsamer, transparenter Träger für lichtempfindliche Emulsionen, zog die Entwicklung des Rollfilms nach sich. Als Bildträger stellte es zunehmend eine Alternative zum Gebrauch von Glasplatten dar. Zu Beginn des 20. Jahrhunderts setzte sich das Verfahren vergrößerter Abzüge durch. Das Experimentieren mit verschiedenen chemischen Emulsionen führte zu einer Vielfalt von Entwicklern mit unterschiedlichen Eigenschaften. Der neutrale schwarze Ton und die klarer erscheinenden Kontraste und nuacierten Grauabstufungen, die sich beispielsweise beim Silbergelatineabzug ergaben, spielten bei der ästhetischen Wirkung der Aufnahmen eine wesentliche Rolle. Feinkörnigere Emulsionen und ausreichend empfindliches Papier erlaubten immer stärkere Vergrößerungen kleinerer Negative mit künstlichem Licht, was wiederum handlichere Formate bei den Fotoapparaten ermöglichte.

Werbeindustrie, Bildpublizistik und nicht zuletzt die Fotoindustrie – Wirtschaftszweige, die nach dem Ersten Weltkrieg expandierten – profitieren von dieser Entwicklung. Die zunehmende Zahl von Fotoillustrierten eröffnete ein breiteres Absatzspektrum für Reportage- und Werbemöglichkeiten. Im Verlauf der 1920er Jahre verschob sich die Bedeutung des fotografischen Bildes im Kontext von Bildberichterstattung und Nachrichtendiensten, indem das Bild bzw. das bildliche Sehen selbst zur Nachricht wurde. Zudem wurden Fotoapparate, die bisher in handwerklichen Betrieben als Einzelanfertigung gearbeitet worden waren, in neu entstandenen Großunternehmen wie beispielsweise der Zeiss-Ikon AG nach modernsten Massenproduktionsmethoden hergestellt. Kleinere Kameras, in die ein aufrollbarer Film ohne die Benutzung einer Dunkelkammer eingespannt werden konnte, führten zu einer Popularisierung des Mediums. Unternehmen erkannten den wirtschaftlichen Vorteil der neuen fotografischen Produkt- und Firmenwerbung und »gehörten zu den aktivsten Förderern des Neuen Sehens« (Herbert Molderings). Gerade im fotografischen Bild konnte auf modernste und sinnfälligste Art und Weise – gleichgültig, ob es sich um Architektur, um einen Teil einer Maschine oder einen alltäglichen Gegenstand handelte – die Schönheit der Form in Verbindung mit der wirtschaftlichen Potenz der Industrie zum Ausdruck gebracht werden. *BS*

Ausst. Kat. München 1980; Koschatzky 1984; Molderings 1988 (Zitat S. 27); Ausst. Kat. Essen 1989.

123. 1–4

Sasha Stone
(St. Petersburg 1895 – 1940 Perpignan)
1. Ohne Titel (Isolator), um 1926
2. Ohne Titel (Zange), um 1926
3. Ohne Titel (Hochspannungsisolator), um 1926
4. »Schönheit der Technik – Sicherheitsisolator für Hochspannung«, um 1926
Vintage print, Silbergelatinepapier, 21,1 x 16,2 (Bildgröße, 123.1), 16,6 x 20,5 (Bildgröße, 123.2), 21,5 x 16,2 (Bildgröße, 123.3), 21,3 x 16,5 (Bildgröße, 123.4)
Berlin, Berlinische Galerie, Landesmuseum für Moderne Kunst, Photographie und Architektur, Inv. BG-FS 116/91, BG-FS 96/93, BG-FS 115/91, BG-FS 21/80,8

Sasha Stone, der zunächst eine Ausbildung zum Elektromonteur in Warschau abschloss und an der Kunstschule von Alexander Archipenko in Berlin Bildhauerei studierte, gründete um 1924 das Foto-Atelier Stone für Werbe- und Industriefotografie. Sein Werbeslogan »Sasha Stone sieht noch mehr« entsprach einer sachlichen, auf visuelle Informationsvermittlung gerichteten Fotografie. Seine Werbeaufnahmen und Fotoreportagen erschienen regelmäßig in Illustrierten und Zeitungen.

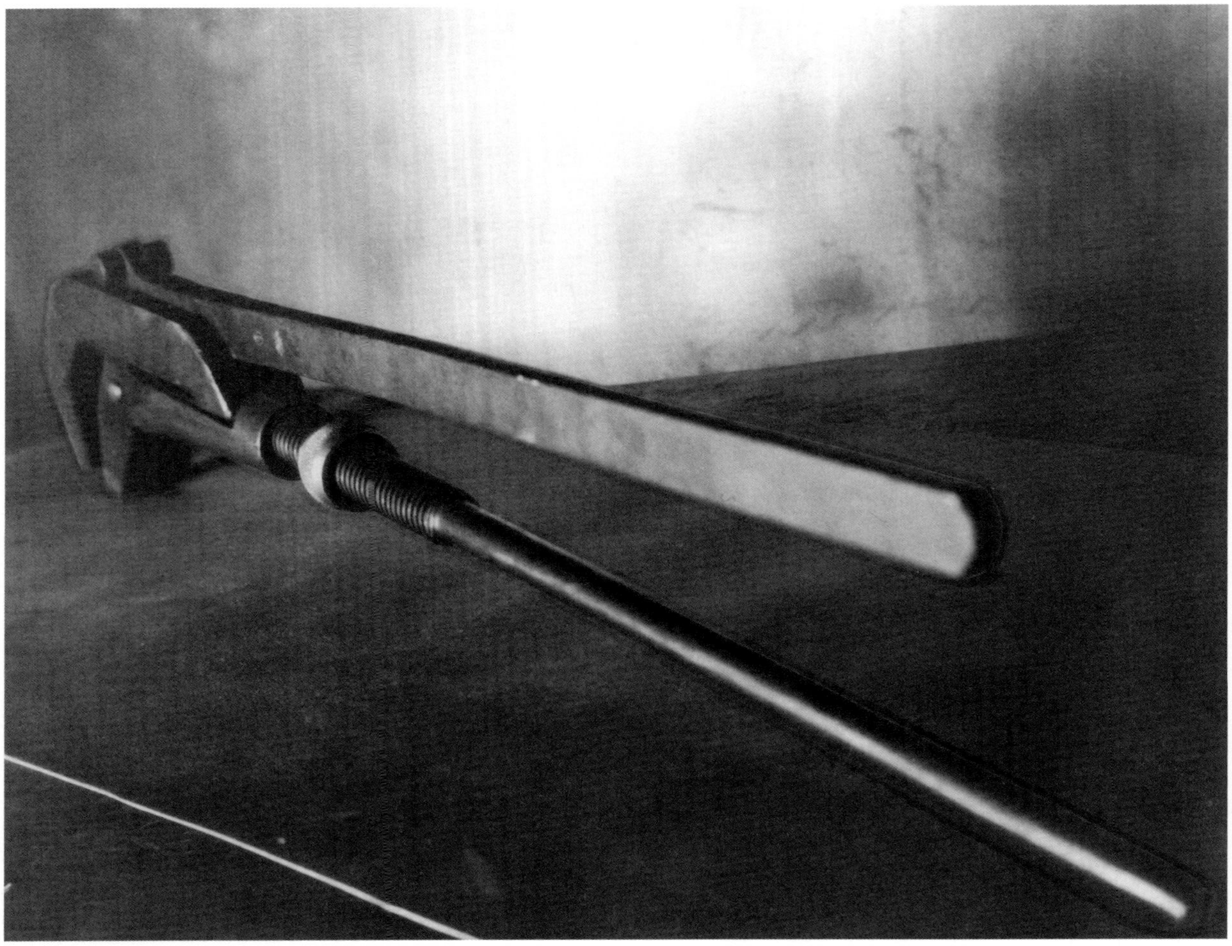

In der Märzausgabe des *Uhu* 1926 veröffentlichte Stone eine Bildserie für den Artikel *Die Schönheit der Technik. Die Geburt einer neuen Kunst*. Zu Beginn des Artikels heißt es, dass »die Geschichte der Technik zugleich die Geschichte einer neuen Schönheit« sei. Der forcierte Technikprozess der 1920er Jahre stellte insofern nicht nur eine neue Stufe des Fortschritts, sondern auch eine Erneuerung der Ästhetik dar. Charakteristisch für diese und bezeichnend für die spezifische Bildsprache Stones, verdeutlicht seine Fotoserie die formalen, funktionalen und materiellen Qualitäten von technischen Einzelteilen, Instrumenten und mechanischen Konstruktionen. In dem Artikel ist die Aufnahme des Isolators mit »Die Schönheit einfacher technischer Formen. Isolator für Hochspannung« bezeichnet, die der Zange mit »Mammuth-Zange. Werkzeug in seiner zweckmäßigen Vollkommenheit hat eine besondere Schönheit«, die des Hochspannungsisolators mit »Hochspannungsisolator: Ein gelöstes technisches Problem ergibt ganz von selbst eine künstlerische Form« und die des Sicherheitsisolators mit »Der Bezwinger des Blitzes: Hochspannungs-Blitzableiter in Tätigkeit«. Eine weitere Aufnahme von Stone in dem Artikel zeigt einen Klavierhammer, der mit »Schönheit, wo man sie nicht vermutet: Der Mechanismus eines Klavierhammers« bezeichnet ist.

Die Fotografien vermitteln – jenseits ihrer illustrativen Funktion – in der Betonung der Form und der räumlichen Dimension der Objekte die Besonderheit des vermeintlich unscheinbaren Details. Durch Isolation aus dem eigentlichen Funktionskontext und dadurch bedingte Konzentration auf das Motiv schärfen die

Aufnahmen die Wahrnehmung für an sich vertraute, alltägliche Objekte und ihre sinnlichen Qualitäten. Aus unmittelbarer Nähe fotografiert und durch Helldunkelkontraste inszeniert, untersucht Stone mit den technischen Möglichkeiten der Kamera die unterschiedlichen Materialien und Funktionen der Gegenstände. In Bezug auf das bildliche Dokument schreibt Stone der Fotografie die Funktion eines kulturellen Archivs zu. »Der Fotograf registriert die Welt, das was um ihn herum vorgeht und lebt. Der Fotograf und der Kinooperateur sind Chronisten unserer Zeit, sie bauen das kulturelle Archiv unserer Epoche auf.« *BS*

Uhu 1926; Zielesch/Stone 1926, S. 52–59; Ausst. Kat. Essen 1990; Kerbs/Maaswinkel 1990; Stone [1929] 1998, S. 105 (Zitat).

124. 1–2

Germaine Krull (Wilda 1897 – 1985 Wetzlar)

1. Ohne Titel (Hochofenwerk Pont-à-Mousson), 1926

Vintage print, Silbergelatine, 23,3 x 15,7 (Bildgröße)

Sammlung Ann und Jürgen Wilde, Sprengel Museum Hannover, Inv. 3663

2. Eiffelturm, 1928

Vintage print, Bromsilbergelatine, 22,6 x 15,2, aus: *Métal*, Taf. 2

Essen, Museum Folkwang, Inv. 87/1997

Kat. Nr. 124.1 zeigt einen Ausschnitt von einem der Winderhitzer des Hochofenwerks in Pont-à-Mousson. Die an der Mosel zwischen Metz und Nancy liegende Kleinstadt gehört zu Lothringen, das sich im Verlauf des 19. Jahrhunderts aufgrund seiner Eisenerz-, Kohlen- und Salzvorkommen zu einem der wichtigsten Industriegebiete entwickelte. Unmittelbar vor dem Winderhitzer stehend, fotografierte Germaine Krull den genieteten Stahlblechmantel sowie weitere Verbindungsrohre in extremer Untersicht. Wie Renger-Patzsch (Kat. Nr. 125.1) isoliert auch Krull die Darstellung durch die Wahl des Bildausschnitts aus dem Funktionskontext des Hochofenwerks. Jedoch ergibt sich bei ihr durch Aufnahmewinkel, Lichtverhältnisse und starke Schatten – wie die auf der Außenhaut des Winderhitzers – keine statische, auf einen sachlichen Realismus und das Sujet an sich abzielende Wirkung, sondern vielmehr ein dynamisch bewegter Eindruck.

Krull tastet die Grenzen der Perspektive ab und experimentiert immer wieder mit den formalen Mitteln der Raumkonstruktion. Ihre Aufnahme des Hochofenwerks sowie die Fotografie des Eiffelturms zeigen die Nähe zum Filmischen im Medium der Fotografie.

Krulls Kontakte zu Filmtheoretikern und Filmemachern sowie ihre eigenen filmischen Arbeiten prägten entsprechend ihre auf Montage beruhende Serie von Industriefotografien, die sie in dem Fotobuch *Métal* zusammenstellte und 1928 in Paris veröffentlichte. Die Aufnahme *Eiffelturm* (Kat. Nr. 124.2) aus diesem Portfolio zeigt den Blick von unten hinauf in den Fahrstuhlschacht. Die generell in Frage gestellte Einheit der Körper wird hier noch durch die fragmentierende Wirkung des Aufnahmewinkels gesteigert und findet ihren ästhetischen Ausdruck in komplexen – teilweise abstrakten – Bildstrukturen der Eisen- und Stahlkonstruktionen. Deren Gestalt und die Art und Weise der fotografischen Übertragung potenzieren

sich entsprechend in ihrer wechselseitigen Wirkung. Faszination und ästhetische Qualität der über 300 Meter hohen Stahlkonstruktion des Eiffelturms, der für die Weltausstellung 1889 in Paris gebaut wurde, finden sich unter anderem in der Stummfilmreportage *La Tour* von René Clair aus demselben Jahr, in der das Filigrane der Stahlkonstruktion aus einem Fahrstuhl fotografiert wurde, oder gut zehn Jahre später in Sigfried Giedions Publikation *Space, Time and Architecture* von 1941, in der er die neu entstehenden Traditionen in der Architektur analysierte.

Jenseits des formalen Modernismus und der Würdigung des technisch-industriellen Sujets zeichnen sich die Fotografien Krulls durch ihre provozierende Wirkung gegenüber den gewohnten Sehweisen des Betrachters aus, irritieren durch bewusst herbeigeführte Brüche und sensibilisieren nicht nur für den Vorgang der Wahrnehmung, sondern darüber hinaus auch für die Veränderungen in der Gesellschaft. *BS*

124.3–5
Weitere ausgestellte Arbeiten:
3. Der Turm (La Tour), 1928
4. Deutschland (Allemagne), 1930
5. Deutschland (Allemagne), 1930
Vintage print, Bromsilbergelatine, 22 x 15,2 (124.3), 19,9 x 14,3 (124.4), 19,9 x 14,7 (124.5)
Essen, Museum Folkwang, Inv. 84/1997, 101/95, 102/95

Ausst. Kat. Bonn 1977a; Ausst. Kat. Essen u. a. 1999.

125.1–2

Albert Renger-Patzsch
(Würzburg 1897 – 1966 Wamel)

1. Kauper, 1927

Vintage print, Silbergelatine, 22,8 x 16,7 (Bildgröße)
Sammlung Ann und Jürgen Wilde, Sprengel Museum Hannover, Inv. D 3699

2. Landschaft bei Essen, im Hintergrund die Zeche »Rosenblumendelle«, 1928/29

Vintage print, Silbergelantine, 27,7 x 37 9
Aachen, Kunst aus Nordrhein-Westfalen, Abteigarten, Inv. KM 1278

Das Thema Industrie und Technik bildete in den 20er und 30er Jahren einen zentralen Aspekt im Werk von Albert Renger-Patzsch. Die Aufnahme *Kauper* (Kat. Nr. 125.1) zeigt einen Ausschnitt von einem der Hochöfen der Metallhütte Herrenwyk bei Lübeck, die 1907 an der unteren Trave mit zwei Hochöfen in Betrieb genommen wurde. ›Kauper‹ bezeichnet eine spezielle Bauart eines Winderhitzers am Hochofen, die nach dem englischen Erfinder Edward Alfred Cowper benannt wurde. Isoliert aus dem Kontext des Hochofenwerks konzentriert sich der eng gewählte Bildausschnitt auf den Schlot – flankiert von den Winderhitzern. Die architektonischen Formen, die durch die extreme Untersicht in ihrer steil aufragenden Erscheinung gesteigert werden, erscheinen im Gegensatz zu der Aufnahme von Germaine Krull (Kat. Nr. 124.1) in ihrem Aufbau statisch und sind genau in den Bildraum eingepasst. *Kauper* wurde in Renger-Patzschs Fotobuch *Die Welt ist schön* von 1928 unter der Rubrik ›Symbol‹ abgebildet. Durch Anschauung eines charakteristischen Ausschnitts sollte das Teilstück für das Ganze gesetzt, als Sinnbild erkannt und durch die Reduktion in seiner symbolhaltigen Einprägsamkeit gesteigert werden.

Diese Konzeption von Sachlichkeit, die die Gegenstände isolierte und mit einem Pathos der Erhabenheit ausstattete, weitete sich mit den Landschaftsaufnahmen vom Ruhrgebiet, die im Auftrag der Industrie entstanden, zu einer historischen Bestandsaufnahme. Illusionslos – oft melancholisch im Ausdruck – porträtierte Renger-Patzsch die Region und die Folgen von Zersiedelung, Konjunktur und Krise. Die industrielle Topographie zwischen den Städten wird dabei zur Metapher für die alles verändernde Kraft der Industrialisierung. Wie bei den Architektur- oder Maschinenaufnahmen spielen auch hier das Detail und der Raum bei der Wahl des Bildausschnitts eine entscheidende Rolle. Die räumlich wie ein Diorama ausgearbeitete, karge Landschaft bei Essen mit der Zeche »Rosenblumendelle« am Bildhorizont (Kat. Nr. 125.2) wirkt wie ein Guckkastenbild oder Interieur, dessen perspektivisch konstruierter Raum das ganze Bild erfasst. Die materielle Beschaffenheit von Erde, Schotter und Gras ist präzise wiedergegeben, Bäume, Häuser und Strommasten erscheinen isoliert nebeneinander angeordnet.

Die Aufnahmen Renger-Patzschs, die in der Regel den Menschen als Bezugspunkt ausschließen, stellen einen Ausschnitt der Wirklichkeit dar, der in seiner Auswahl von architektonisch-räumlichen Überlegungen bestimmt wird, die den Bildern letztlich ihre gliedernde Struktur geben. Unabhängig von der Wahl des Sujets konzentrierte sich Renger-Patzsch auf den formalen Aspekt und die materiellen Qualitäten der Objektwelt – objektiv und zeitlos galt es, diese

mittels des Apparats zu fixieren, mit dem Ziel, den der Natur zugrunde liegenden Bauplan sichtbar zu machen. *BS*

125.3–8
Weitere ausgestellte Arbeiten:
3. Führungsrollen einer Seilbahnkurve, 1925
4. Nockenwelle einer 1000 P. S. Dampfmaschine, Continentalwerke Hannover, 1927
Reprint 1960er Jahre, Bromsilbergelatine, 28,4 x 38,3 (125.3), 28 x 38,1 (125.4)
Essen, Museum Folkwang, Inv. 100/1/5, 100/1a/7
5. Ohne Titel (Zwischen Duisburg und Hamborn, Ruhrgebiet), 1929
6. Ohne Titel (Kiesgrube bei Bottrop), 1929
Vintage print, Silbergelatine, 27,5 x 37,7 (Bildgröße, 125.5), 37,8 x 27,5 (Bildgröße, 125.6)
Sammlung Ann und Jürgen Wilde, Sprengel Museum Hannover, Inv. D 3709, D 3703
7. »Eiserne Hand« in Essen, 1929
8. Gutehoffnungshütte, Prüfen einer Kurbelwelle, 1934
Vintage print, Silbergelatine, 38,4 x 28,4 (125.7), 27,1 x 37,2 (125.8)
Aachen, Kunst aus Nordrhein-Westfalen, Abteigarten, Inv. KM 1249, KM 1255

Renger-Patzsch 1928; Renger-Patzsch 1931; Albert Renger-Patzsch, *Ziele* (1927), in: Theorie der Fotografie II (1979), S. 74–76; Wilde 1982; Pfingsten 1992; Ausst. Kat. Aachen 1993; Ausst. Kat. Hannover u. a. 1997; Ausst. Kat. Köln 1997; Ausst. Kat. Oberhausen 2001a.

126.1

126.1–3

Hans Finsler (Heilbronn 1891 – 1972 Zürich)
1. Mosttafeln II, 1927/28
2. Spulgatter, 1928
3. Scheerkette II, 1928
Estate print, Silbergelatine, 24 x 18 (126.1.3), 18 x 24 (126.2)
Halle, Staatliche Galerie Moritzburg Halle – Hans Finsler Nachlass

Hans Finslers Blick auf die Dinge, seine Darstellungsmethoden wie seine thematischen Interessen, waren in hohem Maße von den Ideen und Zielsetzungen des Deutschen Werkbunds geprägt. Er wurde 1907 in München als ein Zusammenschluss von Künstlern, Industriellen und Personen aus dem öffentlichen Leben gegründet, mit dem Ziel, den Rang der angewandten Kunst zu erhöhen. Das Gestalten industrieller Produkte sollte aus dem Werkstoff heraus erfolgen, die chemischen, physikalischen und technologischen Eigenschaften und die Zweckbestimmung des Gegenstandes waren maßgebend für die Formfindung. Entsprechend fotografierte Finsler nicht nur das Produkt, sondern auch den Herstellungsvorgang. Die Anordnung der Objekte – die sich oft an geometrischen Figuren orientiert und bis zu abstrakten Bildstrukturen reicht –, der Aufnahmewinkel, die präzise gesetzte Bildquadrierung und die gezielt dramaturgisch eingesetzte Lichtführung stehen für eine konsequent sachbezogene Fotografie. Ästhetisch der nüchternen Verwendung der Fotografie in Wissenschaft und Technik verpflichtet, suchte Finsler in den verschiedenen Werkgruppen sowohl durch einzelne Bilder als auch durch Serien ein Gleichgewicht von Form und Inhalt herzustellen.

Die Aufnahme von den auf hellem Untergrund diagonal gestaffelten Schokoladetafeln der Geschmacksrichtung »herb« (Kat. Nr. 126.1) ist ein Beispiel aus einer Gruppe von insgesamt 66 Aufnahmen, die Finsler im Auftrag der Schokoladenfirma Most fotografierte. Auf verschiedene Weise wurden die Schokoladetafeln immer wieder zu variierenden Mustern arrangiert. Reduziert auf das Produkt – das vom Bildrand immer angeschnitten wird –, sind die Aufnahmen vom Prinzip der seriellen Reihung bestimmt.

Die Fotografien *Spulgatter* (Kat. Nr. 126.2) und *Scheerkette II* (Kat. Nr. 126.3) gehören zu einer Werkgruppe von 51 Aufnahmen, die vermutlich im Auftrag von verschiedenen Betrieben der Textilindustrie entstanden. Beide Aufnahmen zeigen eine Detailansicht des ›Zettelns‹. Damit ein störungsfreies Verarbeiten auf dem Webstuhl erfolgen kann, muss aus dem Garn zunächst ein Kettbaum mit den Kettfäden hergestellt werden. Dies erfolgt entweder durch ›Zetteln‹ oder ›Schären‹, wobei das Garn auf einen Zettelbaum bzw. eine Schärtrommel gewickelt wird, sodass die Fäden parallel verlaufen und beim Weben die gewünschte Webbreite ergeben. Die Aufnahme

126.2

Spulgatter zeigt lediglich die nach vorn aus dem Bild verlaufenden Garnfäden von den aufgesetzten Spulen auf dem Gatter. Spulgatterkonstruktion und Garnfäden verdichten den Bildraum optisch und vermitteln den Eindruck einer gewebeartigen Struktur. Die Aufnahme *Scheerkette II* zeigt im Detail, wie beim Zetteln die Fäden von dem Spulgatter kommend durch ein entsprechendes Fadenleitelement parallel gelegt werden, um dann auf den Zettelbaum gewickelt zu werden. Durch den Aufnahmewinkel und den schwarzen Hintergrund aus jeglichem Arbeitskontext gelöst, vermitteln die strahlenförmig gespannten Fäden eine drahtähnliche Festigkeit, die dem sehr widerstandsfähigen Gewebe entspricht, das als Produkt aus der Verkreuzung zweier rechtwinklig zueinander verlaufender Fadensysteme entsteht.
BS

126.3

126.4–10
Weitere ausgestellte Arbeiten:
4. Schokoladenmischmaschine I, 1928
5. Große Garnrollen, 1928
6. Fernheizwerk, gesamt mit Kamin, 1929
7. Fernheizwerk, Koksberg, 1929
8. Zeche Cäcilie, Gesamtansicht I, 1930
9. Drei Kamine, 1930
10. Braunkohlegruben, 1930
Estate print, Silbergelatine (126.4–7), Vintage print, Silbergelatine (126.8–10), 24 x 17,5 cm (126.4), 24 x 18 (126.5–6), 24 x 17,5 (126.7–8), 24,5 x 16,5 (126.9), 16,5 x 24,5 (126.10)
Halle, Staatliche Galerie Moritzburg Halle – Hans Finsler Nachlass

Ausst. Kat. Halle 1991.

14 Interessante Nüchternheit und Trostlosigkeit

Neue Sachlichkeit 1920–1935

Die 20er Jahre in Deutschland waren geprägt durch den unmittelbaren Eindruck des Weltkriegs, der revolutionären Ereignisse mit dem politischen Wandel vom Kaiserreich zum bürgerlichen Parlamentarismus und den einschneidenden wirtschaftlichen Krisen. Im Dezember 1918 stimmten die Arbeiter- und Soldatenräte für die Einberufung einer Nationalversammlung, im Januar 1919 fanden die Wahlen statt. Erstmals übernahm eine Arbeiterpartei, die Sozialdemokraten mit Philipp Scheidemann als Reichskanzler, Regierungsverantwortung. Der Sozialdemokrat Friedrich Ebert wurde Reichspräsident. Die politisch turbulenten Jahre wurden in der Kunst begleitet von Strömungen, die sich einem ›revolutionären Impetus‹ verschrieben hatten und linke Positionen vertraten. Kunst wurde als zentrales Moment gesellschaftlichen Lebens verstanden, welches seinen Beitrag zur Entwicklung der neuen Gesellschaft zu leisten hatte. Teilweise integrierte die revolutionär engagierte Künstlerschaft bohemienhafte, antibürgerliche Züge in ihre Lebensgestaltung. Neben dem Arbeiter- und Kleinbürgermilieu avancierte die großstädtische Halbwelt zum Thema der Kunst.

Gleichzeitig entstand aber auch eine Malerei, die sich jeglicher ideologischer Vereinnahmung entzog. In Abwendung vom Expressionismus wandten sich die Maler einem neuen, ›sachlichen‹ Realismus, einer figurativen Malerei zu. Neben der politisch engagierten oder von sozialem Pathos getragenen Malerei entstanden Werke, die sich den unmittelbaren Lebensbereichen als Motivrepertoire zuwandten. So wurden auch von der Industrie geprägte Stadtteile und Landschaften als Teil dieser Welt verstanden. Ohne Sozialpathos und -romantik wurden Industriemotive von scheinbarer Banalität mit fomalisierenden, bewusst unprätentiösen Mitteln verbunden. Die vermeintliche Unverfänglichkeit und Neutralität der Werke führt einerseits zu Mehrdeutigkeit hinsichtlich ihrer Interpretation, andererseits wird dadurch aber auch ein Rückzug aus allen ideologischen Zusammenhängen deutlich erfahrbar.

Die Maler, die sich der figurativen Malerei zuwandten, fokussierten das äußerlich sichtbare Erscheinungsbild von Industriebetrieben in ihrem ländlichen oder städtischen Zusammenhang. Großstadt und Industrie wurden vorwiegend aus der Perspektive eines Flaneurs als Teil der alltäglichen Umwelt registriert. Industrieinterieurs sind selten. Die Landschaften wirken wie ausgestorben, kaum ist ein Arbeiter zu sehen, Passanten geraten wie zufällig in den Bildausschnitt. Die Bilder entzogen sich einfacher ideologischer Vereinnahmung, nicht zuletzt, indem sie sich dem unspektakulären, dem unrepräsentativen, dem nicht tradierten Motiv zuwandten. Die »interessante Nüchternheit und Trostlosigkeit« des Milieus, die den durch die Berliner Arbeiter- und Industrieviertel streifenden Gustav Wunderwald faszinierte, führten in den 20er und 30er Jahren zu neuen künstlerischen Formen des Industriebildes. *SB*

Ausst. Kat. Berlin 1987, Nr. 180 (Zitat Wunderwald); Ausst. Kat. München 1980; Winkler 1987.

127

Herman Bernard Dieperink
(Amsterdam 1887 – 1957 Amsterdam)
Der Berg der Träume (De Berg van Droomen), 1923
Öl auf Leinwand, 104 x 86
Dortmund, Westfälisches Industriemuseum – Sammlung Schmacke

Der Bildraum ist dreigeteilt in eine ›Industriestadt‹, gestaltet als dunkle Dachlandschaft mit Schornsteinen, in einen Mittelteil, gebildet durch einen kristallin strukturierten Berg, und in einen dunklen Himmel, aus dem das Licht zwischen Wolken auf die Bergspitze fällt. In dem Berg ist eine lichtdurchflutete Stadt ohne Industrie zu sehen, deren kubische Gestaltung die formale Struktur des Kristalls aufnimmt. Diese Stadt setzt sich perspektivisch endlos fort. Die Spitze des Berges reißt den dunklen Himmel auf. Die Sozialutopie, der Glaube an eine neue, bessere Welt hatte nach dem traumatischen Erlebnis des Ersten Weltkriegs Konjunktur. In visionärer Sicht erhoffte man sich eine Versöhnung des Menschen mit Natur und Kosmos. Dieperinks Bild nimmt diesen Gedanken auf. Der visionäre Aspekt wird durch Bezugnahme auf die christliche Ikonographie gesteigert. Der aufgerissene, helle Himmel nimmt das Motiv der Ausgießung des Heiligen Geistes auf. Die Stadt in der Mittelzone spielt auf das ›Himmlische Jerusalem‹ aus der Apokalypse des Johannes an und verkörpert den Traum von einer gerechten Gesellschaft auf der Grundlage der Industrie. *SB*

128

Gustav Wunderwald
(Köln 1882 – 1945 Berlin)
Kirche und Fabrik (Nikolaikirche in Spandau), 1927
Öl auf Leinwand, 61 x 71
Berlin, Bankgesellschaft Berlin AG

Wunderwald, der sich seit 1925 hauptsächlich mit Stadtmotiven beschäftigte und als der neusachliche Maler von Ansichten der Berliner Peripherie gilt, zeigt in dieser Ansicht den Turm der Spandauer Nikolaikirche, dessen Glockengeschoss in der ersten Hälfte des 17. Jahrhunderts erneuert wurde. Die Kirche, deren Ursprung mindestens in das 12. Jahrhundert zurückgeht und die das Herz der Spandauer Altstadt bildet, wird kontrastierend den Schornsteinen, dem Gasometer und den Schuppen gegenübergestellt. Die Industrieanlagen befanden sich in relativ großer Entfernung in der Vorstadt Stresow auf der anderen Havelseite. Wunderwald arbeitet mit starker perspektivischer Verkürzung, um das gewünschte Motiv zu fassen. Alte und neue Zeit werden einander mit Hilfe der Architektur bewusst gegenübergestellt. *SB*

Reinhardt 1988.

129

Gustav Wunderwald
(Köln 1882 – 1945 Berlin)
Fabrik Loewe & Co. (Moabit), vor 1929
Öl auf Leinwand, 61 x 71
Berlin, Berlinische Galerie, Landesmuseum für Moderne Kunst, Photographie und Architektur, Inv. BG-M 356/77

Bewusst unpathetisch und nüchtern erfasste Wunderwald die Industriearchitektur. Mit dem Blick eines außenstehenden Betrachters wird die unspektakuläre, alltägliche Tristesse des Industriemotivs kunstvoll auf ebensolche Art wiedergegeben. Der Rauch vermischt sich mit dem Grau des Himmels zu einer farblich mit der Architektur harmonierenden Fläche. Die Wiese mit dem entlaubten Baum vermittelt als atmosphärisches Element die Ungemütlichkeit eines Wintertages. So steht das Stimmungshafte im Vordergrund und nicht die Wiedergabe der Industrie in ihrer Funktionalität. Die Industriearchitektur ist für Wunderwald nur ein besonders geeignetes Motiv für die Inszenierung des Unpathetischen: »Die tristesten Dinge haben es mir angetan und liegen mir im Magen. Moabit und der Wedding packen mich am meisten, diese interessante Nüchternheit und Trostlosigkeit.« Die Firma Loewe brachte dem deutschen Maschinenbau um 1900 wesentliche Impulse. Die amerikanische Serien- und Massenfertigung wurde durch sie in Deutschland eingeführt, »Wissenschaftliche Betriebsführung« von einem Mitarbeiter an der TU Charlottenburg als Lehrfach etabliert. *SB*

Ausst. Kat. Berlin 1987, Nr. 180 (Zitat).

130
Wilhelm Schnarrenberger
(Buchen 1892 – 1966 Karlsruhe)
Bergwerk Kappel, 1925
Öl auf Leinwand, 74,5 x 87
Privatsammlung

Die Darstellung des Kappeler Bergwerks am Schauinsland, dem Hausberg Freiburgs, in das Kappel 1974 eingemeindet wurde, steht nicht für eine spezifische Beschäftigung Schnarrenbergers mit dem Bergbau. Das Bild zeugt vielmehr von seinem malerischen Interesse an der durch den Bergbau neuen Formationen unterzogenen Landschaft.

Schnarrenberger hatte seine Jugend in Freiburg verbracht. Am 1 284 Meter hoch gelegenen Schauinsland wurde seit rund 800 Jahren Silber, Blei und Zink abgebaut. Das mittelalterliche Freiburg, eine Münzstätte, hatte dem dort geförderten Silber seinen Wohlstand zu verdanken. 1954 wurde der Betrieb eingestellt. Der Bergbau hat die Landschaft wesentlich geprägt, wie an den Abraumhalden auf dem Bild zu sehen ist. Rechts führt eine Zahnradbahn nach oben. Von den Gebäuden aus wurde nicht nur der Einstieg in die Schächte vorgenommen, sondern sie dienten auch zum Waschen bzw. Aufbereiten der Erze.
SB

Nedo 1976, S. 66f., WV Nr. 21, Nr. Z. 55; Ausst. Kat. Würzburg/Ahlen 1998/99, Nr. 14.

131
Franz Lenk
(Langenbernsdorf 1889 – 1968
Schwäbisch Hall)
Kalkwerk Rüdersdorf, 1929
Aquarell, 47,4 x 31
Privatsammlung

In Rüdersdorf bei Berlin wurde über 750 Jahre Kalkstein gebrochen und gebrannt. In Berlin wurde unter anderem das Brandenburger Tor mit Baustoffen aus Rüdersdorf errichtet. Lenk zeigt jedoch keinen der berühmten Rumford'schen (Kalk-)Öfen aus dem 19. Jahrhundert, sondern einen Teil des Zementwerks »Adler«, und dokumentiert damit den Wechsel von Gips zu Zement als Werkstoff. Seit 1884 wurde in Rüdersdorf Zement hergestellt.

Schornsteine und Werkshallen werden als stimmungshaftes Motiv aufgefasst. Trotz aller gegenständlichen, altmeisterlichen Genauigkeit bleibt die Betonung des Kunstcharakters das Hauptanliegen des Malers. Lenk war keineswegs auf Industrieansichten spezialisiert. In erster Linie war er Landschaftsmaler, ansonsten widmete er sich den klassischen Gattungen Stillleben und Bildnis. Das Aquarell entstand möglicherweise vor Ort. *SB*

Thesing 1986, S. 11, 95, WV D-30-23; Ausst. Kat. Mannheim 1994/95, S. 91; Rüdersdorf, S. 18.

132
Rudolf Schlichter
(Calw 1890 – 1955 München)
Stillgelegte Fabrik, 1932
Öl auf Leinwand, 61 x 47,5
Privatsammlung

Schlichter, nach dem Ersten Weltkrieg Mitglied der »Novembergruppe« und der KPD, hatte seinen thematischen Schwerpunkt ursprünglich bei Themen aus der Halbwelt und bei Porträts – vielfach aus dem Freundeskreis oder der literarischen und künstlerischen Berliner Welt. Ende der 20er Jahre erfolgte jedoch die Abkehr von seiner bisherigen politischen und persönlichen Haltung. Schlichter trat zum Katholizismus über, heiratete und zog in seine schwäbische Heimat nach Rottenburg. Zunehmend entstanden nun auch Landschaftsbilder, die seine Heimatverbundenheit zum Ausdruck bringen. Wenngleich Schlichter sich kritisch über die Bedrohung der Landschaft durch die Industrie geäußert hat, kann man bei der *Stillgelegten Fabrik* nur sehr allgemein auf einen solchen Hintergrund schließen. Das Motiv der Hallen, der Schornsteine und schrottreifen Rohre geht koloristisch mit der Landschaft eine Einheit ein. Das Industriemotiv wird stilllebenhaft in seiner Struktur wahrgenommen und in erster Linie als malerisches Phänomen aufgefasst. *SB*

Ausst. Kat. Tübingen 1997, Nr. 142, S. 244, vgl. auch S. 53; Ausst. Kat. München 2001, S. 293, 297.

Vom Platz gehen ab die große Brunnenstraße, die führt nördlich, die AEG. liegt an ihr auf der linken Seite vor dem Humboldthain. Die AEG. ist ein ungeheures Unternehmen, welches nach Telefonbuch von 1928 umfaßt: Elektrische Licht- und Kraftanlagen, Zentralverwaltung, NW 40, Friedrich-Karl-Ufer 2–4, Ortsverkehr, Fernverkehr Amt Norden 4488, Direktion, Pförtner, Bank Elektrischer Werte A. G., Abteilung für Beleuchtungskörper, Abteilung Rußland, Abteilung Metallwerke Oberspree, Apparatefabriken Treptow, Fabriken Brunnenstraße, Fabriken Hennigsdorf, Fabrik für Isolierstoffe, Fabrik Rheinstraße, Kabelwerk Oberspree, Transformatoren-Fabrik Wilhelminenhofstraße, Rummelsburger Chaussee, Turbinenfabrik NW 87, Huttenstraße 12–16.
Die Invalidenstraße wälzt sich linksherum ab. Es geht nach dem Stettiner Bahnhof, wo die Züge von der Ostsee ankommen: Sie sind ja so berußt – ja hier staubts. – Guten Tag, auf Wiedersehn. – Hat der Herr was zu tragen, 50 Pfennig. – Sie haben sich aber gut erholt. – Ach die braune Farbe vergeht bald. – Woher die Leute bloß das viele Geld zu verreisen haben. – In einem kleinen Hotel da in einer finstren Straße hat sich gestern früh ein Liebespaar erschossen, ein Kellner aus Dresden und eine verheiratete Frau, die sich aber anders eingeschrieben haben.

Alfred Döblin, *Berlin Alexanderplatz*, 1919

Wenn er jetzt in Berlin und Spandau Großstadtstraßen mit ihren Mietskasernen, Brandgiebeln, Reklameschildern, Hinterhöfen, Fabriken usw. malt, so mag das ein Rückerinnern und Wiederaufgreifen von Jugendeindrücken sein. Wenigstens empfindet er das so. Ihn hat der melancholische Reiz dieser sonst als reizlos empfundenen Welt nie losgelassen. Wobei ihm freilich auch das abging, was andere Maler in diese Welt hineinzutragen pflegten: Sozialpathos und Sozialromantik ... Er sah sie unpathetisch, sachlich charakteristisch, sah sie, wenn man das hier noch sagen darf, mit der Intimität des Zugehörigen ... Das neue Berlin hat noch keinen Schilderer gefunden; Wunderwald, scheint mir, könnte dieser lang gesuchte Maler werden ... Er hat – man sehe das Bild von der Funkhalle und dem Witzleben-Sender, die Straßenecke am Kaiserdamm, die Brandmauern und Reklamegiebel der Landsberger Straße, die Fabrik in Moabit, die Spandauer Hinterhofidylle einmal darauf an – den Blick für das am heutigen Berlin Charakteristische, das ist erschreckend echt in der ganz berlinischen Stimmung der Stimmungslosigkeit.

Paul Westheim, *Gustav Wunderwald*, 1927

15 Kunst als Produktivkraft

Die Aufwertung der Industrieprovinz 1945–1960

Die 50er Jahre des 20. Jahrhunderts waren in beiden deutschen Staaten ein technikbegeistertes Jahrzehnt. Technik war die Grundlage des Wiederaufbaus und – zumindest in der Bundesrepublik – eines beispiellosen Wirtschaftswachstums. Zwar basierte das ›Wirtschaftswunder‹ auf traditionellen Produktionsverfahren; wissenschaftliche Fortschritte ließen aber Innovationen erwarten, die ähnlich drastische Steigerungen des Bruttosozialprodukts auch in Zukunft ermöglichen sollten. In beiden deutschen Staaten hielten Politiker, Unternehmer und Gewerkschafter die bildende Kunst für geeignet, die Bevölkerung auf den prognostizierten Wandel vorbereiten zu helfen. Form und Inhalt der jeweils propagierten Malerei und Plastik konnten allerdings unterschiedlicher kaum sein.

In der Bundesrepublik bildete die – grundgesetzlich garantierte – Freiheit der Kunst den Bezugspunkt der ästhetischen Debatten. Die maßgeblichen Kritiker verstanden darunter nicht nur die Abwesenheit von politischer Bevormundung, sondern auch den Verzicht auf eine gegenständliche Bildsprache. Zunächst vollzogen allerdings nur wenige Künstler eine vollständige Abkehr von der Gegenständlichkeit. Umrisse von Figuren und Objekten, die in flächenhafte Farb-Form-Konstellationen integriert wurden, boten noch Fixpunkte für Assoziation und Interpretation. Als schmückendes Beiwerk der zahlreichen Neubauten avancierte diese dekorativ-lyrische Spielart der abstrakten Moderne zum Fortschrittssymbol.

Werner Haftmann verdammte die unter totalitären Vorzeichen entstandene gegenständliche Malerei und Plastik 1955 im Katalog der ersten documenta als »Betörungsmittel der Massenglücksdogmen«. In der DDR war die bildende Kunst tatsächlich nicht nur strukturell, sondern auch inhaltlich-funktionell in die Gesellschaft eingebunden. Als Instrument zur Motivation der Bevölkerung erschien sie unverzichtbar, da – anders als im Westen – materielle Leistungsanreize kaum zur Verfügung standen. Um sie didaktisch einsetzen zu können, musste sie gegenständlich bleiben. Staat und Partei schalteten sich deshalb intensiv in den Entstehungsprozess von Gemälden und Skulpturen ein.

In beiden deutschen Staaten galten die Gewerberegionen als weiße Flecken auf der kulturellen Landkarte. In der Bundesrepublik bemühten sich die Gewerkschaften wie die Unternehmer um die Aufwertung der Industrieprovinz. Im Katalog der Ausstellung *Mensch und Form unserer Zeit*, die die vom DGB organisierten Ruhrfestspiele begleitete, begründete der Recklinghäuser Museumsleiter Franz Große Perdekamp 1952 seine Forderung nach dem abstrakten Kunstwerk: »Aber um die Dämonie der in einem erschreckenden Tempo übersteigerten Industrie zu überwinden, muß uns die Technik lebensnah, seelisch vertraut werden. Wir müssen sie uns als die zeitbedingte Lebensform einbilden, als eine unserer Zeit aufgetragene neue Schönheit. Das ist die große Aufgabe der Kunst.« Ein Kreis von Industriellen initiierte im gleichen Jahr die Ausstellung *Eisen und Stahl* in Düsseldorf. Zu den Künstlern, die sich um einen der hoch dotierten Preise bewarben, gehörten alle im Folgenden vorgestellten Maler aus der Bundesrepublik. Die Schau war durch einen Pluralismus der Stile gekennzeichnet, prämiert wurden aber nur Vertreter der abstrakten Moderne. Um die Durchsetzung dieser Richtung bemühte sich auch der 1951 gegründete »Kulturkreis im Bundesverband der Deutschen Industrie«.

Die DDR stand vor dem Problem, dass sie sich eine industrielle Basis erst schaffen musste. Die Zechen und Hütten, von denen sie abhängig war, lagen fast ausschließlich in Oberschlesien oder an der Ruhr. Die neuen Großbetriebe, die diesem Mangel abhelfen sollten, waren Schwerpunkte der sozialistischen Kulturförderung. Bildende Kunst wurde hier als ›Produktivkraft‹ aufgefasst, sie sollte psychische Potenzen wie ›Schöpfertum‹ und ›Neuerergeist‹ anregen und dadurch die Fähigkeit der Werktätigen erhöhen, technische und organisatorische Probleme zu lösen. *AS*

Große Perdekamp 1952a, unpag. (Zitat); Haftmann 1955, S. 17 (Zitat); Manske 1998; Siebeneicker 1999.

133

Volker Böhringer
(Esslingen 1912 – 1961 Stuttgart)
Gaskessel, 1944
Mischtechnik auf Pappe, 92,5 x 120,5
Düsseldorf, Stiftung museum kunst palast,
Inv. 4973

Böhringer verließ 1937 die Kunstakademie in Stuttgart. Er trat nicht der Reichskulturkammer bei und setzte seine künstlerische Tätigkeit in der elterlichen Wohnung in Esslingen fort. An Ausstellungen beteiligte er sich bis 1945 nicht.

Sein Gemälde lässt die Endzeitstimmung des vorletzten Kriegsjahres spürbar werden. Die verrotteten Metallgerippe der Gasometer weisen – wie die übrigen Versatzstücke der Industrie – nach links, während sich die spärlichen Reste der geschundenen Vegetation nach rechts neigen. Eine menschliche Gestalt steht auf dem Weg am rechten Bildrand und wendet den Kopf nach oben. Die Szenerie ist von einem stark erhöhten Standpunkt aus dargestellt; es könnte sich um den Blick aus dem Cockpit eines angreifenden Tieffliegers handeln.

Von 1945 bis 1950 hielt sich Böhringer wegen einer schweren Tuberkulose in verschiedenen Lungenheilanstalten auf. In dieser Zeit entstanden nur Zeichnungen. Sein dem Surrealismus verpflichtetes Mahnbild lieferte er 1952 zur Ausstellung *Eisen und Stahl* ein, wo es neben den beschwingten Abstraktionen des beginnenden ›Wirtschaftswunders‹ wie ein Fremdkörper gewirkt haben muss. *AS*

Ausst. Kat. Düsseldorf 1952, Abt. B, Nr. 46; *Werkverzeichnis*, in: Ausst. Kat. Esslingen 1987, Nr. 52; Ziegler 1995.

134

Karl Hofer
(Karlsruhe 1878 – 1955 Berlin)
Industriewerk, 1947
Öl auf Hartfaser, 62 x 86,5
Rheinische Privatsammlung

Hofers chiffrenartige Bildsprache, die Jost Hermand der »Halbmoderne« zurechnete, wurde in allen weltanschaulichen Lagern akzeptiert. Im amerikanischen Sektor Berlins leitete er ab 1945 die Hochschule für Bildende Künste. Mit Oskar Nerlinger gab er ab 1947 die im sowjetischen Sektor Berlins erscheinende Zeitschrift *bildende kunst* heraus.

Der Spagat zwischen Ost und West, den Hofer versuchte, war nicht lange durchzuhalten. »Forderungen außerkünstlerischer Art« an die Malerei lehnte er in einem Beitrag für das Oktoberheft 1948 der *bildenden kunst* vehement ab. Kurz darauf trat er als Mitherausgeber zurück. Seine vermittelnde Position zwischen Gegenständlichkeit und Abstraktion stieß schon bald nicht nur in der DDR, sondern auch in der Bundesrepublik auf Kritik.

In dem Gemälde *Industriewerk* gruppieren sich Hallen, Türme, Sheddächer und Schornsteine zu einer kompakten Anlage, deren Zweck sich nicht erschließt. Angesichts der Kuppel im Zentrum des Bildes fällt es schwer, nicht an einen Atomreaktor zu denken. Die zivile Nutzung der Kernenergie begann allerdings erst 1953 in den USA. Im Vordergrund umschleichen Tiermutationen einen Leichnam. Hofer sah den Marsch in die moderne Barbarei noch nicht an sein Ende gekommen, wie er 1952 deutlich machte: »In rasendem Lauf hat die maschinelle Technik die Kultur überrannt, ja sie nahezu gegenstandslos, zu einer Erinnerung gemacht. Keine der geschichtlichen Wandlungen und Umwälzungen, nicht die von der Antike zum Christentum, nicht die des Mittelalters zur Neuzeit waren so einschneidender Natur, denn eine Kultur löste die andere ab. Heute aber ist die gesamte Kultur abgelöst von der Maschine, sie ist zu einer Farce zu einem Dekorationsstück der sogenannten höheren Gesellschaftsklassen geworden, deren Exponenten sie verwunderlicherweise mit Zivilisation verwechseln.« *AS*

Hofer 1948 (Zitat); Hofer 1952, S. 18–21 (Zitat S. 21) und Nr. 41; Ausst. Kat. Duisburg 1969, S. 127; Ausst. Kat. Berlin 1978, S. 176, 399; Hermand 1984; Türk 2000, S. 327.

135

Franz Radziwill
(Strohausen 1895 – 1983 Wilhelmshaven)
Der Mensch folgt dem Narren lieber als … (dem Genius), 1950
Öl auf Leinwand auf Holz, 103 x 111
Bremen, Privatbesitz

Das NSDAP-Mitglied Radziwill erhielt 1933 eine Professur an der Kunstakademie Düsseldorf, wo Paul Klee und andere Vertreter der Moderne zuvor entlassen worden waren. Kritische Äußerungen gegen den NS-Chefdogmatiker Alfred Rosenberg und die Entdeckung von Bildern aus seinem expressionistischen Frühwerk sorgten allerdings 1935 für die Entfernung aus dem Amt und 1938 für den Ausschluss aus der Partei.

Sein Gemälde ist in vier Zonen gegliedert: ein zweigeteiltes Wolkenreich, eine Stadtkulisse und einen Bürgersteig. Den von metaphysischen Wesen bevölkerten Himmel trennt ein Fliegengitter vom übrigen Luftraum, durch den ein Flugzeug zu Boden rast. Das urbane Ensemble besteht aus einer Ansammlung von Fabrikbauten und einem von Kirchtürmen überragten Wohnquartier. Auf dem Bürgersteig folgt einem geflügelten Wesen auf Stelzen eine anthropomorphe Figur, die Gemälden von Joan Miró oder Yves Tanguy entsprungen sein könnte. Begleitet wird sie von einer Sträflingsgestalt mit Eselsohren und Affenschwanz, den Symbolen gelehrter Dummheit. Ein Arbeiter und eine Bürgerin schließen sich an.

Die destruktiven Tendenzen der Industriegesellschaft treten in Radziwills Nachkriegswerk eindeutig in den Vordergrund. Der Künstler fürchtete die Vermassung, wofür in seinem Gemälde der Volksempfänger und der Fußball stehen. Die Bildsprache der abstrakten Moderne hielt er für einen Irrweg. Er forderte 1950, der Mensch müsse »wieder in einen geistigen und religiösen Raum kommen, zum Christentum und zu der Kunst«. In der frühen Bundesrepublik hielt sich das Interesse an seinen Mahnungen in Grenzen. Dagegen wurde er in der DDR als antikapitalistischer Ankläger geschätzt, wobei die metaphysischen Aspekte seines Werkes ausgeblendet wurden. *AS*

Franz Radziwill, *Was können wir noch tun?*, in: *Westdeutsche Rundschau* vom 2. Sept. 1950 (Zitat); Firmenich/ Schultze 1995, Nr. 633; Ausst. Kat. Wilhelmshaven u. a. 2000/02, S. 59f.

136

Gory von Stryk
(Dorpat 1907 – 1975 Berlin)
Berliner Eisen- und Stahl-AG (vorm. Thyssen), 1952
Öl auf Leinwand, 80 x 100,5
Regensburg, Ostdeutsche Galerie Regensburg, Inv. 10632

Im Zentrum des Bildes stehen die Lagerhallen und Ladekräne der Berliner Eisen- und Stahl-AG. Diese aus der 1881 etablierten Berliner Vertretung von Thyssen & Co. hervorgegangene Handelsgesellschaft war nach 1945 im Zuge der Entflechtung der deutschen Montanindustrie formal unabhängig geworden, wurde aber 1961 von der August Thyssen-Hütte AG auch offiziell wieder übernommen. Rechts davon liegt die durch ihre acht Schornsteine hervorgehobene, nach Plänen von Franz Heinrich Schwechten errichtete »Centrale Moabit«. Sie war 1900 als zweites Drehstromkraftwerk im Großraum Berlin ans Netz gegangen und 1907/08 durch ein vom selben Architekten geplantes neues Kessel- und Turbinenhaus erweitert worden. Betrieben wurde die Anlage von der »Berliner Electricitäts-Werke AG«, die bis 1916 zur AEG gehörte und danach in den Besitz der Stadt Berlin überging. Hinter ihrer denkmalgeschützten Fassade verbirgt sich seit 1989 ein modernes Kraftwerk der BEWAG.

Von Stryk setzte mit seiner Ansicht der Industriebauten am Berlin-Spandauer Schifffahrtskanal die in den 20er Jahren des 20. Jahrhunderts begründete expressiv-realistische Tradition der Berliner Stadtmalerei fort. *AS*

Ausst. Kat. Berlin 1987, Nr. 224; Bade 1990, S. 11–30; Uebbing 1991, S. 162f.

137

Emil Schumacher
(Hagen 1912 – 1999 San José, Ibiza)
Industriestraße, 1947
Mischtechnik auf Papier, 58 x 42
Hagen, Karl Ernst Osthaus-Museum der Stadt Hagen, Inv. K 1449

Schumacher überstand den Zweiten Weltkrieg als technischer Zeichner in einem Rüstungsbetrieb seiner Heimatstadt Hagen. Er gehörte 1948 neben Thomas Grochowiak, Gustav Deppe und Heinrich Siepmann zu den Mitbegründern der Gruppe »junger westen« und erhielt im gleichen Jahr zusammen mit drei anderen Malern den von der Stadt Recklinghausen verliehenen Kunstpreis dieser Vereinigung. Dabei handelte es sich um die erste nach dem Zweiten Weltkrieg neu gestiftete Auszeichnung für bildende Künstler auf dem Gebiet der wenig später gegründeten Bundesrepublik.

Schumacher wehrte sich gegen Vereinheitlichungstendenzen in der Gruppe »junger westen«. In einem Interview sagte er 1987: »Die meisten dieser jungen Kollegen tendierten zu einer am Bauhaus orientierten Form. Sie wollten eine Formensprache, die in engem Verhältnis zur Industrie stand, einen Konstruktivismus, der meinem ganzen Wesen entgegenstand. Meiner Natur gehorchend, blieb mir nichts, als so zu malen, wie ich es meinte.«

In dem frühen, noch von Expressionisten wie Emil Nolde oder Christian Rohlfs beeinflussten Gemälde *Industriestraße* bilden die Umrisse von Mietshausfassaden das lineare Gerüst für die pastosen Farbflächen. Im Vordergrund ist eine abstrahierte menschliche Gestalt zu erkennen. Seit Beginn der 50er Jahre befreite sich Schumacher von figurativen Reminiszenzen und avancierte zu einem der prominentesten Vertreter des deutschen Informel. *AS*

Ausst. Kat. Bremen/Karlsruhe 1984/85, S. 54; Brockhaus 1987, S. 9 (Zitat); Ausst. Kat. Hagen 1997, S. 20f.

138

Gustav Deppe (Essen 1913 – 1999 Bochum)
Überlandzentrale, 1949
Tempera auf gipsgeschlämmter Leinwand,
46,5 x 66,5
Recklinghausen, Kunsthalle Recklinghausen,
Inv. 172

Deppe, ein Gründungsmitglied der Gruppe »junger westen«, interessierte sich für die wirtschaftliche und technische Umgestaltung seiner Heimatregion Ruhrgebiet. Er suchte nach einem künstlerischen Ausdruck für die Überformung der Landschaft durch Fördertürme und Werkhallen, Straßen und Leitungen, ohne diesen Prozess kritisch zu hinterfragen.

Um 1950 spielte bei ihm das Thema Elektrizität eine wichtige Rolle. In dem Gemälde *Überlandzentrale* werden Drähte und Kabel, Masten und Transformatoren rund um einen Leitstand zu dekorativen Mustern arrangiert, die sich nur grob an vorgefundenen technischen Strukturen orientieren. Nicht die eigentliche Anlage steht im Vordergrund, sondern die Dynamik der Kräfte, die dort umgewandelt und übertragen werden.

Die zeichenhafte Verknappung, oft durch Einritzung in gipsgeschlämmte Untergründe mit einer plastischen Wirkung versehen, galt in der frühen Bundesrepublik als zeitgemäße Manifestation technischer Phänomene. Architektur und Design jener Jahre bemühten sich mit ähnlichen Formen und Farben, der Moderne Leichtigkeit und Heiterkeit zu verleihen. *AS*

Ausst. Kat. Duisburg 1969, Nr. 233; Ausst. Kat. Recklinghausen 1993, S. 62.

139
Thomas Grochowiak
(* Recklinghausen 1914)
Fördermaschinist, 1950
Öl auf Leinwand, 100 x 80
Recklinghausen, Kunsthalle Recklinghausen, Inv. 113

Der Motor der Gruppe »junger westen« war Grochowiak. Nicht nur als Maler, sondern auch als Kurator war er in den 50er bis 70er Jahren des 20. Jahrhunderts sehr erfolgreich. Er leitete die Museen in Recklinghausen und Oberhausen, plante die Ausstellungen der Ruhrfestspiele und koordinierte den deutschen Beitrag zur Biennale in Paris und zur Triennale in Neu-Delhi.

Der Protagonist seines Gemäldes steuert durch Hebel die Seilfahrt, mit der die Bergleute und die Kohle im Schacht auf und ab befördert werden. Am linken Bildrand ist der blaue Zylinder der Dampfmaschine zu erkennen, die für den Antrieb der Seilfahrt sorgt. Außerhalb des Bildes befindet sich die Seilscheibe, auf die der Arbeiter angestrengt blickt. Wenn eine der Markierungen auf dem Seil sich mit dem Zeiger an der Scheibe deckt, ist eine bestimmte Etage in der Grube erreicht.

Dampfmaschinen wurden bei der Schachtförderung seit den 90er Jahren des 19. Jahrhunderts von Elektromotoren verdrängt. Verschiedentlich waren sie aber noch nach dem Zweiten Weltkrieg in Gebrauch. Grochowiak vereinfacht die einzelnen Armaturen und unterlegt sie mit leuchtenden Farben, gibt aber den Gesamtzusammenhang der Maschinerie korrekt wieder. Obwohl eine veraltete Anlage dargestellt ist, wirkt das maßvoll abstrahierende Gemälde wie ein optimistischer Ausblick in die Welt der Technik. *AS*

Große Perdekamp 1952b, unpag.; Ausst. Kat. Duisburg 1969, S. 205; Schmidt 1994, Nr. 18; Damus 1995, S. 90; Ausst. Kat. Recklinghausen 1996, S. 107.

140
Thomas Grochowiak
(* Recklinghausen 1914)
Technischer Bezirk I, Blau, 1951
Öl auf Leinwand, 100 x 140
Kuppenheim, Bilderhalle Grochowiak

Zwischen 1950 und 1953 schuf Grochowiak »industrielle Diagramme«, die Arbeitsabläufe und Produktionszyklen in reine Abstraktionen umsetzen. Sie kommen ohne organische Formen aus.

Der Bildtitel *Technischer Bezirk I, Blau* engt den Interpretationsspielraum nicht auf einen bestimmten gewerblichen Vorgang ein. Der Betrachter ist aufgefordert, die frei komponierte Motorik gedanklich in Bewegung zu versetzen, um den Rhythmus der Arbeitswelt zu spüren. Spannung ergibt sich durch das Aufeinandertreffen von starren Balken und federartigen Wicklungen. Kühle Farben verstärken die technoide Ausstrahlung.

Grochowiak offenbarte mit seinen »industriellen Diagrammen« ein ungetrübtes Verhältnis zur technischen und wirtschaftlichen Dynamik der Aufbaujahre. Das Gemälde *Technischer Bezirk I, Blau* war 1952 in der Ausstellung *Eisen und Stahl* zu sehen. Ab 1954 ging der Künstler zu einer informellen, von der Kalligraphie inspirierten Bildsprache über. *AS*

Ausst. Kat. Düsseldorf 1952, Abt. B, Nr. 184; Ausst. Kat. Recklinghausen 1952, unpag.; Große Perdekamp 1952b, unpag.; Ausst. Kat. Witten 1980, S. 21; Schmidt 1994, Nr. 22; Ausst. Kat. Recklinghausen 1996, S. 108.

141

Heinrich Siepmann
(* Mühlheim an der Ruhr 1904)
Lichte Felder (Lichte Komposition), 1954
Öl auf Leinwand, 90 x 120
Recklinghausen, Kunsthalle Recklinghausen, Inv. 169

Die Gruppe »junger westen« bildete sich auf Anregung von Franz Große Perdekamp, der als Museumsleiter in Recklinghausen wirkte. Er hatte von 1905 bis 1908 zusammen mit Josef Albers das Lehrerseminar in Büren besucht, woraus sich ein freundschaftliches Verhältnis ergab. Von den Künstlern des »jungen westens« erhoffte sich der Kunsthistoriker das »klare, kühle Formbewußtsein«, das auch den Bauhaus-Maler auszeichnete.

Siepmann, der sich nach dem Zweiten Weltkrieg in seiner Geburtsstadt Mülheim an der Ruhr niederließ, setzte diese Forderung am konsequentesten um. Er folgte einem konstruktivistischen Purismus, der durch strenge Farb-Form-Strukturen gekennzeichnet ist. Die Komplexität und Dynamik der Industrieregion verwandelte er in »geordnete Landschaft« (Peter Spielmann). In dem Gemälde *Lichte Felder* stellen auch die vorherrschenden Farben Schwarz, Grau und Weiß eine Verbindung zu der ihn umgebenden Arbeitswelt her. *AS*

Spielmann 1989/90, unpag. (Zitat); Ausst. Kat. Recklinghausen 1996, S. 217; F. Ullrich 1999, S. 244.

Die moderne Kunst ist schon früh dem industrialisierten Weltbild begegnet und hat von dorther seine stärksten Impulse empfangen. Es darf nicht verwundern, daß sich die Kunst erst allmählich an das eigentliche Formproblem heranzutasten vermochte. Man wird es heute kaum noch bezweifeln, daß die romantisch-sentimentale Begegnung mit der Industrie der Jahrhundertwende keine wahrhafte Begegnung sein konnte, wenn die Kunst dieser Geisteshaltung die Fabriken als düster und hassenswert gegenüber bemoosten Burgruinen darstellte. Auch eine gewisse absichtsvolle Heroisierung der Industriearbeit in der wilhelminischen Zeit mußte das Problem verfehlen. Selbst der Naturalismus, der sich mit echter Leidenschaft der Welt des Industriemenschen bemächtigte, verengte seine Wesensschau mit einer das technische Formproblem ausschließenden Sicht auf die sozialen Begleiterscheinungen. Der Expressionismus, der den in die technische Welt verkrampften Menschen durchweg negativ sah und sich andererseits allzu gefühlsselig von den berauschenden Aspekten der Industrielandschaften tragen ließ, verlor die nüchterne Distanz zu den neuen Dingen.

Franz Große Perdekamp, *Mensch und Form unserer Zeit*, 1952

Ohne zu übersehen, daß die europäische Nachkriegskunst in ihrer oft sehr gegensätzlichen – gefühligen und logischen, expressionistischen und selbst impressionistischen – Abstraktion noch nicht eindeutig zu fassen ist, glaube ich, daß sie notwendigerweise in Form und Inhalt von dem Zusammenprall mit unserer übertechnisierten Welt – einer Realität, der wir nicht ausweichen können und sollen und die uns zur Auseinandersetzung zwingt – bestimmt werden wird. Beispielhaft für diese Feststellung scheint mir die Entwicklung der Künstler des Jungen Westens, einer Gruppe junger deutscher Maler und Bildhauer, deren gemeinsame Ausstellungen seit einigen Jahren von den Kunstkennern mit besonderem Interesse beobachtet werden. Diese Künstler sind mißtrauisch gegen Gefühligkeiten und allzu handgreifliche Sinngebung und sehen in den Nachwirkungen der »peinture« eine Verschleifung des künstlerischen Wollens. Dabei sind sie in ihrem absoluten Gestaltungswillen sehr streng gegen sich selbst. Es geht ihnen – sie stammen in der Mehrzahl aus dem Industriegebiet – darum, die technisierte Zeit, die uns noch nicht echter und lebendiger geistiger Besitz geworden ist, in unser Leben einzuformen. ... Die jungen Künstler machen rücksichtslos Ernst mit dieser neuen Wirklichkeit, der sie räumlich und zeitlich angehören, und man wird mit einem tragikomischen Akzent feststellen müssen, daß diese wenig zutreffend als abstrakt bezeichnete Kunst der Wirklichkeit näher ist als die sogenannte realistische Kunst, die der anschaulich nur noch zu einem Teil erlebbaren neuen Wirklichkeit nicht mehr mächtig ist.

Franz Große Perdekamp, *Konstrukteure der künstlerischen Form*, [1952]

142
Hubert Berke
(Buer 1908 – 1979 Köln)
Technisch, 1951
Öl auf Leinwand, 74 x 110
Privatbesitz Berke

Die Gruppe »junger westen« fühlte sich mit einer Reihe weiterer Maler und Bildhauer verbunden, die gelegentlich an den Aktivitäten der Vereinigung teilnahmen. Dazu gehörten auch mehrere Mitglieder der Gruppe »ZEN 49«, so Fritz Winter, K. R. H. Sonderborg und Hubert Berke.

In einem als Manuskript überlieferten Lebensabriss zeigte sich der Künstler 1950 »beeindruckt von der Welt der Arbeit an der Ruhr durch viele Untertagefahrten ... und der Automatik des Kohleabbaus durch Robotermaschinen wie Panzerförderer und Schnellhauer oder die großen Zughackenlader, wahre Maschinenungeheuer oder die tiefe Einsamkeit der Wasserhaltungsmaschinen mit ihren riesigen Ausmaßen«. Seine Herangehensweise an dieses Thema entspricht den Überlegungen Max Benses, der den technischen Fortschritt 1957 wie folgt charakterisierte: »Deutlich kann man erkennen, wie der Prozeß dieser Entwicklung von der Verwendung purer Naturmittel, über die Nachahmung, Abstraktion, Denaturierung und Destruktion, vom Modell zur originalen Selbstgebung des Technischen, vom Gegenstand zur bloßen Funktion, von den Substanzen zu den Strukturen, von der Anschauung zur Schematik verläuft. In der Tat: auch in der technischen Sphäre ist der Gegenstand reiner Schein geworden, und immer stärker tritt ihr ungegenständliches Dasein hervor. Mag der Mechanismus einer Uhr, eines Getriebes noch in anschaulichen bildhaften Begriffen beschreibbar sein, die Elektrodynamik eines Schwingkreises ist es längst nicht mehr.«

Bei der Ausstellung *Eisen und Stahl*, die Berke 1952 mit den Bildern *Mechanische Schmiede und Stanzen*, *Grauer Stahl*, *Maschinerie* und *Erscheinung* beschickte, fand seine abstrakte Bildsprache großen Anklang. Die Jury sprach ihm den zweiten Preis zu. *AS*

Bense 1957/58, S. 4 (Zitat); Hubert Berke, *Lebensabriß* (1950), in: Kreidler 1978, S. 336 (Zitat); Ausst. Kat. Recklinghausen 1996, S. 28.

143
Georg Meistermann
(Solingen 1911 – 1990 Köln)
Bewegtes Ziel, 1952
Öl auf Leinwand, 90,5 x 75,5
Bochum, Museum Bochum, Inv. MB 397

Zu den locker mit der Gruppe »junger westen« assoziierten Künstlern gehörte auch Meistermann. In der frühen Bundesrepublik war er einer der gefragtesten Vertreter der architekturgebundenen Kunst, wobei er sich auf die Glasmalerei konzentrierte. Als überzeugter Katholik engagierte er sich häufig bei Kirchenbauten.

Die geschwungenen Linien und kreisförmigen Farbfelder des Gemäldes *Bewegtes Ziel* erinnern an Arbeiten von Joan Miró. Das Bild enthält Rudimente organischer Formen, die Figuren mit ausgestreckten Gliedmaßen ähneln. Die imaginierten Lebewesen gruppieren sich um das sichelförmige Objekt am oberen rechten Bildrand. Die Ausrichtung der Elemente auf einen höher gelegenen Fluchtpunkt verleiht der Komposition ein spirituelles Moment. *AS*

Slg. Kat. Bochum 1970, unpag.; Ausst. Kat. Nürnberg u. a. 1981, S. 119; Ausst. Kat. Recklinghausen 1996, S. 180.

144
Max Ackermann
(Berlin 1887 – 1975 Bad Liebenzell)
Technische Kraft, 1952
Öl und Tempera auf Sperrholz, 237 x 150
Künzelsau, Museum Würth, Inv. 1967

Ackermann war eine Generation älter als die Künstler der Gruppen »junger westen« und »ZEN 49«. Zu seinen Lehrern gehörten Henry van de Velde in Weimar und Franz von Stuck in München. Unter dem Einfluss von Adolf Hölzel in Stuttgart hatte er sich früh der abstrakten Malerei zugewandt.

Sein Gemälde versammelt Artefakte der industriellen Welt wie Hebel und Zahnräder, Sprechrohre und Lichtquellen zu einer Collage. Geometrische Figuren wie Dreiecke und Halbkreise sind so verschwenderisch eingesetzt, als habe der Arbeitsplatz eines technischen Zeichners als gedankliches Vorbild gedient.

Ackermann reagierte zurückhaltend auf die schnelle technische und naturwissenschaftliche Entwicklung in der Nachkriegszeit, war aber bereit, mit künstlerischen Mitteln auf die Herausforderungen des Atomzeitalters einzugehen, wie er 1952 schrieb: »Wir Maler im Zeitalter der technischen Ratio haben es nicht leicht. Bis wir alle angeborenen, romantisierenden Gefühle überwunden haben, ist ein weiter Weg zu gehen. Je eher wir aber erkennen, dass wir der Zeit gerecht werden müssen, um so eher wagen wir den Sprung und lassen die kalte Dusche, die Eisenhämmer und Atomenergien bescheren, über uns ergehen. Die Physiker sind es, die uns das Weltbild unserer Zeit zeigen, dem wir allein verpflichtet sind. Das Herannahen einer neuen Metaphysik auf der Basis einer neuen Physik führe uns und tröste uns.« *AS*

Max Ackermann, *Über meine Malerei* (1952), in: Ausst. Kat. Bietigheim-Bissingen 1995, S. 84 (Zitat); Ausst. Kat. Recklinghausen 1996, S. 10.

145

Hermann Bruse
(Hamm 1904 – 1953 Berlin)
Sieger im Wettbewerb (Betriebsarbeiter), 1952
Öl auf Leinwand, 74,5 x 54,5
Berlin, Deutsches Historisches Museum, Inv. Kg 63/1

Bruse, der Anfang 1945 als Mitglied einer kommunistischen Widerstandsgruppe zum Tode verurteilt und kurz vor der Vollstreckung des Urteils durch die Alliierten befreit worden war, gehörte in der sowjetischen Besatzungszone zu den Künstlern der ersten Stunde. Zunächst setzte er sich mit den Greueln der nationalsozialistischen Diktatur auseinander. Unter dem Druck seiner Partei wandte er sich aber schon bald gegenwartsbezogenen (und -bejahenden) Themen zu.

Für die 2. Deutsche Kunstausstellung 1949 in Dresden arbeitete er zusammen mit Horst Strempel, Arno Mohr und René Graetz an dem Wandbild *Metallurgie Hennigsdorf*. Bei seinem Gemälde *Sieger im Wettbewerb (Betriebsarbeiter)* steht die monumentale Gestalt eines Arbeiters im Mittelpunkt, dessen Pose Überlegenheit ausdrückt. Der Titel bezieht sich auf eine in der Sowjetunion entwickelte Motivationsstrategie, nach der die »Kollektive der sozialistischen Arbeit« dazu aufgefordert wurden, um herausragende Berufsleistungen zu wetteifern.

Mit seiner expressiven, appellativen Bildsprache geriet Bruse nach 1949 in die Mühlen der ›Formalismus-Diskussion‹. Die aus dem Geist der Opposition geborene Tendenz zur Übersteigerung und Stilisierung war in der neuen Gesellschaft nicht mehr gefragt. Das Typische sollte dem Individuellen weichen; eher als der anonyme Held entsprach der namentlich genannte, exakt porträtierte Kollege einem volkstümlichen Realismus, der den Betrachtern Vorbilder liefern wollte, mit denen sie sich identifizieren konnten. Kurz vor seinem Tod unterzog sich Bruse einer öffentlichen Selbstkritik. Zerknirscht kommentierte er die ablehnende Reaktion von Arbeitern auf seine Bilder: »Diese Menschen meiner Klasse verstanden mich nicht! Für sie war ich fremd; ja, in ihren nicht ausgesprochenen Gedanken gar wohl ein Feind. Das war ein Schlag, der saß und kam zur rechten Zeit.« *AS*

Bruse 1953, S. 61 (Zitat); Ausst. Kat. Magdeburg 1979, S. 37; Damus 1991, S. 74, 105–107.

146
Bernhard Kretzschmar
(Döbeln 1889 – 1972 Dresden)
Blick auf Stalinstadt, 1955/58
Öl auf Leinwand, 105 x 160
Frankfurt/Oder, Museum Junge Kunst, Inv. 1222

In einem Waldgebiet an der Oder wurde 1950 das »Eisenhüttenkombinat Ost« gegründet. Für die Beschäftigten entstand eine Wohnsiedlung, die zunächst »Stalinstadt« hieß und 1961 in »Eisenhüttenstadt« umbenannt wurde. Als »erste sozialistische Stadt Deutschlands« sollte sie ein Beispiel für das Leben und Arbeiten in der DDR werden. Das Ministerium für Kultur erteilte Kretzschmar 1955 den Auftrag zur Schaffung einer Stadtansicht. Die ersten Eindrücke des Künstlers fielen zwiespältig aus: »Groß und monumental wirkt diese Industrie, weil die Gesetze des Tuns zu entsprechenden Formen zwingen, wohingegen bei den Wohnblocks herumgestochert wird in allerlei vergangenen schlechten Stilen. Einsam würde ich dort als Mensch.«

Von diesem Unbehagen ist im fertigen Bild nur wenig zu spüren. Ullrich Kuhirt, einer der führenden Kunstkritiker der DDR, beschrieb es folgendermaßen: »Überall schwingt der Rhythmus der Arbeit in der Landschaft mit, alles strahlt Dynamik aus. Ein weiter blauer sommerlicher Himmelsbogen spannt sich über dem Ganzen, die Landschaft glüht förmlich auf im Licht der Sommersonne und läßt im Betrachter ein freudvolles, im besten Sinne optimistisches Gefühl aufkommen, das korrespondiert mit dem sinnlich greifbar werdenden Lebensgefühl der Menschengestalten im Vordergrund.«

Nicht nur in diesem, sondern auch in den anderen Industriebildern der frühen DDR erscheint Landschaft als Verfügungsmasse, die ihren Idealzustand erst erreicht, wenn sie durch gesellschaftliche Kräfte umgestaltet wird. Gemäß der ungetrübten Technologiebegeisterung des real existierenden Sozialismus galt Industrialisierung als Humanisierung der Natur. Die qualmenden Schlote, die beim *Blick auf Stalinstadt* ins Auge fallen, sind Zeichen des Fortschritts. Das Gemälde hing 1958 an zentraler Stelle in der IV. Deutschen Kunstausstellung in Dresden. *AS*

Ausst. Kat. Dresden 1958, S. 1; Ausst. Kat. Berlin 1974, Nr. 42; Kuhirt 1982, S. 150f. (Zitat), Abb. 129; Ausst. Kat. Dresden 1989b, S. 60 (Zitat); Damus 1991, S. 161–163, Taf. 4.

16 Moderne Natur

Landschaften der Wohlstandsgesellschaft 1960–1985

Das »goldene Zeitalter der kapitalistischen Entwicklung« (Gerd Hardach), das in der Bundesrepublik mit dem ›Wirtschaftswunder‹ begonnen hatte, setzte sich in den 60er Jahren des 20. Jahrhunderts fort. Erst die Rezession von 1974/75 markiert eine Zäsur. Danach verlangsamte sich die Expansion des Bruttosozialprodukts, ohne dass das Konzept der Sozialen Marktwirtschaft, das auf dauerhaftem Wachstum basierte, grundsätzlich in Gefahr geriet. Die Mehrzahl der Bundesbürger partizipierte am zunehmenden Wohlstand. Ein prägnantes Beispiel dafür war die ›Automobilisierung‹ der Bevölkerung: Zwischen 1955 (1,7 Mio.) und 1980 (23,2 Mio.) vervielfachte sich die Zahl der zugelassenen Pkw. Das Auto steigerte die Mobilität seines Käufers, der mit der Wahl des Modells zugleich seinen Standort in der Gesellschaft definierte. Das expandierende Verkehrswesen bildete den Motor für eine radikale Umformung der Landschaft: Hatten sich die Industrie und die dort beschäftigten Massen zuvor auf wenige Zentren konzentriert, die Verschmutzungsinseln innerhalb einer noch weitgehend intakten Umwelt bildeten, so ebneten sich die ökologischen und ästhetischen Unterschiede zwischen Stadt und Land nun allmählich ein. Der Maler Peter Brüning charakterisierte den Wandel vom Biotop zum Schilderwald 1967 wie folgt: »In der modernen Natur ist das Zeichen die Landschaft. Eine nicht bezeichnete Landschaft existiert nicht.«

Die DDR erlebte ebenfalls ein Wirtschaftswachstum, das wegen der Mängel ihres ökonomischen Systems jedoch verhaltener ausfiel. Eine geringere Auswahl an Gebrauchsgütern verhinderte die Ausprägung ähnlich feiner Unterschiede wie in der bundesrepublikanischen Gesellschaft. Obwohl viel weniger Haushalte über ein eigenes Fahrzeug verfügten, schlugen auch hier die Planer in vorauseilendem Gehorsam breite Schneisen durch Feuchtgebiete und Altstadtviertel. Dennoch blieb die Trennung zwischen Industrie- und Naturzonen in stärkerem Maße erhalten. Der Historiker Rolf Peter Sieferle erinnerte sich 1997: »Für einen Besucher aus dem Westen ähnelte eine Reise in die DDR immer einer Reise in die Vergangenheit und erweckte die ambivalenten Gefühle, die man der Vergangenheit entgegenbringt. Man schwankte zwischen Rührung und Entsetzen. Auf der einen Seite gab es noch immer Reminiszenzen der Kindheit, die anheimelnden Reste der agrarischen Kulturlandschaft, die verträumten Dörfer, die alleenbestandenen, mit Kopfsteinen gepflasterten holprigen Straßen, die ungebrochenen Ensembles der Kleinstädte, die den Mief und die Aura des 19. Jahrhunderts bewahrt hatten. Auf der anderen Seite gab es aber auch noch die Schrecken der alten Industriebezirke, die vom Tagebau verwüsteten Mondlandschaften, die zur Kloake verseuchten Flüsse, Fabrikanlagen inmitten von Rauchwolken, wie man sie im Westen nur noch aus historischen Schilderungen kannte.«

Der Club of Rome veröffentlichte 1972 seine alarmierende Schrift *Die Grenzen des Wachstums*. Die Fahrverbote während der Ölkrise von 1973 rückten das Energieproblem in das allgemeine Bewusstsein. Noch sahen aber – im Westen wie im Osten – sowohl unter den Politikern wie unter den Künstlern nur Außenseiter ernsthaften Grund zur Sorge. Moderne Technologien, nicht zuletzt die im Aufschwung befindliche Atomkraft, sollten die akuten Engpässe überwinden helfen. Erst Ende der 70er Jahre ergriff die Umweltproblematik einen nennenswerten Anteil der Bevölkerung. Die Gefährdung der Natur durch die fortschreitende Industrialisierung entwickelte sich zum Modethema für Künstler unterschiedlichster Richtungen.

»Die Menschen haben sich selbst an die Stelle Gottes gesetzt, sie sind selbst in der Lage, die Schöpfung zu beenden«, schrieb 1983 der Fernsehjournalist Franz Alt. Mit diesem Satz brachte er die Gesellschaftskritik der Friedens- und Umweltbewegung auf den Punkt – in beiden deutschen Staaten. AS

Peter Brüning (1967), in: Otten 1988, S. 486f. (Zitat); Meadows u. a. 1972; Alt 1983, S. 31 (Zitat); Sieferle 1997, S. 210 (Zitat); Hardach 2000, S. 197 (Zitat).

147

Peter Brüning
(Düsseldorf 1929 – 1970 Ratingen)
Nr. 20/67, Superland mit der Ruhrtalbrücke, 1967
Übermaltes Offsetplakat, auf Leinwand aufgezogen, 140 x 300
Ratingen, Nachlass Peter Brüning

Die Natur habe durch ihre Anpassung an menschliche Erfordernisse einen »rein funktionsbestimmten Charakter« gewonnen, äußerte Brüning 1967. Er plädierte allerdings nicht für Zurückhaltung bei Eingriffen in die Landschaft, sondern wollte mit seiner Kunst die Menschen für die Folgen ihres Handelns sensibilisieren: »Sie soll Ruhepunkte schaffen in diesem unaufhörlichen Dynamismus, Momente (Monumente) zeigen, in welchen wir auf einer freieren Ebene dieser neuen Umwelt bewußt werden können.«

Brüning wurde 1967 von dem französischen Kurator Pierre Restany eingeladen, sich an der Ausstellung *Superlund* in der schwedischen Stadt Lund zu beteiligen. Für diese Schau bearbeitete er erstmals ein auf Leinwand aufgezogenes Plakat. Es zeigt die 1966 für den Verkehr freigegebene Ruhrtalbrücke der A 52 bei Mühlheim an der Ruhr. Das 65 Meter hohe und 1 830 Meter lange Bauwerk war ein besonders markanter Abschnitt des in den 60er und 70er Jahren rasch wachsenden bundesdeutschen Autobahnnetzes.

Der Maler überzog das Plakat der Ruhrtalbrücke mit Höhenlinien, Baumzeichen und anderen kartographischen Elementen, denen er durch Schraffuren räumliche Tiefe verlieh. Die Eintragungen verselbständigen sich und formieren sich zu unabhängigen Strukturen. Dadurch lenkt Brüning die Aufmerksamkeit des Betrachters auch auf die realen Veränderungen der Topographie durch den Menschen. Der Titel *Superland* bezieht sich zum einen auf die Ausstellung in Schweden, zum anderen auf das Schweben der Markierungen über (= lat. *super*) der Landschaft. Weitere *Superländer* – mit Ansichten des Duisburger Hafens oder der Skyline von New York – folgten bis zu seinem frühen Tod. *AS*

Peter Brüning (November 1967), in: Otten 1988, S. 486 (Zitate); Ausst. Kat. Duisburg 1969, Nr. 297; Heinz Fuchs, *Vorwort*, in: Ausst. Kat. Mannheim 1971, unpag.; Otten 1988, S. 418.

148

Wolf Vostell
(Leverkusen 1932 – 1998 Malpartida de Cáceres)
Rheinische Landschaft, 1971
Beton auf Fotografie, 82 x 109
Nachlass Klaus Kinkel

Vostell ist vor allem mit seinen Happenings bekannt geworden. Er nutzte aber auch andere Mittel, um seiner Kunst politische Wirkung zu verschaffen. So verfremdete er Luftaufnahmen, indem er sie mit Beton überzog. Zu diesem Werkkomplex gehört das Materialbild *Rheinische Landschaft*, das eine von Straßen und Stromleitungen zerschnittene Nutzfläche an einer Rheinbiegung zeigt. Selbst der Fluss kommt in dieser nach den Bedürfnissen von Produktion und Konsum konstruierten Zone nicht als Naturraum, sondern als Verkehrsader zur Geltung. Links und rechts der Autobahn, die sich als Diagonale durch das Bild zieht, erstrecken sich die von Vostell gegossenen Betonfelder. Sie liegen wie Sargdeckel auf der Landschaft.

Beton ist der typische Baustoff der technischen Zivilisation im 20. Jahrhundert. Mit der Verwendung dieses Materials protestierte Vostell gegen den Flächenverbrauch, der mit der Zurichtung der Landschaft für Industrie und Verkehr verbunden ist. In Chicago überzog er 1970 einen Cadillac mit einer Betonschicht. Der Titel dieses Kunstwerkes – *Concrete Traffic* – spielt mit dem Doppelsinn der englischen Bezeichnung für dieses Material: Die konkrete Landschaft in den Industriestaaten ist – in weiten Teilen – eine Betonlandschaft. Die verbliebenen ›Naturschutzgebiete‹ sind künstliche Reservate, die mit gesetzlichen Maßnahmen stabilisiert werden müssen.

Beton steht aber nicht nur für die Zerstörung der Umwelt, sondern darüber hinaus auch für mentale Blockaden, für die »Verhärtung und Verkrustung von Verhaltensweisen und Zuständen« (Jörn Merkert). Mit seinen ›Betonierungen‹ wandte sich Vostell gegen die Zwänge, die eine Veränderung der Gesellschaft verhindern. *AS*

Merkert 1975, S. 64 (Zitat); Ausst. Kat. Ludwigshafen 1992, Nr. 86; Schäfke 1992.

149
Harald Duwe
(Hamburg 1926 – 1984 Kiel)
Industrielandschaft mit Atomkraftwerk, 1980
Öl auf Leinwand, 100 x 150
Großensee, Privatbesitz

Die partielle Kernschmelze im Kernkraftwerk »Three Mile Island 2« bei Harrisburg schockte 1979 die Bevölkerung in den westlichen Industriestaaten, die die Atomenergie mehrheitlich noch für eine viel versprechende Zukunftstechnologie hielt. Ein Jahr nach diesem Unfall malte Harald Duwe ein Bild, das die Bedrohung spürbar werden lässt, die für ihn von einer solchen Anlage ausging: Das Reaktorgebäude und die beiden Kühltürme liegen inmitten einer verwüsteten, von verstreutem Gerümpel und totem Geäst geprägten Gegend. Hinter dem Kraftwerk türmt sich eine finstere Wolkenwand auf. Die von Landvermessern hinterlassenen Markierungen bereiten einen weiteren Einschnitt in die Landschaft vor.

Die Elbregion um Hamburg entwickelte sich in den 70er Jahren zu einem Schwerpunkt des bundesdeutschen Atomprogramms. Dort entstanden die Kernkraftwerke Stade (1972) und Brunsbüttel (1976). Dem Bau von Krümmel (1983) und Brokdorf (1986) gingen erbitterte Demonstrationen voraus. Duwe konnte die Anregungen für sein Gemälde also ganz in der Nähe seines Wohnortes Kiel sammeln.

Zu den von ihm aufgegriffenen Stoffen sagte der Künstler 1983: »Die Themen werden mir vom Zeitgeschehen aufgedrängt, das ich als Zeitgenosse im Laufe der Jahrzehnte in mir gespeichert habe, Tag für Tag in all seinen Widersprüchen erlebe und in vielerlei Versionen von den Medien vermittelt bekomme. Der Ort des Zeitgeschehens ist für mich und meine Bilder die Bundesrepublik Deutschland. Hier habe ich von Anbeginn am Kampf der widerstreitenden politischen, sozialen und ideologischen Kräfte teilgenommen. Hier habe ich das Nebeneinander von Existenznot und Konsumrausch, Industriewachstum und Umweltzerstörung, Friedenssehnsucht und Rüstungswettlauf sinnlich wahrgenommen und zu verarbeiten gesucht.« *AS*

Harald Duwe, *Zu meinen Bildern* (1983), in: ders. 1984, S. 27 (Zitat); Jensen 1987, S. 376; Türk 2000, S. 359.

150

Wolfgang Mattheuer (* Reichenbach 1927)
Guten Tag, 1976
Öl auf Hartfaser, 280 x 280
Berlin, Bundesrepublik Deutschland, Dauerleihgabe an das Deutsche Historische Museum, Inv. L 95/246

Die Konzeption zur Ausschmückung des Foyers im »Palast der Republik« stammt von Fritz Cremer, der als Motto das Lenin-Zitat »Dürfen Kommunisten träumen?« wählte. Es hatte – wie der in langen Auseinandersetzungen mit Funktionären gestählte Bildhauer genau wusste – zwei Vorteile: Den Künstlern ließ es Freiraum, und es beugte Konflikten mit dem Auftraggeber, dem Ministerium für Kultur, vor.

Mattheuers Gemälde, das Menschen vor einer Industriestadt ohne bestimmbares topographisches Vorbild zeigt, lässt viele Interpretationen zu. Die Autoren des 1977 erschienenen offiziellen Bildbands zum »Palast der Republik« nahmen den Titel wörtlich: »Was da im Bilde erscheint, ist ein guter Tag, ein gutes Land mit Perspektive.«

Was den Maler wirklich bewegte, macht seine 1983 für den IX. Kongreß des Verbandes Bildender Künstler der DDR geschriebene Rede deutlich: »Unser Land ist schön. ... Aber ich sehe darum, und weil ich als ›Privilegierter‹ einiges mehr sah in der Welt und dadurch vergleichsfähiger werden konnte, auch schmerzlicher als manch anderer die Brutalität, mit der unsere Industrien sich ins Land breitfressen. In alle Täler hinein, bis hinauf in die Kammlagen, mit ihren Braunkohlenfeuerungen, Großschloten und kleinen, mit Hallen und Baracken und Rohren, Schuppen und Kesseln, Buden und Silos und mit Lagerplätzen dazwischen und daneben, mit Kohlehalden und Aschekippen, Schutt und Schrott. Rücksichtslos wie einst im 19. Jahrhundert die ›Krupps‹, heute unsere ›Krauses‹, nur schlimmer noch, denn in unseren Jahren sind die Grenzen der Belastbarkeit der Natur und des Menschen deutlich geworden.« Mattheuer hat diese Rede letztlich nicht gehalten; sie wurde erst 1990 veröffentlicht. Kritik konnte sich in der DDR eben eher in Gemälden äußern als in Worten. *AS*

Graffunder/Beerbaum 1977, S. 49 (Zitat); Ausst. Kat. Dresden 1977/78, S. 317; Wolfgang Mattheuer, *Mein Unbehagen – Mein Widerspruch. Zum Kongreß des VBK-DDR* (1983), in: ders. 1990, S. 161–173 (Zitat S. 169f.); Guth 1995, S. 286; Mann/Schütrumpf 1995.

151
Wilfried Falkenthal (* Baruth 1942)
Das Brigadebad, 1976/77
Öl auf Leinwand, 86 x 96
Berlin, Bundesministerium des Innern

Seitdem Erich Honecker die Künstler auf dem VIII. Parteitag der SED 1971 aufgefordert hatte, »die ganze Breite und Vielfalt der neuen Lebensäußerungen« zu erfassen, bemühten sich viele Maler und Bildhauer um neue Formen der Darstellung von Arbeitern. Dazu gehörte auch der Versuch, die Werktätigen zu der von ihnen umgestalteten Landschaft in Beziehung zu setzen.

Falkenthals *Brigadebad* erregte bei der 1977/78 in Dresden abgehaltenen VIII. Kunstausstellung der DDR erhebliches Aufsehen. Es war anlässlich eines Studienaufenthalts im VEB Braunkohlekombinat Regis-Breitlingen entstanden, dem der Leipziger Maler von 1972 bis 1975 vertraglich verbunden war. In der zu diesem Betrieb gehörenden Grube Haselbach wurde neben Braunkohle auch eine weiße Tonerde abgebaut, die als Rohstoff für die Aluminiumgewinnung diente. Sie bildete türkisfarbene Auslaugungen, deren verfremdende Wirkung den Künstler inspirierte. Die von ihm dargestellte Szene ist fiktiv: Weder bildeten die Arbeiter eine Brigade, noch gehörte das – eigentlich verbotene – Schwimmen in den durch die Bagger des Kombinats entstandenen »Mondkraterlandschaften« (Peter Romanus) zu ihren regelmäßigen Freizeitaktivitäten. Falkenthal verband die unpathetische Darstellung des die ›ideale‹ Brigade kennzeichnenden Teamgeists mit einer Schilderung der durch die Planwirtschaft verursachten Umweltzerstörungen. Damit machte er das konventionelle Porträt einer Arbeitergruppe durch eine innovative Bildidee wieder interessant. *AS*

Honecker 1971, S. 95 (Zitat); Ausst. Kat. Dresden 1977/78, S. 117; Romanus 1978, S. 27 (Zitat).

17 Dispositionsspielräume

Aspekte der rationalisierten Arbeitswelt 1960–1985

Industriesoziologen klassifizieren Arbeitsplätze nach vier Kriterien: Wie groß ist der Dispositionsspielraum des Arbeiters, das heißt welchen Einfluss hat er auf die Planung und den Ablauf seiner Tätigkeit? Welche Qualifikationsanforderungen werden an ihn gestellt? Unter welchen körperlichen und nervlichen Arbeitsbelastungen leidet er? Welche Formen der Zusammenarbeit mit anderen Beschäftigten ergeben sich aus seiner Arbeit?

Abhängig vom Mechanisierungsgrad der Produktionsmittel kann die Arbeitssituation sehr verschieden aussehen. In den 60er und 70er Jahren des 20. Jahrhunderts verschärfte sich die Tendenz zur Technisierung der Arbeitswelt. Vielfach wurden Arbeitsabläufe so mechanisiert, dass sie sich monoton wiederholten und den Beschäftigten nur einen geringen Dispositionsspielraum ließen. In solchen Fällen war der Anreiz groß, auch die noch verbliebenen Handgriffe einer Maschine zu übertragen, was den Verlust von Arbeitsplätzen zur Folge hatte.

In den volkseigenen Betrieben der DDR konnte es theoretisch keine Motivationsprobleme geben: »Eine Gesellschaft bildet sich neu, in der die Arbeit ihren einseitigen, erzwungenen, den Menschen verkrüppelnden Charakter verliert. Der Mensch ist nicht länger mehr ›Anhängsel‹ der Maschine, die ihm nicht gehört, sondern ihr Herr. Damit tut sich gleichsam eine ganze Welt neuer menschlicher Beziehungen auf, und die Arbeit unter sozialistischen Arbeitsbedingungen gewinnt einen zutiefst humanistischen Sinn« (Ullrich Kuhirt). So einfach war Arbeitszufriedenheit aber auch im real existierenden Sozialismus nicht herzustellen. Um die Leistungsbereitschaft der Beschäftigten zu stärken, lancierte der FDGB 1959 die Bewegung »Sozialistisch arbeiten, lernen und leben«. Unter dieser Losung sollten sich die in den Betrieben tätigen Kollektive um den Titel »Brigade der sozialistischen Arbeit« bewerben. Langfristig gesehen, versagten die Brigaden als Instrument zur Schaffung des ›neuen Menschen‹, sie dienten aber als Interessenvertretung für ihre Mitglieder und wirkten so konfliktdämpfend.

Der Arbeiter blieb auch in den folgenden Jahrzehnten das »zentrale Sujet der DDR-Kunst« (Martin Damus). Den Malern und Bildhauern, die – auf dem »Bitterfelder Weg« wandelnd – Beziehungen zu einem Betrieb eingingen, wurde in der Regel eine Brigade als »gesellschaftlicher Partner« zugeordnet. Die Formen der Zusammenarbeit waren vielfältig: Intensive, langjährige und vertraglich fixierte Kontakte gab es ebenso wie kurzfristige Engagements zur Gestaltung einzelner Auftragswerke. Seit Anfang der 70er Jahre vollzog sich eine allmähliche, immer wieder von Rückschlägen begleitete Öffnung der doktrinär geführten Kunstdiskussion. Bei der Kooperation mit einem Betrieb sollten fortan, wie es im *Kulturpolitischen Wörterbuch* hieß, die »einzelnen Vereinseitigungen und Überspitzungen« überwunden werden, außerdem sei der »Unterschiedlichkeit der konkreten Lebenserfahrungen, persönlichen Neigungen, Fähigkeiten und Handschriften der Künstler« Rechnung zu tragen. Die Dispositionsspielräume der Maler und Bildhauer im Umgang mit dem Thema ›Arbeiter‹ weiteten sich aus: Heroisierende Darstellungen wichen nun individualisierenden und ironisch gebrochenen Sichtweisen.

Während in der DDR aufgrund planerischer Defizite ein kontinuierlicher Arbeitskräftemangel herrschte, stiegen in der Bundesrepublik seit 1974 die Arbeitslosenzahlen. Diese Entwicklung hing eng mit den Rationalisierungsbestrebungen der im internationalen Wettbewerb stehenden Industrie zusammen. Trotz der gesellschaftlichen Relevanz des Themas blieb die künstlerische Auseinandersetzung mit der Technisierung der Arbeitswelt im Westen Deutschlands eine Randerscheinung. Dies ist nicht zuletzt auf die dort generell feststellbare Marginalisierung gegenständlicher Kunst zurückzuführen. *AS*

Kuhirt 1958, S. 227 (Zitat); Art. *Bitterfelder Konferenzen*, in: *Kulturpolitisches Wörterbuch*, Berlin [2]1978, S. 110–112 (Zitat); Kern/Schumann 1985; Damus 1991, S. 262 (Zitat); Roesler 1994.

152
Willi Sitte (* Kratzau 1921)
Leuna 1969, 1967–69
Mischtechnik auf Hartfaser, 275 x 490
Berlin, Staatliche Museen zu Berlin, Nationalgalerie, Inv. A IV 246

Unter dem Motto »Chemie bringt Wohlstand, Schönheit und Glück« startete 1958 das Chemieprogramm der DDR. Der Ausbau von Leuna zählte dabei zu den wichtigsten Vorhaben. Bereits 1927 hatte die BASF dort mit der Herstellung von Benzin aus Braunkohle begonnen. Nun sollte die Petrochemie Einzug halten. Die DDR feierte 1963 die Inbetriebnahme der Erdölleitung »Freundschaft«, die von Sibirien nach Leuna, Schwedt und Böhlen führte.

Sitte verwendete für das Gemälde *Leuna 1969* Motive der Pipeline und der Raffinerie. Im Mittelpunkt steht der planende und leitende Arbeiter (als Synonym für die Partei), den der Rostocker Kunstwissenschaftler Hermann Raum in eine illustre Ahnenreihe stellte: »Die dreifaltige Mittelfigur in ›Leuna 1969‹ ist die Antwort unserer Epoche auf die Plastikgruppe der athenischen Tyrannenmörder, auf den thronenden Christus in byzantinischen Kirchenkuppeln, auf den Christus in Michelangelos Weltgericht.« Die ihn umgebenden Chemiewerker scheinen von körperlicher Arbeit ebenso befreit zu sein wie von kapitalistischer Ausbeutung. Das düstere Gegenstück dazu bildet *Leuna 1921*, ein bereits 1965/66 von Sitte geschaffenes Historienbild, das an den gescheiterten Arbeiteraufstand in Mitteldeutschland erinnert. ›Simultanbilder‹ – wie die Gemälde Sittes – interpretierten die Kunstkritiker als Ausdruck der 1963 auf dem VI. Parteitag der SED ausgerufenen »wissenschaftlich-technischen Revolution«. Die Darstellung der neuen Qualität sozialistischer Produktionsverhältnisse erforderte ihrer Ansicht nach »intelligenzintensive« Bilder. Der moderne Betrachter »will keinen Abklatsch, sondern Schöpfung« (Peter H. Feist). Häufig diente die komplexe Bildsprache allerdings lediglich dazu, über die Simplizität der transportierten Botschaft hinwegzutäuschen. *AS*

Feist 1966 (Zitat); Raum 1975, S. 60 (Zitat); Freitag 1994; Hüneke 1996; Türk 2000, S. 334f.

153

Werner Tübke (* Schönebeck 1929)

Gruppenbild, 1971/72

Tempera auf Spanplatte, 147,5 x 147,5
Dresden, Gemäldegalerie Neue Meister, Staatliche Kunstsammlungen Dresden, Inv. 1758 (3831)

Tübke schuf 1972/73 im Rektoratsgebäude der Karl-Marx-Universität Leipzig das monumentale Wandgemälde *Arbeiterklasse und Intelligenz*. Es präsentiert 120 Personen, die sich – in sechs Gruppen gegliedert – zu einem gesellschaftlichen Panorama der Stadt und ihrer Hochschule vereinen. Arbeiter und Funktionäre, Professoren und Studenten sind in ein dramatisch bewegtes Geschehen eingespannt. Die Gegensätze zwischen den Klassen, Fakultäten und Positionen werden überspielt; der »virtuose Harmonieversuch« (Eduard Beaucamp) wirkt forciert.

Jeder der Akteure in diesem Auftragswerk ist durch ein konkretes Modell belegt. Dieses minutiöse Vorgehen ist kennzeichnend für Tübkes akribischen Realismus. Als Vorbild für *Die Arbeiterklasse und ihre politische Führung*, die fünfte Gruppe des Wandgemäldes, dienten die Bauarbeiter der »Brigade Schirmer« sowie die ranghöchsten Funktionäre Leipzigs: der Erste Sekretär der SED-Bezirksleitung, der Vorsitzende des Rates des Bezirkes und der Oberbürgermeister.

Ohne die Politiker treten dieselben Bauarbeiter im *Gruppenbild* auf. Sie sind zu einer »Andachts-Gruppe« (Lothar Lang) erstarrt. Der Brigadier scheint aus dem Bild heraustreten zu wollen. Er beherrscht den Mittelraum; die Blicke seiner Kollegen sind auf ihn gerichtet wie die der Apostel auf den Messias. Tübke stilisiert Arbeiter zu Heiligen mit Schutzhelm. Weiter konnte dieser Prozess kaum getrieben werden, ohne die ästhetisierten Subjekte der Lächerlichkeit preiszugeben. *AS*

Ausst. Kat. Dresden 1972/73, S. 34; Emmrich 1976, S. 26–28; Lang 1976, S. 426 (Zitat); Beaucamp 1985, S. 34 (Zitat); Damus 1991, S. 282; Uhlmann 1999, S. 207.

154
Walter Womacka
(* Obergeorgenthal 1925)
Erika Steinführer, 1981
Öl auf Leinwand, 148 x 282
Oberhausen, Ludwig Galerie Schloss Oberhausen, Inv. LU OB 112

Wer 1982/83 die IX. Kunstausstellung der DDR in Dresden besuchte, begegnete zuerst dem Bildnis der *Erika Steinführer*. Diese Arbeiterin, eine Wicklerin in der Wendelfertigung des Berliner Glühlampenwerks VEB Narva, wurde in der DDR ab 1976 als Initiatorin der Bewegung »Jeder liefert jedem Qualität – ein Anspruch von allen für alle« gefeiert. Ihr Betrieb bekam den Ehrennamen »Rosa Luxemburg« verliehen, was, wie Helmut Höge herausfand, als Anspielung auf dessen Produktionspalette verstanden werden kann (*lux* = Licht).

Die stakkatoartig gereihten Ausschnitte, die Uhr und die verwischten Farbakzente erzeugen die Vorstellung eines von Zeitmangel geprägten Arbeitslebens. Die energische Mimik und Gestik der Bestarbeiterin machen jedoch deutlich, dass sie ihren Aufgaben gewachsen ist. Ein Blumenstrauß und der Orden »Banner der Arbeit« dokumentieren die ihr zuteil gewordene gesellschaftliche Anerkennung. Womacka setzte das Gemälde aus zwei fast quadratischen Teilen zusammen, für deren Anordnung es offenbar keine festen Regeln gibt. In Dresden dominierte das halbfigurige Porträt, das Erika Steinführer an ihrem Arbeitsplatz zeigt, den linken Teil, sodass es die Bildfläche in Leserichtung beherrschte. Man kann die beiden Hälften auch vertauschen: In Zeitungsartikeln wurde das Gemälde – ebenso wie später in Oberhausen – in der zweiten, weniger dynamischen Version präsentiert.

Stilistisch griff Womacka Anregungen der Pop Art auf: Wie Robert Rauschenberg und Andy Warhol reproduzierte er im Siebdruckverfahren Fotografien auf den Malgrund, die er farblich überarbeitete. Das Verhältnis von Sinn und Form kehrt sich bei ihm allerdings geradezu um: Während Rauschenberg jedem Bildteil seine eigene Bedeutung lässt, zwingt Womacka den disparaten Motiven eine unmissverständliche Aussage ab. Und während Warhol durch die Vervielfältigung von Porträts den (kapitalistischen) Starkult glossiert, schafft Womacka auf diese Weise überhaupt erst ein (sozialistisches) Idol. *AS*

Ausst. Kat. Dresden 1982/83, S. 83; Reinhart Grahl, *Die Schönheit im Gesicht einer Arbeiterin*, in: *Tribüne* vom 15. Okt. 1982, S. 5; Ausst. Kat. Berlin 1985/86, S. 32f.; Damus 1991, S. 307; Helmut Höge, *Eckdaten einer bestimmten Glühbirnenforschung*, in: *Die Zeit* vom 20. Nov. 1992, S. 56.

155
Misch Da Leiden
(* Luxemburg 1948)
Fließband, 1972
Mischtechnik (Lack, Acryl, Siebdruck, Spritztechnik) auf Hartfaser, 200 x 200
Düsseldorf, Besitz des Künstlers

Das während Da Leidens Studium an der Düsseldorfer Kunstakademie geschaffene Gemälde prangert die Entfremdung der Arbeit unter kapitalistischen Bedingungen an. Die zermürbende Tätigkeit am Fließband, die den Dispositionsspielraum des Arbeiters stark einschränkt, steht hier stellvertretend für das gesellschaftliche System. Die als Einzelbilder eines Filmstreifens gestalteten Motive, die dreimal in derselben Abfolge wiederkehren, verweisen auf den gleichförmigen Charakter der Fließbandfertigung. Pfeile, Nummern und das der gesamten Sequenz unterlegte Wort »schneller« unterstreichen diese Aussage. Bei der vierten Wiederholung reißt der Film: Ein agitatorischer Text schiebt sich ins Bild; die Grundfarbe wechselt abrupt von Grau zu Rot; Streikposten vor einem Werkstor bestimmen das letzte Einzelbild.

Das Gemälde entstand in der Aufbruchphase nach 1968, in der die sozialistische Utopie eine erhebliche Anziehungskraft auf die Intellektuellen der Bundesrepublik ausübte. Die künstlerische Ausdrucksform dieser Strömung war der Kritische Realismus. Schon während der frühen 70er Jahre zerstoben die Reformillusionen, überzeugende gesellschaftliche Alternativen wurden nicht formuliert. Die Fließbandfertigung hatte die Autonomie des Arbeiters im Sozialismus ohnehin stets auf gleiche Weise beschnitten wie im Kapitalismus. *AS*

Türk 2000, S. 342f.

156

H. D. Tylle (* Bayreuth 1954)

Die entlassene Prospekteinlegerin, 1981

Öl auf Leinwand, 140 x 200

Kassel, HNA Hessische/Niedersächsische Allgemeine

Rationalisierung führte Ende der 70er Jahre in der Druckindustrie zu massiven Beschäftigungsverlusten. Die Umstellung von Bleisatz auf Fotosatz provozierte 1978 sogar einen dreiwöchigen Arbeitskampf. Noch leichter als das Setzen war das Beschicken und das Entleeren von Maschinen zu mechanisieren, da es nur geringe Qualifikationsanforderungen an die Beschäftigten stellt.

Tylle zeigt eine Maschinenbedienerin, deren Arbeitsplatz überflüssig geworden ist. Sein Gemälde entstand bei einem Arbeitsaufenthalt in der Druckerei der *Hessischen/Niedersächsischen Allgemeinen* in Kassel. Der Künstler absolvierte seit 1979 eine Vielzahl solcher Visiten, unter anderem bei Volkswagen in Baunatal (1980), bei der Hoesch AG in Dortmund (1983), im VEB Mansfeld »Wilhelm Pieck« in Eisleben (1987, als erster bundesdeutscher Künstler) und in den Marmorsteinbrüchen von Carrara (1992).

Für das Bild *Die entlassene Prospekteinlegerin* erhielt der Maler 1982 den ersten Preis im Wettbewerb »Die Arbeitswelt im Spiegel der bildenden Kunst« des Bundesverbandes bildender Künstlerinnen und Künstler, Bezirksverband Karlsruhe. Die verzweifelte Arbeiterin sitzt nach ihrer letzten Schicht auf einem Stuhl vor dem noch glänzenden neuen Aggregat, dem sie ihre Entlassung verdankt. An der rückwärtigen Wand der Werkhalle steht in roten Großbuchstaben der Schriftzug »NICHT RAUCHEN«. Er wird teilweise von der Maschine überdeckt, zu lesen sind nur die Buchstaben »ICH AUCH«. *AS*

Ausst. Kat. Hamburg 1990, S. 21; Türk 2000, S. 350.

18 Die Logistik des Sehens

Fotografie im Informationszeitalter 1970–1995

Die rasante Entwicklung mikroelektronische Systeme seit Beginn der 1970er Jahre war Anlass für tief greifende technische Umwälzungen. Als Steuerungs- und Regelungseinrichtung universell in der gesamten Technik verwendbar und günstig in der Herstellung, veränderte der Einsatz von Mikroprozessoren nachhaltig die herkömmlichen Arbeits- und Produktionsbedingungen in Industrie, Wissenschaft und Forschung. Technische Fortschritte in Mikro- und Optoelektronik wirkten sich vor allem auf Nachrichten-, Kommunikations- und Automatisierungstechnik, auf Bio- und Gentechnologie sowie auf Satelliten- und Weltraumtechnik aus. Der Einsatz von Computer-, Medien- und Informationstechnologien erweiterte sämtliche Formen der technischen Kommunikation, was grundlegende Verschiebungen in der gesellschaftlichen Organisation zur Folge hatte. In der Diskussion über Vor- und Nachteile wurde von kulturpessimistischer Seite aus auf den Verlust von Humanität, Individualität und politischer Freiheit hingewiesen, der mit zunehmender Technisierung einhergehen würde. Hingegen sahen die Befürworter der Medientechnik die Möglichkeit, eine befreite, »post-industrielle Gesellschaft« (Daniel Bell) zu realisieren. Unklar bleibt dabei nach wie vor die Frage, ob die neue Medientechnik in Zukunft Arbeitsplätze schaffen oder von Arbeit befreien soll. Die wachsende Bedeutung der internationalen Finanzmärkte, der Welthandel und die verstärkte internationale Ausrichtung von Unternehmen führen zu einer Zersplitterung der traditionellen Produktionskette. Fertigwaren und Zwischenprodukte werden um die ganze Welt verschifft, um einzelne Arbeitsschritte dort zu erledigen, wo es besonders günstig erscheint. Großkonzerne wie die Siemens AG, Thyssen-Krupp oder MBB arbeiten zunehmend multinational – der Siemens Konzern beispielsweise operiert mittlerweile in 127 Ländern.

Vor dem Hintergrund der wirtschaftlichen Entwicklung und technischen Beherrschbarkeit weiter Teile der Umwelt erwies sich die Fotografie als adäquates künstlerisches Medium, um den Prozess der industriellen Erneuerung und die damit einhergehende Zerstörung augenblicklich zu fixieren. Zunächst knüpfte man an die Tradition der Moderne an. Wesentlichen Anteil an der Ausbildung neuer Ansätze und ästhetischer Konzepte nahmen die Fotografieklassen von Otto Steinert an der Folkwangschule in Essen und von Bernd und Hilla Becher an der Kunstakademie in Düsseldorf.

Die sich verändernde Arbeitswelt – geprägt von Steuerungs- und Fertigungsautomaten –, bei deren Produktion lediglich die Gehäuse sichtbar sind, das Arbeitssystem selbst von einer ›unsichtbaren‹ Struktur hochintegrierter Bausteine getragen wird, stellt für die Übertragung in das fotografische Medium eine neue Herausforderung dar. Gerade in der Fotografie werden am Übergang von analoger zu digitaler Bildgestaltung im Rekurs auf bildliche Traditionen neue Akzente in Bezug auf Raumkonzeptionen, Bilddramaturgien und Rahmenfunktionen gesetzt. Fragen nach der technischen Repräsentation – Korn oder Raster – bzw. Tönung, Farbe und Transparenz werden experimentell untersucht. Die Möglichkeiten der elektronischen Bildgestaltung stellen die klassische Mimesistheorie erneut auf die Probe. Das Zusammenspiel von geographischen, gesellschaftlichen und wirtschaftspolitischen Faktoren lässt sich nicht länger in ein Repräsentationssystem übersetzen, wie es die geometrische Konstruktion der Perspektive, ein auf den Mittelpunkt fokussierter Bildaufbau und die Fixierung der Betrachterposition vor dem Bild vorgegeben hatten. Der Zusammenhang zwischen Vergangenheit und Gegenwart, die Vorstellung von Raum, das Verhältnis vom Bild zum Abbild sowie die Frage nach Ursprung und Ende werden neu thematisiert. Als immer noch glaubwürdiges Verfahren einer vermeintlich objektiven Übertragung von Wirklichkeit profitiert vor allem die Fotografie von den Neuerungen der technischen Möglichkeiten. Nach wie vor liegt ein wesentliches Potential des fotografischen Bildes in der Fähigkeit, zu überzeugen und zu täuschen. *BS*

Bell 1973 (Zitat); Theorie der Fotografie III (1983); Modick/Fischer 1984; Kiesewetter 2000; Theorie der Fotografie IV (2000).

Nach meiner Beschäftigung mit Landschaftsbildern wendete ich mich dem Arbeitsbereich zu, wenngleich ich auch keine Gegenüberstellung beabsichtigte. Moderne Fabriken waren Orte, die mir bisher verschlossen geblieben waren. Bezeichnend fand ich, daß man eine bestimmte Bildvorstellung von Industrieräumen großer Unternehmen der 90er Jahre hat. Doch die stimmt mit der Realität nur selten überein. ... Die Tatsache, daß Adidas in Herzogenaurach wie ein kleiner ländlicher Schneiderbetrieb erscheint, erstaunte mich, und so suchte ich weiter nach einem Bildäquivalent für meine Vorstellung von einem modernen Großunternehmen. ...
Es geht mir nie um den einzelnen besonderen Augenblick. Ja, in gewisser Weise arbeite ich gegen die Fotografie als ein Medium, das einen bestimmten Zeitmoment einfängt. Ich versuche das genau auszusparen, indem ich den Augenblick bis zum Gehtnichtmehr dehne. Bei mir hat man nicht das Gefühl, ich hätte auf bestimmte Lichtverhältnisse oder auf eine ganz exponierte Situation gewartet. Vielmehr wirkt bei mir alles wie gefroren und so, als wäre es wiederholbar. Die auf den Bildern festgehaltenen Menschen agieren nicht, sondern sind gefangen in ihrem Umfeld.

Andreas Gursky im Interview mit Heinz-Norbert Jocks, 1999

Mit dem Verzicht auf klar definierte, wiedererkennbare Inhalte habe ich in meinen letzten Arbeiten den Raum einfach verdreht, so daß die Sicherheit meiner Räume unheimlich geworden ist und der Betrachter aus ihnen herausfällt. Es gibt jetzt oft leere Räume, die nicht mehr perspektivisch geordnet sind und keinerlei Erzählung zulassen. ...
Während die Produktion immer komplexer, immer perfekter wird, verschwindet der Mensch als etwas Unnötiges, etwas Schmutziges, das die reinen Arbeitsprozesse stört. Die industriellen Großstrukturen sind weg, die Farbe verändert sich, die Räume verändern sich, es gibt nur noch künstliches Licht, kein Tageslicht mehr. ...
Ich habe geglaubt, daß die Fotografie Prozesse durchscheinig und sichtbar macht, daß sie neues Wissen vermittelt, sehr zeitgemäß ist und das Bildmittel unseres Jahrhunderts, das technische Leitbild, auf dem alles aufbaut, repräsentiert. Deshalb war sie für mich für etwas anderes nutzbar als nur im Kunstkontext.

Timm Rautert im Interview mit Daniel Stemmrich, 2000

157
Bernd und Hilla Becher
(* Siegen 1931 und Potsdam 1934)
Drei Typologien von Fördertürmen, 1973
27 Schwarzweißfotografien, jeweils 40 x 30
Aachen, Ludwig Forum für Internationale Kunst, Sammlung Peter und Irene Ludwig

»Anonyme Skulpturen« nennen Bernd und Hilla Becher die Bauten, die von namenlosen Ingenieuren und Baumeistern geplant sind und die seit den 1960er Jahren im Zentrum ihres künstlerischen Konzeptes stehen. Fachwerkhäuser, Wasser- und Fördertürme, Zechen und Fabrikhallen, Getreidesilos und Hochöfen legen Zeugnis von einer von der Zeit eingeholten industriellen Entwicklung ab. Viele dieser Objekte sind inzwischen veraltet, stillgelegt, zerstört oder einer anderen Funktion zugeführt. Einige von ihnen wurden unter Denkmalschutz gestellt. Im Zuge der Debatte um Erhaltung und Erfassung industriell genutzter Anlagen entdeckte die Denkmalpflege die Fotografien von Bernd und Hilla Becher als Dokumentations- und Anschauungsmaterial.

Mit gleichbleibender Präzision im Arbeitsansatz, der in der Tradition der Neuen Sachlichkeit der 20er Jahre steht, werden die Bauten ins Bild gesetzt, gekennzeichnet von einem systematischen Vorgehen und einer objektivierenden Bildsprache. Jedes Objekt wird von annähernd gleicher Standhöhe bei neutral grauem Himmel, ohne harte Schatten und effekterzielendes künstliches Licht, bildmittig – meist frontal – aufgenommen. Das große Format der Negative und eine lange Belichtungszeit garantieren die gleichmäßige Präsenz aller Details im Bild. Die dokumentarischen Schwarzweißfotografien werden in Serien zu Typologien zusammengestellt, ausgehend von der Funktion und – in einem zweiten Schritt – nach dem verwendeten Baumaterial. Die Aufnahmen, die mittlerweile ein wichtiger Bestandteil der

›Industriearchäologie‹ sind, schärfen den Blick für die Dinge.

Die Arbeit *Drei Typologien von Fördertürmen* zeigt in jeweils neun Fotografien drei Fördergerüsttypen, geordnet nach der Seilstützkonstruktion. Die Seilvorrichtung dient im Bergbau zur Umlenkung des Förderseils in den Schacht. Das Förderseil selbst wird von einer Maschine angetrieben, die sich in einiger Entfernung vom Schacht befindet. Der Prototyp des Förderturms ist ein Stahlgerüst, in dessen hochgezogenen Stützpfeilern zwei neben- oder untereinander gelagerte Seilscheiben eingesetzt sind – hier in der ersten und zweiten Typologie zu sehen. Das Doppelstrebegerüst, die dritte Typologie, ergibt sich aus der symmetrischen Verdopplung der einfachen Gerüstkonstruktion. Die fotografierten Skizzen am Beginn jeder Typologie veranschaulichen die Konstruktion in schematischer An- und Aufsicht.

Bei der Systematisierung der Bilder spielen weder topographische noch chronologische Ordnungsprinzipien eine Rolle. Die Aufnahmen ermöglichen ein vergleichendes Sehen, in dem die verschiedenen Bauten eines Typs auf ihre vergleichbaren Strukturen hin analysiert werden. Beim Betrachten der Bilder ergibt sich ein fortwährender Wechsel in der Wahrnehmung vom Typischen zum Spezifischen. Durch die Reduktion auf ein Objekt im Bild lassen sich die ästhetischen Qualitäten von äußerer Gestalt und formaler Struktur – wie beispielsweise die sperrig gespreizten Fördergerüste – konzentriert wahrnehmen. *BS*

Ausst. Kat. Bonn/Tübingen 1975 (Zitat Becher S. 28); Ausst. Kat. Essen 1985; Köhler/Becher 1989, S. 14f.; Slg. Kat. Frankfurt 1992; Ausst. Kat. Bochum 1994; Ausst. Kat. Köln 1997; Ausst. Kat. Oberhausen 2001a.

158
Timm Rautert (* Tuchel 1941)
Reinraum, Siemens AG, München, 1989
Modern print, Farbfotografie/Diasec, 170 x 245
Timm Rautert, courtesy Heidi Reckermann Photographie, Köln

Die Aufnahme, im Rahmen einer Auftragsarbeit von Siemens entstanden, zeigt einen der Garderobenräume der Siemens AG in München im Bereich Halbleitertechnik. Voraussetzung für das Arbeiten mit Halbleiterstoffen sowie für die Herstellung von Siliciumchips sind absolut staubfreie Räume. Von daher ist den Mitarbeitern der Zugang zu den Arbeitsräumen nur in entsprechenden Anzügen erlaubt.

Für das Projekt *Gehäuse des Unsichtbaren. Bilder von der dritten industriellen Revolution*, das Timm Rautert in den 1980er Jahren begann, vergrößerte er die Aufnahme und stellte sie mit weiteren Fotografien aus den Arbeitsräumen der Siemens AG zu einer thematischen Bildserie zusammen. Im Ausstellungskatalog von 1992 werden die Bilder lediglich mit dem lakonischen Titel *Siemens AG, München 1989* bezeichnet. Die Ratlosigkeit beim Betrachten des Reinraums wird angesichts der Vergrößerung noch gesteigert – der gewählte Ausschnitt veranschaulicht in zugespitzter Form das Dilemma der Orientierungslosigkeit und des Nicht-Verstehens in Verbindung mit dem Eindruck einer vakuumartigen Leere im Bild. Durch das Fehlen eines Rahmens als Distanz erzeugendes Bildelement wird der Betrachter noch direkter und unmittelbarer mit der Dynamik des Raums konfrontiert. Das räumliche Spannungsverhältnis ergibt sich aus der Dominanz der diagonalen Raumflucht, den graphischen Diagrammlinien von Boden- und Deckenplatten und den im Kontrast dazu schlaff und leblos an den Garderobenständern hängenden Schutzanzügen. Im Gegensatz zur malerischen Tradition wird hier eine ruhige Kontemplation unmöglich gemacht, saugt das Bild den Betrachter förmlich in sich hinein. Im kritischen Rekurs auf tradierte visuelle Orientierungsmuster thematisiert Rautert die Veränderungen in der Arbeitswelt und untersucht dabei die Grenzen ihrer Übertragbarkeit in das Medium der Fotografie. *BS*

Büschemann/Rautert 1990; Ausst. Kat. Essen 1992; Ausst. Kat. Hamburg 1996; Ausst. Kat. Oberhausen 2001b.

159

Andreas Gursky (* Leipzig 1955)

Siemens, Karlsruhe, 1991

Farbfotografie, auf Plexiglas aufgezogen, 170 x 200

Andreas Gursky, courtesy Monika Sprüth Galerie, Köln

Einen zentralen Aspekt der Arbeiten von Andreas Gursky bildet die Auseinandersetzung mit dem Verhältnis von Mensch und Raum. Die Fotografien, die er 1991 in Produktionsstätten verschiedener Industrieunternehmen aufnahm, thematisieren eben dieses Verhältnis. Die großformatige Aufnahme *Siemens, Karlsruhe* zeigt von einem erhöhten Standpunkt aus einen Blick in eine der Werkshallen. Weniger ein bestimmter Fertigungs- oder Produktionsablauf stehen im Vordergrund, sondern vielmehr die Wiedergabe einer Raumsituation, die ein eigenständiges, übergeordnetes Regelsystem darstellt, in das sich der Mensch anonym einfügt. Die durchgehende Tiefenschärfe – die zur genauen Betrachtung der Details anregt –, die gleichbleibende, matte Farbigkeit und die von der Decke hängenden Spiralkabel verdichten den Raum zu einer plastischen, transparent durchscheinenden Gewebestruktur. Gesellschaftliche Strukturen im Kontext moderner Arbeitsbedingungen werden hier in den Bereich des Ästhetischen, in die Raumwahrnehmung, übertragen – ohne dem Betrachter dabei einen Bildmittelpunkt anzubieten, der als Bezugspunkt für einen hierarchisch gegliederten Raum dienen könnte. Entsprechend fehlt im Bild die Auflösung zu einem überschaubaren Ganzen durch eine harmonisierende und ordnende Zentralperspektive. Der Raum lässt sich lediglich Detail für Detail mit Blicken durchwandern.

Im Rückgriff auf tradierte Bilddramaturgien und Raumkonzeptionen – insbesondere aus der Kunstgeschichte – tastet Gursky die Grenzen von Malerei und Fotografie sowie Fotografie und Film ab. Bei der Darstellung des Verhältnisses von Mensch und Umwelt räumt er dabei der wahrnehmenden gegenüber der abbildenden Funktion in der Fotografie den Vorrang ein. *BS*

Ausst. Kat. Düsseldorf 1991; Ausst. Kat. Zürich 1992; Gursky 1992; Ausst. Kat. Bregenz 1999; Gursky/Jocks 1999; Ausst. Kat. Bochum/Leipzig 2000; Ausst. Kat. New York 2001.

160.1–3
Timm Rautert (* Tuchel 1941)
1. Montageband, Porsche AG, Zuffenhausen, 1992
2. Montageband, Porsche AG, Zuffenhausen, 1992
3. Montageband, Porsche AG, Zuffenhausen, 1992
Farbfotografie/Diasec, jeweils 70 x 100
Timm Rautert, courtesy Heidi Reckermann Photographie, Köln

In Rauterts Aufnahmen aus dem Porschewerk in Zuffenhausen zeigt sich wie schon in seiner Aufnahme vom *Reinraum* (Kat. Nr. 158) ein starkes Interesse an der fotografischen Darstellbarkeit technischer Systeme und ihrer Rezeptoren. Auf den drei Aufnahmen vom Montageband, die formal wie ein Triptychon angeordnet sind, stehen die komplexen Steuerungs- und Fertigungsapparaturen bildfüllend im Vordergrund. Zu sehen ist ein automatisierter Produktionspro-

zess, der innerhalb eines Regelsystems in einem seriellen Zusammenhang steht und in dem – zumindest was die Ausschnitte hier betrifft – keine Menschen teilnehmen. Montiert wird ein Porsche, dessen Karosserie, eingespannt in die elektronisch gesteuerten Maschinengreifarme, in einer Abfolge von Heck-, Seiten- und Vorderansicht gezeigt wird. Die labyrinthische Fülle von Details kann vom Betrachter schwerlich überschaut werden, die räumliche Koordinationsfähigkeit des Auges ist überfordert. In der Anordnung der drei gleichformatigen Aufnahmen ergibt sich zum einen ein Zeitverlauf, zum anderen wird durch die Akzentuierung der Seitenansicht, in der die sich selbst steuernden Apparaturen annähernd den gesamten Bildraum füllen, eine Hierarchie von Mittelbild und flankierenden Seitenbildern hergestellt.

Rautert knüpft hier an das Triptychon als Idealtypus des christlichen Altarbildes an, in dem Form und Inhalt, Bildsystem und Bildgehalt zu einer größeren Einheit zusammengefasst und so das eigentliche Wesen der Darstellung in höchstmöglicher Intensität und Reinheit erfahrbar werden sollte. Als gesellschaftliches Statusobjekt symbolisiert das Auto die Vorstellung einer mobilen und unabhängigen Gesellschaft. Geschwindigkeitsrausch, Potenzierung der eigenen Kraft sowie der Traum, mit der Maschine zu einer Einheit zu verschmelzen – Phantasien,

19 Post-Industrie

Ruinenästhetik und Müllstillleben 1985–2000

Der Begriff der Postindustrialisierung verweist auf ein verändertes Verhältnis zwischen Mensch und Maschine, zwischen Kultur und technischer Produktionsweise. Fortschreitende Digitalisierung und stetig wachsende internationale Vernetzung erscheinen als Übergang in eine neue Epoche. Während etwa in der heutigen pluralen Gesellschaft der steigende Massenkonsum und die Produktvielfalt eine zunehmende Dynamik unserer Dingwelt deutlich vor Augen führen, werden weite Regionen der Welt durch gewinnversprechende Verlagerungen von Industriestandorten – und die ihnen folgenden Probleme – dem pragmatischen Kalkül ökonomisch-rationalen Handelns unterworfen. Um sich im internationalen Wettbewerb behaupten zu können, leiten vor allem international agierende Großkonzerne in vielen westlichen Industrieländern Konzentrationsbewegungen ein. Langjährige Perioden geringen oder gar stagnierenden Wirtschaftswachstums sollen überwunden, zusätzliche Absatzmärkte neu erschlossen werden. Da sich dieser ökonomische Wandel ebenfalls in den so genannten ›Schwellenländern‹ vollzieht, drängen mittlerweile auch diese, technologisch meist hoch entwickelt, mit ihren Produkten auf den Weltmarkt und beleben die internationale Konkurrenz.

Infolge der Diversifikation traditioneller Wirtschaftszweige, des weltumspannenden Wissensaustausches und der von Kulturkritikern häufig beklagten Tendenz zur allgemeinen Vereinheitlichung entfremdet sich der Mensch vielerorts der ihn umgebenden Natur. Das globale Ausmaß der immer weiter voranschreitenden Mechanisierung und Technisierung der Welt macht es überdies notwendig, die teils stark vernutzte Landschaft nach Möglichkeit zu rekultivieren. Erste Ansätze einer Wiederbelebung ehemaliger Wirtschaftsstandorte beruhen auf der Vorstellung, ihre frühere Nutzung wieder in das Bewusstsein der Bevölkerung zu heben, indem Industrieanlagen als Zeugen der Vergangenheit neu in Wert gesetzt und mittels attraktiver Event-Kultur zu Unterhaltungsparks mit Freizeitwert umgestaltet werden. Gegenüber diesen Versuchen der Imageverbesserung, der Anwerbung von Investoren und Touristen steht die Befürchtung, die Schöpfung des Menschen könne sich in Form brachliegender Industrieruinen oder aber der irreversiblen Ausbeutung natürlicher Ressourcen gegen ihn selbst richten – ein Schreckensbild, das seit der Industriellen Revolution besteht.

Die Ambivalenz gegenwärtiger Entwicklungen spiegelt sich nicht zuletzt im Industriebild wider. So verstärkt sich seit den frühen 1970er Jahren – parallel zur Gründung moderner Umweltschutzbewegungen – die Kritik an den negativen Auswirkungen der Industrialisierung, indem vor allem ökologische Schäden wie beispielsweise die Müllbeseitigung oder der Tagebau thematisiert werden. Im Unterschied zur traditionellen, weithin positivistisch aufgefassten Darstellungsweise des 19. und beginnenden 20. Jahrhunderts beziehen verschiedene zeitgenössische Künstler eher gegenläufige Positionen: In Abwendung vom Technikkult widmen sie sich unter dem Aspekt der Historizität der Industrie, das heißt ihrem ›Verschwinden‹ aus der Umwelt, dem komplexen Bezugsverhältnis ökonomisch-ökologischer wie auch gesellschaftlicher Wechselwirkungen. Dabei ist es weniger der nostalgische Dokumentcharakter oder die ambivalente Abriss- oder Ruinenästhetik, die Anlass zur Auseinandersetzung bieten, als vielmehr der Blick auf den schleichenden Rückzug der Industrie aus mittlerweile vertrauter Umgebung, der eine veränderte Wahrnehmung und damit innovative Darstellungsmuster provoziert. Dieser differenzierte Umgang mit dem Prozess der Auflösung spiegelt sich nicht zuletzt in bildkünstlerischen Interpretationen des Verlustes und der Skepsis gegenüber aktuellen Entwicklungen wider: Hier mischt sich die realistisch-dokumentarische mit einer eher bildnerisch-ästhetisierenden Sichtweise, während die Differenz zwischen stillgelegter Industrie und Umwelt zumindest teilweise aufgehoben scheint. *JM*

Brüggemann/Rommelsbacher 1987; Herding 1987; Grögl-Steinbach 1990; Ausst. Kat. Bonn 1992b; Ausst. Kat. Oberhausen 1994; Kreibich/Schmid 1994; Lebensraum Erde 1997; Ausst. Kat. Oberhausen/Dortmund 2000; Meißner 2001.

wie sie vor allem zu Beginn des 20. Jahrhunderts durch das Aufkommen des Automobils Konjunktur hatten –, verbinden sich auch heute noch mit dem Auto, das mittlerweile zum Massenprodukt geworden ist. Diese latenten anthropologischen – in erster Linie männlichen – Utopien und Allmachtsphantasien der Moderne konterkariert Rautert mit einer nüchternen Bestandsaufnahme aus der Produktion. Selbst der exklusive Porsche – ein Klassiker unter den Edelkarossen – wird mittlerweile automatisch montiert. Der gesellschaftliche, repräsentative Aspekt und Bedeutungsgehalt ist in diesem Moment von dem Statusobjekt Porsche losgelöst. *BS*

Ausst. Kat. Essen 1992; Böhme/Rautert 1993; Ausst. Kat. Oberhausen 2001b.

161
Helga Budde-Engelke
(* Oberhausen 1950)
Zechenarkaden, 1989
Acryl und Graphit auf Papier, 106 x 78
Besitz der Künstlerin

»Mir liegt nichts an naturalistischen Ansichten. Ich verarbeite auch innere Bilder, Erinnerungen ... Ich male das subjektive Erlebnis und will keine dokumentarische Bestandsaufnahme.« Mit dieser Einschätzung reflektiert Budde-Engelke den ihren Arbeiten zugrunde liegenden künstlerischen Gestaltungsansatz. Im Zentrum der Dar-stellungen stehen vor allem aktuelle Veränderungsprozesse in altindustriell dominierten Regionen, speziell dem Ruhrgebiet mit seinen stillgelegten oder bereits demontierten Kohle- und Stahlstandorten, abgeräumten Produktionsgeländen oder dem Abriss preisgegebenen Fabrikgebäuden.

Die oft abstrahierenden Bilder sind – wie das Werk *Zechenarkaden* zeigt – in ihrer Tiefenräumlichkeit streng gestaffelt, auf konstruktive Architekturelemente reduziert und sowohl in ihrer gebrochenen Farbigkeit als auch in der strengen, nahezu monumental angelegten Formensprache eigentümlich spröde, sachlich, graphisch. Um diese bildimmanente Spannung zu erhöhen, erscheinen größere Bereiche zugunsten einer stärkeren Flächenwirkung schemenhaft zusammengezogen; auch wirken Vorder- und Hintergrund des eng gefassten Bildausschnittes durch die verkürzende Perspektive und eine die Gebäudekomplexe scharfkantig differenzierende Lichtregie miteinander verspannt. Der Blick auf die abweisende Fassade des pfeilerumstellten Bogenganges signalisiert den schleichenden Rückzug der Industrie aus der Landschaft. Verstärkt wird dieses gestalterische Moment durch den weitgehenden Verzicht auf reale Architekturversatzstücke; die Erinnerung an die bauliche Hinterlassenschaft der Industrialisierung an Rhein und Ruhr ist somit bereits bildnerisch verwischt. *JM*

Jordan 1991; Schmidt 1991, S. 11 (Zitat); Fischer 1992; Türk 2000, S. 363.

162

Klaus Ritterbusch (* Bodenwerder 1947)
La Poubelle, 1991/92
Öl auf Leinwand, 280 x 360
Gelsenkirchen, Städtisches Museum Gelsenkirchen

Abgebildet ist die riesige Sortierstation der Müllverbrennungsanlage in Düsseldorf-Flingern. Das Bild thematisiert die brisante Problematik moderner Müllentsorgung – ein Sujet, das im Unterschied zum traditionellen Industriebild nicht sehr häufig zur Darstellung gelangt.

Seit mehr als 20 Jahren steht für Ritterbusch die Skepsis gegenüber der zeitgenössischen Entwicklung moderner Industriegesellschaften und deren Konsumverhalten im Mittelpunkt seiner künstlerischen Auseinandersetzung. Auch in diesem Werk kommentiert der Maler ausschnitthaft den heutigen Zustand unserer Zivilisation: Kaskadenartig erheben sich im rechten Bildteil die über den Beckenrand bordenden Abfälle der Wohlstandsgesellschaft vor dem Abgrund eines tiefer liegenden Grabens. Die Düsternis des Themas unterstützend, gibt die Komposition den Blick frei auf die apokalyptisch gestimmte Szenerie der technischen Großanlage: In perspektivischer Verkürzung suggerieren Pfeiler, Schachtwände und Auffangbecken einen starken Sog in die Tiefe des menschenleeren Raums, welcher in den gleißenden Lichteinfall des zentralen Hintergrundes mündet. Kontrastiert wird jene Dynamik, die sich entlang der Diagonalen entfaltet, durch die waagerechten Unterzüge der Deckenkonstruktion sowie durch die roten und gelben Farbakzente der aufgereihten Müllcontainer. Jenseits allen künstlerischen Formenvokabulars und individueller Bildauffassungen gelingt es dem Maler, den Gegensatz zwischen mystisch-ästhetisierender Gestaltung und der massenhaften Abfallbeseitigung industrialisierter Lebenswelten sowohl augenfällig als auch hintergründig zur Anschauung zu bringen. *JM*

Flemming 1994; Ausst. Kat. Aachen 2000; Ausst. Kat. Herne 2000; Türk 2000, S. 357.

163

Alexander Calvelli (* Frankfurt/M. 1963)
Saugzug, Brikettfabrik Ville-Berrenrath, Hürth, 1996
Acryl auf Leinwand, 59 x 83
Besitz des Künstlers

Calvelli zählt zu jener relativ kleinen Künstlergruppe, die auch in der Gegenwart die Traditionslinie der deutschen Industriemalerei fortsetzen. In seinen sachlichen, altmeisterlich ausgeführten Darstellungen, die dem ›Hyperrealismus‹ zuzurechnen sind, orientiert sich der Maler an selbst erstellten Fotos, ohne sich indes von der Vorlage positivistisch binden zu lassen.

Seine Komposition stellt ein anschauliches Beispiel für eine derartige Ambivalenz zwischen Form und Inhalt dar. Es handelt sich um ein stillgelegtes Fabrikensemble, bei dem in nahsichtiger Perspektive eine grotesk anmutende, insektenförmige Produktionsstätte aus den 1940er Jahren im Bildzentrum steht. Festgehalten im Zustand der Stilllegung (seit 1994) strahlt sie – unterstützt durch die Wahl des zentralen Betrachterstandpunktes und die ästhetisierenden Zeichen des technischen Verfalls – eine museale Ruhe aus. Als historische Quelle dokumentiert das Werk überdies ein Stück Industriearchäologie, da es die Historizität ehemaliger Fabrikationsstandorte selbst zum Thema der Darstellung erhebt: Vergleichbar einem Ruinenbild schildert Calvelli ohne Pathos den aktuellen Rückzug traditioneller Industrien aus der Welt der Moderne. Dabei setzt der Künstler Alt und Neu nicht gegeneinander, vielmehr können die technischen Apparaturen hinsichtlich ihrer rationellen Formbestimmtheit und maschinellen Struktur im Sinne einer Kontinuitätsthese interpretiert werden: Auch sie illustrieren in ihrer Gesamtheit im jeweils Besonderen etwas Allgemeines, nämlich Leitprinzipien der industriellen Produktion. *JM*

Dückershoff 1999; Türk 2000, S. 356.

164

Robert Schneider (* Buchheim 1944)
Baku, Nr. 35, 2000
Acryl auf Leinwand, 135 x 100
Besitz des Künstlers

Der in Hamburg lebende Künstler beschäftigt sich in verschiedenen, über Jahre hinweg zyklisch angelegten Werkgruppen mit der Darstellung apokalyptischer Visionen, die er aus der unmittelbaren Zeitgeschichte ableitet. Seine Acrylbilder lassen sich als ein (ideologie-)kritischer Kommentar zum aktuellen Verhältnis zwischen großindustriellen Produktionsweisen und den davon jeweils beeinflussten gesellschaftlichen Lebensformen interpretieren. Die Zyklen *Bitterfeld*, *Slask/Oberschlesien* sowie *Baku – Apokalyptische Visionen* bringen dies anschaulich zum Ausdruck. Letzterer entstand nach einem Aufenthalt in den Ölfeldern Aserbaidschans und thematisiert die ökologischen Folgen des Rückzugs der Industrie sowie die Haltung der menschlichen Zivilisation gegenüber den scheinbar bezwungenen Naturgewalten, der ›ersten Schöpfung‹.

In zahlreichen der insgesamt 39 Ölgemälde und 80 Gouachen, die diesem Zyklus angehören, erzeugt der Künstler allein durch die Wahl des Bildausschnittes und die changierende Farbgebung eine stark verfremdende Wirkung: Vorbereitet in zahlreichen Einzelstudien, kontrastiert er in *Baku, Nr. 35* das Bedrohlich-Spektakuläre ölverseuchter Wasserpfützen mit der Vergänglichkeit technischer Apparaturen, wie sie das geborstene Leitungsrohr in der Diagonalen oder das Spiegelbild der Industrieruine in der oberen rechten Bildecke suggerieren. Unterstützt wird jener Eindruck durch das Fehlen einer Horizontlinie, die dem Betrachter ein relatives Größenverhältnis der dargestellten Objekte vermitteln und ihm eine genauere Orientierung innerhalb des Bildes ermöglichen würde. Symbolhaft verdichtet sich hier die düstere Zukunftsperspektive, deren politische Dimension den Bildern eingeschrieben ist. *JM*

Schneider 1997; Türk 2000, S. 364.

Im letzten Viertel des 20. Jahrhunderts kündigt sich in der industriellen Wirtschaft ein Paradigmenwechsel an. Die Auswirkungen der automatisierten Informationsverarbeitung und Produktionssteuerung zeigen mit der so erreichten Effizienzsteigerung die Grenzen traditioneller industrieller Strukturen und Arbeitsverhältnisse auf. Gleichzeitig beginnt auch in der Wirtschaft eine Neubewertung der Produktionsprozesse unter Umwelt- und Ressourcengesichtspunkten. ... Die Erkenntnis, daß systematische Ressourcennutzung und Naturausbeutung zwar Wohlstandsmehrung ermöglichen, der zunehmende Rohstoff- und Energieverbrauch und die problematischen Reststoffe industriellen Wirtschaftens aber die materiellen Bedingungen und die natürlichen, d. h. biologischen und klimatischen Lebensgrundlagen in Gefahr bringen, führt zu der Notwendigkeit, freiwillige Grenzen des Verbrauchs zu setzen und das Verhältnis von Industrie und Natur neu zu begründen. ... Die Entwicklung der modernen industriellen Zivilisation war ... von Beginn an von verschiedenen Seiten kritisch begleitet worden. ... Innerhalb der Moderne werden so zivilisationskritische Ansätze sichtbar, welche die von Beginn an gesehene Ambivalenz des Fortschrittsdenkens in aktive geistige und kulturelle Prozesse umformen, verarbeiten und in eine Theorie der industriellen Zivilisation einbringen wollen.

Alexander Kierdorf und Uta Hassler, *Denkmale des Industriezeitalters*, 2000

20 Der panoramatische Blick

Industriestandorte in der Rundumsicht 1840–2002

1787 ließ sich Robert Barker in London die Konstruktionszeichnung zur Präsentation einer landschaftlichen Rundumsicht patentieren. Mit dem Panorama entwickelte sich die ausschnitthafte Ansicht landschaftlicher Darstellung im Tafelbild in eine totale Rundumsicht, die ohne begrenzenden Rahmen den Betrachter in den Mittelpunkt des dargestellten Geschehens setzte. Die Faszination und Begeisterung, die die Panoramadarstellungen in breiten Schichten der Bevölkerung im 19. Jahrhundert auslösten, ergab sich vor allem aus der optisch perfekten Illusionswirkung. Die Rotunde blendete die Wirklichkeit mit ihren Orientierungspunkten aus, der Trompe l'œil-Effekt führte zu einer verwirrenden Ununterscheidbarkeit von Wirklichkeit und Täuschung, topographische Ansicht sowie historisches Ereignis wurden getreu der empirischen Bestandsaufnahme wiedergegeben und zielten auf die Konstruktion geschlossener Illusionsräume ab.

Mit der Entwicklung fotografischer Verfahren und der Herausbildung entsprechender technischer Standards im Verlauf des 19. Jahrhunderts konnten auch fotografische Panoramadarstellungen angefertigt werden. Als Medium, das die abgelichtete Wirklichkeit analog zur Wahrnehmung des Betrachters auf den Bildträger übertragen sollte, potenzierte die Fotografie das verwirrende Spiel mit der Imitation und Illusion von Wirklichkeit noch.

Je großräumiger die Landschaft oder je spektakulärer das dargestellte Ereignis war, desto stärker war die Erhabenheitserfahrung beim Er-Sehen und Aneignen derselben. Der Reiz bestand unter anderem darin, die Grenzen der eigenen, unmittelbaren Erlebniswelt unter dem Eindruck räumlicher Unermesslichkeit zu überschreiten. Da die zentralperspektivische Konstruktion weniger der panoramatischen Darstellung und der Wahrnehmung des menschlichen Auges entsprcht, erfolgte die Eroberung des Raums durch das Experimentieren mit kurvenlinearen Perspektivkonstruktionen, um somit der menschlichen Sehweise näher zu kommen. Die euklidische Perspektive vermittelt zwar die Wahrnehmung kleiner Winkelbereiche, ist aber aufgrund der auftretenden Randverzerrungen für mittlere Winkel ungenügend und ab 180° unbrauchbar. Das Panorama als künstlerische und technisch-naturwissenschaftliche Erfindung stellte damit einen wesentlichen Beitrag zur Entdeckung des subjektiven Sehens dar. Es sollte in dem, was es darstellte, nicht einen bestimmten Typus oder ein bestimmtes Ideal zur Anschauung bringen, sondern die Wirklichkeit so zeigen, wie man sie unter bestimmten Bedingungen beobachten konnte.

Die Panoramadarstellungen von Industrieanlagen bzw. industriell genutzten Landschaften machten den Betrachter zum Augenzeugen prosperierender Wirtschaft und landschaftlicher Zerstörung durch Industrie. Gerade die an Wahrnehmungsmustern orientierten Allansichten im Panorama boten unter anderem auf Gewerbe-, Industrie- und Weltausstellungen die Möglichkeit, allumfassende wirtschaftliche Potenz im nationalen und internationalen Wettstreit der technischen Innovationen und Errungenschaften zu demonstrieren. War bereits die bildliche Transformation von einer ursprünglich wilden Natur zu einer industriell überformten Kulturlandschaft im Spannungsfeld der Landschaftsmalerei geleistet worden, ergab sich im Panorama die Möglichkeit, die kultivierte Landschaft im verkleinerten Maßstab, wirklichkeitsgetreu als beherrschbar vorzuführen. Als Zeugnisse sich verändernder Wahrnehmungsmuster und Raumkonzeptionen zeigen die Panoramadarstellungen, inwiefern die kultivierte Landschaft im Zuge intensiver industrieller Nutzung – sei es durch den Abbau und die Aufbereitung von Bodenschätzen oder den geldbringenden Tourismus im Erlebnisbereich – zur wirtschaftlichen Zweckform und Produktionsstätte geworden ist. Die Aneignung eines Raums und die Übertragung des panoramatischen Blicks mit malerischen und fotografischen Mitteln verdeutlicht, dass das Sehen eine Frage des Standpunktes, die Erkenntnis eine Frage der Perspektive geworden ist. *ES*

Sternberger 1974; Oettermann 1980; Waldenfels 1985; Ausst. Kat. Bonn 1993; Koschorke 1996.

Die Urtheile vieler strenger Kenner sind vom Anfange nicht sehr zum Vortheil dieses optischen Gaukelspiels ausgefallen. Die Mahler haben darin nichts als eine kostbare Sudeley zur Belustigung großer und kleiner Kinder finden wollen, bey welcher nichts als die Beobachtung der Perspective und die Treue in der Darstellung zum Verdienst angerechnet werden können. Indeß hat doch die Sache in London selbst ganz uneingeschränkten Beyfall erhalten, und bey jeder Erneuerung des Schauspiels strömen Vornehme und Geringe hin, um sich eine Stunde lang aufs angenehmste täuschen zu lassen.

Anonym, *Die Panoramen. Allgemeine Betrachtung darüber und Nachricht von ihrem Ursprunge und ihrer Verpflanzung nach Teutschland*, 1800

Die Genauigkeit der Perspective, die Richtigkeit der Zeichnung, die Wahrheit des Helldunkels und der Haltung versetzen mich durch ihren vereinten Zauber in die wirkliche Natur, aber die öde Todesstille und die erstorbene Bewegungslosigkeit stoßen mich daraus zurück. Ich schwanke zwischen Wirklichkeit und Nichtwirklichkeit, zwischen Natur und Unnatur, zwischen Wahrheit und Schein. Meine Gedanken, meine Lebensgeister erhalten eine schwingende, hin und her gestoßene, schaukelnde Bewegung, die eben so wirkt, wie das Herumdrehen im Kreise und das Schwanken des Schiffs. Und so erkläre ich mir den Schwindel und die Uebelkeit, die den unverwandten Anschauer des Panorama überfällt.

Johann August Eberhard, *Handbuch der Aesthetik für gebildete Leser aus allen Ständen*, 1803

Nicht zufällig war es Jacques Louis Mandé Daguerre, der die Photographie verbreitete – er war zugleich Techniker, Künstler und Geschäftsmann. Ebenso wenig zufällig war er der Erfinder des Dioramas; er kannte das Publikum der großen Panoramen, das dort Zerstreuung und Belehrung finden wollte, er verstand es, teilte seine Begeisterung und ging darauf ein. Ebenso wenig zufällig erfand der Graveur von Panoramaansichten, Friedrich von Martens, gleich nach der Erfindung der Daguerrotypie die erste Panoramakamera und war so auf vielfältige Weise an der Entwicklung der modernen Photographie beteiligt. Durch ihr zweifaches Anliegen – sichtbar zu machen und aufzuzeichnen – knüpfte die Photographie an das Panorama an, erregte das öffentliche Interesse und begeisterte die Massen. Auf diese Weise brach nach der »Panoramania« und der »Daguerromania« plötzlich die »Photomania« aus. Die Photographie, seit jeher scheinbar abhängig von den technischen Voraussetzungen der Bildaufzeichnung, nahm die Herausforderung an und entwickelte in schöpferischem Eifer alle denkbaren Möglichkeiten der perspektivischen Wahrnehmung in Raum und Zeit.

Joachim Bonnemaison mit Vanessa Ponchon und Philippe Larminie, *Perspektivische Wahrnehmung in Raum und Zeit. Die Sehsucht der Photographen*, 1993

165

Manufaktur Pignet, Saint-Genis-Laval

Die Eisenbahnlinie von Saint-Étienne nach Lyon (Chemin de fer de Saint-Étienne à Lyon), ab 1840

Papiertapete, gedruckt in 32 Streifen, erhalten 27 Streifen, jeweils ca. 220 x 53

Lyon, Musée Gadagne, Inv. 90-7

Tapeten mit Eisenbahnmotiven sind ausgesprochen selten. Eine besondere Ausprägung bildet dabei die Panoramatapete, bei der es nicht um den unendlichen Rapport eines bestimmten Musters geht. In sich abgeschlossene Kompositionen werden zur Raumdekoration, und die Tapete übernimmt die Funktion eines Wandgemäldes. Das hier ausgestellte Exemplar stellt eine Ausnahme dar und ist zugleich das beeindruckendste Beispiel mit dem Panorama einer Industrielandschaft. Gezeigt werden die unterschiedlichen Stationen der ersten Eisenbahnlinie Frankreichs, welche seit 1833 die beiden Städte Saint-Étienne und Lyon miteinander verbindet. Die Strecke führt durch eines der wichtigsten Industrie- und Bergbauzentren Frankreichs. Es ist die Brücke von Mulatière zu erkennen, die an der Stelle liegt, wo die Saône in die Rhône fließt. Der Weg führt von Lyon vorbei an Pierre Bénite und zeigt anschließend die Umgebung von Givors. Die nächsten Stationen sind Rive-de-Gier und das Bergbaugebiet von La Grand-Croix sowie die Landschaft um Saint-Chamond. Den Abschluss bildet die Vorstadt von Saint-Étienne.

1827 war zunächst eine Verbindung zwischen Andrézieux und Saint-Étienne geplant, die zum Transport der Kohle aus der Region um Saint-Étienne dienen sollte. Schließlich wurde von

1830 bis 1833 die Eisenbahnstrecke Lyon–Saint-Étienne in drei Etappen gebaut. Die erste Lokomotive vom Typ ›Fusée‹ hatte der Ingenieur Marc Seguin bereits 1829 entwickelt. Eine Lokomotive dieses oder eines ähnlichen Typs ist auch auf der Tapete abgebildet. Darüber hinaus befinden sich weitere Szenen auf dem Panorama, die sich mit den unterschiedlichen Transportmitteln beschäftigen. Neben einigen Fuhrwerken sind auch Postkutschen und Förderwagen aus dem Bergbau zu sehen sowie herkömmliche Plattbodenschiffe für den Kohlentransport und ein Raddampfer. Die modernen mit Dampf betriebenen Verkehrsmittel werden den traditionellen und speziellen Fahrzeugen gegenübergestellt.

Die Darstellung auf dieser Tapete stimmt in großen Teilen mit einer Lithographie von Béraud überein. Das Blatt trägt den Titel *Chemin de fer de Saint-Étienne à Lyon* (Bibliothèque Nationale, Paris). Es war durchaus üblich, graphische Vorlagen für Panoramatapeten zu verwenden. Dabei konnte die Übernahme der Vorlage sehr genau oder auch nur in einzelnen Passagen erfolgen. Welch eine Verbreitung diese Panoramatapete gefunden hat, ist nicht bekannt, da keine genauen Produktionszahlen bekannt sind. Dieses Motiv zierte wahrscheinlich den Salon oder das Speisezimmer einer großbürgerlichen Villa oder eines Industriellen. *BB*

Ausst. Kat. Paris 1990, Abb. S. 276f., Nr. 25, S. 277, 322f. (zur Manufaktur Pignet); Griffaton 1994, S. 75–82; Thümmler 1998, S. 102–115 (Panoramatapeten).

166.1–2

Hugo van Werden (1836 – 1911)
1. Krupp'sche Gußstahlfabrik / innere Ansicht, 1865
180°-Panorama, Schwarzweißfotografie, sechs Teile, zusammen 67 x 267
Berlin, Deutsches Historisches Museum, Inv. Ph 2001/137

2. Gußstahlfabrik Friedr. Krupp, Essen, 1864–67
360°-Panorama, vintage print, Albumin, elf Teile, zusammen 64,5 x 737
Essen, Historisches Archiv Krupp, Inv. WA 16a29

Die Gussstahlfabrik in Essen, 1811 von Friedrich Krupp gegründet, wurde nach dessen Tod 1826 von seinem Sohn Alfred übernommen und im Verlauf von nur sechs Jahrzehnten zu einem der größten gewerblichen Unternehmen Europas und zur weltgrößten Gussstahlfabrik ausgebaut. Der wirtschaftliche Aufschwung der Firma wurde vor allem von dem Ausbau des Eisenbahnwesens in Deutschland getragen. Krupp stellte die ersten brauchbaren Gussstahlwalzen und -achsen sowie nahtlose Eisenbahnradreifen her, die 1875 in

Betrachter vollkommen umschloss und den Blick in die Umgebung auf einen schmalen Streifen am Horizont minimierte. Die Fotografien, die auf Wunsch von Krupp für die Weltausstellung in Paris 1867 angefertigt wurden, nahm van Werden vom Turm der Kanonenwerkstatt auf. Krupp selbst gab die Anweisung, die Fabrik an einem Sonntag mit »Staffage und Leben auf den Plätzen, Höfen und Eisenbahnen« zu fotografieren, weil »die Werktage zu viel Rauch, Dampf und Unruhe mit sich führen«. Der erhöhte Aufnahmestandpunkt bietet eine Übersicht über die Ausmaße der Fabrikanlage, die am Horizont in die Landschaft übergeht. Der Rundblick über die Dächer der Werkshallen, entlang der Schornsteine bis zur Landschaft, vermittelt den Eindruck einer in sich geschlossenen Welt. Die arrangierte Szenerie – die teilweise noch im Bau befindlichen Werkshallen, die Arbeiter und Dampfloks, die Eisenbahnräder und weitere Stahlgüter durch das Werk transportieren – suggerieren den Eindruck des wirtschaftlichen Leistungsvermögens und Aufbruchs, dessen Grenzen noch nicht abzusehen waren. Der 360°-Rundblick transformiert somit den allumfassenden Anspruch Krupps, eine Fabrik als neuartiges Gemeinwesen geschaffen zu haben, in eine visuell erfahrbare Gestalt. *BS*

Ausst. Kat. Bonn 1993; Tenfelde 1994 (Zitat Krupp S. 41); Ausst. Kat. Oberhausen/Dortmund 2000; Gall 2000; Wolbring 2000.

Form von drei sich überschneidenden Räderkreisen zum Firmensymbol wurden. Die Produktion von Bessemerstahl und Großaufträge für die Rüstungsindustrie machten Alfred Krupp zum erfolgreichsten Fabrikanten und sein Werk zum Inbegriff deutscher Industrie.

Die intensive Werbearbeit, die Krupp für sein Unternehmen betrieb, und die Firmenpräsenz auf Gewerbe- und Weltausstellungen war nicht unwesentlich am Erfolg und an der wirtschaftlichen Expansion der Firma beteiligt. Krupp setzte vor allem das noch neue Medium Fotografie zur Selbstdarstellung und Dokumentation seines aufstrebenden Unternehmens ein. Neben einer geschichtlichen Abteilung, die 1861 gegründet wurde, richtete Krupp werkseigene Fotoateliers ein. Nicht nur die einzelnen Produkte, sondern auch die Firma als Ganzes wurden mittels des fotografischen Bildes inszeniert.

Hugo van Werden, der 1854 bei Krupp zu arbeiten begonnen hatte, avancierte zu Beginn der 1860er Jahre zum Firmenfotografen. Die 180°-Panoramaansicht (Kat. Nr. 166.1) der Gussstahlfabrik nahm van Werden vom Hammer Fritz-Kamin auf. Von hier blickte man nach Westen über das Werk in die Umgebung von Essen. Rechts im Vordergrund ist das Gartenhaus zu sehen, in dem die Familie Krupp von 1861 bis 1864 wohnte. Gab diese Ansicht noch im distanzierenden Ausschnitt eine Übersicht über einen Teil der Werksanlage mit einem weiten Ausblick in die Landschaft, so bildete das 360°-Panorama (Kat. Nr. 166.2) einen Bilderkreis, der den

Unbekannter Fotograf,
Staatliche Maschinenzentrale und Fernheizwerk, Kesselhaus, Bad Nauheim (Architekt: Albert Marx), vor 1914

167

Industriebauten, 18. Wanderausstellung des Deutschen Museums für Kunst in Handel und Gewerbe, zuerst gezeigt 1811
20 Schwarzweißfotografien, jeweils 34,8 x 47,7
Krefeld, Kaiser Wilhelm Museum,
Inv. 64/1983, 6406-08/1983, 6413/1983, 6415-16/1983, 6424-25/1983, 6430/1983, 6436/1983, 6441-42/1983, 6883/1987, 7007/1987, 7012-13/1987, 7015/1987, 8788-89/1992

1909 gründete Karl Ernst Osthaus das »Deutsche Museum für Kunst in Handel und Gewerbe«, personell und räumlich an das Museum Folkwang in Hagen angegliedert. Maßgeblich von den Ideen des Deutschen Werkbundes geprägt, sollte durch Vorträge, Publikationen und Ausstellungen die Vermittlung modernen Designs in Deutschland gefördert werden. Um die didaktischen Zielsetzungen zu erfüllen, wurde eine »Photographie- und Diapositivzentrale« eingerichtet. Nach Anweisungen von Osthaus wurde neben kunstgewerblichen Objekten vor allem moderne Architektur im In- und Ausland fotografiert.

Im Kontext der Debatte um Form und Stil in der Baukunst organisierte das Museum zwei Fotoausstellungen zeitgenössischer Architektur: Unter dem Titel *Moderne Baukunst* wurden zwischen 1910 und 1914 Aufnahmen von Bauten verschiedenster Funktion gezeigt. Nachdem sich dieses Projekt als erfolgreich herausgestellt hatte, folgte eine weitere Schau von Fotografien unter dem Titel *Industriebauten*, die von dem Architekten Walter Gropius organisiert wurde. Neben Bauten aus Deutschland wurden diverse Industriebauten aus den USA und Argentinien vorgestellt. Die Aufnahmen amerikanischer Projekte wurden in den meisten Fällen aus Werbeprospekten und anderweitig gedrucktem Bildmaterial reproduziert. Als Vorbildersammlung sollte die Ausstellung zeigen, in welchem

Unbekannter Fotograf,
Silo Castellamare,
Argentinien
(Architekt: unbekannt),
vor 1914

Maße die moderne Architektur die industriellen, technischen und wirtschaftlichen Anforderungen in eine adäquate und anspruchsvolle Formensprache umsetzen konnte. Zudem wurden durch Auswahl und Ausführlichkeit in der Dokumentation kanonbildende Standards in der Architektur gesetzt. Die Bauten wurden einzeln, von einem leicht erhöhten Standpunkt in einer Über-Eck-Ansicht fotografiert. Gerade der Industriebau bot als Bauaufgabe die Möglichkeit, das Formen- und Motivrepertoire in Verbindung mit den technischen Neuerungen und funktionalen Ansprüchen zu überprüfen und zu modifizieren.

Die Aufnahme von der Maschinenzentrale in Bad Nauheim zeigt das Kesselhaus mit Schornstein, an das sich links das Turbinenhaus anschließt. In Bad Nauheim, einem der führenden Bäder Deutschlands, wurde zwischen 1902 und 1912 eine einheitlich im Jugendstil gestaltete Bade-, Kur- und Wirtschaftsanlage gebaut. Die Fotografie zeigt lediglich das Kesselhaus, herausgelöst aus dem Kontext der Anlage. Der Aufnahmestandpunkt ist dabei so gewählt, dass sich der Bau von zwei Seiten in seiner Gestaltung betrachten lässt. Ähnlich wird in der Fotografie von dem Silo Castellamare in Argentinien verfahren. Der am Wasser gelegene, kompakte Kubus ist so wiedergegeben, dass sowohl der Festungs- und Tempelcharakter zur Geltung kommt, als auch der Bezug der vorgesetzten Säulen auf die Funktion als Silo. *BS*

Sachsse 1984; Ausst. Kat. Krefeld 1993.

168

Bernhard Obberg (* Oberhausen 1916)
Panorama der Hüttenwerke Oberhausen AG, 1951
180°-Panorama, Schwarzweißfotografie, montiert aus acht Prints, 50 x 470
Oberhausen, Rheinisches Industriemuseum, Inv. OB89/1788

169

Jürgen Hoffmann (* Rheinberg 1961)
Panorama des ehemaligen Geländes der Hüttenwerke Oberhausen AG, 2002
360°-Panorama, Schwarzweißfotografie, montiert aus 23 Prints, 50 x 410
Oberhausen, Rheinisches Industriemuseum

Die Gutehoffnungshütte (GHH) entstand 1808 aus dem Zusammenschluss dreier im Besitz der Familien Jacobi, Haniel und Huyssen befindlicher Eisenwerke (s. a. Kat. Nr. 105.4). Die in Oberhausen ansässige Firma baute schon in der ersten Hälfte des 19. Jahrhunderts eine vertikale Struktur auf, die vom Rohstoff (Erz und Kohle) über die Verhüttung bis zum fertigen Produkt (Öfen, Maschinen, Brücken, Schienen) reichte. Unter dem von 1908 bis 1942 amtierenden Vorstandsvorsitzenden Paul Reusch, der einen »Konzern aus einem Guß« anstrebte, stieg das Unternehmen zu einem der industriellen Schwergewichte in Deutschland auf.

Nach dem Zweiten Weltkrieg setzten die Alliierten die Entflechtung der GHH durch. Zu ihren Nachfolgegesellschaften zählten die Hüttenwerke Oberhausen AG (HOAG), deren Anlagen der Werksfotograf Obberg 1951 in einem 180°-Panorama festhielt (Kat. Nr. 168). Von der Emscher und dem Rhein-Herne-Kanal (links) erstreckt es sich über das Zementwerk, das Stahlwerk Neu-Oberhausen, die Zeche Oberhausen, die Eisenhütte I, das Hauptlagerhaus und die Eisenhütte II bis zur Köln-Mindener Bahn (rechts). Am Kanalufer sind noch die Baracken des im Zweiten Weltkrieg errichteten Fremdarbeiterlagers zu erkennen. Die HOAG wurde 1968 von der August Thyssen-Hütte AG übernommen, die die Pro-

duktionsanlagen nach und nach stilllegte. Mit der Schließung des Elektrostahlwerks erlosch dort 1997 das letzte Feuer.

Der Umgang mit der Industriebrache stand unter zwei Leitbegriffen: Musealisierung und Tertiärisierung. Diese Strategie ist national wie international üblich, wurde in Oberhausen aber mit beispielloser Konsequenz betrieben. Den Struktur- als Landschaftswandel dokumentiert das 2002 angefertigte 360°-Panorama (Kat. Nr. 169). Abgebildet sind hier sechs der 23 Einzelbilder vor der Montage zu einer zusammenhängenden Rundumsicht. Das Panorama wurde – ebenso wie sein knapp 50 Jahre älterer Vorgänger – vom Dach des Gasometers Oberhausen aus aufgenommen. Dieses Gebäude nutzt seit 1994 eine GmbH für zwischen Bildung und Unterhaltung geschickt changierende Ausstellungen zur Geschichte des Fernsehens oder des Fußballs. In das 1920 von Peter Behrens entworfene, nun als Solitär erscheinende Hauptlagerhaus der GHH zog 1998 das Zentraldepot des Rheinischen Industriemuseums ein, das sich der Erforschung und Darstellung der Industrialisierung an authentischen Schauplätzen widmet. Den Trend zur Dienstleistungsgesellschaft verkörpert die postmoderne Retortenlandschaft auf dem zweiten und dritten Einzelbild: Das 1996 eröffnete »Centro«, wo 50 000 Besucher am Tag für eine halbe Milliarde Euro Jahresumsatz sorgen, ist mit 200 Geschäften, einer Arena für Großveranstaltungen, einem Musical-Theater und 10 500 Parkplätzen Deutschlands größte Shopping-Mall. *AS*

Maschke 1969, S. 19–31; Kerner/Wiegmann 1994, S. 142; Frank Peter Unterreiner, *Das Centro will zur Touristenattraktion werden*, in: *Frankfurter Allgemeine Zeitung* vom 13. Nov. 1998, S. V3; Bruch 1999, unpag.

170
Josef Koudelka (* Moravia 1938)
Das Schwarze Dreieck (The Black Triangle), 1990–93
34 Schwarzweiß-Panorama-Fotografien, je 59 x 139
Josef Koudelka, Magnum Photos

Noch zu Beginn der 1990er Jahre zählte die Grenzregion Tschechien, Polen und Deutschland – das so genannte Schwarze Dreieck –, zu einem der ökologischen und ökonomischen Krisengebiete Europas. Großflächige Umweltschädigungen und gesundheitsbedrohende Lebensbedingungen, vor allem durch intensive Nutzung von Braunkohlekraftwerken hervorgerufen, waren Anlass, erhebliche Summen für die Sanierung, Modernisierung und Stilllegung von entsprechenden Anlagen aufzuwenden. Die großformatigen Panoramafotografien, die Josef Koudelka von eben dieser Region in den Jahren 1990 bis 1993 aufgenommen und in seinem Fotobuch *The Black Triangle – The Foothills of the Ore Mountains* zusammengestellt hat, zeigen die Zerstörung, unabhängig davon, ob sich das jeweilige Areal noch im Abbau befindet oder ihn bereits überwunden hat. Die fotografische Aufnahme potenziert dabei die Präsenz der leeren und öden Landschaften. Im neutralen Licht wird die Topographie mit ihren Details präzise mittels der Optik der Kamera wiedergegeben. Jenseits der topographischen Schilderung reflektiert Koudelka im Medium der Fotografie das Wesen der entsprechenden Region und ihre Veränderung.

Die Aufnahme *Bruch Bílina* zeigt das Braunkohlenabbaugebiet Bílina in Nordböhmen, einen der größten Tagebauten des Landes. Von dem erhöhten Aufnahmestandpunkt der Abraumhalde überblickt man die weitläufige Dimension dieses Gebiets. Schaufelrad- und Eimerkettenbagger haben hier durch Umschichten von gewaltigen Landmassen einen großflächigen, wüsten Landschaftsraum geschaffen, durchzogen von Grubenbahnen und Transportbändern, Abbau- und Versetzungsmaschinen. In der Region, in der bereits

Josef Koudelka, *Bruch Bílina, ehemals M. Gorkij (Lom Bílina, bývalý M. Gorkij)*

zu Beginn des 15. Jahrhunderts mit dem Bergbau begonnen wurde, wurden im Zuge des systematischen Abbaus und der kontinuierlichen Aufbereitung der Braunkohle Dörfer, Kur- und Parkanlagen zerstört.

Die herkömmlichen Begriffskategorien von kultivierter, un- oder re-kultivierter Landschaft lassen sich auf diese Aufnahmen der stark geschädigten Region nicht anwenden. Die kategoriale Trennung von Natur, Technik und Politik ist in den Bildern aufgehoben. Hier zeigt sich in der Landschaft, die in eine Produktionsstätte verwandelt ist, die Kehrseite von wirtschaftlichem Nutzen und Profit. Der panoramatische Blick zeigt die Strukturen und Formen, die die Landschaft historisch, politisch und kulturell geprägt haben. 30 Jahre, nachdem der Fotograf Josef Sudek, ein Landsmann Koudelkas, seine Panoramaaufnahmen von den öden Landschaften um Most, einem weiteren Zentrum des Braunkohlenbergbaus in Nordbömen, fotografiert hat, verdichtet Koudelka Ästhetik und Bildaussage in zugespitzter Form: Nicht mehr die Industrieanlage, isoliert oder im Kontext von Natur und Landschaft, sondern die wechselseitige Transformation von Industrie und Natur wird zum Ausdruck gebracht. *BS*

Koudelka 1994; Ausst. Kat. Leipzig 1997; Ausst. Kat. Wolfsburg 1998.

Künstlerbiographien

zusammengestellt von Dominica Capozucca-Jachnow, Jörg Meißner und Maike Steinkamp

Andreas Achenbach
(Kassel 1815 – 1910 Düsseldorf)
1827 Schüler der Düsseldorfer Akademie, Malklasse von Heinrich Christian Kolbe und Johann Wilhelm Schirmer. 1836 Übersiedlung nach München. 1839 Rückkehr nach Düsseldorf. Auslandsreisen nach Holland, Russland, Schweden, Norwegen, England, Frankreich und Italien. Neben ersten Versuchen in der Marinemalerei, die 1834 datieren, entstehen Gebirgslandschaften mit Wildbächen. Unter dem Eindruck eines Italienaufenthalts von 1843–45 zahlreiche Küstenbilder, ihnen folgen in den 1850er Jahren u. a. Darstellungen westfälischer Wassermühlen, die er angesichts großer Nachfrage nahezu serienweise fertigt.

Max Ackermann
(Berlin 1887 – 1975 Bad Liebenzell/Schwarzwald)
1903 Beginn einer Lehre als Porzellanmodelleur in Ilmenau. Infolge der Beteiligung an einer Ausstellung des dortigen Gewerbevereins 1906/07 tätig im Atelier Henry van de Veldes in Weimar. 1909/10 Fortsetzung des Studiums an der Münchener Kunstakademie bei Franz von Stuck, 1912 Abschluss des Studiums in Stuttgart, künstlerische Orientierung an Adolf Hölzel. 1918 Sympathisant der Novemberrevolution und Unterstützung der kommunistischen Internationalen Arbeiterhilfe. 1936 Lehrverbot, 1943 Zerstörung des Stuttgarter Ateliers durch Bombenangriff. 1957 Hochschulprofessur in Stuttgart.

Thomas Allom
(London 1804 – 1872 Barnes/Surrey)
1819–26 Architektenausbildung. Zahlreiche Reisen durch Europa, den Vorderen Orient und wahrscheinlich auch Ostasien; Illustrationsaufträge für die Unternehmen Messrs Virtue & Co und Messrs Heath & Co. Als Architekt Entwürfe für Profanbauten und Kirchen. In den Zeichnungen u. a. topographisch genaue Architekturansichten mit historischer Staffage.

Gerd Arntz
(Remscheid 1900 – 1988 Den Haag)
1920 Studienbeginn an der Düsseldorfer Kunstschule. Mitglied der Künstlergruppe »Junges Rheinland«, Kontakt zur Kölner Künstlervereinigung »Stupid« (später »Gruppe progressiver Künstler«), insbesondere zu Franz Wilhelm Seiwert und Heinrich Hoerle. 1932 Aufenthalt in Moskau. Ab August 1934 Exil in Den Haag, letzte Ölgemälde. Teilnahme an der antifaschistischen *Exhibition of Art against Fascism and War*, London. Ab 1943 Kriegsdienst, nach Gefangenschaft 1946 Rückkehr in die Niederlande.

Giacomo Balla
(Turin 1871 – 1958 Rom)
Nach Arbeit als Lithograph autodidaktische Hinwendung zur Malerei, Besuch einer Abendschule für Zeichnen. 1895 Übersiedlung nach Rom. 1900 Aufenthalt in Paris, dort Arbeit als Illustrator. Besuch der Weltausstellung. Teilnahme an der Quadriennale in Turin 1902 und der Biennale in Venedig 1903. 1910 gemeinsam mit anderen Künstlern Verfasser des *Manifesto dei pittori futuristi* und des *Manifesto tecnico della pittura futurista*. Bei Kriegseintritt Italiens 1915 malt er die sog. patriotischen Bilder und verfasst das *Manifesto della ricostruzione futurista dell'universo*. 1937 Abwendung von den Futuristen.

Hans Baluschek
(Breslau 1870 – 1935 Berlin)
Sohn eines Eisenbahningenieurs. 1889–94 Studium an der Hochschule für die Bildenden Künste, Berlin. Ab 1899 Mitglied der Berliner Sezession, ab 1913 der Freien Sezession. Während des Ersten Weltkriegs zahlreiche Illustrationen und Arbeiten mit pazifistischer Tendenz. 1919 Eintritt in die SPD. 1929–33 Leitung der *Großen Berliner Kunstausstellung*. Von den Nationalsozialisten diffamiert, legt er alle Ämter nieder.

Willi Baumeister
(Stuttgart 1889 – 1955 Stuttgart)
Lehre als Dekorationsmaler. Ab 1905 Studium an der Kunstakademie Stuttgart. 1913 Teilnahme am ersten *Deutschen Herbstsalon* in der Berliner Galerie »Der Sturm«. 1914–18 Kriegsdienst. 1919–23 Entstehung typographischer Arbeiten und Bühnenbilder. Ab 1928 Lehrtätigkeit an der Kunstgewerbeschule in Frankfurt/M. 1933 Entlassung aus dem Lehramt, 1937 in der Ausstellung *Entartete Kunst* vertreten. In der Folge lagert er rund 60 Bilder in den Baseler Kunstverein aus. 1941 Mal- und Veröffentlichungsverbot. Während des Zweiten Weltkriegs Arbeit im maltechnischen Institut des Lackfabrikanten Herberts in Wuppertal. 1946–55 Professur an der Stuttgarter Kunstakademie. 1947 Veröffentlichung seiner wichtigsten Schrift *Das Unbekannte in der Kunst*.

J. Baumhauer
(Lebensdaten unbekannt)
Maler, Zeichner und Kupferstecher in Frankfurt/M.

Bernd Becher
(° Siegen 1931)
1947–50 Dekorationsmalerlehre in Siegen. 1953–56 Studium der Malerei und Lithographie an der Kunstakademie Stuttgart. 1957–61 Studium der Typographie an der Kunstakademie Düsseldorf. Als Fotograf Autodidakt, ab 1956 Darstellung von Industriegebäuden; Tätigkeit für eine Werbeagentur. 1961 Heirat mit Hilla Wobeser (Becher), mit der seit 1959 eine fotografische Zusammenarbeit besteht. 1966 Stipendium des British Council. 1972/73 Gastdozentur für Fotografie an der Hochschule für bildende Künste, Hamburg. 1976 Professor für Fotografie an der Kunstakademie Düsseldorf (gemeinsame Lehrtätigkeit mit Hilla Becher). Lebt in Düsseldorf.

Hilla Becher
(° Potsdam 1934)
Ausbildung zur Fotografin in Potsdam. 1959–61 Studium der Fotografie an der Kunstakademie Düsseldorf. Tätigkeit als Werbe- und Luftfotografin in Hamburg. 1958–61 Einrichtung einer Fotoabteilung an der Kunstakademie Düsseldorf. 1961 Heirat mit Bernd Becher. Lebt in Düsseldorf; gemeinsame Lehrtätigkeit mit Bernd Becher. Beide verstehen ihre Industriefotografie als Gemeinschaftswerk, bei dem der Anteil der Autoren nicht unterschieden wird, und stellen ihre Arbeiten stets gemeinsam aus.

Hubert Berke
(Buer/Westfalen 1908 – 1979 Köln)
1930–32 Studium der Philosophie, Theologie, Altphilologie und Kunstgeschichte an den Universitäten München und Königsberg. 1932/33 Studium der Malerei an der Kunstakademie Düsseldorf bei Paul Klee. Ab 1941 Soldat, beschickt weiterhin Ausstellungen. 1945 Zerstörung des Kölner Ateliers, Kriegsgefangenschaft. Mitglied des »Deutschen Künstlerbundes«, der Vereinigung »junger westen« und 1951 der Gruppe »ZEN 49«. 1952 zweiter Preis im Wettbewerb *Eisen und Stahl*, Düsseldorf. 1960–75 Lehrstuhl an der Technischen Hochschule, Aachen.

Carl Eduard Biermann
(Berlin 1803 – 1892 Berlin)
Lehre als Porzellanmaler in der Königlichen Porzellan-Manufaktur Berlin, parallel dazu Unterricht an der Berliner Akademie, anschließend Dekorationsmaler. Im Auftrag von Carl Gropius kopiert er Architekturbilder von Karl Friedrich Schinkel, u. a. 1844 dessen Panorama von Palermo. Studienreisen in die Schweiz, nach Tirol und Italien. 1842 Lehrer für Landschaftszeichnung an der Berliner Bauakademie, 1844 Ernennung zum Professor.

Carl Blechen
(Cottbus 1798 – 1840 Berlin)
1822–24 Studium an der Akademie der Künste in Berlin. 1823 Aufenthalt in der Sächsischen Schweiz und Dresden, dort Bekanntschaft mit Johann Christian Clausen Dahl und vermutlich auch mit Caspar David Friedrich, unter deren Einfluss er mit einer Serie von Naturstudien seinen persönlichen Stil zu finden beginnt. Ab 1831 Professor für Landschaftsmalerei an der Berliner Akademie.

Volker Böhringer
(Esslingen 1912 – 1961 Stuttgart)
1930–36 Studium an der Staatlichen Kunstgewerbeschule und an der Kunstakademie Stuttgart. Bis Kriegsende heimlich künstlerische Tätigkeit. Malt ausschließlich auf Holz bzw. Hartfaserplatten, ab den 40er Jahren auf eingeschnittenen Oberflächenreliefs. 1945–50 Unterbrechung der künstlerischen Tätigkeit wegen Erkrankung an Tuberkulose.

Christian Ludwig Bokelmann
(St. Jürgen bei Bremen 1844 – 1894 Charlottenburg)
1868–71 Studium an der Kunstakademie Düsseldorf bei Wilhelm Sohn. Ab 1874 Teilnahme an den Ausstellungen der Berliner Akademie, ab 1882 an den Internationalen Kunstausstellungen in Wien. Ab 1892 Professor für Genre- und Porträtmalerei an der Kunstakademie Karlsruhe, ab 1893 Lehrtätigkeit in Berlin.

Otto Bollhagen
(Wesenberg/Mecklenburg 1861 – 1924 Bremen)
Dekorationsmalerlehre und Besuch der Lehranstalt des Kunstgewerbemuseums in Berlin, 1886 Anstellung im Atelier Neumark, Bremen. Lernt dort den Architekten Johann Georg Poppe kennen, der ihm die gesamte malerisch-dekorative Ausstattung für die von ihm gebauten Bürgerhäuser und Staatsbauten sowie die Schiffe des Norddeutschen Lloyd überträgt. Ab 1892 selbständig, ab 1904 Industriemaler im Auftrag der Firmen Krupp (Essen), Bayer (Leverkusen), BASF (Ludwigshafen) und Zeiss (Jena).

François Bonhommé
(Paris 1809 – 1881 Paris)
Ab 1828 Studium an der École des Beaux-Arts, Paris. 1838 erstmals Ausstellung eines Bildes zur Eisenverhüttung. Ab den späten 30er Jahren Industrieansichten, u. a. Darstellung der Hüttenwerke in Indret und Nantes. Auf der Weltausstellung von 1855 zeigt er den Großteil seiner Industriebilder, erhält dafür die Goldene Medaille. 1857 Präsentation von Industriepanoramen aus der Region Le Creusot. Staatlicher Auftrag zur Ausmalung der Bibliothek der École Impériale des Mines. 1879 Professur für Zeichnen an der Porzellanmanufaktur Sèvres.

Aroldo Bonzagni
(Cento 1887 – 1918 Mailand)
1906–09 Studium an der Accademia di Brera. 1909 Reise nach Venedig, Freundschaft mit Umberto Boccioni und Filippo Tommaso Marinetti. 1910 Mitunterzeichner der ersten Fassung des *Manifesto dei pittori futuristi*, zieht jedoch noch im gleichen Jahr seine Unterschrift zurück. 1910 Goldene Medaille auf der Weltausstellung in Brüssel. 1914 Ausführung einer Freskenserie in Buenos Aires. 1915 Veröffentlichung einer Reihe satirischer Zeichnungen; thematisiert u. a. das soziale Elend in den Vorstädten Mailands.

Samuel Bough
(Carlisle 1822 – 1878 Edinburgh)
Eignet sich erste Erfahrungen in der Druckgraphik und Buchillustration in der Werkstatt eines lokalen Stechers an. Später beeinflusst u. a. von Thomas Allom, bei dem er vorübergehend studiert. Studienreisen durch England. Ab 1845 Kulissenmaler, seit 1848 als Bühnenbildner erfolgreich. Unsteter Lebensstil und Abneigung gegenüber dem Kunstbetrieb verhindern trotz großer Popularität die Anerkennung als bedeutendster schottischer Landschaftsmaler seiner Zeit.

Étienne Bouhot
(Bard-les-Epoisses/Côte d'Or 1780 – 1862 Semur-en-Auxois/Côte d'Or)
Lehre als Dekorationsmaler in Dijon. 1801 Übersiedlung nach Paris. 1808/09 Mitarbeit an Panoramen von Rom, Wagram, Tilsit und Antwerpen; rasche Erfolge mit Veduten, insbesondere von Paris. Ab 1822 Reisen innerhalb Frankreichs. Widmet sich zunehmend der Landschaftsmalerei, gerät aber infolge der seltenen Teilnahme am Pariser Salon allgemein in Vergessenheit.

Eugen Bracht
(Morges am Genfer See 1842 – 1921 Darmstadt)
Ab 1850 in Darmstadt, erste Unterweisung im Zeichnen und Malen bei Friedrich Frisch, Carl Ludwig Seeger und August Lucas. 1859–61 Ausbildung an der Großherzoglichen Kunstschule in Karlsruhe. 1861–64 in Düsseldorf erfolglos tätig, bis 1874 als Wollhändler in Verviers und Berlin, daneben Beginn der intensiven Beschäftigung mit der Fotografie sowie ur- und frühgeschichtliche Studien. 1875 künstlerischer Neuanfang und bis 1877 zweite Ausbildungsphase unter Hans Frederik Gude an der Karlsruher Kunstschule. 1882 vermittelt ihm Anton von Werner die Mitarbeit am Panorama *Die Schlacht von Sedan* und eine Anstellung als Lehrer für Landschaftsmalerei an der Akademie in Berlin, dort ab 1883 Professor. Die Affäre um Edvard Munch 1892 führt zum Bruch mit Anton von Werner. Ab 1901 Professor für Landschaftsmalerei an der Dresdener Akademie. 1912 große Retrospektiven in Darmstadt und Dresden, die den Höhepunkt seiner künstlerischen Laufbahn bedeuten.

Peter Brüning
(Düsseldorf 1929 – 1970 Ratingen)
Beginnt während des Zweiten Weltkriegs eine Landarbeiterlehre. 1950–52 Studium an der Stuttgarter Akademie der Bildenden Künste bei Willi Baumeister. Setzt sich mit den Maltechniken Paul Cézannes und Fernand Légers auseinander. 1952–54 Aufenthalt bei Paris, später in Ratingen tätig. 1961 Villa Romana-Preis. Nimmt als Vertreter des deutschen Informel mehrfach an der *documenta* teil, zuletzt 1968. Ab 1969 Professor für Freie Malerei an der Kunstakademie Düsseldorf.

Hermann Bruse
(Hamm 1904 – 1953 Berlin)
1917 Kaufmannslehre. Abendkurse an der Kunstgewerbeschule Magdeburg. 1926–28 Volontär bei einem Gebrauchsgraphiker. 1929 Atelier als Graphiker und Plakatmaler. 1932 Mitglied der KPD. 1933–35 Haft wegen Beteiligung an Aktivitäten der KPD. 1936 Plakatmaler. 1943 Mitglied einer kommunistischen Widerstandsgruppe in Magdeburg. 1944 Verhaftung. 1945 Todesurteil und Befreiung durch sowjetische Truppen. 1948 Lehrbeauftragter am Institut für Kunsterziehung der Humboldt-Universität Berlin.

Helga Budde-Engelke
(° Oberhausen-Osterfeld 1950)
1973–81 Studium der Kunst und Kulturwissenschaft an der Kunstakademie Düsseldorf. Seit 1984 freie künstlerische Tätigkeit. 1994 Gewinn des Wettbewerbs zur künstlerischen Gestaltung des Europaplatzes in Gelsenkirchen, BUGA'97 (zusammen mit Rainer Engelke). 1995 Eröffnung eines Atelier– und Ausstellungshauses in Essen.

Gerald Maurice Burn
(1862 London – 1945)
Ausbildung an der University College School und am Royal College of Arts, London. Lebte als Marine- und Architekturmaler in London, Belfast und zuletzt in Amberley/Sussex.

Alexander Calvelli
(° Frankfurt/M. 1963)
1984–88 Studium der Malerei an der Fachhochschule Köln. 1988–93 Studienaufenthalt in Florenz, Rio de Janeiro und Córdoba (Argentinien). Anschließend Stadtmaler in Leverkusen. Lebt in Köln.

Franciska Clausen
(Apenrade 1899 – 1986 Apenrade)
1916/17 Studium an der Kunstschule in Weimar, 1918 an der Frauenakademie in München, 1920/21 an der Kunstakademie Kopenhagen sowie anschließend an der Schule für Moderne Kunst in München. 1922 Übersiedlung nach Berlin, wo sie László Moholy-Nagy kennenlernt; unter dessen Einfluss erste Collagen. Angeregt durch ihre Bekanntschaft mit Alexander Archipenko setzt sie sich mit Konstruktivismus und Abstraktion auseinander. Ab 1924 regelmäßiger Aufenthalt in Paris, dort eine der ersten Schülerinnen Fernand Légers. 1929 Mitglied der Künstlergruppe »Cercle et Carré«. 1933 Rückkehr nach Apenrade.

Hendrik III van Cleve
(Antwerpen um 1525 – um 1589 Antwerpen)
Zunächst Schüler des Vaters Willem I van Cleve, weitere Ausbildung vermutlich bei Frans Floris, für den er später vielfach Landschaftshintergründe malt. 1550 Italienreise. 1551 Meister der St. Lukas-Gilde in Antwerpen. Dort tätig als Landschaftsmaler, ab 1584 zahlreiche Ansichten von Genua, Neapel, Rom und Tivoli sowie Variationen des Turmbaus zu Babel.

Misch Da Leiden
(° Luxemburg 1948)
1969 Studium der Malerei an der Kunstakademie Brüssel, 1970 Fortsetzung des Studiums an der Kunstakademie Düsseldorf, 1975 Meisterschüler. 1979 Mitbegründer des Düsseldorfer Atelierhauses Poststraße, Aufbau einer Siebdruckwerkstatt. Lebt in Düsseldorf.

Léonard Defrance
(Lüttich 1735 – 1805 Lüttich)
1753 Aufbruch nach Italien. Verlässt Rom 1760 und siedelt, nach kurzem Aufenthalt in Montpellier, nach Lüttich über. 1774 Professur an der dortigen Akademie, ab 1778 Direktor. 1784 Rückkehr nach Frankreich und Teilnahme am Pariser *Salon de la Correspondance* 1786–87 sowie am *Salon Révolutionnaire* 1791–93.

Alexander Alexandrowitsch Deineka
(Kursk 1899 – 1969 Moskau)
1915–17 Studium an der Kunstschule Charkow. 1918 Fotograf der Kriminalpolizei in Kursk und Leiter der Abteilung bildende Kunst der Gouvernementabteilung für Volksbildung. 1919/20 Arbeiten für die Agitationsausgabe der *Okna Rosta* und Leitung des Kunststudios der Politverwaltung Kursk. 1928 Gründung der Künstlergruppe »OKTJABR«, 1931/32 Mitglied des »Russischen Verbandes Proletarischer Künstler«, ab 1932 Mitglied der Moskauer Abteilung des Sowjetischen Künstlerverbandes, Aufträge für Wandgemälde und Mosaiken. 1937 Auszeichnung mit der Goldenen Medaille der Pariser Weltausstellung. 1960 Mitglied der KPdSU. 1962–66 Vizepräsident der Akademie der Bildenden Künste der UdSSR.

Ernest-Jean Delahaye
(Paris 1855 – 1921 Paris)
Ab 1872 Studium an der École des Beaux-Arts in Paris bei Isidore Pils und Henri Lehmann, 1878 bei Jean Leon Gérôme, anschließend Italienaufenthalt. Ab 1886 mit der Darstellung von Militärszenen, Porträts und Schlachtenbildern beauftragt, 1894 Ausstattung des Schlossmuseums von Versailles mit Historiengemälden. Während des Ersten Weltkriegs einjähriger Aufenthalt in Flandern im Auftrag des Pariser Musée de l'Armée, 1917 an der Mission des *peintres aux armées* beteiligt.

Gustav Deppe
(Essen 1913 – 1999 Bochum)
1930–33 Studium an der Kunstgewerbeschule in Dortmund. Während des Zweiten Weltkriegs Soldat, Kriegsgefangenschaft. 1945 Übersiedlung nach Witten. 1948 Mitbegründer der Gruppe »junger westen«. 1952 Mitglied des »Deutschen Künstlerbundes«, 1960–64 im Vorstand des »Westdeutschen Künstlerbundes«. 1953–77 Lehrtätigkeit an der Werkkunstschule in Dortmund. 1973–77 Professur an der Fachhochschule Dortmund, Fachbereich Design.

Walter Dexel
(München 1890 – 1973 Braunschweig)
1910–14 Studium der Kunstgeschichte in München, 1913/14 Besuch einer Malschule. 1912 erste Landschafts- und Städtebilder. 1916–28 freier Künstler und Gebrauchsgraphiker in Jena. Als Licht- und Reklamegestalter erfindet er 1925 das beleuchtete Straßenverkehrsschild. Bis 1928 Leiter des Kunstvereins Jena, dort Förderer von Künstlern der klassischen Moderne. Ab 1928 Lehrtätigkeit und Designer. Trotz Mitgliedschaft in der NSDAP ab 1933 als »entarteter Künstler« aus dem Hochschuldienst entlassen, Malverbot. Nach fast 30-jähriger Unterbrechung 1962 Wiederaufnahme der künstlerischen Tätigkeit in Malerei und Druckgraphik.

Herman Bernard Dieperink
(Amsterdam 1887 – 1957 Amsterdam)
Ausbildung an der Zeichenschule für den arbeitenden Stand, Amsterdam. Anschließend Lehrling bei B. W. Wierink. Später Druckereidirektor.

Edmond van Dooren
(Antwerpen 1896 – 1965 Antwerpen)
Ab 1908 Studium an der Académie de Dessin, Berchem. 1911 Fortsetzung des Studiums an der Akademie der bildenden Künste, Antwerpen. 1915–17 Auseinandersetzung mit theosophischen Lehren. 1917 Lehrer an der Volksschool voor Kunstambachten, Antwerpen. 1918 Gründungsmitglied der Künstlergruppe »Moderne Kunst«.

Cécile Douard
(Rouen 1866 – 1941 Brüssel)
1883–86 Studium an der Académie des Beaux-Arts in Mons. Im Alter von 30 Jahren fortschreitende Erblindung; weiterhin plastische Arbeiten. 1904 Übersiedlung nach Brüssel, dort als Lehrerin tätig. 1926–36 Präsidentin der Ligue Braille. Auch als Musik- und Literaturkritikerin in Erscheinung getreten.

Gérard Douffet
(Lüttich 1594 – 1660 Lüttich)
1606 Mitglied der Lütticher Goldschmiedezunft. 1612–14 vermutlich Besuch des Ateliers von Peter Paul Rubens, 1614 Romreise. Spezialisiert sich auf das Porträtfach. Aufenthalte auf Malta, in Neapel und Venedig. Ab 1634 Hofmaler des bayerischen Fürstbischofs Ferdinand von Wittelsbach. 1646 Teilnahme am Bürgerkrieg von Lüttich. Ab 1648 zweijähriges Exil in Utrecht.

Harald Duwe
(Hamburg 1926 – 1984 Kiel)
Bis 1943 Lithographenlehre. 1946–49 Studium an der Hochschule für bildende Künste in Hamburg, zwei Semester als Stipendiat an der Stockholmer Kunstakademie. 1951 Umzug nach Großensee in Schleswig-Holstein, dort als freischaffender Künstler tätig. Lehraufträge an den Fachhochschulen Hamburg (1964–67) und Kiel (1975–84).

Wilfried Falkenthal
(° Baruth 1942)
1962–66 Studium der Fächer Kunsterziehung und Deutsch in Leipzig. 1966–71 Studium an der Hochschule für Grafik und Buchkunst in Leipzig bei Wolfgang Mattheuer. Seit 1972 Tätigkeit als freischaffender Künstler in Leipzig. 1972–75 Vertrag mit dem VEB Braunkohlenkombinat in Regis-Breitlingen. Lebt in Leipzig.

Hans Finsler
(Heilbronn 1891 – 1972 Zürich)
Ab 1911 Studium der Architektur an der Technischen Hochschule in Stuttgart. Fortsetzung des Studiums an der Universität München, dort 1915 Wechsel zur Kunstgeschichte, Schüler Heinrich Wölfflins und Paul Frankls. Promotion im Fach Kunstgeschichte an der Universität Halle, bis 1929 Lehrtätigkeit im Fach Werbewesen und Fotografie an der Handwerker- und Kunstgewerbeschule Burg Giebichenstein, dort ab 1930 Leiter der Fotoabteilung. 1932–58 Lehrtätigkeit in der Foto- und Graphikklasse der Gewerbeschule in Zürich. 1938–55 Vorstandsmitglied des Schweizerischen Werkbunds.

Gino Galli
(Rom 1893 – 1954 Florenz)
Schüler und Freund Giacomo Ballas, dessen chromatische Experimente ihn bereits 1910 stark beeinflussten. 1914 Teilnahme an der *Esposizione Libera Futurista Internazionale* in Rom. 1917 Illustrationen für die Zeitschrift *L'Italia Futurista*, 1918–20 Autor und Illustrator der Zeitschrift *Roma Futurista*, die er in den 20er Jahren u. a. zusammen mit Giacomo Balla herausgibt. Anstelle der ursprünglich vornehmlich politischen Ausrichtung wird diese Zeitschrift unter Gallis Leitung zum Organ futuristischer Kunst.

Henry Gastineau
(Camberwell 1791 – 1876 Camberwell)
Lehre bei einem Stecher, wechselt zur Ölmalerei und wird schließlich Schüler der Royal Academy, London. Zahlreiche Studienreisen durch Großbritannien. Ab 1823 Mitglied der »Old Water-Colour Society«, in der er bis zu seinem Tod zahlreiche Landschaftsansichten aus England, Schottland, Wales und Irland, aber auch aus der Schweiz und aus Oberitalien ausstellt.

Carlos Grethe
(Montevideo 1864 – 1913 Nieuwpoort, Belgien)
1882–84 Studium an der Kunstakademie Karlsruhe, Besuch der Académie Julian in Paris und 1886–90 Meisterschüler Ferdinand Kellers in Karlsruhe. 1888 Gründung der Karlsruher Sezession, deren Hauptförderer er in der Folge ist. Ab 1890 Professor an der Kunstgewerbeschule in Karlsruhe, 1893 an der dortigen Akademie der Bildenden Künste. 1899 Ruf an die Akademie der Bildenden Künste in Stuttgart. 1905 Gründung des Vereins württembergischer Kunstfreunde. Zahlreiche Reisen in die Küstenregionen Deutschlands, Großbritanniens, nach Italien und Belgien.

Thomas Grochowiak
(° Recklinghausen 1914)
1932 Ausbildung als Werbegraphiker, anschließend in der Dekorationsabteilung eines Warenhauses tätig. 1938 Abendschüler der Werkkunstschule, Dortmund. 1939–45 Soldat, Kriegsgefangener. 1945 erste Ausstellung in der Kunsthalle Recklinghausen, dort 1948 Gründungsmitglied der Künstlergruppe »junger westen«. 1950–79 Leiter der Ruhrfestspiele, 1954–80 Direktor der Städtischen Museen, Recklinghausen. 1969–80 Direktor der Städtischen Galerie im Schloss Oberhausen. 1980 Großes Bundesverdienstkreuz, 1987 Verdienstorden des Landes Nordrhein-Westfalen. Lebt in Kuppenheim/Baden.

Carl Grossberg
(Elberfeld 1894 – 1940 bei Laon)
1913/14 Studium der Architektur in Aachen und Dortmund. Teilnahme am Ersten Weltkrieg. 1919–21 Studium am Bauhaus in Weimar bei Lyonel Feininger. 1929 Beteiligung an der Ausstellung *Neue Sachlichkeit* in Amsterdam. 1934 anlässlich der Ausstellung *Deutsches Volk – Deutsche Arbeit* Anfertigung eines Wandbilds für das Reichspropagandaministerium zum Thema Industrielandschaft. 1934/35 Retrospektiven in Hannover und Essen. 1939/40 Soldat im Zweiten Weltkrieg.

George Grosz
(Berlin 1893 – 1959 Berlin)
1909–11 Studium an der Dresdener Akademie, ab dem Umzug nach Berlin 1912 an der dortigen Kunstgewerbeschule. Ab 1910 umfangreiche bildjournalistische und publizistische Tätigkeit. 1914 Kriegsfreiwilliger, 1915 vom Kriegsdienst suspendiert, 1917 wegen Krankheit entlassen. 1918–23 Mitglied der KPD. Veranstaltet 1920 zusammen mit John Heartfield und Raoul Hausmann die *Erste Internationale Dada-Messe*. Ab 1932 Lehrtätigkeit in den USA, 1933 Ausbürgerung und Emigration, 1937 mit 20 Werken in der Ausstellung *Entartete Kunst* vertreten. 1938 amerikanischer Staatsbürger, kehrt erst wenige Wochen vor seinem Tod nach Berlin zurück.

Matthäus Gundelach
(Kassel? um 1566 – 1653/54 Augsburg)
Kommt um 1593 nach Prag, wird dort 1609 Kammermaler Kaiser Rudolfs II. und geht unter Kaiser Matthias um 1615 nach Augsburg, wo er 1617 in die Malerzunft aufgenommen wird. In Prag malt er, unter dem Einfluss der Hofkünstler Hans von Aachen und Bartholomäus Spranger stehend, u. a. eine *Anbetung der Hirten* und eine *Anbetung der Könige*. Neben den zahlreichen religiösen und mythologischen Bildern, die in Augsburg entstehen, bleiben seine allegorischen Darstellungen dem rudolphinischen Stil verpflichtet.

Andreas Gursky
(° Leipzig 1955)
1978–81 Studium der Fotografie an der Folkwangschule Essen (GHS). 1981–87 Studium der Fotografie an der Kunstakademie Düsseldorf bei Bernd und Hilla Becher, 1985 Meisterschüler. 1988 Wechsel von kleinformatigen zu großformatigen Aufnahmen. 1992 Beginn der elektronischen Bildbearbeitung. Lebt in Düsseldorf.

William Havell
(Reading 1782 – 1857 London)
Sohn eines Zeichenlehrers aus Reading. 1804 erste Ausstellung in der Royal Academy, London. 1805 Gründungsmitglied der »Society of Painters in Watercolours«, der er bis 1814 angehört. Fortsetzung seiner Studien in der Technik der Ölmalerei u. a. bei Joseph Mallord William Turner. 1816 Übersiedlung nach Peking, dort offizieller Maler der britischen Botschaft. 1820–26 Landschaftsmaler und Porträtist der gehobenen Gesellschaft in der indischen Kronkolonie. Anschließend Rückkehr nach England. 1828–29 Italienreise.

Paul-César François Helleu
(Vannes 1859 – 1927 Paris)
Ab 1874 Studium an der Akademie in Paris bei Jean Leon Gérôme und Joseph-Théodore Deck, dort in der keramischen Werkstatt tätig. 1879 erfolgreiche Ausstellung von Pastellen, meist Damenporträts, die auch international Absatz finden. Später zahlreiche Kaltnadelradierungen und Lithographien im Stil Jean-Antoine Watteaus. Neben Bildnissen, Interieurs und Stillleben u. a. Landschaftsstudien in Pastelltechnik.

Wilhelm Herwarth
(Berlin 1853 – 1916 Berlin)
Schüler des Landschaftsmalers Christian Wilberg in Berlin. Ab den 80er Jahren Lehrer an der Akademie und der Technischen Hochschule Charlottenburg.

Hans Hesse, auch Hasse
(tätig um 1497 – 1539)
Ausbildung zum Maler wahrscheinlich in einer der zahlreichen sächsisch-thüringischen Malerwerkstätten. Nach Tätigkeit in der Marienkirche in Zwickau und in Dittmannsdorf bei Chemnitz vermutlich 1509 Übersiedlung nach Annaberg. 1510 Totschlag des Goldschmieds Hans Seyfert. 1519 Ausmalung der Gewölbe der alten Sakristei in der Annaberger Kirche.

Herman Heyenbrock, auch Heijenbrock
(Amsterdam 1871 – 1948 Blaricum)
Schüler der Akademie in Rotterdam, anschließend Reisen nach Belgien, Frankreich, England, Deutschland und Schweden. Seine Motive fand er vornehmlich im westfälischen und belgischen Industriegebiet, insbesondere im Borinage, außerdem im Hafen von Rotterdam.

Pehr Hilleström d. Ä.
(Väddö 1732 – 1816 Stockholm)
1743/44 Ausbildung bei dem Dekorateur und Tapetenwirker Johan Filip Korn in Stockholm, gleichzeitig Besuch der Zeichenklasse an der Königlichen Akademie der freien Künste in Stockholm. 1747–57 Weber am Schwedischen Hof. 1757/58 Parisaufenthalt, um sich als Teppichwirker ausbilden zu lassen. Als Schüler François Bouchers und Jean-Baptiste-Siméon Chardins erlernt er dort ebenfalls die Ölmalerei und Pastellzeichnung. Ab 1773 Verlagerung des künstlerischen Interesses auf die Malerei, ab 1776 Hofmaler und ab 1777 Professor an der Stockholmer Akademie, ab 1810 deren Direktor. In späteren Jahren malt er zahlreiche Bergwerks- und Schmiedeinterieurs; großen ethnologischen Wert haben seine Zeichnungen unterschiedlicher Nationaltrachten.

Hannah Höch
(Gotha 1889 – 1978 Berlin)
1912 Beginn des Studiums an der Kunstgewerbeschule in Berlin-Charlottenburg. Während des Ersten Weltkriegs in Hilfsorganisationen tätig. 1915 Fortsetzung des Studiums an der Lehranstalt des Kunstgewerbemuseums. Im selben Jahr Beginn der Zusammenarbeit mit Raoul Hausmann, mit dem sie die Fotocollage entwickelt und ab 1917 zur Berliner Dadaistenszene gehört. 1916 erstes abstraktes Klebebild, 1916–26 Entwurfszeichnerin im Ullstein Verlag. Ab 1922 Zusammenarbeit mit Kurt Schwitters und Hans Arp. 1926–29 lebt sie in Den Haag; dort steht sie der »De Stijl«-Bewegung nahe. 1929 Rückkehr nach Berlin. 1933 Ausstellungs- und Berufsverbot. 1965 Mitglied der Akademie der Künste, Berlin.

Heinrich Hoerle
(Köln 1895 – 1936 Köln)
Als Maler Autodidakt. 1913/14 Mitglied der Künstlergruppe »Lunisten«, zusammen mit Max Ernst und Otto Freundlich. 1919 Beginn der Freundschaft mit Franz Wilhelm Seiwert, Gründung der Künstlervereinigung der »Kölner Progressiven«, erste Kontakte zur Dada-Bewegung sowie Mitarbeit an deren Wochenschrift *Der Ventilator.* 1929 Gründung der Zeitschrift *a-z.* 1933 Diffamierung seiner Werke als »entartet«.

Karl Hofer
(Karlsruhe 1878 – 1955 Berlin)
Ab 1896 Studium an der Kunstakademie Karlsruhe sowie ab 1902 in Stuttgart. 1899–01 Parisaufenthalt, 1903–13 in Rom und erneut in Paris, 1909–11 Reise nach Indien. Lebt während des Ersten Weltkriegs in Zürich. 1919 Übersiedlung nach Berlin, dort 1920 an die Hochschule für die Bildenden Künste berufen. 1934 Ausstellungsverbot und Entlassung aus dem Hochschuldienst. Mit Werken in der Ausstellung *Entartete Kunst* vertreten. Verschleppte sowie durch den Krieg vernichtete Arbeiten reproduzierte er nach 1945 teilweise aus dem Gedächtnis. 1945 Direktor der Hochschule für Bildende Künste, Berlin.

Jürgen Hoffmann
(° Rheinberg 1961)
Fotograf beim Rheinischen Industriemuseum Oberhausen. Lebt in Rheinberg.

Thomas Hornor
(Hull 1785 – um 1844)
Topograph und vermutlich Stecher. Um 1800 schuf er ein Panorama Londons. 1817–19 sieben prächtig gebundene Alben mit Ansichten von Südwales für den dortigen Adel und wohlhabende Abnehmer. Auch Autor einzelner Bücher zum Verkehrswegebau und zur Gartenkunst.

Joseph Huber-Feldkirch
(Feldkirch/Vorarlberg 1858 – 1932 Neuburg am Inn)
Studium der Freskomalerei in Innsbruck, danach an der Kunstakademie München und ab 1887 an der Académie Julian in Paris. 1888 Übersiedlung nach München. 1909–23 Lehrauftrag für kirchliche Monumentalkunst an der Düsseldorfer Kunstakademie. Häufig ausgehend von barocken Vorbildern, gestaltet er monumentale Fresken, aber auch Glasmalereien und -mosaike sowie einzelne Gemälde. Arbeitet als Graphiker und Architekt, entwirft kunstgewerbliche Gegenstände, Innenausstattungen und Exlibris.

Julius Jacob
(Berlin 1842 – 1929 Berlin)
Ausbildung im Atelier von Carl Gropius, dort Kulissenmaler. Weiterbildung an der Akademie, Reisen nach Italien. 1862–85 Zyklus von 70 Aquarellen, die ihm den Ruf eines Chronisten des allmählich verschwindenden ›Alt-Berlin‹ eintragen. 1882 Dozent für Landschaftszeichnen und Aquarellmalerei an der Berliner Bauakademie, danach an der Technischen Hochschule Charlottenburg.

Leopold Graf von Kalckreuth
(Düsseldorf 1855 – 1928 Eddelsen bei Hamburg)
Sohn des Malers Stanislaus Graf von Kalckreuth. Wächst in Weimarer Hof- und Künstlerkreisen auf und erhält seine künstlerische Ausbildung an der von seinem Vater geleiteten Kunstschule in Weimar und an der Kunstakademie in München, wo er unter dem Einfluss Franz von Lenbachs steht. Ab 1885 Studienreisen nach Holland, Italien und Paris. 1885–90 Professor an der Weimarer Kunstschule. 1895 Professor an der Karlsruher Akademie und 1899 Ruf an die Kunstschule nach Stuttgart, die er 1900–05 leitet. Seit dessen Gründung 1903 Präsident des »Deutschen Künstlerbundes«.

Friedrich Kallmorgen
(Altona 1856 – 1924 Grötzingen bei Karlsruhe)
Ab 1875 Studium an der Düsseldorfer Kunstakademie, Fortsetzung des Studiums 1877 an der Kunstschule Karlsruhe, folgt 1880 seinem Lehrer Hans Gude nach Berlin. 1881 Rückkehr nach Karlsruhe, dort Anschluss an den Kreis um Gustav Schönleber und Hermann Baisch, mit dem er nach Barbizon und in die Niederlande reist. 1888 Bau seines Hauses »Hohengrund« in Grötzingen. Bereits 1891 Ernennung zum Professor. 1902 Berufung an die Berliner Hochschule für die Bildenden Künste, dort bis 1918 Leiter der Klasse für Landschaftsmalerei.

Arthur Kampf
(Aachen 1864 – 1950 Castrop-Rauxel)
Ab 1879 Studium an der Düsseldorfer Akademie. 1885 Studienreise nach Paris. Ab 1887 Arbeit an einer Reihe von Historienbildern, die er in Freskotechnik und Ölmalerei ausführt. Im selben Jahr Ernennung zum Hilfslehrer, 1893 zum Professor an der Düsseldorfer Akademie. 1894 Italienreise, 1897 Reise nach Spanien. 1898 Berufung an die Berliner Akademie der Künste, dort ab 1901 ordentliches Mitglied, 1907–21 ihr Präsident und 1915–25 Direktor der Hochschule für die Bildenden Künste, Berlin.

Paul Kelpe
(Minden 1902 – 1985 Austin/Texas)
Studium der Kunstgeschichte und Architektur in Hannover. 1925 Emigration in die USA. 1931 erste Einzelausstellung in der Little Gallery, Chicago. 1935 Teilnahme an der Ausstellung der »Society of Independent Artists« in New York, Übersiedlung dorthin. 1936–39 Zusammenarbeit mit der *Works Progress Administration*, einer staatlichen Initiative zur Existenzsicherung von Künstlern während der Großen Depression. 1937 Gründungsmitglied der Künstlergruppe »American Abstract Artists«. 1957–69 Lehrtätigkeit an verschiedenen Universitäten der USA als Dozent für Kunst und Kunstgeschichte.

Heinrich Kley
(Karlsruhe 1863 – 1945 München)
1880–85 Studium an den Kunstakademien in Karlsruhe und München, wo er sich 1909 endgültig niederlässt. Zunächst als Genre- und Landschaftsmaler sowie als Historienmaler tätig, ab der Jahrhundertwende verstärktes Interesse an der Industriemalerei. 1908–44 hauptsächlich illustrative Arbeiten für *Simplicissimus* und *Jugend*, Sammelmappen und Werbegraphiken.

Robert Koehler
(Hamburg 1850 – 1917 Milwaukee)
1854 Übersiedlung nach Milwaukee, USA. Arbeitet als Lithograph in Pittsburgh und New York, dort Besuch der Abendklasse der National Academy of Design. 1873 Studium an der Münchener Kunstakademie. 1875 aus Geldmangel Rückkehr nach Milwaukee, 1879 Fortsetzung des Studiums in München mit dem Stipendium eines New Yorker Bierbrauers. Danach in den USA erfolgreich als Bildnismaler und Darsteller des Straßenlebens. Ab 1893 Direktor der School of Fine Arts in Minneapolis, USA.

Josef Koudelka
(° Moravia 1938)
Im Alter von 14 Jahren erste fotografische Aufnahmen, doch zunächst Ausbildung zum Flugzeugmechaniker an der Technischen Hochschule in Prag. Seit 1961 Ausstellungstätigkeit und Fotoarbeiten für Zeitschriften, u. a. *Divadlo.* 1965 Mitglied der Sektion Fotografie der »Vereinigung Tschechischer Künstler«. 1967 Ende der Tätigkeit als Flugzeugmechaniker. Seit 1971 Mitglied der Agentur Magnum Photos. Lebt in Paris.

Eduard Krause-Wichmann
(Stettin-Poelitz 1864 – 1927)
Schüler der Dresdener Akademie. Spezialisiert sich auf Marinemalerei und die Darstellung von Kriegsschiffen und Ozeandampfern auf hoher See.

Bernhard Kretzschmar
(Döbeln 1889 – 1972 Dresden)
Nach einer Malerlehre ab 1909 Studium an der Kunstgewerbeschule und Kunstakademie Dresden. 1911 Reisen nach Süddeutschland und in die Schweiz, 1913 nach Spanien und Mallorca, Freundschaft mit Peter August Böckstiegel und Conrad Felixmüller. 1917/18 Sanitätssoldat in Bautzen, Galizien und Frankreich. 1919 nach Rückkehr aus dem Kriegsdienst Hinwendung zum Expressionismus, erste Lithographien. 1920 erste Radierfolge. 1930 Gründung der Gruppe »Aktion«, 1932 der »Neuen Dresdner Sezession«. 1945 Vernichtung eines Teiles seines Werkes durch Bombenangriffe. 1946 Professur an der Hochschule für Bildende Künste, Dresden. 1969 korrespondierendes Mitglied der Akademie der Künste der DDR.

Louis Krevel
(Braunschweig 1801 – 1876 Trier)
Sohn des Malers Johann Hilarius Krevel, anfangs Unterricht bei seinem Vater. 1824–30 Aufenthalt in Paris. Nach der Rückkehr nach Deutschland Niederlassung als Porträtmaler in Köln, nimmt Aufträge aus dem westfälischen Raum und vor allem aus der Saarregion an. 1836 erstmals Teilnahme an der Ausstellung der Berliner Akademie. Nach 1865 Aufgabe des Berufs, Übersiedlung nach Freiburg i. Br., 1873 nach Trier.

Peder Severin Krøyer
(Stavanger 1851 – 1909 Skagen)
Zeichnet bereits 1861 Illustrationen für die wissenschaftliche Werke seines Adoptivvaters (Parasitkrebse). 1864–70 Besuch der Kopenhagener Akademie. 1877 Reise durch Holland und Belgien, nach Paris. Studiert in Spanien die Werke von Velázquez, kehrt 1879 nach Paris zurück und hält sich 1880 in Italien auf. 1881 Rückkehr nach Dänemark, verbringt die Sommer in Skagen, wo sich eine Künstlerkolonie bildet.

Germaine Krull
(Wilda/Posen 1897 – 1985 Wetzlar)
Kindheit in Italien, Frankreich, der Schweiz und Österreich. 1912 Umzug nach München, dort 1915 Beginn des Studiums an der Lehr- und Versuchsanstalt für Fotografie. 1917/18 Meisterfotografin und Eröffnung eines eigenen Studios. 1919–22 Reisen nach Ungarn und in die UdSSR. Lebt ab 1925 in Paris. Zahlreiche Veröffentlichungen in internationalen Zeitschriften. 1928 wird das Buch *Métal* von der Kritik gefeiert. 1929 Teilnahme an den Ausstellungen *Fotografie der Gegenwart* in Essen sowie *Film und Foto* in Stuttgart. 1942–45 Kriegskorrespondentin. Zahlreiche Arbeiten für die internationale Presse und Buchveröffentlichungen.

John Laporte
(London 1761 – 1839 London)
Lehrer an der Militärakademie in Addiscombe und Mallehrer des Kunstmäzens Monro. 1779 stellt er erstmalig und ab 1788 alljährlich in der Royal Academy in London aus. Neben Ansichten aus Großbritannien malt er Darstellungen italienischer Landschaften und des Berner Oberlandes.

Barthélemy Lauvergne
(Toulon 1805 – 1871 Carcès)
Bis 1863 Verwaltungsbeamter der französischen Marine. 1836/37 Teilnahme an der von Auguste Nicholas Vaillant geleiteten Weltumsegelung mit der »Bonite«; weitere Seereisen. Beschickt den Pariser Salon 1838–49 mit Seestücken und malt im Auftrag des Marineministeriums 1842 eine Ansicht von Algier.

Franz Lenk
(Langenbernsdorf/Vogtland 1889 – 1968 Schwäbisch Hall)
1912–15 Lehre als Innendekorateur und Lithograph. 1916–18 Soldat. 1918–24 Studium an der Kunstakademie Dresden. 1926 Lehrtätigkeit an der Berliner Kunstschule. Ab 1927 Beteiligung an zahlreichen Ausstellungen. 1934 Berufung an die Vereinigten Staatsschulen für Kunst und Gewerbe in Berlin. 1935 gemeinsame Ausstellung mit Otto Dix in der Galerie Nierendorf. 1936 Vorstandsmitglied der Berliner Sezession. 1937 Aufnahme in die Akademie der Künste, Berlin. 1938 Aufgabe der Lehrtätigkeit aus Solidarität mit den von den Nationalsozialisten verfolgten Kollegen. Ab 1959 Kulturbeauftragter von Schwäbisch Hall.

Johann Joseph Leyendecker, auch Leiendecker
(Dernau an der Ahr 1810 – 1867 Paris)
1826–38 Studium in Paris, widmet sich dort u. a. dem Porträtfach. 1841–43 Auftragsarbeiten für den Hof unter Louis-Philippe. 1848 erstmals Ausstellung eigener Werke im Pariser Salon, 1861–67 regelmäßige Beschickung. 1850 Reise nach Bonn. Gestaltet in seiner Heimatstadt Dernau 1855 den Altar der Hauptkirche mit der Krönung Mariens. 1856 Übersiedlung nach Bonn.

Philippe Jacques de Loutherbourg
(Straßburg 1740 – 1812 Chiswick)
Schüler seines Vaters Philipp Jakob, der Stecher und Miniaturist am Darmstädter Hof war. 1755 Umzug nach Paris. Schüler von Carle van Loo und François Joseph Casanova. 1766 Mitglied der Académie Royale de Peinture et de Sculpture in Paris; Peintre du Roi. 1768 Reise durch Marseille und wahrscheinlich auch durch Italien, Deutschland und die Schweiz. 1771 Umzug nach London; tätig als Bühnenmaler. 1781 Mitglied der Royal Academy. Freundschaft mit Graf Alessandro Cagliostro. Schuf Illustrationen, u. a. für Reisebeschreibungen, sowie Historienbilder und Landschaften.

William Lucas
(London um 1840 – 1895 London)
Aquarellist und Maler in London.

Maximilien Luce
(Paris 1858 – 1941 Paris)
Tätig in Paris und in Rolleboise. Schüler des Holzschneiders Henri Théophile Hildebrand und von Carolus-Duran. Beeinflusst von Camille Pissarro und Georges Seurat. Befreundet mit Paul Signac und Henri-Edmond Cross. 1889 und 1892 stellt er mit den Neo-Impressionisten bei der avantgardistischen Künstlergruppe »Les XX« in Brüssel aus. Stadt- und Arbeitsmotive bilden einen Schwerpunkt in seinem Werk. Stand linken, anarchistischen Kreisen nahe.

Cornelis de Man
(Delft 1621 – 1706 Delft)
1642 Mitglied der St. Lukas-Gilde in Delft. Neun Jahre auf Reisen durch Paris, Lyon, Florenz, Rom, Venedig. 1654 zurück in Delft. Beeinflusst durch Pieter de Hooch, Johannes Vermeer und Emanuel de Witte. Bekannt durch seine bürgerlichen Innenraumszenen, schuf auch Landschaftsbilder, Darstellungen von Kircheninterieurs und Porträts.

Johan Fredrik Martin
(Stockholm 1755 – 1816 Stockholm)
Kupferstecher. Schüler seines Vaters Elias sowie William Woollets und Francesco Bartolozzis. Ab 1770 in London, ab 1781 in Stockholm ansässig.

Wolfgang Mattheuer
(* Reichenbach/Vogtland 1927)
1942–44 Lehre als Lithograph. 1944/45 Kriegsdienst und -gefangenschaft. 1946–51 Kunstgewerbeschule in Leipzig, ab 1947 auch Studium an der Leipziger Hochschule für Grafik und Buchkunst. 1951/52 freischaffende Tätigkeit. Ab 1956 Dozent, ab 1965 Professur an der Hochschule für Grafik und Buchkunst. 1958 Aufnahme in die SED. Ab 1971 Beginn seiner plastischen Arbeiten. 1974 Nationalpreis II. Klasse. 1978 Mitglied der Akademie der Künste der DDR und Nationalpreis für Kunst und Literatur. 1988 Austritt aus der SED. 1993/94 Mitglied der Akademie der Künste, Berlin.

Adolph von Meckel
(Berlin 1859 – 1893 Berlin)
Auf den Berliner Akademieausstellungen fast ausschließlich mit Orientdarstellungen vertreten. Die Ansicht der englischen Gasanstalt in Berlin ist sein einziges bekanntes Stadtbild.

Georg Meistermann
(Solingen 1911 – 1990 Köln)
1928–33 Studium an der Kunstakademie Düsseldorf, danach Abbruch des Studiums und Ausstellungsverbot. 1938 Glasfenster für St. Engelbert in Solingen, erste abstrakte Bilder. 1953 Ausstellung im Hamburger Kunstverein zusammen mit Fritz Winter und Ernst Wilhelm Nay. 1955 Professur an der Kunstakademie Düsseldorf. 1960–76 Professor an der Kunstakademie Karlsruhe und stellvertretender Rektor. 1967–72 Präsident des »Deutschen Künstlerbundes«.

Léon-Auguste Mellé
(Paris 1816 – 1889)
Landschaftsmaler, Ausbildung im Atelier von J. Cogniet und Ch. Renoux. 1839 erstmals Teilnahme am Pariser Salon, den er bis 1879 regelmäßig beschickt. Zahlreiche Reisen durch Frankreich, nach Belgien und in die Schweiz, malt jedoch vorwiegend Motive aus der Umgebung von Paris.

Adolph Menzel
(Breslau 1815 – 1905 Berlin)
Ab 1831 in der lithographischen Werkstatt seines Vaters in Berlin ausgebildet. Führt sie nach dessen Tod 1832 weiter, ernährt die Familie. 1836 erstes Ölbild. Umfangreiche Illustrationsaufträge. Aufgrund seiner Illustrationen wird er zum anerkannten Interpreten der friderizianischen Zeit, Kontakte zum Hof Friedrich Wilhelms IV. 1853 Mitglied der Akademie der Künste. Immer wieder Beteiligung an Ausstellungen in Paris, so auch mit dem *Eisenwalzwerk*. 1898 Erhebung in den Adelstand. Der Autodidakt und Einzelgänger genoss sowohl in akademischen Künstlerkreisen und am Hof wie auch bei der in den Sezessionen versammelten Moderne große Anerkennung.

Erich Mercker
(Zabern 1891 – 1973 München)
Ingenieurstudium an den Technischen Universitäten München und Charlottenburg. 1914 Abbruch des Studiums, Kriegsdienst. 1918 Hinwendung zur Malerei. Ab 1920 Beteiligung an den Ausstellungen im Münchener Glaspalast. 1937 Goldene Medaille für vier Wandmalereien im Deutschen Pavillon der Pariser Weltausstellung.

Constantin Meunier
(Etterbeek/Brüssel 1831 – 1905 Ixelles/Brüssel)
Ausbildung zum Bildhauer und Maler an der Brüsseler Akademie. Malt zunächst Historienbilder. Um 1880 Aufhellung der Palette und Übergang zum Impressionismus; erste Bilder von Arbeitern und der Industriebezirke und Kohlenreviere Belgiens. 1882/83 Spanienreise. 1886 Wiederaufnahme der bildhauerischen Tätigkeit. 1887–95 Professor der Malerei an der Kunstschule Löwen, danach Rückkehr nach Brüssel. Der Schwerpunkt und die große Leistung seines späteren malerischen und skulpturalen Werks liegt in der Darstellung des Arbeiters.

Paul Friedrich Meyerheim
(Berlin 1842 – 1915 Berlin)
Sohn und Schüler des Malers Eduard Meyerheim. Übernimmt 1883 die Leitung der Tiermalklasse an der Hochschule für die Bildenden Künste, Berlin, lehrt ab 1887 an der Berliner Akademie der Künste.

Phillip Mitchell
(Lebensdaten unbekannt)
Angaben zur Biographie dieses Künstlers liegen nicht vor.

Otto Möller
(Schmiedefeld/Thüringen 1883 – 1964 Berlin)
1904–07 Schüler an der Kunstschule Berlin bei Lovis Corinth und Philipp Franck. Beteiligung an Ausstellungen der Berliner Sezession. Ab 1909 Zeichenlehrer an Berliner Schulen. 1919 Mitglied der »Novembergruppe«. 1920–40 Lehraufträge für Methodik und Pädagogik an der Hochschule für Kunsterziehung Berlin. Mitte der 20er Jahre radikaler Stilwechsel von kubistischen und futuristischen Arbeiten zur Neuen Sachlichkeit. 1946–55 Professur an der Hochschule für Bildende Künste, Berlin.

Francis Nicholson
(Pickering 1753 – 1844 London)
Unterrichtsstunden bei Conrad Martin Metz in London. Arbeit als Maler und Aquarellist in London. 1789–15 Beteiligung an den Ausstellungen der Royal Academy und der »Old Water-Colour Society«.

John Nixon
(? – 1818 Ryde, Isle of Wight)
Wohlhabender Kaufmann in London, Hobbymaler und -schauspieler. Ausgedehnte Zeichentouren durch Großbritannien und andere europäische Länder.

Bernhard Obberg
(* 1916 Oberhausen)
Werksfotograf der Gutenhoffnungshütte. Lebt in Oberhausen.

Giovanni Battista Piranesi
(Mogliano bei Venedig 1720 – 1778 Rom)
1730–40 Ausbildung in Venedig. 1740 Übersiedlung als Zeichner des venezianischen Botschafters nach Rom, wo er in der Werkstatt des Vedutenstechers Guiseppe Vasi arbeitet. Neben antiken und zeitgenössischen Stadtansichten entstehen Architekturphantasien, die ihren Höhepunkt in der Serie der *Carceri d'invenzione* (1745, 1760) finden. 1766 wird er von Papst Clemens XIII. zum Ritter geschlagen. Bis zu seinem Tod entstehen über 2 000 Stiche von realen und phantastischen Gebäuden, Statuen und Ornamenten.

Ljubov Sergeevna Popova
(Ivanovskoje bei Moskau 1889 – 1924 Moskau)
1908/09 Besuch der Kunstschule Konstantin Juons in Moskau. Ab 1912 arbeitet sie im Atelier »Der Turm« mit Vladimir Tatlin und anderen Künstlern. 1912/13 Studium an der Académie La Palette in Paris, arbeitet jedoch weiterhin mit Tatlin zusammen. 1914–16 Anschluss an den russischen Kubofuturismus, wenig später für kurze Zeit Mitglied der Gruppe »Supremus«. Ab Anfang der 20er Jahre ist sie am Institut für Künstlerische Kultur INChUK, für die Zeitschrift *LEF* und an der WchUTEMAS beschäftigt. Ab 1922 ausschließlich Textil- und Modegestaltung, Buch- und Zeitschriftenillustrationen, Bühnenbilder und Kostüme.

Max Radler
(Breslau 1904 – 1971 München)
1918 Lehre als Steinmetz und Stukkateur. Danach Dekorationsmaler. 1923 Umzug nach München, 1927 Studium der Malerei an der Lehranstalt für angewandte Kunst, u. a. bei Georg Schrimpf. Ab 1930 Mitglied der Künstlergruppe »Die Juryfreien«. Bei einem Bombenangriff auf München 1945 werden nahezu sämtliche seiner Werke zerstört. Nach dem Krieg Arbeit beim *Simplicissimus*. 1947 Beteiligung an den Ausstellungen der »Neuen Gruppe« in München.

Franz Radziwill
(Strohausen/Wesermarsch 1895 – 1983 Wilhelmshaven)
Nach einer Maurerlehre 1913–15 Studium der Architektur in Bremen. 1920–23 Aufenthalt in Berlin, Bekanntschaft mit George Grosz, Otto Dix und Rudolf Schlichter, Mitglied der »Freien Sezession«. 1922 Übersiedlung nach Dangast. 1927/28 Studienaufenthalt in Dresden, wo ihm Dix ein Atelier in der Akademie zur Verfügung stellt. 1929 Teilnahme an der Ausstellung *Neue Sachlichkeit* in Amsterdam. 1931 Anschluss an die »Novembergruppe«. 1933 Beitritt zur NSDAP und Ruf an die Kunstakademie Düsseldorf. 1935 Berufsverbot. Einige seiner Werke werden im Zuge der Aktion »Entartete Kunst« beschlagnahmt, Ausstellungen abgesagt und verboten. Nach dem Krieg bis Anfang der 1970er Jahre künstlerisch tätig.

Timm Rautert
(° Tuchel 1941)
1966–71 Studium der Fotografie an der Folkwangschule für Gestaltung in Essen bei Otto Steinert. Während seines Studiums Werksreportage der Porsche AG. Auch in den folgenden Jahren immer wieder Auftragsarbeiten für Unternehmen wie BMW, VW, Thyssen, Krupp oder die Chip- und Computerbranche. In den 1970er Jahren arbeitet er zunächst eng mit Franz Erhard Walther, später mit dem Graphiker Otl Aicher zusammen. Seit 1993 Professur für Fotografie an der Hochschule für Grafik und Buchkunst in Leipzig. Lebt in Leipzig.

Albert Renger-Patzsch
(Würzburg 1897 – 1966 Wamel am Möhnesee)
Beginnt bereits als Jugendlicher zu fotografieren. 1919–22 Chemiestudium in Dresden. Ab 1920 Fotograf beim Folkwang-Verlag, wenig später Leiter der Bildstelle des Folkwang-Archivs in Hagen. 1923 Tätigkeit in einer Pressebildagentur in Berlin. 1925 selbständig als Fotograf in Bad Herzfeld, Auftragsarbeiten für die Industrie und Werbung. 1929 Übersiedlung nach Essen, wo ihm das Museum Folkwang ein Atelier zur Verfügung stellt. 1933 Lehrauftrag an der Folkwangschule. Nach seiner Tätigkeit als Kriegsberichterstatter im Zweiten Weltkrieg zieht er 1944 nach Wamel. Von 1949 bis zu seinem Tod erhält er kontinuierlich Aufträge von Industrieunternehmen.

Alfred Rethel
(Aachen 1816 – 1859 Düsseldorf)
Schüler bei dem in Frankreich geschulten Flamen Jean-Baptiste Joseph Bastiné in Aachen. 1829–36 Studium an der Düsseldorfer Akademie bei Wilhelm von Schadow. 1836–47 Tätigkeit zunächst in Frankfurt/M., dann in Aachen, Düsseldorf und Dresden. 1844/45 und 1852/53 Reisen nach Italien. 1847 Ausmalung des Kaisersaales im Aachener Rathaus.

Thomas Miles Richardson d. Ä.
(Newcastle upon Tyne 1784 – 1848 Newcastle upon Tyne)
Anfänglich als Kupferstecher und Tischler tätig. 1806–13 Lehrer, seitdem Hinwendung zur Kunst. Er tritt der »New Water-Colour Society« bei und gründet 1831 die »Newcastle Water-Colour Society«.

Klaus Ritterbusch
(° Bodenwerder/Weser 1947)
1969–74 Studium der Philosophie, Soziologie und Psychologie an der Freien Universität sowie der Maltechnik an der Hochschule für Bildende Künste, Berlin. 1972 Gründung der Künstlergruppe »Amelith«, 1978 Atelieraufenthalt im Stedelijk Museum Amsterdam. Lebt in Düsseldorf.

George Robertson
(London 1724 – 1788 Newington)
Italienaufenthalt als Begleiter von William Beckford, Esq. zu Sommerly, einem reichen indischen Plantagenbesitzer. Um 1770 reisen beide nach Jamaika. Niederlassung als Landschaftsmaler und Zeichenlehrer in England, Mitwirkung in einer Bewegung zur Registrierung mittelalterlicher Denkmäler in Großbritannien.

Rudolf Schlichter
(Calw 1890 – 1955 München)
1904 Lehre als Emailleur, 1907–10 Besuch der Kunstgewerbeschule in Stuttgart, 1910–16 Studium an der Akademie in Karlsruhe. 1919 Umzug nach Berlin, Mitglied der »Novembergruppe« und der KPD, Freundschaft mit George Grosz und John Heartfield. 1925 Teilnahme an der Ausstellung *Neue Sachlichkeit* in Mannheim, 1929 an der gleichnamigen Ausstellung in Amsterdam. 1928 tritt er der »Assoziation Revolutionärer Bildender Künstler Deutschlands (ASSO)« bei. Nach 1933 Beschlagnahmung seiner Werke als »entartet«. 1949 Beitritt zur »Neuen Gruppe«.

Hans W. Schmidt
(Hamburg 1859 – 1950 Weimar)
Studien an der Hamburger Kunstgewerbeschule und 1879–88 an der Weimarer Kunstschule bei Alfred Brendel. Anschließend Reise nach St. Petersburg. Professur an der Weimarer Kunstschule. 1919 Illustrator für Zeitungsberichte über die Weimarer Nationalversammlung. Zahlreiche Wand- und Deckengemälde, u. a. 1906 im Großen Saal des Weimarer Schlosses.

Wilhelm Schnarrenberger
(Buchen/Odenwald 1892 – 1966 Karlsruhe)
1911–15 Besuch der Kunstgewerbeschule in München und Architekturstudium an der dortigen Universität. Um 1920 Tätigkeit für die Zeitschriften *Simplicissimus*, *Wieland* und *Der Weg*. 1921 Professur für Gebrauchsgraphik an der Badischen Landeskunstschule in Karlsruhe. 1924 Mitbegründer der ORNA-Werkstätten für Werbung und Innendekoration. 1925 Teilnahme an der Ausstellung *Neue Sachlichkeit* in Mannheim. 1933 Entzug der Lehrerlaubnis, 1937 Diffamierung seiner Arbeiten als »entartet«. 1947 Berufung an die Kunstakademie Karlsruhe.

Robert Schneider
(° Buchheim bei Freiburg i. Br. 1944)
Mit seinen Acrylbildern reflektiert er die Geschichte des 20. Jahrhunderts. Arbeitet u. a. in zyklisch angelegten Werkgruppen. Darstellung apokalyptischer Visionen, die sich vor allem als (ideologie-)kritischer Kommentar zum aktuellen Verhältnis zwischen großindustriellen Produktionsweisen und den davon beeinflussten gesellschaftlichen Lebensformen interpretieren lassen. Lebt in Hamburg.

Carl Schütz
(1796 – ?)
1830 als Leiter eines Lehrgangs für technisches Zeichen in Düren erstmals in Erscheinung getreten. Sein letztes bekanntes Werk ist eine Zeichnung der 1845 durch ein Hochwasser zerstörten Johannesbrücke über die Rur.

Emil Schumacher
(Hagen 1912 – 1999 San José, Ibiza)
1932–35 Studium an der Kunstgewerbeschule in Dortmund. 1947 Mitbegründer der Künstlergruppe »junger westen« in Recklinghausen. 1958–60 Professur an der Hochschule für bildende Künste in Hamburg. 1966/67 Professur an der Akademie in Karlsruhe, 1967/68 Gastprofessur an der Minneapolis School of Art, USA, 1991 Gastprofessur am Concorso Superiore, Fondazione Antonio Ratti, Como. 1983 Großes Verdienstkreuz mit Stern des Verdienstordens der Bundesrepublik Deutschland. 1992 Ehrendoktorwürde der Universität Dortmund.

Georges Seurat
(Paris 1859 – 1891 Paris)
1878/79 Studium an der Ecóle des Beaux-Arts in der Malklasse von Henri Lehmann, einem Ingres-Schüler. Militärdienst in Brest. 1883 Ausstellung im offiziellen Salon in Paris. Nachdem ein anderes Bild von ihm im Folgejahr von der Jury des Salons abgelehnt wird, zeigt er seine Arbeiten im Salon der Vereinigung unabhängiger Künstler. Ab 1886 verbringt er seine Winter in Paris und die Sommer an der französischen Nordküste. Seurat gilt als Hauptvertreter des Neo-Impressionismus, aus dem er eine eigene Technik, den Pointillismus, entwickelte.

Heinrich Siepmann
(° Mülheim an der Ruhr 1904)
1925–27 Studium an der Folkwangschule in Essen. Tätigkeit als freier Maler. 1938 Staatsschule für angewandte Kunst in Nürnberg. 1948 Mitbegründer der Künstlergruppe »junger westen« in Recklinghausen. Lebt in Mülheim an der Ruhr.

Willi Sitte
(° Kratzau 1921)
1936–39 Kunstschule des nordböhmischen Gewerbemuseums in Reichenberg. 1939/40 Studium an der Meisterschule für Malerei in Kronenburg/Eifel bei Werner Peiner. 1941–44 Kriegsdienst, 1944/45 Beteiligung an der Resistenza. Danach freischaffender Künstler in Mailand, 1946 Rückkehr in die Tschechoslowakei. 1947 Übersiedlung nach Halle/Saale und Eintritt in die SED. 1948 Mitglied der Künstlervereinigung »Die Fähre«. 1951–58 Dozent und 1959–86 Professor an der Hochschule für Industrielle Formgestaltung Burg Giebichenstein. 1974–88 als Präsident des Verbandes Bildender Künstler der DDR. Lebt in Halle/Saale.

Franz Skarbina
(Berlin 1849 – 1910 Berlin)
1865–68 Schüler der Berliner Akademie. 1882–93 Hauptlehrer der Klasse für anatomisches Zeichnen an der Hochschule für die Bildenden Künste, Berlin. 1888 Professor, 1893 Austritt aus dem Lehrkörper der Hochschule infolge von Differenzen mit dem damaligen Direktor Anton von Werner. 1892 Mitglied der »Gruppe XI«, 1899–1901 der Berliner Sezession. Ab 1905 Mitglied des Senats der Akademie der Künste. Schult sich an Adolph Menzel, in Paris entscheidende Beeinflussung durch die Impressionisten.

John »Warwick« Smith
(Irthington/Cumberland 1749 – 1831 London)
Schüler von Sawray Gilpin. Begleitet 1776–81 und 1785/86 Lord Warwick in die Schweiz und nach Italien. 1814 und 1817/18 Präsident der »Old Water-Colour Society«.

Sasha Stone
(St. Petersburg 1895 – 1940 Perpignan)
1911 Ausbildung als Elektromonteur am Technischen Institut in Warschau. Wenig später Auswanderung nach New York, wo er als technischer Zeichner und Kunstschmied arbeitet. 1917–19 erste Fotografien. Um 1922 Übersiedlung nach Berlin, wo er die Kunstschule von Alexander Archipenko besucht und Kontakt zur Avantgardezeitschrift *G* unterhält. Um 1924 Gründung eines Ateliers für Werbe- und Industriefotografie. Um 1931 Umzug nach Brüssel, Einrichtung eines Studios zusammen mit Cami Stone.

Gory von Stryk
(Dorpat 1907 – 1975 Berlin)
Ab 1919 in Berlin. 1926 Besuch der Kunstgewerbeschule und später der Reimann-Schule. 1931 Studienreise nach Frankreich. 1942 Verlust des Berliner Ateliers. 1939–43 Aufenthalt in Ostpreußen. Kehrt anschließend nach Berlin zurück. Ab den 50er Jahren entstehen zahlreiche großflächige und starkfarbige Ansichten von Berlin.

Arthur Fitzwilliam Tait
(Livesey bei Liverpool 1819 – 1905 Yonkers bei New York)
Studium am Royal Institute in Manchester, bildet sich aber hauptsächlich autodidaktisch. Lithograph und Zeichenlehrer in Liverpool. Ab 1850 in New York ansässig. Arbeitet häufig mit James Hart zusammen. 1858 Mitglied der National Academy of Design. In erster Linie Landschafts- und Tiermaler.

Werner Tübke
(° Schönebeck/Elbe 1929)
1946/47 Malerlehre und Besuch der Meisterschule für Handwerk in Magdeburg. 1948/49 Studium an der Hochschule für Grafik und Buchkunst Leipzig. 1950–52 Studium der Kunsterziehung und Psychologie an der Universität Greifswald. Ab 1956 mit längeren Unterbrechungen Lehrtätigkeit an der Hochschule für Grafik und Buchkunst in Leipzig, 1973–76 deren Rektor. 1961/62 Studienaufenthalt in der Sowjetunion. 1982 Mitglied der Königlichen Akademie der Künste Schwedens. 1983 Mitglied der Akademie der Künste der DDR. 1993–96 Arbeit am Altarretabel für St. Salvatoris in Clausthal-Zellerfeld.

Joseph Mallord William Turner
(London 1775 – 1851 London)
Ab 1789 Schüler der Royal Academy. 1795 Schüler von Philippe Jacques de Loutherbourg. Studien in Südwales und auf der Isle of Wight. 1802 Mitglied der Royal Academy. Auf einer Reise durch die Schweiz faszinieren ihn die elementaren Naturgewalten. Die Landschaften von Nicolas Poussin und Claude Lorrain sowie die Koloristik der Venezianer verdrängen die englischen Vorbilder und niederländische Muster der Marinemalerei. Zahlreiche Reisen: nach Rotterdam, Rom, Venedig, Neapel, an den Rhein.

Hans Dieter Tylle
(° Bayreuth 1954)
1975–80 Studium der Freien Kunst an der GH Kassel bei Manfred Bluth, 1982/83 Lehrauftrag dort. Zahlreiche Studienaufenthalte in Unternehmen. 1987 Teilnahme am 7. Internationalen Pleinair des VEB Mansfeld Kombinat, Eisleben. Seit 1990 Mitglied im »Künstlersonderbund in Deutschland 1990 e.V.«, 1996–98 stellvertretender Vorsitzender. Lebt in Kassel.

Martin I (Marten van) Valckenborch
(Löwen 1534/35 – 1612 Frankfurt/M.)
1559 Mitglied der Gilde in Mecheln. 1565 Übersiedlung nach Antwerpen. 1566 als Protestant Flucht mit seinem Bruder Lucas und Hans Vredeman de Vries nach Aachen. Um 1573 dort Bürger. 1584/85 Rückkehr nach Antwerpen und Mitglied der dortigen Gilde. 1586 Bürger in Frankfurt/M. Seine Landschaften sind stark von seinem Bruder Lucas beeinflusst.

Victor Vignon
(Villiers-Cotterêts 1847 – 1909 Meulan)
Landschaftsmaler und Radierer. Beeinflusst durch Jean-Baptiste-Camille Corot, später durch Paul Cézanne. Ab 1874 Malausflüge mit Cézanne und Camille Pissarro. 1880–82 und 1886 Beteiligung an den Impressionisten-Ausstellungen in Paris. Später erblindet.

Karl Völker
(Halle/Saale 1889 – 1962 Weimar)
Maler und Architekt. 1904–10 Besuch der Handwerker- und Kunstgewerbeschule in Halle. 1910–12 Dekorationsmaler in Leipzig. 1918/19 Zugehörigkeit zur »Novembergruppe«. 1921–23 Zusammenarbeit mit Bruno Taut in Magdeburg. 1923–25 Graphiken für die kommunistischen Zeitungen *Das Wort* und *Der Klassenkampf* in Halle. 1924/25 mit mehreren Werken in der *Allgemeinen deutschen Kunstausstellung* in Moskau, Saratow und Leningrad vertreten. 1927 Beteiligung an einem Architekturwettbewerb für den Völkerbundpalast in Genf, 1931 an der Deutschen Bauausstellung in Berlin. 1948 Tafelwandbild für die Industrie- und Handelskammer in Halle. 1950/51 Mitarbeit beim Wiederaufbau des Zeughauses in Berlin.

Wolf Vostell
(Leverkusen 1932 – 1998 Malpartida de Cáceres, Spanien)
1950–53 Lehre als Fotolithograph. 1954/55 Studium an der Werkkunstschule Wuppertal. Erster Paris-Aufenthalt. Hier entsteht sein künstlerisches Prinzip der Décollage. 1955–57 Ausbildung in Paris an der École des Beaux-Arts in Malerei, Graphik und Anatomie. 1958 Studium an der Düsseldorfer Akademie. Reise nach Spanien. 1962 Mitbegründer der Gruppe »FLUXUS«. 1963–65 erste Happenings.

Cornelius Wagner
(Dresden 1870 – 1956 Söcking bei Starnberg)
Marine- und Landschaftsmaler. 1887–95 Studium an der Düsseldorfer Akademie. Studienreisen nach Indien und Südamerika. Schuf zahlreiche Arbeiten für öffentliche Bauten.

George Walker
(Killingbeck Hall 1781 – 1856 Killingbeck Hall)
Ausbildung in der Schule des Pastors Charles Wellbeloved in York. Tritt in das väterliche Farbengeschäft ein, beschäftigt sich jedoch vorwiegend mit dem Studium der Naturgeschichte und der bildenden Künste. 1813/14 erscheint sein Album *Costume of Yorkshire*. Führt in Yorkshire das Leben eines Sportsmanns, Naturwissenschaftlers, Amateurmalers und Förderers der Künste. 1824 Reise durch Frankreich, die Schweiz und Italien.

Henry Warren
(London 1794 – 1879 London)
Zunächst Ausbildung als Bildhauer. Ab 1818 Schüler der Royal Academy, 1823–72 dort an Ausstellungen beteiligt. 1835 Mitglied der »New Water-Colour Society«, 1839 deren Präsident. Malt Szenen aus dem Orient, den er aber nie besucht hat.

Johann Weiss
(Prag 1745 oder 1747 – 1787 Prag)
Angaben zur Biographie dieses Künstlers liegen nicht vor.

Hugo van Werden
(1836 – 1911)
Werksfotograf bei Krupp.

Johann Benedikt Werkstätter
(Neumarkt 1708 – 1772 Salzburg)
1755 hochfürstlicher Kammerportier und Hofmaler, oft nur »Maler Benedikt« genannt.

William Wheldon
(Lebensdaten unbekannt)
Angaben zur Biographie dieses Künstlers liegen nicht vor.

Penry Williams
(Merthyr Tydfill/Wales 1798 – 1885 Rom)
Schüler der Royal Academy mit einem Stipendium der walisischen Unternehmerfamilie Crawshay. Ab 1827 in Rom.

William Williams
(Norwich um 1758 – um 1797)
1758 erster Preis der Society of Arts in London. Tätig in London und Norwich. 1770–92 Ausstellungen in Norwich.

Walter Womacka
(° Obergeorgenthal/Böhmen 1925)
1940–43 Ausbildung als Zimmer- und Dekorationsmaler. Studium 1946–48 an der Meisterschule für gestaltendes Handwerk in Braunschweig, 1949–51 an der Hochschule für Baukunst und bildende Künste in Weimar, 1951/52 an der Hochschule für Bildende Künste, Dresden. Ab 1953 Assistent an der Hochschule für bildende und angewandte Kunst Berlin-Weißensee, 1963–88 dort Professor und 1968–88 Rektor, 1959–88 Vizepräsident des Verbandes Bildender Künstler der DDR. Lebt in Berlin.

Joseph Wright of Derby
(Derby 1734 – 1797 Derby)
1751–53 und 1756–57 Studium in London bei Thomas Hudson. 1760 Rückkehr nach Derby. In dieser von der Industrie geprägten Region entstehen seine Wissenschaftsbilder *A Philosopher Giving that Lecture on the Orrery in which a Lamp is put in place of the Sun* (1766) und *An Experiment on a Bird in the Air Pump* (1768). Bekanntschaft mit Erasmus Darwin, Josiah Wedgwood und anderen Mitgliedern der »Lunar Society«. 1765–76 und 1791 Teilnahme an den Ausstellungen der Society of Art in London, 1771 Mitglied dieser Gesellschaft. 1781 Associate, 1784 Vollmitglied der Royal Academy. 1773–75 Italienaufenthalt. 1778–94 Teilnahme an den Ausstellungen der Royal Academy in London, oft mit Motiven aus Rom, Tivoli, Neapel und Salerno. Zahlreiche Porträts englischer Unternehmer.

Gustav Wunderwald
(Köln 1882 – 1945 Berlin)
1896–98 Malerlehre und Tätigkeit als Kulissenmaler und Bühnenbildner in Gotha, Berlin und Stockholm. Ab 1912 Dekorationsmaler am Deutschen Opernhaus in Berlin. 1915–18 Kriegsdienst. 1924 erste Einzelausstellung in Berlin. 1925/26 Teilnahme an der *Großen Berliner Kunstausstellung*. 1936–43 Kolorist von Werbefilmen bei der UFA und bei Marx-Film.

Bibliographie

Adam 1992
Peter Adam, *Kunst im Dritten Reich*, Hamburg 1992

ADB
Allgemeine Deutsche Biographie, hrsg. durch die Historische Commission bei der Königlichen Akademie der Wissenschaften, Leipzig (und München) 1875–1912 [Ndr. Berlin 1967–71]

Adorno 1970
Theodor W. Adorno, *Ästhetische Theorie*, Frankfurt/M. 1970

Adorno 1973
Theodor W. Adorno, *Ästhetische Theorie*, Frankfurt/M. 1973

Agde 2000
Kahlschlag. Das 11. Plenum des ZK der SED 1965. Studien und Dokumente, hrsg. von Günter Agde, 2. erw. Aufl., Berlin 2000

Agricola 1556
Georgius Agricola, *De re metallica*, Basel 1556

Aker 1930
W. van den Aker, *Edmond van Dooren. Kunstschilder*, Antwerpen 1930

Alt 1983
Franz Alt, *Frieden ist möglich. Die Politik der Bergpredigt*, München und Zürich 1983

Arbeitskultur 1973
Beiträge zur sozialistischen Arbeitskultur, Berlin 1973

Asendorf 1989
Christoph Asendorf, *Ströme und Strahlen. Das langsame Verschwinden der Materie um 1900*, Gießen 1989

Asendorf 1998
Christoph Asendorf, *Alles fließt: Elektrische und andere Ströme in der Kultur der Moderne 1890–1914*, in: Klaus Plitzner u. a. (Hrsg.), *Elektrizität in der Geistesgeschichte*, Bassum 1998, S. 183–190

Atkinson/Barber 1987
Michael Atkinson und Colin Barber, *The Growth and Decline of the South Wales Iron Industry 1760–1880*, Cardiff 1987

Atterbury 2001
Paul Atterbury, *Steam and Speed. Industry, Transport and Communications*, in: *The Victorian Vision. Inventing New Britain*, hrsg. von John M. MacKenzie, Ausst. Kat. Victoria and Albert Museum, London, 2001, S. 146–171

Aussendienst 2000
Aussendienst. Kunstprojekte in öffentlichen Räumen Hamburgs. Eine Kooperation von Kulturbehörde und Kunstverein Hamburg (Phase 1), Hamburg 2000

Ausst. Kat. Aachen 1993
Albert Renger-Patzsch. Photographien, hrsg. von Sylvia Böhmer, Ausst. Kat. Suermondt-Ludwig-Museum, Aachen, 1993

Ausst. Kat. Aachen 2000
Klaus Ritterbusch. Turmzimmer in Babel, Ausst. Kat. Suermondt-Ludwig-Museum, Aachen, 2000

Ausst. Kat. Amsterdam 1985
Livelier than Life – the Master of the Amsterdam Cabinet or the Housebook Master, ca. 1470–1500, hrsg. von J. P. Filedt Kok, Ausst. Kat. Rijksmuseum, Amsterdam, 1985

Ausst. Kat. Amsterdam/Pittsburgh 2000/01
Light. The Industrial Age 1750–1900. Art & Science, Technologie & Society, hrsg. von Andreas Blühm und Louise Lippincott, Ausst. Kat. Van Gogh Museum, Amsterdam; Carnegie Museum of Art, Pittsburgh, London 2000

Ausst. Kat. Amsterdam/Wolfsburg 1996
John Chamberlain. Current Works and Fond Memories. Skulpturen und fotografische Arbeiten 1967–1995, Ausst. Kat. Stedelijk Museum Amsterdam; Kunstmuseum Wolfsburg, 1996

Ausst. Kat. Bamberg 1991
Der Turmbau zu Babel. Eine flämische Tafel aus dem 17. Jahrhundert und die Bildgeschichte des Turmbaus zu Babel, hrsg. von Franz Matsche und Henning Lothar, Ausst. Kat. Historisches Museum Bamberg, 1991

Ausst. Kat. Berlin 1910
Gedächtnis-Ausstellung: Franz Skarbina, Joseph M. Olbrich, Königliche Akademie der Künste, Berlin, München 1910

Ausst. Kat. Berlin 1972
Kunst der bürgerlichen Revolution von 1830 bis 1848/49, Ausst. Kat. Neue Gesellschaft für Bildende Kunst, Berlin, 1972

Ausst. Kat. Berlin 1974
Bernhard Kretzschmar. Malerei – Graphik, Ausst. Kat. Akademie der Künste der DDR; Staatliche Museen zu Berlin (National-Galerie), 1974

Ausst. Kat. Berlin 1977
Wem gehört die Welt. Kunst und Gesellschaft in der Weimarer Republik, Ausst. Kat. Neue Gesellschaft für Bildende Kunst, Berlin, 1977

Ausst. Kat. Berlin 1978
Karl Hofer, Ausst. Kat. Staatliche Kunsthalle, Berlin, 1978

Ausst. Kat. Berlin 1979
Arbeit und Alltag. Soziale Wirklichkeit in der belgischen Kunst 1830–1914, hrsg. von Manfred Braam, Ausst. Kat. Neue Gesellschaft für Bildende Kunst, Berlin, 1979

Ausst. Kat. Berlin 1980a
Fernand Léger. 1881–1955, Ausst. Kat. Staatliche Kunsthalle, Berlin, 1980

Ausst. Kat. Berlin 1980b
Adolph Menzel. Gemälde, Zeichnungen, Ausst. Kat. Nationalgalerie, Berlin, 1980

Ausst. Kat. Berlin 1981a
Die Nützlichen Künste. Gestaltende Technik und bildende Kunst seit der Industriellen Revolution, hrsg. von Tilmann Buddensieg und Henning Rogge, Ausst. Kat. Messegelände am Funkturm, Berlin, Berlin 1981

Ausst. Kat. Berlin 1981b
Preußen. Versuch einer Bilanz, Ausst. Kat. Berliner Festspiele, Gropius-Bau, 5 Bde., Reinbek 1981

Ausst. Kat. Berlin 1985/86
Walter Womacka, Ausst. Kat. Staatliche Museen zu Berlin, Kupferstichkabinett; Ministerium für Kultur der DDR; Verband Bildender Künstler der DDR, Berlin 1985

Ausst. Kat. Berlin 1986
»Absolut modern sein«. Zwischen Fahrrad und Fließband. Culture technique in Frankreich 1889–1937, Ausst. Kat. Neue Gesellschaft für Bildende Kunst, Berlin, 1986

Ausst. Kat. Berlin 1987
Stadtbilder. Berlin in der Malerei vom 17. Jahrhundert bis zur Gegenwart, Ausst. Kat. Berlin Museum, Berlin 1987

Ausst. Kat. Berlin 1989a
Willi Baumeister, hrsg. von Angela Schneider, Ausst. Kat. Staatliche Museen Preußischer Kulturbesitz, Nationalgalerie, Berlin, 1989

Ausst. Kat. Berlin 1989b
Hannah Höch 1889–1978. Ihr Werk – Ihr Leben – Ihre Freunde, Ausst. Kat. Berlinische Galerie, Berlin 1989

Ausst. Kat. Berlin 1990a
Bismarck – Preußen, Deutschland und Europa, Ausst. Kat. Deutsches Historisches Museum, Berlin, Berlin 1990

Ausst. Kat. Berlin 1990b
Carl Blechen. Zwischen Romantik und Realismus, hrsg. von Peter-Klaus Schuster, Ausst. Kat. Staatliche Museen Preußischer Kulturbesitz, Nationalgalerie Berlin, München 1990

Ausst. Kat. Berlin 1992
Streik. Realität und Mythos, hrsg. von Agnete von Specht, Ausst. Kat. Deutsches Historisches Museum, Berlin, Berlin 1992

Ausst. Kat. Berlin 1995
Franz Skarbina, hrsg. von Margit Bröhan, Ausst. Kat. Bröhan-Museum, Berlin, Berlin 1995

Ausst. Kat. Berlin 1997
Die Epoche der Moderne. Kunst im 20. Jahrhundert, hrsg. von Christos M. Joachimides und Norman Rosenthal, Ausst. Kat. Martin-Gropius-Bau, Berlin, Ostfildern 1997

Ausst. Kat. Berlin 2000
Die AEG im Bild, hrsg. von Liselotte Kugler, Ausst. Kat. Deutsches Technikmuseum Berlin. Berlin 2000

Ausst. Kat. Berlin u. a. 1999
Amazonen der Avantgarde. Alexandra Exter, Natalja Gontscharowa, Ljubow Popowa, Olga Rosanowa, Warwara Stepanowa und Nadeschda Udaizowa, hrsg. von John E. Bowlt und Matthew Drutt, Ausst. Kat. Deutsche Guggenheim Berlin u. a., Berlin 1999

Ausst. Kat. Berlin/Düsseldorf 1995
George Grosz. Berlin – New York, Ausst. Kat. Neue Nationalgalerie, Berlin; Kunstsammlung Nordrhein-Westfalen, Düsseldorf, Berlin 1995

Ausst. Kat. Berlin/München 1979/80
Max Liebermann in seiner Zeit, Ausst. Kat. Nationalgalerie Berlin; Haus der Kunst München, München 1979

Ausst. Kat. Bietigheim-Bissingen 1995
Max Ackermann 1887–1975. Bilder aus siebzig Jahren. Retrospektive zum 20. Todestag, Ausst. Kat. Galerie Bayer, Bietigheim-Bissingen 1995

Ausst. Kat. Bochum 1994
Bernd und Hilla Becher. Industriefotografie. Im Spiegel der Tradition, hrsg. von Monika Steinhauser, Ausst. Kat. Kunstsammlungen der Ruhr-Universität Bochum, Düsseldorf 1994

Ausst. Kat. Bochum/Leipzig 2000
Ansicht Aussicht Einsicht. Andreas Gursky, Candida Höfer, Axel Hütte, Thomas Ruff, Thomas Struth. Architekturphotografie, hrsg. von Monika Steinhauser, Ausst. Kat. Museum Bochum; Galerie für Zeitgenössische Kunst, Leipzig, Düsseldorf 2000

Ausst. Kat. Bonn 1977a
Germaine Krull. Fotografien 1922–66, hrsg. von Klaus Honnef, Ausst. Kat. Rheinisches Landesmuseum, Bonn, 1977

Ausst. Kat. Bonn 1977b
Industrielandschaft – Industriearchitektur – Industrieprodukt. Fotografien 1925–1960 von Albert Renger-Patzsch, bearb. von Klaus Honnef, Ausst. Kat. Rheinisches Landesmuseum Bonn, Köln 1977

Ausst. Kat. Bonn 1992a
Carl Andreas Abel. Der Beobachter hinter der Kamera. Handwerk und Industrie an Rhein und Ruhr, Ausst. Kat. Rheinisches Landesmuseum, Bonn, 1992

Ausst. Kat. Bonn 1992b
Erdsicht. Global Change, Ausst. Kat. Kunst- und Ausstellungshalle der Bundesrepublik Deutschland, Bonn, Ostfildern 1992

Ausst. Kat. Bonn 1993
Sehsucht. Das Panorama als Massenunterhaltung des 19. Jahrhunderts, Ausst. Kat. Kunst- und Ausstellungshalle der Bundesrepublik Deutschland, Bonn, Frankfurt/M. 1993

Ausst. Kat. Bonn/Tübingen 1975
Bernd und Hilla Becher. Fotografien 1957 bis 1975, hrsg. von Klaus Honnef, Ausst. Kat. Rheinisches Landesmuseum Bonn; Kunsthalle Tübingen, Köln 1975

Ausst. Kat. Bregenz 1999
Räume: Lucinda Devlin, Andreas Gursky, Candida Höfer, hrsg. von Edelbert Köb, Ausst. Kat. Kunsthaus Bregenz, Köln 1999

Ausst. Kat. Bremen/Karlsruhe 1984/85
Emil Schumacher 1936–1984, bearb. von Annette Meyer zu Eissen und Andreas Vowinckel, Ausst. Kat. Kunsthalle Bremen; Badischer Kulturverein Karlsruhe, 1984

Ausst. Kat. Brügge 1995
Du réalisme au symbolisme. L'avant-garde belge 1880–1900, hrsg. von Mary Anne Stevens, Ausst. Kat. Fondation Saint-Jean, Brügge, Gent 1995

Ausst. Kat. Brüssel 1975
Le paysage de l'industrie, Ausst. Kat. École Nationale Supérieure d'Architecture et des Arts Visuels, Brüssel 1975

Ausst. Kat. Brüssel 1985/86
Autour du Neo-classicisme en Belgique 1770–1830, Ausst. Kat. Musée Communal des Beaux-Arts d'Ixelles, Brüssel 1985

Ausst. Kat. Cappenberg 1990
Meisterwerke bergbaulicher Kunst vom 13. bis 19. Jahrhundert, hrsg. von Rainer Slotta u. a., Ausst. Kat. Deutsches Bergbau-Museum und Kreis Unna auf Schloß Cappenberg, Bochum 1990

Ausst. Kat. Chemnitz/Bochum/Prag 1994
Georgius Agricola. Bergwelten 1494–1994, hrsg. von Bernd Ernsting, Ausst. Kat. Städtische Kunstsammlungen Chemnitz; Deutsches Bergbau-Museum Bochum; Tschechisches Nationalmuseum, Prag, Essen 1994

Ausst. Kat. Colmar 1999
Willi Baumeister et la France. Arp, Cahn, Cézanne, Delaunay, Gleizes, Hélion, Le Corbusier, Léger, Miró, Ozenfant, Picasso, Mondrian, Seuphor, hrsg. von Sylvie Lecoq-Ramond, Ausst. Kat. Musée d'Unterlinden, Colmar, Paris 1999

Ausst. Kat. Darmstadt 1992
Eugen Bracht (1842–1921). Landschaftsmaler im wilhelminischen Kaiserreich, Manfred Großkinsky, Ausst. Kat. Mathildenhöhe Darmstadt, 1992

Ausst. Kat. Delft 1996
Delftse Meesters, Tijdgenoten van Vermeer, Stedelijk Museum Het Prinsenhof, Delft, 1996

Ausst. Kat. Den Haag 1976
gerd arntz. kritische grafik und bildstatistik, Ausst. Kat. Haags Gementemuseum, Nijmegen 1976

Ausst. Kat. Derby 1997
Joseph Wright of Derby 1734–1797, hrsg. von Jane Wallis, Ausst. Kat. Derby Museum and Art Gallery, 1997

Ausst. Kat. Dortmund 1958
Das Bild der deutschen Industrie 1800–1850, Ausst. Kat. Museum für Kunst und Kulturgeschichte Dortmund, 1958

Ausst. Kat. Dresden 1958
Vierte Deutsche Kunstausstellung, Dresden, 1958

Ausst. Kat. Dresden 1972/73
VII. Kunstaustellung der DDR, Dresden, 1972

Ausst. Kat. Dresden 1977/78
VIII. Kunstausstellung der DDR, Dresden, 1977

Ausst. Kat. Dresden 1982/83
IX. Kunstausstellung der DDR, Dresden, 1982

Ausst. Kat. Dresden 1989a
Bergbau und Kunst in Sachsen, Ausst. Kat. Staatliche Kunstsammlungen Dresden, 1989

Ausst. Kat. Dresden 1989b
Bernhard Kretzschmar 1889–1989, Ausst. Kat. Staatliche Kunstsammlungen Dresden, Gemäldegalerie Neue Meister, 1989

Ausst. Kat. Düren 1980
Stiftungen und Schenkungen an das Leopold-Hoesch-Museum Düren, 1980

Ausst. Kat. Düsseldorf 1937
Große Kunstausstellung Düsseldorf 1937. Nordwestdeutsche Kunst innerhalb der Ausstellung Schaffendes Volk vom 15. Mai bis 19. Oktober, Düsseldorf 1937

Ausst. Kat. Düsseldorf 1952
Eisen und Stahl, Kunstausstellung Düsseldorf, 1952

Ausst. Kat. Düsseldorf 1991
Aus der Distanz. Photographien von Bernd und Hilla Becher, Andreas Gursky, Candida Höfer, Axel Hütte, Thomas Ruff, Thomas Struth, Petra Wunderlich, hrsg. von Bernd Finkeldey und Maria Müller, Ausst. Kat. Kunstsammlung Nordrhein-Westfalen, Düsseldorf Ostfildern 1991

Ausst. Kat. Düsseldorf 1998
Andreas Gursky. Fotografien 1984 bis heute, hrsg. von Marie Luise Syring, Ausst. Kat. Kunsthalle Düsseldorf, München 1998

Ausst. Kat. Düsseldorf/Darmstadt 1979
Die Düsseldorfer Malerschule, hrsg. von Wend von Kalnein, Ausst. Kat. Kunstmuseum Düsseldorf; Mathildenhöhe Darmstadt, Mainz 1979

Ausst. Kat. Düsseldorf/Hamburg/Linz 1997
Andreas und Oswald Achenbach. »Das A und O der Landschaft«, hrsg. von Martina Sitt, Ausst. Kat. Kunstmuseum Düsseldorf; Altonaer Museum, Hamburg; Landesgalerie am Oberösterreichischen Landesmuseum, Linz, Köln 1997

Ausst. Kat. Duisburg 1969
Industrie und Technik in der deutschen Malerei. Von der Romantik bis zur Gegenwart, bearb. von Siegfried Salzmann, Ausst. Kat. Wilhelm-Lehmbruck-Museum Duisburg, 1969

Ausst. Kat. Essen 1912
Die Industrie in der bildenden Kunst, mit einer Einl. von Ernst Gosebruch, Ausst. Kat. Kunstmuseum der Stadt Essen, Essen 1912

Ausst. Kat. Essen 1928
Kunst und Technik, Ausst. Kat. Folkwang-Museum Essen, 1928

Ausst. Kat. Essen 1985
Bernd und Hilla Becher. Fördertürme, Chevalements, Mineheads, Ausst. Kat. Museum Folkwang Essen, München 1985

Ausst. Kat. Essen 1988
Prag um 1600. Kunst und Kultur am Hofe Rudolfs II., Ausst. Kat. Kulturstiftung Ruhr, Villa Hügel, Essen, Freren 1988

Ausst. Kat. Essen 1989
Verfahren der Fotografie. Bilder der Fotografischen Sammlung im Museum Folkwang Essen, hrsg. von Robert Knodt und Klaus Pollmeier, Ausst. Kat. Museum Folkwang Essen, 1989

Ausst. Kat. Essen 1990
Sasha Stone. Fotografien 1925–1939, hrsg. von Eckhardt Köhn, Ausst. Kat. Museum Folkwang Essen, Berlin 1990

Ausst. Kat. Essen 1992
Gehäuse des Unsichtbaren. Fotografien von Timm Rautert zur dritten industriellen Revolution, Ausst. Kat. Ruhrlandmuseum, Essen, Heidelberg 1992

Ausst. Kat. Essen 1998
Als der Himmel blau wurde. Bilder aus den 60er Jahren, hrsg. von Sigrid Schneider, Ausst. Kat. Ruhrlandmuseum Essen, Bottrop und Essen 1998

Ausst. Kat. Essen 2000
Schwarzweiß und Farbe. Das Ruhrgebiet in der Fotografie, hrsg. von Sigrid Schneider, Ausst. Kat. Ruhrlandmuseum Essen, Bottrop 2000

Ausst. Kat. Essen u. a. 1999
Avantgarde als Abenteuer. Leben und Werk der Photographin Germaine Krull, hrsg. von Kim Sichel, Ausst. Kat. Museum Folkwang Essen u. a., München 1999

Ausst. Kat. Esslingen 1987
Volker Böhringer, Ausst. Kat. Galerie der Stadt Esslingen, Villa Merkel, 1987

Ausst. Kat. Frankfurt 1983
Hans Thoma und seine Malerfreunde, Christoph Andreas, Ausst. Kat. Kunsthandlung Schneider Frankfurt, 1983

Ausst. Kat. Hagen 1997
Emil Schumacher. Ein Künstler und seine Stadt, Ausst. Kat. Karl Ernst Osthaus-Museum Hagen, 1997

Ausst. Kat. Halle 1991
Hans Finsler. Neue Wege der Photographie, hrsg. von Klaus E. Göltz u. a., Ausst. Kat. Staatliche Galerie Moritzburg Halle, Leipzig 1991

Ausst. Kat. Hamburg 1990
H. D. Tylle, Ausst. Kat. Museum der Arbeit, Hamburg, 1990

Ausst. Kat. Hamburg 1994
Christian Ludwig Bokelmann. Ein wiederentdeckter Volkslebenmaler des 19. Jahrhunderts, Rüdiger Articus, Ausst. Kat. Helms-Museum, Hamburg, 1994

Ausst. Kat. Hamburg 1996
Das deutsche Auge. 33 Photographen und ihre Reportagen – 33 Blicke auf unser Jahrhundert. Bildjournalismus von 1928–1996, Ausst. Kat. Deichtorhallen Hamburg, München 1996

Ausst. Kat. Hamburg 1998
Constantin Meunier: 1831–1905. Skulpturen, Gemälde, Zeichnungen, Ausst. Kat. Ernst Barlach Haus, Stiftung Hermann F. Reemtsma, Hamburg 1998

Ausst. Kat. Hamburg 1999
Industrie und Fotografie. Sammlungen in Hamburger Unternehmensarchiven, hrsg. von Lisa Kosok und Stefan Rahner, Ausst. Kat. Museum der Arbeit, Hamburg, Hamburg 1999

Ausst. Kat. Hannover 2001
Der Lärm der Strasse. Italienischer Futurismus 1909–1918, hrsg. von Norbert Nobis, Ausst. Kat. Sprengel Museum Hannover, Mailand 2001

Ausst. Kat. Hannover u. a. 1997
Albert Renger-Patzsch. Meisterwerke, hrsg. von Ann und Jürgen Wilde, Ausst. Kat. Sprengel Museum Hannover u. a., München 1997

Ausst. Kat. Herne 2000
Ramayana: The Story of an Artist. Klaus Ritterbusch, Ausst. Kat. Emschertal-Museum Herne, 2000

Ausst. Kat. Karlsruhe 1992
Mit Kallmorgen unterwegs. Zeichnungen und Gemälde von 1880 bis 1920, Ausst. Kat. Städtische Galerie im PrinzMaxPalais Karlsruhe, 1992

Ausst. Kat. Köln 1981
Heinrich Hoerle. Leben und Werk 1895–1936, Ausst. Kat. Kölnischer Kunstverein, 1981

Ausst. Kat. Köln 1997
August Sander, Karl Blossfeldt, Albert Renger-Patzsch, Bernd und Hilla Becher. Vergleichende Konzeptionen, Ausst. Kat. Photographische Sammlung; SK Stiftung Kultur Köln, München 1997

Ausst. Kat. Köln/Kiel 2000
Zeitgenossen. August Sander und die Kunstszene der 20er Jahre im Rheinland, Ausst. Kat. Josef-Haubrich-Kunsthalle, Köln; Kunsthalle zu Kiel, Göttingen 2000

Ausst. Kat. Kolding 1996
Franciska Clausen. 1899–1986, hrsg. von Eva Bræmer-Jensen, Ausst. Kat. Kunstmuseet Trapholt, Kolding, 1996

Ausst. Kat. Krefeld 1993
Moderne Baukunst 1900–1914, hrsg. von Sabine Röder, Ausst. Kat. Kaiser Wilhelm Museum Krefeld, Oberhausen 1993

Ausst. Kat. Le Creusot 1977
La Représentation du travail, Ausst. Kat. Château de la Verrerie Le Creusot, 1977

Ausst. Kat. Leipzig 1997
Aufriß. Künstlerische Positionen zur Industrielandschaft in der Mitte Europas, Ausst. Kat. Grassimuseum Leipzig, Dresden 1997

Ausst. Kat. Leverkusen 1988
Otto Bollhagen. Ein Maler im Dienste der Industrie, Texte von Lars U. Scholl und Elisabeth Bott, Ausst. Kat. 125 Jahre Bayer AG, Leverkusen 1988

Ausst. Kat. Lille 1993
Les salons retrouvés. Éclat de la vie artistique dans la France du Nord 1815–1848, Ausst. Kat. Association des Conservateurs des Musées du Nord-Pas-de-Calais, Lille, 1993

Ausst. Kat. London 1973
Philippe Jacques de Loutherbourg, R. A. 1740–1812, Ausst. Kat. Greater London Council, 1973

Ausst. Kat. London 1990
Wright of Derby, hrsg. von Judy Egerton, Ausst. Kat. Tate Gallery, London, 1990

Ausst. Kat. London 1998
Turner and the Scientists, hrsg. von James Hamilton, Ausst. Kat. Tate Gallery, London, 1998

Ausst. Kat. Ludwigshafen 1992
Mythos Rhein. Ein Fluß – Bild und Bedeutung, hrsg. von Richard Gassen und Bernhard Holeczek, Ausst. Kat. Wilhelm-Hack-Museum Ludwigshafen, 1992

Ausst. Kat. Lüttich 1980
Le Siècle des Lumières dans la principauté de Liège, Ausst. Kat. Musée de l'Art Wallon et de l'Evolution culturelle de la Wallonie, Lüttich, 1980

Ausst. Kat. Magdeburg 1979
Hermann Bruse 1904–1953. Gedenkausstellung anläßlich seines 75. Geburtstages, Kulturhistorisches Museum Magdeburg, 1979

Ausst. Kat. Manchester 1965
Between Renaissance and Baroque: European Art 1520–1600, Ausst. Kat. Manchester City Art Gallery, 1965

Ausst. Kat. Mannheim 1971
Peter Brüning. Superländer und Signale. Werke 1964–1970, Ausst. Kat. Kunsthalle Mannheim, 1971

Ausst. Kat. Mannheim 1994/95
Neue Sachlichkeit. Bilder auf der Suche nach der Wirklichkeit. Figurative Malerei der zwanziger Jahre, hrsg. von Manfred Fath, Ausst. Kat. Kunsthalle Mannheim, 1994

Ausst. Kat. Mannheim u. a. 1985
Zeit. Die vierte Dimension in der Kunst, hrsg. von Michel Baudson, Ausst. Kat. Kunsthalle Mannheim u. a., Weinheim 1985

Ausst. Kat. Metz 1996
François Bonhommé, peintre, témoin de la vie industrielle au XIXe siècle, Marie-Laure Griffaton, Ausst. Kat. Musée de l'Histoire du Fer – C.C.S.T.I. du Fer et de la Métallurgie 1996, Metz, Metz 1996

Ausst. Kat. München 1939
Große Deutsche Kunstausstellung, Haus der Deutschen Kunst München, München 1939

Ausst. Kat. München 1973
Weltausstellungen im 19. Jahrhundert, Ausst. Kat. Neue Sammlung München, 1973

Ausst. Kat. München 1979
Die Münchner Schule 1850–1914, hrsg. von Eberhard Ruhmer, Ausst. Kat. Haus der Kunst, München, 1979

Ausst. Kat. München 1980
Kunst und Technik in den 20er Jahren. Neue Sachlichkeit und Gegenständlicher Konstruktivismus, hrsg. von Helmut Friedel, Ausst. Kat. Städtische Galerie im Lenbachhaus, München, 1980

Ausst. Kat. München 1985
Delaunay und Deutschland, hrsg. von Peter-Klaus Schuster, Ausst. Kat. Bayerische Staatsgemäldesammlungen – Staatsgalerie Moderner Kunst im Haus der Kunst, München, Köln 1985

Ausst. Kat. München 1987
Biedermeiers Glück und Ende ... die gestörte Idylle. 1815–1848, hrsg. von Hans Ottomeyer und Ulrike Laufer, Ausst. Kat. Münchner Stadtmuseum, München 1987

Ausst. Kat. München 1995
Ernste Spiele. Der Geist der Romantik in der deutschen Kunst 1790–1990, hrsg. von Christoph Vitali, Ausst. Kat. Haus der Kunst, München, Stuttgart 1995

Ausst. Kat. München 2001
Der kühle Blick. Realismus der zwanziger Jahre, hrsg. von Wieland Schmied, Ausst. Kat. Hypo-Kulturstiftung München, München, London und New York 2001

Ausst. Kat. Münster 1979a
Walter Dexel. Bilder, Aquarelle, Collagen, Leuchtreklamen, Typografie, Ausst. Kat. Westfälisches Landesmuseum für Kunst und Kulturgeschichte, Münster, 1979

Ausst. Kat. Münster 1979b
Industriebilder aus Westfalen. Gemälde, Aquarelle, Handzeichnungen, Druckgrafik 1800–1960, Ausst. Kat. Westfälisches Landesmuseum für Kunst und Kulturgeschichte, Münster; Landschaftsverband Westfalen-Lippe, 1979

Ausst. Kat. Münster 1985
Herman Heyenbrock, Industriebilder 1900–1940, hrsg. von Siegfried Kessemeier u. a., Ausst. Kat. Westfälisches Landesmuseum für Kunst und Kulturgeschichte, Münster, 1985

Ausst. Kat. Münster 1990
Industrie im Bild. Gemälde 1850–1950, hrsg. von Siegfried Kessemeier, Ausst. Kat. Westfälisches Landesmuseum für Kunst und Kulturgeschichte, Münster, 1990

Ausst. Kat. Münster/Dortmund 1980
Fabrik im Ornament. Ansichten auf Firmenbriefköpfen des 19. Jahrhunderts, Ausst. Kat. Landschaftsverband Westfalen-Lippe; Westfälisches Museumsamt; Stiftung Westfälisches Wirtschaftsarchiv Dortmund, 1980

Ausst. Kat. New York 1968
The machine as seen at the end of the mechanical age, K. G. Pontus Hultén, Ausst. Kat. Museum of Modern Art, New York, 1968

Ausst. Kat. New York 2001
Andreas Gursky, hrsg. von Peter Galassi, Ausst. Kat. Museum of Modern Art, New York, 2001

Ausst. Kat. New York u. a. 1991
Ljubov Popova, hrsg. von Magdalena Dabrowski, Ausst. Kat. Museum of Modern Art, New York u. a., New York 1991

Ausst. Kat. New York/Atlanta 1986
The machine age in America 1918–1941, hrsg. von Richard Guy Wilson u. a., Ausst. Kat. The Brooklyn Museum, New York; The High Museum of Art, Atlanta, 1986

Ausst. Kat. Nürnberg 1985
Leben und Arbeiten im Industriezeitalter. Eine Ausstellung zur Wirtschafts- und Sozialgeschichte Bayerns seit 1850, hrsg. von Gerhard Bott, Germanisches Nationalmuseum, Nürnberg, Stuttgart 1985

Ausst. Kat. Nürnberg 1998
Internationale Sprachen der Kunst. Gemälde, Zeichnungen und Skulpturen der Klassischen Moderne aus der Sammlung Hoh, hrsg. von G. Ulrich Großmann in Verbindung mit Alfred Hoh, Ausst. Kat. Germanisches Nationalmuseum, Nürnberg, Ostfildern 1998

Ausst. Kat. Nürnberg u. a. 1981
Georg Meistermann. Werke und Dokumente, Ausst. Kat. Germanisches Nationalmuseum, Nürnberg; Katholische Akademie in Bayern, München; Deutsches Klingenmuseum Solingen; Bayer AG, Leverkusen, 1981

Ausst. Kat. Oberhausen 1994
Feuer & Flamme – 200 Jahre Ruhrgebiet. Eine Ausstellung im Gasometer Oberhausen, hrsg. von Ulrich Borsdorf, Essen 1994

Ausst. Kat. Oberhausen 1997
Schwer INDUSTRIE. 150 Jahre rheinisch-westfälische Schwerindustrie, Ausst. Kat. Rheinisches Industriemuseum Oberhausen, Essen 1997

Ausst. Kat. Oberhausen 2001a
Pathos der Sachlichkeit. Die Entdeckung der Schönheit der Industriekultur. Meisterwerke der Fotografie von Albert Renger-Patzsch, Karl Blossfeldt, August Sander, Chargesheimer, Bernd und Hilla Becher, hrsg. von Bernhard Mensch und Peter Pachnicke, Ausst. Kat. Ludwig Galerie Schloss Oberhausen, 2001

Ausst. Kat. Oberhausen 2001b
Timm Rautert – Arbeiten, hrsg. von Daniel Stemmrich, Ausst. Kat. Rheinisches Industriemuseum Oberhausen, Göttingen 2001

Ausst. Kat. Oberhausen/Dortmund 2000
War die Zukunft früher besser? Visionen für das Ruhrgebiet, Ausst. Kat. Rheinisches Industriemuseum Oberhausen; Westfälisches Industriemuseum Dortmund, Essen und Bottrop 2000

Ausst. Kat. Paris 1973
Équivoques. Peintures françaises du XIXe siècle, Ausst. Kat. Musée des Arts Decoratifs, Paris, 1973

Ausst. Kat. Paris 1975/76
Jean-François Millet, hrsg. von Robert L. Herbert, Ausst. Kat. Grand Palais, Paris, 1975

Ausst. Kat. Paris 1979
L'Art en France sous le Second Empire, Ausst. Kat. Grand Palais, Paris, 1979

Ausst. Kat. Paris 1980
Hommage à Claude Monet, 1840–1926, bearb. von Hélène Adhemar u. a., Ausst. Kat. Grand Palais, Paris, 1980

Ausst. Kat. Paris 1982
Léger et l'esprit moderne. Une alternative d'avant-garde à l'art non-objectif 1918–1931 / Léger and the modern spirit. An avant-garde alternative to non objective art 1918–1931, hrsg. von Gladys C. Fabre und Marie-Odile Briot, Ausst. Kat. Musée d'art moderne de la ville de Paris, 1982

Ausst. Kat. Paris 1990
Papiers peints panoramiques 1790–1865, hrsg. von Odile Nouvel-Kammerer, Ausst. Kat. Musée des Arts décoratifs, Paris, Paris 1990

Ausst. Kat. Paris 1991
Seurat, Ausst. Kat. Galeries Nationales du Grand Palais, Paris, 1991

Ausst. Kat. Paris 1994
Le Soleil et l'Étoile du Nord. La France et la Suède au XVIIIe siècle, Ausst. Kat. Galeries Nationales du Grand Palais, Paris, Paris 1994

Ausst. Kat. Paris 1997
La Collection Havemeyer. Quand l'Amérique découvrait l'Impressionisme …, Ausst. Kat. Musée d'Orsay, Paris, 1997

Ausst. Kat. Paris/Washington/Berlin 1996/97
Adolph Menzel 1815–1905. Das Labyrinth der Wirklichkeit, hrsg. von Claude Keisch und Marie Ursula Riemann-Reyher, Ausst. Kat. Musée d'Orsay, Paris; National Gallery of Art, Washinton; Staatliche Museen zu Berlin, Alte Nationalgalerie, 1996

Ausst. Kat. Parma 1999/2000
La visione del prisma. La Collezione Wolfson, hrsg. von Silvia Barisione, Matteo Fochessati und Gianni Franzone, Ausst. Kat. Palazzo Pilotta, Voltoni del Guazzatoio, Parma, Mailand 1999

Ausst. Kat. Pittsburgh 1983
Abstract Painting and Sculpture in America 1927–1944, hrsg. von John R. Lane und Susan C. Larsen, Ausst. Kat. Museum of Art Pittsburgh, Pittsburgh und New York 1983

Ausst. Kat. Recklinghausen 1952
Mensch und Form unserer Zeit, Ausst. Kat. Ruhr-Festspiele Recklinghausen, 1952

Ausst. Kat. Recklinghausen 1980
Aus Schacht und Hütte. Ein Jahrhundert Industriearbeit im Bild 1830–1930, hrsg. von Anneliese Schröder, Ausst. Kat. Städtische Kunsthalle Recklinghausen, 1980

Ausst. Kat. Recklinghausen 1993
Gustav Deppe. Industrielandschaften, Ausst. Kat. Städtische Kunsthalle Recklinghausen, 1993

Ausst. Kat. Recklinghausen 1996
Kunst des Westens. Deutsche Kunst 1945–1960, hrsg. von Ferdinand Ullrich, Ausst. Kat. Ruhrfestspiele Recklinghausen, 1996

Ausst. Kat. Regensburg 1976
Max Radler. 1904–1971. Gemälde, Aquarelle, Zeichnungen, Karikaturen, bearb. von Klaus Merx, Ausst. Kat. Ostdeutsche Galerie Regensburg, 1976

Ausst. Kat. Rotterdam 1996/97
Lof der Zeevaart, Ausst. Kat. Museum Boijmans Van Beuningen, Rotterdam, 1996

Ausst. Kat. San Francisco/Washington 1986
The New Painting. Impressionism 1874–1886, bearb. von Charles S. Moffett u. a., Ausst. Kat. The Fine Arts Museum of San Francisco; National Gallery of Art, Washington, 1986

Ausst. Kat. Sceaux 2001
Travail et banlieue. 1880–1980. Regards d'artistes, Ausst. Kat. Musée de l'Ile de France, Sceaux, Paris 2001

Ausst. Kat. Semur-en-Auxois 2001
Étienne Bouhot, 1780–1862, Ausst. Kat. Musée de Semur-en-Auxois, 2001

Ausst. Kat. St. Petersburg/Kassel 1993/94
Agitation zum Glück. Sowjetische Kunst der Stalinzeit, hrsg. von Alisa B. Ljubimova und Hubertus Gaßner, Ausst. Kat. Staatliches Russisches Museum, St. Petersburg; Kulturdezernat der Stadt Kassel – documenta-Archiv, Bremen 1993

Ausst. Kat. Stuttgart 1983
Flick-Werk. Reparieren und Umnutzen in der Alltagskultur, Begleitheft zur Ausstellung im Württembergischen Landesmuseum Stuttgart, 1983

Ausst. Kat. Stuttgart 1997
»Der Welt Lauf«. Allegorische Graphikserien des Manierismus, Ausst. Kat. Staatsgalerie Stuttgart, Ostfildern-Ruit 1997

Ausst. Kat. Stuttgart/Essen 1979
Film und Foto der zwanziger Jahre. Eine Betrachtung der Internationalen Werkbundausstellung »Film und Foto« 1929, hrsg. von Ute Eskildsen und Jan-Christopher Horak, Württembergischer Kunstverein Stuttgart; Museum Folkwang Essen, Stuttgart 1979

Ausst. Kat. Toronto/New Haven/London 1980/81
Turner and the Sublime, hrsg. von Andrew Wilton, Ausst. Kat. Art Gallery of Toronto; Yale Center for British Art, New Haven; The British Museum, London, 1980

Ausst. Kat. Tübingen 1997
Rudolf Schlichter. Gemälde, Aquarelle, Zeichnungen, hrsg. von Götz Adriani, Ausst. Kat. Kunsthalle Tübingen, München 1997

Ausst. Kat. Venedig 1986
Futurismo & Futurismi, hrsg. von Pontus Hultén, Ausst. Kat. Palazzo Grassi, Venedig, Mailand 1986

Ausst. Kat. Warschau 1990
Kraina Thomy. Dziela Hansa Thomy (1839–1924) w zbiorach polskich, hrsg. von Anna Kozak, Ausst. Kat. Muzeum Narodowe Warschau, 1990

Ausst. Kat. Washington/Paris 1998
Manet, Monet. La gare Saint-Lazare, bearb. von Juliet Wilson-Bareau, Ausst. Kat. National Gallery of Art, Washington; Musée d'Orsay, Paris, 1998

Ausst. Kat. Wilhelmshaven u. a. 2000/02
Franz Radziwill. Mythos Technik, hrsg. vom Landesmuseum Oldenburg in Zus.arbeit mit der Franz Radziwill-Gesellschaft Dangast, Ausst. Kat. Kunsthalle Wilhelmshaven u. a., Oldenburg 2000

Ausst. Kat. Witten 1980
Retrospektive Thomas Grochowiak, Ausst. Kat. Märkisches Museum der Stadt Witten, 1980

Ausst. Kat. Wolfsburg 1998
Josef Sudek. Das stille Leben der Dinge. Fotografien von 1940–1970 aus der Moravská Galerie, Brno, Ausst. Kat. Kunstmuseum Wolfsburg, Ostfildern 1998

Ausst. Kat. Würzburg/Ahlen 1998/99
Zeitnah weltfern – Bilder der Neuen Sachlichkeit, Ausst. Kat. Städtische Galerie Würzburg; Kunst-Museum Ahlen, 1998

Ausst. Kat. Wuppertal/Bad Homburg 1994/95
Carl Grossberg. Retrospektive zum 100. Geburtstag, hrsg. von Sabine Fehlemann, Ausst. Kat. Von der Heydt-Museum, Wuppertal; Sinclair-Haus, Bad Homburg, Köln 1994

Ausst. Kat. Zürich 1992
Andreas Gursky, hrsg. von Bernhard Bürgi, Ausst. Kat. Kunsthalle Zürich, Köln 1992

Bacher 2000a
Jutta Bacher, *Artes mechanicae*, in: *H. Holländer 2000a*, S. 19–34

Bacher 2000b
Jutta Bacher, *Die artes liberales – Vom Bildungsideal zum rhetorischen Topos*, in: *H. Holländer 2000a*, S. 35–49

Bacher 2000c
Jutta Bacher, *Das Theatrum machinarum – Eine Schaubühne zwischen Nutzen und Vergnügen*, in: *H. Holländer 2000a*, S. 509–518

Backes 1988
Klaus Backes, *Hitler und die Bildenden Künste: Kulturverständnis und Kunstpolitik im Dritten Reich*, Köln 1988

Bade 1990
Hans Bade, *Anfänge und Gegenwart*, in: *Kraftwerk Moabit. Architektur und Kunst 1900–1990*, hrsg. von der BEWAG, Berlin 1990, S. 11–30

Bätschmann 1989
Oskar Bätschmann, *Entfernung der Natur. Landschaftsmalerei 1750–1920*, Köln 1989

Bahr 1991
Thomas Bahr, *Carl Alexander in der Eisengießerei von Stieberitz*, in: *Apoldaer Heimat* 9, 1991, S. 9f.

Baines/Bernoulli 1836
Edward Baines, *Geschichte der brittischen Baumwollenmanufaktur und Betrachtungen über ihren gegenwärtigen Zustand*, aus dem Engl. frei bearb. von Christoph Bernoulli, Stuttgart und Tübingen 1836

Barbier 1963
Carl Paul Barbier, *William Gilpin. His Drawings, Teachings and Theory of the Picturesque*, Oxford 1963

Barthes 1996
Roland Barthes, *Mythen des Alltags*, Frankfurt/M. 1996

Bartmann 1987
Dominik Bartmann, *Das Großstadtbild Berlins in der Weltsicht der Expressionisten*, in: *Ausst. Kat. Berlin 1987*, S. 243–294

Baudelaire 1925
Charles Baudelaire, *Ausgewählte Werke*, hrsg. von Franz Blei, 3 Bde., München 1925

Baudelaire 1976
Charles Baudelaire, *Œuvres complètes*, hrsg. von Claude Pichois, 2 Bde., Paris 1976

Baudson 1990
Pierre Baudson, *La représentation du travail dans la sculpture. Autour de Constantin Meunier*, in: *La Sculpture belge au 19ème siècle*, hrsg. von Jacques van Lennep, Ausst. Kat. Générale de Banque Brüssel, 1990, S. 215–240

Baudson 1998
Pierre Baudson, *Constantin Meunier, Anmerkungen zu Mensch und Werk*, in: *Ausst. Kat. Hamburg 1998*, S. 9–23

Bauer 1962
Hermann Bauer, *Rocaille. Zur Herkunft und zum Wesen eines Ornament-Motivs*, Berlin 1962

Baumeister [1947] 1988
Willi Baumeister, *Das Unbekannte in der Kunst* [1947], neue veränd. Aufl. mit einem Aufsatz zur Neuausg. von Réne Hirner, Köln 1988

Baumeister 1967
Willi Baumeister, *Zimmer- und Wandgeister. Anmerkungen zum Inhalt meiner Bilder. Ein Fragment aus dem Nachlaß des Künstlers und damit zusammenhängende Briefe*, hrsg. von Heinz Spielmann, in: *Jahrbuch der Hamburger Kunstsammlungen* 12, 1967, S. 121–168

Baumgarth 1966
Christa Baumgarth, *Geschichte des Futurismus*, Reinbek 1966

Beaucamp 1985
Eduard Beaucamp, *Werner Tübke. Arbeiterklasse und Intelligenz. Eine zeitgenössische Erprobung der Geschichte*, Frankfurt/M. 1985

Becher 1970
Bernd und Hilla Becher, *Anonyme Skulpturen. Eine Typologie technischer Bauten*, Düsseldorf 1970

Becher u. a. 1977
Bernd und Hilla Becher u. a., *Zeche Zollern 2. Aufbruch zur modernen Industriearchitektur und Technik*, München 1977

Beck 1986
Ulrich Beck, *Risikogesellschaft. Auf dem Weg in eine andere Moderne*, Frankfurt/M. 1986

Bell 1973
Daniel Bell, *Die nachindustrielle Gesellschaft*, Frankfurt/M. und New York 1973

Bellermann 1829
Johann Joachim Bellermann, *Neustadt Eberswalde mit seinen Fabriken, Altertümern, Heilquellen, Umgebungen und Pflanzen*, Berlin 1829

Bender 1981
Elisabeth Bender, *Matthäus Gundelach. Leben und Werk*, Diss. Frankfurt/M. 1981

Benjamin 1982
Walter Benjamin, *Das Passagen-Werk* [1927–1940], in: *Gesammelte Schriften*, Bd. V.1, hrsg. von Rolf Tiedemann, Frankfurt/M. 1982

Bense 1957/58
Max Bense, *Technik und Ästhetik*, in: *Das Kunstwerk* 11, 1957/58, H. 3, S. 3–10

Benton 1983
Tim Benton, *Futurism and the machine*, in: Stanislaus von Moos (Hrsg.), *Avant Garde und Industrie*, Delft 1983, S. 62–76

Beresford 1980
Maurice Beresford, *The face of Leeds 1780–1914*, in: Derek Frazer (Hrsg.), *A history of modern Leeds*, Manchester 1980, S. 72–112

Bergmann 1970
Klaus Bergmann, *Agrarromantik und Großstadtfeindschaft*, Meisenheim/Glan 1970

Beringer 1928
Joseph August Beringer (Hrsg.), *Hans Thoma – Briefwechsel mit Henry Thode*, Leipzig 1928

Beringer 1929
Joseph August Beringer, *Hans Thoma. Aus achtzig Lebensjahren. Ein Lebensbild aus Briefen und Tagebüchern*, Leipzig 1929

Bermingham 1987
Ann Bermingham, *Landscape and Ideology. The English Rustic Tradition 1740–1860*, London 1987

Berninger 1989
Ernst H. Berninger, *Das illustrierte technische Buch im 17. und 18. Jahrhundert*, in: *Ferrum* 61, 1989, S. 19–30

Bertsch 1997
Christoph Bertsch, *Der gekreuzigte Arbeiter. Anmerkungen zu einem vernachlässigten Bildtypus der Zwischenkriegszeit*, in: *Türk 1997*, S. 40–49

Biedermann 2001
Birgit Biedermann, *Bürgerliches Mäzenatentum im 19. Jahrhundert. Die Förderung öffentlicher Kunstwerke durch den Kunstverein für die Rheinlande und Westfalen*, Petersberg 2001

Birkner 1975
Othmar Birkner, *Bauen und Wohnen in der Schweiz, 1850–1920*, Zürich 1975

Blaich 1987
Fritz Blaich, *Wirtschaft und Rüstung im »Dritten Reich«*, Düsseldorf 1987

Boberg u. a. 1984
Jochen Boberg u. a. (Hrsg.), *Exerzierfeld der Moderne. Industriekultur in Berlin im 19. Jahrhundert*, München 1984

Boehm 1978
Gottfried Boehm, *Zu einer Hermeneutik des Bildes*, in: Hans-Georg Gadamer und Gottfried Boehm (Hrsg.), *Seminar: Die Hermeneutik und die Wissenschaften*, Frankfurt/M. 1978, S. 444–471

Boehm 1995
Gottfried Boehm, *Willi Baumeister*, Stuttgart 1995

Böhme 1968
Helmut Böhme, *Prolegomena zu einer Sozial- und Wirtschaftsgeschichte Deutschlands im 19. und 20. Jahrhundert*, Frankfurt/M. 1968

Böhme 1992
Hartmut Böhme, *Gehäuse des Unsichtbaren: Timm Rauterts Fotografien der dritten industriellen Revolution*, in: Ausst. Kat. Essen 1992, S. 88–93

Böhme/Rautert 1993
Die Traumfabrik / The dream factory, Text von Hartmut Böhme, Fotografien von Timm Rautert, in: *Lufthansa Bordbuch* No. 6, Nov./Dez. 1993, S. 34–45

Böll/Chargesheimer 1958
Heinrich Böll und Chargesheimer, *Im Ruhrgebiet*, Köln und Berlin 1958

Bogdanow 1926
Alexander A. Bogdanow, *Allgemeine Organisationslehre, Tektologie*, Bd. I, Berlin 1926

Bogdanow 1982
Alexander A. Bogdanow, *Der rote Stern. Ein utopischer Roman*, Darmstadt und Neuwied 1982 [dt. Erstausg. Berlin-Schöneberg 1923]

Bohnsack 1981
Almut Bohnsack, *Spinnen und Weben*, Reinbek 1981

Boileau-Despréaux 1967
Nicolas Boileau-Despréaux, *L'Art poétique / Die Dichtkunst*, Stuttgart 1967

Boime 1995
Albert Boime, *Art and the French Commune. Imagining Paris after War and Revolution*, Princeton/NJ 1995

Boll u. a. 1966
Franz Boll u. a., *Sternglaube und Sterndeutung. Die Geschichte und das Wesen der Astrologie*, 5. durchges.

Aufl. mit einem bibliograph. Anhang von Hans Georg Gundel, Darmstadt 1966

Bollerey 1977
Franziska Bollerey, *Architekturkonzeption der utopischen Sozialisten*, München 1977

Borst 1957–64
Arno Borst, *Der Turmbau zu Babel. Geschichte der Meinungen über Ursprung und Vielfalt der Sprachen und Völker*, 4 Bde., Stuttgart 1957–64

Bothe 1987
Rolf Bothe, *Stadtbilder zwischen Menzel und Liebermann. Von der Reichsgründungsepoche bis zur wilhelminischen Großstadt*, in: *Ausst. Kat. Berlin 1987*, S. 173–242

Braam 1979
Manfred Braam, *Das wohlumzäunte kleine Paradies. Wie lebte der belgische Arbeiter im 19. Jahrhundert und wie organisierte er sich?*, in: *Ausst. Kat. Berlin 1979*, S. 146–158

Brachert 1958
Adelheid Brachert, *Leopold Graf von Kalckreuth (1855–1928)*, 2 Bde., Diss. Tübingen 1958

Bracker 1980
Jörgen Bracker, *Gegenstand und Begriff der Marinemalerei*, in: ders., Michael North und Peter Tamm, *Maler der See. Marinemalerei in 300 Jahren* (Sammlung Peter Tamm), Herford 1980, S. 7–21

Brand 1979
Bettina Brand, *Belgische Kunst in der zweiten Hälfte des 19. Jahrhunderts in der Auseinandersetzung mit Religion und Kirche*, in: *Ausst. Kat. Berlin 1979*, S. 201–210

Brandt 1928
Paul Brandt, *Schaffende Arbeit und bildende Kunst*, Leipzig 1928

Braunfels 1957
Wolfgang Braunfels, *Industrielle Frühzeit im Gemälde. Erzbergbau und Eisenhütten in der europäischen Malerei 1500–1850*, Düsseldorf 1957

Brenner 1963
Hildegard Brenner, *Die Kunstpolitik des Nationalsozialismus*, Reinbek 1963

Bretell 1990
Richard R. Brettell, *Pissarro and Pontoise*, New Haven und London 1990

Briggs 1971
Asa Briggs, *Victorian Cities*, Harmondsworth [2]1971

Brockhaus 1987
Christoph Brockhaus, *Von künstlerischer Freiheit. Werkstattgespräch mit Emil Schumacher*, in: *Emil Schumacher*, Ausst. Kat. DSL Bank Bonn, 1987, S. 9–14

Brown 1991
Richard Brown, *Society and Economy in Modern Britain 1700–1850*, London und New York 1991

Bruch 1999
Claudia Bruch, *Hütten-Panorama Oberhausen – Ein Landschaftsbild aus dem Jahre 1951*, Oberhausen 1999

Brüggemann/Rommelsbacher 1987
Franz-Josef Brüggemann und Thomas Rommelsbacher (Hrsg.), *Besiegte Natur. Geschichte der Umwelt im 19. und 20. Jahrhundert*, München 1987

Bruse 1953
Hermann Bruse, *Formalismus – Feind der Kunst!*, in: *Bildende Kunst* 1953, H. 2, S. 58–62

Bucher u. a. 1976
Max Bucher u. a., *Manifeste und Dokumente zur Geschichte der deutschen Literatur*, 2 Bde., Stuttgart 1976

Buddensieg/Rogge 1979
Tilmann Buddensieg und Henning Rogge, *Industriekultur*, Berlin 1979

Büschemann/Rautert 1990
Der Koloss, Text von Karl-Heinz Büschemann, Fotografien von Timm Rautert, in: *Merian »München«* 43. Jg., 1/1990, S. 88–94

Bury 1949
Adrian Bury, *William Havell, 1782–1857*, in: *The Connoisseur* 124, 1949, S. 106–109

Busch 1986
Werner Busch, *Joseph Wright of Derby, Das Experiment mit der Luftpumpe – eine Heilige Allianz zwischen Wissenschaft und Religion*, Frankfurt/M. 1986

Busch 1999/2000
Werner Busch, *Materie und Geist. Die Rolle der Kunst bei der Popularisierung des Newtonschen Weltbildes*, in: *Mehr Licht. Europa um 1770. Die bildende Kunst der Aufklärung*, hrsg. von Herbert Beck, Ausst. Kat. Städelsches Kunstinstitut und Städtische Galerie, Frankfurt, München 1999, S. 401–418

Carlyle 1839
Thomas Carlyle, *Chartism* [1839], in: Ders., *Critical and Miscellaneous Essays*, Bd. 6, London 1894, S. 109–186

Cartari 1647 (1963)
Vicenzo Cartari, *Imagini delli Dei de gl'Antichi*, Venedig 1647, Ndr. hrsg. von Walter Koschatzky, Graz 1963

Catalogue d'acquisition 1985
Catalogue sommaire illustré des achats réalisés de 1982 à 1984 avec l'aide des Fonds Régionaux d'acquisition pour les musées, Paris 1985

Cazeau 1982
Philippe Cazeau, *Maximilien Luce*, Lausanne und Paris 1982

Cederblom 1927
Gerda Cederblom, *Pehr Hilleström. Som Kulturskildrare*, 2 Bde., Uppsala 1927

Chastel/Klein 1963
André Chastel und Robert Klein, *Die Welt des Humanismus*, München 1963

Clarétie 1865
Jules Clarétie, *Voyages d'un Parisien*, Paris 1865

Coudenhove-Kalergi 1925
Richard Nikolaus von Coudenhove-Kalergi, *Praktischer Idealismus, Adel – Technik – Pazifismus*, Wien und Leipzig 1925

Coxe 1787
William Coxe, *Travels into Poland, Russia, Sweden and Denmark*, 4 Bde., London [3]1787

Dada Berlin 1977
Dada Berlin, Texte, Manifeste, Aktionen, hrsg. von Karl Riha in Zus.arbeit mit Hanne Bergius, Stuttgart 1977

Damus 1991
Martin Damus, *Malerei der DDR. Funktionen der bildenden Kunst im Realen Sozialismus*, Reinbek 1991

Damus 1995
Martin Damus, *Kunst in der BRD 1945–1990. Funktionen der Kunst in einer demokratisch verfaßten Gesellschaft*, Reinbek 1995

Daniels 1986
Stephen Daniels, *The implications of industry: Turner and Leeds*, in: *Turner Studies* 6, 1986, Nr. 1, S. 10–17

Daniels 1992
Dieter Daniels, *Duchamp und die anderen*, Köln 1992

Daniels 1993
Stephen Daniels, *Joseph Wright and the spectacle of power*, in: ders. (Hrsg.), *Fields of vision, landscape imagery and national identity in England and the United States*, Cambridge und Oxford 1993, S. 43–79

Darnton 1993
Robert Darnton, *Glänzende Geschäfte. Die Verbreitung von Diderots Encyclopédie oder: Wie verkauft man Wissen mit Gewinn?*, Berlin 1993

Defrance 1980
Léonard Defrance, *Mémoires*, hrsg. von Françoise Dehousse und Maurice Pauchen, Lüttich 1980

Dehousse/Pacco/Pauchen 1985
Françoise Dehousse, Maité Pacco und Maurice Pauchen, *Léonard Defrance, L'œuvre peint*, Lüttich 1985

Demosfenowa 1982
Galina Demosfenowa, *Das Schaffen Alexander Deinekas*, in: *Alexander Deineka*, Ausst. Kat. Städtische Kunsthalle Düsseldorf, 1982, S. 7–20

Denkler 1988
Horst Denkler, *Neues über Wilhelm Raabe*, Tübingen 1988

Dessauer 1927
Friedrich Dessauer, *Philosophie der Technik. Das Problem der Realisierung*, Bonn 1927

Dettmer 1985
Klaus Dettmer, *Ansichten auf Briefköpfen Berliner Firmen. Hinweise auf bislang unbeachtete Quellen zur Wirtschaftsgeschichte*, in: *Berlin in Geschichte und Gegenwart. Jahrbuch des Landesarchivs Berlin* 1985, S. 17–33

Devisscher 1992
Hans Devisscher, *Die Entstehung der Waldlandschaft in den Niederlanden*, in: *Von Bruegel bis Rubens. Das goldene Jahrhundert der flämischen Malerei*, hrsg. von Ekkehard Mai, Ausst. Kat. Wallraf-Richartz-Museum, Köln, Köln 1992, S. 191–202

Dokumente 1972
Dokumente zur sowjetischen Literaturpolitik 1917–1932. Mit einer Analyse von Karl Eimermacher, Stuttgart 1972

Dorner 1959
Alexander Dorner, *Überwindung der »Kunst«* Hannover 1959

Drawer 1982
Klaus Drawer, *Erinnerungen an das Grubenpferd*, Bochum 1982

Dückershoff 1999
Michael Dückershoff, *Alexander Calvelli. Relikte der Arbeit. Industriebilder und Stadtlandschaften*, Essen 1999

Duganow 1983
R. W. Duganow, *Die Ästhetik des russischen Futurismus*, in: *Sieg über die Sonne. Aspekte russischer Kunst zu Beginn des 20. Jahrhunderts*, Ausst. Kat. Akademie der Künste, Berlin; Berliner Festwochen, Berlin 1983, S. 233–249

Duranty 1878
Edmond Duranty, *Exposition universelle: Les écoles étrangères de la peinture*, in: *Gazette des Beaux-Arts* 1878 (2), S. 50–62

Duwe 1984
In memoriam Harald Duwe, hrsg. von der Hamburger Kunsthalle, Gifkendorf 1984

Eagleton 1994
Terry Eagleton, *Ästhetik. Die Geschichte ihrer Ideologie*, Stuttgart 1994

Eco 1994
Umberto Eco, *Die Suche nach der vollkommenen Sprache*, München [2]1994

Egger-Lienz/Sotriffer 1996
Ila Egger-Lienz und Kristian Sotriffer, *Albin Egger-Lienz. Der Mensch. Das Werk. Selbstzeugnisse*, Innsbruck 1996

Eggers 1852
Friedrich Eggers, *Über Stoffe für Genre- und Landschaftsmaler*, in: *Deutsches Kunstblatt* 1852, S. 107f.

Eisenman 1986
Stephen F. Eisenman, *The Intransigent Artists or How the Impressionists Got Their Name*, in: *Ausst. Kat. San Francisco/Washington 1986*, S. 51–59

El-Danasouri 1992
Andrea El-Danasouri, *Kunststoff und Müll. Das Material bei Naum Gabo und Kurt Schwitters*, München 1992

Elderfeld 1987
John Elderfeld, *Kurt Schwitters*, Düsseldorf 1987

Emmrich 1976
Irma Emmrich, *Werner Tübke, Schöpfertum und Erbe*, Berlin 1976

Engelskirchen 2000a
Lutz Engelskirchen, *Industriebilder als zeitgeschichtliche Dokumente*, in: *Forum Industriedenkmalpflege und Geschichtskultur* 3, 2000, H. 1, S. 59–66

Engelskirchen 2000b
Lutz Engelskirchen, *Von der Halden- zur Bildungslandschaft – Hochschul- und Bildungspolitik für das Ruhrgebiet*, in: Ausst. Kat. Oberhausen/Dortmund 2000, S. 287–306

Engler 2001
Wolfgang Engler, *Friede den Landschaften! Impressionen und Phantasien zur politischen Geographie Ostdeutschlands*, in: *Blätter für deutsche und internationale Politik* 2001, H. 7, S. 872–879

Erker 1580
Lazarus Erker, *Beschreibung Allerfurnemiste mineralischen Ertzt unnd Bergwercksarten*, Frankfurt/M. 1580

Évrard 1950
René Évrard, *Forges anciennes d'apres les tableaux de Léonard Defrance*, in: *Les Vennes*, Dez. 1950, S. 4–6

Évrard 1955
René Évrard, *Les artistes et les usines à fer. Œuvres d'art inspirées par les usines à fer*, Lüttich 1955

Évrard 1956
René Évrard, *Léonard Defrance, le peintre des forges*, in: *Industrie. Revue de la féderation des industrie belges* 1, Jan. 1956, S. 20–26

Eymold 1994
Ursula Eymold, *Gegenwart*, in: *Ausst. Kat. Oberhausen 1994*, S. 294–329

Eyth 1986
Max Eyth, *Hinter Pflug und Schraubstock. Die Abenteuer eines Ingenieurs im vorigen Jahrhundert*, Stuttgart 1986

Fehl 1999
Rebekka Fehl, *Der Bauer und die Avantgarde. Die Darstellung des Landmannes in der französischen Malerei des 19. Jahrhunderts*, München 1999

Feist 1966
Peter H. Feist, *Muß unsere Kunst intelligenzintensiv sein?*, in: *Bildende Kunst* 1966, H. 8, S. 434f.

Feist 1972
Peter H. Feist, *Der Mensch und seine Werke*, in: *Dezennium* 2, 1972, S. 13–38

Feist 1974
Peter H. Feist, *Das Kunstwerk als Gesprächspartner*, in: *Bildende Kunst* 1974, H. 3, S. 122–126

Feldman/Homburg 1977
Gerald D. Feldman und Heidrun Homburg, *Industrie und Inflation. Studien und Dokumente zur Politik der deutschen Unternehmer 1916–1923*, Hamburg 1977

Ferguson 1993
Eugene S. Ferguson, *Das innere Auge. Von der Kunst des Ingenieurs*, Basel, Boston und Berlin 1993

Finberg 1912/13
Alexander J. Finberg, *Some of the Doubtful Drawings in the Turner Bequest at the National Gallery*, in: *Walpole Society* 2, 1912/13, S. 127–132

Findeisen 1997
Jörg-Peter Findeisen, *Schweden. Von den Anfängen bis zur Gegenwart*, Regensburg 1997

Firmenich/Schultze 1995
Andrea Firmenich und Rainer W. Schultze, *Franz Radziwill 1895 bis 1983. Monographie und Werkverzeichnis*, Köln 1995

Fischer 1976
Lothar Fischer, *George Grosz in Selbstzeugnissen und Dokumenten*, Reinbek 1976

Fischer 1992
Bernd Fischer, *Die Malerin Helga Budde-Engelke*, in: *Romerike Berge* 1992, Nr. 3, S. 29–32

Fischer 1996
Volker Fischer, *Patina im Design der Gegenwart*, in: *Patina*, hrsg. von der Architektenkammer Hessen, Hamburg 1996, S. 52–61

Flemming 1994
Klaus Flemming, *Klaus Ritterbusch. Das Bild »La Poubelle«*, Köln 1994

Föhl/Hamm 1988
Axel Föhl und Manfred Hamm, *Die Industriegeschichte des Textils. Technik – Architektur – Wirtschaft*, Düsseldorf 1988

Fontaine 1923
André Fontaine, *Constantin Meunier*, Paris 1923

Forster-Hahn 1981
Françoise Forster-Hahn, *Adolph Menzels Eisenwalzwerk. Kunst im Konflikt zwischen Tradition und sozialer Wirklichkeit*, in: *Ausst. Kat. Berlin 1981a*, S. 122–128

Foucault 1977
Michel Foucault, *Der Wille zum Wissen*, Frankfurt/M. 1977

Foucault 1990
Michel Foucault, *Archäologie des Wissens*, Frankfurt/M. [4]1990

Frascina u. a. 1993
Francis Frascina u. a., *Modernity and Modernism. French Painting in the Nineteenth Century*, New Haven und London 1993

Frederiksen 1987/88
Finn Terman Frederiksen, *Franciska Clausen*, 2 Bde., Randers 1987/88

Freitag 1994
Michael Freitag, *Preußische Härte. Die Neue Nationalgalerie oder: Willi Sitte hat immer recht*, in: *neue bildende kunst* 4, 1994, H. 3, S. 62–64

Frey 1999
Andrea Frey, *Der Stadtraum in der französischen Malerei 1860–1900*, Berlin 1999

Freytag 1910
Gustav Freytag, *Gesammelte Werke*, Leipzig 1910

Friedländer 1963
Max J. Friedländer, *Über die Malerei*, München 1963

Frindt 1999
Bettina Frindt, *Untersuchungen zum Motiv des Touristen in der Bildenden Kunst des 18. und 19. Jahrhunderts*, Diss. Aachen 1999

Fritz 1958
Rolf Fritz, *Ein unbekanntes Jugendwerk von Alfred Rethel*, in: *Wallraf-Richartz-Jahrbuch* 20, 1958, S. 213–224

Frodl 1974
Gerbert Frodl, *Hans Makart*, Salzburg 1974

Fröhner 1994
Annette Fröhner, *Technologie und Enzyklopädismus im Übergang vom 18. zum 19. Jahrhundert. Johann Georg Krünitz (1728–1796) und seine Oeconomisch-technologische Encyklopädie*, Mannheim 1994

Führ/Furck 1998
Christoph Führ und Carl-Ludwig Furck (Hrsg.), *Handbuch der deutschen Bildungsgeschichte, Bd. 6: 1945 bis zur Gegenwart*, München 1998

Fürst 1912
Artur Fürst, *Das Reich der Kraft*, Berlin 1912

Gailus 1990
Manfred Gailus, *Straße und Brot. Sozialer Protest in den deutschen Staaten unter besonderer Berücksichtigung Preußens 1847–1849*, Göttingen 1990

Galerie Nierendorf 1986
Drei Maler geprägt in Berlin. Otto Herbig, Bernhard Klein, Otto Möller, Kunstblätter der Galerie Nierendorf 48, Berlin 1986

Gall 2000
Lothar Gall, *Krupp. Aufstieg eines Industrieimperiums*, Berlin 2000

Gaßner 1982
Hubertus Gaßner, *Rodtschenko Fotografien*, München 1982

Gaßner/Gillen 1979
Hubertus Gaßner und Eckhart Gillen (Hrsg.), *Zwischen Revolutionskunst und Sozialistischem Realismus. Dokumente und Kommentare. Kunstdebatten in der Sowjetunion von 1917 bis 1934*, Köln 1979

Gaßner/Gillen 1994
Hubertus Gaßner und Eckhart Gillen, *Vom utopischen Ordnungsentwurf zur Versöhnungsideologie im Ästhetischen Schein. Beispiele sowjetischer Kunst zwischen dem 1. Fünfjahrplan und der Verfassungskampagne 1936/37*, in: *Agitation zum Glück. Sowjetische Kunst der Stalinzeit*, hrsg. von Hubertus Gaßner, Irmgard Schleier und Karin Stenzel, Ausst.Kat. documenta Archiv Kassel, Bremen 1994, S. 27–59

Giedion 1948
Sigfried Giedion, *Mechanization Takes Command*, Oxford 1948 [dt. Frankfurt/M. 1982]

Giedion 1965
Sigfried Giedion. *Raum, Zeit, Architektur*, Ravensburg 1965

Giesler 1935
Hermann Giesler, *Der Auftrag*, in: *Die Straße* 2, 1935, S. 802

Gillen 1977a
Eckhart Gillen, *Künstlerische Publizisten gegen Romantiker der roten Farbe*, in: *»Kunst in die Produktion!« Sowjetische Kunst während der Phase der Kollektivierung und Industrialisierung 1927–1933*, Ausst.Kat. Neue Gesellschaft für Bildende Kunst, Berlin, 1977, S. 102–157

Gillen 1977b
Eckhart Gillen, *Die Sachlichkeit der Revolutionäre. Die Bedeutung von ›Verismus‹, ›Konstruktivismus‹ und ›Neuer Sachlichkeit‹ für die revolutionäre Kunst der 20er Jahre in Deutschland und in der Sowjetunion*, in: *Ausst. Kat. Berlin 1977*, S. 119–124

Gilpin 1798
William Gilpin, *Observations on the Western Parts of England, Relative Chiefly to Picturesque Beauty*, London 1798

Glaser u. a. 1980
Hermann Glaser u. a. (Hrsg.), *Industriekultur in Nürnberg. Eine deutsche Stadt im Maschinenzeitalter*, München 1980

Goetz 1984
Christine Goetz, *Studien zum Thema »Arbeit« im Werk von Constantin Meunier und Vincent van Gogh*, München 1984

Graffunder/Beerbaum 1977
Heinz Graffunder und Martin Beerbaum, *Der Palast der Republik*, Leipzig 1977

Gramlich 1990
Sybille Gramlich, *Architekturmalerei im 19. Jahrhundert in Deutschland. Künstler, Themen, Käufer in Berlin und München. Studien zu einer fast vergessenen Kunstgattung*, Diss. Freie Universität Berlin 1990

Gray 1982
Douglas Gray, *Art and Coal*, in: *Coal. British Mining in Art 1680–1980*, Ausst. Kat. Arts Council of Great Britain, 1982, S. 7–42

Griffaton 1994
Marie-Laure Griffaton, *Quand le Chemin de fer fascinait les créateurs de tissus et papiers peints*, in: *Revue générale des chemins de fer*, Nov./Dez. 1994, S. 75–82

Grille 1966
Dietrich Grille, *Lenins Rivale – Bogdanov und seine Philosophie*, Köln 1966

Grögl-Steinbach 1990
Evelyn Grögl-Steinbach (Hrsg.), *Dimensionen von Technik, Energie und Politik*, Wien und Köln 1990

Grohmann 1963
Will Grohmann, *Willi Baumeister. Leben und Werk*, Köln 1963

Große Perdekamp 1952a
Franz Große Perdekamp, *Mensch und Form unserer Zeit*, in: *Ausst. Kat. Recklinghausen 1952*, unpag.

Große Perdekamp 1952b
Franz Große Perdekamp, *Konstrukteure der künstlerischen Form*, in: *Thomas Grochowiak. Bilder 1950–52*, Ausst. Kat. Recklinghausen, [1952], unpag.

Groys 1993
Boris Groys, *Das Kunstwerk als nichtfunktionelle Maschine*, in: *Vladimir Tatlin. Leben, Werk, Wirkung. Ein internationales Symposium*, hrsg. von Jürgen Harten, Köln 1993, S. 253–257

Güssow 1980
Ingeborg Güssow, *Malerei der Neuen Sachlichkeit*, in: *Ausst. Kat. München 1980*, S. 57–63

Gumbrecht 1978
Hans Ulrich Gumbrecht, *Modern, Modernität, Moderne*, in: Otto Brunner, Werner Conze und Reinhart Koselleck (Hrsg.), *Geschichtliche Grundbegriffe: historisches Lexikon zur politisch-sozialen Sprache in Deutschland*, Bd. 4, Stuttgart 1978, S. 93–131

Gursky 1992
Andreas Gursky, *Amberg, Karlsruhe*, hrsg. vom Siemens AG Kulturprogramm, Berlin und München 1992

Gursky/Jocks 1999
»Das eigene steckt in den visuellen Erfahrungen«. Andreas Gursky im Gespräch mit Heinz-Norbert Jocks, in: *Kunstforum International* 145, Mai/Juni 1999, S. 249–265

Guth 1995
Peter Guth, *Wände der Verheißung. Zur Geschichte der architekturbezogenen Kunst in der DDR*, Leipzig 1995

Gutzkow 1998
Karl Ferdinand Gutzkow, *Die Ritter vom Geiste*, Frankfurt/M. 1998 [unveränd. Ndr. der Erstausg. von 1850/51]

Hädecke 1993
Wolfgang Hädecke, *Poeten und Maschinen. Deutsche Dichter als Zeugen der Industrialisierung*, München 1993

Haftmann 1955
Werner Haftmann, *Einleitung*, in: *Documenta. Kunst des XX. Jahrhunderts*, Ausst. Kat. Kassel, München 1955, S. 15–25

Halleueux/Bernès/Etienne 1995
Robert Halleueux, Anne-Catherine Bernès und Luc Etienne, *L'evolution des sciences et des techniques en Wallonie. Atouts et références d'une Région*, hrsg. von Freddy Joris, Gouvernement wallon Namur, 1995

Hamann/Hermand 1971
Richard Hamann und Jost Hermand, *Gründerzeit*, München 1971

Hamann/Hermand 1973
Richard Hamann und Jost Hermand, *Stilkunst um 1900*, München 1973

Hamilton 1954
George Heard Hamilton, *Manet and His Critics*, New Haven 1954

Hammer 1930
Heinrich Hammer, *Albin Egger-Lienz*, Innsbruck 1930

Hansen 1998
Dorothee Hansen, *Vom Wesen des Kindes zum Wesen der Malerei. Fritz von Uhdes Kinderbilder*, in: *Fritz von Uhde. Vom Realismus zum Impressionismus*, hrsg. von Dorothee Hansen, Ausst. Kat. Kunsthalle Bremen; Museum der Bildenden Künste Leipzig, 1998, S. 8–20

Hardach 2000
Gerd Hardach, *Krise und Reform der Sozialen Marktwirtschaft. Grundzüge der wirtschaftlichen Entwicklung der Bundesrepublik der 50er und 60er Jahre*, in: Axel Schildt, Detlef Siegfried und Karl Christian Lammers (Hrsg.), *Dynamische Zeiten. Die 60er Jahre in den beiden deutschen Gesellschaften*, Hamburg 2000, S. 197–217

Hauber 1916
Anton Hauber, *Planetenkinder und Sternbilder. Zur Geschichte des menschlichen Glaubens und Irrens*, Straßburg 1916

Haus 1986
Andreas Haus, *Impressionismus – Industrialisierung des Sehens*, in: *Forma et subtilitas. Festschrift für Wolfgang Schöne zum 75. Geburtstag*, hrsg. von Wilhelm Schlink und Martin Sperlich, Berlin und New York 1986, S. 254–268

Hawthorne 1988
Nathaniel Hawthorne, *Das Haus der sieben Giebel*, Reinbek 1988

Heilfurt 1981
Gerhard Heilfurt, *Der Bergbau und seine Kultur*, Zürich 1981

Heine 1973–79
Heinrich Heine, *Historisch-kritische Gesamtausgabe*, hrsg. von Manfred Windfuhr, Hamburg 1973–79

Heismann 2000
Günther Heismann, *Überholen ohne einzuholen. Neue Hochtechnologien zwischen Ostsee und Thüringer Wald*, Berlin 2000

Heller 1987
Reinhold Heller, *Vorbilder und Parallelerscheinungen deutscher Stadtdarstellungen. 1850–1980*, in: Ausst. Kat. Berlin 1987, S. 499–534

Hendrick 1987
Jacques Hendrick, *La Peinture au pays de Liège: XVIe, XVIIe et XVIIIe siècles*, Lüttich 1987

Henning 1973
Friedrich-Wilhelm Henning, *Die Industrialisierung in Deutschland 1800 bis 1914*, Paderborn 1973

Hepp 1987
Corona Hepp, *Avantgarde. Kulturkritik und Reformbewegung nach der Jahrhundertwende*, München 1987

Herbert 1982
Robert L. Herbert, *Industry in the changing landscape from Daubigny to Monet*, in: John M. Merriman (Hrsg.), *French Cities in the Nineteenth Century*, London 1982, S. 139–164

Herding 1980
Klaus Herding, *Notiz zur Industriekritik. Die Zerstörung der Natur*, in: *Kritische Berichte*, N. F. 8, 1980, H. 1/2, S. 11–16

Herding 1984
Klaus Herding (Hrsg.), *Realismus als Widerspruch. Die Wirklichkeit in Courbets Malerei*, Frankfurt/M. ²1984

Herding 1987
Klaus Herding, *Industriebild und Moderne. Zur künstlerischen Bewältigung der Technik im Übergang zur Großmaschinerie (1830–1890)*, in: Helmut Pfeiffer, Hans Robert Jauß und Françoise Gaillard (Hrsg.), *Art social und art industriel. Funktionen der Kunst im Zeitalter des Industrialismus*, München 1987, S. 424–468

Herding 1998
Klaus Herding, *Rezension James H. Rubin, Gustave Courbet, London 1997*, in: *Kunstchronik* 51, 1998, H. 11, S. 541

Hermand 1984
Jost Hermand, *Die restaurierte »Moderne«. Zum Problem des Stilwandels in der bildenden Kunst der Bundesrepublik Deutschland um 1950*, in: Friedrich Möbius (Hrsg.), *Stil und Gesellschaft. Ein Problemaufriß*, Dresden 1984, S. 279–302

Herrmann 1990
Luke Herrmann, *Turner Prints. The Engraved Works of J. M. W. Turner*, Oxford 1990

Hielscher 1979
Peter Hielscher, *Vom vollkommenen Ausdruck des Elends zum Bezwinger der Welt. Anmerkungen zur Darstellung des Arbeiters im 19. Jahrhundert*, in: *Ausst. Kat. Berlin 1979*, S. 221–229

Hintze 1855
E. Hintze, *August Borsig*, in: *Berliner Volkskalender*, Berlin 1855, S. 6

Hinz 1974
Berthold Hinz, *Die Malerei im Faschismus. Kunst und Konterrevolution*, München 1974

Hirschmann 1977
Albert O. Hirschmann, *The Passions and the Interests: Political Arguments for Capitalism Before its Triumph*, Princeton 1977

Hobsbawm 1969
Eric J. Hobsbawm, *Industrie und Empire. Britische Wirtschaftsgeschichte seit 1750*, 2 Bde., Frankfurt/M. 1969

Hodel 1985
Barbara Hodel, *Christian Ludwig Bokelmann (1844–1894). Monographie und Werkkatalog*, Frankfurt/M., Bern und New York 1985

Hofer 1948
Karl Hofer, *Kunst und Politik*, in: *bildende kunst* 2, 1948, H. 10, S. 20–22

Hofer 1952
Karl Hofer, *Aus Leben und Kunst*, Berlin 1952

Hoffmann 2002
Christoph Hoffmann, *Die Dauer eines Moments. Zu Ernst Machs und Peter Salchers ballistisch-fotografischen Versuchen 1886/87*, in: Peter Geimer (Hrsg.), *Ordnungen der Sichtbarkeit. Fotografie in Wissenschaft, Kunst und Technologie*, Frankfurt/M. 2002, S. 342–377

Hofmann 1960
Werner Hofmann, *Das irdische Paradies. Motive und Ideen des 19. Jahrhunderts*, München 1960

Hofmann 1973
Werner Hofmann, *Poesie und Prosa. Rangfragen in der neueren Kunst*, in: *Jahrbuch der Hamburger Kunstsammlungen* 18, 1973, S. 173–192

B. Holländer 2000
Barbara Holländer, *Arbeit und Technik in den Tafelbänden der Encyclopédie*, in: *H. Holländer 2000a*, S. 789–806

H. Holländer 1998
Hans Holländer, *Piranesis Carceri. Capriccio und Kalkül*, in: Ekkehard Mai und Joachim Rees (Hrsg.), *Kunstform Capriccio*, Köln 1998, S. 97–112

H. Holländer 1999
Hans Holländer, *Hybris und Weisheit – Über die Mehrdeutigkeit des Babylonischen Turms*, in: Max Kerner (Hrsg.), *Der vernetzte Mensch. Sprache, Arbeit und Kultur in der Informationsgesellschaft*, Aachen 1999, S. 23–34

H. Holländer 2000a
Hans Holländer (Hrsg.), *Erkenntnis, Erfindung, Konstruktion. Studien zur Bildgeschichte von Naturwissenschaften und Technik vom 16. bis zum 19. Jahrhundert*, Berlin 2000

H. Holländer 2000b
H. Holländer, *Kommentare und Notizen zu einer Bildgeschichte des Bergbaus*, in: *H. Holländer 2000a*, S. 643–671

H. Holländer 2000c
Hans Holländer, *Mundus Subterraneus, das Sublime und das Labyrinth der Zeit*, in: *H. Holländer 2000a*, S. 483–506

Honecker 1971
Erich Honecker, *Bericht des ZK an den VIII. Parteitag der SED*, in: *Protokoll der Verhandlungen des VIII. Parteitages der SED*, Berlin 1971, Bd. 1, S. 34–123

Hornung 1987
Peter Michael Hornung, *P. S. Krøyer 1851–1909*, Kopenhagen 1987

Hücking/Launer 1986
Renate Hücking und Ekkehard Launer, *Aus Menschen Neger machen. Wie sich das Handelshaus Woermann in Afrika entwickelt hat*, Hamburg 1986

Hüneke 1996
Andreas Hüneke, *Am Schaltpult. Versuch über Willi Sitte*, in: Günter Feist, Eckhart Gillen und Beatrice Vierneisel (Hrsg.), *Kunstdokumentation SBZ/DDR 1945–1990. Aufsätze – Berichte – Materialien*, Köln 1996, S. 558–563

Hütt 1995
Wolfgang Hütt, *Die Düsseldorfer Malerschule, 1819–1869*, Leipzig 1995

Huhn 1986
Rosi Huhn, *Kunst und Elektrizität*, in: *Ausst. Kat. Berlin 1986*, S. 329–340

Imdahl 1970
Max Imdahl, *Die Momentfotografie und ›Lecomte Lepic‹ von Edgar Degas*, in: *Festschrift für Gert von der Osten*, Köln 1970, S. 228–234

Imiela 1978
Hans-Jürgen Imiela, *Hans Thoma in Paris*, in: Alfred Hagenlocher (Hrsg.), *Kunst in dieser Zeit. Aspekte in Reden und Aufsätzen* (Schriftenreihe der Hans-Thoma-Gesellschaft 8), München 1978, S. 30–44

Immermann 1971
Karl Leberecht Immermann, *Werke in 5 Bänden* hrsg. von Benno von Wiese, Frankfurt/M. 1971

Industriemaler 1940
Wie ich Industriemaler wurde. Leonhard Sandrock, Franz Gerwin, Günther Domnich, Erich Mercker und Richard Geßner erzählen von sich und ihrer Arbeit, in: *Das Werk. Monatsschrift der Vereinigten Stahlwerke AG* 20, 1940, S. 199f.

Jacob 1993
Joachim Jacob, *Carl Ferdinand Stumm. Hüttenbesitzer und Politiker*, in: Richard van Dülmen und Joachim Jacob (Hrsg.), *Stumm in Neunkirchen. Unternehmerherrschaft und Arbeiterleben im 19. Jahrhundert. Bilder und Skizzen aus einer Industriegemeinde*, St. Ingbert 1993, S. 13–38

Jahoda/Lazarsfeld/Zeisel 1975
Marie Jahoda, Paul F. Lazarsfeld und Hans Zeisel, *Die Arbeitslosen von Marienthal*, Frankfurt/M. 1975

Janke 1997
Karl Janke, *Paradigma oder Nachbild? Probleme der Definition eines Arbeitsbildes*, in: Türk 1997, S. 213–226

Janke/Wagner 1976
Karl Janke und Monika Wagner, *Das Verhältnis von Arbeiter und Maschinerie im Industriebild. Rekonstruktion einer Bilderfolge zur Schwerindustrie von François Bonhommé*, in: *Kritische Berichte*, N. F. 4, 1976, H. 5/6, S. 5–26

Jansen 1985
Johan Jansen, *Herman Heyenbrock, Maler des Lichts und der Arbeit*, in: *Ausst. Kat. Münster 1985*, S. 9–37

Janzen 1996
Thomas Janzen, *Zwischen der Stadt. Photographien des Ruhrgebiets von Albert Renger-Patzsch*, Ostfildern 1996

Jensen 1987
Jens Christian Jensen (Hrsg.), *Harald Duwe 1926–1984. Werkverzeichnis der Gemälde und Ölstudien*, München 1987

Jentschura/Jung/Mickel 1970
Hansgeorg Jentschura, Dieter Jung und Peter Mickel, *Die japanischen Kriegsschiffe 1869–1945*, München 1970

Joppien 1972
Rüdiger Joppien, *Die Szenenbilder Philippe Jacques de Loutherbourgs. Eine Untersuchung zu ihrer Stellung zwischen Malerei und Theater*, Diss. Köln 1972

Jordan 1991
Caroline Jordan, *Kuppelgrab – Säulenhalle – Industriearkaden. Überlegungen zum »heiligen Raum«*, in: *Helga Budde-Engelke. Malerei und Graphik, Ruhrgebiet / Szenenwechsel*, Werkkatalog, hrsg. vom Rheinischen Kunstverein Aachen, Wuppertal 1991, S. 68–71

Julia 1983
Isabelle Julia, *Romantiques et Pompiers*, in: *La Revue du Louvre et des Musées de France* 1983, S. 419–425

Julia 1985/86
Isabelle Julia, *Étienne Bouhot*, in: *Anciens et nouveau. Choix d'œuvres acquises par l'Etat ou avec sa participation de 1981 à 1985*, Ausst. Kat. Galerie Nationale du Grand Palais, Paris, 1985, S. 189

Kairis 1982
P.-Y. Kairis, *Le peintre Gérard Douffet (1594–1660): Fondateur de l'école liégoise du XVIIe siècle*, Diss. Liège 1982

Kaiser 1953
Konrad Kaiser, *Adolph Menzels Eisenwalzwerk*, Berlin 1953

Kaiser/Rehberg 1999
Paul Kaiser und Karl-Siegbert Rehberg (Hrsg.), *Enge und Vielfalt – Auftragskunst und Kunstförderung in der DDR*, Hamburg 1999

Kalckreuth 1967
Johannes Kalckreuth, *Wesen und Werk meines Vaters. Lebensbild des Malers Graf Leopold von Kalckreuth*, Hamburg 1967

Kemp 1983
Wolfgang Kemp, *John Ruskin, 1819–1900. Leben und Werk*, München 1983

Kerbs/Maaswinkel 1990
Diethart Kerbs und Peter Maaswinkel, *Sasha Stone. Randbemerkungen zum Lebensweg und Lebensende eines staatenlosen Fotografen*, in: *Fotogeschichte. Beiträge zur Geschichte und Ästhetik der Fotografie* 10, 1990, H. 37, S. 37–53

Kern/Schumann 1985
Horst Kern und Michael Schumann, *Industriearbeit und Arbeiterbewußtsein. Eine empirische Untersuchung über den Einfluß der aktuellen technischen Entwicklung auf die industrielle Arbeit und das Arbeiterbewußtsein*, Frankfurt/M. 1985

Kerner/Wiegmann 1994
Frank Kerner und Karlheinz Wiegmann, *Große Industrie*, in: *Ausst. Kat. Oberhausen 1994*, S. 126–145

Kiesewetter 1985
Hubert Kiesewetter (Hrsg.), *Staat, Region und Industrialisierung*, Ostfildern 1985

Kiesewetter 2000
Hubert Kiesewetter, *Region und Industrie in Europa 1815–1995*, Stuttgart 2000

Kil 2002
Wolfgang Kil, *»Freies Feld von Bitterfeld bis Böhlen…« Wo die Menschen davonlaufen, verlieren selbst Grund und Boden alle Heiligkeit*, in: *Initial* 2002, H. 1 (im Druck)

Kirschl 1996
Wilfried Kirschl, *Albin Egger-Lienz 1868–1926. Das Gesamtwerk*, 2 Bde., Wien u. a. 1996

Klamt 1975
Johann Christian Klamt, *Der Runde Turm in Kopenhagen als Kirchturm und Sternwarte. Eine bauikonologische Studie*, in: *Zeitschrift für Kunstgeschichte* 38, 1975, S. 153–170

Klapproth 1966
Rüdiger Klapproth, *Die abenteuerliche Landschaft*, Tübingen 1966

Klingender [1947] 1968
Francis Donald Klingender, *Art and the Industrial Revolution* [1947], hrsg. und durchges. von Arthur Elton, New York 1968

Klingender [1947] 1974
Francis Donald Klingender, *Kunst und industrielle Revolution* [1947], hrsg. und überarb. von Arthur Elton, Dresden 1974

Knorr-Cetina 1989
Karin Knorr-Cetina, *Spielarten des Konstruktivismus*, in: *Soziale Welt* 1989, S. 86–96

Kocka 1975
Jürgen Kocka, *Unternehmer in der deutschen Industrialisierung*, Göttingen 1975

Köhler 1997
Hubert Köhler, *Die Darstellung des Schmiedes in der bildenden Kunst. Aspekte eines Bildmotivs im Wandel der Zeitläufte*, in: *Türk 1997*, S. 50–61

Köhler/Becher 1989
Michael Köhler, *Interview mit Bernd und Hilla Becher*, in: *Künstler. Kritisches Lexikon der Gegenwartskunst*, hrsg. von Lothar Romain, Ausgabe 7, München 1989, S. 14f.

Köllmann/Reininghaus/Teppe 1994
Wolfgang Köllmann, Wilfried Reininghaus und Karl Teppe (Hrsg.), *Bürgerlichkeit zwischen gewerblicher und industrieller Wirtschaft. Beiträge des wissenschaftlichen Kolloquiums anläßlich des 200. Geburtstags von Friedrich Harkort vom 25. bis 27. Februar 1993*, Dortmund 1994

König 1990
Wolfgang König, *Massenproduktion und Technikkonsum. Entwicklungslinien und Triebkräfte der Technik zwischen 1880 und 1914*, in: *Propyläen Technikgeschichte*, Bd. 4, Berlin 1990, S. 263–595

Koeppen 1914
Alfred Koeppen, *Die moderne Malerei in Deutschland*, Bielefeld und Leipzig 1914

Koschatzky 1984
Walter Koschatzky, *Die Kunst der Photographie. Technik, Geschichte, Meisterwerke*, Salzburg und Wien 1984

Koschorke 1996
Albrecht Koschorke, *Das Panorama. Die Anfänge der modernen Sensomotorik um 1800*, in: *Die Mobilisierung des Sehens. Zur Vor- und Frühgeschichte des Films in Literatur und Kunst*, hrsg. von Harro Segeberg, München 1996, S. 149–169

Koudelka 1994
Josef Koudelka, *Černý trojúhelník PODKRUŠNOHOŘI. The Black Triangle – The Foothills of the Ore Mountains / Le Triangle Noir – La région située au pied des Monts métallifères*, o. O. 1994

Krakauer 1963
Siegfried Krakauer, *Das Ornament der Masse*, Frankfurt/M. 1963

Krauss-Maffei 1988
150 Jahre Fortschritt durch Technik. Krauss Maffei 1838–1988, zus.gestellt durch Karl W. Schmidt, Fürstenfeldbruck 1988

Krauß/Zeising 1994
Diane Krauß und Andreas Zeising, *Das Industriebild in der deutschen Malerei des 19. Jahrhunderts*, in: *Ausst. Kat. Bochum 1994*, S. 85–90

Kreibich/Schmid 1994
Rolf Kreibich und Arno Sighart Schmid (Hrsg.), *Bauplatz Zukunft. Dispute über die Entwicklung von Industrieregionen*, Essen 1994

Kreidler 1978
Richard Kreidler, *Formensprache und Thematik im Gesamtwerk des Kölner Malers Hubert Berke (1908–1979)*, Diss. Bonn 1978

Krieger 1983
Ethel Krieger, *Aus alt mach neu. Abfallverwertung und angepaßte Technologien in der Dritten Welt*, in: *Ausst. Kat. Stuttgart 1983*, S. 149–155

Krifka 1996
Sabine Krifka, *Wright of Derby – Schauplätze der Wissenschaft*, Aachen 1996

Krifka 2000a
Sabine Krifka, *Zur Konstruktion der Natur in wissenschaftlichen Experimenten*, in: *H. Holländer 2000a*, S. 725–753

Krifka 2000b
Sabine Krifka, *Die Industrie und ihre Rezeption in den Bildkünsten im 19. Jh.*, in: *H. Holländer 2000a*, S. 807–829

Krupp 1912a
Zur Hundertjahrfeier der Firma Krupp 1812–1912 (= Kruppsche Mitteilungen, Sonderausgabe), Essen 1912

Krupp 1912b
Fried. Krupp A.G. Essen-Ruhr 1812–1912, Essen 1912

Kubinszky 1969
Mihaly Kubinszky, *Bahnhöfe Europas*, Stuttgart 1969

Kuhirt 1958
Ullrich Kuhirt, *Mensch und Arbeit im neuen Verhältnis*, in: *Bildende Kunst* 1958, S. 227–232

Kuhirt 1982
Ullrich Kuhirt (Hrsg.), *Kunst der DDR 1945–1959*, Leipzig 1982

Kurella [1928] 1979
Alfred Kurella, *OST pred licom podlinnoj sovremennosti*, aus: *Žizn'iskusstva (Kunstleben)* 28, 1928; erstmals dt. publ. in: *Gaßner/Gillen 1979*, S. 352–355

Lacambre 1973
Geneviève und Jean Lacambre (Hrsg.), *Le Réalisme*, Paris 1973

Lang 1976
Lothar Lang, *Tübke monumental*, in: *Die Weltbühne* 71, 1976, S. 425–427

Lang/Stommer 1982
Kurt H. Lang und Rainer Stommer, *»Deutsche Künstler – an die Front des Straßenbaues!« Fallstudie zur nationalsozialistischen Bildgattung der »Autobahnmalerei«*, in: Rainer Stommer (Hrsg.), *Reichsautobahn – Pyramiden des dritten Reichs. Analysen zur Ästhetik eines unbewältigten Mythos*, Marburg 1982, S. 91–110

Langbehn 1890
Julius Langbehn, *Rembrandt als Erzieher. Von einem Deutschen*, Leipzig 1890

Lange 2001
Susanne Lange, *Eine Enzyklopädie anonymer Industriearchitektur. Zum Werk von Bernd und Hilla Becher*, in: *Ausst. Kat. Oberhausen 2001a*, S. 200–202

Larsen 1985
Eric Larsen, *17th Century Flemish Painting*, Freren 1985

Latour 2000
Bruno Latour, *Die Hoffnung der Pandora. Untersuchungen zur Wirklichkeit der Wissenschaft*, Frankfurt/M. 2000

Laube 1992
Robert Laube (Hrsg.), *Die Henrichshütte Hattingen. Eine grüne Geschichte*, Dortmund 1992

LCI
Lexikon der christlichen Ikonographie, hrsg. von Engelbert Kirschbaum SJ u. a., 8 Bde., Rom u. a. 1994 [unveränd. Ndr. der Ausg. Freiburg 1968]

Lebensraum Erde 1997
Lebensraum Erde. Die Sonderstellung unseres bewohnten Planeten, hrsg. von der Europäischen Akademie für Umweltfragen, Leipzig 1997

Leduc 1985
Norbert Leduc, *Hundert Jahre Stiftung Carl Kreuser jr., Waisen- und Invalidenhaus zu Mechernich*, Festschrift aus Anlaß der Feier zum hundertjährigen Bestehen am 28. September 1985 vom Kuratorium der Stiftung Carl Kreuser jr., Mechernich 1985

Lehmann 1761
Johann Gottlob Lehmann, *Cadmiologia oder Geschichte des Farben-Kobolds*, Königsberg 1761

Lemke 1997
Thomas Lemke, *Eine Kritik der politischen Vernunft*, Berlin und Hamburg 1997

Lemonnier 1888
Camille Lemonnier, *Les peintres de la vie*, Paris 1888

Lenk 1994
Bettina Lenk, *Industrie als Motiv in den graphischen Medien des 19. Jahrhunderts*, in: *Ausst. Kat. Bochum 1994*, S. 91–97

Lessing 1919
Theodor Lessing, *Geschichte als Sinngebung des Sinnlosen*, München 1919

Lethen 1994
Helmut Lethen, *Verhaltenslehre der Kälte*, Frankfurt/M. 1994

Levine 1996
Sura Levine, *Constantin Meunier's Monument au Travail*, in: Stefan Grohé (Hrsg.), *Das Ernst Abbe-Denkmal*, Gera und Arnstadt 1996, S. 36–59

Lex. der Alten Welt
Lexikon der Alten Welt, hrsg. von Carl Andresen u. a., 3 Bde., unveränd. Ndr. der Erstausg. 1965, Augsburg 1995

Lichtwark 1957
Alfred Lichtwark, *Briefe an Leopold Graf von Kalckreuth*, hrsg. von Carl Schellenberg, Hamburg 1957

Liebermann 1978
Max Liebermann, *Die Phantasie in der Malerei Reden und Schriften*, Frankfurt/M. 1978

Liebknecht 1896
Wilhelm Liebknecht, *Karl Marx zum Gedächtnis*, Nürnberg 1896

Löhneyß 1690
G. E. Löhneyß, *Gründlicher und außführlicher Bericht von Bergwercken*, Stockholm und Hamburg 1690

Long 1922
Basil S. Long, *John Laporte. Landscape Painter and Etcher*, in: *Walker's Quarterly*, Nr. 8, Juli 1922, S. 1–58

Long 1924
Basil S. Long, *Francis Nicholson. Painter and Lithographer*, in: *Walker's Quarterly*, Nr. 14, Januar 1924, S. 1–43

Lord 1998
Peter Lord, *The Visual Culture of Wales: Industrial Society*, Cardiff 1998

Louis 1930
M. Louis, *Léonard Defrance, peintre liégeois*, in: *Bulletin de l'Institut archéologique liégois* 54, 1930, S. 92–112

Ludwig 1979
Karl-Heinz Ludwig, *Die Agricola-Zeit im Montangemälde. Frühmoderne Technik in der Malerei des 18. Jahrhunderts*, Düsseldorf 1979

Ludwig 1983
Horst Ludwig, *Fritz von Uhde. Ein süddeutscher Impressionist*, in: *Weltkunst* 53, 1983, S. 2798–2801

Luhmann 1997
Niklas Luhmann, *Die Kunst der Gesellschaft*, Frankfurt/M. 1997

Lyotard 1986
Jean François Lyotard, *Das postmoderne Wissen: ein Bericht*, Wien 1986

Maag 1986
Georg Maag, *Kunst und Industrie im Zeitalter der ersten Weltausstellungen*, München 1986

Maak 1985
Karin Maak, *Die Speicherstadt im Hamburger Freihafen. Eine Stadt an Stelle der Stadt*, Hamburg 1985

MacNeil 1996
Ian MacNeil, *Introduction: Basic Tools, Devices and Mechanisms*, in: Ders. (Hrsg.), *An Encyclopaedia of the History of Technology*, London 1996, S. 1–43

Magnusson 1994
Lars Magnusson, *Proto-Industrialisierung in Schweden*, in: Markus Cerman und Sheilagh C. Ogilvie (Hrsg.), *Proto-Industrialisierung in Europa. Industrielle Produktion vor dem Fabrikzeitalter*, Wien 1994, S. 193–208

Makarenko 1961
Anton Makarenko, *Ausgewählte pädagogische Schriften*, hrsg. von H. E. Wittig, Paderborn 1961

Mallalieu 1977
Huon Mallalieu, *John Nixon and his Circle*, in: *Country Life* 161, 1977, S. 1260f.

Mandelstam 1991
Nadeschda Mandelstam, *Das Jahrhundert der Wölfe*, Frankfurt/M. 1991

Mann/Schütrumpf 1995
Bärbel Mann und Jörn Schütrumpf, *Galerie im Palast der Republik*, in: *Auftrag: Kunst. 1949–1990. Bildende Künstler in der DDR zwischen Ästhetik und Politik*, hrsg. von Monika Flacke, Ausst. Kat. Deutsches Historisches Museum, Berlin; Arbejdermuseet, Kopenhagen, 1995, S. 245–260

Manske 1998
Hans-Joachim Manske, *Anschlußsuche an die Moderne: Bildende Kunst in Westdeutschland 1945–1960*, in: Axel Schildt und Arnold Sywottek (Hrsg.), *Modernisierung im Wiederaufbau. Die westdeutsche Gesellschaft der 50er Jahre*, Bonn [2]1998, S. 563–582

Marcks 1911
Erich Marcks, *Männer und Zeiten*, 2 Bde., Leipzig 1911

Marx 1956
Karl Marx, Ausw. u. Einl. von F. Borkenau, Frankfurt/M. 1956

Marx/Engels 1956–90
Karl Marx und Friedrich Engels, *Werke*, Berlin 1956–90

Marzona 2000
Daniel Marzona, *Struktur und Detail. Zu den neueren Architekturphotographien von Andreas Gursky*, in: *Ausst. Bochum/Leipzig 2000*, S. 80–85

Maschke 1969
Erich Maschke, *Es entsteht ein Konzern. Paul Reusch und die GHH*, Tübingen 1969

Mattheuer 1990
Wolfgang Mattheuer, *Äußerungen. Texte – Graphik*, Leipzig 1990

Matz 1987
Reinhard Matz, *Industriefotografie. Aus Firmenarchiven des Ruhrgebiets*, Essen 1987

Maurer 1995
Ellen Maurer, *Hannah Höch. Jenseits der Grenzen. Das malerische Werk bis 1945*, Berlin 1995

Maus 1926
Madeleine O. Maus, *Trente années de Lutte pour l'Art*, Brüssel 1926

Meadows u. a. 1972
Dennis Meadows u. a., *Die Grenzen des Wachstums. Bericht des Club of Rome zur Lage der Menschheit*, Stuttgart 1972

Mehrtens 1990
Herbert Mehrtens, *Moderne Sprache Mathematik*, Frankfurt/M. 1990

Meißner 2001
Jörg Meißner, *Hohe Schlote, weites Land. Der Strukturwandel im Ruhrgebiet und seine Mediatisierung durch die IBA Emscher Park*, in: *Kunstchronik* 54, 2001, Nr. 1, S. 2–8

Menzel 1971
Ruth Menzel, *Die Darstellung des Bauern in der deutschen bildenden Kunst von 1871–1945*, Diss. Humboldt Universität Berlin 1971

Merkert 1975
Jörn Merkert, *Vostell-Chronologie 1954–1974*, in: *Vostell. Retrospektive*, Ausst. Kat. Neuer Berliner Kunstverein; Nationalgalerie Berlin, 1975, S. 21–75

Metken 1975
Günter Metken, *De l'homme-machine à la machine-homme. Anthropomorphie de la machine au XIXe siècle*, in: *Les machines célibataires*, hrsg. von Marc LeBot und Harald Szeemann, Ausst. Kat. Kunsthalle Bern u. a., dt.-frz. Ausg., Paris und Venedig 1975, S. 50–63

Meurer 1989
Thomas Meurer, *Die Eisenbahn in der deutschen Kunst. Die künstlerische Rezeption der Technik im 19. und frühen 20. Jahrhundert*, Bonn 1989

Meurer/Vinçon 1983
Bernd Meurer und Hartmut Vinçon, *Industrielle Ästhetik. Zur Geschichte und Theorie der Gestaltung*, Gießen 1983

Meyer-Friese 1981
Boye Meyer-Friese, *Marinemalerei in Deutschland im 19. Jahrhundert*, Oldenburg, Hamburg und München 1981

Meyer-Landrut 1997
Ehrengard Meyer-Landrut, *Fortuna. Die Göttin des Glücks im Wandel der Zeiten*, München und Berlin 1997

Minkowski 1959
Helmut Minkowski, *Aus dem Nebel der Vergangenheit steigt der Turm zu Babel*, Simbach/Inn 1959

Minkowski 1983
Helmut Minkowski, *Turris Babel. Mille anni rappresentazioni*, in: *Rassegna. Problemi di architettura dell'ambiente* 5, 1983, H. 16, S. 8–88

Minkowski 1991
Helmut Minkowski, *Vermutungen über den Turm zu Babel*, Freren 1991

Mißelbeck 2001
Reinhold Mißelbeck, *Mit den Menschen verbunden*, in: *Ausst. Kat. Oberhausen 2001a*, S. 196–199

Mittig 1979
Hans-E. Mittig, *Die Reklame als Wegbereiterin der nationalsozialistischen Kunst*, in: Ders. u. a. (Hrsg.), *Die Dekoration der Gewalt*, Gießen 1979, S. 31–52

Mittig 2001
Hans-E. Mittig, *NS-Kunst in milderem Licht?*, in: *Kritische Berichte*, N. F. 29, 2001, H. 1, S. 5–22

Modick/Fischer 1984
Klaus Modick und Matthias-Johannes Fischer (Hrsg.), *Kabelhafte Perspektiven. Wer hat Angst vor neuen Medien? Eine Anthologie*, Hamburg 1984

Moholy-Nagy 1968
Lásló Moholy-Nagy, *Von Material zu Architektur*, Mainz 1968

Molderings 1988
Herbert Molderings, *Fotografie in der Weimarer Republik*, Berlin 1988

Motz 1980
Sigrid-Jutta Motz, *Fabrikdarstellungen in der deutschen Malerei von 1800 bis 1850*, Frankfurt/M. 1980

Müller 1979
Maria Magdalena Müller, *Frauenarbeit in Belgien*, in: *Ausst. Kat. Berlin 1979*, S. 230–240

Müller 1997
Michael Müller, *Das Schöne und das Nützliche. Kunst, Handwerk und Industrie*, in: Monika Wagner (Hrsg.), *Moderne Kunst. Das Funkkolleg zum Verständnis der Gegenwartskunst*, 2 Bde., Reinbek [3]1997, Bd. 1, S. 152–174

Müllerschön/Meier 2002
Bernd Müllerschön und Thomas Meier, *Die Schule von Barbizon – Wegbereiter des Impressionismus*, Stuttgart 2002 (im Druck)

Muther 1902
Richard Muther, *Jean Franç. Millet*, in: *Französische Meister II*, Berlin [1902], S. 1–72

Muther 1914
Richard Muther, *Fritz von Uhde*, in: Ders., *Aufsätze über bildende Kunst*, Bd. 1, Berlin 1914, S. 164–171

Nedo 1976
Ingrid Nedo, *Wilhelm Schnarrenberger 1892–1966*, Diss. Tübingen 1976

Neumeyer 1987
Fritz Neumeyer, *Aufbruch zur Moderne*, in: *Berlin 1900–1933. Architektur und Design*, hrsg. von Tilmann Buddensieg, Ausst. Kat. Cooper-Hewitt Museum, New York, 1987, S. 34–83

Nicholson 1968
Benedict Nicholson, *Joseph Wright of Derby. Painter of Light*, 2 Bde., London und New York 1968

Norden 1902
Julius Norden, *Berliner Künstler-Silhouetten*, Leipzig 1902

Obermeier 1993
Manuela Agnes Obermeier, *Das industrielle Auftraggeberbild in seiner Funktion als Ideologieträger am Beispiel von Paul Meyerheims Zyklus »Lebensgeschichte der Lokomotive«*, Mag.arbeit Freie Universität Berlin 1993

Oettermann 1980
Stephan Oettermann, *Das Panorama. Die Geschichte eines Massenmediums*, Frankfurt/M. 1980

Onken 1979
Susanne Onken, *Naar het leven. Zur Darstellung sozialer Probleme in der belgischen Malerei 1850–1875*, in: *Ausst. Kat. Berlin 1979*, S. 211–220

Oppermann 1982
Heinrich Albert Oppermann, *Hundert Jahre. 1770–1870. Zeit- und Lebensbilder aus drei Generationen*, Frankfurt a. M. 1982 [unveränd. Ndr. der Erstausg. 1871]

Osborn 1909
Max Osborn, *Eugen Bracht*, Bielefeld und Leipzig 1909

Ostwald 1938
Walter Ostwald, *Im Dienst des Dritten Reichs*, in: *Die Straße* 5, 1938, S. 737

Osvald 1900
Sirén Osvald, *Pehr Hilleström d. Ä.*, Stockholm 1900

Otten 1988
Marie-Luise Otten, *Peter Brüning. Studien zu Entwicklung und Werk. Werkverzeichnis*, Köln 1988

Pacco-Picard 1982
Maite Pacco-Picard, *Les manufactures de fer peintes par Léonard Defrance*, Lüttich 1982

Paech 1991
Joachim Paech, *Bilder von Bewegung – bewegte Bilder. Film, Fotografie und Malerei*, in: Monika Wagner (Hrsg.), *Moderne Kunst. Das Funkkolleg zum Verständnis der Gegenwartskunst*, 2 Bde., Reinbek 1991, Bd. 1, S. 237–264

Paulinyi 1991
Akos Paulinyi, *Die Umwälzung der Technik in der Industriellen Revolution zwischen 1750 und 1840*, in: *Propyläen Technikgeschichte*, Bd. 3, Berlin 1991, S. 269–495

Peck/Wie 1982
Georg Peck und Lilly Wie, *Liubov Popova: Interpretations of Space*, in: *Art in America*, Okt. 1982, S. 94–104

Petzina 1996
Dietmar Petzina, *Hochschulen und Strukturwandel*, in: *Gaudeamus – das Hochschulland wird 50*, hrsg. vom Land NRW, Düsseldorf 1996

Pfefferkorn 1974
Rudolf Pfefferkorn, *Otto Möller*, Berlin 1974

Pfingsten 1992
Klaus Pfingsten, *Aspekte zum fotografischen Werk Albert Renger-Patzschs*, Witterschlick und Bonn 1992

Pierenkemper 1996
Toni Pierenkemper, *Umstrittene Revolutionen Industrialisierung im 19. Jahrhundert*, Frankfurt/M 1996

Pierrot 2001
Nicolas Pierrot, *»À l'époque où l'ouvrier sévissait dans l'art«. La représentation du travail industriel en France dans la peinture de chevalet, 1870–1914*, in: *Des plaines à l'usine. Images du travail dans la peinture frençaise de 1870 à 1914*, Ausst. Kat. Musée des Beaux-Arts de Dunkerque 2001, Paris 2001, S. 95–113

Pigler 1974
Andor Pigler, *Barockthemen*, 2 Bde., Budapest [2]1974

Pinault 1993
Madeleine Pinault, *L'Encyclopedie (que sais-je?)*, Paris 1993

Plagemann 1984
Volker Plagemann (Hrsg.), *Industriekultur in Hamburg. Des Deutschen Reiches Tor zur Welt*, München 1984

Pöthe 1998
Angelika Pöthe, *Carl Alexander. Mäzen in Weimars »Silberner Zeit«*, Köln, Weimar und Wien 1998

Pollard 1981
Sidney Pollard, *Peaceful Conquest. The Industrialization of Europe 1760–1970*, Oxford 1981

Posener 1981
Julius Posener, *Schinkel und die Technik. Die englische Reise*, in: *Ausst. Kat. Berlin 1981a*, S. 143–153

Principales acquisitions 1981
Principales acquisitions des musées de France, in: *La Revue du Louvre et des Musées de France* 1981

Promenade historique 1986
Des Ternes aux Batignolles. Promenade historique dans le XVIIe arrondissement, Délégation à l'action artistique de la ville de Paris, hrsg. von der Mairie du XVIIe und dem Musée Carnevalet, Paris 1986

Proust 1917
Antonin Proust, *Édouard Manet – Erinnerungen*, Berlin 1917

Puissant 1979
Jean Puissant, *Belgien 1830–1914*, in: *Ausst. Kat. Berlin 1979*, S. 127–135

Raabe 1951–94
Wilhelm Raabe, *Sämtliche Werke*, hrsg. von Karl Hoppe, fortgef. von Jost Schillemeit, Freiburg i. Br. und Braunschweig 1951–94

Radkau 1998
Joachim Radkau, *Das Zeitalter der Nervosität. Deutschland zwischen Bismarck und Hitler*, München und Wien 1998

Raistrick 1989
Arthur Raistrick, *Dynasty of Iron Founders. The Darbys and Coalbrookdale*, York [2]1989

Rapetti 1990
Rodolphe Rapetti, *Léon Frédéric et les âges de l'ouvrier. Symbolisme et messianisme social dans la Belgique de Léopold II*, in: *La Revue du Louvre* 2, 1990, S. 136–145

Rath 1988
Jürgen Rath, *Arbeit im Hamburger Hafen. Eine historische Untersuchung*, Hamburg 1988

Raum 1975
Hermann Raum, *Leuna 1969*, in: Willi Sitte, Ausst. Kat. Kunstverein Hamburg 1975, S. 60–67

Reff 1982
Theodore Reff, *Manet and Modern Paris*, Washington 1982

Reinhardt 1988
Hildegard Reinhardt, *Gustav Wunderwald (1882–1945). Untersuchung zum bildkünstlerischen Gesamtwerk*, Hildesheim 1988

Renger-Patzsch 1928
Die Welt ist schön. Einhundert photographische Aufnahmen von Albert Renger-Patzsch, hrsg. und eingel. von Carl Georg Heise, München 1928

Renger-Patzsch 1931
Eisen und Stahl. 97 Fotos von Albert Renger-Patzsch, mit einem Geleitwort von Dr. Albert Vögler, Generaldirektor der Vereinigte Stahlwerke AG, Berlin 1931

Rewald 1965
John Rewald, *Die Geschichte des Impressionismus. Schicksal und Werk der Maler einer großen Epoche der Kunst*, erw. dt. Ausgabe, Köln 1965

Rieß 1925
Margot Rieß, *Der Arbeiter in der bildenden Kunst*, Berlin-Hessenwinkel 1925

Ripa 1603
Cesare Ripa, *Iconologia overo descrittione di diverse imagini cavate dall'antichitá, e di propria inventione*, Rom 1603

Rodner 1997
William S. Rodner, *J. M. W. Turner. Romantic Painter of the Industrial Revolution*, Berkeley, Los Angeles und London 1997

Rönnow 1929
Sixten Rönnow, *Pehr Hilleström och hans bruks- och bergverksmalningar*, Stockholm 1929

Roesler 1994
Jörg Roesler, *Die Produktionsbrigaden in der Industrie der DDR. Zentrum der Arbeitswelt?*, in: Hartmut Kaelble, Jürgen Kocka und Hartmut Zwahr (Hrsg.), *Sozialgeschichte der DDR*, Stuttgart 1994, S. 144–170

Rößler 1790
Balthasar Rößler, *Speculum Metallusglae politissimae. Oder: Hell-polierter Berg-Bau-Spiegel*, Dresden 1790

Romanus 1978
Peter Romanus, *Landschaft als Raum vielfältiger Lebensbeziehungen. Zu einigen Aspekten der Landschaftsmalerei auf der VIII. Kunstausstellung der DDR*, in: *Bildende Kunst* 1978, S. 24–27

Rosenhagen 1922
Hans Rosenhagen, *Arthur Kampf*, Leipzig und Bielefeld 1922

Rotman 1993
Brian Rotman, *Signifying Nothing: The Semiotics of Zero*, Stanford 1993

Rübel 2002
Dietmar Rübel, *Abfall. Materialien einer Archäologie des Konsum*, in: *Wagner/Rübel 2002*, S. 119–136

Rüdersdorf
Museumspark Baustoffindustrie Rüdersdorf, hrsg. vom Förderverein Museumspark Baustoffindustrie Rüdersdorf e. V., o. O., o. J.

Rühle 1930
Otto Rühle, *Illustrierte Kultur- und Sittengeschichte des Proletariats*, Berlin 1930 [Ndr. 1970]

Ruland 2000
Josef Ruland, *Die Leyendeckers aus Dernau. Eine Malerfamilie aus dem Ahrtal*, in: *Rheinische Heimatpflege* 37, 2000, H. 3, S. 162–181

Ruskin 1878
John Ruskin, *Notes by Mr. Ruskin on his Drawings by the late J. M. W. Turner, R. A., exhibited at the Fine Art Society's Galleries*, London 1878

Ruskin 1903–12
The complete Works of John Ruskin, hrsg. von Edward Tyas Cook und Alexander Wedderburn, 39 Bde., London 1903–12

Sachsse 1984
Rolf Sachsse, *Photographie als Medium der Architekturinterpretation. Studien zur Geschichte der deutschen Architekturphotographie im 20. Jahrhundert*, München u. a. 1984

Sachsse 1999a
Rolf Sachsse, *Bernd und Hilla Becher. Silo für Kokskohle, Zeche Hannibal, Bochum-Hofstede, 1967. Das Anonyme und das Plastische der Industriephotographie*, Frankfurt/M. 1999

Sachsse 1999b
Rolf Sachsse, *Mensch – Maschine – Material – Bild. Eine kleine Typologie der Industriefotografie*, in: *Ausst. Kat. Hamburg 1999*, S. 85–93

Samjatin 1982
Jewgenij Samjatin, *Wir*, übers. von Gisela Drohla, München 1982

Sander 1970
Hans-Dietrich Sander, *Marxistische Ideologie und allgemeine Kunsttheorie*, Tübingen 1970

Sarasin/Tanner 1998
Philipp Sarasin und Jakob Tanner (Hrsg.), *Physiologie und industrielle Gesellschaft. Studien zur Verwissenschaftlichung des Körpers im 19. und 20. Jahrhundert*, Frankfurt/M. 1998

Schäfke 1992
Werner Schäfke, *Peu après son decollage ... Skandal und Betroffenheit – zur Wirkung des Werkes Wolf Vostells*, in: *Vostell*, hrsg. von Rolf Wedewer, Ausst. Kat. Rheinisches Landesmuseum, Bonn u. a., Heidelberg 1992, S.75–83

Scheidig 1991
Walther Scheidig, *Die Weimarer Malerschule 1860–1900*, Leipzig 1991

Schirmbeck 1984
Peter Schirmbeck, *Adel der Arbeit. Der Arbeiter in der Kunst der NS-Zeit*, Marburg 1984

Schivelbusch 1977
Wolfgang Schivelbusch, *Geschichte der Eisenbahnreise. Zur Industrialisierung von Raum und Zeit im 19. Jahrhundert*, München und Wien 1977

Schivelbusch 1983
Wolfgang Schivelbusch, *Zur Geschichte der künstlichen Helligkeit im 19. Jahrhundert*, München und Wien 1983

Schivelbusch 1992
Wolfgang Schivelbusch, *Licht, Schein und Wahn: Auftritte der elektrischen Beleuchtung im 20. Jahrhundert*, Berlin 1992

Schmidt 1971
Alfred Schmidt, *Der Begriff der Natur in der Lehre von Marx*, Frankfurt/M. [2]1971

Schmidt 1991
Hans-Werner Schmidt, *Sehen, Wissen, Erinnern!*, in: *Helga Budde-Engelke. Malerei und Graphik, Ruhrgebiet / Szenenwechsel*, Werkkatalog, hrsg. vom Rheinischen Kunstverein Aachen, Wuppertal 1991, S. 10–13

Schmidt 1994
Doris Schmidt (Hrsg.), *Thomas Grochowiak. Monographie und Werkübersicht*, Köln 1994

Schmidt-Bergmann 1993
Hansgeorg Schmidt-Bergmann (Hrsg.), *Futurismus – Geschichte, Ästhetik, Dokumente*, Reinbek 1993

Schmidtchen 1992
Volker Schmidtchen, *Technik im Übergang vom Mittelalter zur Neuzeit zwischen 1350 und 1600*, in: *Propyläen Technikgeschichte*, Bd. 2, Berlin 1992, S. 209–598

Schmitt/Schramm 1974
Hans-Jürgen Schmitt und Godehard Schramm (Hrsg.), *Sozialistische Realismuskonzeptionen. Dokumente zum I. Allunionskongreß der Sowjetschriftsteller*, Frankfurt/M. 1974

Schmitz 1994
Rudolf Schmitz, *Weder Mordfall noch Taufe. Andreas Gurskys angstfreier Blick aufs Ganze*, in: *Andreas Gursky. Fotografien 1984–1993*, hrsg. von Felix Zdenek, Ausst. Kat. Deichtorhallen Hamburg und De Appel Foundation Amsterdam, München 1994, S. 5–14

Schmücker 1930
Hedwig Schmücker, *Das Industriemotiv in der deutschen Malerei des 19. und 20. Jahrhunderts*, Emsdetten 1930

Schneider 1997
Robert Schneider, *Bitterfeld.* Mit einem Beitrag von Karl Janke, Bremen 1997

Schnerb 1913
J. F. Schnerb, *François Bonhommé*, in: *Gazette des Beaux-Arts* 1913 (1), S. 11–25, 132–142

Scholl 1992
Lars U. Scholl, *Der Industriemaler Otto Bollhagen 1862–1924*, Herford 1992

Scholl 1998
Lars U. Scholl, *Cornelius Wagner*, in: *Lexikon der Düsseldorfer Malerschule 1819–1918*, hrsg. von Hans Paffrath, Bd. 3, München 1998, S. 388–390

Schröder 1984
Johannes Lothar Schröder, *Das Automobil als Geschoss. Zu den Geschwindigkeitsdarstellungen in der futuristischen Malerei*, in: *Kritische Berichte* 12, 1984, H. 2, S. 36–59

Schroyen 1997
Andreas Schroyen, *»›NS‹ ist nur drin, wenn ›NS‹ draufsteht?« Die Rezeption der Arbeitsdarstellungen von Arthur Kampf im Dritten Reich und ihre Aufarbeitung durch die Kunstgeschichte nach 1945*, in: *Türk 1997*, S. 110–118

Schultz 1933
Edmund Schultz (Hrsg.), *Die veränderte Welt*, mit einer Einl. von Ernst Jünger, Breslau 1933

Schulze 1974
Ingrid Schulze, *Karl Völker*, Berlin 1974

Schwarz 1981
Karl Schwarz (Hrsg.), *Berlin – Von der Residenzstadt zur Industriemetropole*, 3 Bde., Berlin 1981

Sedlmayr 1950
Hans Sedlmayr, *Die Entstehung der Kathedrale*, Zürich 1950

Seeling 1960
Hans Seeling, *»Neusser Hütte« 1857–1927*, in: *Neusser Jahrbuch* 1960, S. 27–40

Segeberg 1987
Harro Segeberg, *Literatur im technischen Zeitalter. Von der Frühzeit der deutschen Aufklärung bis zum Beginn des Ersten Weltkrieges*, Darmstadt 1987

Seifert/Bodenschatz/Lorenz 1998
Carsten Seifert, Harald Bodenschatz und Werner Lorenz, *Das Finowtal im Barnim. Wiege der brandenburgisch-preußischen Industrie*, hrsg. von der Stadt Eberswalde, Berlin 1998

Shadowa 1987
Larissa Alexejewna Shadowa (Hrsg.), *Tatlin*, Weingarten 1987

Shanes 1983
Eric Shanes, *Turner's Picturesque Views in England and Wales 1825–1838*, London 1983

Siebeneicker 1999
Arnulf Siebeneicker, *»Optimismus, Stolz, Arbeitsfreude und Wohlbefinden«. Kunstaufträge der Betriebe in der DDR*, in: *Kaiser/Rehberg 1999*, S. 145–157

Sieferle 1997
Rolf Peter Sieferle, *Rückblick auf die Natur. Eine Geschichte des Menschen und seiner Umwelt*, München 1997

Simmel 1919
Georg Simmel, *Philosophische Kultur*, Stuttgart 1919

Simmel 1957
Georg Simmel, *Brücke und Tür, Essays des Philosophen zur Geschichte, Religion, Kunst und Gesellschaft*, im Verein mit Margarete Susman hrsg. von Michael Landmann, Stuttgart 1957

Simmel 1998
Georg Simmel, *Soziologische Ästhetik*, Bodenheim 1998

Sitt 1997
Martina Sitt, *»Das A und O der Landschaft« – zwei Malerkarrieren im Spiegel von Selbstzeugnissen und zeitgenössischen Kritiken*, in: *Ausst. Kat. Düsseldorf/Hamburg/Linz 1997*, S. 11–42

Slg. Kat. Amsterdam 1976
P. J. J. van Thiel u. a., *All the Paintings of the Rijksmuseum in Amsterdam*, Amsterdam und Haarlem 1976

Slg. Kat. Berlin 1997
Bilder und Zeugnisse der deutschen Geschichte. Aus den Sammlungen des Deutschen Historischen Museums, 2 Bde., Berlin 1997

Slg. Kat. Bochum 1970
Museum Bochum. Kunstsammlung 1960–1970, 1970

Slg. Kat. Bremen 1973
Katalog der Gemälde des 19. und 20. Jahrhunderts in der Kunsthalle Bremen, bearb. von Gerhard Gerkens und Ursula Heiderich, Bremen 1973

Slg. Kat. Essen 2000
Die Erfindung des Ruhrgebiets. Arbeit und Alltag um 1900, hrsg. von Michael Zimmermann, Kat. zur sozialhistorischen Dauerausstellung, Ruhrlandmuseum Essen, Bottrop und Essen 2000

Slg. Kat. Frankfurt 1992
Susanne Lange, *Bernd und Hilla Becher. Häuser und Hallen* (Schriften zur Sammlung des Museums für Moderne Kunst Frankfurt), Frankfurt/M. 1992

Slg. Kat. Kiel 1982
Katalog der Gemälde. Stiftung Pommern, bearb. von Renate Paczkowski, Kiel 1982

Slg. Kat. London 1979
The Tate Gallery. An Illustrated Companion, etc., London 1979

Slg. Kat. Lüttich 1954
Catalogue des peintures, Musée de l'Art Wallon Liège, 1954

Slg. Kat. Münster 1975
Katalog der Gemälde des 19. Jahrhunderts im Westfälischen Landesmuseum für Kunst und Kulturgeschichte, bearb. von Hildegard Westhoff-Krummacher, Münster 1975

Slg. Kat. Stockholm 1995
Illustrated Catalogue – Swedish Paintings, Nationalmuseum Stockholm, 1995

Slg. Kat. Stuttgart 1931
Katalog der Staatsgalerie zu Stuttgart. Amtliche Ausgabe, hrsg. von Klaus Graf von Baudissin, Stuttgart 1931

Slg. Kat. Stuttgart 1982
Malerei und Plastik des 20. Jahrhunderts [Staatsgalerie Stuttgart], bearb. von Karin von Maur und Gudrun Inboden, Stuttgart 1982

Slotta 1994
Rainer Slotta, *Der Bergbau des 16. und 17. Jahrhunderts in seinem künstlerischen Ausdruck*, in: Dietmar Guderian (Hrsg.), *Technik und Kunst*, Wiesbaden 1994, S. 218–232

Specht 1992
Agnete von Specht, *Robert Koehlers Gemälde »Der Streik« als Historienbild*, in: *Ausst. Kat. Berlin 1992*, S. 157–164

Spengler 1920–22
Oswald Spengler, *Der Untergang des Abendlandes*, 2 Bde., München 1920–22

Spielmann 1989/90
Peter Spielmann, *Heinrich Siepmann. Künstler des Reviers*, in: *Heinrich Siepmann*, Ausst. Kat. Museum Bochum; Galerie Mühlenbusch, Düsseldorf; Fritz-Winter-Haus Ahlen, 1989, unpag.

Springer 1911
August Springer, *Arbeiter und Kunst*, Stuttgart 1911

Stark 1979
David Stark, *Belgische Bilder aus dem Jahr 1848*, in: *Ausst. Kat. Berlin 1979*, S. 193–200

Stauf 1997
Renate Stauf, *Der problematische Europäer. Heinrich Heine zwischen Nationenkritik und gesellschaftlicher Utopie*, Heidelberg 1997

Staufenbiel 1966
Fred Staufenbiel, *Kultur heute – für morgen. Theoretische Probleme unserer Kultur und ihre Beziehung zur technischen Revolution*, Berlin 1966

Stemmrich 1997
Daniel Stemmrich (Hrsg.), *Industrie-, Gewerbe- und Kunstausstellung in Düsseldorf 1902*, Köln 1997

Stern 1963
Fritz Stern, *Kulturpessimismus als politische Gefahr. Eine Analyse nationaler Ideologien in Deutschland*, Bern 1963

Sternberger 1974
Dolf Sternberger, *Panorama oder Ansichten vom 19. Jahrhundert*, Frankfurt/M. 1974

Stöcklein 1969
Ansgar Stöcklein, *Leitbilder der Technik. Biblische Tradition und technischer Fortschritt*, München 1969

Stoichita 1998
Victor I. Stoichita, *Das selbstbewußte Bild. Vom Ursprung der Metamalerei*, München 1998

Stolze/Jungblut 1969
Dieter Stolze und Michael Jungblut (Hrsg.), *Der Kapitalismus von Manchester bis Wall Street*, München 1969

Stommer 1995
Rainer Stommer, *Triumph der Technik. Autobahnbrücken zwischen Ingenieuraufgabe und Kulturdenkmal*, in: ders. (Hrsg.), *Reichsautobahn. Pyramiden des Dritten Reichs. Analysen zur Ästhetik eines unbewältigten Mythos*, Marburg [3]1995, S. 49–76

Stone [1929] 1998
Berlin in Bildern. Aufnahmen von Sasha Stone, hrsg. von Adolf Behne [1929], Ndr. hrsg. von Michael Neumann, Berlin 1998

Syssojew 1982
Alexander Syssojew, *Alexander Deineka. Malerei, Graphik, Bildhauerkunst, Monumentalwerke und literarischer Nachlaß*, Leningrad 1982

Tenfelde 1994
Klaus Tenfelde (Hrsg.), *Bilder von Krupp. Fotografie und Geschichte im Industriezeitalter*, München 1994

Theorie der Fotografie
Theorie der Fotografie II, 1912–1945, hrsg. von Wolfgang Kemp, München 1979
Theorie der Fotografie III, 1945–1980, hrsg. von Wolfgang Kemp, München 1983
Theorie der Fotografie IV, 1980–1995, hrsg. von Hubertus von Amelunxen, München 2000

Thesing 1986
Susanne Thesing, *Franz Lenk*, Recklinghausen 1986

Thode 1909
Henry Thode, *Thoma. Des Meisters Gemälde in 874 Abbildungen*, Stuttgart und Leipzig 1909

Thoma 1909
Hans Thoma, *Im Herbste des Lebens. Gesammelte Erinnerungsblätter*, München 1909

Thoma 1919
Hans Thoma, *Im Winter des Lebens. Aus acht Jahrzehnten gesammelte Erinnerungen*, Jena 1919

Thomas/Wolf 1997
»Vor den Bildern sterben die Wörter«. Rüdiger Thomas im Gespräch mit Christa und Gerhard Wolf, in: *Deutschlandbilder. Kunst aus einem geteilten Land*, hrsg. von Eckhart Gillen, Ausst. Kat. Berliner Festspiele, Martin-Gropius-Bau, Köln 1997, S. 572–576

Thoré 1870
Théophile Thoré, *Salons*, 2 Bde., Paris 1870

Thümmler 1998
Sabine Thümmler, *Die Geschichte der Tapete: Raumkunst aus Papier, aus den Beständen des Deutschen Tapetenmuseums Kassel*, Eurasburg 1998

Thuret 1979
M. Thuret, *Künstler – Kenner – Käufer. Aspekte des Kunstbetriebs*, in: *Ausst. Kat. Berlin 1979*, S. 172–177

Tirpitz 1919
Alfred von Tirpitz, *Erinnerungen*, Leipzig 1919

Tolkemitt/Wohlfeil 1991
Brigitte Tolkemitt und Rainer Wohlfeil (Hrsg.), *Historische Bildkunde: Probleme – Wege – Beispiele*, Berlin 1991

Trepesch 2001
Christof Trepesch, *Ikonographische Aspekte in der Malerei von Louis Krevel und der Biedermeierzeit*, in: *Kultur des Biedermeier. Der Maler Louis Krevel*, Ausst. Kat. Saarland Museum, Saarbrücken, 2001, S. 38–50

Tretjakow 1923
Sergej Tretjakow, *Woher und wohin. Perspektiven des Futurismus*, in: *LEF* 1, [Moskau-Petrograd] 1923, S. 195

Tretjakow 1972
Sergej Tretjakow, *Lyrik – Dramatik – Prosa*, hrsg. von Fritz Mierau, Leipzig 1972

Trinder 1977
Barry Trinder (Hrsg.), *›The most extraordinary district in the world‹. Ironbridge and Coalbrookdale. An anthology of visitors' impressions of Ironbridge, Coalbrookdale and the Shropshire coalfield*, London und Chichester 1977

Troitzsch 1975
Ulrich Troitzsch, *Zum Stande der Forschung über Jacob Leupold (1674–1727)*, in: *Technikgeschichte* 42, 1975, S. 263–286

Troitzsch 1990
Ulrich Troitzsch, *Johann Georg Krünitz*, in: *Berlinische Lebensbilder. Bd. 6: Techniker*, hrsg. von Wilhelm Treue und Wolfgang König, Berlin 1990, S. 1–14

Troitzsch/Weber 1982
Ulrich Troitzsch und Wolfhard Weber, *Die Technik von den Anfängen bis zur Gegenwart*, Braunschweig 1982

Trotzkij 1968
Leo Trotzkij, *Literatur und Revolution*, Berlin 1968

Tucker 1986a
Paul Hayes Tucker, *Monet at Argenteuil*, New Haven und London [3]1986

Tucker 1986b
Paul Hayes Tucker, *The First Impressionist Exhibition in Context*, in: *Ausst. Kat. San Francisco/Washington 1986*, S. 93–123

Türk 1990
Klaus Türk (Hrsg.), *Bilder der Arbeit. Malerei – Graphik – Skulptur*, Trier 1990

Türk 1997
Klaus Türk (Hrsg.), *Arbeit und Industrie in der bildenden Kunst. Beiträge eines interdisziplinären Symposiums*, Stuttgart 1997

Türk 2000
Klaus Türk, *Bilder der Arbeit. Eine ikonografische Anthologie*, Wiesbaden 2000

Türk 2002
Klaus Türk, *Arbeit in der bildenden Kunst. Ikonische Diskursformationen in der Geschichte der Moderne*, in: Ulrich Bröckling und Eva Horn (Hrsg.), *Anthropologie der Arbeit*, Tübingen 2002 (im Druck)

Turgan
Julien François Turgan, *Les Grandes usines de France, etc.*, 20 Bde., Paris 1860–95

Ude 1978
Karl Ude, *Bauernromantik in der Malerei des 19. Jahrhunderts*, München 1978

Uebbing 1991
Helmut Uebbing, *Wege und Wegmarken. 100 Jahre Thyssen 1891–1991*, Berlin 1991

Uhlmann 1999
Manuela Uhlmann, *Ein neuer Bildtyp. Das Brigade-Bild in der DDR*, in: *Kaiser/Rehberg 1999*, S. 20[illegible]–209

Uhu 1926
E. B., *Die Schönheit der Technik. Die Geburt einer neuen Kunst*, mit Fotografien von Sasha Stone, Günther Bagge, Hoppé, H. Woller und Rheingans, in: *Uhu. Das neue Monats-Magazin* 2, März 1926, H. 6, S. 54–60

F. Ullrich 1999
Ferdinand Ullrich (Hrsg.), *Heinrich Siepmann. Monographie – Werkverzeichnis der Gemälde*, Bielefeld 1999

V. Ullrich 1999
Volker Ullrich, *Die nervöse Großmacht 1871–1918. Aufstieg und Untergang des Deutschen Kaiserreichs*, Frankfurt/M. 1999

Uslular-Thiele 1974
Christina Uslular-Thiele, *Autobahnen*, in: *Kunst im 3. Reich. Dokumente der Unterwerfung*, Ausst. Kat. Frankfurter Kunstverein, 1974, S. 68–85

Vaisse 1983
Pierre Vaisse, *La machine officielle. Regard sur les murailles des édifices publics*, in: *Romantisme* 41, 1983, S. 19–40

Velde 1955
Henry van de Velde, *Zum neuen Stil*. Aus seinen Schriften ausgew. und eingel. von Hans Curjel, München 1955

Veldman 1980
Ilja M. Veldman, *Seasons, planets and temperaments in the work of Maarten van Heemskerck. Cosmo-astrological allegory in sixteenth-century Netherlandish prints*, in: *Simiolus* 11, 1980, S. 149–176

Vergine 1997
Lea Vergine (Hrsg.), *Trash. From Junk to Art*, Mailand 1997

Vergoossen 1996
Manuela Vergoossen, *Zeitstrukturen und Zeitmotive im französischen Rokoko*, Aachen 1996

Vorsteher 1983
Dieter Vorsteher, *Borsig. Eisengießerei und Maschinenbauanstalt zu Berlin*, Berlin 1983

Wagner 1979
Monika Wagner, *Die Industrielandschaft in der englischen Malerei und Grafik 1770–1830*, Frankfurt/M. 1979

Wagner 1980
Monika Wagner, *Die neue Welt der Dampfmaschine*, in: *Ausst. Kat. München, 1980*, S. 12–29

Wagner 1997
Monika Wagner, *Industriemüll in der zeitgenössischen Kunst*, in: *Türk 1997*, S. 131–140

Wagner 2001
Monika Wagner, *Das Material der Kunst. Eine andere Geschichte der Moderne*, München 2001

Wagner 2002
Monika Wagner, *Soziale Oberflächen*, in: *Wagner/Rübel 2002*, S. 101–118

Wagner/Rübel 2002
Monika Wagner und Dietmar Rübel (Hrsg.), *Hamburger Forschungen zur Kunstgeschichte*, Berlin 2002 (im Druck)

Waldburg Wolfegg 1997
Christoph Graf zu Waldburg Wolfegg, *Venus und Mars. Das Mittelalterliche Hausbuch aus der Sammlung der Fürsten zu Waldburg Wolfegg*, München und New York 1997

Waldenfels 1985
Bernhard Waldenfels, *In den Netzen der Lebenswelten*, Frankfurt/M. 1985

Washausen 1968
Helmut Washausen, *Hamburg und die Kolonialpolitik des Deutschen Reiches 1880 bis 1890*, Hamburg 1968

Weber 1934
Max Weber, *Die protestantische Ethik und der Geist des Kapitalismus*, Tübingen 1934

Weber 1990
Wolfhard Weber, *Verkürzung von Zeit und Raum. Techniken ohne Balance zwischen 1840 und 1880*, in: *Propyläen Technikgeschichte*, Bd. 4, Berlin 1990, S. 9–261

Wehler 1987
Hans-Ulrich Wehler, *Deutsche Gesellschaftsgeschichte, Bd. 2: Vom Feudalismus des alten Reiches bis zur defensiven Modernisierung der Reformära*, München 1987

Wehler 1995
Hans-Ulrich Wehler, *Deutsche Gesellschaftsgeschichte, Bd. 3: Von der deutschen ›Doppelrevolution‹ bis zum Beginn des Ersten Weltkrieges*, München 1995

Weigelt 1914
Curt H. Weigelt, *Albin Egger-Lienz*, Berlin 1914

Weisbrod 1978
Bernd Weisbrod, *Schwerindustrie in der Weimarer Republik. Interessenpolitik zwischen Stabilisierung und Krisen*, Wuppertal 1978

Wekwerth 1972
Manfred Wekwerth, Rundtischgespräch zum Thema »Kultur, Ökomomie und Effektivität«, in: *Weimarer Beiträge* 1972, H. 7, S. 128

Werneburg 1994
Brigitte Werneburg, *Die veränderte Welt: Der gefährliche anstelle des entscheidenden Augenblicks*, in: *Fotogeschichte* 14, 1994, H. 51, S. 51–67

Weski 1993
Thomas Weski (Hrsg.), *Siemens Fotoprojekt 1987–1992*, Berlin 1993

Westmorland 1832
Westmorland, Cumberland, Durham, and Northumberland, Illustrated. From Original Drawings by Thomas Allom, George Pickering, &c. With Historical and Topographical Descriptions by Thomas Rose, London 1832

White 1994
Stephen K. White, *Edmund Burke. Modernity, Politics, and Aesthetics*, Thousand Oaks, London und New Delhi 1994

Wied 1990
Alexander Wied, *Lucas und Marten van Valckenborch. Das Gesamtwerk mit kritischem Œuvrekatalog*, Freren 1990

Wilde 1982
Ann und Jürgen Wilde (Hrsg.), *Albert Renger-Patzsch, Ruhrgebiets-Landschaft 1927–1935*, Köln 1982

Willeke 1994
Stefan Willeke, *Die Technokratiebewegung in Nordamerika und Deutschland zwischen den Weltkriegen*, Frankfurt/M. 1994

Willeke 1995
Stefan Willeke, *Die Technokratiebewegung in Deutschland zwischen den Weltkriegen*, in: *Technikgeschichte* 62, 1995, S. 221–280

Wilsdorf 1987
Helmut Wilsdorf, *Kulturgeschichte des Bergbaus. Ein illustrierter Streifzug durch Zeiten und Kontinente*, Essen 1987

Wilson-Bareau 1998
Juliet Wilson-Bareau, *Manet, Monet and the Gare Saint-Lazare*, Washington/DC 1998

Winkelmann u. a. 1958
Heinrich Winkelmann u. a., *Der Bergbau in der Kunst*, Essen 1958

Winkler 1987
Kurt Winkler, *Abbilder Berlins – Spiegelbilder der Metropole. Die Darstellung Berlins in der Malerei von 1920 bis 1945*, in: *Ausst. Kat. Berlin 1987*, S. 295–324

Wöbkemeier 1995
Walter Dexel 1890–1937. Werkverzeichnis, Gemälde, Hinterglasbilder, Gouachen, Aquarelle, Collagen, Ölstudien, Entwürfe zu Bühnenbildern, hrsg. von Ruth Wöbkemeier und vom Kunstverein Bremen, Heidelberg 1995

Wolbring 2000
Barbara Wolbring, *Krupp und die Öffentlichkeit im 19. Jahrhundert. Selbstdarstellung, öffentliche Wahrnehmung und gesellschaftliche Kommunikation*, München 2000

Wolf 2000
Christa Wolf, *Erinnerungsbericht*, in: *Agde 2000*, S. 344–354

Wood 1811–13
John George Wood, *The Principal Rivers of Wales Illustrated*, 2 Bde., London 1811–13

Wulle 1989
Armin Wulle, *Der Stettiner Vulcan. Ein Kapitel deutscher Schiffbaugeschichte*, Herford 1989

Wunberg 1981
Gotthart Wunberg (Hrsg.), *Die Wiener Moderne. Literatur, Kunst und Musik zwischen 1890 und 1910*, Stuttgart 1981

Wyatt 1998
Nicholas J. Wyatt, *Launch of the Fuji at Blackwall*, in: *Treasures of the Science Museum*, hrsg. von Fumitaka Wakabayashi und Nicholas J. Wyatt, Ausst. Kat. Kobe City Museum; West Japan General Exhibition Centre ANNEX, Kitakyushu City; Tokyo International Forum, 1998, unpag.

Zeising 2002
Andreas Zeising, *Bernd und Hilla Becher*, in: *Heute bis jetzt – Fotografie in Düsseldorf (Teil 1)*, Ausst. Kat. museum kunst palast, Düsseldorf 2002, S. 132f.

Ziegler 1995
Peter Ziegler, *Volker Böhringer (1912–1961). Studien zu Bildern der Jahre 1940–1945*, in: *Esslinger Studien* 34, 1995, S. 147–254

Zielesch/Stone 1926
Fritz Zielesch, *Das Hundertpferdige Büro – keine Utopie*, mit Aufnahmen von Sasha Stone, in: *Uhu. Das neue Monats-Magazin* 2, April 1926, H. 7, S. 52–59

Zimmermann 1975
Peter Zimmermann, *Der Bauernroman: Antifeudalismus, Konservatismus, Faschismus*, Stuttgart 1975

Zimmermann 1989
Margret Zimmermann, *Heimat und Welt*, in: *Hans Thoma. Lebensbilder. Gemäldeausstellung zum 150. Geburtstag*, hrsg. von Margret Zimmermann, Ausst. Kat. Augustinermuseum Freiburg, Königstein i. T. 1989, S. 8–16

Zimmermann 1991
Michael F. Zimmermann, *Seurat, sein Werk und die kunsttheoretische Debatte seiner Zeit*, Weinheim 1991

Ziolkowski 1992
Theodore Ziolkowski, *Das Amt der Poeten*, Stuttgart 1992

Zöllner u. a.
Julius Zöllner u. a. (Hrsg.), *Das neue Buch der Erfindungen, Gewerbe und Industrien*, Siebente (Pracht-) Ausgabe, Leipzig und Berlin 6 Bde. 1876, 2 Erg.bde. 1880

Leihgeber

Wir danken folgenden Leihgebern:

Aachen, Kunst aus Nordrhein-Westfalen, Abteigarten
Aachen, Ludwig Forum für Internationale Kunst
Amsterdam, Rijksmuseum
Berlin, Bankgesellschaft Berlin AG
Berlin, Berlinische Galerie, Landesmuseum für Moderne Kunst, Photographie und Architektur
Berlin, Bröhan-Museum, Landesmuseum für Jugendstil, Art Déco und Funktionalismus
Berlin, Bundesministerium des Innern
Berlin, Bundesrepublik Deutschland
Berlin, Deutsches Patent- und Markenamt
Berlin, Deutsches Technikmuseum Berlin
Berlin, Galerie Westphal
Berlin, Landesarchiv Berlin
Berlin, Staatliche Museen zu Berlin, Kunstbibliothek
Berlin, Staatliche Museen zu Berlin, Kupferstichkabinett
Berlin, Staatliche Museen zu Berlin, Nationalgalerie
Berlin, Staatsbibliothek zu Berlin
Berlin, Stiftung Stadtmuseum Berlin, Landesmuseum für Kultur und Geschichte Berlins
Bochum, Deutsches Bergbau-Museum Bochum
Bochum, Museum Bochum
Braunschweig, Städtisches Museum Braunschweig
Bremen, Kunsthalle Bremen
Bremerhaven, Deutsches Schiffahrtsmuseum
Brescia, Musei Civici d'Arte e Storia
Brüssel, Communauté française de Belgique
Brüssel, Musées royaux des Beaux-Arts de Belgique, Musée Constantin Meunier
Buffon, Musée de la Sidérurgie en Bourgogne du Nord
Cardiff, The National Museums & Galleries of Wales
Charleroi, Musée des Beaux-Arts
Charleroi, Université du Travail Paul Pastur, Collection de la Province de Hainaut
Dortmund, Museum für Kunst und Kulturgeschichte der Stadt Dortmund
Dortmund, Stiftung Westfälisches Wirtschaftsarchiv
Dortmund, Westfälisches Industriemuseum
Dresden, Gemäldegalerie Neue Meister, Staatliche Kunstsammlungen Dresden
Düren, Leopold-Hoesch-Museum der Stadt Düren
Düsseldorf, Misch Da Leiden
Düsseldorf, Stadtmuseum Düsseldorf
Düsseldorf, Stiftung museum kunst palast
Edinburgh, National Gallery of Scotland
Essen, Helga Budde-Engelke
Essen, Museum Folkwang
Essen, Historisches Archiv Krupp
Frankfurt/Oder, Museum Junge Kunst
Gelsenkirchen, Städtisches Museum Gelsenkirchen
Genf, Petit Palais, Musée d'Art Moderne
Genua, The Mitchell Wolfson Jr. Collection – Fondazione Regionale Cristofero Colombo
Göttingen, Niedersächsische Staats- und Universitätsbibliothek
Greifswald, Pommersches Landesmuseum
Hagen, Karl Ernst Osthaus-Museum der Stadt Hagen
Halle, Staatliche Galerie Moritzburg Halle, Landeskunstmuseum Sachsen-Anhalt
Hamburg, Hamburger Kunsthalle
Hamburg, Robert Schneider
Hoofddorp, TNO Arbeid
Kassel, HNA Hessische/Niedersächsische Allgemeine
Köln, Alexander Calvelli
Köln, LETTER Stiftung
Kopenhagen, Statens Museum for Kunst
Krefeld, Kaiser Wilhelm Museum
Künzelsau, Museum Würth
Kuppenheim, Bilderhalle Grochowiak
Leverkusen, Bayer AG
London, National Museum of Science and Industry
London, Tate Britain
London, Victoria & Albert Museum
Lüttich, Musée de l'Art Wallon
Lyon, Musée Gadagne
Mechernich, Stadt Mechernich
Merthyr Tydfil, Cyfarthfa Castle Museum & Art Gallery
Montchanin, Ville de Montchanin
Moskau, Staatliche Tretjakow Galerie
München, Bernheimer Fine Old Masters
München, Mannesmann Plastics Machinery AG
München, Münchner Stadtmuseum
München, Städtische Galerie im Lenbachhaus
Münster, Westfälisches Museum für Kunst und Kulturgeschichte – Landesmuseum
Newcastle upon Tyne, Laing Art Gallery
Oberhausen, Ludwig Galerie Schloss Oberhausen
Oberhausen, Rheinisches Industriemuseum
Paris, Petit-Palais, Musée des Beaux-Arts de la Ville de Paris
Ratingen, Nachlass Peter Brüning
Reading, Otto and Marie Neurath Isotype Collection, University of Reading
Recklinghausen, Kunsthalle Recklinghausen
Regensburg, Ostdeutsche Galerie Regensburg
Saarbrücken, Saarland Museum Saarbrücken, Stiftung Saarländischer Kulturbesitz
Salzburg, Museum Carolino Augusteum
Sceaux, Musée de l'Ile de France, Château de Sceaux
Schweinfurt, Sammlung-Dr.-Georg-Schäfer-Stiftung
Shrewsbury, Shrewsbury Museum and Art Gallery, Rowley's House
Skive, Skive Art Museum
St. Petersburg, Staatliches Russisches Museum
Stockholm, Jernkontoret
Stockholm, Nationalmuseum
Stuttgart, Maier & Co. Fine Art
Stuttgart, Staatsgalerie Stuttgart
Telford, The Ironbridge Gorge Museum, Elton Gallery
Weimar, Kunstsammlungen zu Weimar
Wetter/Ruhr, Demag Cranes & Components GmbH

Andreas Gursky, courtesy Monika Sprüth Galerie, Köln
Josef Koudelka/Magnum Photos
Privatsammlung, courtesy James Roundell, London
Sammlung Ann und Jürgen Wilde, Sprengel Museum Hannover
Sammlung Hoh
Timm Rautert, courtesy Heidi Reckermann Photographie, Köln

sowie zahlreichen privaten Leihgebern, die namentlich nicht aufgeführt werden möchten.

Bildnachweis

Abbildungen ohne Bildnachweis wurden von den in den Bildunterschriften genannten oder als Leihgeber beteiligten Institutionen zur Verfügung gestellt.

Fotografen

Martin Adam, Berlin: Kat. Nr. 70
S. Ahlbrand-Dornseif, Münster: Kat. Nr. 101, 127
Madeleine-Annette Albrecht, Dortmund: Kat. Nr. 5
Jörg P. Anders, Berlin: S. 22, Abb. 18; Kat. Nr. 32, 51, 63, 67, 99
Yan de Andres, Schriesheim: Kat. Nr. 148
Hans-Joachim Bartsch, Berlin: S. 69, Abb. 3; S. 70, Abb. 4–5; S. 71, Abb. 9; Kat. Nr. 84, 94–97, 127
Christa Begall, Berlin: S. 25, Abb. 21
Accent Studios – Carsten Clüsserath, Saarbrücken: Kat. Nr. 57
Erik Cornelius, Stockholm: Kat. Nr. 17–18
Dreßler, Weimar: Kat. Nr. 68
Anne Gold, Aachen: S. 115, Abb. 2; Kat. Nr. 125.2
Benjamin Hasenclever, München: Kat. Nr. 121
D. J. Houlton, Telford: Kat. Nr. 15
Jean-Luc Ikelle-Matiba, Bonn: Kat. Nr. 49
Heinz Jokisch, Düsseldorf: Kat. Nr. 161
Bild- und Tonarchiv Josef Kierein, Graz: S. 45, Abb. 6
Hermann E. Kiessling, Berlin: Kat. Nr. 109
Clemens Kirchner, Berlin: S. 63, Abb. 2; S. 68, Abb. 2; S. 70, Abb. 7; S. 71, Abb. 8
Walter Klein, Düsseldorf: Kat. Nr. 147
Hans-Peter Klut, Dresden: S. 42, Abb. 2
Foto Kühle, Hagen: Kat. Nr. 137
Bernd Kunert, Berlin: Kat. Nr. 146
Jean-Yves Lacote, Cergy-Pontoise Cedex: S. 74, Abb. 4
Pascal Lemaître, Sceaux: Kat. Nr. 64
Hervé Lewandowski, Paris: S. 75, Abb. 5
J. Nober, Essen: S. 84, Abb. 4
R. G. Ojeda, Paris: S. 73, Abb. 2
C. Philippot, Nancy: S. 24, Abb. 20
Patrick Pierrain, Paris: Kat. Nr. 65
Arne Psille/Sebastian Ahlers, Berlin: S. 41, Abb. 1; S. 43, Abb. 4; Kat. Nr. 1, 8–12, 79, 100, 104, 112, 145, 150, 151
Wolfgang Pulfer, München: Kat. Nr. 50
fotostudio Rapuzzi, Brescia: Kat. Nr. 107
H. Reinecke, Dresden: Kat. Nr. 153
Birger Roos, Falun: S. 58, Abb. 3
Friedrich Rosenstiel, Köln: Kat. Nr. 163
Jörg Schanze, Düsseldorf: Kat. Nr. 134
Wolfram Schmidt, Regensburg: Kat. Nr. 136
Philipp Schönborn, München: Kat. Nr. 144
Jean Schormans, Paris: S. 87, Abb. 2
Carola Seifert, Berlin: S. 64, Abb. 3
Speltdoorn et Fils, Brüssel: S. 82, Abb. 2; S. 83, Abb. 3; S. 85, Abb. 5; Kat. Nr. 81–83
St. Taubmann, Bonn: S. 117, Abb. 4
H. R. Wacker, Oldenburg: Kat. Nr. 135
Rudolf Wakonigg, Münster: Kat. Nr. 72
Elke Walford, Hamburg: Kat. Nr. 77
W. W. Winter, Derby: S. 58, Abb. 4
Ch. Wirth, München: Kat. Nr. 130–132

Bildarchive

Agence photographique de la réunion des musées nationaux, Paris: S. 73, Abb. 2; S. 75, Abb. 5; S. 87, Abb. 2
Archiv Eckhart Gillen, Berlin: S. 103, Abb. 1–2
Archiv Klaus Herding, Frankfurt/M.: S. 13, Abb. 2; S. 15, Abb. 7; S. 18, Abb. 13; S. 19, Abb. 15; S. 26, Abb. 22
Archiv Monika Wagner, Hamburg: S. 120, Abb. 1; S. 121, Abb. 2; S. 122, Abb. 3; S. 124, Abb. 4; S. 125, Abb. 5
Artothek, Weilheim: S. 89, Abb. 3; S. 96, Abb. 2
Bauhaus-Archiv / Museum für Gestaltung, Berlin: S. 99, Abb. 5
Bildarchiv Foto Marburg: S. 81, Abb. 1; Kat. Nr. 167
The Bridgeman Art Library, London: S. 73, Abb. 1
Bröhan-Museum, Landesmuseum für Jugendstil, Art Deco und Funktionalismus, Berlin: Kat. Nr. 96
Deutsches Historisches Museum, Berlin: S. 41, Abb. 1; S. 43, Abb. 4; S. 104, Abb. 3
Deutsches Technikmuseum Berlin: S. 63, Abb. 2; S. 68, Abb. 2
Musée Carnavalet, Paris: S. 76, Abb. 6
Musée de l'Histoire du Fer, Nancy-Jarville: S. 24, Abb. 20
Nederlands Openluchtmuseum, Arnheim: Kat. Nr. 71
Photothèque des Musées de la Ville de Paris: Kat. Nr. 65
Rheinisches Bildarchiv, Köln: S. 118, Abb. 5
Sächsische Landesbibliothek, Staats- und Universitätsbibliothek Dresden, Abt. Deutsche Fotothek: Kat. Nr. 153
Staatliche Museen zu Berlin, Kunstbibliothek: S. 97, Abb. 3; Kat. Nr. 13
Staatsbibliothek zu Berlin: S. 20, Abb. 16; S. 64, Abb. 3; S. 74, Abb. 3; S. 98, Abb. 4; S. 108, Abb. 1; S. 112, Abb. 3; Kat. Nr. 47–48
Westfälisches Museum für Kunst und Kulturgeschichte – Landesmuseum, Münster: Kat. Nr. 101, 127

Abbildungen aus Büchern und Zeitschriften

Ausst. Kat. Berlin 1981b, Bd. 1, S. 417: S. 16, Abb. 8
Ausst. Kat. St. Petersburg/Kassel 1993/94, S. 41: Kat. Nr. 118
Becher u. a. 1977, Abb. 49: S. 116, Abb. 3
Das Buch für Alle 1887, H. 1: S. 14, Abb. 3
Le Charivari, Juni 1855: S. 11, Abb. 1
David Dernie und Alastair Carew-Cox, *Victor Horta*, London 1995, S. 80: S. 95, Abb. 1
Julius Engelmann, Albert Schück und Julius Zöllner, *Der Weltverkehr und seine Mittel. Rundschau über Schiffahrt und Welthandel, Industrieausstellungen und die Pariser Weltausstellung im Jahre 1878*, Leipzig 1880, 2. Abt., S. 399: S. 17, Abb. 12
H. Holländer 2000a, S. 816: S. 51, Abb. 3
The Illustrated London News vom 8. Dez. 1866: S. 20, Abb. 16
L'Illustration. Journal universel vom 11. April 1868: S. 76, Abb. 6
Le Journal pour rire vom 14. Aug. 1852: S. 16, Abb. 10
Koeppen 1914, Abb. 122: S. 92, Abb. 5
Leipziger Illustrirte Zeitung vom 9. Dez. 1876: S. 21, Abb. 17
Le Magazin Pittoresque 19, 1851, S. 45: S. 19, Abb. 14; ebd., S. 140: S. 14, Abb. 4
The Mary Shelley Reader, hrsg. von Betty T. Bennett und Charles E. Robinson, New York 1990, Frontispiz: S. 64, Abb. 1
Thode 1909, S. 249: S. 90, Abb. 4
Paul Hayes Tucker, *Monet at Argenteuil*, New Haven 1982, S. 3: S. 74, Abb. 3
Turgan, Bd. 2, 1865, S. 5: S. 17, Abb. 11; ebd., S. 313: S. 14, Abb. 5; Bd. 3, 1863, S. 165: S. 15, Abb. 6; Bd. 9, 1870, S. 120f.: S. 16, Abb. 9